최신판

개발부담금, 재건축부담금 등

주요 부담금의 쟁점과 해설

TAX AFFAIRS

천명철 · 장보원 공저

SAMIL | 삼일인포마인

www.**samili**.com 사이트 **제품몰** 코너에서 본 도서 **수정사항**을 클릭하시면 정오표 및 중요한 수정 사항이 있을 경우 그 내용을 확인하실 수 있습니다.

머리말

부담금은 조세와 달리 공공사업을 위한 재원 조달을 목적으로 해당 사업의 수익자나 원인자 등에게 부과하거나 특정한 행위를 유인하는 정책 실현 목적으로 부과한다.

부담금은 2021년 말 기준으로 21.4조 원에 이르고 18개 부처에서 90개 종류의 부담금을 운용하고 있는데, 그 운용에 있어 일반회계 예산에 비해 상대적으로 재량성이 높아 행정기관들이 부담금을 선호하는 경향이 있다고 한다.

하지만, 부담금의 납부자 입장에서는 자유로운 경제활동을 저해하고 투자를 위축시킬 수 있다는 지적이 있으며, 그 경제적 부담에 있어서는 조세의 부담과 다를 바 없다. 그럼에도 대부분의 납부자는 부담금에 대해 잘 인지하지 못하고 세무사 등 전문가들조차 관심이 부족한 실정이다.

어떤 사업을 구상하거나 재산을 처분할 때 관련된 국세와 지방세 부담을 미리 감안하듯이 특정 사업을 계획할 때에는 사전에 부담금을 고려할 필요가 있고, 세무사 등 전문가들의 조력도 활성화시킬 필요가 있다. 이를 통해 납부자는 부담금 부담을 사전에 인지하고, 적정하고 정확한 부담금을 납부할 수 있도록 하여야 할 것이다.

이번에 출간된 주요 부담금의 쟁점과 해설은 이러한 취지에서 구상하게 되었으며, 90종의 부담금 중에서 우선 대표적인 5종의 부담금을 다루게 되었다.

구체적으로는 부동산 개발 시 부담하는 개발부담금, 재건축부담금, 과밀부담금, 학교용지부담금, 광역교통시설부담금을 중심으로 집필했으며, 최근 부과처분 무효와 관련 있는 상하수도 원인자부담금도 소개했다.

세상에 없는 책을 만드는 것이 부담되지만 이 책을 시작으로 부담금과 관련된 많은 전문가들이 생겨나기를 바란다. 저자도 역시 초판의 내용을 터잡아 법령과 이론을 더 연구하여 더 나은 책으로 점차 발전시켜볼 예정이다.

2023년 3월

저자 천명철, 장보원

차 례

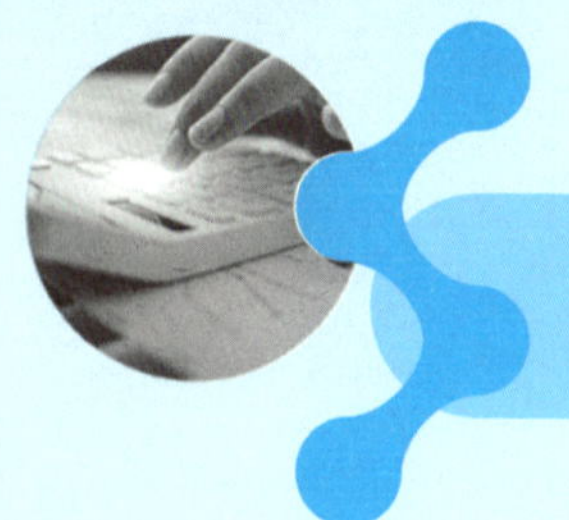

차 례

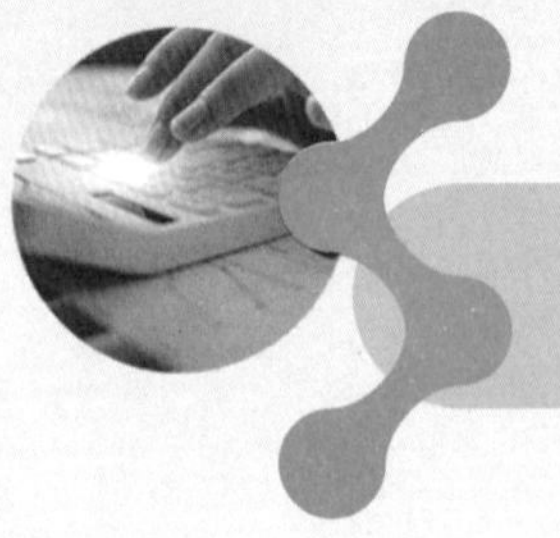

차 례

차 례

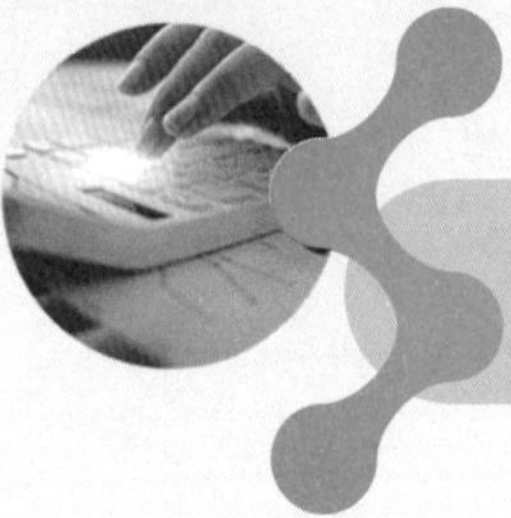

차 례

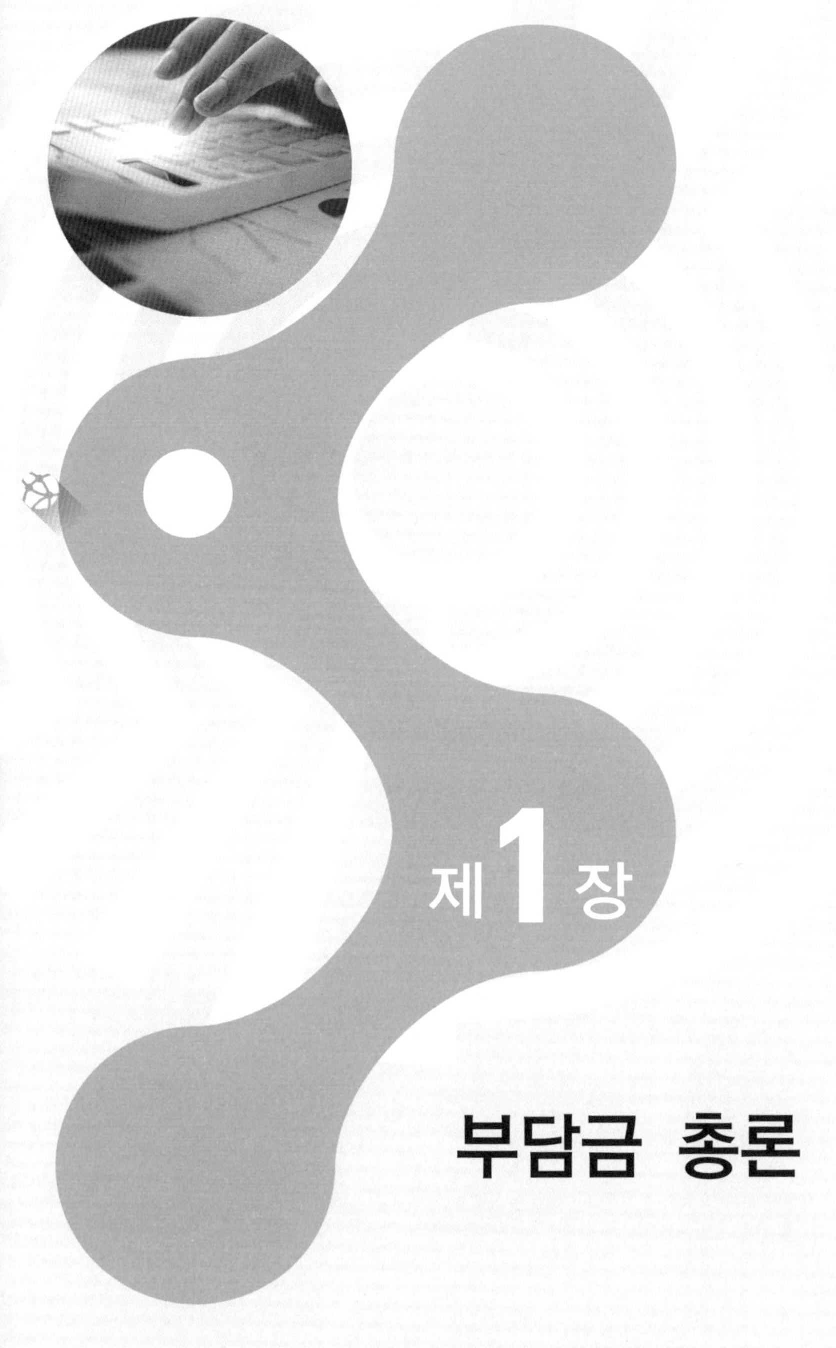

제1장

부담금 총론

Q1. 부담금의 의의

1 부담금의 개념

부담금은 특정한 공익사업과 밀접한 관련성을 가지는 대상에 대하여 법률이 정하는 바에 따라 부과하는 조세 외의 금전지급의무를 의미한다. 부담금은 특정 공익사업을 위한 경비에 사용되고, 특정사업과 이해관계를 가지는 자에 대한 특별한 재정책임이라는 점에서 일반 조세와 구분된다. 무엇보다 부담금의 부과대상과 특정 공익사업 간에 밀접한 관련성이 있어야 한다는 것이 특징이라고 할 수 있다.

일반적으로 정부부처 등 행정기관들이 사업비 확보 유리 및 운용의 재량성 등으로 부담금을 선호하는 경향이 있기 때문에 부담금은 「부담금관리 기본법(약칭 : 부담금관리법)」에 규정된 법률에 따르지 아니하고는 설치할 수 없고 그 존속기한도 원칙적으로 10년을 초과할 수 없도록 규정하고 있다.

「부담금관리 기본법」 제2조에서 "부담금"이란 중앙행정기관의 장, 지방자치단체의 장, 행정권한을 위탁받은 공공단체 또는 법인의 장 등 법률에 따라 금전적 부담의 부과권한을 부여받은 자가 분담금, 부과금, 기여금, 그 밖의 명칭에도 불구하고 재화 또는 용역의 제공과 관계없이 특정 공익사업과 관련하여 법률에서 정하는 바에 따라 부과하는 조세 외의 금전지급의무(특정한 의무이행을 담보하기 위한 예치금 또는 보증금의 성격을 가진 것은 제외)를 말한다고 규정하고 있다.

특히 부담금은 일반적 재정수요 충당과 달리 특정사업을 위한 경비에 충당될 뿐 아니라 정책적 또는 유도적, 조정적 기능을 가지고 있다. 또한, 부담금은 특정한 사업과 이해관계를 가지는 자에 대한 「특별한 재정책임」이라는 특징을 가지고 있다. 「특별한 재정책임」이라 함은 부담금 부과대상자의 범위와 부담금 징수목적 사이에 밀접한 관계가 있어서 부담금을 납부할 의무를 지는 집단이 다른 집단 또는 일반적 납세의무자보다 징수목적에 대해 명백한 상관관계가 있어야 함을 뜻한다. 즉, 부담금 납부의무자는 부담금의 징수목적과 특별한 실체적 관련성이 있어야 한다는 것이다. 이 부분이 조세와 부담금의 대표적인 차이점이다.

2 부담금과 조세 등 유사개념과의 차이[1)]

(1) 조세와의 차이

조세는 일반적으로 "국가 또는 지방자치단체가 그 경비에 충당하기 위하여 국민으로부터 무상으로 강제적으로 징수하는 재화(財貨)"라고 정의할 수 있다. 부담금은 공익사업 추진을 위한 재원을 마련한다는 점에서 조세와 그 성격이 유사하다. 그러나, 통상적으로 조세와 부담금은 다음과 같은 점에서 서로 구분된다.

> ① 부담금은 특정한 공익사업의 경비에 충당하는 데 비하여, 조세는 국가 또는 지방자치단체의 일반재정수요 충당을 위한 수입을 목적으로 한다.
> ② 부담금은 당해 사업과 특별한 관계가 있는 자에게 부과하는 데 반해, 조세는 특정사업과 관계없이 일반국민 또는 주민에게 부과한다.
> ③ 부담금은 사업소요 경비, 사업과의 관계 등을 기준으로 하여 부과하는 반면, 조세는 담세능력을 기준으로 하여 부과한다.

한편 조세 중에서 목적세는 특정한 사업의 경비에 충당하기 위한 경비라는 점에서 부담금과 성질이 같으나, 부담금과 같이 그 사업과 밀접한 관계가 있는 자에게만 부과되는 것이 아니라 사업과 관련이 없는 일반인에 대하여 그 납세능력에 따라 부과되는 점이 다르다고 할 수 있다.

부 담 금	조 세
특정 공익사업의 경비 충당 목적	국가와 지방자치단체의 일반재정수요 충당
사업과 특별한 관계를 가진 자에게 부과	일반 국민에게 부과
사업과의 관계를 기준으로 부과	담세능력을 기준으로 부과

(2) 부담금과 사용료 · 수수료

사용료 · 수수료는 개개의 공물(公物)이나 인적 역무(役務)의 이용에 대한 반대급부로서 그 시설이나 역무의 이용자에 대해 부과되는 반면, 부담금은 사업 자체의 경영에 드는 경비의 부담이고, 그 사업에 특별이해관계가 있는 자에게 부과된다는 차이가 있다. 즉, 수수료는 "국가 또는 지방자치단체가 특정인에 대하여 제공하는 서비스에 대한 반대급부로서

1) 기획재정부, 「부담금운용종합보고서 2021」, pp.4~11. 참조

징수하는 요금", 사용료는 "공공시설의 이용 또는 재산사용의 대가로 부과·징수하는 요금"으로 정의되므로 부담금이 특정의 공공서비스를 창출하거나 바람직한 행위를 유도하기 위해 특별한 이해관계자에게 부과하는 데 반해, 수수료는 국가 또는 지방자치단체가 제공하는 공적 서비스에 대한 대가(요금), 사용료는 국가 또는 지방자치단체가 제공하는 공공시설을 이용하거나 재산사용에 대한 반대급부(대가)로서 부과되는 점이 다르다.

(3) 부담금과 사회보험료

사회보험료는 피보험자의 사회적 사고에 따른 소득상실에 대해 보험원리에 따라 그 소득을 보장하기 위해 부과되는 금전납부의무이므로 특정의 공익사업과 특별한 관계가 있는 자에 대해 부과되는 부담금과는 원칙적으로 그 법적 성질을 달리한다. 즉, 사회보험료는 보험의 원리에 따라 국민건강보험법, 국민연금법, 고용보험법, 산업재해보상보험법 등에 의하여 피보험자와 사용자 등이 부담하는 보험료로서, 부담금이 특정의 공공사업과 특별한 관계가 있는 자에 한해서 부과되는 반면, 사회보험료는 피보험자에 대한 연대적 배분 및 차등적 조절을 감안해서 부과되는 점이 다르다.

(4) 부담금과 과태료

과태료는 법령에 따라 부과된 의무를 위반한 자에게 부과되는 금전벌이므로 특정의 공익사업과 특별한 관계가 있는 자에게 부과되는 부담금과 구별된다.

3 부담금의 유형

부담금은 특정한 사업과 이해관계를 가지는 자에 대한 「특별한 재정책임」이라는 면에서 이용자·원인자 부담금, 수익자 부담금과 같은 공용부담으로서의 측면과 유도성 부담금과 같은 금전에 의한 간접적인 규제수단으로 일정한 정책적 목적을 유도하기 위한 부담금으로 그 유형을 구분할 수 있다.

(1) 공용부담으로서의 부담금

도로건설 등 특정한 공익사업을 위해 토지, 그 밖의 물건이나 노력이 필요하다면 매매 등의 사법(私法)상의 수단에 의하여 이를 확보하는 것이 원칙이지만, 경우에 따라서는 공익상의 필요에 의하여 본인의 의사와 관계없이 강제로 경제적인 부담을 주어 이를 확보하거나 확보하기 위한 재원을 마련하는 경우도 있다. 이러한 공용부담 제도는 공익상 수요 충족의 관점과 공익과 사익의 조화를 통한 부담의 합리적 조정이라는 관점에서 인정되는데 공용부담금으로는 이용자·원인자 부담금, 수익자 부담금 등이 있다.

① 이용자·원인자 부담금

이용자·원인자 부담금은 특정한 공사의 시행이 필요하게 한 원인을 제공한 자에게 그 공사비용의 전부 또는 일부를 부담시키는 부담금을 말한다. 이 경우 부담금 납부의무자는 "그 공사의 원인을 제공한 자"가 되고, 부담금은 "원인자의 행위로 인하여 필요한 공사에 드는 비용의 범위에서" 부과한다. 즉, 이용자·원인자 부담금은 각종 시설의 건설 또는 유지 등을 위하여 그 사용자 또는 원인자에게서 관련비용을 징수하기 위해 부과하는 부담금이다. 이 부담금으로는 기반시설설치비용, 수도법상 원인자 부담금, 물이용부담금, 환경개선부담금 등이 있다.

② 수익자 부담금

수익자 부담금은 해당 공익사업으로부터 특별한 이익을 받는 자에 대해 그 수익(受益)의 한도에서 사업경비의 전부 또는 일부를 부담하게 하는 것을 말한다. 수익자 부담금은 공익사업의 실시에 따라 예외적·우발적 이익이 생기는 경우에 이와 같은 이익을 공공에 환원하는 기능을 하고 있다. 이 경우 부담금 납부의무자는 "이익을 받는 자"가 되고, 부담금은 "부담금 납부의무자가 받는 수익의 범위에서" 부과하도록 한다. 즉, 수익자 부담금은 공공사업 또는 시설로 인해 특별한 이익을 받은 자에게 부과·징수하는 부담금이다. 이 경우의 부담금으로 개발부담금, 재건축부담금, 농산물수입이익금 등이 있다.

(2) 간접적 규제수단으로서의 부담금

유도성 부담금은 직접적인 규제수단이 아닌 금전에 의한 간접적인 규제수단에 의하여 일정한 정책적 목적을 유도하기 위한 부담금이다. 국가의 직접적인 통제나 금지와 같은 전통적인 행정강제수단만으로는 의무이행을 강제하기 어려운 경우가 많아짐에 따라 새로운 의무이행 확보수단으로서 부담금 제도를 도입하는 경우가 늘어나고 있다. 부담금을 부과하여 간접적으로 국가목적을 유도하고 조정하려는 의무이행 확보수단으로서의 부담금을 유도성 부담금이라고도 한다. 이 경우의 부담금으로 장애인고용부담금, 배출부과금, 과밀부담금 등이 있다.

종 류	정 의	부담금 예시
이용자 · 원인자 부담금	각종 시설의 건설 · 유지를 위해 사용자 또는 원인자에게 징수하는 부담금	학교용지부담금, 생태계보전협력금
수익자 부담금	공공사업 · 시설로 특별한 이익을 받은 자에게 징수하는 부담금	개발부담금, 농산물수입이익금
유도성 부담금	금전에 의한 간접적인 규제수단을 통해 일정한 정책적 목적의 달성을 유도하는 부담금	과밀부담금, 교통유발부담금

부담금은 이외에도 다양한 형태로 분류되고 있다. 하나의 부담금이 다양한 성격을 동시에 갖는 경우도 있고, 부담금 간 경계가 애매한 부분이 있으며, 의미상 서로 중첩되는 부분도 있다. 이에 따라 각 부담금의 성격을 명확하게 구분하는 것은 쉽지 않다.

4 부담금의 기능

부담금은 여러 가지 정책적인 목적을 고려하여 설치되기 때문에 개별 부담금이 다양한 기능을 수행하는 경우가 많다. 대표적인 부담금의 기능은 원인자 · 수익자 부담원칙에 따라 공공서비스를 창출하거나 바람직한 행위를 유도하는 것이다.

(1) 원인자, 수익자 부담원칙에 의한 공공서비스 창출

부담금은 기금이나 특별회계 또는 특정 공공기관의 수입으로 계상되어 그 사용용도가 정해져 있는 것이 특징이다. 또한 부담금은 특정한 공공사업의 원인을 제공한 자나 공공사업으로부터 편익을 얻는 자 등에게 부과하여 해당 사업의 시행과 재원 확보가 연계된다는 측면이 있다. 공공사업을 원활하게 수행하기 위한 목적으로 부담금을 징수할 경우, 부담금은 원인자, 수익자 원칙에 따라 부과해야 한다. 이는 개별 부담자가 정부의 제반 공공서비스로부터 받은 편익이나 공공사업을 필요하게 하는 원인에 따라 비례하도록 부담을 배분하는 것이 합리적인 것이고, 이론적으로는 일반국민들이 각종 공공사업에서 그들이 받는 추가적인 편익이나 유발시킨 추가비용만큼 부담금을 부과하면 정부가 제공하는 공공서비스의 사회적 공급수준은 최적이 되기 때문이다.

(2) 바람직한 행위의 유도

부담금은 사회적 또는 법적으로 가치 있는 행위를 국민에게 유도하는 기능을 수행하기도 한다. 현행 부담금 중 일부는 행정법상 의무이행 확보수단인 간접적 강제제도와 유사하게 국민의 금전적 부담을 수반하는 의무이행 수단의 측면도 있다. 즉, 법적가치에 반하는 행위를 하는 경우에는 그러한 행위를 하는 대가로 부담금을 납부하게 하고, 국가나 지방자치단체는 징수한 부담금으로 목적달성에 필요한 재정지출을 한다. 반대로 부담금을 납부할 의무자가 법적인 가치에 적합하게 행위를 하는 경우에는 부담금을 면제시키거나, 아니면 다른 반(反)가치적인 행위를 한 자로부터 징수한 부담금으로 이에 따른 비용을 보상하기도 한다. 사업주가 기준고용률에 미달하여 장애인을 고용하는 경우에 일정액의 부담금을 납부하도록 하는 장애인고용부담금이나, 「수도권정비계획법」에 의해 설치된 과밀부담금이 이러한 성격의 부담금이다.

○ **부담금의 정당화 요건** (헌재 2004. 7. 15. 2002헌바42)

부담금은 조세에 대한 관계에서 어디까지나 예외적으로만 인정되어야 하며, 어떤 공적 과제에 관한 재정조달을 조세로 할 것인지 아니면 부담금으로 할 것인지에 관하여 입법자의 자유로운 선택권을 허용하여서는 안 된다. 부담금 납부의무자는 재정조달 대상인 공적 과제에 대하여 일반국민에 비해 '특별히 밀접한 관련성'을 가져야 하며, 부담금이 장기적으로 유지되는 경우에 있어서는 그 징수의 타당성이나 적정성이 입법자에 의해 지속적으로 심사될 것이 요구된다.

다만, 부담금이 재정조달목적뿐 아니라 정책실현목적도 함께 가지는 경우에는 위 요건들 중 일부가 완화된다.

Q2. 부담금 제도의 원칙

❶ 부담금 제도 도입의 원칙

부담금은 국민이 지니는 일반적인 재정책임인 납세의무(세금) 외에 특별히 공익사업과 관련이 있는 자에 대해 특별한 재정책임으로서의 공용부담을 주는 것이므로 이에 대해서는 그 도입이나 시행이 정당한 것인지를 엄격히 검토할 필요가 있다.

이 점과 관련하여 헌법재판소는 조세 외의 공과금인 부담금을 징수하려는 경우에는 엄격한 요건 하에서만 허용된다고 보면서, 부담금이 정당화될 수 있는 요건을 다음과 같이 제시하고 있다(98헌가1, 97헌바84, 2007헌마860 등 참조).

> ① 부담금 납부의무자들이 일반인과 구별되고 동질성을 지니는 특정 집단일 것
> ② 부담금의 부과를 통해 수행하려는 특정한 경제적·사회적 과제와 특별히 객관적으로 밀접한 관련성이 있을 것
> ③ 그러한 과제의 수행에 관하여 조세 외적 부담을 질 만한 집단적인 책임성이 인정되는 집단에 대해서만 부과될 것
> ④ 부담금의 수입이 부담금 납부의무자의 집단적 이익을 위해 사용될 것

또한, 부담금은 국민의 재산권을 제한하는 성격을 가지고 있으므로 부담금을 부과할 때에도 재산권 제한 입법의 한계인 평등원칙이나 비례원칙을 반드시 준수해야 한다. 「부담금관리 기본법」 제5조에서 부담금은 설치목적을 달성하기 위하여 필요한 최소한의 범위에서 공정성 및 투명성이 확보되도록 부과되어야 한다는 부과원칙을 규정하고 있다.

❷ 부담금 관련 법령의 규정 방식[2)]

(1) 부과 요건의 법정화

부담금 부과의 근거가 되는 개별 법률에는 부담금의 부과·징수 주체, 설치 목적, 부과요건, 산정기준, 산정 방법, 부과요율 등이 구체적이고 명확하게 규정되어야 한다. 다만, 이

2) 법제처, 「법안입안 심사기준 2021」, pp.225~231. 참조

들 부과 요건의 세부적인 내용은 해당 법률이 구체적으로 범위를 정하여 위임한 바에 따라 대통령령·총리령·부령이나 조례·규칙으로 정할 수 있다(부담금관리법 §4). 「부담금관리 기본법」 제3조에서는 「부담금관리 기본법」 별표에 규정된 법률(89개)에 따르지 않고는 부담금을 설치할 수 없도록 하고 있으므로 부담금 규정을 신설하는 경우 개별 법률에 부담금 근거 규정을 두더라도 해당 규정 외에 별도로 「부담금관리 기본법」 별표에 부담금 설치 근거 법률을 명시하는 것이 필요하다.

(2) 이중부과의 금지

「부담금관리 기본법」 제5조에서는 특별한 사유가 없으면 동일한 부과대상에 대해 이중의 부담금이 부과되어서는 안 된다는 점을 명시하고 있으며, 같은 법 제6조 제3항 제4호에서도 부담금을 신설할 때에 그 심사기준으로서 기존의 부담금과 중복되지 않을 것을 규정하고 있다. 동일한 사유로 두 가지 이상의 부담금을 중복하여 부과하는 것은 동일한 과세기간에 동일한 과세대상에 대해 반복하여 과세하는 것을 금지하는 이중과세 금지의 원칙과 같은 취지로, 부담금을 신설하는 경우 중복되는 부담금이 없는지를 반드시 확인해야 한다.

(3) 부담금 존속기한의 설정

부담금을 신설하거나 부과대상을 확대하는 경우 그 부담금의 존속기한을 법령에 명시해야 한다. 다만, 그 부담금을 계속 존속시켜야 할 명백한 사유가 있는 경우에는 예외가 인정된다. 이 때 부담금의 존속기한은 부담금의 목적을 달성하기 위해 필요한 최소한의 기간으로 설정해야 하며, 그 기간은 10년을 초과할 수 없다.

(4) 부과 절차

조세의 경우에는 조세법률주의에 의하여 과세요건 외에도 조세의 부과·징수절차도 법률로 정하도록 하고 있다. 왜냐하면 조세의 부과와 징수에 행정관청의 자의성이 개입되면 납세의무자의 권리를 침해할 우려가 있기 때문이다. 부담금의 경우에도 부과절차는 행정청의 편의에 따라 절차를 정하는 것을 방지하고 부담금 납부의무자에게 어느 정도의 예측 가능성을 보장한다는 면에서 법률에서 가능하면 상세하게 규정하도록 한다. 일반적으로 부담금을 부과하는 통지는 서면으로 하고, 그 통지 사항으로 부담금의 종류, 금액, 납부 장소, 납부기한 등을 통지하도록 하고 있다. 부담금의 납부기한에 관해서도 대부분의 경우 "…납부기한을 명시하여 통지하여야 한다"라고 규정하고 있는데, 납부기한도 가능하면 법률에 명시하도록 한다. 다만 부담금의 부과절차에 관해서 대부분의 경우 법률에서 구체적으로 명시하지 않고 대통령령이나 부령으로 규정하거나 조례에 위임하고 있으며, 부과절차에 관하여 명시적인 규정을 두지 않은 경우도 있다.

(5) 강제징수 절차와 가산금

부담금도 조세와 마찬가지로 공법상의 금전지급의무이므로 부담금 납부의무자가 스스로 그 의무를 이행하지 않으면 징수 주체가 국가기관인 경우에는 "국세 체납처분의 예에 따라 징수한다"로, 지방자치단체의 장인 경우에는 원칙적으로 "「지방행정제재·부과금의 징수 등에 관한 법률」에 따라 징수한다"로 하되, 같은 법에 따른 강력한 수단(과세자료의 이용, 대금지급정지, 관허사업제한, 명단공표)이 없어도 되는 경우에는 "지방세 체납처분의 예에 따라 징수한다"로 한다. 「부담금관리 기본법」 제5조의 3에서는 부담금 납부의무자가 납부기한을 지키지 않는 경우에는 해당 법령에서 정하는 바에 따라 가산금 등을 부과·징수할 수 있도록 하고 있다. 가산금 등을 부과하는 경우에는 해당 부담금의 부과목적의 정책적 중요도와 납부의무 위반 사유 등을 종합적으로 고려하여 적정한 수준이 되도록 해야 한다.

(6) 구제수단

부담금 납부의무자가 위법하거나 부당한 부담금의 부과·징수로 인하여 권리 또는 이익을 침해받았을 경우에 이의신청을 할 수 있도록 하는 등 적절한 권리구제 절차를 해당 법령에서 명확하게 규정해야 한다.

(7) 부담금의 용도

부담금은 특정한 사업에 드는 경비를 충당하기 위해 징수하는 것이므로 그 용도도 이에 국한되어야 한다. 현행법상 부담금을 규정하고 있는 대부분의 법률에서 부담금의 용도를 부담금 대상 사업의 경비충당에 국한하도록 규정하고 있다. 한편 부담금의 용도에 관한 규정의 유형으로는 부담금을 기금에 의하여 관리하도록 한 입법례와 특별회계로 편성하여 관리하도록 규정한 입법례가 있다.

3 부담금 부과의 원칙

(1) 공정성 · 투명성 및 이중부과 금지

부담금은 설치목적을 달성하기 위하여 필요한 최소한의 범위에서 공정성 및 투명성이 확보되도록 부과되어야 하며, 특별한 사유가 없으면 하나의 부과대상에 이중으로 부과되어서는 아니 된다(부담금관리법 §5 ①).

(2) 납부의무자 사전 통지

부과권자가 부담금을 부과하는 경우에는 부담금의 납부의무자에게 미리 다음의 사항을 알려야 하고, 부담금의 납부의무자가 제출한 의견이 타당하다고 인정되면 그 의견을 반영하여야 한다(부담금관리법 §5 ② ③).

① 부담금 납부의무자
② 부담금 부과의 법적 근거, 납부금액, 산출근거, 납부방법 및 미납 시의 조치사항
③ 부담금의 감면 요건 및 방법
④ 부담금의 용도
⑤ ②에 대해 의견을 제출할 수 있다는 뜻과 의견을 제출하지 아니하는 경우의 처리방법
⑥ 의견제출기관의 명칭과 주소
⑦ 의견제출기한
⑧ 그 밖에 부담금의 부과 및 납부에 필요한 사항

(3) 납부의무자 사전통지 예외

부과권자에게 법령에서 정한 긴급한 처분사유 등 다음의 경우에는 납부의무자의 사전 통지를 하지 아니할 수 있다(부담금관리법 §5 ④).

① 공공의 안전 또는 복리(福利)를 위하여 긴급하게 처분할 필요가 있는 경우. 다만, 해당 법령에서 정한 경우만 해당한다.
② 해당 처분의 성질상 의견청취가 현저히 곤란하거나 명백히 불필요하다고 인정될 만한 타당한 이유가 있는 경우
③ 해당 법령에서 부담금의 부과기준일, 부과기간 및 납부기한 등이 정하여져 있고, 제2항 각 호의 내용을 포함하여 매년 정기적으로 부담금을 부과하는 경우. 다만, 납부의무자

에게 최초로 부과하는 경우와 부과요율 인상, 부과대상 변경 등 부담금의 부과요건이 변경되는 경우는 제외한다.

(4) 부과 · 납부방법 등

부담금의 부과, 감면, 납부방법 및 환급 절차에 관하여는 해당 법령에서 구체적으로 정하되, 현금, 신용카드 및 직불카드 등으로 납부할 수 있도록 하여야 한다(부담금관리법 §5 ⑤).

○ 부담금에 관한 법률규정의 명확성, 위임입법의 한계, 감면요건에 관한 법규의 해석 기준(대법원 2007. 10. 26 선고 2007두9884 판결, 광역교통시설부담금부과처분취소)

[1] 조세나 부담금의 부과요건과 징수절차를 법률로 규정하였다고 하더라도 그 규정 내용이 지나치게 추상적이고 불명확하면 부과관청의 자의적인 해석과 집행을 초래할 염려가 있으므로 법률 또는 그 위임에 따른 명령 · 규칙의 규정은 일의적이고 명확해야 할 것이나, 법률규정은 일반성, 추상성을 가지는 것이어서 법관의 법보충작용으로서의 해석을 통하여 그 의미가 구체화 · 명확화될 수 있으므로, 조세나 부담금에 관한 규정이 관련 법령의 입법 취지와 전체적 체계 및 내용 등에 비추어 그 의미가 분명해질 수 있다면 이러한 경우에도 명확성을 결여하였다고 하여 위헌이라고 할 수는 없다.

[2] 위임입법의 경우 그 한계는 예측가능성인바, 이는 법률에 이미 대통령령으로 규정될 내용 및 범위의 기본사항이 구체적으로 규정되어 있어서 누구라도 당해 법률로부터 대통령령 등에 규정될 내용의 대강을 예측할 수 있어야 함을 의미하고, 이러한 예측가능성의 유무는 당해 특정조항 하나만을 가지고 판단할 것은 아니고 관련 법조항 전체를 유기적 · 체계적으로 종합 판단하여야 하며 각 대상법률의 성질에 따라 구체적 · 개별적으로 검토하여 법률조항과 법률의 입법 취지를 종합적으로 고찰할 때 합리적으로 그 대강이 예측될 수 있는 것이라면 위임의 한계를 일탈하지 아니한 것이다.

[3] 조세나 부담금에 관한 법률의 해석에 관하여, 그 부과요건이거나 감면요건을 막론하고 특별한 사정이 없는 한 법문대로 해석할 것이고 합리적 이유 없이 확장해석하거나 유추해석하는 것은 허용되지 아니하고, 특히 감면요건 규정 가운데에 명백히 특혜규정이라고 볼 수 있는 것은 엄격하게 해석하는 것이 공평원칙에도 부합한다.

Q3. 부담금 관리 제도와 현황[3)]

「부담금관리 기본법」의 제정

부담금은 국가, 지방자치단체 및 공공기관이 ① 공익사업을 추진하고, ② 특정 정책 목적의 달성을 유도하며, ③ 사회적 비용을 효율적으로 배분하는 수단으로 기능해 왔다. 그러나 최근에는 특정한 사업보다 더 넓은 의미의 공익사업을 위해 공용부담이 행해지고 그 부담이 특정한 개인이나 특정한 재산권에 한정된다고 보기 어려운 경우도 많아졌기 때문에 부담금의 개념도 확대되고 있다.

이러한 금전납부의무는 국민에게 준조세로 인식되어 행정편의적 징수금이라는 오해를 받았으며 실제 그 부과・징수의 법적 근거에 조세법률주의와 같은 엄격성이 요구되지 않고 그 용도도 특별회계나 기금에 편입되어 예산의 일반원칙이 지켜지지 못했다. 또한, 부과・징수상의 투명성과 공정성에서도 문제를 일으키는 경우가 많았다.

이에 따라, 부담금에 관한 기본법인 「부담금관리 기본법」을 제정(2001. 12. 31. 공포, 2002. 1. 1. 시행)하여 이 법에 부담금의 설치・관리 및 운영에 관한 기본적인 사항을 규정함으로써 개별 법률에 근거하여 설치・운영되던 각종 부담금의 신설을 억제하고, 그 관리・운용의 공정성과 투명성을 높이도록 했다.

「부담금관리 기본법」 제2조에서는 부담금의 정의로서 '중앙행정기관의 장, 지방자치단체의장, 행정권한을 위탁받은 공공단체 또는 법인의 장 등 법률에 따라 금전적 부담의 부과권한을 부여받은 자가 분담금, 부과금, 기여금, 그 밖의 명칭에도 불구하고 재화 또는 용역의 제공과 관계없이 특정 공익사업과 관련하여 법률에서 정하는 바에 따라 부과하는 조세 외의 금전지급의무'라고 규정하고 있다. 또한 2010년 3월 개정을 통하여 특정한 의무이행을 담보하기 위한 예치금 또는 보증금의 성격을 가진 것은 관리대상 부담금에서 제외하였다.

「부담금관리 기본법」 제3조에서는 적용대상이 되는 부담금을 별표의 규정에 의한 부담금으로 한정하고, 이 법에 의하지 아니하고는 부담금을 설치할 수 없도록 하고 있는데, 이는 부담금의 신설을 위해서는 소관개별 법률을 개정함과 아울러 기획재정부 소관 법률인

3) 기획재정부, 「부담금운용종합보고서 2021」, pp.12~42. 참조

동 기본법 별표의 개정을 병행케 함으로써 부담금의 신설을 어렵게 하려는 의도라고 할 수 있다.

「부담금관리 기본법」의 주요 내용

「부담금관리 기본법」에 따르면 부담금을 신설하거나 변경하고자 하는 중앙행정기관장은 민간전문가를 포함하여 구성된 부담금운용심의위원회의 심의(제9조)를 거쳐야 하고, 기획재정부장관은 매년 전년도 부과 실적과 사용명세를 포함한 부담금운용종합보고서를 작성하여 국회에 제출함으로써 부담금 운용내역을 공개(제7조)하도록 하는 등 다양한 부담금 관리제도를 도입되었다.

이에 따라 기획재정부장관은 부담금의 기본정보 제공을 위하여 「부담금관리 기본법」 제7조에 의거 매년 부담금운용종합보고서를 작성하여 5월 말까지 국회에 제출해야 한다. 부담금운용종합보고서에는 부담금 신설·폐지 현황, 부담금별 부과·징수 주체 및 부과 요건, 부과·징수 실적 및 사용 명세 등이 포함되어 있다.

또한 기획재정부장관은 「부담금관리 기본법」 제8조에 따라 부담금의 부과목적, 부과실태, 부과절차의 공정성 등을 지속적으로 점검하여 부담금 운용이 적정하지 않은 경우 소관 중앙행정기관의 장에게 해당 부담금의 폐지 등 제도개선을 요청하는 등 부담금이 적정하게 운용되고 있는지 정기적으로 평가하고 있다.

- 부담금을 신·증설하고자 할 경우 부담금운용심의위원회의 심사를 거치도록 함(부담금관리법 §6)
- 매년 부담금의 신설 및 폐지 현황, 징수실적 등이 포함된 부담금운용종합보고서를 작성, 국회 제출(부담금관리법 §7)
- 각 부담금의 부과목적·실태, 부과절차의 공정성 등을 지속 점검·평가(부담금관리법 §8)

부담금 현황 및 징수 규모

부담금의 수는 정책적 필요와 경제 상황에 따라 조정되며, 징수 규모는 경제 규모의 변화, 정책적 목적, 기타 일시적인 요인 등에 따라 매년 다르게 나타난다. 2021년 기준 전체

부담금의 수는 90개이며, 연간 징수된 부담금은 총 21조 4,349억 원으로 전년대비 1조 2,502억 원(6.2%)이 증가하였다.

(1) 부담금 수

2021년 말 기준 부담금 수는 총 90개로 전년과 동일하다. 2021년 기준 18개 부처가 총 90개 부담금을 운용하고 있다. 가장 많은 부담금을 운용하는 부처는 환경부로 20개 부담금을 운용중이고, 국토교통부 15개, 산업통상자원부 9개, 금융위원회 8개, 농림축산식품부·문화체육관광부·해양수산부가 각 7개, 기획재정부·과학기술정보통신부·외교부·고용노동부·중소벤처기업부·산림청이 각 2개, 교육부·행정안전부·보건복지부·식품의약품안전처·원자력안전위원회가 1개의 부담금을 운용하고 있다.

- 2021년 말 기준 부담금은 총 90개로 전년과 동일.
- 부담금 수 : ('09년) 99개 → ('10년) 94개 → (생략) → ('16년) 90개 → ('17년) 89개 → ('18년) 90개 → ('19년) 90개 → ('20년) 90개 → ('21년) 90개

(2) 부담금 징수 규모

2021년도 부담금 징수실적은 21조 4,349억 원으로 전년대비 1조 2,502억 원(6.2%)이 증가하였다. 2021년도에 부담금을 운용한 18개 부처별 징수금액을 살펴보면, 산업통상자원부가 가장 많은 4조 7,479억 원으로 전체 징수실적의 22.2%를 차지하였고, 다음으로 금융위원회가 4조 6,368억 원으로 21.6%를, 보건복지부가 2조 9,630억 원으로 13.8%를, 환경부가 2조 7,845억 원 13.0%를 차지하였다.

| 연도별 부담금 수 및 징수 규모 |

(단위 : 개, 조 원)

구 분	2015년	2016년	2017년	2018년	2019년	2020년	2021년
부담금 수	94	90	89	90	90	90	90
징수액	19.1	19.7	20.2	21.0	20.4	20.2	21.5

4 부담금 사용내역

2021년도에 징수된 총 21조 4,349억 원의 부담금은 중앙정부와 지방자치단체 및 공공기관 등의 수입으로 귀속되었다. 전체 부담금 21.4조원 중 중앙정부의 기금과 특별회계 재원으로 18.3조원(85.4%), 지방자치단체 및 공공기관에 2.4조원(11.4%), 0.7조원(3.2%)이 각각 귀속되었다.

- 중앙정부 : 기금 15.1조 원(70.5%), 특별회계 3.2조 원(14.9%)
- 지방자치단체 : 2.4조 원(11.4%)　• 공공기관 등 : 0.7조 원(3.2%)

전체 부담금 징수액 중 85.4%인 18조 2,998억 원이 중앙정부의 기금(15조 1,017억 원)과 특별회계(3조 1,981억 원)의 수입으로 귀속되었고, 11.4%인 2조 4,396억 원이 광역지방자치단체(1조 2,293억 원)와 기초지방자치단체(1조 2,103억 원)의 수입으로, 나머지 3.2%인 6,955억 원이 공공기관 등의 수입으로 귀속되었다.

| 귀속 주체별 부담금 귀속내역 |

(단위 : 억 원)

구 분	중앙정부		지방자치단체		공공기관 등	합 계
	기금	특별회계	광 역	기 초		
금 액	151,017	31,981	12,293	12,103	6,955	214,349
(비중)	70.5%	14.9%	5.7%	5.6%	3.2%	100.0%

주요 분야별로는 금융 분야에서 가장 많은 5조 4,450억 원(25.4%)을 사용하였고, 다음으로 산업・에너지 분야 4조 7,479억 원(22.2%), 보건・의료 2조 9,676억 원(13.8%), 환경 2조 7,845억 원(13.0%), 국토・교통 1조 4,487억 원(6.8%) 순으로 사용하였다.

Q4. 부동산 관련 주요 부담금 개요

부담금의 수는 총 90종에 이르고 있으나, 부동산 관련 대지조성이나 주택건설, 건축물 건축 등의 사업에 관한 주요 부담금 5종인 개발부담금과 재건축부담금, 과밀부담금, 학교용지부담금, 광역교통시설부담금에 대한 개략적인 내용을 아래와 같이 소개한 후, 세부적 사항은 제2장~제6장에서 살펴본다.

추진하는 사업의 유형에 따라 부과되는 부담금이 여러 종류가 있을 수 있다. 예를 들어 대도시권에서 100가구 규모 이상의 재건축사업을 추진하는 경우 ① 재건축초과이익을 환수하는 재건축부담금과 ② 광역교통시설 등의 건설 및 개량을 위한 광역교통시설부담금, ③ 학교용지 확보를 위한 학교용지부담금 등이 부과된다.

개발부담금

개발부담금은 토지로부터 발생하는 개발이익을 환수하여 이를 적정하게 배분함으로써 토지에 대한 투기를 방지하고 토지의 효율적인 이용을 촉진하기 위해 부과하는 부담금이다. 「개발이익 환수에 관한 법률」(국토교통부 소관)에 따라 각 지방자치단체가 개발사업시행자에게 부과·징수한다. 개발사업에 대한 부과 종료시점의 지가에서 부과 개시시점의 지가와 개발비용, 정상지가상승분을 빼서 개발이익을 산정하고, 여기에 부담률을 적용하여 부담금 부과액을 산출한다. 개발부담금은 부과 종료시점부터 5개월 이내에 결정·부과한다.

부과대상 개발사업	납부의무자	부담률
① 택지개발사업(주택단지조성사업을 포함) ② 산업단지개발사업 ③ 관광단지조성사업(온천 개발사업을 포함) ④ 도시개발사업, 지역개발사업 및 도시환경정비사업 ⑤ 교통시설 및 물류시설 용지조성사업 ⑥ 체육시설 부지조성사업(골프장 건설사업 및 경륜장·경정장 설치사업을 포함)	사업시행자. 다만, 개발사업을 위탁하거나 도급한 경우에는 그 위탁이나 도급을 한 자, 타인소유의 토지를 임차하여 개발사업을 시행한 경우에는 토지소유자, 개발사업을 완료하기 전에 사업시행자의 지위 등을 승계하는 경우에는 그 지위를 승계한 자	20%
⑦ 지목변경이 수반되는 사업으로서 대통령령으로 정하는 사업 ⑧ ①부터 ⑥까지의 사업과 유사한 사업으로서 대통령령으로 정하는 사업		25%

2020년 · 2021년 개발부담금이 연간 5천억 원 가량 부과되고 있으며, 개발부담금의 납부기간(6개월)이 비교적 긴 편이다. 2021년 기준 전국에서 징수된 개발부담금 규모는 6,728건 4,464억 원 수준이다. 특히 이 중 경기도에서 징수된 금액이 3,024억 원으로 전체의 67.8%를 차지하고 있다.

2 재건축부담금

재건축부담금은 재건축사업 및 소규모 재건축사업에서 발생되는 초과이익을 환수하기 위한 부담금이다. 재건축부담금은 재건축초과이익에 부과율을 적용하여 산정한다. 재건축초과이익은 종료시점 부과대상 주택가격에서 개시시점의 주택가격과 정상주택가격상승분 및 개발비용을 공제하여 산정한다.

▸ 재건축부담금 = 재건축 초과이익 × 부과율 (10%~50%)

▸ 초과이익 = 종료시점 주택가액 - 개시시점 주택가액 - 정상주택가격상승분 - 개발비용

조합원 1인당 평균이익	부과율 및 부담금 산식
3천만 원 이하	면제
3천만 원 초과 5천만 원 이하	3천만 원을 초과하는 금액의 10% × 조합원수
5천만 원 초과 7천만 원 이하	200만 원 × 조합원수 + 5천만 원을 초과하는 금액의 20% × 조합원수
7천만 원 초과 9천만 원 이하	600만 원 × 조합원수 + 7천만 원을 초과하는 금액의 30% × 조합원수
9천만 원 초과 1억1천만 원 이하	1천200만 원 × 조합원수 + 9천만 원을 초과하는 금액의 40% × 조합원수
1억1천만 원 초과	2천만 원 × 조합원수 + 1억1천만 원을 초과하는 금액의 50% × 조합원수

재건축부담금은 위 부과율에서와 같이 재건축추진위원회 설립 승인일부터 재건축 준공 때까지 조합원 1인당 평균이익이 3,000만 원 이하는 면제하고, 3,000만 원을 초과할 경우에 그 초과금의 10%~50%를 부담한다. 한편 이러한 재건축부담금의 부과 기준이 2006년 최초 제도 도입 이후 개정 없이 유지되어 위축된 주택시장에까지 고액의 부담금이 부과된다는 지적에 따라 국토교통부는 2022년 9월 경 민간전문가 중심의 주택공급혁신위원회의 논의를 거쳐 다음과 같은 개선안을 내놓은 바 있다.

① 초과이익환수 면제 기준을 초과이익 3천만 원 이하에서 1억 원 이하로 상향 조정하고 부과 구간을 2천만 원 단위에서 7천만 원 단위로 확대
② 공공임대와 공공분양을 통해 얻은 이익은 초과이익 산정 시 제외
③ 실수요자 부담 완화를 위해 6년 이상 보유한 1세대 1주택자는 부담금의 10% 감면, 10년 이상 보유 시에는 최대 50%까지 감면
④ 초과이익을 산정하는 시점을 부담금 납부 주체가 추진위가 아닌 조합이라는 점을 반영하여 당초 추진위 구성 승인일에서 조합 설립 인가일로 변경

3 과밀부담금

과밀부담금은 「수도권정비계획법」(국토교통부 소관)에 따라 부과·징수하는 부담금으로, 인구와 산업의 과밀을 억제하고 낙후 지역의 개발을 지원하기 위해 서울특별시에서 관내에 소재한 일정 면적 이상의 업무용 건축물, 판매용 건축물, 복합 건축물 등 인구집중유발시설의 건축주에게 징수한다. 시설의 건축물을 건축하려는 자는 과밀부담금을 내도록 규정하여 있으며, 과밀억제권역 중 서울특별시만을 부과대상 지역으로 정하고 있다.

부과대상	납부의무자	부과율
▸ 25천m² 이상 업무용 건축물 ▸ 15천m² 이상 판매용 건축물 ▸ 25천m² 이상 복합용 건축물 ▸ 1천m² 이상 공공청사	서울특별시에서 부과대상 건축물을 건축(신·증축, 용도변경)하고자 하는 자	표준건축비의 5% 내지 10%

과밀부담금은 해당 건축물 표준건축비의 10%로 산정하되, 건축물 용도 등을 고려하여 5%까지 조정할 수 있다. 즉, 표준건축비의 5% 내지 10%를 부담하고 있다. 과밀부담금은 건축허가일에 부과하고, 건축물의 사용승인일이 납부일로서 부과(건축허가일·신고일 또는 용도변경일)에서 징수(건축물 사용승인일까지 납부)까지 장기간이 소요된다. 2021년 기준 서울특별시에서 부과된 과밀부담금 규모는 102건 3,251억 원 수준이다.

4 학교용지부담금

학교용지부담금은 「학교용지 확보 등에 관한 특례법」(교육부 소관)에 따라 지방자치단체가 공동주택 등의 개발사업시행자에게 부과·징수하는 부담금이며, 개발사업으로 특정 지역에 인구가 유입되면서 교육여건이 악화되는 것을 방지하기 위해 도입되었다. 재건축·재개발·주거환경개선사업도 개발사업에 포함되지만, 기존세대에 대해서는 부담금이 면제된다. 징수된 부담금은 개발사업지역 인근의 학교를 신설하거나 증축하는 용도로 사용된다.

부과요건 또는 부과대상	납부의무자	부담률
100세대 이상 규모의 주택건설사업, 대지조성사업	개발사업지역에서 공동주택을 분양하는 자	분양가의 0.8%
	단독주택 건축을 위해 토지를 분양하는 자	분양가의 1.4%

2021년 기준 전국에서 징수된 학교용지부담금의 규모는 7,201건 4,661억 원 수준이며, 이 중 경기도에서 징수된 금액이 1,439억 원으로 전체의 30.9%를 차지하여 시·도 중 가장 큰 규모이다.

5 광역교통시설부담금

광역교통시설부담금은 광역교통수요가 급증하여 광역교통계획이 수립된 대도시권에서 주택건설관련 사업을 시행하는 사업자에게 경제적 부담을 부과하고, 그 재원으로 그 지역에 대한 광역교통시설 건설비의 일부를 충당함으로써 교통시설을 적기에 확충하여 광역교통난을 완화하기 위해 도입된 제도이다. 5대 대도시권(수도권과 부산·울산권, 대구권, 광주권, 대전권)에서 택지개발사업 등을 시행하는 자는 광역교통시설 등의 건설 및 개량, 광역버스운송사업에 대한 지원 등을 위한 광역교통시설부담금을 납부해야 한다. 다만, 도시지역에서 시행되는 재건축사업은 광역교통시설부담금의 75%를, 그 외의 지역에서 시행되는 재건축사업에 대하여는 광역교통시설부담금의 50%를 경감받는다.

부과대상	납부의무자	부과율
광역교통시행계획이 수립·고시된 대도시권(수도권, 부산·울산권 등)에서 택지개발사업 등을 시행하는 경우	사업시행자	표 참조

사 업 별	산 출 식	부과율(%)
택지개발 · 도시개발 · 대지조성사업	{1㎡당 표준개발비 × 부과율 × 개발면적 × (용적률 ÷ 200)} − 공제액	경기 30% 서울 · 인천 15% 부산 등 15%
주택건설 · 재개발 · 재건축사업	{1㎡당 표준건축비 × 부과율 × 건축연면적} − 공제액	경기 4% 서울 · 인천 2~4% 부산 등 2%
주상복합건축사업	{1㎡당 표준건축비 × 부과율 × 건축연면적(주택인 시설의 건축연면적 합계)}−공제액	경기 4% 서울 · 인천 2~4% 부산 등 2%

2021년 기준 해당 시 · 도에서 징수된 광역교통시설부담금의 규모는 963건 2,302억 원 수준인데, 특히 경기도에서 징수된 금액이 1,282억 원으로 전체의 55.7%를 차지하여 광역교통시설부담금은 주로 경기도에 집중되어 있음을 알 수 있다.

Q5. 상수도 원인자부담금 무효사례

❶ 상수도 원인자부담금 무효사례 개요

최근 상수도 원인자부담금을 건축행위자에게 부담금을 부과한 처분은 무효라는 대법원 판결이 나와 주목받고 있다. 상수도 원인자부담금은 개발된 택지에 건물을 지은 사람이 아니라 택지개발사업의 시행자가 부담해야 한다는 것이다.

쟁점	조성된 택지를 분양받아 주택 등을 건축한 경우 상수도원인자부담금은 주택건설사업자와 택지개발사업자 중 누가 납부해야 하는지?
규정	수도공사를 하는 데에 비용 발생의 원인을 제공한 자(주택단지 · 산업시설 등 수돗물을 많이 쓰는 시설을 설치하여 수도시설의 신설이나 증설 등의 원인을 제공한 자를 포함한다)에게 그 수도공사에 필요한 비용의 전부 또는 일부를 부담하게 할 수 있다(수도법 §71 ①).
판결	주택단지 조성 등을 위한 택지개발사업이 시행되는 경우, '수도시설의 신설이나 증설 등의 원인'은 택지개발행위를 했을 때 발생하는 것이지, 택지개발사업의 시행자가 직접 또는 그로부터 주택건설용지 등을 분양받은 주택건설사업자가 조성된 택지에 주택 등의 건축물을 건축했을 때에 비로소 발생한다고 볼 것은 아니다. 또한 납부의무자가 아닌 원고에 대하여 상수도원인자부담금을 부과한 이 사건 처분은 그 하자가 중대 · 명백하여 당연무효이다(대법원 2020. 7. 29. 선고 2019두30140 판결).
파급	상수도원인자부담금은 '택지개발 시행자' 몫(법률신문 2021. 7. 5.) 제주도, 상수도 원인자부담금 반환 행정소송 잇따라 골머리(연합뉴스 2022. 4. 21.) 등

❷ 사실관계

원고는 부동산투자회사법에 따라 설립된 부동산투자회사(운용회사는 한국토지주택공사이다)로서 부동산의 취득 · 관리 · 개량 및 처분, 주택건설사업, 부동산의 개발사업 등을 목적사업으로 영위하고 있다.

한국토지주택공사는 2007. 4.경 건설교통부장관(현재 국토교통부장관)으로부터, 대구 동구 E 일원의 'C혁신도시(공공주택지구) 개발사업지구' 내에서 주택단지를 건설하는 택지개발사업(이하 '이 사건 택지개발사업'이라 한다) 시행자로 지정되었고, 2012. 12.경 이 사건 택지개발사업을 완료하였다.

원고는 위 개발사업지구 내 DBL 토지(이하 '이 사건 사업지구'라 한다)를 분양받은 후, 2015. 12. 29. 국토교통부장관으로부터 아래와 같이 이 사건 사업지구에서 아파트와 상가를 건축하는 내용의 공공주택건설사업(이하 '이 사건 주택건설사업'이라 한다) 계획에 대한 승인을 받았다.

원고는 이 사건 주택건설사업 계획에 따라 이 사건 사업지구에 아파트 1,144세대와 상가 5호(이하 '이 사건 아파트'라 한다)를 신축한 후, 2017. 6.경 피고에게 이 사건 아파트에 대한 급수공사를 신청하였다.

피고는 2017. 6. 5. 위 급수공사신청을 승인하면서, 원고에 대하여 수도법 제71조 제1항, 수도법 시행령 제65조, '대구광역시 상수도원인자부담금 징수 조례'(이하 '징수조례'라 한다) 제2조 제1호 가목, 제5조 제1항, 제6조 제1항 [별표]에 따라 상수도원인자부담금 합계 224,512,000원[=아파트 221,940,000원(=위 1,144세대 중 822세대 × 270,000원) + 상가 2,572,000원]을 부과하였고(이하 '이 사건 처분'이라 한다), 원고는 2017. 6. 20. 이를 납부하였다.

 쟁점

- 택지개발사업의 시행자로부터 주택건설용지를 분양받아 주택을 건축한 원고가 수도법령에 따른 상수도원인자부담금 납부의무를 부담하는지 여부
- 원고가 납부의무를 부담하지 않는다고 볼 경우 상수도원인자부담금 납부의무자가 아닌 자를 상대방으로 한 이 사건 처분의 하자가 중대·명백한지 여부

4 관련 규정

상수도 원인자부담금이란 수도법 제71조에 따라 수도공사·수도시설의 유지나 손괴 예방을 위하여 필요한 비용의 전부 또는 일부를 그 원인자에게 부담하도록 하는 원인자부담금이다.

부과대상	납부의무자	관련법령
수도공사를 하는 데에 비용 발생의 원인을 제공한 경우	수도사업자의 수도공사에 비용 발생 원인을 제공하는 자(주택단지 등 수돗물을 많이 쓰는 시설을 설치하여 수도시설의 신·증설 등의 원인을 제공한 자도 포함)	수도법 §71 ①
수도시설을 손괴하는 사업 또는 행위를 한 경우	수도시설을 손괴하는 사업이나 행위를 하는 자	수도법 §71 ①

5 판결내용

(1) 원고가 상수도원인자부담금 납부의무를 부담하는지 여부

수도법 제3조는 '수도'를 관로(管路), 그 밖의 공작물을 사용하여 원수나 정수를 공급하는 시설의 전부(5호), '수도시설'을 원수나 정수를 공급하기 위한 취수·저수·도수·정수·송수·배수시설, 급수설비, 그 밖에 수도에 관련된 시설(17호), '수도공사'를 수도시설을 신설·증설 또는 개조하는 공사(25호)라고 정의하고 있다. 수도법 제71조는 원인자부담금에 관하여 규정하면서, 제1항에서 "수도사업자는 수도공사를 하는 데에 비용 발생의 원인을 제공한 자(주택단지·산업시설 등 수돗물을 많이 쓰는 시설을 설치하여 수도시설의 신설이나 증설 등의 원인을 제공한 자를 포함한다)에게 그 수도공사에 필요한 비용의 전부 또는 일부를 부담하게 할 수 있다."라고 규정하고 있다.

택지개발사업은 '일단(一團)의 토지를 활용하여 주택건설 및 주거생활이 가능한 택지를 조성하는 사업'으로서(택지개발촉진법 §2 4호 참조), 사업의 시행 과정에서 택지개발계획 승인 등을 통해 조성되는 택지에 건축되는 건축물 등의 규모 및 용도가 예정되어 있다. 조성된 택지 가운데 주택건설사업계획의 승인을 받아 주택과 그 부대시설 및 복리시설을 건설하거나 대지를 조성하는 데 사용되는 일단의 토지는 '주택단지'에 해당한다(주택법 §2 12호 참조). 주택단지 조성 등을 위한 택지개발사업이 시행되는 경우, '수도시설의 신설이나 증설 등의 원인'은 택지개발행위를 하였을 때 발생하는 것이지, 택지개발사업의 시행자가 직접 또는 그로부터 주택건설용지 등을 분양받은 주택건설사업자가 조성된 택지에 주택 등의 건축물을 건축하였을 때에 비로소 발생한다고 볼 것은 아니다.

따라서 택지개발사업으로 조성된 택지에 그 개발계획에서 정해진 규모 및 용도에 따라 건축물이 건축된 경우 수도법령에 따른 상수도원인자부담금 납부의무는 택지개발사업의 사업시행자가 부담하는 것이 원칙이고, 해당 건축물이 원래 택지개발사업에서 예정된 범위를 초과하는 등의 특별한 사정이 없는 한 택지를 분양받아 건축물의 건축행위를 한 자는 별도로 상수도원인자부담금 납부의무를 부담하지 않는다고 보아야 한다(대법원 2012. 10. 11. 선고 2010두7604 판결 참조).

앞서 본 사실관계를 이러한 법리에 비추어 살펴본다. 이 사건에서 한국토지주택공사가 이 사건 택지개발사업을 시행하였고, 원고는 한국토지주택공사가 조성한 택지 중 한 구역인 이 사건 사업지구를 분양받아 이 사건 주택건설사업을 시행한 주택건설사업자이다. 따라서 이 사건 사업지구에서 이 사건 택지개발사업에서 예정된 범위를 초과하는 규모의 건축물이 건축되었다는 등의 특별한 사정이 없는 한, 이 사건 사업지구와 관련하여 수도법 제71조 제1항과 그 하위 법령에 따른 상수도원인자부담금 납부의무를 부담하는 자는 이 사건 택지개발사업을 시행하여 '수도공사를 하는 데에 비용발생의 원인을 제공한 자'에 해당하는 한국토지주택공사이고, 원고는 상수도원인자부담금 납부의무자가 아니라고 보아야 한다.

(2) 이 사건 처분의 하자가 중대 · 명백한지 여부

하자 있는 행정처분이 당연무효가 되기 위해서는 그 하자가 법규의 중요한 부분을 위반한 중대한 것일 뿐만 아니라 객관적으로 명백한 것이어야 한다. 하자가 중대하고 명백한지를 판단할 때에는 그 법규의 목적, 의미, 기능 등을 목적론적으로 고찰함과 동시에 구체적 사안 자체의 특수성도 합리적으로 고찰하여야 한다(대법원 2012. 2. 16. 선고 2010두10907 전원합의체 판결 등 참조).

원심은 이 사건 사업지구에 관한 상수도원인자부담금의 납부의무자는 이 사건 택지개발사업의 시행자인 한국토지주택공사인데, 그 납부의무자가 아닌 원고에 대하여 상수도원인자부담금을 부과한 이 사건 처분은 그 하자가 중대 · 명백하여 당연무효라고 판단하였다.

이러한 원심판단은 앞서 본 법리에 기초한 것으로서(대법원 2008. 3. 20. 선고 2007두6342 전원합의체 판결 참조) 거기에 상고이유 주장과 같이 행정처분의 당연무효에 관한 법리를 오해한 잘못이 없다.

6 유사 판례 및 사례

(1) 대법원 2020. 7. 9. 선고 2017두40723 판결 [원인자부담금 부과처분 취소청구의 소]

도시개발법에 따르면, 도시개발사업이란 도시개발구역에서 주거, 상업, 산업, 유통, 정보통신, 생태, 문화, 보건 및 복지 등의 기능이 있는 단지 또는 시가지를 조성하기 위하여 시행하는 사업으로서(도시개발법 §2 ① 2호), 도시개발구역 지정권자가 수립하는 도시개발사업의 개발계획에는 인구수용계획, 토지이용계획 등을 통해 도시개발구역에 건축되는 건축물 등의 규모 및 용도가 예정되어 있다(도시개발법 §4 ①, §5 ①). 도시개발사업이 시행되는 경우 '수도시설의 신설이나 증설 등의 원인'은 도시개발사업을 시행함으로써 발생하는 것이지, 도시개발사업으로 조성된 토지를 취득한 자가 주택 등의 건축물을 건축하였을 때에 비로소 발생한다고 볼 것은 아니다.

따라서 도시개발사업으로 조성된 토지에 개발계획에서 정해진 규모 및 용도에 따라 건축물이 건축된 경우 수도법령에 따른 상수도원인자부담금 납부의무는 도시개발사업의 사업시행자가 부담하는 것이 원칙이고, 해당 건축물이 원래 도시개발사업에서 예정된 범위를 초과하는 등의 특별한 사정이 없는 한 조성된 토지를 취득하여 건축물의 건축행위를 한 자는 별도로 상수도원인자부담금 납부의무를 부담하지 않는다.

(2) 국민권익위원회 2022-06377, 2022. 5. 31. [상수도원인자부담금 부과처분 무효확인청구]

주택단지 조성 등을 위한 택지개발사업이 시행되는 경우, '수도시설의 신설이나 증설 등의 원인'은 택지개발행위를 하였을 때 발생하는 것이지, 택지개발사업의 시행자가 직접 또는 그로부터 주택건설용지 등을 분양받은 건설사업자가 조성된 택지에 건축물을 건축하였을 때에 비로소 발생한다고 볼 것은 아니고, 택지개발사업으로 조성된 택지에 그 개발계획에서 정해진 규모 및 용도에 따라 건축물이 건축된 경우 「수도법」에 따른 상수도원인자부담금 납부의무는 택지개발사업의 사업시행자가 부담하는 것이 원칙이며, 해당 건축물이 원래 택지개발사업에서 예정된 범위를 초과하는 등의 특별한 사정이 없는 한 택지를 분양받아 건축물의 건축행위를 한 자는 별도로 상수도원인자부담금 납부의무를 부담하지 않는다고 보아야 한다(대법원 2020. 7. 29. 선고 2019두30140 판결 참조).

따라서 이 사건 필지에 대한 상수도원인자부담금의 납부의무자는 이 사건 지구의개발사업 사업시행자라고 할 것인데, 그 납부의무자가 아닌 청구인에 대하여 상수도원인자부담금을 부과한 이 사건 처분은 처분의 상대방을 잘못 지정한 행정처분으로서 그 하자가 중대하고 명백하여 무효이다.

7 건축행위자가 기 납부한 상수도원인자부담금의 환급 청구

주택단지 조성 등 택지개발사업에 대한 수도시설 신설이나 증설 등의 원인은 택지개발행위를 했을 때 발생하는 것이지, 용지를 분양받은 주택건설사업자가 주택 등의 건축물을 건축했을 때에 발생한 것은 아니므로 건축행위자에게 상수도원인자부담금을 부과한 처분은 당연무효라는 것이 최근 법원의 확고한 판단이다.

따라서 사례와 같이 조성된 토지를 분양받아 실제 건축행위를 한 자가 상수도원인자부담금을 납부한 경우에는 해당 부담금을 환급받을 수 있고, 실제로 유사한 사례가 더 많이 있을 수 있다.

최근 제주도에서 대형 건축물을 지은 사업자들이 제주도에 상수도 원인자부담금을 돌려달라는 행정소송이나 행정심판을 잇달아 제기하고 있다고 한다. 실제로 오피스텔·호텔 등을 건축한 업체 등이 11억 9천만 원의 반환 소송을 제기하였으며, 제주도 외에 전국적으로 상수도 원인자부담금 관련 소송들이 200건 이상 벌어지고 있는 것으로 알려져 있다. 여천국가단지 택지개발업체가 여수시를 상대로 소를 제기하여 광주지방법원에서 최근 승소한 사례도 있다(news1 2022. 12. 21. 보도).

다만, 부담금 부과일로부터 5년이 경과한 경우에도 환급받을 수 있을지가 문제이다. 이에 대하여 국민권익위원회(중앙행정심판위원회)는 당초 원천 무효인 행정처분은 기간과 관계없이 행정심판 청구가 가능하다고 입장이다(국민권익위 보도자료, 2022. 3. 2. 참조). 즉, 상수도 원인자부담금의 납부의무자는 택지개발사업의 사업시행자이므로 개발된 택지에 호텔을 신축한 자는 상수도 원인자부담금 납부의무가 없으므로 행정관청의 처분은 원천 무효이고, "행정청으로부터 받은 처분이 원천 무효인 경우라면 오래된 것이라도 주저하지 말고 국민 누구든지 언제라도 중앙행심위를 이용하기를 바란다."라고 밝힌 바 있다.

참고로 상수도원인자부담금에 대한 전국적인 부과규모는 2021년 기준 80,118건에 3,976억 원이며, 이 중 경기도가 1,531억 원으로 가장 많은 비중을 차지하고 있다.

Q6. 하수도 원인자부담금 무효사례

❶ 하수도 원인자부담금 쟁송사례 개요

최근 하수도 원인자부담금을 부과함에 있어 기존 건축물의 하수량 등을 공제하지 아니한 하수도 원인자부담금의 부과처분이 위법하고 그 하자가 중대하고도 명백하여 무효라는 판결이 나와 주목받고 있다.

> **서울행정법원 2022. 1. 20 선고 2020구합69519 판결 [하수도 원인자부담금 부과처분 무효확인의 소]**
>
> 주택재개발정비사업의 사업시행자로서 재개발사업을 시행한 원고가 관할 하수도 관리청인 피고로부터 기존의 하수발생량 등을 공제하지 아니한 채 새로운 정비사업으로 신축된 건물을 기준으로 부과된 하수도원인자부담금을 납부하고 사용승인을 받은 후, 그 무효 확인을 구하는 소를 제기한 사건에서, 하수도법령 및 그 위임을 받은 지자체 하수도조례의 취지에 비추어 하수도 원인자부담금은 그 원인을 제공한 만큼, 즉 하수도 발생량이 증가한 만큼만 부과하는 것이 원칙이므로, 위와 같이 산정한 원인자부담금 부과처분이 그 하자가 중대·명백하여 무효이다.

❷ 사건의 개요 및 원고의 주장

원고는 재개발 조합이고 피고는 해당 사업구역을 관할하는 공동하수도관리청인 바, 피고는 원고에게 구 하수도법에 근거하여 하수도원인자부담금 259,983,950원을 부과·고지하였는데 이 사건 부담금의 하수발생량 및 산출 근거 작성 시 피고는 기존 건축물의 하수발생량 345.51㎥를 공제하지 아니하였다. 이에 원고는 피고 구청장을 상대로 이 사건 하수도원인자부담금 부과처분에 대해서 무효확인 소송을 서울행정법원에 제기하였다.

원고는 피고가 이 사건 사업시행계획을 인가하면서 이 사건 사업구역 일대에 199동의 기존 건축물이 존재한다는 사실을 알고 있었음에도, 원고에게 이 사건 부담금을 부과하면서 기존 건축물의 하수발생량 345.51㎥를 공제하지 아니하였으므로 위법하고, 그 하자는 법령상 명문의 규정에 반하는 등 중대·명백하므로 이 사건 처분은 무효라고 주장한다.

원고는 처분의 부과요건인 '타행위로 인해 발생하는 하수발생량 산정 및 기존 건축물에서 발생하는 공제할 하수량'에 대한 증명책임은 처분청인 피고에게 있고, 원고가 공제신청을 하지 않았거나 그대로 납부하였더라도 이 사건 처분의 위법성이 소멸하지는 아니한다고 주장한다.

❸ 관련 규정

하수도 원인자부담금이란 하수도법 제61조에 의거 공공하수도 시설설치 또는 개축을 위한 재원확보를 위하여 당해 공공하수도에 영향을 미치는 원인행위자에게 필요한 비용을 부담하도록 하는 원인자부담금이다.

부과대상	납부의무자	관련법령
건축물 등을 신축·증축 또는 용도변경하여 1일 10㎥ 이상 하수를 증가시키는 경우	건축물 등의 소유자	하수도법 §61 ①
타공사 또는 타행위로 인하여 필요하게 된 공공하수도에 관한 공사	타공사 시행자 또는 타행위자	하수도법 §61 ②

❹ 기존 건축물의 하수량 등을 공제하지 아니한 것이 위법하고 무효인지

피고는 이 사건 부담금 산정 시 '원고가 기존 건축물에서 발생한 하수량에 관한 증빙자료를 제출하지 아니하였다'는 이유로 기존 시설 또는 건축물의 하수발생량을 공제하지 아니한 채 이 사건 정비사업의 시행으로 신축되는 공공주택 등 건축물의 면적 또는 인구수에 근거하여 산출한 '예상 하수발생량'만을 기준으로 원인자부담금을 산정하여 부과한 사실이 인정된다.

즉, 이 사건 정비사업으로 인하여 인구증가가 되었거나 또는 인구증가가 될 것으로 예상되는지, 그에 따라 하수발생량이 증가되었는지 또는 하수발생량이 증가할 것으로 예상되는지, 그로 인하여 공공하수도의 신설·증설 등이 필요하게 되거나 기존 공공하수도의 처리량이 증가되는지 등을 확인하지 아니한 채 이 사건 부담금을 산정하였다 할 것이므로, 원고의 다른 주장에 관하여 나아가 살펴볼 필요 없이, 이 사건 처분은 위법하다(대법원 2018. 4. 12.자 2018두30297 판결 및 서울고등법원 2017. 11. 22. 선고 2017누50364 판결 참조).

그 위법의 정도에 관하여 살피건대, 앞서 본 구 하수도법령 및 하위규정들의 해석상 '공공하수도의 신설·증설 등을 수반하는 개발행위'에 해당하는지 여부는 구 하수도법 제61조 제2항에서 정한 원인자부담금의 부과대상이 되는 '타행위'로서 원인자부담금 부과처분의 성립요건에 해당하는 점, 모법의 위임 범위 내에서 적법하게 규정된 서울시 하수도조례 및 하수도조례규칙 관련 규정의 문언적·합리적 해석에 의하더라도, 당연히 기존 하수발생량을 제외한 다음, 이를 제외하고도 산출되는 하수발생량이 있을 것을 전제로 원인자부담금이 부과되어야 한다고 규정되어 있음에도, 피고는 결국 이에 대한 구체적인 판단을 해보지도 아니한 채 구 하수도법을 위반하여 원고에게 이 사건 부담금을 부과한 점 등을 고려하면, 이 사건 처분은 그 하자가 중대하고도 명백하여 무효라고 봄이 타당하다.

한편, 이 사건 부담금 중 기존 건축물의 발생 오수량을 제외한 일부만을 무효로 보아야 하는지 살피건대, 기존 건축물에서 발생하는 하수발생량을 공제하기 위한 전제로서 먼저 피고가 이 사건 정비사업에 따른 건축물이 구 하수도법 제61조 제2항에 따른 타행위로 인한 원인자부담금의 부과대상임을 주장·증명하여야 할 것이고, 구체적으로는 '이 사건 정비사업의 준공년도에 해당하는 서울특별시 하수도정비기본계획의 하수발생량 원단위를 기준으로 산정한 하수발생량에서 이 사건 사업구역 내 기존 건축물 199동(경찰청 1동 포함)에서 발생하는 하수량과 중수도 설치용량을 제외한 하수발생량'이 서울시 하수도조례 [별표 5]의 기준을 초과하였음을 밝히거나, 구 하수도법 제61조 제4항에 따라 실제로 이 사건 정비사업 이후 공공하수도의 신설, 증설 등 공사비용으로 사용된 금액이 얼마인지를 주장·증명하는 방식으로 이루어져야 할 것이다.

그러나 이 사건의 경우, 앞서 본 바와 같이 구 하수도법 제61조 제2항에 따른 타행위로 인한 원인자부담금 부과대상에 해당한다는 점을 인정할 증거가 부족하여 이 사건 처분을 무효로 보는 이상, 전체 처분의 유효한 성립을 전제로 하는 일부 무효 주장은 받아들일 수 없다(설령, 타 행위로 인한 원인자부담금 부과대상에 해당한다고 보더라도, 이 사건 부담금 부과의 경위에 비추어 기존 하수발생량을 공제한 후 산정되는 비용을 부과한 경우가 아니어서 달리 보기는 어렵다. 이처럼 이 사건 처분 전부가 무효로 인정되는 이상, 원·피고의 나머지 주장에 관하여는 더 나아가 살피지 아니한다).

Q7. 부담금관리 기본법령

부담금관리 기본법 〔법률 제18284호, 2021. 6. 15. 개정〕	부담금관리 기본법 시행령 〔대통령령 제28211호, 2017. 7. 26. 개정〕
제1조(목적) 이 법은 부담금의 설치·관리 및 운용에 관한 기본적인 사항을 규정함으로써 부담금 운용의 공정성 및 투명성을 확보하여 국민의 불편을 최소화하고 기업의 경제활동을 촉진함을 목적으로 한다.	**제1조(목적)** 이 영은 「부담금관리 기본법」에서 위임한 사항과 그 시행에 필요한 사항을 규정함을 목적으로 한다.
제2조(정의) 이 법에서 "부담금"이란 중앙행정기관의 장, 지방자치단체의 장, 행정권한을 위탁받은 공공단체 또는 법인의 장 등 법률에 따라 금전적 부담의 부과권한을 부여받은 자(이하 "부과권자"라 한다)가 분담금, 부과금, 기여금, 그 밖의 명칭에도 불구하고 재화 또는 용역의 제공과 관계없이 특정 공익사업과 관련하여 법률에서 정하는 바에 따라 부과하는 조세 외의 금전지급의무(특정한 의무이행을 담보하기 위한 예치금 또는 보증금의 성격을 가진 것은 제외한다)를 말한다.	
제3조(부담금 설치의 제한) 부담금은 별표에 규정된 법률에 따르지 아니하고는 설치할 수 없다.	
제4조(부담금의 부과요건등) 부담금 부과의 근거가 되는 법률에는 부담금의 부과 및 징수주체, 설치목적, 부과요건, 산정기준, 산정방법, 부과요율 등(이하 "부과요건등"이라 한다)이 구체적이고 명확하게 규정되어야 한다. 다만, 부과요건등의 세부적인 내용은 해당 법률에서 구체적으로 범위를 정하여 위임한 바에 따라 대통령령·총리령·부령 또는 조례·규칙으로 정할 수 있다.	
제5조(부담금 부과의 원칙) ① 부담금은 설치목적을 달성하기 위하여 필요한 최소한의 범위에서 공정성 및 투명성이 확보되도록 부과되어야 하며, 특별한 사유가 없으면 하나의 부	

<table>
<tr><th>부담금관리 기본법
〔법률 제18284호, 2021. 6. 15. 개정〕</th><th>부담금관리 기본법 시행령
〔대통령령 제28211호, 2017. 7. 26. 개정〕</th></tr>
<tr><td>과대상에 이중으로 부과되어서는 아니 된다.
② 부과권자가 부담금을 부과하는 경우에는 부담금의 납부의무자에게 미리 다음 각 호의 사항을 알려야 한다.
1. 부담금 납부의무자
2. 부담금 부과의 법적 근거, 납부금액, 산출근거, 납부방법 및 미납 시의 조치사항
3. 부담금의 감면 요건 및 방법
4. 부담금의 용도
5. 제2호에 대하여 의견을 제출할 수 있다는 뜻과 의견을 제출하지 아니하는 경우의 처리방법
6. 의견제출기관의 명칭과 주소
7. 의견제출 기한
8. 그 밖에 부담금의 부과 및 납부에 필요한 사항
③ 부과권자는 제2항 제5호에 따라 부담금의 납부의무자가 제출한 의견이 타당하다고 인정되면 그 의견을 반영하여야 한다.
④ 부과권자는 다음 각 호의 어느 하나에 해당하는 경우에는 제2항에 따른 통지를 하지 아니할 수 있다.
1. 공공의 안전 또는 복리(福利)를 위하여 긴급하게 처분할 필요가 있는 경우. 다만, 해당 법령에서 정한 경우만 해당한다.
2. 해당 처분의 성질상 의견청취가 현저히 곤란하거나 명백히 불필요하다고 인정될 만한 타당한 이유가 있는 경우
3. 해당 법령에서 부담금의 부과기준일, 부과기간 및 납부기한 등이 정하여져 있고, 제2항 각 호의 내용을 포함하여 매년 정기적으로 부담금을 부과하는 경우. 다만, 납부의무자에게 최초로 부과하는 경우와 부과요율 인상, 부과대상 변경 등 부담금의 부과요건이 변경되는 경우는 제외한다.
⑤ 부담금의 부과, 감면, 납부방법 및 환급 절차에 관하여는 해당 법령에서 구체적으로 정하되, 현금, 신용카드 및 직불카드 등으로 납부할 수 있도록 하여야 한다.</td><td></td></tr>
</table>

부담금관리 기본법 〔법률 제18284호, 2021. 6. 15. 개정〕	부담금관리 기본법 시행령 〔대통령령 제28211호, 2017. 7. 26. 개정〕
제5조의 2(부담금 존속기한의 설정) ① 부담금을 신설하거나 부과대상을 확대하는 경우 그 부담금의 존속기한을 법령에 명시하여야 한다. 다만, 그 부담금을 계속 존속시켜야 할 명백한 사유가 있는 경우에는 그러하지 아니하다. ② 제1항에 따른 존속기한은 부담금의 목적을 달성하기 위하여 필요한 최소한의 기간으로 설정하여야 하며, 그 기간은 10년을 초과할 수 없다.	
제5조의 3(가산금 등) ① 부담금 납부의무자가 납부기한을 지키지 아니하는 경우에는 해당 법령에서 정하는 바에 따라 가산금 등을 부과·징수할 수 있다. ② 제1항에 따라 가산금 등을 부과하는 규정을 해당 법령에 정할 때에는 그 가산금 등이 다음 각 호의 구분에 따른 금액을 초과하지 아니하도록 하여야 한다. 1. 부담금을 납부기한까지 완납하지 아니한 경우 부과하는 가산금 등: 체납된 부담금의 100분의 3에 상당하는 금액 2. 체납된 부담금을 납부하지 아니한 경우 제1호의 가산금 등에 더하여 부과하는 가산금 등: 체납기간 1일당 체납된 부담금의 10만분의 25에 상당하는 금액	
제5조의 4(권리구제절차) 납부의무자가 위법하거나 부당한 부담금의 부과·징수로 인하여 권리 또는 이익을 침해받았을 경우에 이의신청을 할 수 있도록 하는 등 적절한 권리구제절차를 해당 법령에서 명확하게 정하여야 한다.	
제6조(부담금의 신설 또는 변경에 관한 심사) ① 중앙행정기관의 장은 소관 사무와 관련하여 부담금을 신설 또는 변경(부담금의 부과대상을 확대·축소하는 경우와 부담금의 부과요율을 인상·인하하는 경우를 포함한다. 이하 같다)하려는 경우에는 해당 법령안을 입법예고하거나 해당 중앙행정기관의	**제2조(부담금 신설에 관한 계획서의 제출)** ① 중앙행정기관의 장이 「부담금관리 기본법」(이하 "법"이라 한다) 제6조 제2항에 따라 제출하는 부담금의 신설에 관한 계획서에는 다음 각 호의 사항이 포함되어야 한다. 1. 신설(부담금의 부과대상을 확대하는 경우와 부담금의 부과요율을 인상하는 경우를

부담금관리 기본법 〔법률 제18284호, 2021. 6. 15. 개정〕	부담금관리 기본법 시행령 〔대통령령 제28211호, 2017. 7. 26. 개정〕
장이 정하기 전에 기획재정부장관에게 부담금 신설 또는 변경의 타당성에 관한 심사를 요청하여야 한다. ② 중앙행정기관의 장은 제1항에 따른 심사를 요청할 때에는 부담금의 신설 또는 변경에 관한 계획서(이하 "계획서"라 한다)를 제출하여야 한다. ③ 기획재정부장관은 제1항에 따른 심사를 요청받으면 부담금의 신설 또는 변경이 다음 각 호의 기준에 부합하는지를 제9조에 따른 부담금운용심의위원회로 하여금 심의하게 하여야 한다. 1. 부담금을 신설 또는 변경할 명확한 목적이 있을 것 2. 부담금의 부과요건등이 구체적이고 명확하게 규정되어 있을 것 3. 부담금의 재원 조성의 필요성과 사용목적의 공정성 및 투명성을 각각 갖추었을 것 4. 기존의 부담금과 중복되지 아니할 것 5. 부담금의 부과가 조세보다 적절할 것 6. 부담금의 존속기한이 목적을 달성하기 위하여 필요한 최소한의 기간으로 설정되어 있을 것. 다만, 그 부담금을 계속 존속시켜야 할 명백한 사유가 있는 경우에는 그러하지 아니하다. ④ 기획재정부장관은 제3항에 따른 심사 결과 부담금의 신설 또는 변경이 같은 항 각 호의 기준에 부합하지 아니하다고 인정하는 경우에는 계획서를 제출한 중앙행정기관의 장에게 그 계획서의 재검토 또는 수정을 요청할 수 있다.	포함한다) 목적과 그 필요성 2. 부과 및 징수 주체 3. 부과요건 4. 산정기준 5. 산정방법 6. 부과요율 7. 예상 징수액 8. 징수액의 사용 목적 9. 근거 법률의 제정 또는 개정 여부와 조문의 내용 ② 중앙행정기관의 장은 제1항에 따른 계획서의 내용이 법 제6조 제3항에 따른 기준에 부합하는지를 자체적으로 심사하고 그 결과를 제1항에 따른 계획서에 첨부하여야 한다.
제6조의 2(부담금운용종합계획서의 국회제출 등) ① 부담금을 규정하고 있는 법률의 소관 중앙행정기관의 장(이하 "부담금의 소관 중앙행정기관의 장"이라 한다)은 매년 다음 연도 부담금의 부과 및 사용 계획, 제8조에 따른 부담금운용 평가 결과의 이행 계획 등이 포함된 부담금운용계획서를 작성하여 기	제2조의 2(부담금운용계획서 등의 작성 및 제출) ① 법 제6조의 2 제1항에 따른 부담금운용계획서와 같은 조 제2항에 따른 부담금운용종합계획서에는 다음 각 호의 사항이 포함되어야 한다. 1. 부담금의 신설 및 폐지 계획 2. 부담금의 부과요건 또는 징수 주체의 변경

부담금관리 기본법 〔법률 제18284호, 2021. 6. 15. 개정〕	부담금관리 기본법 시행령 〔대통령령 제28211호, 2017. 7. 26. 개정〕
획재정부장관에게 제출하여야 한다. ② 기획재정부장관은 제1항에 따라 부담금운용계획서를 받으면 이를 기초로 부담금운용종합계획서를 작성하여 매년 회계연도 개시 120일 전까지 국회에 제출하여야 한다. ③ 제1항 및 제2항에 따른 부담금운용계획서 및 부담금운용종합계획서의 작성 및 제출에 필요한 사항은 대통령령으로 정한다.	등 부담금 운용과 관련된 주요 제도변경 계획 및 제도개선 계획 3. 부담금의 부과 계획 및 징수 전망 4. 징수한 부담금의 사용 계획 5. 그 밖에 부담금 운용과 관련된 사항 ② 기획재정부장관은 매년 3월 31일까지 부담금운용계획서의 작성지침을 수립하여 부담금을 규정하고 있는 법률의 소관 중앙행정기관의 장(이하 "부담금의 소관 중앙행정기관의 장"이라 한다)에게 통보하여야 한다. ③ 부담금의 소관 중앙행정기관의 장은 제2항에 따른 작성지침에 따라 부담금운용계획서를 작성하여 매년 5월 31일까지 기획재정부장관에게 제출하여야 한다.
제7조(부담금운용종합보고서의 국회제출 등) ① 부담금의 소관 중앙행정기관의 장은 매년 전년도 부담금의 부과실적 및 사용명세, 제8조에 따른 부담금운용 평가 결과의 이행실적 등이 포함된 부담금운용보고서를 작성하여 기획재정부장관에게 제출하여야 한다. ② 기획재정부장관은 제1항에 따라 부담금운용보고서를 받으면 이를 기초로 부담금운용종합보고서를 작성하여 매년 5월 31일까지 국회에 제출하여야 한다. ③ 부담금운용보고서 및 부담금운용종합보고서의 작성 및 제출에 필요한 사항은 대통령령으로 정한다.	제3조(부담금운용종합보고서 등의 작성 및 제출) ① 법 제7조 제1항 및 제2항에 따른 부담금운용보고서 및 부담금운용종합보고서에는 다음 각 호의 사항이 포함되어야 한다. 1. 부담금의 신설 및 폐지 현황 2. 부담금의 부과 및 징수 주체, 설치 목적, 부과요건 등 3. 부담금의 부과·징수 실적 및 징수한 부담금의 사용 명세 등 4. 그 밖에 부담금 운용과 관련된 사항 ② 기획재정부장관은 매년 1월 31일까지 부담금운용보고서의 작성지침을 수립하여 부담금의 소관 중앙행정기관의 장에게 통보하여야 한다. ③ 부담금의 소관 중앙행정기관의 장은 제2항에 따른 작성지침에 따라 부담금운용보고서를 작성하여 매년 3월 31일까지 기획재정부장관에게 제출하여야 한다.
제8조(부담금운용의 평가) ① 기획재정부장관은 부담금을 적정하게 운용하기 위하여 각 부담금의 부과목적, 부과실태, 사용내용의 건전성, 부과절차의 공정성 및 존치 필요성 등을 지속적으로 점검·평가하여야 한다. 이 경우 각 부담금의 존치 필요성에 대해서	제4조(부담금운용의 평가를 위한 자료 요구) 기획재정부장관은 법 제8조 제1항에 따른 평가를 위하여 필요하다고 인정할 때에는 부담금의 소관 중앙행정기관의 장에게 필요한 자료를 요구할 수 있다. 제5조(부담금운용평가단의 구성) ① 기획재정부

부담금관리 기본법 〔법률 제18284호, 2021. 6. 15. 개정〕	부담금관리 기본법 시행령 〔대통령령 제28211호, 2017. 7. 26. 개정〕
는 3년마다 1회씩 점검·평가하고 그 결과를 제7조 제2항에 따른 부담금운용종합보고서에 포함하여 국회에 제출하여야 한다. ② 기획재정부장관은 제1항에 따른 평가 결과, 부담금의 운용이 적정하지 아니하였거나 부담금을 존치할 필요성이 없어졌다고 인정하는 경우에는 부담금의 소관 중앙행정기관의 장에게 해당 부담금의 폐지 등을 위한 제도개선을 요청할 수 있다. ③ 제2항에 따라 요청을 받은 부담금의 소관 중앙행정기관의 장은 특별한 사유가 없으면 해당 부담금의 폐지 등을 위한 법령의 개정방안, 부담금을 대체할 수 있는 제도의 신설 등의 대책을 마련하여 기획재정부장관과 협의하여야 한다. ④ 기획재정부장관은 부담금운용실태를 점검·평가하거나 부담금제도에 관한 전문적·기술적인 연구를 하거나 자문하기 위하여 부담금운용평가단을 운영할 수 있다. ⑤ 제4항에 따른 부담금운용평가단의 구성 및 운영에 필요한 사항은 대통령령으로 정한다.	장관은 다음 각 호의 어느 하나에 해당하는 사람 중에서 위촉하는 사람으로 법 제8조 제4항에 따른 부담금운용평가단(이하 "평가단"이라 한다)을 수시로 구성·운영할 수 있다. 1. 재정 분야에 관한 전문지식이 있는 조교수 이상의 대학교수 2. 연구기관에 소속된 박사학위 소지자로서 재정에 관한 전문지식이 있는 사람 3. 5년 이상의 실무 경험이 있는 공인회계사, 변호사 및 조세·금융업무에 관한 전문가 4. 그 밖에 재정업무에 관한 전문지식과 경험이 풍부하다고 인정되는 사람 ② 평가단은 30명 이내의 위원으로 구성한다. ③ 평가단의 부담금 제도개선에 관한 연구 또는 자문, 부담금 운용 실태조사 및 평가업무 등에 드는 경비는 예산의 범위에서 지급할 수 있다. ④ 이 영에서 규정한 사항 외에 평가단의 운영에 필요한 사항은 법 제9조에 따른 부담금운용심의위원회(이하 "위원회"라 한다)의 심의를 거쳐 기획재정부장관이 정한다.
제9조(부담금운용심의위원회) ① 부담금에 관한 주요정책과 그 운용방향 등을 심의하기 위하여 기획재정부장관 소속으로 부담금운용심의위원회(이하 "위원회"라 한다)를 둔다. ② 위원회는 다음 각 호의 사항을 심의한다. 1. 부담금의 신설·변경 및 폐지에 관한 사항 2. 제8조 제4항에 따른 부담금운용평가단의 부담금 평가 결과 및 제도개선 요청사항 3. 위원장이 위원회의 심의가 필요하다고 인정하여 회의에 부치는 사항 4. 그 밖에 대통령령으로 정하는 사항 ③ 위원회는 다음 각 호의 사람으로 구성한다. 1. 기획재정부차관 중에서 기획재정부장관이 지명한 사람 2. 기획재정부, 행정안전부, 국무조정실 또는 그 밖에 부담금의 소관 중앙행정기관의 고위공무원단에 속하는 일반직공무원	**제6조(위원회의 구성 및 운영)** ① 법 제9조 제3항 제2호에서 "대통령령으로 정하는 사람"이란 기획재정부, 행정안전부, 국무조정실과 위원회에 안건으로 부쳐진 부담금의 소관 중앙행정기관의 고위공무원단에 속하는 일반직공무원 중에서 해당 기관의 장이 지명하는 사람을 말한다. ② 법 제9조 제3항 제3호에 따라 위촉되는 민간위원의 임기는 2년으로 한다. ③ 위원회의 위원장(이하 "위원장"이라 한다)이 부득이한 사유로 직무를 수행할 수 없을 때에는 위원장이 지명한 위원이 그 직무를 대행한다. ④ 위원장은 위원회의 회의를 소집하고, 그 의장이 된다. ⑤ 위원회의 회의는 재적위원 과반수의 출석으로 개의(開議)하고, 출석위원 과반수의 찬

부담금관리 기본법 〔법률 제18284호, 2021. 6. 15. 개정〕	부담금관리 기본법 시행령 〔대통령령 제28211호, 2017. 7. 26. 개정〕
중에서 대통령령으로 정하는 사람 3. 학식과 경험이 풍부한 사람 중에서 기획재정부장관이 위촉하는 10명 이내의 민간위원 ④ 위원회의 위원장은 제3항 제1호에 따라 지명된 기획재정부차관이 된다. ⑤ 제1항부터 제4항까지에서 규정한 사항 외에 위원회의 구성 및 운영에 필요한 사항은 대통령령으로 정한다.	성으로 의결한다. ⑥ 위원회는 안건의 심의를 위하여 필요하다고 인정될 때에는 관계 공무원과 해당 분야의 전문가를 회의에 참석하게 하여 의견을 들을 수 있다. ⑦ 위원회의 서무를 처리하기 위하여 위원회에 간사 1명을 두되, 간사는 기획재정부 소속 공무원 중에서 위원장이 임명한다. ⑧ 위원회에 출석한 민간위원과 관계 전문가 등에게는 예산의 범위에서 수당 및 여비와 그 밖에 필요한 경비를 지급할 수 있다. ⑨ 위원회의 업무를 효율적으로 수행하기 위하여 필요한 경우 위원회에 분야별로 분과위원회를 둘 수 있다. ⑩ 위원회는 부담금업무에 관한 전문적인 조사·연구 업무를 담당하게 하기 위하여 전문위원을 둘 수 있으며, 전문위원은 해당 분야에 관한 학식과 경험이 풍부한 사람 중에서 위원장이 위촉한다. ⑪ 이 영에서 규정한 사항 외에 위원회의 운영에 필요한 사항은 위원회의 의결을 거쳐 위원장이 정한다.
	제6조의 2(위원의 해촉 등) ① 제6조 제1항에 따라 위원을 지명한 자는 위원이 다음 각 호의 어느 하나에 해당하는 경우에는 그 지명을 철회할 수 있다. 1. 심신장애로 인하여 직무를 수행할 수 없게 된 경우 2. 직무와 관련된 비위사실이 있는 경우 3. 직무태만, 품위손상이나 그 밖의 사유로 인하여 위원으로 적합하지 아니하다고 인정되는 경우 4. 위원 스스로 직무를 수행하는 것이 곤란하다고 의사를 밝히는 경우 ② 기획재정부장관은 법 제9조 제3항 제3호에 따른 위원이 제1항 각 호의 어느 하나에 해당하는 경우에는 해당 위원을 해촉(解囑)할 수 있다.

부담금관리 기본법 〔법률 제18284호, 2021. 6. 15. 개정〕	부담금관리 기본법 시행령 〔대통령령 제28211호, 2017. 7. 26. 개정〕
제10조(부담금의 제도개선에 대한 의견청취) ① 기획재정부장관은 부담금의 신설·변경·폐지 및 제도개선에 관하여 관계 전문가, 경제단체, 「비영리민간단체 지원법」 제2조에 따른 비영리민간단체, 이해관계인 등의 의견을 듣고, 이를 반영하도록 노력하여야 한다. ② 기획재정부장관은 의견을 듣기 위하여 필요하다고 인정하는 경우에는 공청회를 열 수 있다. ③ 제1항에 따른 의견제출 등의 방법 및 절차에 관하여 필요한 사항은 대통령령으로 정한다.	제7조(부담금의 제도개선에 대한 의견청취) ① 법 제10조에 따라 부담금의 신설·폐지 및 제도개선에 관하여 의견을 제출하려는 자는 다음 각 호의 사항을 서면·팩스·컴퓨터통신 등의 방법으로 기획재정부장관에게 제출하여야 한다. 1. 의견제출인의 성명 및 주소(의견제출인이 단체인 경우에는 해당 단체의 명칭 및 주소) 2. 부담금의 명칭 3. 부담금의 부과·징수 주체와 그 부과 내용 4. 제도개선을 요청하는 이유와 그 내용 5. 그 밖에 부담금 제도개선의 필요성을 명백히 할 수 있는 사항 ② 기획재정부장관은 제1항에 따라 제도개선 의견이 제출된 경우에는 그 의견을 검토하고 그 결과를 의견제출인에게 알려 주어야 한다.

부담금관리 기본법 [별표] 〈개정 2022. 10. 18., 시행 2023. 4. 19.〉

이 법에 따라 설치하는 부담금(제3조 관련)

1. 「개발이익 환수에 관한 법률」 제3조에 따른 개발부담금
2. 「개발제한구역의 지정 및 관리에 관한 특별조치법」 제21조에 따른 개발제한구역 보전부담금
3. 「고압가스 안전관리법」 제34조의 2에 따른 안전관리부담금
4. 「공적자금상환기금법」 제5조 제4항 및 제5항에 따른 공적자금상환기금 출연금
5. 「공항소음 방지 및 소음대책지역 지원에 관한 법률」 제17조에 따른 소음부담금
6. 「관광진흥개발기금법」 제2조 제3항 및 「제주특별자치도 설치 및 국제자유도시 조성을 위한 특별법」 제246조 제3항에 따른 출국납부금
7. 「관광진흥법」 제30조 및 「제주특별자치도 설치 및 국제자유도시 조성을 위한 특별법」 제245조 제3항에 따른 카지노사업자 납부금
8. 「관광진흥법」 제64조에 따른 관광지등 지원시설 이용자 분담금
9. 「관광진흥법」 제64조에 따른 관광지등 지원시설 원인자 부담금
10. 「광산피해의 방지 및 복구에 관한 법률」 제24조에 따른 광해방지의무자 부담금
11. 「광업법」 제87조에 따른 광물 수입부과금 및 판매부과금
12. 「국민건강증진법」 제23조에 따른 국민건강증진부담금
13. 「국민체육진흥법」 제20조 및 제23조에 따른 회원제 골프장 시설 입장료에 대한 부가금

13의 2. 「국제질병퇴치기금법」 제5조 제1항에 따른 납부금

14. 「국토의 계획 및 이용에 관한 법률」 제68조에 따른 기반시설설치비용 부과금
15. 삭제 〈2016. 1. 27.〉
16. 「금강수계 물관리 및 주민지원 등에 관한 법률」 제30조에 따른 물이용부담금
17. 「기술보증기금법」 제13조에 따른 기술보증기금 출연금
18. 삭제 〈2016. 1. 27.〉
19. 「낙동강수계 물관리 및 주민지원 등에 관한 법률」 제32조에 따른 물이용부담금
20. 「농림수산업자 신용보증법」 제4조에 따른 농림수산업자 신용보증기금 출연금
21. 「농수산물 유통 및 가격안정에 관한 법률」 제16조에 따른 농산물수입이익금
22. 「농어촌 전기공급사업 촉진법」 제3조에 따른 전기사용자의 일시부담금
23. 「농지법」 제38조에 따른 농지보전부담금
24. 「담배사업법」 제25조의 3에 따른 연초경작지원 등의 사업을 위한 출연금
25. 「대기환경보전법」 제35조에 따른 배출부과금 및 「환경오염시설의 통합관리에 관한 법

률」 제15조에 따른 배출부과금

26. 「대도시권 광역교통 관리에 관한 특별법」 제11조에 따른 광역교통시설 부담금
27. 「댐건설 · 관리 및 주변지역지원 등에 관한 법률」 제23조에 따른 수익자 부담금
28. 「도로법」 제91조에 따른 원인자 부담금
29. 「도시개발법」 제58조에 따른 도시개발구역 밖의 기반시설의 설치 비용 부담금
30. 「도시교통정비 촉진법」 제35조에 따른 혼잡통행료
31. 「도시교통정비 촉진법」 제36조에 따른 교통유발부담금
32. 「먹는물관리법」 제31조에 따른 수질개선부담금
33. 「물류시설의 개발 및 운영에 관한 법률」 제44조에 따른 시설부담금
34. 「방사성폐기물 관리법」 제15조에 따른 사용후핵연료관리부담금
35. 「방송통신발전 기본법」 제25조에 따른 방송통신발전기금 분담금
36. 「사행산업통합감독위원회법」 제14조의 2에 따른 중독예방치유부담금
37. 「산림자원의 조성 및 관리에 관한 법률」 제41조에 따른 임산물 수입이익금
38. 「산업입지 및 개발에 관한 법률」 제33조에 따른 시설부담금
39. 「산지관리법」 제19조에 따른 대체산림자원조성비 및 분할납부이행보증금
40. 「석면피해구제법」 제31조에 따른 석면피해구제분담금
41. 「석유 및 석유대체연료 사업법」 제18조 및 제37조에 따른 석유 및 석유대체연료의 수입 · 판매 부과금
42. 「수도권정비계획법」 제12조에 따른 과밀부담금
43. 「수도법」 제71조에 따른 원인자 부담금
44. 「수산자원관리법」 제44조에 따른 수산자원조성금
45. 삭제 〈2017. 1. 17.〉
46. 「물환경보전법」 제41조에 따른 배출부과금 및 「환경오염시설의 통합관리에 관한 법률」 제15조에 따른 배출부과금
47. 「물환경보전법」 제48조의 2에 따른 공공폐수처리시설 설치 부담금
48. 「신용보증기금법」 제6조에 따른 신용보증기금 출연금
49. 「약사법」 제86조의 2에 따른 의약품 부작용 피해구제 부담금
50. 「양곡관리법」 제13조의 2에 따른 양곡수입이익금
51. 삭제 〈2016. 1. 27.〉
52. 「영산강 · 섬진강수계 물관리 및 주민지원 등에 관한 법률」 제30조에 따른 물이용부담금
53. 「영화 및 비디오물의 진흥에 관한 법률」 제25조의 2에 따른 영화상영관 입장권 부과금
54. 「예금자보호법」 제30조의 3에 따른 예금보험기금채권상환특별기여금
55. 「오존층 보호 등을 위한 특정물질의 관리에 관한 법률」 제24조의 2에 따른 특정물질 제조 · 수입 부담금

56. 「외국환거래법」 제11조의 2에 따른 외환건전성부담금
57. 「원자력안전법」 제111조의 2에 따른 원자력안전관리부담금 및 「원자력시설 등의 방호 및 방사능 방재 대책법」 제45조의 2에 따른 원자력안전관리부담금
58. 「원자력 진흥법」 제13조에 따른 원자력연구개발사업 비용부담금
59. 「인삼산업법」 제20조에 따른 농산물가격안정기금 납부금
60. 「임금채권보장법」 제9조에 따른 사업주의 부담금
61. 「자동차손해배상 보장법」 제37조에 따른 자동차사고 피해지원사업 분담금
62. 「자연환경보전법」 제46조에 따른 생태계보전부담금
63. 「자원의 절약과 재활용촉진에 관한 법률」 제12조에 따른 폐기물부담금
64. 「자원의 절약과 재활용촉진에 관한 법률」 제19조에 따른 재활용부과금
65. 「자유무역협정 체결에 따른 농어업인 등의 지원에 관한 특별법」 제22조에 따른 농산물 공매납입금 또는 수입이익금
66. 「자유무역협정 체결에 따른 농어업인 등의 지원에 관한 특별법」 제22조에 따른 수산물 공매납입금 또는 수입이익금
67. 「장애인고용촉진 및 직업재활법」 제33조에 따른 장애인 고용부담금
68. 「재건축초과이익 환수에 관한 법률」 제3조에 따른 재건축부담금
69. 「전기사업법」 제51조에 따른 전력산업기반기금 부담금
70. 「전기ㆍ전자제품 및 자동차의 자원순환에 관한 법률」 제18조에 따른 전기ㆍ전자제품의 재활용부과금
71. 「전기ㆍ전자제품 및 자동차의 자원순환에 관한 법률」 제18조의 2에 따른 전기ㆍ전자제품의 회수부과금
72. 「지방자치법」 제138조에 따른 지방자치단체 공공시설의 수익자 분담금
73. 「지역신용보증재단법」 제7조 제3항에 따른 지역신용보증재단 및 신용보증재단중앙회 출연금
74. 「지하수법」 제30조의 3에 따른 지하수이용부담금
75. 「집단에너지사업법」 제18조에 따른 집단에너지 공급시설 건설비용 부담금
76. 「초지법」 제23조에 따른 대체초지조성비
77. 「축산법」 제45조에 따른 축산물 수입이익금
78. 「택지개발촉진법」 제12조의 2에 따른 공공시설 설치비용 부담금
79. 「하수도법」 제61조에 따른 원인자 부담금
80. 「학교용지 확보 등에 관한 특례법」 제5조에 따른 학교용지부담금
81. 삭제 〈2016. 1. 27.〉
82. 「한강수계 상수원수질개선 및 주민지원 등에 관한 법률」 제19조에 따른 물이용부담금
83. 「한국국제교류재단법」 제16조에 따른 국제교류기여금

84. 삭제 〈2016. 12. 20.〉
85. 「한국주택금융공사법」 제56조에 따른 주택금융신용보증기금 출연금
86. 「한국주택금융공사법」 제59조의 3 제3항에 따른 주택담보노후연금보증 계정 출연금
87. 「해양생태계의 보전 및 관리에 관한 법률」 제49조에 따른 해양생태계보전부담금
88. 「해양심층수의 개발 및 관리에 관한 법률」 제40조에 따른 해양심층수이용부담금
89. 「해양환경관리법」 제19조에 따른 해양환경개선부담금
90. 「해양환경관리법」 제69조에 따른 방제분담금
91. 「해운법」 제22조의 2에 따른 운항관리자 비용부담금
92. 「화재로 인한 재해보상과 보험가입에 관한 법률」 제14조에 따른 한국화재보험협회 출연금
93. 「환경개선비용 부담법」 제9조에 따른 환경개선부담금
94. 「서민의 금융생활 지원에 관한 법률」 제47조 제2항에 따른 서민금융진흥원 출연금
95. 「자원순환기본법」 제21조에 따른 폐기물처분부담금

제2장 개발부담금

Q1. 개발부담금의 의의

개발부담금의 도입 배경

1970년 대 이후 국토개발이 본격화됨에 따라 토지 개발로부터 발생하는 불로소득이 사회적으로 환수되지 못하고 사유화됨으로써 소득 구조의 불균형과 계층 간의 갈등을 초래하여 마침내 사회문제로 확산되기에 이르렀다. 80년대 후반 정부는 토지 공급의 제한으로 인한 지가 상승과 토지 투기의 만연, 개발이익 사유화 등 사회 문제에 능동적으로 대처하기 위해 토지공개념 제도를 확대 도입하였다.

개발부담금 제도는 토지 공개념의 일환으로 토지초과이득세와 함께 개발이익 환수를 위한 제도로 도입되었다. 한편 토지초과이득세법은 1998. 12. 28.(법률 제5586호) 폐지되었다. 개발부담금은 토지 개발로 인해 발생하는 이익을 환수하여 이를 적정하게 배분하여 토지 투기를 방지하고 토지의 효율적인 이용을 촉진하기 위하여 각종 개발사업으로 생긴 이익을 부담금으로 징수하는 제도로서 「개발이익 환수에 관한 법률(약칭 : 개발이익환수법)」에 근거해 1990년부터 시행하고 있다(2004~2005년 일시중지, 2006. 1. 1. 재시행).

이에 「개발이익환수법」 제1조에서 "이 법은 토지에서 발생하는 개발이익을 환수하여 이를 적정하게 배분하여서 토지에 대한 투기를 방지하고 토지의 효율적인 이용을 촉진하여 국민경제의 건전한 발전에 이바지하는 것을 목적으로 한다'라고 규정하고 있다. 즉 개발부담금 제도는 사업시행자가 개발사업을 시행한 결과 사업대상토지의 지가가 상승하여 정상지가상승분을 초과하는 불로소득 성격의 개발이익이 생긴 경우에 이를 일부 환수함으로써 경제정의를 실현하고 토지에 대한 투기를 방지하여 토지의 효율적인 이용을 촉진하려는 제도이다(대법원 1996.7.30. 선고 95누11177 판결 등 참조).

개발부담금의 개념과 부과 요건

개발부담금이란 개발이익 중 개발이익환수법에 따라 특별자치시장 · 특별자치도지사 · 시장 · 군수 또는 구청장(구청장은 자치구의 구청장을 말하며, 이하 "시장 · 군수 · 구청장"이라 한다)이 부과 · 징수하는 금액을 말한다(개발이익환수법 §2 4호).

개발부담금은 개발이익에 20% 내지 25%의 부담률을 곱하여 산정한다. 여기에서 "개발이익"이란 개발사업의 시행이나 토지이용계획의 변경, 그 밖에 사회적·경제적 요인에 따라 정상지가(正常地價) 상승분을 초과하여 개발사업을 시행하는 자나 토지 소유자에게 귀속되는 토지가액의 증가분을 말하며, 개발이익은 부과 종료시점의 지가에서 부과 개시시점의 지가와 부과기간의 정상지가 상승분 및 개발비용을 뺀 금액으로 산정한다. 이러한 개발부담금은 부과 종료시점(개발사업의 준공인가 등을 받은 날 등)으로부터 5개월 이내에 결정·부과한다. 이러한 개발부담금의 부과 요건은 다음과 같다.

(1) 부과대상 사업

① 택지개발사업(주택단지 조성사업 포함)
② 산업단지, 관광단지, 온천 개발사업, 골프장 건설사업
③ 도시환경정비사업, 물류시설용지 조성사업, 여객자동차 터미널사업
④ 지목변경이 수반되는 사업 등
⑤ 그 밖에 비슷한 사업

(2) 부과대상 면적

① 특별·광역시 및 특별자치시 도시지역 : 660㎡ 이상
② 특별·광역시 등 위 지역 외 도시지역 : 990㎡ 이상
③ 개발제한구역 및 비도시지역 : 1,650㎡ 이상

(3) 납부의무자

① 개발사업을 위탁 또는 도급한 경우에는 그 위탁이나 도급을 한 자
② 타인 소유의 토지를 임차하여 개발사업을 시행한 경우에는 토지소유자
③ 개발사업을 완료하기 전에 사업시행자 지위를 승계하는 경우에는 그 지위를 승계한 자

(4) 부담금 부과기준

► 개발부담금 = 부과기준(개발이익) × 부담률(20% 또는 25%)

► 부과기준(개발이익) = 〔종료시점지가 − (개시시점지가 + 개발비용 + 정상지가상승분)〕

- 종료시점지가 : 개발사업 완료일의 표준지공시지가를 기준으로 하되, 예외적인 경우 감정가액 또는 처분가액 인정
- 개시시점지가 : 개발사업 인·허가일의 개별공시지가를 기준으로 하되, 예외적으로 매입가액(국가 등으로부터 매입, 경매, 수용, 공공기관 시행 등) 인정
- 개발비용 : 순공사비, 조사비, 설계비, 일반관리비, 기부가액, 부담금 납부액, 보상비 등
- 정상지가상승분 : 사업 기간의 지가변동률과 정기예금이자율 중 높은 비율 적용 등

개발부담금의 운용 현황[4)]

(1) 개발부담금의 부과 및 징수기관

시장·군수·구청장은 개발부담금 부과대상 사업이 시행되는 지역에서 발생하는 개발이익을 개발이익환수법으로 정하는 바에 따라 개발부담금으로 징수하여야 한다(개발이익환수법 §3).

담당기관	국토교통부	토지정책과
부과기관	시·군·구	토지정보과 등
징수기관	시·군·구	토지정보과 등

(2) 개발부담금 제도의 변천 현황

일자	변천내용
1990. 1. 1.	개발이익의 50%의 개발부담금 신설
1998. 9. 19.~1999. 12. 31.	개발부담금 한시적 중지
2000. 1. 1.	개발부담금 재부과 및 부담률 인하 (50% → 25%)
2002. 1. 1.	수도권 이외의 지역 부과 중지(부담금관리 기본법 제정 시행)
2004. 1. 1.	수도권 지역 부과 중지
2006. 1. 1.	전국 재부과, 부담률 25%

4) 기획재정부, 「2021년도 부담금운용 종합보고서」, pp.654~665. 참조

일자	변천내용
2014. 1. 14.	• 계획입지사업(20%), 개별입지사업(25%) 부담률 조정 • 계획입지사업으로 2014. 7. 15.부터 1년 간 인가등을 받은 사업은 수도권 50% 감면, 지방 100% 면제
2015. 8. 11.	계획입지사업 한시감면 연장 (2018. 6. 30.까지 인가등을 받은 사업)
2016. 12. 30.	부담금 부과대상 토지면적 기준 한시 상향 조정(2017년부터 2019년까지 인가등을 받은 사업에 적용) ※ 660㎡→1,000㎡, 990㎡→1,500㎡, 1650㎡→2,500㎡
2018. 6. 30.	계획입지사업 한시감면 종료
2019. 12. 31.	개발부담금 부과대상사업의 토지면적 임시특례 종료

(3) 개발부담금의 부과 · 징수 규모

① 연도별 부과 · 징수 규모

(단위 : 백만 원)

구 분	부과		징수	
	건수	금액	건수	금액
합계	102,542	8,042,624	94,686	5,946,152
2021	6,667	584,862	6,728	446,394
2020	6,395	564,347	7,067	428,301
2019	8,275	430,678	6,826	297,802
2018	6,822	457,865	6,502	323,317
2017	7,381	395,734	7,357	324,964
2016	6,243	332,009	6,507	195,463
2015	4,703	227,765	5,197	173,003
2014	4,233	280,309	4,341	206,155
2013	4,118	229,899	4,121	242,600
2012 이전	47,705	4,539,156	40,040	3,308,153

② 징수기관별 부담금의 징수 규모

(단위 : 백만 원)

구 분	징수실적		비고
	2021년	2020년까지 누계	
서울시	10,258	409,199	
부산시	50,413	158,081	

구 분	징수실적		비고
	2021년	2020년까지 누계	
대구시	−2,468	106,425	
인천시	14,093	294,653	
광주시	3,417	102,781	
대전시	727	99,812	
울산시	14,347	57,332	
세종시	2,607	8,851	
경기도	302,442	3,216,441	전국의 67.8% 차지
강원도	5,804	83,077	
충북도	6,547	120,523	
충남도	11,994	188,459	
전북도	2,698	119,769	
전남도	2,058	103,663	
경북도	6,769	170,912	
경남도	6,424	196,901	
제주도	8,264	62,879	

(4) 부담금의 귀속주체별 배분기준

① 징수금의 배분기준

징수된 개발부담금의 50%에 해당하는 금액은 개발이익이 발생한 토지가 속하는 특별자치시·특별자치도·시·군 또는 자치구(이하 "시·군·구"라 한다)에 귀속되고, 이를 제외한 나머지 개발부담금은 「국가균형발전 특별법」에 따른 국가균형발전특별회계(이하 "특별회계"라 한다)에 귀속된다. 그러나 개발부담금을 경감한 경우에는 징수된 개발부담금 중 경감하기 전의 개발부담금의 50%에 해당하는 금액에서 경감한 금액을 뺀 금액은 개발이익이 발생한 토지가 속하는 시·군·구에 귀속되고, 이를 제외한 나머지 개발부담금은 특별회계에 귀속된다(개발이익환수법 §4 ① ②, 개발이익환수령 §3 ①).

다만, 「학교용지 확보 등에 관한 특례법」 제4조에 따라 특별시·광역시 또는 도가 학교용지의 확보에 필요한 경비를 부담하는 개발사업의 경우에는 지방자치단체에 귀속되는 부담금의 2분의 1(특별시·광역시 또는 도가 학교용지의 확보를 위하여 부담하는 경비가 지방자치단체에 귀속되는 부담금의 2분의 1에 미달하는 경우에는 특별시·광역시 또는 도가 부담하는 경비에 해당하는 금액을 말한다)은 특별시·광역시 또는 도에, 이를 제외한 나머지 부담금은 시·군 또는 자치구에 귀속된다(개발이익환수령 §3 ②).

한편 특별자치시장·특별자치도지사·시장·군수 또는 구청장(구청장은 자치구의 구청장을 말하며, 이하 "시장·군수·구청장"이라 한다)은 부담금을 물납(物納)으로 받은 경우 그 물납으로 받은 토지 또는 건축물은 특별회계에 귀속하는 부담금으로 배분한다. 다만, 시장·군수·구청장은 필요한 경우 시·군·구에 귀속되는 부담금으로 배분할 수 있다(개발이익환수령 §3 ③).

② 징수금의 배분절차

시장·군수·구청장은 부담금을 징수한 경우 다음에 따른 조치를 해야 한다(개발이익환수령 §3 ④).

특별회계에의 귀속분	한국은행 또는 체신관서에 지체 없이 납입할 것. 다만, 물납부동산인 경우 특별회계 소속 국유재산으로 하기 위한 등기이전과 그 밖에 필요한 조치를 해야 한다.
특별시·광역시 또는 도에의 귀속분 (학교용지 관련)	특별시·광역시 또는 도의 금고에 지체 없이 납입할 것

한편 시장·군수·구청장은 징수한 분기별 부담금의 부과·징수 실적 및 납입·물납 실적을 다음 분기 첫째 달 10일까지 국토교통부장관에게 통보해야 한다. 국토교통부장관은 통보받은 실적을 근거로 납입금액(시장·군수·구청장이 한국은행 또는 체신관서에 납입한 금액 및 특별회계에 귀속하는 물납부동산의 가액을 말하며, 징수금을 배분할 때 정산한 금액은 제외한다)의 7%를 시장·군수·구청장에게 징수 수수료로 지급해야 한다. 이 경우 징수 수수료는 개발부담금을 징수한 분기의 다음 분기 첫째 달의 말일까지 지급한다(개발이익환수법 §4 ④, 개발이익환수령 §3 ⑤ ⑥).

(백만 원)

배분항목		배분비율	2021년 징수금액	관련법령
합계		100%	446,394	개발이익환수법 §4 ①, 국가균형발전특별법 §30·§34
국가	균형발전특별회계	50%	221,298	
시·군·구	일반회계	50%	225,096	

시·군·구는 귀속되는 개발부담금을 해당 시·군·구의 토지 관리와 지역균형개발사업을 효율적으로 추진하기 위하여 사용하여야 하며, 필요한 경우에는 조례로 정하는 바에 따라 귀속되는 개발부담금을 재원으로 하는 토지관리특별회계를 설치할 수 있다(개발이익환수령 §3 ⑦).

Q2. 개발부담금 부과대상 개발사업과 납부의무자

개발부담금 부과대상 개발사업 개요

"개발사업"이란 국가나 지방자치단체로부터 인가·허가·면허 등을 받아 시행하는 택지개발사업이나 산업단지개발사업 등의 사업을 말한다(개발이익환수법 §2 2호). 구체적으로 개발부담금의 부과대상이 되는 개발사업은 택지·산업·관광단지, 도시개발·지역개발, 주택건설사업, 지목변경 수반 개발사업(농지·산지전용허가, 개발행위허가) 등 7개의 사업과 그 밖에 이와 유사한 사업으로 총 8개 분야, 40여 개 사업이다(개발이익환수법 §5 ①).

① 택지개발사업(주택단지조성사업을 포함)
② 산업단지개발사업
③ 관광단지조성사업(온천 개발사업을 포함)
④ 도시개발사업, 지역개발사업 및 도시환경정비사업
⑤ 교통시설 및 물류시설 용지조성사업
⑥ 체육시설 부지조성사업(골프장 건설사업 및 경륜장·경정장 설치사업을 포함)
⑦ 지목 변경이 수반되는 사업으로서 대통령령으로 정하는 사업
⑧ ①부터 ⑥까지의 사업과 유사한 사업으로서 대통령령으로 정하는 사업

위와 같이 개발부담금 부과대상이 되는 개발사업은 법령에서 열거하고 있으므로(열거주의) 법령에 열거되지 아니한 사업은 개발이익이 발생하더라도 개발부담금 부과대상이 아니다. 위 ①~⑥ 개발사업은 계획입지사업으로 선계획 후개발 원칙에 따라 지구단위계획 등을 수립하여 시행하는 대규모 개발사업(개발이익환수법 §5 ① 1호~6호)에 해당하며, 택지개발과 산업단지, 관광단지, 도시개발, 지역개발 및 도시환경정비, 교통시설 및 물류시설 용지조성, 체육시설 부지조성(골프장, 경륜장, 경정장 설치사업 포함) 사업 등으로 20%의 부담률이 적용된다.

또한 위 ⑦~⑧ 개발사업은 개별입지사업으로 지목변경 수반 건축사업 등으로 기반시설이 없는 지역에서 무계획적으로 시행되는 난개발 사업(개발이익환수법 §5 ① 7호, 8호)에 해당하며, 부담률도 계획입지사업에 비해 상대적으로 높은 25%를 적용한다.

이와 같은 부담금 부과대상 개발사업에 대하여는 「개발이익 환수에 관한 법률 시행령」 제4조 제1항에 의한 [별표 1](후술)에서 세부적으로 규정하고 있는데, [별표 1] 제7호의 「건축법」에 따른 건축물의 건축으로 사실상 또는 공부상 지목변경이 수반되는 사업 등에 해당되는지 여부에 대하여 주로 쟁점이 되고 있다.

 개발부담금 부과대상 개발사업의 분설

(1) 택지개발사업

택지개발사업은 주택단지조성사업을 포함하며, 「주택법」에 따른 대지조성사업과 주택건설사업, 「택지개발촉진법」에 따른 택지개발사업에 해당하는 사업이다. 다만, 일정 기간 이상 임대하기 위하여 국민주택규모 이하의 공공임대주택(5년) 또는 민간임대주택(4년)을 건설하는 사업은 제외되며, 정해진 기간이 되기 전에 분양전환하거나 임대사업자가 아닌 자에게 양도하는 경우 해당 건설사업은 그러하지 아니한다. 또한 이주대책대상자를 위한 주택지조성사업 및 주택건설사업, 「주택법」 제4조 제1항 제4호에 따른 공익법인이 무주택자를 위하여 시행하는 주택지조성사업 및 국민주택규모 이하의 주택건설사업도 택지개발사업에서 제외된다(개발이익환수령 [별표 1]).

(2) 산업단지개발사업

「산업입지 및 개발에 관한 법률」에 따른 국가산업단지개발사업과 일반산업단지개발사업, 도시첨단산업단지개발사업, 농공단지개발사업 및 「중소기업진흥에 관한 법률」에 따른 협동화사업 단지조성사업이 해당된다(개발이익환수령 [별표 1]).

(3) 관광단지조성사업

온천 개발사업을 포함하며, 「관광진흥법」에 따른 관광지조성사업과 관광단지조성사업 및 「국토의 계획 및 이용에 관한 법률」에 따른 유원지 설치사업, 「도시공원 및 녹지 등에 관한 법률」에 따른 공원사업, 「온천법」에 따른 굴착사업 및 온천 개발사업, 「자연공원법」에 따른 공원사업이 해당된다(개발이익환수령 [별표 1]).

(4) 도시개발사업, 지역개발사업 및 도시환경정비사업

① 「경제자유구역의 지정 및 운영에 관한 특별법」에 따른 경제자유구역개발사업
② 「도시개발법」에 따른 도시개발사업
③ 「도시 및 주거환경정비법」에 따른 정비사업
④ 「제주특별자치도 설치 및 국제자유도시 조성을 위한 특별법」에 따른 국제자유도시개발사업
⑤ 「주한미군기지 이전에 따른 평택시 등의 지원 등에 관한 특별법」에 따른 평택시개발사업
⑥ 「주한미군기지 이전에 따른 평택시 등의 지원 등에 관한 특별법」에 따른 국제화계획지구 개발사업
⑦ 「지역균형개발 및 지방중소기업 육성에 관한 법률」에 따른 지역개발사업
⑧ 「지역특화발전특구에 대한 규제특례법」에 따른 특화사업(중소기업이 공장용지를 조성하는 경우는 제외)

(5) 교통시설 및 물류시설 용지조성사업

① 「국토의 계획 및 이용에 관한 법률」에 따른 자동차 및 건설기계 운전학원 설치사업
② 「국토의 계획 및 이용에 관한 법률」에 따른 여객자동차터미널사업
③ 「국토의 계획 및 이용에 관한 법률」에 따른 유통업무설비 설치사업
④ 「물류시설의 개발 및 운영에 관한 법률」에 따른 물류단지개발사업
⑤ 「물류시설의 개발 및 운영에 관한 법률」에 따른 물류터미널사업
⑥ 「여객자동차 운수사업법」에 따른 여객자동차터미널사업

(6) 체육시설 부지조성사업(골프장건설사업 및 경륜장·경정장 설치사업 포함)

① 「경륜·경정법」에 따른 경륜장 설치사업
② 「경륜·경정법」에 따른 경정장 설치사업
③ 「국토의 계획 및 이용에 관한 법률」에 따른 골프장 건설사업
④ 「체육시설의 설치·이용에 관한 법률」에 따른 체육시설업을 위한 부지조성사업(골프장업, 스키장업, 자동차경주장업, 승마장업 및 종합체육시설업으로 한정한다)

(7) 지목변경이 수반되는 사업

지목변경이 수반되는 사업으로서 「건축법」에 따른 건축물(국토교통부령으로 정하는 건축물로 한정)의 건축(「건축법」 제19조에 따른 용도변경 포함)으로 사실상 또는 공부상의 지목변경이 수반되는 사업은 개발부담금 부과대상 개발사업이다(개발이익환수법 §5 ① 7호). 다만 지목변경으로 부담금이 부과된 토지에 대한 사업의 경우 그 부담금 부과 당시의 지목을 그 부담금 부과 전의 지목으로 변경하는 경우는 제외한다고 규정하고 있다(개발이익환수령 [별표 1]).

이에 국토교통부령에서 정하는 건축물은 다음의 개발사업 용도로 건축하는 건축물(창고시설은 제외)을 말한다(개발이익환수칙 §4 ⑤ 및 [별표 2]).

① 「건축법 시행령」 별표 1에 따른 건축물 중 다음의 어느 하나에 해당하는 건축물을 건축하기 위한 용도로 토지를 개발하는 사업(사용승인일부터 5년 이내에 용도변경하는 경우 포함)
  가. 단독주택 및 공동주택(공익법인이 무주택자를 위하여 주택을 건축하는 경우 제외)
  나. 제1종 근린생활시설(바목 · 사목 및 아목 제외) 및 제2종 근린생활시설
  다. 문화 및 집회시설(라목 및 마목 제외), 판매시설, 운수시설(가목으로 한정) 및 운동시설
  라. 업무시설(가목 제외), 숙박시설, 위락시설, 공장
  마. 위험물 저장 및 처리 시설(가목 및 나목으로 한정), 자동차 관련 시설(건설기계 관련 시설 포함) 및 관광휴게시설
② 골프장업 · 골프연습장업 및 썰매장업을 운영하기 위하여 토지를 개발하는 사업

위와 같이 지목변경이 수반되는 개발사업에 대한 개발부담금 부과 취지는 일정한 건축물의 건축으로 사실상 또는 공부상 지목 변경이 수반되면 그로써 바로 개발사업이 있는 것으로 보아 개발부담금을 부과함으로써 물리적인 개발사업뿐만 아니라 건축물의 건축과 그에 따른 지목 변경으로 인한 개발이익도 개발부담금으로 환수하려는 데 있고, 여기서 말하는 개발사업에는 반드시 토지 자체에 대한 물리적인 개발행위가 요구되는 것이 아니며 지목 설정의 기준이 되는 것은 토지의 '주된 사용 목적 또는 용도'로서 형질변경 등 인위적 행위를 통하여 새롭게 토지가 조성되는 경우에는 그 토지의 조성목적이 곧 사용 목적이라 할 수 있다(대법원 1999. 12. 16. 선고 98두18619 및 헌법재판소 2001. 1. 18. 선고 99헌마703 참조).

(8) 그 밖에 위 (1)부터 (6)까지의 사업과 유사한 사업

① 「건축법」에 따른 창고시설의 설치로 사실상 또는 공부상의 지목변경이 수반되는 사업을 위한 용지조성사업
② 「국토의 계획 및 이용에 관한 법률」에 따른 창고시설의 설치를 위한 용지조성사업
③ 「중소기업창업 지원법」에 따른 공장용지조성사업
④ 「산업집적활성화 및 공장설립에 관한 법률」에 따른 산업단지 외의 지역에서의 공장용지조성사업 및 공장설립을 위한 부지조성사업
⑤ 「국토의 계획 및 이용에 관한 법률」에 따른 개발행위 허가(신고), 「농지법」에 따른 농지전용 허가(신고), 「산지관리법」에 따른 산지전용 허가(신고), 「초지법」에 따른 초지전용 허가(신고)에 따라 시행하는 사업으로서 → 주택을 건축하기 위한 용도로 토지를 개발하는 사업 등 국토교통부령으로 정하는 사업과 사실상 또는 공부상의 지목변경이 수반되는 사업에 해당하는 사업

3 부과대상 개발사업에서 제외되는 사업

개발부담금 부과 · 징수 업무처리규정(국토교통부 훈령 제1042호 제2조)에 따르면 다음의 사업은 개발부담금의 부과대상이 되는 개발사업의 범위에 포함되지 아니한다.

① 농지전용허가, 산림훼손허가를 받아 「가축분뇨의 관리 및 이용에 관한 법률」 제24조에 따라 설치하는 공공처리시설
② 「도로법」에 따른 고속국도노선지정과 도로구역 결정고시가 있은 후 고속도로사업으로서 고속도로 내에 휴게소를 설치하는 사업
③ 「도시 및 주거환경정비법」에 따른 주거환경개선사업, 재개발사업(다만, 영 별표 1 제4호 다목에 따른 정비사업은 제외한다), 재건축사업
④ 「공유수면 관리 및 매립에 관한 법률」에 따라 시행하는 공유수면 매립사업
⑤ 「벤처기업 육성에 관한 특별조치법」에 따라 벤처기업집적시설을 설치하는 사업
⑥ 「사회기반시설에 대한 민간 투자법」에 따른 민간투자사업(부대사업을 포함한다)
⑦ 「산업기술단지 지원에 관한 특례법」에 따라 시행하는 산업기술단지 조성사업
⑧ 「중소기업진흥에 관한 법률」에 따른 소기업 중 다음의 어느 하나에 해당하는 경우
- 「산업집적활성화 및 공장설립에 관한 법률」 제2조 제1호에 따른 공장의 건축면적 또는 이에 준하는 사업장의 면적이 1천제곱미터 미만인 소기업이 「수도권정비계획법」 제2조 제1호에 따른 수도권 외의 지역에서 공장을 신축 · 증축 또는 이전하려는 경우

• 「수도권정비계획법」 제2조 제1호에 따른 수도권 외의 지역에서 소기업을 100분의 50 이상 유치하는 국가산업단지 · 일반산업단지 · 도시첨단산업단지 또는 농공단지를 조성하는 사업

⑨ 「주한미군기지 이전에 따른 평택시 등의 지원 등에 관한 특별법」에 따른 주한미군시설사업

⑩ 「기업도시개발특별법」에 따른 기업도시개발사업

⑪ 「공공주택 특별법」에 따른 공공주택사업

⑫ 「산업입지 및 개발에 관한 법률」에 따른 산업단지 재생사업

⑬ 「산업집적활성화 및 공장 설립에 관한 법률」에 따른 산업단지구조고도화사업

 부과대상 개발사업의 규모 기준

(1) 사업별 규모

개발부담금의 부과대상이 되는 개발사업의 규모는 관계 법률에 따라 국가 또는 지방자치단체로부터 인가 · 허가 · 면허 등을 받은 사업 대상 토지의 면적이 아래와 같이 일정 규모 이상인 경우에 한정된다(개발이익환수령 §4 ①).

① 특별시 · 광역시 또는 특별자치시의 지역 중 도시지역인 지역에서 시행하는 사업의 경우 660㎡ 이상

② 위 외의 도시지역인 지역에서 시행하는 사업의 경우 990㎡ 이상

③ 도시지역 중 개발제한구역에서 그 구역의 지정 당시부터 토지를 소유한 자가 그 토지에 대하여 시행하는 사업의 경우 1,650㎡ 이상

④ 도시지역 외의 지역에서 시행하는 사업의 경우 1,650㎡ 이상

이 경우 부과 종료시점 전에 「공간정보의 구축 및 관리 등에 관한 법률」 제84조에 따라 등록 사항 중 면적을 정정한 경우 그 정정된 면적을 기준으로 한다. 다만 개발이익환수법 시행령 별표 1 제7호에 따른 지목변경이 수반되는 개발사업의 경우 부담금 부과대상이 되는 규모는 위의 규정에 불구하고 국가 또는 지방자치단체로부터 인가등을 받은 토지의 면적 중 사실상 또는 공부상(公簿上) 지목이 변경되는 토지의 면적이 부과대상 면적에 해당하는 경우로 한다. 이 경우 하나의 필지가 사실상 둘 이상의 용도로 이용되고 있는 토지의 지목은 「공간정보의 구축 및 관리 등에 관한 법률 시행령」 제59조에 따라 주된 용도에 따른다(개발이익환수령 §4 ④).

아울러 개발사업이 위 ①~④의 지역 중 둘 이상의 지역에 걸쳐 시행되는 경우에는 부과대상이 되는 토지면적을 다음의 기준에 의해 산정한다(개발이익환수령 §4 ②).

① 위 ①의 지역의 1㎡는 ②의 지역의 1.5㎡, ③·④ 지역의 2.5㎡에 해당하는 것으로 간주
② 위 ②의 지역의 1㎡는 ②의 지역의 1.5㎡, ③·④ 지역의 5/3㎡에 해당하는 것으로 간주

(2) 부과대상사업의 면적 산정

부과대상사업의 면적은 다음의 기준에 따라 산정한다(국토교통부 훈령 제1042호 제3조).

① 임대의무기간이 4년 이상인 국민주택규모 이하의 임대아파트와 분양아파트 건설사업을 단일사업으로 시행할 경우에는 전체 면적 중 임대아파트에 해당하는 면적(임대아파트 단지 내 부대복리시설을 포함한다)을 제외한 분양아파트 면적(동 면적이 부과대상규모인 경우에 한한다)에 대해서만 개발부담금을 부과한다.
② 사업종료에 따른 확정측량 결과 지적오차 등으로 인해 당초 인가등을 받은 면적과 차이가 있어 면적기재사항이 변경되는 경우에는 그 변경된 면적을 인가등을 받은 면적으로 보아 개발부담금을 부과한다.
③ 관계 법률의 규정에 의하여 국가 또는 지방자치단체로부터 부과대상사업규모 이상으로 인가를 받아 개발사업을 착수한 후에 사업계획변경으로 사업면적이 축소된 경우에는, 사업계획의 변경으로 축소된 부분은 부과개시시점부터 사업계획변경시점까지의 기간에 대하여 개발부담금을 부과하고, 나머지 부분에 대해서는 전체 사업기간에 대하여 부과한다. 다만, 개발사업의 인가등을 받은 후 형질변경 등 사업착수를 하지 않은 상태에서 사업계획의 변경으로 사업면적만이 축소된 경우 또는 사업계획의 변경으로 대상사업 면적에서 제외된 부분에 사업을 착수하지 않은 경우(후자의 경우 해당 토지를 「공간정보의 구축 및 관리 등에 관한 법률」 제79조에 따라 분할한 경우에 한한다)에는 변경승인된 면적을 기준으로 개발부담금을 부과하되 축소된 면적이 영 제4조에서 정한 면적 이하일 경우에는 개발부담금을 부과하지 않는다. 이 경우 사업에 착수하지 않았다는 사실증명은 해당 사업시행자가 하여야 한다.
④ 토지형질변경허가사업과 관련하여 당해 사업면적에 도로용지 등 국가나 지방자치단체에 기부하는 토지나 국·공유지가 포함되어 있는 경우에는 종료시점지가와 개시시점지가의 산정 면적에서 이를 제외한다.
⑤ 「지역특화발전 특구에 대한 규제 특례법」에 따른 특화사업의 경우 인가등을 받은 전체 면적 중 토지개발이 이루어지는 면적에 대해서만 개발부담금을 부과한다.

(3) 연접사업[5]

대상사업의 면적산정에 있어 동일인(법인 및 개인의 배우자·직계존비속 포함)이 5년 이내에 연접 시행한 사업면적을 합산하여 부과대상 면적으로 산정한다. 즉, 동일인이 연접(連接)한 토지에 하나의 개발사업이 종료된 후 5년 이내에 개발사업의 인가 등을 받아 사실상 분할하여 시행하는 경우에는 각 사업의 대상토지면적을 합한 토지에 하나의 개발사업이 시행된 것으로 간주된다(개발이익환수법 §5 ②). 또한 동일인이 연접한 토지에 둘 이상의 개발사업을 각각 다른 시기에 인가 등을 받아 사실상 분할하여 시행하는 경우에는 그 사업지구의 면적을 합하여 모두 개발부담금 부과대상으로 하며, 먼저 착수한 사업지구가 이미 완료되었다 하더라도 모두 합산하여 개발부담금을 부과한다(개발이익환수령 §4 ① 후단).

이러한 규정은 동일인이 분할하여 시행하는 각각의 개발사업이 개발부담금의 부과대상이 되는 개발사업의 범위에는 해당하나 개발사업의 규모(최소면적기준)를 충족하지 못하여 부과대상이 되지 않는 경우에도 그 합산면적을 기준으로 하나의 개발행위가 시행되는 것으로 간주하여 개발부담금을 부과한다는 취지이다.

> ▶ **예를 들어 개발부담금 부과대상 규모 이상의 토지 소유자(D)에게 토지사용 승락을 받아 A, B, C가 각각 부과대상 규모 미만으로 토지를 분할하여 공장설립 승인을 받은 후 토지소유권을 이전하여 각각 개발사업을 시행하는 경우라면 부과대상 면적은?**
>
> 부담금 부과대상 규모 이상의 하나의 토지를 그 토지소유자(D)로부터 토지사용 승락을 받아 A, B, C가 각각 개발부담금 부과대상 규모 이하로 사실상 분할하여 개발사업 인가 등을 받은 후 토지소유권을 이전하여 개발사업을 시행하는 경우에 해당하므로, A, B, C가 각각 개발사업 인가 등을 받을 당시 토지소유자(D)를 기준으로 연접한 토지에 하나의 개발사업을 시행하는 것으로 보아 개발부담금 부과대상에 해당되는 것으로 보아야 할 것이다(국토부 토지정책과-5226, 2016. 7. 12.).

다만 「중소기업진흥에 관한 법률」에 따라 시행하는 협동화사업단지조성사업의 규모를 산정하는 경우에는 위의 규정에 불구하고 해당 협동화사업단지조성사업에 참여한 중소기업자별 면적(공동시설부지에 대하여 중소기업자별 지분에 따라 산정한 면적을 포함한다)의 토지에 각각의 개발사업이 시행되는 것으로 본다(개발이익환수령 §4 ③).

한편 어느 개발사업이 개발부담금의 부과대상이 되는 개발사업의 범위 자체에 해당하지

5) "연접" 여부는 반드시 필지가 붙어있는 경우만이 아니고 도로 등으로 구분된 토지라도 토지의 위치나 사업내용 등으로 보아 일단의 사업으로 판단되는 경우에는 연접한 토지로 본다(국토교통부 훈령 제1042호 제4조).

않는다면 그 개발사업의 면적을 포함한 합산면적을 기준으로 개발부담금을 부과할 여지는 없다(대법원 2014두43158, 2018. 3. 27. 참조).

(4) 부과대상 사업의 토지면적 임시특례

개발부담금 부과대상 사업의 토지면적에 관한 임시특례로서 2017년 1월 1일부터 2019년 12월 31일까지 인가 등을 받은 사업의 개발부담금 부과대상 토지 면적에 대해서는 위의 규정에 불구하고 아래와 같은 기준을 적용한다(개발이익환수령 §4의 2).

① 특별시·광역시 또는 특별자치시의 지역 중 도시지역인 지역에서 시행하는 사업의 경우 660㎡ 이상 → 1,000㎡ 이상
② 위 외의 도시지역인 지역에서 시행하는 사업의 경우 990㎡ 이상 → 1,500㎡ 이상
③ 도시지역 중 개발제한구역에서 그 구역의 지정 당시부터 토지를 소유한 자가 그 토지에 대하여 시행하는 사업의 경우 1,650㎡ 이상 → 2,500㎡ 이상
④ 도시지역 외의 지역에서 시행하는 사업의 경우 1,650㎡ 이상 → 2,500㎡ 이상

| 부과기준면적의 변천과정 |

사업승인 시기	지 역	비 고
1992. 8. 24. 이전 승인사업	3,300㎡ 이상	
1992. 8. 25. 이후 승인사업	• 도시지역 : 1,650㎡ 이상 • 비도시지역 : 3,300㎡ 이상	도시지역의 1㎡는 비도시지역의 2㎡임
1993. 8. 12. 이후 승인사업	① 특별·광역시 지역 : 660㎡ 이상 ② 도시계획지역 : 990㎡ 이상 ③ 비도시계획지역 : 1,650㎡ 이상 ※ 특별·광역시 중 비도시계획구역은 1,650㎡	① 지역 1㎡는 ② 지역의 1.5㎡, ③ 지역의 2.5㎡에 해당 ② 지역 1㎡는 ③ 지역의 5/3㎡에 해당
2014. 7. 15. 이후 결정·부과사업	① 특별시·광역시 또는 특별자치시 도시지역 : 660㎡ 이상 ② 도시지역 : 990㎡ 이상 ③ 비도시지역 : 1,650㎡ 이상 ④ 개발제한구역에서 구역지정 당시 토지소유자가 사업시행토지 : 1,650㎡ 이상	① 지역 1㎡는 ② 지역의 1.5㎡, ③ 및 ④ 지역의 2.5㎡에 해당 ② 지역 1㎡는 ③ 및 ④ 지역의 5/3㎡에 해당

사업승인 시기	지 역	비 고
2017. 1. 1. ~ 2019. 12. 31. 승인사업 (한시적)	① 특별시·광역시 또는 특별자치시 도시지역 : 1,000㎡ 이상 ② 도시지역 : 1,500㎡ 이상 ③ 비도시지역 : 2,500㎡ 이상 ④ 개발제한구역에서 구역지정 당시 토지소유자가 사업시행토지 : 2,500㎡ 이상	① 지역 1㎡는 ② 지역의 1.5㎡, ③ 및 ④ 지역의 2.5㎡에 해당 ② 지역 1㎡는 ③ 및 ④ 지역의 5/3㎡에 해당

5 개발부담금 납부의무자

(1) 사업시행자의 납부의무

개발부담금의 부과대상이 되는 개발사업의 사업시행자는 개발부담금을 납부할 의무가 있다(개발이익환수법 §6 ① 본문).

(2) 사업시행자 외의 납부의무

다만, 다음의 경우에는 그에 해당하는 자가 개발부담금을 납부할 의무를 진다(개발이익환수법 §6 ① 단서 1호·2호).

① 개발사업을 위탁하거나 도급한 경우에는 그 위탁이나 도급을 한 자
② 타인이 소유하는 토지를 임차하여 개발사업을 시행한 경우에는 그 토지의 소유자

(3) 사업시행 등을 승계한 경우의 납부의무

개발사업을 완료하기 전에 사업시행자의 지위 또는 사업시행자 외의 납부의무 지위를 승계하는 경우에는 그 지위를 승계한 자가 개발부담금을 납부할 의무를 진다(개발이익환수법 §6 ① 단서 3호). 이는 개발사업이 승계된 경우 그 승계 시까지 발생한 개발이익과 승계 후에 발생한 개발이익을 가려내기가 쉽지 않다는 사정을 고려하여 마련된 규정으로서, 개발사업의 승계 당사자 사이에 개발이익과 개발부담금의 승계에 관한 약정이 가능함을 전제로 그러한 약정이 불가능하다는 등의 특별한 사정이 없는 한 사업시행자의 지위를 승계한 사람으로 하여금 개발부담금의 납부의무를 부담하도록 한 것이다(대법원 2021. 12. 30. 선고 2021두45534 판결 참조).

이와 같이 개발사업을 완료하기 전에 사업시행자 등의 지위를 승계하는 경우에 그 지위를 승계한 자로 납부의무자를 규정하고 있어 개발부담금에 대해 사전적 고려가 없이 승계한 납부의무자의 사정이 쟁점이 되기도 한다. 이와 관련한 대법원 판결(2008두19321 판결)을 살펴보면 다음과 같다.

► **대법원 2009. 3. 12. 선고 2008두19321 판결 [개발부담금부과처분취소]**

[1] 개발부담금 납부의무자에 관한 규정인 구 개발이익환수에 관한 법률 제6조 제1항 제3호의 규정 취지

[2] 개발부담금 산출의 기초가 되는 지가의 산정에 관한 구 개발이익환수에 관한 법률 제10조 제1항 및 제3항이 헌법에 위배되는지 여부(소극)

[3] 법인이 당해 토지의 양도로 얻은 소득에 다른 소득이 합산되어 그 전체 소득에 대하여 법인세가 부과된 경우, 당해 토지의 양도 등으로 인한 소득에 대하여 부과된 법인세액 부분 중 부과개시시점부터 양도시점까지에 상당하는 세액을 개발비용에 계상할 수 있는지 여부(적극)

(판결요지)

[1] 구 개발이익환수에 관한 법률(2008. 3. 28. 법률 제9045호로 전문 개정되기 전의 것) 제6조 제1항 제3호는 개발사업 완료 전에 사업시행자의 지위가 승계된 경우 그 지위를 승계한 자가 개발부담금을 납부할 의무가 있다고 규정하고 있는바, 위 법률조항은 개발사업이 승계된 경우 그 승계 시까지 발생한 개발이익과 승계 후에 발생한 개발이익을 가려내는 것이 쉽지 아니한 점을 고려하여 마련된 규정으로서, 개발사업의 승계 당사자들 사이에 개발이익 및 개발부담금의 승계에 관한 약정이 가능함을 전제로 하여 그러한 약정이 불가능하다는 등의 특별한 사정이 없는 한 사업시행자의 지위를 승계한 자로 하여금 개발부담금의 납부의무를 부담하도록 하는 것이다.

[2] (가) 개발부담금 산출의 기초가 되는 지가의 산정에 관한 구 개발이익환수에 관한 법률(2008. 3. 28. 법률 제9045호로 전문 개정되기 전의 것) 제10조 제1항, 제3항에서 종료시점지가 산정의 기초로 삼고 있는 표준지공시지가는 건설교통부장관이 매년 토지이용상황이나 주변 상황 기타 자연적・사회적 조건이 일반적으로 유사하다고 인정되는 일단의 토지 가운데서 표준지를 선정한 후 2인 이상의 감정평가업자가 평가한 적정가격을 산술평균한 가격을 기준으로 산정하고, 개시시점지가 산정의 기초로 삼고 있는 개별공시지가는 위와 같은 표준지공시지가와 건설교통부에서 매년 발표하는 '지가형성요인에 관한 표준적인 비준표'를 활용하여 산정하는 것이다. 이에 더하여 모두 감정평가업자의 검증을 받고, 시・군・구토지평가위원회 및 중앙토지평가위원회의 심의를 거치며, 이의신청이라는 불복절차까지 마련되어 있어, 상당

한 정도로 객관성과 합리성을 가지고 있으므로, 위 법률조항에 따른 지가의 산정방법이 개발이익을 실제보다 지나치게 많이 계산되도록 한다고 할 수 없다. 따라서 위 법률조항이 헌법상의 재산권과 평등권을 침해한다거나 실질과세의 원칙과 기본권 제한에 관한 과잉금지의 원칙에 위배된다고 보기 어렵다.

[2] (나) 실제의 매입가액을 기초로 개발부담금의 개시시점지가를 산정하는 경우 중 하나로서 "실제의 매입가격이 정상적인 거래가격이라고 객관적으로 인정되는 경우로서 대통령령이 정하는 경우"를 규정한 위 법률 제10조 제3항 제5호는, 대통령령에 규정될 대강의 기준이 예측 가능하도록 위임의 범위를 구체적으로 명확하게 규정하여 포괄위임금지의 원칙에 위배되지 않고, 위 법률에서 규정하고 있는 부담금 비율과 지가산정의 적정성 및 불복절차 등 여러 사정을 종합하면 실질과세의 원칙과 헌법상의 과잉금지의 원칙에 위배된다거나 헌법상의 재산권과 평등권을 침해한다고 보기 어려울 뿐 아니라, 이에 따른 구 개발이익환수에 관한 법률 시행령(2006. 12. 15. 대통령령 제19752호로 개정되기 전의 것) 제9조 제5항 제1호가 모법의 위임범위를 벗어나 법이 예정하고 있지 아니한 사항을 국민에게 불리하게 규정하고 있다고 볼 수도 없다.

[3] 구 개발이익환수에 관한 법률(2008. 3. 28. 법률 제9045호로 전문 개정되기 전의 것) 제12조 제1항은 양도소득세의 부과대상인 토지 또는 사업의 양도 등으로 인한 소득과 개발부담금의 부과대상인 개발이익이 그 실질에서는 동일하다는 점을 고려하여 그 양도세액을 개발비용으로 계상할 수 있도록 한 것이고, 위 법조항은 당초 법인의 양도차익에 대하여 부과되는 특별부가세도 양도소득세와 마찬가지로 개발비용에 계상할 수 있도록 규정하다가 2001. 12. 31. 법률 제6558호로 법인세법이 개정되어 특별부가세가 폐지됨에 따라 그 부칙 제24조에 의하여 개정된 것으로서, 이러한 개정이 개인에게 양도소득세가 부과된 경우와 달리 법인의 양도차익에 대하여 부과되는 세액에 관하여는 이를 개발비용 계상대상에서 제외하려는 취지라고 볼 수 없다. 그러므로 법인이 당해 토지의 양도로 인하여 얻은 소득이 다른 소득과 합산되어 그 전체 소득에 대하여 법인세가 부과된 경우에도, 위 법률조항을 유추적용하여 그 법인세액의 당해 토지의 양도 등으로 인한 소득에 대하여 부과된 부분 중 부과개시시점부터 양도시점까지에 상당하는 세액은 개발비용에 계상할 수 있다고 봄이 상당하다.

이 판시를 살펴보면 개발부담금의 납부의무를 승계한 자가 주장하는 바는 먼저 개발사업으로 얻은 지가상승의 이익은 개발사업을 완료하기 전에 토지를 양도한 사업시행자에게 귀속되는데 해당 토지를 매입하여 사업을 승계한 자가 납부의무를 지는 것이 타당한가 여부이다. 이에 대해 개발사업의 승계 당사자들 사이에 개발이익 및 개발부담금의 승계에 관한 약정이 가능함을 전제로 하여 그러한 약정이 불가능하다는 등의 특별한 사정이 없는 한 사업시행자의 지위를 승계한 자로 하여금 개발부담금의 납부의무를 부담하도록 하는 것으로 판시한 바, 사업을 승계할 때 개발부담금의 실질적 부담에 관해 충분히 고려해야 할 것이다.

두 번째 개발부담금의 납부의무를 승계한 자는 개발이익 산정 시 실제 매입가격을 기준으로 해야지 경제적 이익 계산이 옳지 않느냐 여부이다. 이에 대해 현재 개발이익 산정 시 부과개시 시점지가와 부과종료시점 지가의 산정의 기초가 되는 표준지공시지가 등에 의한 방식이 위헌적이지 않고, 실제 매입가액을 기준으로 개발이익을 산정하는 시행령 규정(국가 등으로부터 매입, 경매 · 입찰 · 수용 등으로 매입, 공공기관이 매입하거나 시행하는 경우)이 명확한 바, (그에 해당하지 않는다고 하여) 실질과세의 원칙과 헌법상의 과잉금지의 원칙에 위배된다거나 헌법상의 재산권과 평등권을 침해한다고 보기 어렵다고 판시하고 있다.

세 번째 개발부담금의 납부의무를 승계한 자의 개발이익 산정 시 당초 토지를 양도한 자의 양도소득세 또는 법인세를 공제하도록 규정하고 있는바, 양도소득세는 물건 별로 토지의 양도차익 계산이 명확하고 이에 대한 세액이 구체적으로 산정되니 큰 문제가 없으나, 법인세의 경우 법인의 각 사업연도 소득금액에 토지의 양도차익도 혼재되어 이를 분별하기 쉽지 않더라도 법인세액의 당해 토지의 양도 등으로 인한 소득에 대하여 부과된 부분 중 부과개시시점부터 양도시점까지에 상당하는 세액은 개발비용에 계상할 수 있다고 봄이 상당하다고 판시하고 있다.

한편 주택건설사업의 사업시행자인 법인이 부도 등의 원인으로 사실상 사업을 계속할 수 없게 됨으로써 입주자 등이 조합을 구성하여 사업을 준공한 경우에는 그 조합(조합이 해산된 경우에는 조합원을 말한다)이 사업시행자의 지위를 승계한 것으로 본다(국토교통부 훈령 제1042호 제5조).

(4) 조합원의 제2차 납세의무

개발부담금을 납부하여야 할 사업시행자가 다음에 해당하는 조합인 경우로서 조합이 해산한 경우 또는 조합의 재산으로 개발부담금 · 가산금 등에 충당하고도 부족한 경우에는 그 조합원이 개발부담금을 납부하여야 한다(개발이익환수법 §6 ②, 개발이익환수령 §5 ①). 이 경우 조합원이 납부해야 할 부담금은 조합이 납부할 부담금 · 가산금을 조합의 규약에 따라 각 조합원에게 배분하는 금액이다(개발이익환수령 §5 ②).

① 「주택법」 제11조에 따른 주택조합
② 「도시개발법」 제11조 제1항 제6호에 따른 조합
③ 「도시 및 주거환경정비법」 제35조에 따른 재개발사업조합

즉, 개발부담금 납부의무자 변경(조합→조합원), 분담비율, 납부대상 조합원 결정 등에 대한 사항은 조합의 규약이나 총회의 의결 등 절차에 따라 결정된 바에 따라 개발부담금이 부과되어야 할 것이다(국토부 토지정책팀-3016, 2005. 5. 30.). 위에서와 같이 조합원에게 부담금을 부과할 때에는 개발이익환수령 제19조에 따른 납부고지서를 발부하여야 하며, 납부기한은 부과 고지를 한 날부터 30일이다(개발이익환수령 §5 ③).

- **개발부담금 부과대상사업의 토지면적이 토지의 허가면적인지, 지분면적인지 여부** (감사원 2019-심사-750, 2020. 8. 27.)

① 개발부담금의 부과대상이 되는 개발사업의 규모는 명확히 관계법령의 규정에 의하여 인가등을 받은 사업대상 토지의 면적을 기준으로 하도록 되어 있고, 지분면적 및 실제개발면적으로 부과하도록 되어 있지 않은 점, ② 개발행위허가, 건축인허가 변경 및 준공신청시 기존허가면적에 대한 변경없이 타인소유 진입도로면적(519㎡)을 포함한 2,868㎡에 대하여 개발행위 허가자변경을 통하여 개발을 완료한 점, ③ 청구인들은 사업완료 전에 사업시행자의 지위를 승계한 자로 개발부담금 납부의무가 있으며, 이 사건 토지의 총사업면적인 허가받은 면적 2,868㎡이 부과기준 2,500㎡ 이상이므로 개발부담금 부과대상사업에 해당하는 점 등을 종합하여 볼 때 지분면적이 2,500㎡ 미만이므로 개발부담금 부과대상이 아니라는 청구인들의 주장은 받아들이기 어렵다.

- **이 사건 개발사업이 '지목 변경이 수반되는 사업'에 해당하는지** (감사원 2021-심사-228, 2022. 7. 14.)

청구인이 이 사건 토지에 대해 처분청에 '공장부지 조성'을 목적으로 명시하여 토지형질변경허가신청서 및 개발행위준공검사신청서를 제출하여 허가 및 준공을 받았고, 이 사건 개발행위 완료 후 이 사건 토지의 지목이 '임야'에서 '공장용지'로 변경된 점을 종합적으로 고려했을 때, 이 사건 개발사업은 개발이익환수법 제5조 제1항 제7호에서 규정한 '지목 변경이 수반되는 사업'에 해당한다고 판단된다.

- **개발사업의 범위(창고시설 설치 지목변경 수반 용지조성사업 - [별표 1] 제8호 가목)에 해당되는지 여부** (대법원 2014두43158, 2018. 3. 27.) **처분청 패소**

물류시설용지조성사업의 하나로 규정된 '건축법에 근거하여 창고시설의 설치로 사실상 또는 공부상 지목변경이 수반되는 사업을 위한 용지조성사업'이란 단순히 창고시설을 건

축하는 사업을 의미하는 것이 아니라, 그 창고시설의 부지로 사용할 토지에 대한 형질변경허가 등을 받아 그 부지를 조성하는 사업이 시행되는 경우를 의미한다고 보아야 한다.

그 이유는 첫째, '창고시설의 설치로 사실상 또는 공부상의 지목변경이 수반되는 사업을 위한 용지조성사업'이라는 법 문언 자체를 볼 때, 개발부담금의 부과대상이 되는 개발사업에 해당하려면, 단순히 '창고시설의 사실상 설치'나 '그에 수반되는 지목변경'만으로는 충분하지 않고, 나아가 창고시설의 부지를 조성하는 개발사업이 있어야 한다고 새기는 것이 옳다.

둘째, 개발부담금 관련 규정들의 내용과 취지를 종합하면, 개발부담금은 건축물의 건축사업으로 인한 개발이익을 환수대상으로 하는 것이 아니라 토지의 개발사업으로 인한 개발이익을 환수대상으로 하는 것임이 분명하다.

이처럼 개발부담금은 토지의 개발사업에 대한 인가등이 있는 경우에만 부과될 수 있으므로, 물류시설용지조성사업이란 토지의 형질변경 등을 통해 지가상승을 유발하는 '토지의 개발사업'으로서, 건축물의 건축에 대한 허가가 아니라 그 건축물의 부지를 조성하는 사업에 관하여 '관계법령에 따라 인가 등을 받아야 하는 경우'로 한정된다고 보아야 한다.

- **구 혁신도시법에 근거하여 시행되는 혁신도시개발사업이 개발부담금 부과대상사업인지 여부** (대법원 2020. 9. 3 선고 2019두47728 판결)

구 공공기관 지방이전에 따른 혁신도시 건설 및 지원에 관한 특별법에 근거하여 시행되는 혁신도시개발사업은 구 개발이익환수법 제5조 제1항 제10호, 구 개발이익환수법 시행령 제4조 [별표 1] 제10호에서 정한 개발부담금 부과대상사업이라고 보아야 한다.

- **택지개발사업 속에 부과대상 제외 사업인 임대주택 건설사업이 포함되어 있는 경우, 임대주택 건설사업 대상 토지를 제외한 나머지 택지개발사업 대상 토지의 지가를 기준으로 개발이익을 산정하여야 하는지 여부** (대법원 2017. 12. 7 선고 2014두2737 판결)

개발이익 환수에 관한 법률 제5조 제1항 제1호, 구 개발이익 환수에 관한 법률 시행령(2008. 6. 25. 대통령령 제20878호로 개정되기 전의 것) 제4조 제1항 [별표 1] 제1호는 개발부담금의 부과대상에 '택지개발사업'을 포함하면서도, 5년 이상 임대하기 위하여 임대주택법에 따라 임대주택을 건설하는 사업은 부과대상에서 제외하고 있다. 위 조항의 내용과 취지에 따르면, 택지개발사업 속에 포함되어 있는 임대주택 건설사업은 개발부담금 부과와 관련한 규범적 측면에서는 택지개발사업과 구별되는 별개의 사업이라고 봄이 타당하다. 따라서 이러한 경우에는 임대주택 건설사업 대상 토지를 제외한 나머지 택지개발사업 대상 토지의 지가를 기준으로 개발이익을 산정하여 개발부담금을 부과하여야 한다.

- **공유수면매립법에 의해 조성된 토지에서 주택건설사업 시 부과대상인지?** (국토부 토지정책과

－845, 2012. 2. 16.)

「개발이익환수에 관한 법률」 제5조 및 동법 시행령 제4조의 규정에 따라 개발부담금의 부과대상이 되는 개발사업의 범위를 따로 정하고 있으며, 이때 「공유수면매립법」에 따라 시행하는 공유수면 매립사업은 개발사업의 범위에 포함되지 않으나, 공유수면 매립사업에 의해 조성된 토지를 분양받아 주택건설사업 및 지목변경수반사업 등을 시행하는 경우에는 위 법령에서 정한 개발부담금 부과대상에 해당된다고 본다.

○ **"환지 방식의 도시개발사업"으로 조성한 토지에서 주택건설사업을 시행할 경우 개발부담금 부과대상에 해당하는지?** (국토부 토지정책과－4286, 2016. 6. 16.), (법제처 법령해석 16－032, 2016. 8. 11.)

개발환지방식의 도시개발사업은 「개발이익 환수에 관한 법률 시행령」 [별표 1] 제4호 나목의 비고란에서 개발부담금 부과대상에서 제외하고 있어, 택지개발사업 등으로 개발부담금 부과대상이 되는 경우 그 토지에서 시행하는 주택건설사업에 대해서는 개발부담금을 부과하지 않는 사례로 볼 수 없으므로 환지방식의 도시개발사업으로 조성된 토지에서 시행하는 「주택법」에 따른 주택건설사업에 대해서는 개발부담금 부과대상으로 판단된다.

○ **개발이익환수에관한법률시행령 제4조 별표 1의 규정에 의거 "5년 이상 임대하기 위하여 임대주택법에 의하여 주택건설촉진법시행령 제30조 제1항 단서의 규정에 의한 규모(85㎡) 이하의 주택을 건설하는 사업"은 부담금 부과대상에서 제외하고 있으나, 이 경우 5년이 경과되기 전에 임대주택을 분양하였다면 개발부담금 부과대상인지 여부** (국토부 토지정책과 58300－404, 2000. 4. 21.)

개발이익환수에관한법률시행령 제4조 별표 1에서 "5년 이상 임대하기 위하여 임대주택법에 의하여 임대주택을 건설하는 사업"은 부과대상에서 제외하도록 하고 있는 바, 위 규정에 의한 요건은 5년 동안 계속되어야 하며 5년 기간의 진행중에 일부를 분양하는 경우에는 위 요건이 충족되지 않으므로 부담금 부과대상이 된다.

○ **녹산국가산업단지 내 자동차관련시설로 지정된 구역에 위치하며 건축허가(2006. 4. 4.)를 득하여 자동차관련시설의 종합정비공장(2007. 4. 20.)으로 사용승인을 받은 경우 개발부담금 부과대상 여부** (국토부 토지정책과－931, 2007. 12. 6.)

개발부담금은 정상적 지가상승을 초과한 개발사업의 시행자 또는 토지 소유자에게 부과되며, 개발이익환수에 관한법률 제7조 제3항에 의하면 산업단지개발사업에 대하여는 이를 면제하도록 되어 있다. 귀 질의에 의하면, 국가산업단지로 개발이 완료되었고 자동차관련시설로 지정된 구역에 자동차 종합정비공장을 설치하는 것으로 동 공장의 설치 행위는 개발부담금 부과의 대상으로 볼 수 없다고 판단된다(이중부과 방지).

○ **2종근린생활시설(종교집회장) 부지조성 목적으로 건축허가 등을 받아 개발사업을 완료한 경**

우 개발부담금 부과대상에 해당하는지? (국토부 토지정책과 - 2481, 2017. 4. 12., 토지정책과 - 3382, 2017. 5. 24.)

시행령 [별표 1] 제7호 및 시행규칙 [별표 2]의 규정에 따르면 「건축법」상의 종교시설은 개발부담금 부과대상 사업에서 제외하고 있으나, 제2종근린생활시설(종교집회장, 바닥면적의 합계가 500㎡ 미만)은 개발부담금 부과대상 사업으로 규정하고 있는 바, 「건축법」상의 제2종근린생활시설(종교집회장) 건축으로 사실상 또는 공부상의 지목이 변경된 경우와 제2종근린생활시설(종교집회장)의 건축 목적으로 개발행위 허가, 산지전용 허가 등을 받아 토지형질 변경을 수반하는 사업이라면 개발부담금 부과대상에 해당되는 것으로 판단된다.

- **대지가 잡종지(주유소)로 변경시 부담금 부과 후, 법개정으로 주유소 용지로 지목변경뒤 다시 주유소를 철거하고 근린생활시설을 준공한 경우 부과대상인지?** (국민신문고 2013. 11. 23.)

지목이 주유소 용지인 토지에 주유소를 철거하고 근린생활시설을 건축 준공하여 지목이 대지로 변경된 경우에는 이미 개발부담금이 부과된 토지에서 지목변경이 수반되는 사업을 하면서 지목이 다시 개발부담금 부과 전의 지목으로 변경되는 경우에 해당하는 것으로 볼 수 있습니다. 따라서 개발부담금 부과대상에서 제외되는 것으로 판단된다.

- **경제자유구역개발사업으로 조성이 완료된 토지(지목 : 대지)에 공장, 자동차관련시설 등을 신축하는 경우 이를 지목변경 수반사업으로 보아 개발부담금 부과대상에 해당하는지?** (국토부 토지정책과 - 8189, 2016. 10. 11.)

시행령 [별표 1] 제7호 「건축법」에 따른 건축물의 건축(「건축법」 제19조에 따른 용도변경 포함)으로 사실상 또는 공부상 지목변경이 수반되는 사업으로서 시행규칙 [별표 2]에 해당하는 「건축법」에 따른 건축물의 건축으로 사실상 또는 공부상의 지목이 변경(대지→공장 등)되는 경우라면 개발부담금 부과대상에 해당하는 것으로 판단된다.

- **개발사업 준공(주용도 : 제조업소, 지목변경 : 공장용지)에 따른 개발부담금 부과예정통지 이후 대상사업의 건축물이 건축법상의 용도변경(제조업소→창고, 지목변경 : 공장용지→창고용지) 되었을 경우 변경된 지목으로 부과 종료시점의 지가를 재산정하여 개발부담금 부과가 가능한지?** (국토부 토지정책과 - 493, 2016. 1. 20.)

1차 개발사업인 제조업소 준공으로 지목이 공장용지로 변경되었다면 개발부담금 부과대상에 해당되며, 이후 「건축법」에 따른 용도변경(제조업소→창고)으로 지목이 창고용지로 다시 변경되었다면 별개의 개발사업으로 보아 개발부담금 부과대상 여부를 검토하고 개발부담금 부과대상인 경우 개발부담금을 부과하여야 한다. 따라서, 귀 질의하신 사항은 각각 인허가받은 건별로 개발부담금 부과대상 여부를 검토하고 개발부담금을 산정・부과하여야 하므로, 1차 개발사업의 개발부담금 최종 결정・부과 전에 개발사업의 용도변경으로 지목이 다시 변경되었다고 하여 변경된 지목으로 1차 개발사업의 종료시점지가를 재산정하여 부과할 수 없을 것으로 사료된다.

◦ 「도시개발법」에 의한 개발사업의 경우 환지받은 토지를 제외한 체비지가 개발부담금 부과대상인지 여부 (국토부 토지정책팀 – 1874, 2006. 5. 9.)

「개발이익환수에 관한 법률」 제5조 및 같은법 시행령 제4조 제1항 별표 1의 규정에 따라 환지방식에 의한 도시개발사업은 개발부담금 부과대상이 아니므로 환지방식의 도시개발사업 시행과정에서 발생한 체비지의 경우도 개발부담금 부과대상이 되지 아니할 것이다. 다만, 동 사업지구내에서 「주택법」에 의한 주택건설사업 등을 시행하는 경우에는 개발부담금 부과대상이 된다.

◦ 본래 지목이 답인 토지에 건축물의 건축 없이 양어장 설치 부지 조성 목적으로 개발행위 허가 및 준공을 마친 경우 개발부담금 부과대상 여부? (국토부 토지정책과 – 9837, 2015. 12. 24.)

「개발이익 환수에 관한 법률 시행령 [별표 1] 제8호 마목 2)에 따르면 「건축법」상의 건축물의 건축(건축허가 및 용도변경 포함)을 수반하지 않고 「국토의 계획 및 이용에 관한 법률」에 따른 개발행위 허가, 「산지관리법」에 의한 산지전용 허가, 「농지법」에 의한 농지전용 허가 등을 받아 시행하는 사업으로서 사실상 또는 공부상의 지목변경이 수반되는 사업은 개발부담금 부과대상으로 규정하고 있습니다. 따라서, 건축물의 건축 없이 양식장 설치 부지 조성 목적으로 「국토의 계획 및 이용에 관한 법률」에 따른 개발행위 허가를 받아 사실상 또는 공부상의 지목이 변경된 경우라면 개발부담금 부과대상에 해당된다.

◦ 태양광 발전시설(23,159㎡) 목적으로 건축허가 없이 국토의 계획 및 이용에 관한 법률 제56조 규정에 의거 개발행위허가만을 받아 지목변경(답, 도로, 대 ⇒ 잡종지, 도로)을 수반하는 사업의 경우 개발부담금 부과대상 여부 (국토부 토지정책과 – 6951, 2014. 11. 4.)

「건축법」상의 건축물의 건축(건축허가 및 용도변경 포함)을 수반하지 않고 「국토의 계획 및 이용에 관한 법률」에 따른 개발행위 허가, 「산지관리법」에 의한 산지전용 허가, 「농지법」에 의한 농지전용 허가 등을 받아 시행하는 사업으로서 공부상 또는 사실상 지목변경이 수반되는 "태양광 발전시설 설치사업"은 「개발이익 환수에 관한 법률 시행령」 별표 1 제8호 마목 2) 사업에 해당되어 개발부담금 부과대상이다.

◦ 개발제한구역법에 따라 실외체육시설을 건축하기 위한 용도로 토지를 개발하는 사업을 시행하는 경우로서, 해당 사업의 시행으로 부지의 지목이 변경되는 경우 (법제처 22 – 0323, 2022. 8. 26.)

실외체육시설을 설치하기 위해 개발제한구역법 제12조 제1항 단서에 따라 허가를 받은 자가 해당 실외체육시설을 건축하기 위한 용도로 토지를 개발하는 사업을 시행하는 경우로서, 해당 실외체육시설에 건축물의 용도가 「건축법 시행령」 별표 1 제13호에 따른 운동시설인 부대시설이 건축되는 경우에는 해당 건축물은 개발이익환수법 시행규칙 별표 2 제1호 다목에서 규정한 건축물에 해당하므로, 해당 건축물의 건축으로 해당 부지의 지목이 변경된다면 해당 사업은 개발이익환수법 시행령 별표 1 제7호에 따른 개발부담금의 부과대상인 개발사업에 해당할 뿐만 아니라, 개발제한구역법 제12조 제1항 단서에 따른 허가를 받으면서 같은 법 제14조 제1항 제1호에 따라 「산지관리법」 제14조에 따른 산지전용허가가 의제되는 경우이므로, 그 의제된 산지전용허가에 따라 시행하는 사업으로서 개발이익환수법 시행령 별표 1 제8호 마목 1)에 따른 개발부담금의 부과대상인 개발사업에도 해당함이 문언상 분명하다.

개발이익 환수에 관한 법률 시행령 [별표 1] 〈개정 2021. 7. 27.〉

개발부담금 부과대상 개발사업(제4조 관련)

사업 종류	근거 법률 및 사업명	비 고
1. **택지개발사업**(주택단지조성사업을 포함한다)	다음 각 목의 어느 하나에 해당하는 사업	다음의 어느 하나에 해당하는 사업은 제외한다. 1) 다음의 구분에 따른 기간 이상 임대하기 위하여 국민주택규모(「주택법」 제2조 제6호에 따른 국민주택규모를 말한다. 이하 같다) 이하의 임대주택(「공공주택 특별법」에 따른 공공임대주택 또는 「민간임대주택에 관한 특별법」에 따른 민간임대주택을 말한다)을 건설하는 사업. 다만, 다음의 구분에 따른 기간이 되기 전에 분양전환하거나 임대사업자가 아닌 자에게 양도하는 경우 해당 건설사업은 제외한다. 가) 공공임대주택: 5년 나) 민간임대주택: 4년 2) 「공익사업을 위한 토지 등의 취득 및 보상에 관한 법률」 제78조에 따른 이주대책대상자를 위한 주택지조성사업 및 주택건설사업 3) 「주택법」 제4조 제1항 제4호에 따른 공익법인이 무주택자를 위하여 시행하는 주택지조성사업 및 국민주택규모 이하의 주택건설사업
	가. 「주택법」에 따른 대지조성사업	
	나. 「주택법」에 따른 주택건설사업	다음의 어느 하나에 해당하는 주택건설사업은 제외한다. 1) 「택지개발촉진법」에 따른 택지개발사업 등 국토교통부령으로 정하는 개발부담금 부과대상 개발사업의 시행(이하 "토지개발사업 시행"이라 한다)으로 조성이 끝난 토지에서 최초로 시행하는 주택건설사업

사업 종류	근거 법률 및 사업명	비　고
		2) 주택건설사업과 동시에 이루어지는 토지개발사업시행으로 조성되는 토지에서 최초로 시행하는 주택건설사업 3) 「도시개발법」에 따른 환지(換地) 방식의 도시개발사업 시행으로 조성이 끝난 토지나 해당 주택건설사업과 동시에 이루어지는 환지 방식의 도시개발사업 시행으로 조성되는 토지에서 최초로 시행하는 주택건설사업
	다. 「택지개발촉진법」에 따른 택지개발사업	
2. **산업단지개발사업**	가. 「산업입지 및 개발에 관한 법률」에 따른 국가산업단지개발사업	
	나. 「산업입지 및 개발에 관한 법률」에 따른 일반산업단지개발사업	
	다. 「산업입지 및 개발에 관한 법률」에 따른 도시첨단산업단지개발사업	
	라. 「산업입지 및 개발에 관한 법률」에 따른 농공단지개발사업	
	마. 「중소기업진흥에 관한 법률」에 따른 협동화사업 단지조성사업	
3. **관광단지조성사업** (온천개발사업을 포함한다)	가. 「관광진흥법」에 따른 관광지조성사업	
	나. 「관광진흥법」에 따른 관광단지조성사업	
	다. 「국토의 계획 및 이용에 관한 법률」에 따른 유원지 설치사업	국토교통부령으로 정하는 사업으로 한정한다.
	라. 「도시공원 및 녹지 등에 관한 법률」에 따른 공원사업	국토교통부령으로 정하는 사업으로 한정한다.

사업 종류	근거 법률 및 사업명	비 고
	마. 「온천법」에 따른 굴착사업	
	바. 「온천법」에 따른 온천 개발사업	
	사. 「자연공원법」에 따른 공원사업	국토교통부령으로 정하는 사업으로 한정한다.
4. 도시개발사업, 지역개발사업 및 도시환경정비사업	가. 「경제자유구역의 지정 및 운영에 관한 특별법」에 따른 경제자유구역개발사업	수도권 외의 지역에서 산업용지(「산업입지 및 개발에 관한 법률」 제2조 제7호의 2에 따른 산업시설용지와 이와 관련된 교육·연구·업무·지원·정보처리·유통 시설용 용지를 말한다)를 조성하는 경우는 제외한다.
	나. 「도시개발법」에 따른 도시개발사업	환지 방식의 도시개발사업은 제외한다.
	다. 「도시 및 주거환경정비법」에 따른 정비사업	1) 상업지역·공업지역 등에서 도시기능의 회복 및 상권 활성화 등을 위해 도시환경을 개선하기 위한 사업으로서 「도시 및 주거환경정비법 시행령」 별표 1 제2호 가목부터 바목까지에 해당하는 지역에서 시행하는 정비사업으로 한정한다. 2) 공장을 건설하는 경우는 제외한다. 3) 「주택법」 제2조 제6호에 따른 국민주택규모의 임대주택(「공공주택 특별법」에 따른 공공임대주택 또는 「민간임대주택에 관한 특별법」에 따른 민간임대주택을 말하며, 다음의 구분에 따른 기간이 되기 전에 분양전환하거나 임대사업자가 아닌 자에게 양도하는 임대주택은 제외한다)을 건설하는 사업 부분은 제외한다. 가) 공공임대주택의 경우: 5년 나) 민간임대주택의 경우: 4년
	라. 「제주특별자치도 설치 및 국제자유도시 조성을 위한 특별법」에 따른 국제자유도시 개발사업	다음의 어느 하나에 해당하는 경우는 제외한다. 1) 특별개발우대사업의 경우 2) 제주투자진흥지구 안의 토지를 개발하는 경우

사업 종류	근거 법률 및 사업명	비 고
		3) 산업용지(「산업입지 및 개발에 관한 법률」 제2조 제7호의 2에 따른 산업시설용지와 이와 관련된 교육·연구·업무·지원·정보처리·유통 시설용 용지를 말한다)를 조성하는 경우
	마. 「주한미군기지 이전에 따른 평택시 등의 지원 등에 관한 특별법」에 따른 평택시개발사업	
	바. 「주한미군기지 이전에 따른 평택시 등의 지원 등에 관한 특별법」에 따른 국제화계획지구 개발사업	
	사. 「지역균형개발 및 지방중소기업 육성에 관한 법률」에 따른 지역개발사업	
	아. 「지역특화발전특구에 대한 규제특례법」에 따른 특화사업	중소기업이 공장용지를 조성하는 경우는 제외한다.
5. 교통시설 및 물류시설 용지조성사업	다음 각 목의 어느 하나에 해당하는 사업을 위한 용지조성사업	
	가. 「국토의 계획 및 이용에 관한 법률」에 따른 자동차 및 건설기계 운전학원 설치사업	「국토의 계획 및 이용에 관한 법률」 제86조 제5항에 따라 특별시장·광역시장·특별자치시장·특별자치도지사·시장 또는 군수 외의 자가 도시·군계획시설사업으로 시행하는 경우를 말한다.
	나. 「국토의 계획 및 이용에 관한 법률」에 따른 여객자동차터미널사업	
	다. 「국토의 계획 및 이용에 관한 법률」에 따른 유통업무설비 설치사업	「국토의 계획 및 이용에 관한 법률」 제86조 제5항에 따라 특별시장·광역시장·특별자치시장·특별자치도지사·시장 또는 군수 외의 자가 도시·군계획시설사업으로 시행하는 경우를 말하며, 국토교통부령으로 정하는 경우는 제외한다.
	라. 「물류시설의 개발 및 운영에 관한 법률」에 따른 물류단지 개발사업	

사업 종류	근거 법률 및 사업명	비 고
	마.「물류시설의 개발 및 운영에 관한 법률」에 따른 물류터미널사업	
	바.「여객자동차 운수사업법」에 따른 여객자동차터미널사업	
6. **체육시설 부지조성사업(골프장건설사업 및 경륜장·경정장 설치사업을 포함한다)**	가.「경륜·경정법」에 따른 경륜장 설치사업	
	나.「경륜·경정법」에 따른 경정장 설치사업	
	다.「국토의 계획 및 이용에 관한 법률」에 따른 골프장 건설사업	
	라.「체육시설의 설치·이용에 관한 법률」에 따른 체육시설업을 위한 부지조성사업	골프장업, 스키장업, 자동차경주장업, 승마장업 및 종합체육시설업으로 한정한다.
7. **지목변경이 수반되는 사업**	「건축법」에 따른 건축물(국토교통부령으로 정하는 건축물로 한정한다)의 건축(「건축법」 제19조에 따른 용도변경을 포함한다)으로 사실상 또는 공부상의 지목변경이 수반되는 사업	지목변경으로 부담금이 부과된 토지에 대한 사업의 경우 그 부담금 부과 당시의 지목을 그 부담금 부과 전의 지목으로 변경하는 경우는 제외한다.
8. **그 밖에 제1호부터 제6호까지의 사업과 유사한 사업**	가.「건축법」에 따른 창고시설의 설치로 사실상 또는 공부상의 지목변경이 수반되는 사업을 위한 용지조성사업	
	나.「국토의 계획 및 이용에 관한 법률」에 따른 창고시설의 설치를 위한 용지조성사업	창고시설의 설치는「국토의 계획 및 이용에 관한 법률」 제56조에 따른 개발행위허가를 받거나, 같은 법 제86조 제5항에 따라 특별시장·광역시장·특별자치시장·특별자치도지사·시장 또는 군수 외의 자가 도시·군계획시설사업으로 시행하는 경우를 말한다.
	다.「중소기업창업 지원법」에 따른 공장용지조성사업	
	라.「산업집적활성화 및 공장설립에 관한 법률」에 따른 산	

사업 종류	근거 법률 및 사업명	비 고
	업단지 외의 지역에서의 공장용지조성사업 및 공장설립을 위한 부지조성사업	
	마. 「국토의 계획 및 이용에 관한 법률」에 따른 개발행위 허가(신고), 「농지법」에 따른 농지전용 허가(신고), 「산지관리법」에 따른 산지전용 허가(신고), 「초지법」에 따른 초지전용 허가(신고)에 따라 시행하는 사업으로서 다음의 어느 하나에 해당하는 사업	
	1) 주택을 건축하기 위한 용도로 토지를 개발하는 사업 등 국토교통부령으로 정하는 사업	
	2) 사실상 또는 공부상의 지목변경이 수반되는 사업	다음의 어느 하나에 해당하는 경우는 제외한다. 가) 건축물을 건축하거나 농지·산지 또는 초지를 조성하는 경우 나) 지목변경으로 부담금이 부과된 토지에 대한 사업의 경우 그 부담금 부과 당시의 지목을 그 부담금 부과 전의 지목으로 변경하는 경우

비고
개별 법령에서 특정한 사업에 대하여 인가등을 받으면 위 표 제1호부터 제8호까지에서 규정한 개발사업의 인가등을 받은 것으로 보는 경우에는 부담금 부과대상 개발사업으로 본다.

개발이익 환수에 관한 법률 시행규칙 [별표 1] 〈개정 2014. 7. 14.〉

유원지 설치사업 및 공원사업으로서 개발부담금 부과대상 개발사업 (제4조 제3항 관련)

1. 유원지 설치사업: 「도시·군계획시설의 결정·구조 및 설치기준에 관한 규칙」 제58조 제2항 각 호의 시설 중 유희시설·골프연습장·휴게실·숙박시설(유스호스텔은 제외한다) 및 일반음식점을 설치하기 위한 사업
2. 「도시공원 및 녹지 등에 관한 법률 시행규칙」 별표 1에 따른 공원시설 중 유희시설·골프연습장 및 일반음식점을 설치하기 위한 사업
3. 「자연공원법」 제2조 제10호에 따른 공원시설로서 「건축법 시행령」 별표 1 제15호 나목에 따른 휴양 콘도미니엄을 설치하기 위한 사업

개발이익 환수에 관한 법률 시행규칙 [별표 2] 〈개정 2014. 7. 14.〉

개발부담금 부과대상 개발사업(제4조 제5항 및 제6항 관련)

1. 「건축법 시행령」 별표 1에 따른 건축물 중 다음 각 목의 어느 하나에 해당하는 건축물을 건축하기 위한 용도로 토지를 개발하는 사업(「건축법」 제22조에 따른 사용승인을 받은 날부터 5년 이내에 「건축법」 제19조에 따라 다음 각 목의 건축물로 용도를 변경하는 경우를 포함한다)
   가. 「건축법 시행령」 별표 1 제1호에 따른 단독주택(라목은 제외한다) 및 같은 표 제2호에 따른 공동주택. 다만, 「주택법」 제9조 제1항 제4호에 따른 공익법인이 무주택자를 위하여 단독주택 또는 공동주택을 건축하는 경우는 제외한다.
   나. 「건축법 시행령」 별표 1 제3호에 따른 제1종 근린생활시설(바목·사목 및 아목은 제외한다) 및 같은 표 제4호에 따른 제2종 근린생활시설
   다. 「건축법 시행령」 별표 1 제5호에 따른 문화 및 집회시설(라목 및 마목은 제외한다), 같은 표 제7호에 따른 판매시설, 같은 표 제8호에 따른 운수시설(가목으로 한정한다) 및 같은 표 제13호에 따른 운동시설
   라. 「건축법 시행령」 별표 1 제14호에 따른 업무시설(가목은 제외한다), 같은 표 제15호에 따른 숙박시설, 같은 표 제16호에 따른 위락시설, 같은 표 제17호에 따른 공장 및 같은 표 제18호에 따른 창고시설
   마. 「건축법 시행령」 별표 1 제19호에 따른 위험물 저장 및 처리 시설(가목 및 나목으로 한정한다), 같은 표 제20호에 따른 자동차 관련 시설(건설기계 관련 시설을 포함한다) 및 같은 표 제27호에 따른 관광휴게시설
2. 「체육시설의 설치·이용에 관한 법률 시행규칙」 별표 4 제2호 가목·카목 및 하목에 따른 골프장업·골프연습장업 및 썰매장업을 운영하기 위하여 토지를 개발하는 사업

건축법 시행령 [별표 1] 〈개정 2022. 12. 6.〉

용도별 건축물의 종류(제3조의 5 관련) 중 개발부담금 부과대상 건축물

1. 단독주택[단독주택의 형태를 갖춘 가정어린이집 · 공동생활가정 · 지역아동센터 · 공동육아나눔터(「아이돌봄 지원법」 제19조에 따른 공동육아나눔터를 말한다. 이하 같다) · 작은도서관(「도서관법」 제4조 제2항 제1호 가목에 따른 작은도서관을 말하며, 해당 주택의 1층에 설치한 경우만 해당한다. 이하 같다) 및 노인복지시설(노인복지주택은 제외한다)을 포함한다]
   가. 단독주택
   나. 다중주택: 다음의 요건을 모두 갖춘 주택을 말한다.
      1) 학생 또는 직장인 등 여러 사람이 장기간 거주할 수 있는 구조로 되어 있는 것
      2) 독립된 주거의 형태를 갖추지 않은 것(각 실별로 욕실은 설치할 수 있으나, 취사시설은 설치하지 않은 것을 말한다)
      3) 1개 동의 주택으로 쓰이는 바닥면적(부설 주차장 면적은 제외한다. 이하 같다)의 합계가 660제곱미터 이하이고 주택으로 쓰는 층수(지하층은 제외한다)가 3개 층 이하일 것. 다만, 1층의 전부 또는 일부를 필로티 구조로 하여 주차장으로 사용하고 나머지 부분을 주택(주거 목적으로 한정한다) 외의 용도로 쓰는 경우에는 해당 층을 주택의 층수에서 제외한다.
      4) 적정한 주거환경을 조성하기 위하여 건축조례로 정하는 실별 최소 면적, 창문의 설치 및 크기 등의 기준에 적합할 것
   다. 다가구주택: 다음의 요건을 모두 갖춘 주택으로서 공동주택에 해당하지 아니하는 것을 말한다.
      1) 주택으로 쓰는 층수(지하층은 제외한다)가 3개 층 이하일 것. 다만, 1층의 전부 또는 일부를 필로티 구조로 하여 주차장으로 사용하고 나머지 부분을 주택(주거 목적으로 한정한다) 외의 용도로 쓰는 경우에는 해당 층을 주택의 층수에서 제외한다.
      2) 1개 동의 주택으로 쓰이는 바닥면적의 합계가 660제곱미터 이하일 것
      3) 19세대(대지 내 동별 세대수를 합한 세대를 말한다) 이하가 거주할 수 있을 것
2. 공동주택[공동주택의 형태를 갖춘 가정어린이집 · 공동생활가정 · 지역아동센터 · 공동육아나눔터 · 작은도서관 · 노인복지시설(노인복지주택은 제외한다) 및 「주택법 시행령」 제10조 제1항 제1호에 따른 소형 주택을 포함한다]. 다만, 가목이나 나목에서 층수를 산정할 때 1층 전부를 필로티 구조로 하여 주차장으로 사용하는 경우에는 필로티 부분

을 층수에서 제외하고, 다목에서 층수를 산정할 때 1층의 전부 또는 일부를 필로티 구조로 하여 주차장으로 사용하고 나머지 부분을 주택(주거 목적으로 한정한다) 외의 용도로 쓰는 경우에는 해당 층을 주택의 층수에서 제외하며, 가목부터 라목까지의 규정에서 층수를 산정할 때 지하층을 주택의 층수에서 제외한다.

가. 아파트: 주택으로 쓰는 층수가 5개 층 이상인 주택

나. 연립주택: 주택으로 쓰는 1개 동의 바닥면적(2개 이상의 동을 지하주차장으로 연결하는 경우에는 각각의 동으로 본다) 합계가 660제곱미터를 초과하고, 층수가 4개 층 이하인 주택

다. 다세대주택: 주택으로 쓰는 1개 동의 바닥면적 합계가 660제곱미터 이하이고, 층수가 4개 층 이하인 주택(2개 이상의 동을 지하주차장으로 연결하는 경우에는 각각의 동으로 본다)

라. 기숙사: 학교 또는 공장 등의 학생 또는 종업원 등을 위하여 쓰는 것으로서 1개 동의 공동취사시설 이용 세대 수가 전체의 50퍼센트 이상인 것(「교육기본법」 제27조 제2항에 따른 학생복지주택 및 「공공주택 특별법」 제2조 제1호의 3에 따른 공공매입임대주택 중 독립된 주거의 형태를 갖추지 않은 것을 포함한다)

3. 제1종 근린생활시설

가. 식품 · 잡화 · 의류 · 완구 · 서적 · 건축자재 · 의약품 · 의료기기 등 일용품을 판매하는 소매점으로서 같은 건축물(하나의 대지에 두 동 이상의 건축물이 있는 경우에는 이를 같은 건축물로 본다. 이하 같다)에 해당 용도로 쓰는 바닥면적의 합계가 1천제곱미터 미만인 것

나. 휴게음식점, 제과점 등 음료 · 차(茶) · 음식 · 빵 · 떡 · 과자 등을 조리하거나 제조하여 판매하는 시설(제4호 너목 또는 제17호에 해당하는 것은 제외한다)로서 같은 건축물에 해당 용도로 쓰는 바닥면적의 합계가 300제곱미터 미만인 것

다. 이용원, 미용원, 목욕장, 세탁소 등 사람의 위생관리나 의류 등을 세탁 · 수선하는 시설(세탁소의 경우 공장에 부설되는 것과 「대기환경보전법」, 「물환경보전법」 또는 「소음 · 진동관리법」에 따른 배출시설의 설치 허가 또는 신고의 대상인 것은 제외한다)

라. 의원, 치과의원, 한의원, 침술원, 접골원(接骨院), 조산원, 안마원, 산후조리원 등 주민의 진료 · 치료 등을 위한 시설

마. 탁구장, 체육도장으로서 같은 건축물에 해당 용도로 쓰는 바닥면적의 합계가 500제곱미터 미만인 것

자. 금융업소, 사무소, 부동산중개사무소, 결혼상담소 등 소개업소, 출판사 등 일반업무시설로서 같은 건축물에 해당 용도로 쓰는 바닥면적의 합계가 30제곱미터 미만인 것

차. 전기자동차 충전소(해당 용도로 쓰는 바닥면적의 합계가 1천제곱미터 미만인 것으로 한정한다)

4. 제2종 근린생활시설

가. 공연장(극장, 영화관, 연예장, 음악당, 서커스장, 비디오물감상실, 비디오물소극장, 그 밖에 이와 비슷한 것을 말한다. 이하 같다)으로서 같은 건축물에 해당 용도로 쓰는 바닥면적의 합계가 500제곱미터 미만인 것

나. 종교집회장[교회, 성당, 사찰, 기도원, 수도원, 수녀원, 제실(祭室), 사당, 그 밖에 이와 비슷한 것을 말한다. 이하 같다]으로서 같은 건축물에 해당 용도로 쓰는 바닥면적의 합계가 500제곱미터 미만인 것

다. 자동차영업소로서 같은 건축물에 해당 용도로 쓰는 바닥면적의 합계가 1천제곱미터 미만인 것

라. 서점(제1종 근린생활시설에 해당하지 않는 것)

마. 총포판매소

바. 사진관, 표구점

사. 청소년게임제공업소, 복합유통게임제공업소, 인터넷컴퓨터게임시설제공업소, 가상현실체험 제공업소, 그 밖에 이와 비슷한 게임 및 체험 관련 시설로서 같은 건축물에 해당 용도로 쓰는 바닥면적의 합계가 500제곱미터 미만인 것

아. 휴게음식점, 제과점 등 음료·차(茶)·음식·빵·떡·과자 등을 조리하거나 제조하여 판매하는 시설(너목 또는 제17호에 해당하는 것은 제외한다)로서 같은 건축물에 해당 용도로 쓰는 바닥면적의 합계가 300제곱미터 이상인 것

자. 일반음식점

차. 장의사, 동물병원, 동물미용실, 「동물보호법」 제32조 제1항 제6호에 따른 동물위탁관리업을 위한 시설, 그 밖에 이와 유사한 것

카. 학원(자동차학원·무도학원 및 정보통신기술을 활용하여 원격으로 교습하는 것은 제외한다), 교습소(자동차교습·무도교습 및 정보통신기술을 활용하여 원격으로 교습하는 것은 제외한다), 직업훈련소(운전·정비 관련 직업훈련소는 제외한다)로서 같은 건축물에 해당 용도로 쓰는 바닥면적의 합계가 500제곱미터 미만인 것

타. 독서실, 기원

파. 테니스장, 체력단련장, 에어로빅장, 볼링장, 당구장, 실내낚시터, 골프연습장, 놀이형시설(「관광진흥법」에 따른 기타유원시설업의 시설을 말한다. 이하 같다) 등 주민의 체육 활동을 위한 시설(제3호 마목의 시설은 제외한다)로서 같은 건축물에 해당 용도로 쓰는 바닥면적의 합계가 500제곱미터 미만인 것

하. 금융업소, 사무소, 부동산중개사무소, 결혼상담소 등 소개업소, 출판사 등 일반업무시설로서 같은 건축물에 해당 용도로 쓰는 바닥면적의 합계가 500제곱미터 미만인 것(제1종 근린생활시설에 해당하는 것은 제외한다)

거. 다중생활시설(「다중이용업소의 안전관리에 관한 특별법」에 따른 다중이용업 중 고시원업의 시설로서 국토교통부장관이 고시하는 기준과 그 기준에 위배되지 않는 범위에서 적정한 주거환경을 조성하기 위하여 건축조례로 정하는 실별 최소 면적, 창문의 설치 및 크기 등의 기준에 적합한 것을 말한다. 이하 같다)로서 같은 건축물에 해당 용도로 쓰는 바닥면적의 합계가 500제곱미터 미만인 것

너. 제조업소, 수리점 등 물품의 제조·가공·수리 등을 위한 시설로서 같은 건축물에 해당 용도로 쓰는 바닥면적의 합계가 500제곱미터 미만이고, 다음 요건 중 어느 하나에 해당하는 것

1) 「대기환경보전법」, 「물환경보전법」 또는 「소음·진동관리법」에 따른 배출시설의 설치 허가 또는 신고의 대상이 아닌 것

2) 「물환경보전법」 제33조 제1항 본문에 따라 폐수배출시설의 설치 허가를 받거나 신고해야 하는 시설로서 발생되는 폐수를 전량 위탁처리하는 것

더. 단란주점으로서 같은 건축물에 해당 용도로 쓰는 바닥면적의 합계가 150제곱미터 미만인 것

러. 안마시술소, 노래연습장

5. 문화 및 집회시설

가. 공연장으로서 제2종 근린생활시설에 해당하지 아니하는 것

나. 집회장[예식장, 공회당, 회의장, 마권(馬券) 장외 발매소, 마권 전화투표소, 그 밖에 이와 비슷한 것을 말한다]으로서 제2종 근린생활시설에 해당하지 아니하는 것

다. 관람장(경마장, 경륜장, 경정장, 자동차 경기장, 그 밖에 이와 비슷한 것과 체육관 및 운동장으로서 관람석의 바닥면적의 합계가 1천 제곱미터 이상인 것을 말한다)

7. 판매시설

가. 도매시장(「농수산물유통 및 가격안정에 관한 법률」에 따른 농수산물도매시장, 농수산물공판장, 그 밖에 이와 비슷한 것을 말하며, 그 안에 있는 근린생활시설을 포함한다)

나. 소매시장(「유통산업발전법」 제2조 제3호에 따른 대규모 점포, 그 밖에 이와 비슷한 것을 말하며, 그 안에 있는 근린생활시설을 포함한다)

다. 상점(그 안에 있는 근린생활시설을 포함한다)으로서 다음의 요건 중 어느 하나에 해당하는 것

1) 제3호 가목에 해당하는 용도(서점은 제외한다)로서 제1종 근린생활시설에 해당하지 아니하는 것

2) 「게임산업진흥에 관한 법률」 제2조 제6호의 2 가목에 따른 청소년게임제공업의 시설, 같은 호 나목에 따른 일반게임제공업의 시설, 같은 조 제7호에 따른 인터넷컴퓨터게임시설제공업의 시설 및 같은 조 제8호에 따른 복합유통게임제공업

의 시설로서 제2종 근린생활시설에 해당하지 아니하는 것

8. 운수시설

가. 여객자동차터미널

13. 운동시설

가. 탁구장, 체육도장, 테니스장, 체력단련장, 에어로빅장, 볼링장, 당구장, 실내낚시터, 골프연습장, 놀이형시설, 그 밖에 이와 비슷한 것으로서 제1종 근린생활시설 및 제2종 근린생활시설에 해당하지 아니하는 것

나. 체육관으로서 관람석이 없거나 관람석의 바닥면적이 1천 제곱미터 미만인 것

다. 운동장(육상장, 구기장, 볼링장, 수영장, 스케이트장, 롤러스케이트장, 승마장, 사격장, 궁도장, 골프장 등과 이에 딸린 건축물을 말한다)으로서 관람석이 없거나 관람석의 바닥면적이 1천 제곱미터 미만인 것

14. 업무시설

나. 일반업무시설: 다음 요건을 갖춘 업무시설을 말한다.

1) 금융업소, 사무소, 결혼상담소 등 소개업소, 출판사, 신문사, 그 밖에 이와 비슷한 것으로서 제1종 근린생활시설 및 제2종 근린생활시설에 해당하지 않는 것

2) 오피스텔(업무를 주로 하며, 분양하거나 임대하는 구획 중 일부 구획에서 숙식을 할 수 있도록 한 건축물로서 국토교통부장관이 고시하는 기준에 적합한 것을 말한다)

15. 숙박시설

가. 일반숙박시설 및 생활숙박시설(「공중위생관리법」 제3조 제1항 전단에 따라 숙박업 신고를 해야 하는 시설로서 국토교통부장관이 정하여 고시하는 요건을 갖춘 시설을 말한다)

나. 관광숙박시설(관광호텔, 수상관광호텔, 한국전통호텔, 가족호텔, 호스텔, 소형호텔, 의료관광호텔 및 휴양 콘도미니엄)

다. 다중생활시설(제2종 근린생활시설에 해당하지 아니하는 것을 말한다)

라. 그 밖에 가목부터 다목까지의 시설과 비슷한 것

16. 위락시설

가. 단란주점으로서 제2종 근린생활시설에 해당하지 아니하는 것

나. 유흥주점이나 그 밖에 이와 비슷한 것

다. 「관광진흥법」에 따른 유원시설업의 시설, 그 밖에 이와 비슷한 시설(제2종 근린생활시설과 운동시설에 해당하는 것은 제외한다)

마. 무도장, 무도학원

바. 카지노영업소

17. 공장

물품의 제조 · 가공[염색 · 도장(塗裝) · 표백 · 재봉 · 건조 · 인쇄 등을 포함한다] 또는 수리에 계속적으로 이용되는 건축물로서 제1종 근린생활시설, 제2종 근린생활시설, 위험물저장 및 처리시설, 자동차 관련 시설, 자원순환 관련 시설 등으로 따로 분류되지 아니한 것

18. 창고시설(위험물 저장 및 처리 시설 또는 그 부속용도에 해당하는 것은 제외한다)

가. 창고(물품저장시설로서 「물류정책기본법」에 따른 일반창고와 냉장 및 냉동 창고를 포함한다)

나. 하역장

다. 「물류시설의 개발 및 운영에 관한 법률」에 따른 물류터미널

라. 집배송 시설

19. 위험물 저장 및 처리 시설

「위험물안전관리법」, 「석유 및 석유대체연료 사업법」, 「도시가스사업법」, 「고압가스 안전관리법」, 「액화석유가스의 안전관리 및 사업법」, 「총포 · 도검 · 화약류 등 단속법」, 「화학물질 관리법」 등에 따라 설치 또는 영업의 허가를 받아야 하는 건축물로서 다음 각 목의 어느 하나에 해당하는 것. 다만, 자가난방, 자가발전, 그 밖에 이와 비슷한 목적으로 쓰는 저장시설은 제외한다.

가. 주유소(기계식 세차설비를 포함한다) 및 석유 판매소

나. 액화석유가스 충전소 · 판매소 · 저장소(기계식 세차설비를 포함한다)

20. 자동차 관련 시설(건설기계 관련 시설을 포함한다)

가. 주차장

나. 세차장

다. 폐차장

라. 검사장

마. 매매장

바. 정비공장

사. 운전학원 및 정비학원(운전 및 정비 관련 직업훈련시설을 포함한다)

아. 「여객자동차 운수사업법」, 「화물자동차 운수사업법」 및 「건설기계관리법」에 따른 차고 및 주기장(駐機場)

자. 전기자동차 충전소로서 제1종 근린생활시설에 해당하지 않는 것

27. 관광 휴게시설

가. 야외음악당

나. 야외극장

다. 어린이회관

라. 관망탑

마. 휴게소

바. 공원 · 유원지 또는 관광지에 부수되는 시설

비고

1. 제3호 및 제4호에서 "해당 용도로 쓰는 바닥면적"이란 부설 주차장 면적을 제외한 실(實) 사용면적에 공용부분 면적(복도, 계단, 화장실 등의 면적을 말한다)을 비례 배분한 면적을 합한 면적을 말한다.
2. 비고 제1호에 따라 "해당 용도로 쓰는 바닥면적"을 산정할 때 건축물의 내부를 여러 개의 부분으로 구분하여 독립한 건축물로 사용하는 경우에는 그 구분된 면적 단위로 바닥면적을 산정한다. 다만, 다음 각 목에 해당하는 경우에는 각 목에서 정한 기준에 따른다.
   가. 제4호 더목에 해당하는 건축물의 경우에는 내부가 여러 개의 부분으로 구분되어 있더라도 해당 용도로 쓰는 바닥면적을 모두 합산하여 산정한다.
   나. 동일인이 둘 이상의 구분된 건축물을 같은 세부 용도로 사용하는 경우에는 연접되어 있지 않더라도 이를 모두 합산하여 산정한다.
   다. 구분 소유자(임차인을 포함한다)가 다른 경우에도 구분된 건축물을 같은 세부 용도로 연계하여 함께 사용하는 경우(통로, 창고 등을 공동으로 활용하는 경우 또는 명칭의 일부를 동일하게 사용하여 홍보하거나 관리하는 경우 등을 말한다)에는 연접되어 있지 않더라도 연계하여 함께 사용하는 바닥면적을 모두 합산하여 산정한다.
3. 「청소년 보호법」 제2조 제5호 가목 8) 및 9)에 따라 여성가족부장관이 고시하는 청소년 출입 · 고용금지업의 영업을 위한 시설은 제1종 근린생활시설 및 제2종 근린생활시설에서 제외하되, 위 표에 따른 다른 용도의 시설로 분류되지 않는 경우에는 제16호에 따른 위락시설로 분류한다.
4. 국토교통부장관은 별표 1 각 호의 용도별 건축물의 종류에 관한 구체적인 범위를 정하여 고시할 수 있다.

Q3. 개발부담금의 부과제외 및 경감대상

1 개발부담금의 부과제외 및 면제대상

(1) 부과제외 개발사업의 대상 (국가 · 지방자치단체의 개발사업)

국가가 시행하는 개발사업과 지방자치단체가 공공의 목적을 위하여 시행하는 사업으로서 다음의 대통령령이 정하는 개발사업에는 개발부담금을 부과하지 아니한다(개발이익환수법 §7 ①, 개발이익환수령 §6 ①). 즉, 조세로 치면 비과세 대상이라고 할 수 있다.

① 택지개발사업(주택단지조성사업 포함)
② 산업단지개발사업
③ 관광단지조성사업(온천개발사업 포함) 중 관광지조성사업 및 관광단지조성사업
④ 도시개발사업, 지역개발사업 및 도시환경정비사업(지역개발사업은 제외)
⑤ 교통시설 및 물류시설 용지조성사업 중 물류단지개발사업 및 물류터미널사업을 위한 용지조성사업

(2) 면제대상 개발사업

다음과 같은 개발사업에 대하여는 개발부담금을 면제한다(개발이익환수법 §7 ③). 즉, 개발부담금의 100% 감면대상인 것이다.

① 「산업입지 및 개발에 관한 법률」에 따른 산업단지개발사업(수도권 제외)
② 「중소기업창업 지원법」에 따라 공장 설립계획 승인을 받아 시행하는 공장용지 조성사업
③ 「관광진흥법」에 따른 관광단지 조성사업(수도권 제외)
④ 「물류시설의 개발 및 운영에 관한 법률」에 따른 물류단지개발사업(수도권 제외)

또한 개별 법률의 규정에 따라 아래에 해당되는 경우 개발부담금이 면제된다.

개발부담금 면제대상	관련 법률
① 산업기술단지	「산업기술단지 지원에 관한 특례법」 §16 ①
② 소기업 중 「산업집적활성화 및 공장설립에 관한 법률」 제2조 제1호에 따른 공장의 건축면적 또는 이에 준하는 사업장의 면적이 1,000㎡ 미만인 기업이 수도권 외의 지역에서 공장을 신축·증축 또는 이전하려는 경우(공장의 총건축면적과 사업장 총면적의 합이 1,000㎡ 미만인 경우에 한정)	「중소기업 진흥에 관한 법률」 §62의 10 ②
③ 벤처기업집적시설	「벤처기업육성에 관한 특별조치법」 §22 ①

한편, 개별 법령에서 "개발부담금을 감면할 수 있다"는 임의규정을 두고 있다 하더라도 「개발이익환수에 관한 법률」에서 감면에 대해 별도 규정하고 있지 아니한 개발사업에 대하여는 부과권자의 판단 하에 부담금을 감면할 수 없다(국토부 토지정책과-845, 2012. 2. 16.).

개발부담금 임의적 감면대상	관련 법률
기업도시의 조성사업	「기업도시개발 특별법」 §25
민간투자사업	「사회기반시설에 대한 민간투자법」 §56
경제자유구역 개발사업	「경제자유구역의 지정 및 운영에 관한 법률」 §15
공공주택사업	「공공주택 특별법」 §30
연구특구개발사업	「연구개발특구의 육성에 관한 특별법」 §14
공영차고지 개발사업	「대중교통의 육성 및 이용촉진에 관한 법률」 §14
주한미군 공여구역 지원사업	「주한미군 공여구역주변지역 등 지원 특별법」 §35
동·서·남해안 및 내륙권 발전 개발사업	「동·서·남해안 및 내륙권 발전 특별법」 §32
새만금사업 지원 개발사업	「새만금사업 추진 및 지원에 관한 특별법」 §44
박람회 시설과 부지의 매각 등 사업	「여수세계박람회 기념 및 사후활용에 관한 특별법」 §22
지역개발사업	「지역 개발 및 지원에 관한 법률」 §51
국제자유도시 조성 개발사업	「제주특별자치도 설치 및 국제자유도시 조성을 위한 특별법」 §156
공공기관의 지방이전과 혁신도시 건설지원 사업	「공공기관 지방이전에 따른 혁신도시 건설 및 지원에 관한 특별법」 §48
물류단지 개발 및 입주기업체 유치사업	「물류시설의 개발 및 운영에 관한 법률」 §58
접경지역 내에서 시행되는 사업	「접경지역 지원 특별법」 §19

법제처 법령해석 사례에서도 접경지역법 제19조에서 접경지역사업시행자에 대하여 같은 조 각 호의 부담금 등을 감면할 수 있다고 규정하고 있으나, 부담금 등의 감면이 가능한 구체적인 요건이나 그 감면 범위, 감면 절차, 부담금 징수분의 배분 등 부담금 감면에 관한 구체적인 사항에 대해서는 규정하고 있지 않아 해당 규정만으로는 부담금 감면을 위한 구체적인 집행이 곤란하다는 점에 비추어 보면, 같은 조는 접경지역사업시행자에 대하여 같은 조 각 호로 열거되어 있는 부담금 등의 감면이 가능하다는 일반적인 근거를 둔 것에 불과하고, 개발이익환수법 등에서 규정하고 있는 부담금 감면 범위를 넘는 면제까지 곧바로 가능하도록 한 규정이라고 보기는 어렵다(법제처 22-0549, 2022. 11 15. 참조)라고 해석한 바 있다.

2 개발부담금의 경감

(1) 50% 경감 개발사업

다음의 해당하는 개발사업에 대하여는 개발부담금의 100분의 50을 경감한다. 이 경우 경감 규정을 중복하여 적용하지 아니한다(개발이익환수법 §7 ②, 개발이익환수령 §6 ③).

① 지방자치단체가 시행하는 개발사업으로서 위 부과제외 개발사업에 해당하지 아니하는 사업(예 : 체육시설 부지조성사업, 지목변경이 수반되는 사업 등)

② 「공공기관의 운영에 관한 법률」에 따른 공공기관, 「지방공기업법」에 따른 지방공기업 및 특별법에 따른 공기업 등 대통령령으로 정하는 공공기관이 시행하는 사업으로서 아래에서 정하는 사업

- 택지개발사업(주택단지조성사업 포함), 산업단지개발사업, 관광단지조성사업(온천개발사업 포함) 중 관광지조성사업 및 관광단지조성사업, 도시개발사업, 지역개발사업 및 도시환경정비사업(지역개발사업은 제외), 교통시설 및 물류시설 용지조성사업 중 물류단지개발사업 및 물류터미널사업을 위한 용지조성사업 등 개발사업
- 「국가철도공단법」 제23조에 따라 국가철도공단이 시행하는 철도의 역세권 및 철도부근 지역 개발사업
- 자동차 관련시설 부지조성사업(「한국교통안전공단법」에 따라 한국교통안전공단이 시행하는 경우로 한정)
- 「양곡관리법」 제22조에 따라 농업협동조합 및 중앙회(농협경제지주회사 및 그 자회사를 포함한다)가 시행하는 미곡종합처리장 설치사업
- 「항만공사법」 제8조 제1항 제1호에 따라 항만공사가 시행하는 항만시설의 신설・개축(改築)・유지・보수・준설(浚渫) 등의 사업

- 「한국철도공사법」 제9조 제1항 제5호 및 제6호, 같은 법 제13조에 따라 한국철도공사가 시행하는 역시설 및 역세권 개발사업

③ 「중소기업기본법」 제2조 제1항에 따른 중소기업이 시행하는 공장용지조성사업, 대통령령[6]으로 정하는 관광단지조성사업과 교통시설 및 물류시설 용지조성사업. 다만, 「수도권정비계획법」 제2조 제1호에 따른 수도권에서 시행하는 사업은 제외한다.

④ 「주택법」 제2조 제5호 나목의 국민주택 중 「주택도시기금법」에 따른 주택도시기금으로부터 자금을 지원받아 국민주택을 건설하기 위하여 시행하는 택지개발사업

⑤ 「주한미군 공여구역주변지역 등 지원 특별법」 제2조 제2호부터 제4호까지에 따른 공여구역주변지역·반환공여구역 또는 반환공여구역주변지역에서 시행하는 개발사업. 다만, 공여구역 또는 반환공여구역이 소재한 읍·면·동(행정동)에 연접한 읍·면·동지역의 경우에는 같은 법 제8조에 따라 법률 제13699호 개발이익 환수에 관한 법률 일부개정법률 시행 전에 확정된 공여구역주변지역등발전종합계획에 따라 시행하는 개발사업만 해당한다.

⑥ 「접경지역 지원 특별법」 제2조 제1호에 따른 접경지역 중 비무장지대, 해상의 북방한계선 또는 민간인통제선과 잇닿아 있는 읍·면·동지역에서 시행하는 개발사업

(2) 50% 경감대상 공공기관의 범위

위 ②에서 부담금의 50%를 경감받는 공공기관은 아래의 기관을 말한다(개발이익환수령 §6 ②).

① 「공공기관의 운영에 관한 법률」에 따른 공공기관 중 다음의 공공기관
- 「한국토지주택공사법」에 따른 한국토지주택공사
- 「한국수자원공사법」에 따라 설립된 한국수자원공사
- 「한국농어촌공사 및 농지관리기금법」에 따라 설립된 한국농어촌공사
- 「한국관광공사법」에 따라 설립된 한국관광공사
- 「한국철도공사법」에 따라 설립된 한국철도공사

② 「지방공기업법」에 따라 설립된 지방공사 및 지방공단 중 제1항에 따른 개발사업을 목적으로 설립된 지방공사 및 지방공단

③ 특별법에 따른 공기업과 조합 중 다음의 공기업과 조합
- 「중소기업진흥에 관한 법률」에 따라 설립된 중소벤처기업진흥공단

---

6) 대통령령으로 정하는 관광단지조성사업과 교통시설 및 물류시설 용지조성사업(개발이익환수령 §6 ④)
   1. 별표 1 제3호 가목에 따른 관광지조성사업
   2. 별표 1 제5호 마목에 따른 물류터미널사업을 위한 용지조성사업
   3. 별표 1 제8호 가목 및 나목에 따른 창고시설의 설치 등을 위한 용지조성사업

- 「산업집적활성화 및 공장설립에 관한 법률」에 따라 설립된 한국산업단지공단
- 「공무원연금법」에 따라 설립된 공무원연금공단
- 「농업협동조합법」에 따라 설립된 조합, 조합공동사업법인 및 중앙회(농협경제지주회사 및 그 자회사를 포함한다)
- 「수산업협동조합법」에 따라 설립된 조합 및 중앙회
- 「산림조합법」에 따라 설립된 조합, 중앙회 및 조합공동사업법인
- 「국가철도공단법」에 따라 설립된 국가철도공단
- 「한국교통안전공단법」에 따라 설립된 한국교통안전공단
- 「한국공항공사법」에 따라 설립된 한국공항공사
- 「한국도로공사법」에 따라 설립된 한국도로공사
- 「인천국제공항공사법」에 따라 설립된 인천국제공항공사
- 「중소기업협동조합법」에 따라 설립된 중소기업협동조합
- 「한국자산관리공사 설립 등에 관한 법률」에 따른 한국자산관리공사
- 「항만공사법」에 따라 설립된 항만공사
- 「제주특별자치도 설치 및 국제자유도시 조성을 위한 특별법」에 따라 설립된 제주국제자유도시개발센터

3 개발부담금의 추가 경감 및 임시특례

(1) 지방자치단체 귀속분 개발부담금의 추가 경감

시장 · 군수 · 구청장은 지역에 대한 민간투자의 활성화 등을 위하여 지방의회의 승인을 받아 관할 구역에서 시행되는 개발사업에 대한 개발부담금을 지방자치단체에 귀속되는 귀속분의 범위에서 경감할 수 있다. 다만, 해당 지방자치단체의 지가가 급격히 상승할 우려가 있는 등 아래와 같은 사유에 모두 해당되는 경우에는 그러하지 아니하다(개발이익환수법 §7 ④, 개발이익환수령 §6의 2).

① 경감요청 직전 월의 지방자치단체 지가상승률이 전국 소비자 물가상승률의 100분의 130보다 높은 경우
② 직전 월부터 소급하여 지방자치단체의 2개월간의 월평균 지가상승률이 전국지가상승률의 100분의 130보다 높은 경우

이는 개발이익환수법 제4조 제1항에 따라 징수된 개발부담금의 50%는 개발이익이 발생한 토지가 속하는 지방자치단체로 귀속되는 바, 시장·군수·구청장이 지역에 대한 민간투자의 활성화 등을 위하여 지방의회의 승인을 받아 관할 구역에서 시행되는 개발사업에 대한 개발부담금을 지방자치단체에 귀속되는 귀속분의 범위에서 경감할 수 있도록 한 것이다. 따라서 개발이익환수법령에서 열거하여 규정하는 감면 대상 사업에 해당하지 않는 경우 시장·군수·구청장이 재량적으로 감면할 수 있는 부담금의 범위를 해당 지방자치단체 귀속분으로 한정하면서 그 대상도 지방의회 승인을 받은 개발사업으로 한정하고 있다(법제처 22-0549, 2022. 11. 15. 참조).

시장·군수·구청장은 위 규정에 따라 부담금을 경감하려면 개발사업으로서 경감할 사업 및 경감 기준, 경감 제외사유에 해당하지 않음을 증명하는 서류를 첨부하여 지방의회에 승인을 요청해야 한다. 이 경우 시장·군수·구청장은 경감 기준을 정할 때 개발부담금 납부의무자, 개발사업의 종류 및 개발사업이 시행되는 토지의 용도지역·용도지구 등에 따라 경감률 및 경감기간을 달리 정할 수 있다. 시장·군수·구청장은 지방의회의 승인을 받으면 개발부담금 경감 사업 및 경감 기준을 공고하고, 이를 국토교통부장관에게 통보해야 한다. 또한 시장·군수·구청장은 개발부담금 경감 사업 및 경감 기준을 일반인이 열람할 수 있도록 해야 한다(개발이익환수령 §6의 3 ① ② ③ ④).

(2) 개발부담금 감면에 대한 임시특례

택지개발사업과 산업단지개발사업, 관광단지조성사업, 도시개발사업·지역개발사업·도시환경정비사업, 교통시설 및 물류시설 용지조성사업(개발이익환수법 §5 ① 1호~6호)의 개발부담금 부과대상 사업으로서 2015년 7월 15일부터 2018년 6월 30일까지 인가 등을 받은 개발사업에 대해서는 법 제7조 제2항 및 제3항(제3항 제2호는 제외한다)에도 불구하고 다음의 구분에 따라 개발부담금을 경감하거나 면제한다(개발이익환수법 §7의 2)[7].

① 수도권에서 시행하는 개발사업 : 개발부담금의 100분의 50 경감
② 수도권 외의 지역에서 시행하는 개발사업 : 개발부담금 면제

7) 구 「개발이익 환수에 관한 법률, 제12245호, 2014. 1. 14. 개정, 2014. 7. 15. 시행」 부칙 제8조에 따라 2014. 7. 15. ~ 2015. 7. 14.까지 인가 등을 받은 사업(개발이익환수법 §5 ① 1호~6호 사업)도 경감 또는 면제한다. (수도권 50% 경감, 지방 면제)

④ 감면 후 개발부담금의 추징

(1) 추징사유

시장·군수·구청장은 개발부담금 감면 대상 사업(다른 법률에서 감면 대상으로 정한 사업을 포함)을 시행한 후 특별한 사유 없이 부과 종료시점 후 5년 이내에 토지를 해당 개발사업의 목적 용도로 이용하지 아니하는 등 다음의 사유가 있으면 감면한 개발부담금을 징수한다(개발이익환수법 §16 ①, 개발이익환수령 §21 ② ③).

① 당초 개발사업의 목적용도와 다른 용도로 토지를 이용하는 경우 ② 당초 개발사업의 목적용도 외의 용도로 토지를 이용하려는 자에게 그 토지를 양도하는 경우

시장·군수·구청장은 경감한 부담금을 추징하려면 추징사유가 발생한 날부터 15일 이내에 경감한 부담금에 대한 납부고지서를 납부의무자에게 보내야 한다. 이 경우 추징하는 부담금에 대한 납부기한은 고지일부터 30일로 한다. 한편 시장·군수·구청장은 면제한 부담금을 추징하려면 추징사유가 발생한 날부터 15일 이내에 납부의무자에게 추징을 통보해야 하며, 납부의무자는 통보를 받은 날부터 30일 이내에 개발비용 산정에 필요한 명세서를 시장·군수·구청장에게 제출해야 한다. 이 경우 예정통지, 고지 전 심사, 납부의 고지규정을 준용한다(개발이익환수령 §21 ④ ⑤ ⑥).

(2) 특별한 사유

추징에서 제외하는 특별한 사유라 함은 ① 천재지변이나 그 밖에 이와 유사한 사유로 해당 재산에 현저한 손실을 입은 경우와 ② 기업의 도산 등으로 개발사업을 계속하는 것이 곤란한 경우를 말한다(개발이익환수령 §21 ①).

여기에서 "기업의 도산 등으로 개발사업을 계속하는 것이 곤란한 경우"란 파산·부도 등으로 기업이 경영능력을 상실하여 개발부담금을 징수할 수 없는 경우를 의미하는 것으로 보아야 할 것이고, 개발사업 시행 후 토지보상법에 따른 공익사업의 시행으로 인하여 해당 토지가 수용되는 경우라 하더라도 개발부담금 납부가 면제되었던 기업이 파산·부도 등으로 경영능력을 상실한 것은 아니어서, 이를 "기업의 도산"과 규범적 가치가 동일하거나 그에 준하는 경우로 볼 수는 없다(법제처 안건번호 22-0735, 2023. 2. 14. 참조).

◦ 부담금의 감면요건에 관한 법규의 해석 기준 (대법원 2007두9884, 2007. 10. 26.)

조세나 부담금에 관한 법률의 해석에 관하여, 그 부과요건이거나 감면요건을 막론하고 특별한 사정이 없는 한 법문대로 해석할 것이고 합리적 이유 없이 확장해석하거나 유추해석하는 것은 허용되지 아니하고, 특히 감면요건 규정 가운데에 명백히 특혜규정이라고 볼 수 있는 것은 엄격하게 해석하는 것이 공평원칙에도 부합한다고 할 것이다(대법원 1998. 3. 27. 선고 97누20090 판결, 대법원 2002. 4. 12. 선고 2001두731 판결 등 참조).

◦ 비수도권에서 「산업입지 및 개발에 관한 법률」에 따라 조성되는 산업단지 안의 주택지조성사업의 경우 개발부담금이 면제되는지? (법제처 법령해석총괄과 - 3535호, 2014. 10. 28.)

「개발이익환수에 관한 법률」 시행령 별표 1에서 개발부담금 부과대상을 「산업입지 및 개발에 관한 법률」에 따른 산업단지 안의 주택지조성사업(제1호 가목)과 「산업입지 및 개발에 관한 법률」에 따른 산업단지개발사업(제2호 가목부터 라목까지)을 따로 구분하여 규정하고 있다 하더라도, 개발부담금 면제 대상을 판단함에 있어서는 산업단지 전체를 하나의 사업으로 보아 개발부담금의 면제 여부를 판단하여야 할 것이다. 즉, 산업단지는 주택지 조성사업을 포함하여 전체적으로 하나의 개발사업으로서 승인·추진되는 사업이라 할 것이므로, 수도권이 아닌 지역에서 「산업입지 및 개발에 관한 법률」에 따라 조성되는 산업단지 안의 주택지조성사업의 경우, 「개발이익환수에 관한 법률」 제7조 제3항 제1호에 따라 개발부담금이 면제된다고 할 것이다.

◦ 지목변경 수반사업(부속창고 증축 및 야적장 조성)의 개발사업 준공이후 공장부지로 등록할 예정인 바, 이 경우 중소기업이 시행하는 공장용지 조성사업으로 보아 개발부담금 50% 경감이 가능한지? (국토부 토지정책과 - 9506, 2015. 12. 17.)

「개발이익 환수에 관한 법률」 제7조 제2항 제3호에 따르면 수도권이 아닌 지역에서 「중소기업기본법」 제2조 제1항에 따른 중소기업이 시행하는 공장용지 조성사업은 개발부담금의 50%를 경감하도록 하고 있는 바, 법 제7조 제2항 제3호의 공장용지 조성사업은 「산업집적활성화 및 공장설립에 관한 법률」에 따른 산업단지 외의 지역에서의 공장용지 조성사업 및 공장설립을 위한 부지조성사업(영 별표 1 제8호 라목), 「건축법 시행령」 [별표 1] 제17호에 따른 공장의 용지조성사업(영 별표 1 제7호, 제8호 마목 1))에 의하여 새로이 공장용지를 조성하는 경우에 적용할 수 있으며, 이미 조성된 건축물(또는 토지)의 용도를 공장(용지)으로 변경하는 것 등은 개발부담금 50%를 경감받을 수 있는 공장용지 조성사업에 포함되지 않는다.

◦ 개발행위 허가, 건축허가, 공장설립 승인을 받은 후 개발행위 준공, 건축물 사용승인(공장)을 받아 개발부담금 부과절차가 진행 중인 사항에 대하여 기존 공장설립 승인을 취소하고 「중소기업창업지원법」에 따라 사업계획승인을 받을 경우 부담금의 소급 면제 여부? (국토부 토지정책과 - 4172, 2015. 6. 10.)

시행령 [별표 1] 제8호 라목에 따라 산업단지 외의 지역에서의 공장용지조성사업 및 공장설립을 위한 부지조성사업은 개발부담금 부과대상에 해당하며, 시행령 제10조 제3항에 따르면 개발사업에 대한 인가 등이 해당 법률에서 정하는 바에 따라 취소된 경우 그 취소된 시점을 부과 종료시점으로 규정하여 취소시점까지 개발부담금을 산정하여 부과하도록 하고 있으며, 「개발이익 환수에 관한 법령」상에는 개발부담금을 소급하여 면제하는 규정은 없는 바, 기존 공장설립 승인을 취소하고 「중소기업창업지원법」에 따라 사업계획승인을 받을 경우 개발부담금이 소급하여 면제되지 않는다.

- **「주택법」에 따른 주택건설사업을 2016. 3. 17. 사업계획 승인을 받은 경우 개발부담금 부과대상 여부?** (국토부 토지정책과 – 6675, 2016. 8. 26.)

「개발이익환수법」 제5조, 동법 시행령 제4조와 [별표 1] 제1호에 따르면 「주택법」에 따른 주택건설사업 또는 대지조성사업은 개발부담금 부과대상 사업에 해당합니다. 다만, 법 제7조의 2에 따르면 법 제5조 제1항 제1호부터 제6호까지의 개발부담금 부과대상 사업으로서 2015년 7월 15일부터 2018년 6월 30일까지 인가등을 받은 개발사업에 대해서는 수도권 외의 지역에서 시행하는 개발사업에 대해서는 개발부담금을 면제하도록 규정하고 있고, 「주택법」에 따른 주택건설사업은 동법 제5조 제1항 제1호의 사업에 해당한다. 따라서, 귀 질의의 주택건설사업은 상기 한시감면 기간에 인가된 경우에 해당하므로 개발부담금이 면제되는 것으로 판단된다.

- **주한미군 공여구역 등 개발사업에 대한 부담금 50% 감면규정 적용 가능 여부** (국토부 토지정책과 – 10196, 2016. 12. 20.)

구「개발이익 환수에 관한 법률, 제13699호, 2015.12.29 시행」 제7조 제2항 제5호에 따르면 「주한미군 공여구역주변지역 등 지원 특별법」 제2조 제2호부터 제4호까지에 따른 공여구역주변지역, 반환공여구역 또는 반환공여구역주변지역에서 시행하는 개발사업에 연접한 읍·면·동 지역의 경우에는 동법 제8조에 따라 법률 제13699호 개발이익 환수에 관한 법률 일부 개정 법률 시행 전에 확정된 공여구역주변지역등발전종합계획에 따라 시행하는 개발사업만 해당]의 경우 개발부담금을 50% 경감하도록 규정하고 있고, 동 법률 부칙 제2조에 따르면 제7조 제2항 제5호의 개정규정은 이 법 시행 후 최초로 개발부담금을 결정·부과하는 개발사업부터 적용하도록 규정하고 있는 바, 위 감면 요건을 충족하는 경우라면 상기 법령 시행일 이전에 인가 등을 받은 사업이더라도 시행일 이후에 개발부담금 부과 종료시점이 도래하여 개발부담금을 결정·부과하는 경우에도 50% 감면 규정을 적용할 수 있을 것으로 판단된다.

- **개발부담금 추징대상 여부 – 당초 개발사업의 목적용도와 다른 용도로 토지를 이용하는 경우"와 "당초 개발사업의 목적용도 외의 용도로 토지를 이용하려는 자에게 그 토지를 양도하는 경우" 기 면제한 개발부담금 추징 여부** (법제처 법령해석, 2017. 9. 13.)

중소기업이 사업계획 승인을 받아 시행하는 공장용지 사업에 대한 개발부담금 면제에 대한 입법취지를 고려할 경우 부과 종료시점 이후 5년 이내에 공장부지(공장)를 임대하거나, 공장이 아닌 다른 용도로 활용할 경우에는 당초 면제금액 전부를 추징하여야 하여야 하나,

공장용지 조성사업을 완료한 후 공장부지를 다른 사람에게 임대하거나, 다른 용도(공장 이외의 용도)로 사용하지 않고 있는 상태에서 단지 공장이 공실상태에 있거나 미사용하고 있는 사유만으로는 상기 추징사유에 해당하지 않은 것으로 판단된다.

A법인이 중소기업 창업을 사유로 개발부담금을 면제받고, 공장설립 완료신고 및 공장등록을 마친 상태에서 5년 이내 A법인이 B법인으로 흡수합병 되고 해당 토지는 B법인이 운영하는 공장부지로 이용되고 있다면 A법인에게 개발부담금 추징 여부 (국토부 토지정책과-9479, 2015. 12. 14.)

「중소기업창업 지원법」에 따른 사업계획승인을 받아 공장용지를 조성하는 사업에 대한 개발부담금 면제에 관한 입법취지도 함께 고려할 경우 비록 B법인이 비록 중소기업이고 A법인이 조성한 공장용지를 이용하더라도 B법인이 「중소기업창업 지원법령」상의 창업 요건을 갖춘 기업이 아니라면 추징대상으로 판단된다.

개발부담금 감면대상 기관 및 사업(개발이익환수령 §6)

구분	대상기관	대상사업
제외 사업	국가	모든 사업
	지방자치단체	① 택지개발사업(주택단지조성사업 포함) ② 산업단지개발사업 ③ 관광지조성사업, 관광단지조성사업 ④ 도시개발사업 · 지역개발사업 · 도시환경정비사업 ⑤ 물류단지개발사업 및 물류터미널사업을 위한 용지조성사업
100% 면제	모든 시행자	산업단지개발사업(수도권 제외) 관광단지조성사업(수도권 제외) 물류단지개발사업(수도권 제외)
		공장용지조성사업(중소기업창업지원법)
50% 경감	지방자치단체	100% 면제 이외의 사업
	한국철도공단	철도역세권 및 철도연변 개발사업
	한국교통안전공단	자동차 관련시설 부지조성사업
	농업협동조합 및 중앙회	미곡종합처리장 설치사업
	항만공사	항만시설사업
	한국철도공사	역시설 및 역세권개발사업
	한국토지주택공사 한국수자원공사 한국농어촌공사 한국관광공사 한국철도공사 개발사업을 목적으로 설립된 지방공사 · 공단 중소벤처기업진흥공단 한국산업단지공단 공무원연금공단 농업협동조합 및 중앙회, 조합공동사업법인 수산업협동조합 및 중앙회 산림조합 및 중앙회, 조합공동사업 법인 한국철도공단 교통안전공단	① 택지개발사업(주택단지조성사업 포함) ② 산업단지개발사업 ③ 관광지조성사업, 관광단지조성사업 ④ 도시개발사업 · 지역개발사업 · 도시환경정비사업 (시행령 별표 1 제4호 사목 제외) ⑤ 물류단지개발사업 및 물류터미널사업을 위한 용지조성사업

구분	대상기관	대상사업
	한국공항공사 한국도로공사 인천국제공항공사 중소기업협동조합 한국자산관리공사 항만공사 제주국제자유도시개발센터	
	중소기업	공장용지조성사업(수도권 제외)
	중소기업	물류시설용지조성사업(수도권 제외)
	중소기업	관광단지조성사업(수도권 제외)
	모든 시행자	국민주택 건설을 하기 위한 택지개발사업(주택법 제2조 제5호 나목)
	모든 시행자	공여구역주변지역·반환공여구역 또는 반환공여구역주변지역에서 시행하는 개발사업. 단, 공여구역 또는 반환공여구역이 소재한 연접한 읍·면·동의 경우 법 시행전에 확정된 공여구역주변지역등발전종합계획에 따라 시행하는 개발사업만 해당(주한미군 공여구역주변지역 등 지원 특별법)
	모든 시행자	접경지역 중 비무장지대, 해상의 북방한계선 또는 민간인통제선과 잇닿아 있는 읍·면·동지역에서 시행하는 개발사업(접경지역 지원 특별법)

Q4. 개발부담금의 부과기준

1 개발부담금 부과기준과 부담률

(1) 부과기준(= 개발이익)

개발부담금은 개발이익에 부담률을 곱해 산정한다. 조세에서의 과세대상에 해당하는 "개발이익"이란 개발사업의 시행이나 토지이용계획의 변경, 그 밖에 사회적·경제적 요인에 따라 정상지가(正常地價) 상승분을 초과하여 개발사업을 시행하는 자나 토지 소유자에게 귀속되는 토지 가액의 증가분을 말한다(개발이익환수법 §2 1호).

한편 부과기준이란 조세에서 과세표준에 해당하는 것으로 개발부담금에 있어서는 부과기준은 개발이익을 구체화한 것이며, 부과기준은 사업에 대한 부과 종료시점의 부과대상 토지의 가액(종료시점지가)에서 부과 개시시점의 부과대상 토지의 가액(개시시점지가)과 부과기간의 정상지가상승분 및 개발비용의 금액을 뺀 금액으로 산정한다(개발이익환수법 §8).

▸ 개발부담금 = 부과기준(개발이익) × 부담률(20% 또는 25%)

▸ 부과기준(개발이익) = 〔종료시점지가 − (개시시점지가 + 개발비용 + 정상지가상승분)〕

- 종료시점지가 : 개발사업 완료일의 표준지공시지가를 기준으로 하되, 예외적인 경우 감정가액 또는 처분가액 인정
- 개시시점지가 : 개발사업 인·허가일의 개별공시지가를 기준으로 하되, 예외적으로 매입가액(국가 등으로부터 매입, 경매, 수용, 공공기관 시행 등) 인정
- 개발비용 : 순공사비, 조사비, 설계비, 일반관리비, 기부가액, 부담금 납부액, 보상비 등
- 정상지가상승분 : 사업 기간의 지가변동률과 정기예금이자율 중 높은 비율 적용 등

개발사업에 대한 부과 종료시점의 지가에서 부과 개시시점의 지가와 개발비용, 정상지가상승분을 뺀 개발이익에 부담률을 적용하여 부담금 부과액 산출을 예시해 보면 다음과 같다.

(예시) 산출내역 : ◇◇시 OOO OO번지(2,945㎡) 근린생활시설부지 조성사업

- 개시시점 : 2016. 2. 25.
- 종료시점: 2021. 6. 4.
- 종료시점지가 : 455,215,532원
- 개시시점지가 : 181,894,820원
- 개발비용 : 125,405,471원
- 정상지가상승분 : 52,796,930원
- 개발이익 : 95,118,311원
- 개발부담금: 23,779,500원 (부담률 25%로 가정)

(2) 부담률

부담률은 조세에서의 세율로서 부과대상사업에 따라 20% 또는 25%로 되어 있으며, 납부의무자가 납부하여야 할 개발부담금은 부과기준에 따라 산정된 개발이익에 다음의 부담률을 곱하여 산정한다(개발이익환수법 §13).

부과대상사업	부담률
① 택지개발사업 ② 산업단지개발사업 ③ 관광단지조성사업 ④ 도시개발사업, 지역개발사업 및 도시환경정비사업 ⑤ 교통시설 및 물류시설 용지조성사업 ⑥ 체육시설 부지조성사업	20%
⑦ 지목 변경이 수반되는 사업으로서 대통령령으로 정하는 사업 ⑧ 그 밖에 위와 유사한 사업으로서 대통령령으로 정하는 사업	25%

즉, 개발부담금 부과대상사업이 되는 8개 분야 개발사업 중 택지개발사업 등 대규모 계획입지사업 6개 분야는 부담률이 20%가 적용되고, 지목변경이 수반되는 건축사업 등 개별입지사업 2개 분야는 25%의 부담률이 적용된다. 다만, 「국토의 계획 및 이용에 관한 법률」 제38조에 따른 개발제한구역에서 25% 부담률 적용대상 개발사업을 시행하는 경우로서 납부의무자가 개발제한구역으로 지정될 당시부터 토지 소유자인 경우에는 20%를 적용한다(개발이익환수법 §13).

2 부담금 부과에 대한 기준 시점

부담금 부과에서 개발 사업에 대한 종료시점과 개발 시점과의 지가 차이가 가장 중요하다고 할 수 있다. 부과 개시시점은 사업시행자가 국가나 지방자치단체로부터 개발사업의 인가 등을 받은 날이고, 부과 종료시점은 관계 법령에 따라 국가나 지방자치단체로부터 개발사업에 대한 준공인가 등을 받은 날이 원칙이다.

(1) 부과 개시시점

개발부담금의 부과 개시시점은 원칙적으로 사업시행자가 국가나 지방자치단체로부터 개발사업의 인가 등을 받은 날이다. 다만, 예외적으로 인가 등을 받기 전 5년 이내에 토지 이용 계획 등이 변경된 경우[8]로서 그 토지 이용 계획 등이 변경되기 전에 취득한 토지의 경우에는 취득일이 부과 개시시점이 된다. 즉, 사업인가 전에 토지 이용 계획의 변경 등이 있는 경우로서 그 전에 토지를 취득했다면 부과 개시시점을 토지취득일까지 소급하여 개발이익을 산정한다는 것이다(개발이익환수법 §9 ①).

그러나 토지 취득 시점을 무한히 소급하는 것을 방지하고자 그 취득일부터 2년 이상이 지난 후 토지 이용 계획 등이 변경된 경우에는 변경된 날의 2년 전에 해당하는 날을 부과 개시일로 하고 「중소기업기본법」 제2조에 따른 중소기업자가 공장부지를 조성하기 위하여 토지를 취득한 후에 토지 이용 계획 등이 변경된 경우에는 토지 이용 계획 등의 변경일이 부과 개시일로 한다(개발이익환수령 §8 ①).

한편, 인가 등의 변경으로 부과대상 토지에 새로 편입된 토지에 대하여는 아래와 같은 날을 부과 개시시점으로 한다(개발이익환수령 §8 ②).

변경인가 등을 받기 전에 토지 이용 계획 등이 변경된 경우	토지 이용 계획 등의 변경 전에 취득한 토지 : 취득일 또는 개발이익환수령 제8조 제1항 제1호(2년 전) 및 제2호(공장부지)에 해당되는 날
	토지 이용 계획 등의 변경일부터 변경인가 등을 받기 전의 사이에 토지를 취득한 경우 : 취득일
그 외의 토지인 경우	인가 등의 변경일

8) 토지 이용 계획 등이 변경된 경우란 개발사업이 시행되는 토지가 별표 2의 용도지역 · 용도지구 등으로 지정 또는 변경되거나 그 토지에 지정된 용도지역 · 용도지구 등이 해제되는 것을 말한다. 다만, 토지 취득 당시의 용도지역 · 용도지구 등과 같은 용도지역 · 지구 등으로 되돌리는 경우는 제외한다. 이를 적용할 때 토지 이용 계획 등의 변경이 두 번 이상 이루어진 경우에는 인가등을 받기 전 5년 이내에 최초로 이루어진 것을 토지 이용 계획 등의 변경으로 본다(개발이익환수령 §7 ① ②).

► **예를 들어 도시지역 안에서 1필지(1,630㎡)에 건축허가를 받아 개발사업을 착수한 후에 사업계획변경으로 2필지(83㎡)가 추가되어 총 1,713㎡으로 준공처리 되어 지목이 잡종지에서 대지로 변경된 경우 추가된 2필지의 부과 개시시점은 언제일까?**

부과 개시시점은 부과대상사업의 인가 등을 받은 날이 되지만, 사업이 완료되기 전에 인가 등의 변경으로 면적이 변경된 경우 새로이 편입된 토지에 대하여는 인가 등의 변경일이 부과 개시시점이 되며, 그 정상지가상승분도 인가 등의 변경일부터 준공일까지의 기간으로 산정한다.

(2) 부과 종료시점

개발부담금의 부과 종료시점은 원칙적으로 관계 법령에 따라 국가나 지방자치단체로부터 개발사업의 준공인가 등을 받은 날이 된다. 다만, 다음의 경우에는 그 해당되게 된 날이 부과 종료시점이 된다(개발이익환수법 §9 ③, 개발이익환수령 §10 ① ② ③).

① 관계 법령에 따라 부과대상 토지의 일부가 준공된 경우

: 일부 준공일

② 납부의무자가 개발사업의 목적 용도로 사용을 시작하거나 타인에게 분양하는 등 처분하는 경우 (사업이 준공되기 전 사업완료로 간주하는 경우)

토지만 개발하는 사업	사실상 개발이 끝난 토지를 타인에게 양도하는 경우 : 그 대금청산일(소득세법 시행령 제162조)
	사실상 개발이 끝난 토지에 건축물을 건축하는 등 토지 사용을 시작하는 경우 : 착공 신고일(건축법 제21조)
토지 개발과 건축 병행 사업	관계 행정청의 인사 등을 받아 건축물 사용을 시작하는 경우 : 임시사용승인일(건축법 제22조)

한편, 위 ②에서 개발사업의 준공인가 등을 받기 전에 해당 사업이 완료된 것으로 보는 토지에 대한 면적은 아래와 같이 산정하도록 하고 있다(개발이익환수령 §10 ④, 개발이익환수칙 §5).

건축물	부과대상 토지의 면적	
1. 공장 외 건축물	가. 도시지역	1) 전용주거지역: 건축물 바닥면적의 5배 2) 일반주거지역 · 전용공업지역 · 일반공업지역 · 준공업지역: 건축물 바닥면적의 4배 3) 준주거지역 · 중심상업지역 · 일반상업지역 · 근린상업지역 · 유통상업지역: 건축물 바닥면적의 3배 4) 보전녹지지역 · 생산녹지지역 · 자연녹지지역: 건축물 바닥면적의 7배 5) 용도지역이 지정되지 아니한 지역: 건축물 바닥면적의 4배
	나. 도시지역 외의 지역	건축물 바닥면적의 7배
2. 공장용 건축물	「지방세법 시행령」 제102조 제1항 제1호에 따른 공장입지기준면적	

③ 개발사업을 시작한 후 허가취소 등의 사유가 발생한 경우

개발사업에 대한 인가등이 해당 법률에서 정하는 바에 따라 취소된 경우	허가취소일
사업시행자의 파산이나 그 밖의 사유로 개발사업의 시행이 중단되어 사업을 끝낼 수 없게 된 경우	파산, 부도일 등

④ 준공인가 등을 받은 날이 정해져 있지 않은 경우

부과 종료시점이 되는 준공인가 등을 받은 날이 관계 법령에 따라 정해져 있지 않은 경우에는 다음의 날이 부과 종료시점이 된다(개발이익환수령 §9 ③).

① 납부의무자가 실제로 개발사업이 끝난 날을 증명할 수 있는 서류를 첨부하여 시장 · 군수 · 구청장에게 이를 신고한 경우에는 개발사업이 끝난 것으로 증명된 날
② 납부의무자가 실제로 개발사업이 끝난 날을 신고하지 않거나 이를 증명하지 못하는 경우에는 시장 · 군수 · 구청장이 현지를 확인하여 납부의무자에게 개발사업이 끝난 날로 통지한 날

(3) 개발사업의 인가일과 준공일

부담금 부과 개시시점은 원칙적으로 사업시행자가 국가나 지방자치단체로부터 개발사업의 인가 등을 받은 날이고, 부과 종료시점은 관계 법령에 따라 국가나 지방자치단체로부터 개발사업에 대한 준공인가 등을 받은 날이 된다(개발이익환수법 §9). 따라서 개발사업에 대한

인가일과 준공일이 기준이 되는데 사업별 인가일과 준공일을 아래와 같이 구체적으로 규정하고 있다(개발이익환수법 §9 ② ④, 개발이익환수령 §9 ①, [별표 3]).

사업 종류	근거 법률 및 사업명	인가등을 받은 날	준공인가 등을 받은 날
1. 택지개발사업(주택단지조성사업을 포함한다)	가. 삭제 〈2016. 12. 30.〉		
	나. 「주택법」에 따른 대지조성사업	사업계획 승인일	사용검사일
	다. 「주택법」에 따른 주택건설사업	사업계획 승인일	사용검사일
	라. 「택지개발촉진법」에 따른 택지개발사업	택지개발지구 지정일	준공검사일
2. 산업단지개발사업	가. 「산업입지 및 개발에 관한 법률」에 따른 국가산업단지개발사업	실시계획 승인일	준공인가일
	나. 「산업입지 및 개발에 관한 법률」에 따른 일반산업단지개발사업	실시계획 승인일	준공인가일
	다. 「산업입지 및 개발에 관한 법률」에 따른 도시첨단산업단지개발사업	실시계획 승인일	준공인가일
	라. 「산업입지 및 개발에 관한 법률」에 따른 농공단지개발사업	실시계획 승인일	준공인가일
	마. 「중소기업진흥에 관한 법률」에 따른 협동화사업 단지조성사업	실시계획 승인일	준공인가일
3. 관광단지조성사업(온천 개발사업을 포함한다)	가. 「관광진흥법」에 따른 관광지조성사업	조성계획 승인일	준공검사일 또는 제9조 제3항에 따른 날
	나. 「관광진흥법」에 따른 관광단지조성사업	조성계획 승인일	준공검사일 또는 제9조 제3항에 따른 날
	다. 「국토의 계획 및 이용에 관한 법률」에 따른 유원지 설치사업	실시계획 인가일	준공검사일
	라. 「도시공원 및 녹지 등에 관한 법률」에 따른 공원사업	실시계획 인가일	준공검사일
	마. 「온천법」에 따른 굴착사업	굴착허가일	제9조 제3항에 따른 날
	바. 「온천법」에 따른 온천 개발사업	온천개발계획 승인일	온천이용 허가일
	사. 「자연공원법」에 따른 공원사업	사업시행 허가일	제9조 제3항에 따른 날
4. 도시개발사업, 지역개발사업 및 도시환경정비사업	가. 「경제자유구역의 지정 및 운영에 관한 특별법」에 따른 경제자유구역개발사업	실시계획 승인일	준공검사일
	나. 「도시개발법」에 따른 도시개발사업	실시계획 인가일	준공검사일

사업 종류	근거 법률 및 사업명	인가등을 받은 날	준공인가 등을 받은 날
4. 도시개발사업, 지역개발사업 및 도시환경정비사업	다. 「도시 및 주거환경정비법」에 따른 정비사업	사업시행 인가일	준공인가일
	라. 「제주특별자치도 설치 및 국제자유도시 조성을 위한 특별법」에 따른 국제자유도시개발사업	사업계획 승인일	제9조 제3항에 따른 날
	마. 「주한미군기지 이전에 따른 평택시 등의 지원 등에 관한 특별법」에 따른 평택시개발사업	사업계획 승인일	제9조 제3항에 따른 날
	바. 「주한미군기지 이전에 따른 평택시 등의 지원 등에 관한 특별법」에 따른 국제화계획지구 개발사업	개발계획 승인일	제9조 제3항에 따른 날
	사. 「지역균형개발 및 지방중소기업 육성에 관한 법률」에 따른 지역개발사업	실시계획 승인일	준공인가일
	아. 「지역특화발전특구에 대한 규제특례법」에 따른 특화사업	특구계획 승인일	제9조 제3항에 따른 날
5. 교통시설 및 물류시설 용지조성사업	다음 각 목의 어느 하나에 해당하는 사업을 위한 용지조성사업		
	가. 「국토의 계획 및 이용에 관한 법률」에 따른 자동차 및 건설기계 운전학원 설치사업	실시계획 인가일	준공검사일
	나. 「국토의 계획 및 이용에 관한 법률」에 따른 여객자동차터미널사업		
	다. 「국토의 계획 및 이용에 관한 법률」에 따른 유통업무설비 설치사업		
	라. 「물류시설의 개발 및 운영에 관한 법률」에 따른 물류단지개발사업	실시계획 승인일	준공인가일
	마. 「물류시설의 개발 및 운영에 관한 법률」에 따른 물류터미널사업	공사시행 인가일	건축물 사용승인일
	바. 「여객자동차 운수사업법」에 따른 여객자동차터미널사업	공사시행 인가일	시설확인일
6. 체육시설 부지조성사업(골프장건설사업 및 경륜장·경정장 설치사업을 포함한다)	가. 「경륜·경정법」에 따른 경륜장 설치사업	설치허가일	제9조 제3항에 따른 날
	나. 「경륜·경정법」에 따른 경정장 설치사업		
	다. 「국토의 계획 및 이용에 관한 법률」에 따른 골프장 건설사업	실시계획 인가일	준공검사일

사업 종류	근거 법률 및 사업명	인가등을 받은 날	준공인가 등을 받은 날
	라. 「체육시설의 설치·이용에 관한 법률」에 따른 체육시설업을 위한 부지조성사업	사업계획 승인일	제9조 제3항에 따른 날
7. 지목변경이 수반되는 사업	「건축법」에 따른 건축물(국토교통부령으로 정하는 건축물로 한정한다)의 건축(「건축법」 제19조에 따른 용도변경을 포함한다)으로 사실상 또는 공부상의 지목변경이 수반되는 사업	건축허가(신고), 용도변경허가(신고) 또는 건축물대장 기재내용 변경신청일	건축물 사용승인일 또는 제9조 제3항에 따른 날
8. 그 밖에 제1호부터 제6호까지의 사업과 유사한 사업	가. 「건축법」에 따른 창고시설의 설치로 사실상 또는 공부상의 지목변경이 수반되는 사업을 위한 용지조성사업	건축허가(신고)일	건축물 사용승인일
	나. 「국토의 계획 및 이용에 관한 법률」에 따른 창고시설의 설치를 위한 용지조성사업	행위허가일 또는 실시계획 인가일	준공검사일
	다. 「중소기업창업 지원법」에 따른 공장용지조성사업	사업계획 승인일	건축물 사용승인일
	라. 「산업집적활성화 및 공장설립에 관한 법률」에 따른 산업단지 외의 지역에서의 공장용지조성사업 및 공장설립을 위한 부지조성사업	공장설립 승인일	건축물 사용승인일
	마. 「국토의 계획 및 이용에 관한 법률」에 따른 개발행위 허가(신고), 「농지법」에 따른 농지전용 허가(신고), 「산지관리법」에 따른 산지전용 허가(신고), 「초지법」에 따른 초지전용 허가(신고)에 따라 시행하는 사업으로서 다음의 어느 하나에 해당하는 사업		
	1) 주택을 건축하기 위한 용도로 토지를 개발하는 사업 등 국토교통부령으로 정하는 사업	개발행위, 농지전용, 산지전용 또는 초지전용 허가(신고)일	준공검사일, 건축물(시설물) 사용승인일 또는 제9조 제3항에 따른 날
	2) 사실상 또는 공부상의 지목변경이 수반되는 사업		

한편 사업시행자가 인가 등을 받기 전 5년 이내에 토지 이용 계획 등이 변경된 경우로서 그 토지 이용 계획 등이 변경되기 전에 취득한 토지의 경우에는 취득일이 부과 개시시점인데, 그 취득일에 관하여는 「소득세법 시행령」 제162조를 준용하도록 규정하고 있다(개발이익환수령 §9 ②). 따라서 이 경우 취득일은 당해 자산의 대금을 청산한 날이 된다.

- **동일인이 당초 근린생활시설(소매점)을 건축하기 위하여 각각 개발행위허가를 받아 사업을 진행하던 중 사업목적을 관광농원으로 변경하기 위하여 관광농원 사업 인허가 서류를 접수(2013. 12.)한 뒤에 종전 개발행위허가가 모두 취소(2013. 1.)된 후 관광농원 사업계획을 승인(2014. 1. 10, 개발행위허가 의제)받고 사업을 진행하여 개발행위허가가 준공된 경우 부과 종료시점은? (국토부 토지정책과 - 7598호, 2014. 11. 27.)**

  「개발이익 환수에 관한 법률」 제9조 제3항 제3호 및 동법 시행령 제10조 제3항 제1호에 따르면 개발사업에 대한 인가 등이 해당 법률에서 정하는 바에 따라 취소된 경우에는 취소된 날을 부과 종료시점으로 하도록 규정하고 있지만, 본 사례에서의 종전 개발행위 허가 취소는 목적사업 변경을 위한 행정절차상 취소에 불과할 뿐 개발사업 자체는 취소된 것이 아니라 종전 근린생활시설 건축에서 관광농원 부지조성으로 변경되어 유효하므로 개발부담금의 부과 종료시점은 최종적인 개발행위 준공일로 하여야 할 것으로 판단된다.

- **개발이익환수법 제9조 제3항(기준시점) 및 동법 시행령 제10조(준공전 부과 종료시점)의 법률조항 해석에 있어 임시사용승인을 받은 토지(전체사업 토지 중 일부 공장시설 등)에 대해서는 임시사용승인일을 종료시점으로 하고 나머지 토지에 대하여는 ○○일반산업단지 준공인가일을 종료시점으로 적용해야 하는 지? (국토부 토지정책과 - 1051, 2017. 2. 10.)**

  건축법 등 관계법령에 따라 임시사용승인을 받아 목적용도로 사용을 개시한 산업시설용지(공장시설 및 주차장 등 부대시설 포함)는 동 산업시설의 임시사용승인일을 부과 종료시점으로 적용하고, 나머지 토지에 대하여는 ○○일반산업단지 준공인가일을 부과 종료시점으로 적용하는 것이 적정할 것으로 판단된다.

- **2008. 10. 30. 일반창고 부지조성 목적으로 산지전용 허가 및 2008. 11. 12. 창고시설 건축허가를 받았고 2015. 5. 14. 산지전용 복구 준공검사를 받은 경우 산지전용 복구 준공검사 완료시점이 개발부담금 부과 종료시점인지?(별도로 개발행위 허가를 받지 않았으며, 창고시설 건축물은 현재 준공되지 않은 상태임) (국토부 토지정책과 - 7381, 2016. 9. 13.)**

  창고시설 건축 목적으로 산지전용 허가(2008. 10. 30.)를 받았고, 산지전용 허가 이후 창고시설 건축허가(2008. 11. 12.)를 받아 건축물 공사가 진행중인 점 등을 감안할 경우 대지조성 사업에 한정되는 제9조 제3항에 따른 신고일을 부과 종료시점으로 적용하는 것보다는 산지전용 허가의 목적인 일반창고시설의 사용승인일을 부과 종료시점으로 보고 개발부담금을 부과하는 것이 적정할 것으로 판단된다.

◦ 개발부담금 산정시 건축허가 제한 등의 기간은 제외하고 산정이 가능한지? (국토부 토지정책과 - 8707, 2016. 10. 26.)

개발부담금 산정은 종료시점지가에서 개시시점지가, 부과기간의 정상지가 상승분 및 개발비용을 뺀 금액으로 산정하도록 규정하고 있는 바, 지목변경 수반사업에 해당하는 경우에 해당하고, 인가 등을 받기 전에 토지이용계획 변경이 없는 경우라면 최초 인가 등을 받은 건축허가일을 부과 개시시점으로 하여 개발부담금을 산정하여야 할 것으로 판단된다.

◦ 부과제외사업에서 부과대상사업으로 설계변경된 경우 부과 개시시점은? (국토부 토지정책과 - 6738, 2016. 8. 29.)

「개발부담금 부과 · 징수 업무처리 규정」 제2조의 2 제2항에 따르면 지목변경, 개발행위허가 등을 수반하는 건축물의 건축으로서 건축사업의 시행기간 중에 「건축법」 제16조에 따른 변경에 의하여 건축물의 종류가 변경되는 경우에는 최종 사용승인을 득한 건축물의 종류가 시행규칙 [별표 2]의 부과대상인 건축물의 종류에 해당하는 지에 따라 부과대상사업 여부가 결정되며, 이 경우 부과 개시시점은 부과대상사업에서 부과대상사업으로 변경된 경우에는 최초 인허가를 받은 날, 부과제외사업에서 부과대상사업으로 변경된 경우에는 변경인가 등을 받은 날이 된다. ☞ 종교시설 → 근린생활시설(종교집회장)

◦ 허가 취소 후 다시 허가를 받은 경우 (국토부 토재 58307 - 311, 1997. 5. 8.)

당초 토지형질변경허가 및 건축허가를 받아 전혀 사업을 착수하지 않은 상태에서 사업이 취소되고 추후에 다시 개발사업의 허가를 받았다면 추후에 다시 허가받은 날을 부과 개시시점으로, 당해 사업의 건축물 사용검사일을 종료시점으로 하여 개발부담금이 부과되는 것이나, 당초 형질변경허가를 받아 일부 사업을 착수한 상태에서 그 개발사업을 취소하고 추후에 다시 개발사업의 인가 등을 받았다면 각각의 개발사업 인가 등을 별개의 사업으로 보아 개발부담금이 부과되는 것이다.

◦ 토지이용계획이 변경(2006. 1. 개발제한구역⇨제1종일반주거지역)된 토지에 토지소유자(갑, 1999. 12. 취득)로부터 대지 사용승낙을 받은 을이 건축허가(2006. 12.)를 받아 사업을 시행한 경우 개발부담금 부과 개시시점은? (국토부 토지정책과 - 1831, 2009. 4. 19.)

법 제9조 제1항 제1호 및 같은 법 시행령 제8조의 규정에 따라 인가 등을 받기 전 5년 이내에 토지이용계획변경이 있는 경우로서 그 토지이용계획변경 전에 취득한 토지의 경우에는 취득일(다만, 그 취득일부터 2년 이상이 경과한 후 토지이용계획 등이 변경된 경우등은 변경된 날의 2년전에 해당하는 날)을 개발부담금 부과 개시시점으로 보도록 되어 있으므로, 토지이용계획이 변경된 날의 2년 전에 해당하는 날이 개발부담금 부과 개시시점이 된다.

○ 사업인가 및 토지이용 계획변경의 고시가 같은 날 이루어진 경우 부과 개시시점은? (국토부 토지정책과 - 2140, 2013. 7. 15.)

사업인가일과 토지이용계획의 변경일이 동일한 경우에는 「개발이익환수법」 제9조 제1항 제1호의 "인가 등을 받기 전 5년 이내에 토지이용계획 등이 변경된 경우"로 볼 수 있어 다음과 같이 부과 개시시점을 각각 산정해야 한다.

가. 당초 인허가 대상토지(10,242㎡)의 부과 개시시점 : 토지취득일(2006. 11.)

나. 사업변경으로 추가된 토지(469㎡)의 부과 개시시점 : 토지취득일로부터 2년 이상이 지난 후 토지이용계획이 변경된 경우로서 변경된 날(2009. 11.)의 2년 전에 해당하는 날(2007. 11.)

Q5. 종료 · 개시시점의 지가 산정

▸ 개발부담금 = 부과기준(개발이익) × 부담률(20% 또는 25%)

▸ 부과기준(개발이익) = 〔종료시점지가 − (개시시점지가 + 개발비용 + 정상지가상승분)〕

- 종료시점지가 : 개발사업 완료일의 표준지공시지가를 기준으로 하되, 예외적인 경우 감정가액 또는 처분가액 인정
- 개시시점지가 : 개발사업 인·허가일의 개별공시지가를 기준으로 하되, 예외적으로 매입가액(국가 등으로부터 매입, 경매, 수용, 공공기관 시행 등) 인정
- 개발비용 : 순공사비, 조사비, 설계비, 일반관리비, 기부가액, 부담금 납부액, 보상비 등
- 정상지가상승분 : 사업 기간의 지가변동률과 정기예금이자율 중 높은 비율 적용 등

부과 종료시점의 지가

(1) 산정 원칙

개발이익 산출을 위해 먼저 부과 종료시점의 지가를 선정해야 한다. 부과 종료시점의 지가는 부과 종료시점 당시의 부과대상 토지와 이용 상황이 가장 비슷한 표준지의 공시지가를 기준으로 「부동산 가격공시에 관한 법률」 제3조 제7항에 따른 표준지[9]와 지가산정 대상 토지의 지가형성 요인에 관한 표준적인 비교표에 따라 산정한 가액(價額)에 해당 연도 1월 1일부터 부과 종료시점까지의 정상지가상승분을 합한 가액으로 한다. 이 경우 종료시점지가와 표준지의 공시지가가 균형을 유지하도록 하여야 하며, 종료시점지가의 적정성에 대하여 감정평가사 또는 감정평가법인의 검증을 받아야 한다(개발이익환수법 §10 ①).

종료시점지가 = 표준지 공시지가 기준 산정가액 + 정상지가 상승분(1.1~종료시점)

시장 · 군수 · 구청장은 종료시점지가의 적정성에 대하여 감정평가법인등에게 검증을 의뢰하는 경우 종료시점지가에 관한 지가현황도면, 종료시점지가의 산정조서, 토지특성조사표, 그 밖에 종료시점지가의 검증에 필요한 자료를 제공해야 한다. 종료시점지가의 적정성

9) 한편, 부과대상 토지의 인근에 유사 표준지가 없다 하여 인근 유사 토지의 개별공시지가를 기준으로 종료시점지가를 산정할 수는 없는 것이다(국토부 토정 58383-1209, 1998. 7. 29.).

에 대하여 검증을 의뢰받은 감정평가법인등은 표준지 선정의 적정성에 관한 사항 등을 검토・확인하여 국토교통부령으로 정하는 검증결과서를 시장・군수・구청장에게 제출해야 한다(개발이익환수법 §10 ⑦, 개발이익환수령 §10의 2 ② ③). 다만, 개발이익이 발생하지 않을 것이 명백하다고 인정되는 등 다음의 경우에는 감정평가사 등의 검증을 받지 않아도 된다(개발이익환수령 §10의 2 ①).

> ① 개발이익(종료시점지가 - 개시시점지가 - 정상지가상승분 - 개발비용)이 없는 경우. 이 경우 개발부담금 부과 종료시점지가 산정의 기준이 되는 표준지가 1개 이상 있으면 그 중 공시지가가 가장 높은 표준지를 기준으로 산정한다.
> ② 부과대상 토지의 일부(분할토지)에 대하여 개발부담금이 결정・부과된 경우로서 분할토지의 종료시점지가 산정 시 적용된 표준지를 기준으로 부과대상 토지의 종료시점지가를 산정한 경우

(2) 예외 규정 (처분가액의 적용)

부과 종료시점의 지가는 표준지 공시지가 기준 산정가액에 정상지가 상승분을 더해 산출하지만, 토지를 분양 등으로 처분함에 있어 국가나 지방자치단체의 인가 등을 받은 경우 등 다음의 경우에 있어서는 예외적으로 그 처분 가격을 종료시점의 지가로 할 수 있다(개발이익환수법 §10 ②, 개발이익환수령 §11 ①).

> ① 「주택법」 제54조 제1항 제1호에 따라 시장・군수・구청장의 승인을 받아 주택의 분양가가 결정된 경우. 다만, 주택의 분양가를 국토교통부장관이 정하는 건축비를 적용하여 결정하는 경우로 한정한다.
> ② 「주택법」 제15조 제1항 및 같은 법 시행령 제27조 제6항에 따라 사업주체가 조성한 대지의 공급조건 등에 대하여 국토교통부장관 또는 지방자치단체의 장의 승인을 받은 경우
> ③ 「택지개발촉진법」 제9조 및 같은 법 시행령 제8조에 따라 택지의 공급가격결정방법 등이 포함된 택지개발사업실시계획에 대하여 국토교통부장관 또는 지방자치단체의 장의 승인을 받은 경우
> ④ 「산업입지 및 개발에 관한 법률」 제38조 및 같은 법 시행령 제40조에 따라 개발된 토지의 분양가가 결정된 경우
> ⑤ 「산업입지 및 개발에 관한 법률」 제39조에 따른 특수지역개발사업으로 개발된 토지의 분양가가 같은 법 시행령 제40조의 분양가격의 결정방법과 같은 방법으로 결정된 경우
> ⑥ 「한국토지주택공사법」 제16조에 따라 한국토지주택공사가 매입하여 개발한 토지의 분

양가가 결정된 경우
⑦ 위 ①~⑥까지의 경우와 비슷한 경우로서 국가 또는 지방자치단체의 인가등을 받아 토지의 분양가격이 결정된 경우

여기서 유의할 것은 처분 가격을 종료시점지가로 하는 경우는 개시시점지가를 매입가격으로 산정하는 경우(국가 등으로부터 매입, 경매, 수용, 공공기관 시행 등)에 한정된다는 것이다(개발이익환수령 §11 ②). 즉, 종료시점과 개시시점 모두 거래가격을 기준으로 적용하는 것이다. 그리고 매입가격을 개시시점의 지가로 산정하는 경우로서 종료시점지가를 처분 가격으로 인정받기 위해서는 반드시 시장・군수・구청장에게 승인받은 처분(분양)이어야 한다. 이는 처분 가격을 아무런 제한 없이 종료시점지가로 인정할 경우에는 처분가격에 대한 자의성이 존재할 수 있으므로 공공기관으로부터 승인을 받은 가격만을 처분가격으로 인정한다는 취지로 이해된다.

(3) 주택 분양가에 대한 처분가격 산정의 특례

주택의 입주자를 모집하기 위해 시장・군수・구청장의 승인을 받아 주택의 분양가가 결정된 경우에는 그 분양가에서 다음의 금액을 뺀 가액이 처분가격이 된다(개발이익환수령 §11 ③ 본문). 이는 개발부담금이 지가상승을 담세력으로 한다는 점에서 주택 분양가격에서 건축비 등을 차지하는 것을 차감하기 위한 취지로 보여진다.

① 국토교통부장관이 정하여 고시하는 건축비
② 건축과 관련된 부대경비로서 국토교통부령*으로 정하는 경비
③ 지하주차장 설치에 들어간 비용
④ 「건축법」등 관계 법령에 따라 설치하도록 되어 있는 지하층을 초과하여 설치한 경우 그 초과 설치에 들어간 비용

* 주택분양보증 또는 주택임대보증에 따른 수수료, 건설사업자와의 도급계약에 따라 지출한 건축비 명세서를 제출한 경우 도급을 한 자가 그 건축과 관련하여 지출한 일반관리비, 그 밖에 건축과 관련하여 국토교통부장관이 정하여 고시하는 경비(개발이익환수칙 §6)

다만, 개발부담금 납부의무자가 「건설산업기본법」에 따라 등록을 한 건설사업자와의 도급계약에 따라 지출한 건축비 명세서를 제출한 경우에는 분양가에서 그 건축비와 건축과 관련된 부대경비로서 국토교통부령으로 정하는 경비를 뺀 가액으로 할 수 있다(개발이익환수령 §11 ③ 단서).

부과 개시시점의 지가

(1) 산정 원칙

개발이익 산정을 위한 개시시점지가는 부과 개시시점이 속한 연도의 부과대상 토지의 개별공시지가(부과 개시시점으로부터 가장 최근에 공시된 지가)에 그 공시지가의 기준일부터 부과 개시시점까지의 정상지가상승분을 합한 가액이 원칙이다(개발이익환수법 §10 ③).

개시시점지가 = 당시 개별공시지가 + 정상지가 상승분(1.1~부과개시시점)

시장·군수·구청장은 관계 행정청으로부터 개발사업에 관한 인가등의 통보를 받았을 때에는 지체 없이 부과대상 토지를 조사하고 개시시점지가를 산정해야 한다(개발이익환수령 §11 ④).

(2) 예외 규정 (실제 매입가액의 적용)

다만 다음의 경우에는 그 실제의 매입가액이나 취득가액에 그 매입일이나 취득일부터 부과 개시시점까지의 정상지가상승분을 더하거나 뺀 가액을 개시시점지가로 할 수 있다(개발이익환수법 §10 ③ 단서, 개발이익환수령 §11 ⑤, 개발이익환수칙 §7).

① 국가·지방자치단체 또는 아래 공공기관 등으로부터 매입한 경우
- 「공공기관의 운영에 관한 법률」에 따른 공공기관
- 「지방공기업법」에 따른 지방공기업
- 「지방세특례제한법」 제21조(청소년단체), 제23조(법률구조법인·한국소비자원), 제36조(한국사랑의집짓기운동연합회), 제37조(국립대병원등), 제38조 제1항·제3항(의료법인), 제40조(국민건강증진사업자), 제42조 제3항(산학협력단), 제45조(학술단체 및 장학법인), 제47조 제1항(한국환경공단), 제49조(해양환경공단), 제52조 제1항(문화예술단체), 제53조(국민신탁법인), 제54조 제5항 제1호(2012여수세계박람회재단), 제69조(한국교통안전공단) 및 제88조 제2항(한국자유총연맹)에 따른 기관

② 경매나 입찰로 매입한 경우[10)]

10) 경매나 입찰로 부과대상 토지를 매입한 경우 그 실제 매입가액이나 취득가액을 개시시점지가로 할 수 있도록 규정한 것은 개발부담금 납부의무자가 현실적으로 얻게 되는 개발이익을 실제와 가장 가깝게 산정하기 위한 취지이다(대법원 1996. 1. 26 선고 95다7451 판결 등 참조).

③ 지방자치단체나 개발이익환수법 제7조 제2항 제2호에 따른 공공기관이 매입한 경우
④ 「공익사업을 위한 토지 등의 취득 및 보상에 관한 법률」에 따른 협의 또는 수용(收用)에 의하여 취득한 경우
⑤ 실제로 매입한 가액이 정상적인 거래가격이라고 객관적으로 인정되는 다음의 경우
- 부과 개시시점 이전에 매입한 경우(부과 개시시점 이전에 매매계약을 체결하여 부과 개시시점 이후에 그 계약에서 약정한 금액대로 매매대금의 지급이 이루어진 경우로서 국토교통부령으로 정하는 증명서류를 제출한 경우를 포함한다)로서 그 매입가격이 취득세의 과세표준이 된 경우
- 사업시행자가 「지방세특례제한법」 제21조(청소년단체), 제23조(법률구조법인 · 한국소비자원), 제36조(한국사랑의집짓기운동연합회), 제37조(국립대병원등), 제38조 제1항 · 제3항(의료법인), 제40조(국민건강증진사업자), 제42조 제3항(산학협력단), 제45조(학술단체 및 장학법인), 제47조 제1항(한국환경공단), 제49조(해양환경공단), 제52조 제1항(문화예술단체), 제53조(국민신탁법인), 제54조 제5항 제1호(2012여수세계박람회재단), 제69조(한국교통안전공단) 및 제88조 제2항(한국자유총연맹)에 따른 법인 등인 경우로서 그 매입가격이 법인 등의 장부에 기록된 매입가격인 경우

개시시점지가에 대하여 실제 매입가액 등을 적용받으려는 납부의무자는 위 사항에 해당한다는 사실을 증명하는 자료를 국토교통부령으로 정하는 기간에 시장 · 군수 · 구청장에게 제출하여야 한다(개발이익환수법 §10 ⑥).

이에 매입가격으로 개시시점지가를 산정한 경우(사업토지 중 일부를 매입가격으로 산정한 경우를 포함한다)에는 종료시점지가는 2인의 감정평가업자가 감정평가한 가액을 산술평균하여 산정한다.

한편 실제의 매입가액 또는 취득가액을 개시시점지가로 할 때 납부의무자가 토지와 그 토지에 정착된 건축물 등을 함께 매입한 경우로서 실제 매입가액 또는 취득가액 중 토지의 가액과 건축물 등의 가액의 구분이 불분명한 경우에는 「부가가치세법 시행령」 제64조에서 정하는 바에 따라 똑같이 나누어 계산한 가액을 그 토지의 매입가액[11] 또는 취득가액으로 적용한다(개발이익환수령 §11 ⑥).

11) 매입가격에 연체료가 포함되어 있는 경우 연체료는 당해 토지의 가격으로서 지불된 것으로 볼 수 없으므로 개발부담금 개시시점지가인 실제 매입가격에 포함되지 않는다(국토부, 「2018 개발부담금 업무편람」, P.258.)

3 지가산정의 특례

(1) 기부토지 및 국공유지 면적 제외

개발이익 산정을 위한 부과 종료시점지가와 개시시점지가를 산정할 때 부과대상 토지에 국가나 지방자치단체에 기부하는 토지나 국공유지가 포함되어 있으면 그 부분은 종료시점지가와 개시시점지가의 산정 면적에서 제외한다(개발이익환수법 §10 ④). 이와 같이 국공유지 등을 산정 면적에서 제외하는 것은 개발이익 환수제도의 취지가 개발이익이 사유화되는 것을 방지하기 위한 것이므로, 국공유지 등의 경우 실제로 개발이익이 귀속되는 주체가 토지 소유자인 국가 또는 지방자치단체이므로 개발이익을 산정하는 면적에서 제외하는 것이다(국토부 토지정책과-4369, 2015. 6. 18.).

(2) 감정평가액의 산술평균가액 적용특례

종료시점지가와 개시시점지가를 산정할 때 해당 토지의 개별공시지가가 없는 경우 등 다음의 경우에는 감정평가한 가액을 산술 평균한 가액으로 해당 지가를 산정한다(개발이익환수법 §10 ⑤, 개발이익환수령 §11 ⑦).

① 개시시점지가 및 종료시점지가를 산정할 때 부과대상 토지의 개별공시지가가 없는 경우
② 종료시점지가를 산정하는 경우로서 (예외 규정에 따라) 매입가격으로 개시시점지가를 산정한 경우

즉, 시장・군수・구청장은 개별공시지가가 없는 경우 등에 있어 종료시점지가 및 개시시점지가를 산정하는 경우에는 둘 이상의 감정평가법인 등이 감정평가한 가액을 산술평균한 가액으로 해당 지가를 산정해야 하고(개발이익환수칙 §8 ②), 매입가격으로 개시시점지가를 산정하는 경우 종료시점지가는 「감정평가 및 감정평가사에 관한 법률」에 따라 감정평가한 가액으로 산정하여 개시시점 및 종료시점지가의 산정방식을 동일하게 적용하는 것이다(국토부 토지정책과-490, 2017. 1. 18.).

◦ 공장용지의 공시지가를 적용하여 종료시점지가를 산정한 것의 부당 여부 (감사원 2021-심사-228, 2022. 7. 14.)

종료시점지가 산정 시 '공장용지'의 공시지가를 적용한 것이 부당한지 여부를 살펴보면, ① 청구인이 '공장부지 조성'을 목적으로 토지형질변경 허가 등 이 사건 개발사업 허가를 받아 사업을 완료하고 사업 준공을 받은 점, ② 개발부담금 부과 종료시점은 준공인가 등을 받은 날인데 지목 변경 신청은 준공인가 등 지목 변경 사유 발생일부터 60일 이내에 하도록 되어 있어 종료시점지가 산정 기준일(준공인가일)에 공부상 지목 변경이 이루어지지 않을 수 있고, 개발이익환수법 제5조 제1항 제7호의 취지가 건축물의 건축과 그에 따른 지목 변경으로 인한 개발이익도 개발부담금으로 환수하려는 데 있는 것에 비추어 볼 때,이 사건 개발사업이 준공되어 '공장용지'로 지목 변경을 신청할 사유가 발생한 때에 사실상 지목 변경이 이루어졌다고 보는 것이 개발부담금 부과 목적에 부합하는 점 등을 종합적으로 고려할 때 처분청이 이 사건 부과처분을 위한 종료시점지가 산정 시 이 사건 토지의 지목이 사실상 '공장용지'로 변경되었다고 보고 '공장용지'의 공시지가를 적용한 행위가 잘못되었다고 보기 어렵다.

◦ 개발부담금 산정시 개시시점지가를 부과개시시점 이전에 매입한 경우로 보아 실제매입가격 기준으로 산정하여야 하는지 (감사원 2015-감심-934, 2015. 11. 6.)

부과개시점지가를 예외적으로 실제의 매입가액으로 인정받기 위해서는 부과개시시점 이전에 매입하고, 납세의무자가 실제의 매입가액을 증명할 수 있는 부동산거래계약신고필증을 제출하여야 하며, 이 경우 신고접수일을 기준으로 하는데, 다만 담당공무원이 신고필증의 내용대로 거래대금이 지급된 것을 확인한 경우에는 거래계약일을 기준으로 할 수 있다 할 것이다.

① 1차 매매계약서에는 매매대금 3억 원, 계약금 1억 원이라고 기재되어 있는데 통상적으로 계약금은 매매대금의 1/10수준인데 이 사건 쟁점토지의 1차 매매계약시 계약금을 매매대금의 1/3로 하고서도 3개월 후 변경계약시(2차)에는 3천만 원을 지급한 것으로 계약서를 작성한 것은 사리에 맞지 않고, ② 이 사건 쟁점토지와 관련된 금융기록을 보면 계약금 1억 원(2009. 12. 22.), 중도금 2천만 원(2010. 3. 12.), 잔금 1억4천만 원(2010. 6. 21.)이 인출된 내역이 있으나, 매매계약서(2차, 3차) 및 부동산거래계약신고필증에는 계약금 3천만 원(2010. 5. 28.), 잔금 2억3천만 원(2010. 6. 10.)으로 기재되어 있어 금융기록과 일치하지 않으며, ③ 매매대금 지급을 위해 금융기관으로부터 2010. 5. 27. 2억7천만 원을 대출을 받았다고 하면서, 대출받은 날로부터 25일이 경과하여 2010. 6. 21. 1억4천만 원을 인출한 점, ④ 쟁점토지매매대금 2억6천만 원의 경우 매도인에게로 대금이 지급된 사실을 직접 입증할 금융자료를 제출하지 못하는 점등을 종합해 볼 때 이 사건 청구인이 주장하는 쟁점토지의 매입가액은 객관적으로 진실성이 담보될 수 있는 매입가액이라고 보기 어렵다 할 것이다.

○ 개시 · 종료시점의 개별공시지가 유무 판단 사례 (국토교통부 개발부담금 업무편람, 2018. 12. p.68.)

인허가일이 2012. 5. 10.인데 해당 토지의 당해연도 1. 1. 개별 공시지가가 없고 2011. 1. 1. 개별공시지가가 있거나 2013. 1. 1. 개별공시지가가 있더라도 부과 개시시점이 속한 연도의 대상 토지의 개별공시지가가 없으므로 감정평가 방식으로 지가를 산정하여야 함. 만약, 토지합병(2012. 2. 15.) 등으로 2012. 7. 1. 개별공시지가가 있더라도 인허가 이후의 개별공시지가 이므로 법 제10조 제3항 단서에서 말하는 부과 개시시점으로부터 가장 최근에 공시된 지가에는 해당하지 않음. 이 경우는 토지 합병전 2012. 1. 1. 필지별 개별공시지가를 사용해서 지가를 산정할 수는 있다.

○ "부과 개시시점으로부터 가장 최근에 공시된 지가를 말한다"는 의미가 1.1일 기준 공시지가만이 아닌 7.1일 기준 공시지가도 적용이 가능하다는 의미인지? (국토부 토지정책과 – 6738, 2016. 8. 29.)

법 제10조 제3항에 따르면 개시시점지가는 부과개시시점이 속한 연도의 부과대상 토지의 개별공시지가(부과 개시시점으로부터 가장 최근에 공시된 지가를 말함)에 그 공시지가의 기준일로부터 부과 개시시점까지의 정상지가 상승분을 합하여 산정하도록 규정하고 있는 바, 따라서, 개발부담금 부과 개시시점 이전에 부과 개시시점이 속한 연도의 7.1일 기준의 개별공시지가가 있는 경우에는 7.1일 기준 개별공시지가로 개시시점지가를 산정할 수 있다.

○ 주상복합건물의 주택부분에 대해서만 지자체로부터 분양가를 승인받은 경우 (국토부 토지정책과 – 3404, 2013. 9. 25.)

「주택법」 제38조 제1항 제1호에 따라 시장 · 군수 등의 승인을 받아 주택의 분양가가 결정된 경우에는 「개발이익환수에 관한 법률」 제10조 제2항 및 동법 시행령 제11조 제1항 제1호에 의거 이를 종료시점지가로 할 수는 있으나, 개발부담금 부과대상 토지상에 있는 건물 전체에 대한 분양가격을 국가나 지자체로부터 인가받아야만 가능하다고 보기 때문에, 귀 구에서 질의하신 바와 같이 주상복합 건물중 주택부분의 분양가격만을 지자체로부터 승인받았다면 그 분양처분가격은 종료시점지가로 볼 수 없다.

○ 1차사업의 종료시점지가를 2차사업의 개시시점지가로 사용 가능한지 여부 (국토부 토지정책과 – 2021, 2018. 3. 23.)

개시시점지가는 부과 개시시점이 속한 연도에 부과대상 토지의 개별공시시가에 그 공시지가의 기준일부터 부과 개시시점까지의 정상지가상승분을 합한 가액인 바, 건축물 신축사업인 1차 사업과 제1종 근린생활시설에서 공장용지로 건축물 용도변경하는 2차 사업은 별개의 개발부담금 부과대상사업에 해당하므로 2차 사업의 개시시점지가는 「개발이익 환수에 관한 법률」 제10조 제3항에 따라 산정하여야 할 것으로 판단된다.

○ △△공사가 OO시로부터 부과 개시시점 이후 현물출자받은 경우 매입가 인정 여부 (국토부 토지정책과 - 6134, 2014. 9. 30.)

토지의 현물출자는 현금 대신 토지로 자본금을 투자하는 것으로 현물출자의 효과는 △△공사가 ○○시로부터 당해 토지를 매입하는 것과 유사하므로 법 제10조 제3항 제1호에 따른 지자체로부터 매입한 경우로 볼 수 있어 현물출자 토지가액을 기준으로 부과 개시시점지가를 산정할 수 있다.

○ 법원경매로 낙찰받은 토지에 대한 부과 개시시점 및 지가산정방법 (국토부 토지정책과 - 5495호, 2014. 9. 2.)

법원 경매로 낙찰받은 자는 당해 토지에 대한 소유권을 원시취득하고 당사자간 개발부담금 납부의무 승계에 대한 약정이 불가능하므로 기 허가자의 부담금 납부의무를 승계한다고 볼 수 없으며, 경락자가 당해 토지의 기 허가를 취소하지 않고 개발사업을 계속하여 개발사업을 준공한 경우에는 인허가 사항을 변경한 날이 새로운 부과 개시시점이 된다. 이 경우 경매 낙찰받은 가격을 기준으로 부과 개시시점지가를 산정할 수 있다고 본다. 또한, 법원 경매로 낙찰받은 토지를 낙찰받은 사람이 기 허가를 취소하지 않고 제3자에게 매도한 경우에는 부과 개시시점은 인허가 사항 변경일이 되고 경매 낙찰가액을 기준으로 부과 개시시점지가를 산정할 수 있다고 보지만, 단순히 경매 낙찰받은 토지를 제3자에게 매도한 경우에는 이를 적용하기는 어렵다.

○ 전 토지소유자가 취득한 경매 낙찰가액을 개시시점지가로 산정 가능 여부 (국토부 토지정책과 - 4381, 2016. 6. 20.)

타인의 소유 토지를 임차하여 개발사업을 시행하는 사업시행자가 개발사업 완료 전에 임차한 토지를 취득하여 개발사업을 완료한 경우에는 「개발이익 환수법」 제6조의 규정에 따라 전(前) 토지소유자의 개발부담금 납부의무를 승계하게 되어 있으므로 전(前) 토지소유자가 경매로 취득한 가액을 개시시점지가로 산정할 수 있다.

○ 납부의무자의 매입가 신고 없이 부과관청이 직권으로 개시시점지가 산정 가능한지? (국토부 토지정책과 - 9794, 2015. 12. 23.)

실제 매입가액을 기준으로 개시시점지가를 산정하려면 납부의무자가 실제의 매입가격을 신고하여야 하고 납부의무자가 실제 매입가격 신고가 없는 경우에는 법 제10조 제3항 본문의 규정(개별공시지가)에 따라 개별공시지가 기준으로 개시시점지가를 산정하여야 한다.

○ 회사 분할 · 합병의 원인에 의해 토지 취득시 매입가격 인정 대상 여부 (국토부 토지정책과 - 3405, 2017. 6. 5.)

「상법」상의 회사 분할 · 합병의 원인에 의해 기존 회사의 토지가 분할 · 합병으로 존속되거나 새로 설립된 회사로 이전(승계)되는 경우라면 상기 매입가격 인정 대상이 아니다.

○ 개발부담금 매입가격 인정 신청하여 감정평가를 실시하고 개발부담금이 부과되었는데 공시지가로 산정한 금액보다 많은 경우 매입가격 신청의 철회가 가능한지 여부 (국토부 토지정책과-5878호, 2014. 9. 19.)

부과 개시시점지가에 매입가격을 인정토록 한 것은 납부의무자의 편의를 도모하기 위하여 마련된 규정이므로, 귀 질의와 같이 개발부담금이 확정 부과되기 전에는 납부의무자는 매입가격신고서의 철회가 가능하다고 보지만 그 외의 경우에는 어려울 것으로 판단된다.

○ 개별공시지가가 없는 경우 종료시점지가와 개시시점지가 산정 (국토부 토지정책과-1628, 2013. 3. 13.)

시행령 제11조 제7항에 개시시점지가 및 종료시점지가를 산정할 때 부과대상 토지의 개별공시지가가 없는 경우나, 종료시점지가를 산정할 때 제10조 제3항 단서에 따라 매입가격으로 개시시점지가를 산정한 경우에는 「부동산 가격공시 및 감정평가에 관한 법률」에 따른 둘 이상의 감정평가법인이 평가한 가액을 산술평균한 가액으로 해당 지가를 산정하도록 규정함. 따라서, 매입가격을 개시시점지가로 인정하는 경우 종료시점지가는 「부동산 가격공시 및 감정평가에 관한 법률」에 따라 정상가격으로 평가하여 개시 및 종료시점지가의 산정방식을 동일하게 적용하고 있으므로, 개별공시지가가 없는 경우에는 개시 및 종료시점지가의 감정평가도 정상가격으로 산정하여 적용하는 것이 타당하다.

○ 토지분할 후 인허가 시 개시시점지가 산정 방법 (국토부 토지정책과-490, 2017. 1. 18.)

토지가 분할된 경우라도 부과 개시시점에 속한 연도의 1.1일 기준 개별공시지가 있는 경우에는 원칙적으로 이를 토대로 개시시점지가 산정이 가능하나, 개별공시지가 조사누락 등 다른 원인으로 개별공시지가가 없는 경우에 해당하거나, 토지분할로 인하여 토지특성 중 면적, 형상, 주된 이용상황 등의 변경으로 분할전 개별공시지가로 산정하는 것이 불합리하다고 볼 특별한 사정이 있는 경우에는 개별공시지가 없는 경우로 간주하여 상기 규정에 따라 둘 이상의 감정평가업자가 감정평가한 가액을 산술평균한 가액으로 개시시점지가를 산정하여야 할 것으로 판단된다.

Q6. 개발비용의 산정

▸ 개발부담금 = 부과기준(개발이익) × 부담률(20% 또는 25%)

▸ 부과기준(개발이익) = 〔종료시점지가 − (개시시점지가 + 개발비용 + 정상지가상승분)〕

- 종료시점지가 : 개발사업 완료일의 표준지공시지가를 기준으로 하되, 예외적인 경우 감정가액 또는 처분가액 인정
- 개시시점지가 : 개발사업 인·허가일의 개별공시지가를 기준으로 하되, 예외적으로 매입가액(국가 등으로부터 매입, 경매, 수용, 공공기관 시행 등) 인정
- 개발비용 : 순공사비, 조사비, 설계비, 일반관리비, 기부가액, 부담금 납부액, 보상비 등
- 정상지가상승분 : 사업 기간의 지가변동률과 정기예금이자율 중 높은 비율 적용 등

개발비용의 산정 개요와 인정 기준 등

(1) 개발비용의 산정 개요

개발사업시행자에게 부과할 개발부담금 산정의 전제가 되는 개발이익을 산출할 때는 가능한 한 부과대상자가 현실적으로 얻게 되는 개발이익을 실제에 가깝도록 산정하여야 한다. 이 법리에 비추어 보면, 개발부담금을 부과할 때는 가능한 한 모든 개발비용을 공제함이 마땅하다(대법원 2016. 1. 28 선고 2013두2938 판결). 이에 개발이익 산정을 위해 종료시점지가에서 공제하는 개발비용은 개발사업의 시행과 관련하여 지출된 비용으로 다음 ①~③의 금액을 합하여 산출한다(개발이익환수법 §11 ①, 개발이익환수령 §12 ①).

> ① 순(純) 공사비, 조사비, 설계비 및 일반관리비
> ② 관계 법령이나 해당 개발사업 인가 등의 조건에 따른 다음 각 목의 금액
> - 납부의무자가 국가나 지방자치단체에 공공시설이나 토지 등을 기부채납(寄附採納)하였을 경우에는 그 가액
> - 납부의무자가 부담금을 납부하였을 경우에는 그 금액
>
> ③ 해당 토지의 개량비, 각종 세금과 공과금, 보상비 및 그 밖에 대통령령으로 정하는 금액

(2) 개발비용의 인정 기준

개발비용은 해당 개발사업의 시행과 관련하여 지출한 비용으로서 토지의 가치상승을 가져

온 비용을 말하고 건축물과 관련하여 지출한 비용은 포함하지 아니한다. 다만, 기부채납하는 공공시설이 건축물인 경우에는 개발비용에 포함할 수 있다(국토교통부 훈령 제1042호 제11조 ①).

(3) 부과대상 토지 개발에 지출한 비용의 인정

개발비용은 부과대상 토지의 개발에 지출한 비용을 말한다. 다만, 다음의 경우에는 부과대상 토지 밖에서 해당 개발사업의 시행과 관련하여 지출한 비용도 포함할 수 있다(국토교통부 훈령 제1042호 제11조 ②).

① 진입로 개설로 인하여 부과대상 토지의 가치가 상승한 경우
② 관계 법령이나 해당 개발사업 인가 등의 조건에 따라 국가 또는 지방자치단체에 토지 또는 공공시설 등을 기부채납 등을 한 경우
③ 개발부담금 결정·부과 이후 지출한 다음의 비용
- 「학교용지 확보 등에 관한 특례법」에 따른 학교용지부담금을 납부한 경우
- 기부채납액을 납부한 경우

(4) 비용 지출 기간의 산정

개발비용은 부과 개시시점부터 부과 종료시점까지 지출한 비용을 말한다. 다만, 다음의 어느 하나에 해당하는 경우에는 위 기간 외에 지출한 경우에도 포함할 수 있다(국토교통부 훈령 제1042호 제11조 ③).

① 부과 개시시점 이전에 지출한 다음의 비용
- 해당 개발사업의 시행을 위해 지출한 조사비 및 설계비
- 해당 개발사업의 인가 등을 받은 날을 기준으로 그 이전 3년 이내에 부과대상 토지를 개량하기 위하여 지출한 비용으로서 개시시점지가에 반영되지 아니한 비용

② 부과 종료시점 이후에 지출한 다음의 비용
- 부과 종료시점 이후 개발부담금을 부과하기 전에 부과되는 지목변경으로 인한 취득세, 학교용지부담금, 양도소득세 또는 법인세 등의 납부액
- 해당 개발사업의 인가 등의 조건에 의하여 준공인가 등을 받은 날까지 지출할 것이 확정된 비용
- 대규모 사업의 일부가 준공되어 부분준공일을 부과 종료시점으로 하여 개발비용을 산정하는 경우에는 해당 개발사업 전체에 대하여 준공인가 등을 받은 날까지 지출할 것이 확정된 비용

(5) 개발비용에서 제외되는 비용

개발사업의 시행과 관련하여 지출된 비용인 경우에도 다음의 어느 하나에 해당되는 금액은 개발비용에 포함되지 않는다(국토교통부 훈령 제1042호 제11조 ④).

① 개발사업 시행과정에서 발생하는 민원보상비
② 산업단지 조성사업 시행 시 폐수처리장 시설물 설치비용
③ 사업지구 밖에서 철거되는 건축물 이전비(건축물이 개발사업구역 경계에 걸친 경우 또는 부과대상 토지 밖에서 해당 개발사업의 시행과 관련하여 개발비용으로 인정되는 경우에는 포함한다)
④ 아파트 공사시 건축물에 부수하여 설치하는 단지 내 전기 · 도로 · 상하수도 · 가스공급시설 · 주차장 · 조경 · 담장 · 포장비
⑤ 토지 매입비 또는 공사비 등 개발사업 시행에 소요되는 비용의 조달을 위하여 금융기관 등에 지급한 이자 등의 자본비용

2 개발비용의 산정방법

(1) 순공사비

해당 개발사업을 위하여 지출한 재료비 · 노무비 · 경비의 합계액으로 하되, 순공사비의 공종별은 다음과 같다.

① 토공사
② 구조물공사
③ 배수공사
④ 포장공사
⑤ 연약지반공사
⑥ 조경공사
⑦ 진입로 개설공사
⑧ 철거공사 및 폐기물처리공사
⑨ 「토양환경보전법」에 따라 시행하는 오염토양 정화 공사
⑩ 그 밖의 공사

이는 토지의 개발을 위한 공사에 해당해야 하기 때문에 지하층 터파기 등 건축물의 시공을 위한 토공사, 건축물 지하층 시공을 위한 흙막이 가시설의 구조물공사, 아파트 등 건축물의 기초를 보강하기 위하여 시공하는 파일공사, 조경을 위한 고가의 수목식재 조경공사는 포함하지 아니한다.

또한 재료비, 노무비, 경비의 수량과 단가를 산출하는 경우에는 실제 공사를 시공한 시점으로부터 가장 최근에 고시·공표 등을 한 정부표준품셈과 단가를 적용하여야 한다.

(2) 조사비

직접 해당 개발사업의 시행을 위한 다음의 비용(순공사비에 해당하지 아니하는 비용을 말한다)의 합계액을 말한다.

① 해당 개발사업의 시행을 위한 측량비
② 관계 법령이나 해당 개발사업의 인가등의 조건에 따라 의무적으로 실시하여야 하는 각종 영향평가에 드는 비용
③「매장문화재 보호 및 조사에 관한 법률」제6조 제1항 및 제11조 제3항에 따른 매장문화재의 지표조사 및 발굴에 드는 비용
④ 개발사업 토지에 대한 지반조사에 드는 비용

다만, 측량비, 환경영향평가 대행비용, 교통영향분석·개선대책수립 대행비용, 방재안전대책수립 업무 대행비용, 매장문화재 조사용역비, 그 밖의 조사비는 관계 법령이 정한 산정기준에 따른다(국토교통부 훈령 제1042호 제11조의 3).

(3) 설계비

해당 개발사업의 설계를 위하여 지출한 비용의 합계액을 말한다. 설계비는 기본설계, 실시설계 및 공사감리 비용의 합계액으로 산정하며, 기본설계 및 실시설계는「엔지니어링산업 진흥법」제31조에 따른 엔지니어링사업대가의 기준에 따라 산정하고, 공사감리는「건설기술 진흥법」제37조에 따른 건설사업관리 대가기준에 따라 산정한다. 다만, 공사감리의 경우「건설기술 진흥법」제39조에 따라 의무적으로 건설사업관리를 수행한 경우로 한정한다(국토교통부 훈령 제1042호 제11조의 4).

(4) 일반관리비

해당 개발사업과 관련하여 관리활동 부문에서 발생한 모든 비용의 합계액을 말한다. 다만 다음의 업무처리규정에 따른다.

> ▸ **개발부담금 부과 · 징수 업무처리규정 (국토교통부 훈령 제1042호)**
>
> **제11조의 4**
>
> ① 일반관리비는 영 제12조 제1항에 따라 산정한 순공사비, 조사비, 설계비, 토지의 개량비에 속하지 아니하는 비용 중 「예정가격작성기준」(기획재정부 계약예규) 제12조에 열거된 임원급료, 사무실 직원의 급료 등의 비용으로서 동 규정을 준용하여 산정한다.
>
> ② 제1항에 따라 산정한 일반관리비는 영 제12조 제1항에 따라 산정한 순공사비(재료비, 노무비, 경비)에 다음 각 호의 금액 규모에 따른 비율을 곱하여 산정한 금액을 초과할 수 없다.
>
> 1. 50억원 미만 : 6.0%
> 2. 50억원 이상 300억원 미만 : 5.5%
> 3. 300억원 이상 : 5.0%

(5) 기부채납액

납부의무자가 관계 법령이나 해당 개발사업의 인가등의 조건에 따라 국가 또는 지방자치단체에 기부하는 토지 또는 공공시설 등의 가액으로서 다음의 구분에 따라 산정한 가액. 다만, 개발사업 목적이 타인에게 분양하는 등 처분하는 것으로서 그 처분가격에 기부하는 토지 또는 공공시설 등의 가액이 포함된 경우에는 개발이익환수법 제11조 제2항에 따라 그 처분가격을 종료시점지가로 산정하는 경우로 한정하여 공제한다.

> ① 토지의 가액 : 개시시점지가에 부과기간의 정상지가상승분을 합한 금액
>
> ② 공공시설 등의 가액 : 토지의 가액에 그 시설의 조성원가를 합산한 금액

(6) 부담금 납부액

관계 법령이나 해당 개발사업의 인가등의 조건에 따라 국가 또는 지방자치단체에 납부한 부담금의 합계액으로 다음에 어느 하나에 해당하는 부담금은 따른 개발비용에 포함된다(국토교통부 훈령 제1042호 제11조의 7).

① 학교용지부담금(학교용지 확보 등에 관한 특례법 제5조)
② 지방자치단체 공공시설의 수익자 분담금(지방자치법 제138조)
③ 농지보전부담금(농지법 제38조)
④ 대체초지조성비(초지법 제23조)
⑤ 수도 원인자부담금(수도법 제71조)
⑥ 생태계보전협력금(자연환경보전법 제46조)
⑦ 하수도 원인자부담금(하수도법 제61조)
⑧ 개발제한구역 보전부담금(개발제한구역의 지정 및 관리에 관한 특별조치법 제21조)
⑨ 광역교통시설부담금(대도시권 광역교통관리에 관한 특별법 제11조)
⑩ 도로 원인자부담금(도로법 제76조)
⑪ 도시개발구역 밖의 도시기반시설의 설치비용부담금 및 추가 설치비용부담금(도시개발법 제58조)
⑫ 대체산림자원조성비(산지관리법 제19조)
⑬ 해양생태계보전협력금(해양생태계의 보전 및 관리에 관한 법률 제49조)
⑭ 기반시설 설치비용 부과금(국토의 계획 및 이용에 관한 법률 제68조)

(7) 토지의 개량비

해당 개발사업의 인가등을 받은 날을 기준으로 그 이전 3년 이내에 부과대상 토지를 개량하기 위하여 지출한 비용으로서 개시시점지가에 반영되지 아니한 비용

(8) 제세공과금

해당 개발사업의 시행과 관련하여 국가 또는 지방자치단체에 납부한 제세공과금의 합계액을 말한다. 다만, 다음의 어느 하나에 해당하는 금액은 제외한다.

① 개발사업 대상 토지의 취득이나 보유로 인하여 납부한 금액. 다만, 지목변경으로 인한 취득세는 제외한다.
② 벌금, 과태료, 과징금 또는 가산금 등 각종 법령이나 의무 위반으로 납부한 금액

위 제세공과금에는 「부가가치세법 시행령」 제80조 제1호 및 제2호(토지 및 건축물의 취득과 관련된 매입세액은 제외한다)에 의한 토지에 관련된 매입세액을 포함한다(국토교통부 훈령 제1042호 제11조의 9).

(9) 보상비

토지의 가액에 포함되지 않은 개발사업구역의 건축물, 공작물, 입목 및 영업권 등에 대한 보상비. 이 경우 건축물에 대한 보상비를 산정할 때에는 다음에 따른다.

> ① 개발사업을 시행하기 위하여 매입한 건축물인 경우 : 취득세의 과세표준이 된 실제 매입가격
> ② 기존에 소유한 건축물인 경우 : 「지방세법」 제4조에 따른 시가표준액. 다만, 시가표준액이 없거나 납부의무자가 원하는 경우에는 시장 · 군수 · 구청장이 지정하는 감정평가법인 등이 감정평가한 금액으로 한다.

이러한 보상비는 다음 어느 하나에 해당하는 경우에 한하여 인정한다.

> ① 납부의무자가 국가 또는 지방자치단체에게 보상비를 지급한 경우
> ② 납부의무자가 지방자치단체 또는 공공기관인 경우로서 보상비를 지급한 경우
> ③ 납부의무자가 경매 또는 입찰에 의하여 보상비를 지급한 경우
> ④ 납부의무자가 「공익사업을 위한 토지 등의 취득 및 보상에 관한 법률」에 따른 협의 또는 수용에 의하여 보상비를 지급한 경우
> ⑤ 납부의무자가 보상대상이 존재한 사실과 보상비 지급을 객관적으로 입증하는 경우로서 보상계약이 체결되고 그 계약에서 약정한 대로 보상비가 지급된 사실이 확인되는 경우
> ⑥ 보상대상이 존재한 사실과 보상비 지급 사실이 확인은 되나 그 보상금액의 적정함이 객관적으로 입증되지 아니한 경우로서 납부의무자가 원하는 경우에는 국토교통부장관이 지정하는 감정평가업자가 「공익사업을 위한 토지 등의 취득 및 보상에 관한 법률」에서 정하는 평가방법에 따라 평가한 금액을 보상비로 할 수 있다. 이 경우 감정평가수수료는 납부의무자의 부담으로 한다.

(10) 기타 고려사항

위의 개발비용은 납부의무자가 해당 사업의 시행과 관련하여 지출한 각 비용의 합계액으로서 산출명세서와 증명서를 갖춘 금액을 말한다. 다만, 위 일반관리비는 「국가를 당사자로 하는 계약에 관한 법률 시행령」 제9조 및 「지방자치단체를 당사자로 하는 계약에 관한 법률 시행령」 제10조에 따른 예정가격 결정기준과 요율을 적용하여 산정한 금액으로 한다(개발이익환수령 §12 ②).

❸ 양도소득세 등의 개발비용 계상

부과 개시시점 후 개발부담금을 부과하기 전에 개발부담금 부과대상 토지를 양도하여 발생한 소득에 대하여 양도소득세 또는 법인세가 부과된 경우에는 해당 세액 중 부과 개시시점부터 양도시점까지에 상당하는 세액을 개발비용에 계상할 수 있다(개발이익환수법 §12 ①). 개발비용으로 계상되는 양도소득세 또는 법인세의 세액 범위는 부과 종료시점 이전에 토지가 양도된 때에는 해당 세액 중 부과 개시시점부터 양도 시까지, 부과 종료시점 이후에 토지가 양도된 때에는 부과 개시시점부터 부과 종료시점까지에 상당하는 세액으로 한다. 이 경우 개발비용으로 계상되는 세액의 산정은 양도소득세 또는 법인세를 일(日) 단위로 똑같이 나누어 산정한다(개발이익환수령 §13).

▸ **개발부담금 부과 · 징수 업무처리규정** (국토교통부 훈령 제1042호 개정 2018. 6. 27.)

제11조의 11(양도소득세 등의 산정) ① 법 제12조에 따라 개발비용으로 계상되는 양도소득세 또는 법인세의 세액 범위는 다음 각 호에 따라 산정한다.

1. 부과 개시시점 이전 취득한 토지를 부과 종료시점 이전에 양도한 경우에는 부과 개시시점부터 양도시까지에 상당하는 세액

$$\text{양도소득세(또는 법인세)} \times \frac{\text{부과기간(부과 개시시점}\sim\text{양도일)}}{\text{토지보유기간(취득일}\sim\text{양도일)}}$$

2. 부과 개시시점 이전 취득한 토지를 부과 종료시점 이후에 양도한 경우에는 부과 개시시점부터 부과 종료시점까지에 상당하는 세액

$$\text{양도소득세(또는 법인세)} \times \frac{\text{부과기간(부과 개시시점}\sim\text{부과 종료시점)}}{\text{토지보유기간(취득일}\sim\text{양도일)}}$$

3. 부과 개시시점 이후 취득한 토지를 부과 종료시점 이후에 토지를 양도한 경우에는 취득일로부터 부과 종료시점까지에 상당한 세액

$$\text{양도소득세(또는 법인세)} \times \frac{\text{부과기간(취득일}\sim\text{부과 종료시점)}}{\text{토지보유기간(취득일}\sim\text{양도일)}}$$

4. 부과 개시시점 이후 취득한 토지를 부과 종료시점 이전에 토지를 양도한 경우에는 전체 세액

② 개발부담금 부과고지 후 토지를 양도하여 발생한 양도소득세 또는 법인세는 포함하지 아니한다.

③ 양도소득세 또는 법인세를 납부기한까지 납부하지 아니함으로 인하여 발생되는 가산세, 가산금, 체납처분비 등은 포함하지 아니한다.

시장·군수·구청장은 양도소득세의 개발비용 계상에 필요한 경우 납세자의 인적 사항, 사용 목적, 개발부담금 부과대상 토지의 명세를 적은 문서로 관할 세무관서의 장에게 양도소득세 또는 법인세의 부과금액 등 「국세기본법」 제81조의 13에 따른 과세정보의 제공을 요청할 수 있다. 과세정보의 제공 요청 및 그에 따른 과세정보의 제공은 「개인정보 보호법」에 의하여야 한다(개발이익환수법 §12 ③ ④).

4 개발비용 산정 및 인정 한도

(1) 일반적인 개발비용의 산정

개발부담금 부과권자는 납부의무자가 해당 사업의 시행과 관련하여 지출한 각 비용의 합계액으로서 산출명세서와 증명서를 갖춘 금액을 개발비용으로 인정하여 산정한다. 다만 일반관리비는 「국가를 당사자로 하는 계약에 관한 법률 시행령」 제9조 및 「지방자치단체를 당사자로 하는 계약에 관한 법률 시행령」 제10조에 따른 예정가격 결정기준과 요율을 적용하여 산정한 금액으로 한다(개발이익환수령 §12 ②).

(2) 표준방식의 선택 적용

한편 2,700㎡ 이하의 개발사업(토지개발 비용의 지출 없이 용도변경 등으로 완료되는 개발사업은 제외)의 경우에는 순공사비, 조사비, 설계비 및 일반관리비의 합계액을 산정할 때 국토교통부장관이 고시하는 단위면적당 표준비용을 적용할 수 있으며, 납부의무자가 원하지 아니하는 경우에는 그러하지 아니하다(개발이익환수법 §11 ②, 개발이익환수령 §12 ⑥).

□ 표준방식 적용시 개발비용 산출

개발비용 = (개발사업 면적(㎡) × 단위면적당 표준비용) + 기부채납액 + 부담금 납부액 + 토지 개량비 + 제세공과금 + 보상비

이와 같은 표준비용 제도는 면적 2,700㎡ 이하의 1건의 개발사업 시행 시 소요되는 개발비용 중 순공사비·조사비·설계비·일반관리비의 합계액을 국토교통부장관이 산정하여 고시하는 단위면적당 표준비용을 적용하여 간편하게 산정하도록 함으로써 개발비용 산정 절차를 간소화하여 부과권자와 납부의무자의 편의(시간 및 비용 절약 등)를 증진하고, 적정 개발이익을 환수하기 위하여 마련된 것이다(국토부 토지정책과-8708, 2016. 10. 26.).

국토교통부 고시 제2021-1413호

「개발이익 환수에 관한 법률」 제11조 제2항에 의한 단위면적당 표준비용 및 적용기준을 다음과 같이 고시한다.

2021년 12월 28일

국 토 교 통 부 장 관

단위면적당 표준비용 및 적용기준

제1조(목 적) 개발부담금 부과액을 산정할 때 개발비용 산정의 간소화 및 투명화를 도모하기 위한 단위면적당 표준비용을 국토교통부장관이 결정하여 고시하도록 규정한 「개발이익 환수에 관한 법률」 제11조 제2항에 의거하여 그 세부기준 및 적용기준을 정하는 데 그 목적이 있다.

제2조(적용 범위) ① 이 고시에 의한 단위면적당 표준비용은 개발사업 면적이 2,700㎡ 이하 구간에서만 적용할 수 있으며, 「개발이익 환수에 관한 법률시행령」 제4조 제1항에 의한 연접사업일 경우에는 각각의 개발사업면적이 2,700㎡ 이하에 해당하면 단위면적당 표준비용을 적용할 수 있다.

② 「개발이익 환수에 관한 법률」 제11조 제2항에 의거 토목공사를 수반하지 아니하고 단순히 용도변경 등만으로 완성되는 개발사업인 경우 단위면적당 표준비용을 적용하지 아니한다.

제3조(단위면적당 표준비용) 개발부담금을 산정함에 있어 개발비용으로 공제되는 순공사비, 조사비, 설계비 및 일반관리비의 합계액에 대한 단위면적당 표준비용은 다음과 같다.

지역별		지형별	단위면적당 표준비용 단가
서울특별시, 부산광역시, 대구광역시, 인천광역시, 광주광역시, 대전광역시, 울산광역시, 세종특별자치시, 경기도	시·구 (세종특별자치시 읍·면·동)	산 지	56,990원/㎡
		산지외	42,290원/㎡
	군	산 지	49,000원/㎡
		산지외	36,380원/㎡
강원도, 충청북도, 충청남도, 전라북도, 전라남도, 경상북도, 경상남도, 제주특별자치도	시	산 지	48,800원/㎡
		산지외	36,280원/㎡
	군	산 지	42,000원/㎡
		산지외	31,160원/㎡

제4조(적용기준 및 특례) 제3조의 단위면적당 표준비용을 적용하는 기준 및 특례사항은 다음 각 호와 같다.

1. 둘 이상의 지역에서 하나의 개발사업을 시행할 경우에는 각각의 개발사업 면적에 해

당 단위면적당 표준비용을 곱하여 산정한다.

2. "산지"와 "산지외"는 다음 각 목과 같은 기준에 따라 이를 구분한다.
   가. "산지"라 함은 「공간정보의 구축 및 관리 등에 관한 법률 시행령」 제58조에 따른 지목이 "임야"인 토지를 말한다.
   나. "산지외"라 함은 지목이 "임야" 이외인 모든 토지를 말한다.
3. 제2호에도 불구하고 공부상 지목과 사실상 지목이 서로 다를 경우에는 사실상 지목을 우선시하되, 개발부담금 부과관청과 납부의무자간에 지목판단에 관하여 다툼이 있을 경우에는 실비정산방식에 의한다.
4. 일단의 개발사업 면적에 "산지"와 "산지외"가 혼용된 경우에는 각각의 개발사업 면적에 해당 단위면적당 표준비용을 곱하여 산정한다.
5. "시ㆍ군ㆍ구"라 함은 자치권이 있는 시ㆍ군ㆍ구와 자치권이 없는 시ㆍ군ㆍ구를 전부 포함하는 개념으로 본다.
6. 건축물의 용도변경으로 완료되는 개발사업으로서 포장공사 등 경미한 토지개발 비용의 지출이 있는 경우에는 제3조에 따른 단위면적당 표준비용 중 해당 지역 산지외 단위면적당 표준비용 단가의 40%를 적용하여 산정한다.

부 칙

제1조(시행일) 이 고시는 2022년 1월 1일부터 시행한다.

제2조(유효기간) 이 고시는 2023년 12월 31일 까지 효력을 가진다.

제3조(적용례) 이 고시는 2022년 1월 1일 이후 개발부담금을 결정ㆍ부과하는 개발사업부터 적용한다.

(3) 개발비용의 한도 기준

개발부담금 납부의무자가 해당 사업의 시행과 관련하여 지출한 비용으로서 산출명세서와 증명서를 갖춘 금액으로 산정하나, 재료비 등 일부 비용은 인정 한도 금액이 있다. 즉, 일정 기준에 따라 산출한 금액을 초과하는 금액은 개발비용으로 보지 아니한다(개발이익환수령 §12 ③). 먼저 순공사비 중 재료비ㆍ노무비ㆍ경비는 「국가를 당사자로 하는 계약에 관한 법률 시행령」 제9조 및 「지방자치단체를 당사자로 하는 계약에 관한 법률 시행령」 제10조에 따른 예정가격 결정기준 중 공사원가계산을 위한 재료비ㆍ노무비ㆍ경비의 산출 방법을 적용하여 산출하되, 정부표준품셈과 단가(정부고시가격이 있는 경우 그 금액)에 따른 금액을 초과하지 아니하여야 한다. 또한 조사비와 설계비는 「엔지니어링산업 진흥법」 제31조에 따른 엔지니어링사업대가의 기준에 따라 산정한 금액을 초과하는 금액은 개발비용으로 인정하지 아니한다.

(4) 한도 기준의 예외

위 원칙에 불구하고 개발비용산정기관에 의뢰하여 적합한 것으로 인정되는 경우 등은 기준을 초과하는 금액도 개발비용으로 인정할 수 있다. 즉, 납부의무자가 제시한 개발비용의 금액이 위 기준에 따른 금액을 초과하는 경우로서 다음에 해당하는 경우에는 원칙에 불구하고 그 금액을 개발비용으로 인정할 수 있다는 것이다(개발이익환수령 §12 ④).

① 지방자치단체 또는 감면기관이 「지방재정법」, 「지방회계법」 또는 「공공기관의 운영에 관한 법률」에 따라 지출한 개발비용 ② 시장・군수・구청장이 납부의무자가 제시한 금액에 대하여 국토교통부령으로 정하는 요건을 갖춘 회사나 기관(개발비용산정기관[12])에 의뢰하여 위의 기준에 적합한 것으로 확인한 경우 그 개발비용 ③ 「건설산업기본법」에 따라 등록을 한 건설사업자와의 도급계약, 「엔지니어링산업 진흥법」 제21조에 따라 신고한 엔지니어링사업자와의 엔지니어링사업계약 등 명백한 원인에 따라 지출한 비용을 근거로 산정한 개발비용 ④ 국토교통부장관이 정하는 규정에 따른 정부표준품셈과 단가에 따라 산정된 재료비・노무비・경비, 엔지니어링 사업대가기준에 따라 산정된 조사비와 설계비에 따른 개발비용의 세부 항목별 산출기준에 적합하다고 인정되는 경우

 개발비용 산출명세서 제출

(1) 개발비용 산출명세서 제출

납부의무자는 국가나 지방자치단체로부터 개발사업의 준공인가 등을 받은 경우에는 부과 종료시점부터 40일 이내에 개발비용의 산정에 필요한 명세서를 시장・군수・구청장에게 제출하여야 한다(개발이익환수법 §24, 개발이익환수령 §25의 2 ①). 관계 법령에 따라 부과대상 토지의 일부가 준공되거나, 납부의무자가 개발사업의 목적 용도로 사용을 시작하거나 타인에게 분양하는 등 사업이 준공되기 전 사업완료로 간주하는 경우로서 준공된 개발사업별로 개발비용을 산출하기 곤란한 경우에는 전체 개발사업이 완료된 날부터 40일 이내에 명세서를 제출하여야 하며, 이 경우 부과 종료시점이 서로 다른 대상 토지는 그 명세서를

12) 개발비용 산정기관이란 「건설기술 진흥법」 제26조에 따라 등록된 건설엔지니어링사업자, 「기술사법」 제6조에 따라 등록된 기술사사무소, 감정평가법인등, 「엔지니어링산업 진흥법」 제21조에 따라 신고된 엔지니어링사업자, 국가를 당사자로 하는 계약에 관한 법령에 따른 원가계산용역기관를 말한다.

별도로 구분하여 작성하여야 한다. 또한 개발비용 산출명세서에는 설계서 등 개발비용 산출 증명서류를 첨부하여야 한다. 다만, 국토교통부장관이 고시하는 단위면적당 표준비용을 적용하는 경우에는 개발비용에 대한 개발비용 산출 증명서류는 첨부하지 아니한다(개발이익환수령 §25의 2 ②).

(2) 개발비용 산정기관에의 의뢰

시장·군수·구청장은 납부의무자가 제시한 금액의 사실 여부를 확인하고 개발비용의 금액이 각 기준에 따라 산출한 금액을 초과하는 금액을 산출할 때, 해당 개발사업의 내용·성질 등이 특수하여 그 확인 또는 금액 산출이 곤란한 경우에는 개발비용 산정기관에 그 확인 또는 금액 산출을 의뢰할 수 있다(개발이익환수령 §12 ⑤).

○ 개발사업시행자가 납부한 개발부담금 중 부과처분 후에 납부한 학교용지부담금에 대하여 조리상 환급에 필요한 처분을 신청할 권리가 인정되는지 여부 (대법원 2016. 1. 28 선고 2013두2938 판결)

개발사업시행자가 납부한 개발부담금 중 부과처분 후에 납부한 학교용지부담금에 해당하는 금액에 대하여는 조리상 개발부담금 부과처분의 취소나 변경 등 개발부담금의 환급에 필요한 처분을 신청할 권리를 인정함이 타당하다.

○ 토목공사 준공검사 신청 시 토목 담당자가 우천시 포토유실을 예상하여 부지포장 조건으로 준공 승인을 하였을 경우 개발비용으로 인정 여부 (국토부 토재 58383-274, 1996. 4. 23.)

법 제11조의 규정에 의거 개발비용은 개발사업의 시행과 관련하여 지출된 순공사비 등을 말하는 것으로 토지형질변경 준공조건으로 포장공사를 시행하였다면 동 공사비를 개발비용으로 인정이 가능할 것이다.

○ 건축물 건축시 지붕일부를 옹벽에 걸쳐 시공한 경우, 해당 옹벽공사비의 개발비용 인정 여부 (국토부 토지정책과-509, 2013. 4. 19.)

개발비용으로 공제받을 수 있는 순공사비는 당해 개발사업 인·허가서 및 공사 설계서에 그 내용이 포함되어 있어야 하고 또한 그 공사의 시행으로 인하여 토지 가치를 증대시킨 경우에 이를 개발비용으로 인정하는 것인 바, 근본적으로 개발부담금은 토지의 개발 행위에 대하여 부과하는 것이므로 개발비용도 토목공사에 투입된 비용만을 의미하는 것임. 그런데 특정한 구축물을 축조하였는데 이것이 토목공사가 아닌 건축물의 일부분에 해당할 경우에는 여기에 투입된 비용은 개발비용으로 인정하기 곤란하다.

○ 콘크리트 파일 공사비 개발비용 인정 여부 (국토부 토지정책과-6634, 2012. 12. 26.)

개발부담금 산정시 주택건설사업에 있어 연약지반공사비를 개발비용으로 인정하고 있으나, 아파트건설에 있어서 콘크리트파일은 건축물의 일부분으로 보기 때문에 연약지반공사비의 범주에 포함시키는 것은 곤란할 것으로 판단된다. 다만, 「공동주택 분양가격의 산정 등에 관한 규칙」 제7조 및 제8조의 규정에 의하여 분양가 상한제를 적용받는 아파트로서 종료시점지가를 분양처분가격으로 한 경우에 한하여 지름이 400㎜ 이상, 길이 15m 이상의 대규모 콘크리트 파일공사비는 건축물의 일부가 아니라 토목공사비로 간주하여 개발비용으로 인정할 수 있을 것으로 판단된다.

- **비산먼지방지시설, 오수관 매설, 도시가스시설 등 설치비용의 개발비용 인정 여부** (국토부 토재 58307 - 332, 1997. 5. 20.)

법 제11조의 규정에 의거 개발사업의 시행과 관련하여 지출된 순공사비 등은 개발비용으로 산정하도록 되어 있으나, 귀 질의에서 비산먼지방지시설은 건축과 관련된 사항으로 토지의 개발과 직접 관련된 비용이라고 볼 수 없고, 단지 내 오수관 배설공사나 도시가스시설 설치비용 등 표준건축비에 포함되는 사항은 개발비용으로 인정이 불가하다.

- **준공 전 확정된 공사비, 확정되지 않은 공사비의 개발비용 인정 여부** (국토부 토재 58383 - 134, 1997. 3. 6.)

개발사업의 준공전에 이미 공사를 시행하였으나 그 공사비를 준공 후에 지불한 경우이거나 공사시행을 조건으로 준공을 한 경우라면 그 소요경비를 개발비용으로 볼 수 있으나 사업준공 후에 새로이 공사를 시행하는 경우에는 그 공사비를 개발비용으로 인정할 수 없다.

- **사업지연에 따른 사업시행자의 금융비용 개발비용 산정 여부** (국토부 토지정책과 - 686, 2012. 2. 7.)

법 제11조 및 시행령 제12조 규정에 의하면, 개발사업의 시행과 관련하여 지출한 순공사비, 조사비, 설계비, 일반관리비 및 그 밖의 경비, 관계 법령이나 인가등의 조건에 따라 납부의무자가 공공시설이나 토지 등을 국가나 지방자치단체에 제공하거나 기부한 경우에는 그 가액과 해당 토지의 개량비는 개발비용으로 산정이 가능하도록 규정하고 있으나, 개발사업 지연에 따른 사업시행자의 금융비용에 대하여는 위 규정에서 정한 개발비용 산정항목에 해당되지 않는다고 본다.

- **무허가 철거보상비 개발비용 인정 여부** (국토부 토지정책과 - 1875, 2013. 7. 1.)

토지수용절차에 따라 무허가건물 점유자에게 지급한 보상비와 사업시행자가 사업부지 내에 있던 무허가건물 점유자에게 지급한 철거보상비는 「개발이익환수에 관한 법률 시행령」 제12조 제1항 제5호에 따른 개발비용으로 인정가능할 것으로 판단된다.

- **개발사업을 시행하면서 진입로에 대하여 토지소유자에게 영구사용료(임차료)를 지출하였는바, 동 임차료가 개발비용으로 인정되는지?** (국토부 토지정책과 - 9698, 2015. 12. 21.)

법 제11조의 규정에 의거 개발사업의 시행과 관련하여 지출된 순공사비 등은 이를 개발비용으로 산정할 수 있도록 되어 있는 바이다. 따라서 개발사업구역 내 포함된 진입도로 개설에 소요된 공사비는 개발비용으로 인정이 가능하나, 진입도로 개설 시 토지 소유자에게 지출한 영구사용료(임차료)는 개발사업의 시행과 관련하여 지출된 비용으로 보기 어려워 개발비용으로 인정되지 않는다.

○ 과밀부담금이 개발비용으로 인정 가능한지 여부 (대법원 2015. 10. 29. 선고 2014두12918 판결)

과밀부담금은 건축물의 신축 여부에 따라 부과되고 그 산정기준도 건축비에 따라 좌우되는 등 토지개발에 소요되는 비용과 관련이 없으므로 과밀부담금은 개발이익에서 공제되는 개발비용에 해당하지 않는다.

○ 기부채납 비용 개발비용 인정 여부 (국토부 토지정책과-3646, 2016. 5. 23.)

당해 개발사업의 인가 등의 조건에 따라 일정면적의 토지를 기부채납하기로 하였고 기부채납 이행을 담보하기 위해 이행담보금(해당 기부채납 토지의 개별공시지가 상당액, 기부채납 이행시만 반환 가능)을 지자체에 예치한 경우라면 개발비용으로 인정이 가능할 것으로 판단되며, 아직 기부채납을 이행하지 않았으므로 예치금을 개발비용으로 인정하여 개발부담금을 부과한 후 납부기일까지 기부하였을 경우 개시시점지가에 부과기간의 정상지가상승분을 합하여 개발부담금을 정정부과하는 것이 바람직할 것으로 사료된다.

○ 1차 사업의 기부채납 비용을 2, 3, 4차 사업에 순차적으로 공제 가능 여부 (국토부 토지정책과-8874, 2016. 10. 31.)

개발부담금 산정은 개발부담금 부과대상 각각의 사업대상 건별로 종료시점지가에서 개시시점지가, 부과기간의 정상지가 상승분 및 개발비용을 뺀 금액으로 산정하여야 하므로 기부채납시설의 개발비용 공제도 각각의 사업 대상 건별로 관계 법령이나 해당 개발사업의 인가등의 조건에 따라 국가 또는 지자체에 기부하는 것인지 여부에 대하여 검토하여 적용하여야 하며, 어느 하나의 사업은 개발이익이 적어 마이너스가 나오고 다른 사업은 개발이익이 발생하더라도, 마이너스가 발생한 사업의 개발비용(기부채납 비용)을 플러스 개발이익이 발생한 사업에 적용하여 개발부담금을 산정할 수 없을 것으로 판단된다.

○ 양도소득세액을 개발비용으로 인정할 수 있는지 여부와 인정 시 인정 범위 (국토부 토지정책팀-107, 2006. 1. 9.)

개발이익환수법 제12조 제1항에서 "부과 개시시점후 개발부담금의 부과전에 토지 또는 사업의 양도등으로 인하여 발생한 소득에 대하여 양도소득세가 부과된 경우"에는 "당해 세액 중 부과 개시시점부터 양도등의 시점까지에 상당하는 세액을 개발비용"으로 인정하도록 하고 있다. 따라서 부과 개시시점 이후에 사업부지를 매입한 경우도 개발비용으로 인정되며, 이 경우 개발비용으로 계상되는 세액의 산정은 매입시점부터 부과 종료시점까지에 상당하는 양도소득세액으로 하는 것이 타당하다고 판단된다.

○ 종합소득세(개인사업자)를 개발비용 인정 여부(기존 해석 변경)
(국토부 토지정책과 - 478, 2015. 1. 19.)

부동산 매매업자가 토지 등 매매차익 예정신고에 따라 세액을 납부한 경우 그 세액은 중간 예납적인 성격으로서 양도소득세에 준하는 확정금액으로 볼 수 없으나 종합소득세 과세표준 확정신고 및 납부로 토지 매매차익에 대한 세액이 확정되어 양도소득세 성격을 가지는 경우라면 법 제12조 제1항에 따라 양도소득세로 개발비용 공제가 가능할 것으로 판단된다.

○ 법인세의 개발비용 인정 여부 (국토부 토지정책과 - 8705, 2016. 10. 26.)

법인이 개발부담금 부과대상 토지의 양도로 인하여 얻은 소득이 다른 소득과 합산되어 그 전체 소득에 대하여 법인세가 부과된 경우에도 그 법인세액 중 개발부담금 부과대상 토지의 양도로 인한 소득에 대하여 법인세가 부과된 부분 중 부과 개시시점부터 양도시점까지에 상당하는 세액은 개발비용으로 인정할 수 있을 것으로 판단됩니다. 다만, 개발부담금이 부과된 이후에 개발부담금 부과대상 토지의 양도로 인하여 양도소득세가 부과된 경우에는 개발비용으로 인정되지 아니한다(토지정책과 - 10460, 2016. 12. 29.).

○ 건축물의 용도변경사업의 표준비용 적용 가능 여부 (국토부 토지정책과 - 7045, 2015. 9. 24.)

「건축법」 제19조에 따라 축사용 건물을 창고시설로 용도변경을 하는 경우라면 법 제11조 제2항의 "토지개발 비용의 지출 없이 용도변경 등으로 완료되는 개발사업은 제외한다"에 해당되어 표준비용을 적용할 수 없을 것으로 판단된다.

Q7. 정상지가상승분의 산정

▸ 개발부담금 = 부과기준(개발이익) × 부담률(20% 또는 25%)

▸ 부과기준(개발이익) = 〔종료시점지가 − (개시시점지가 + 개발비용 + 정상지가상승분)〕

- 종료시점지가 : 개발사업 완료일의 표준지공시지가를 기준으로 하되, 예외적인 경우 감정가액 또는 처분가액 인정
- 개시시점지가 : 개발사업 인·허가일의 개별공시지가를 기준으로 하되, 예외적으로 매입가액(국가 등으로부터 매입, 경매, 수용, 공공기관 시행 등) 인정
- 개발비용 : 순공사비, 조사비, 설계비, 일반관리비, 기부가액, 부담금 납부액, 보상비 등
- 정상지가상승분 : 사업 기간의 지가변동률과 정기예금이자율 중 높은 비율 적용 등

정상지가상승분의 산정

(1) 일반적인 경우

정상지가상승분은 부과기간 중 각 연도의 정상지가상승분을 합하여 산정하며, 각 연도의 정상지가상승분은 해당 연도 1월 1일 현재의 지가에 해당 연도의 정상지가변동률을 곱하여 산정한다(개발이익환수령 §2 ①).

▸ 정상지가상승분 = 각 연도의 정상지가상승분 합계액

▸ 각 연도의 정상지가상승분 = 해당 연도 1. 1. 현재의 지가 × 해당 연도 정상지가변동률

부과기간 중 제2차 연도 이후의 각 연도 1월 1일 현재의 지가는 부과 개시시점 또는 전년도 1월 1일 현재의 지가에 전년도 부과기간 중의 정상지가상승분을 합한 금액으로 한다(개발이익환수령 §2 ③).

(2) 부과기간이 1년 이내인 경우

부과기간이 1년 이내인 경우(연도 중에 부과 개시시점 또는 부과 종료시점이 속한 경우 포함)에는 월별 정상지가상승분(각 월의 정상지가상승분은 해당 월 1일 현재의 지가에 그 월의 정상지가변동률을 곱하여 산정)을 합하여 산정한 금액을 그 부과기간 중의 정상지가

상승분으로 하되, 월 중 일부 기간의 정상지가상승분은 그 월의 정상지가상승분을 일 단위로 나누어 산정한 금액으로 한다(개발이익환수령 §2 ②).

(3) 부과 종료시점의 정산지가변동률의 적용과 차액의 정산 등

부담금을 산정할 때 부과 종료시점이 월 중에 속하는 경우에는 부과 종료시점이 속한 월의 전월 정상지가변동률을 적용하여 부담금을 산정한다. 이 경우 부과 종료시점이 속한 월의 정상지가변동률이 공표된 때에는 지체 없이 그 차액을 산정하여 정산하여야 한다(개발이익환수령 §14 ①).

한편 개발이익환수령 별표 1 제7호에 따른 지목변경이 수반되는 개발사업의 경우 인가등을 받은 면적 중 그 사업이 종료된 후 사실상 또는 공부상 지목이 변경된 면적에 한하여 개발이익이 발생한 것으로 본다. 이에 따른 개발사업에 대한 부담금을 산정할 때 그 개발비용은 총지출비용 중 지목이 변경된 부분에 지출된 비용으로 하되, 지목이 변경된 부분에 지출된 비용을 명확하게 구분할 수 없는 경우에는 면적비율에 따른다(개발이익환수령 §14 ② ③).

2 정상지가변동률의 산정

개발이익 산정을 위해 필요한 "정상지가상승분"이란 금융기관의 정기예금 이자율 또는 「부동산 거래신고 등에 관한 법률」 제19조에 따라 국토교통부장관이 조사한 평균지가변동률(그 개발사업 대상 토지가 속하는 해당 시·군·자치구의 평균지가변동률) 등을 고려하여 대통령령으로 정하는 기준에 따라 산정한 금액을 말한다(개발이익환수법 §2 3호).

(1) 정상지가변동률

정상지가상승분은 해당 연도의 지가에 해당 연도의 정상지가변동률을 곱해 산정되는데, 정상지가변동률이란 「부동산 거래신고 등에 관한 법률」 제19조에 따라 국토교통부장관이 조사한 연도별 또는 월별 평균지가변동률(해당 개발사업 대상 토지가 속하는 시·군 또는 자치구의 평균지가변동률)을 말한다. 다만, 기부채납액 또는 부과 기간의 정상지가상승분을 산정하는 경우에는 연도별 평균지가변동률(부과기간이 1년 미만인 경우와 연도 중에 부과 개시시점 또는 부과 종료시점이 속한 경우에는 해당 연도 내에 속하는 부과기간의 평균지가변동률을 말한다)과 같은 기간의 정기예금 이자율 중 높은 비율로 한다(개발이익환수령 §2 ④).

즉, 정상지가변동률은 아래와 같이 해당 시·군·구의 평균지가변동률과 정기예금이자율 중 높은 비율을 적용하는 경우와 해당 시·군·구의 평균지가변동률을 적용하는 경우 2가지로 정리할 수 있다(개발이익환수령 §2 ④ 단서).

① 평균지가변동률과 정기예금이자율 중 높은 비율을 적용하는 경우

- 개발이익 산정을 위한 부담금 부과기간 동안의 정상지가상승분
- 기부채납토지의 부담금 부과기간 동안의 정상지가상승분

② 평균지가변동률을 적용하는 경우

- 개시시점지가 : 부과대상 토지의 개별공시지가 기준일부터 부과 개시시점까지의 정상지가상승분
- 종료시점지가 : 부과 종료시점 당시의 부과대상 토지와 이용 상황이 가장 비슷한 표준지의 공시지가를 기준으로 「부동산 가격공시에 관한 법률」 제3조 제7항에 따른 표준지와 지가산정 대상토지의 지가형성 요인에 관한 표준적인 비교표에 따라 산정한 가액(價額)에 해당 연도 1월 1일부터 부과 종료시점까지의 정상지가상승분
- 물납토지 가격산정 : 부과 종료시점부터 물납인정일까지의 정상지가상승분

(2) 정상지가변동률 산정을 위한 정기예금 이자율

개발부담금 부과기간 동안의 정상지가상승분 등 산정을 위한 정상지가변동률은 평균지가변동률과 정기예금이자율 중 높은 비율은 적용하는 바, 정기예금 이자율은 시중은행의 1년 만기 정기예금 평균 수신금리를 고려하여 아래와 같이 국토교통부장관이 매년 결정·고시하는 이자율이다(개발이익환수령 §2 ⑤, 국토교통부고시 제2022-356호 등).

| 개발부담금 산정 시 적용하는 이자율 고시 |

구 분	'00. 5. 10.~ '06. 12. 14.	'06.12.15.~ '14. 7. 14.	'14. 7. 15.~ '15. 6. 30.	'15. 7. 1.~ '16. 6. 30.	'16. 7. 1.~ '17. 6. 30.	'17. 7. 1.~ '18. 6. 30.
이자율	* 분기 2%, 연 8%	* 월 0.5%, 연 6%	월 0.2%, 연 2.5%	월 0.16%, 연 1.9%	월 0.125% 연 1.5%	월 0.104% 연 1.25%
구 분	'18. 7. 1.~ '19. 6. 30.	'19. 7. 1.~ '20. 6. 30.	'20. 7. 1.~ '21. 6. 30.	'21. 7. 1.~ '22. 6. 30.	'22. 7. 1.~ '23. 6. 30.	
이자율	월 0.125% 연 1.5%	월 0.1458%, 연 1.75%	월 0.090%, 연 1.08%	월 0.0417%, 연 0.50%	월 0.100% 연 1.20%	

- **개시시점지가 산정을 위한 정상지가상승분 - '92. 2. 26. 토지를 취득하여 '96. 4. 12. 공장부지 조성목적으로 초지전용허가를 받아 '98. 1. 10. 준공검사를 받은 경우, 동 개발사업에 대한 개발부담금 부과 개시시점지가를 매입가를 기준으로 산정하고자 한다면, 동 부과 개시시점지가 산정을 위한 정상지가상승분 적용기간은 언제부터 언제까지인지?** (국토부, 2018 개발부담금 업무편람, p.329)

  법 제10조 제3항 단서 및 시행령 제9조 제5항 제5호의 규정에 의거 납부의무자가 "부과 개시시점 이전에 매입한 경우로서 취득세 또는 등록세의 과세표준"에 의한 매입가액을 부과 종료시점부터 25일 이내에 신고하는 경우에는 "그 가액에 매입일부터 부과 개시시점까지의 정상지가상승분을 가감한 가액"으로 개발부담금 부과 개시시점지가를 산정할 수 있도록 되어 있고, 같은법 제9조 제1항의 규정에 의거 개발부담금의 부과 개시시점은 사업시행자가 국가 또는 지방자치단체로부터 개발사업의 인가 등을 받은 날로 하도록 되어 있으므로, 개발부담금의 부과 개시시점지가 산정을 위한 정상지가상승분 적용기간은 토지의 매입일부터 초지전용허가일까지가 되는 것이다.

- **부과기간 동안의 정상지가상승분 - 인허가일이 '06. 12. 28.이나 개발이익환수에 관한 법률 시행령 제6조의 2에 의하여 부과 개시시점이 개발제한구역 해제일 2년 전으로 소급되는 경우에 같은 법 시행령 제2조 제5항 규정의 개정된 정기예금이자율(연 8% → 연 6%)의 적용이 가능한지 여부** (국토부, 2018 개발부담금 업무편람, pp.329~330)

  2006. 12. 15. 개정된 개발이익환수에 관한 법률 시행령 제2조 제5항의 정기예금이자율의 적용시점은 같은 법 시행령 부칙(제19752호) 제2조 제2항에 의하여 2006. 12. 15. 이후 최초로 인가등을 받는 사업부터 적용되는 바, 개발이익환수에 관한 법률 시행령 제6조의 2에 의하여 부과 개시시점이 개발제한구역해제일 2년 전으로 소급된다고 하더라도 적용시점은 동일하게 적용될 것으로 판단되어 귀 질의와 같이 인허가일이 2006. 12. 15. 이후인 경우에는 연 6%의 정기예금이자율이 적용될 것이다.

Q8. 개발부담금의 부과 절차

1 개발부담금의 결정 · 부과

(1) 결정 및 부과 기간

시장 · 군수 · 구청장은 부과 종료시점부터 5개월 이내에 개발부담금을 결정 · 부과하여야 한다(개발이익환수법 §14 ① 본문).

(2) 예외적인 부과 기간

다만, 다음에 해당하는 경우로서 해당 사업이 대규모 사업의 일부에 해당되어 개발비용의 명세(明細)를 제출할 수 없는 경우에는 시장 · 군수 · 구청장은 전체 개발사업이 끝난 후에 다음 어느 하나에 해당하는 토지별로 부담금을 산정하여 부과할 수 있다(개발이익환수법 §14 ① 단서, 개발이익환수령 §15 ③).

① 관계 법령에 따라 부과대상 토지의 일부가 준공된 경우 ② 납부의무자가 개발사업의 목적 용도로 사용을 시작하거나 타인에게 분양하는 등 처분하는 경우 (사업이 준공되기 전 사업완료로 간주하는 경우) ③ 개발사업을 시작한 후 허가취소 등의 사유가 발생한 경우

(3) 부과기준과 부과 금액의 예정 통지

시장 · 군수 · 구청장은 개발부담금을 결정 · 부과하려면 미리 납부의무자에게 결정될 부과기준 및 부과 금액을 알려야 한다. 이 통지는 비용명세서가 제출된 날부터 60일 이내에 하여야 한다(개발이익환수법 §14 ②, 개발이익환수령 §15 ① ②).

(4) 고지 전 심사청구

① 심사청구

예정 통지받은 개발부담금에 대하여 이의가 있는 자는 예정 통지를 받은 날부터 30일 이내에 시장 · 군수 · 구청장에게 고지 전 심사를 청구할 수 있다(개발이익환수법 §14 ③, 개발이익

환수령 §16 ①). 예정 통지를 받은 납부의무자가 고지 전 심사를 청구하려면 고지 전 심사청구서를 시장 · 군수 · 구청장에게 제출해야 한다. 이 경우 관계 증명서류 등이 있으면 이를 고지 전 심사청구서에 첨부해야 한다(개발이익환수령 §16 ②).

② 심사청구에 대한 결과 통지

고지 전 심사청구를 받은 시장 · 군수 · 구청장은 그 청구를 받은 날부터 15일 이내에 이를 심사하여 그 결과를 청구인에게 알려야 한다. 고지 전 심사결과의 통지는 고지 전 심사결정 통지서로 하여야 한다(개발이익환수령 §16 ③ ④).

(5) 개발부담금의 결정

시장 · 군수 · 구청장은 아래의 예정 통지에 이의가 없는 경우 또는 고지 전 심사청구에 대한 심사결과를 알린 경우에는 그 알린 금액에 따라 부담금을 결정한다(개발이익환수령 §18).

(6) 납부의 고지

시장 · 군수 · 구청장은 이 법에 따라 개발부담금을 부과하기로 결정하면 납부의무자에게 다음의 사항을 적은 납부고지서를 발부하여야 한다(개발이익환수법 §15 ①, 개발이익환수령 §19)

① 부과대상 개발사업의 명칭
② 납부의무자
③ 부과기준 및 산출 근거
④ 납부금액 및 납부기한
⑤ 납부방법

 개발부담금의 조정 등

(1) 개발부담금의 사후 조정

시장 · 군수 · 구청장은 개발부담금 결정 · 부과 후 「학교용지 확보 등에 관한 특례법」에 따른 학교용지부담금을 납부하는 등 다음의 사유가 발생한 경우에는 이를 다시 산정 · 조정하여 그 차액을 부과하거나 되돌려주어야 한다(개발이익환수법 §14의 2 ①, 개발이익환수령 §15의 2 ①).

① 「학교용지 확보 등에 관한 특례법」에 따른 학교용지부담금의 납부
② 개발비용에 해당하는 기부채납액의 납부

(2) 개발부담금의 재산정 및 환급

시장·군수·구청장은 부담금의 사후 조정 사유가 발생한 경우 즉시 부담금을 다시 산정·조정하여 그 차액의 부과 또는 환급을 결정해야 한다. 이 때 그 차액을 환급하는 경우에는 해당 부담금의 납부일부터 그 차액의 환급을 결정하는 날까지의 기간에 대하여 「국세기본법 시행령」 제43조의 3 제2항 본문에 따른 기본이자율에 따라 계산한 금액을 더하여 지급한다(개발이익환수령 §15의 2 ② ③).

 개발부담금의 부과 제척기간

(1) 일반적인 경우

개발부담금은 다음의 부과 고지할 수 있는 날부터 5년이 지난 후에는 부과할 수 없다(개발이익환수법 §15 ② 전단, 개발이익환수령 §17).

① 관계 법령에 따라 부과대상 토지의 일부가 준공된 경우 등 예외적인 부과 기간에 따라 부담금을 부과하게 되는 경우에는 전체 개발사업이 끝난 날부터 5개월이 지난 날
② 부담금을 추징하게 되는 경우에는 추징 사유가 발생한 날부터 5개월이 지난 날
③ 위 외의 경우에는 부과 종료시점부터 5개월이 지난 날

(2) 특례제척기간

이 경우 행정심판이나 소송에 의한 재결이나 판결이 확정된 날부터 1년이 지나기 전까지는 개발부담금을 정정하여 부과하거나 그 밖에 필요한 처분을 할 수 있다(개발이익환수법 §15 ② 후단, 개발이익환수령 §17)

❹ 개발부담금의 경정

(1) 일반적인 경우

시장 · 군수 · 구청장은 개발부담금을 결정한 후에 그 결정 내용에 누락 또는 오류가 있는 것을 발견한 경우에는 즉시 그 부담금을 조사하여 정정해야 한다(개발이익환수령 §20 ①).

(2) 기부채납 불이행에 따른 경정 및 징수

납부의무자가 국가 또는 지방자치단체에 기부하기로 한 토지 또는 공공시설 등을 특별한 사유 없이 개발부담금의 납부 기일까지 기부하지 아니하는 경우에는 납부 기일이 지난 날부터 1개월 이내에 그 토지 또는 공공시설 등과 관련하여 개발비용으로 산입한 금액에 해당하는 부담금을 징수한다. 이 경우 부담금의 납부기한은 부과 고지일부터 30일로 한다(개발이익환수령 §20 ②).

(3) 감액 경정 시 환급이자

부담금을 정정하는 경우와 행정심판 등에 따라 이미 납부된 부담금 중에 과오납금이 발생한 경우에는 부담금의 납부일부터 지급결정을 하는 날까지의 기간에 대하여 「국세기본법 시행령」 제43조의 3 제2항 본문에 따른 기본이자율에 따라 계산한 금액을 더하여 지급한다(개발이익환수령 §20 ③).

❺ 개발부담금의 감면분 추징

(1) 감면분 추징사유

시장 · 군수 · 구청장은 개발부담금 감면 대상 사업(다른 법률에서 감면 대상으로 정한 사업을 포함한다)을 시행한 후 특별한 사유 없이 부과 종료시점 후 5년 이내에 토지를 해당 개발사업의 목적 용도로 이용하지 아니하는 등 다음의 사유가 있으면 감면한 개발부담금을 징수한다(개발이익환수법 §16 ① ②, 개발이익환수령 §21 ② ③).

① 당초 개발사업의 목적용도와 다른 용도로 토지를 이용하는 경우 ② 당초 개발사업의 목적용도 외의 용도로 토지를 이용하려는 자에게 그 토지를 양도하는 경우

(2) 감면분 추징 배제사유

“특별한 사유”란 다음의 어느 하나에 해당하는 경우를 말한다(개발이익환수령 §21 ①).

① 천재지변이나 그 밖에 이와 유사한 사유로 해당 재산에 현저한 손실을 입은 경우 ② 기업의 도산 등으로 개발사업을 계속하는 것이 곤란한 경우

(3) 추징방법

① 경감분 추징

시장 · 군수 · 구청장은 경감한 부담금을 감면분 추징사유 발생으로 추징하려면 사유가 발생한 날부터 15일 이내에 경감한 부담금에 대한 납부고지서를 납부의무자에게 보내야 한다. 이 경우 추징하는 부담금에 대한 납부기한은 고지일부터 30일로 한다(개발이익환수령 §21 ④).

② 면제분 추징

시장 · 군수 · 구청장은 면제한 부담금을 감면분 추징사유 발생으로 추징하려면 사유가 발생한 날부터 15일 이내에 납부의무자에게 추징을 통보해야 하며, 납부의무자는 통보를 받은 날부터 30일 이내에 개발비용 산정에 필요한 명세서를 시장 · 군수 · 구청장에게 제출해야 한다. 이에 따라 부담금을 추징하는 경우에는 부담금의 결정 · 부과 절차를 준용한다(개발이익환수령 §21 ⑤ ⑥).

① 자체심의를 거친 개발부담금 부과처분이 기속력을 가지는지 여부 ② 기존에 부과된 개발부담금을 증액하여 정정 부과처분을 한 것이 신뢰보호원칙을 위반하였는지 (감사원 2015 - 감심 - 15, 2015. 2. 5.)

① 개발부담금 부과처분 예정통지 이후 자체심의를 거쳐 개발부담금을 감액부과하였다고 할지라도 이는 행정심판법 제49조에 따라 기속력이 인정되는 행정심판 재결과는 달리 부과처분 이전단계에서의 내부검토행위에 불과하여 자체심의를 거쳤다는 이유만으로 기속력이 발생된다고 보기 어렵고,

② 청구인들에게 개발부담금 50% 감면대상이라고 고지하였다는 것을 증명할만한 증거가 없고, 개발부담금예정통지서에 개발부담금결정에 오류가 있는 경우 정정처분이 가능하다고 명시되어 있어 청구인들로서는 정정부과처분으로 인한 결정세액 변경을 예측할 수 있었으며, 처분청에서는 관련법령에 따라 개발부담금 부과처분의 오류를 바로잡기 위해 제척기간 전까지 납부의무자에 대한 기존처분을 정정할 수 있고, 청구인들의 개발행위는 이 사건 처분 전에 이미 종료된 상태로 청구인들은 이 사건처분으로 인해 개발부담금 증액이라는 금전적 손실을 입는 것에 반해 처분청에서는 기존에 잘못 부과되었던 처분을 바로잡아 행정처분의 완결성 및 신뢰성을 회복하고 청구인들의 개발행위에서 발생된 개발이익을 환수하고 적정하게 배분함으로써 토지에 대한 투기를 방지하고 토지의 효율적인 이용을 촉진할 수 있다는 점 등을 고려할 때 이 사건 처분이 신뢰보호원칙에 위배되었다는 청구인들의 주장은 이유없다.

Q9. 개발부담금의 납부방법

1 개발부담금의 납부

(1) 납부기한

개발부담금의 납부의무자는 부과일부터 6개월 이내에 개발부담금을 납부하여야 한다(개발이익환수법 §18 ①). 시장·군수·구청장은 개발부담금 납부의무자에게 납부고지서를 발부할 때에는 부과기준 및 산출근거, 납부금액 등과 함께 납부기한과 납부방법을 명시해야 한다(개발이익환수령 §19).

(2) 현금 및 신용카드 등 납부

개발부담금은 현금 또는 납부대행기관[13]을 통하여 신용카드·직불카드 등(이하 "신용카드등"이라 한다)으로 납부할 수 있다(개발이익환수법 §18 ② 본문). 개발부담금을 신용카드등으로 납부하는 경우에는 납부대행기관의 승인일을 납부일로 보며, 납부대행기관은 개발부담금 납부를 대행하는 대가로 납부의무자로부터 수수료를 받을 수 있다. 이 경우 납부대행 수수료는 납부금액의 1%를 초과할 수 없다(개발이익환수법 §18 ② ③, 개발이익환수령 §21의 2 ③).

---

13) 납부대행기관이란 다음의 구분에 따른 기관을 말한다(개발이익환수령 §21의 2 ①).

1. 지방자치단체에 귀속되는 개발부담금의 경우: 「지방행정제재·부과금의 징수 등에 관한 법률 시행령」 제19조 제1항에 따른 지방세외수입수납대행기관
2. 특별회계에 귀속되는 개발부담금의 경우: 다음의 기관
   가. 「민법」 제32조에 따라 금융위원회의 허가를 받아 설립된 금융결제원
   나. 정보통신망을 이용하여 신용카드·직불카드 등에 의한 결제를 수행하는 기관 중 시설, 자본금 규모, 업무수행능력 등을 고려하여 국토교통부장관이 납부대행기관으로 지정하여 고시한 기관. 이 경우 국토교통부장관은 납부대행기관의 지정에 관하여 행정안전부장관과 협의하여야 한다.

한편 국토교통부장관은 납부대행기관이 다음의 어느 하나에 해당하는 경우에는 행정안전부장관과 협의하여 납부대행기관의 지정을 취소할 수 있다. 이 경우 국토교통부장관은 그 지정 취소 사실을 관보에 고시하여야 한다(개발이익환수령 §21의 2 ②).

1. 시설 축소, 자본금 규모 감소 등으로 인하여 부담금 납부대행 업무를 정상적으로 수행하기 어렵다고 인정되는 경우
2. 신용카드등에 의한 부담금 납부대행 업무를 정상적으로 운영하지 못하는 등 업무수행능력에 문제가 있다고 판단되는 경우

물납

(1) 개요

시장 · 군수 · 구청장은 토지(해당 부과대상 토지 및 그와 유사한 토지를 말한다) 또는 건축물로 하는 납부[이하 "물납"(物納)이라 한다]를 인정할 수 있다(개발이익환수법 §18 ② 단서)

(2) 물납 신청

물납을 신청하려는 자는 부담금의 금액, 물납부동산의 소재지, 면적, 위치 및 가격 등을 적은 물납신청서를 시장 · 군수 · 구청장에게 제출해야 한다(개발이익환수령 §22 ①).

(3) 물납 결정

시장 · 군수 · 구청장은 물납신청서를 받은 날부터 30일 이내에 국토교통부령으로 정하는 바에 따라 수납 여부를 결정하여 신청인에게 서면으로 알려야 한다(개발이익환수령 §22 ②).

(4) 차액 정산

납부의무자는 부과 금액과 물납부동산 가액과의 차액을 현금으로 내야 한다(개발이익환수령 §22 ③).

(5) 물납가액의 산정

물납부동산의 가액은 다음의 구분에 따라 산정한다(개발이익환수령 §22 ④).

토지	부과 종료시점 당시의 개별공시지가(물납 토지가 부과대상 토지인 경우에는 종료시점지가)에 부과 종료시점부터 물납 결정을 서면으로 알린 날까지의 정상지가상승분을 합한 금액
건축물 (주택과 부수토지 포함)	부과 종료시점 당시의 시가표준액

개별공시지가 또는 시가표준액이 없는 경우의 물납부동산 가액은 시장 · 군수 · 구청장이 지정하는 감정평가법인등이 감정평가한 금액으로 한다(개발이익환수령 §22 ⑤).

3 납부의 연기 및 분할 납부

(1) 납부의 연장

시장·군수·구청장은 개발부담금의 납부의무자가 다음의 어느 하나에 해당하여 개발부담금을 납부하기가 곤란하다고 인정되면 해당 개발사업의 목적에 따른 이용 상황 등을 고려하여 3년의 범위에서 납부 기일을 연기하거나 5년의 범위에서 분할 납부를 인정할 수 있다(개발이익환수법 §20 ①, 개발이익환수령 §24 ③).

① 재해나 도난으로 재산에 심한 손실을 받은 경우
② 사업에 뚜렷한 손실을 입은 경우
③ 사업이 중대한 위기에 처한 경우
④ 납부의무자 또는 그 동거 가족의 질병이나 중상해로 장기 치료가 필요한 경우
⑤ 부담금 부과 금액이 1천만 원을 초과하고, 납부의무자가 「지방세기본법」 제67조에 따른 담보를 제공하는 경우

(2) 신청 및 승인

납부의무자가 개발부담금의 납부 기일의 연기 및 분할 납부를 인정받으려면 납부 기일 연기 또는 분할 납부 사유 등을 적은 납부 기일 연기신청서 또는 분할 납부 신청서를 시장·군수·구청장에게 제출해야 한다. 시장·군수·구청장은 납부 기일 연기신청서 또는 분할 납부 신청서를 받은 날부터 30일 이내에 신청인에게 납부 기일 연기 또는 분할 납부 여부를 서면으로 알려야 한다(개발이익환수법 §20 ②, 개발이익환수령 §24 ① ②).

(3) 가산금의 징수

시장·군수·구청장은 납부를 연기한 기간 또는 분할 납부로 납부가 유예된 기간이 1년 이상일 경우 그 1년을 초과하는 기간에 대하여는 개발부담금에 다음의 금액을 가산하여 징수하여야 한다(개발이익환수법 §20 ③, 개발이익환수령 §24 ④).

가산금 = 부담금 × 법정이자율 × 납부를 연기한 기간 또는 분할납부로 납부가 유예된 기간

* 법정이자율이란 시중은행의 1년 만기 정기예금 평균 수신금리를 고려하여 국토교통부장관이 매년 결정·고시하는 이자율을 말한다.

4 조기납부에 따른 일부 환급

(1) 조기납부에 따른 일부 환급

시장 · 군수 · 구청장은 개발부담금의 납부의무자가 납부기한 만료일(부과일로부터 6개월 이내)까지 개발부담금의 납부를 완료한 경우에는 부과일부터 납부일까지의 기간 등을 고려하여 다음에 정하는 바에 따라 산정된 금액을 납부의무자에게 되돌려 줄 수 있다. 다만, 산정된 환급액이 10만 원 미만인 경우에는 환급액이 없는 것으로 본다(개발이익환수법 §18의 2 ①, 개발이익환수령 §22의 2 ① ②).

부담금 환급액 = 납부 금액 × 요율(%) × (조기 납부 일수/365일)

(주1) 요율이란 시중은행의 1년 만기 정기예금 평균 수신금리를 고려하여 국토교통부장관이 매년 결정 · 고시하는 이자율을 말한다.
(주2) 조기 납부 일수란 6개월의 납부기한에서 부과일부터 납부일까지의 일수를 제외하고 남은 일수를 말한다.
(주3) 산정한 환급액(특별회계에의 귀속분에 해당하는 금액과 해당 지방자치단체에의 귀속분에 해당하는 금액을 합한 금액을 말한다)의 환급방법 등에 필요한 사항은 국토교통부령으로 정한다.

(2) 적용배제

조기납부에 따른 일부 환급규정은 납부의 연기 및 분할 납부의 경우에는 적용하지 아니한다(개발이익환수법 §18의 2 ②).

Q10. 개발부담금의 징수

1 개발부담금의 징수 및 환급

(1) 징수권 및 환급금청구권의 소멸시효

개발부담금을 징수할 수 있는 권리와 개발부담금의 과오납금을 환급받을 권리는 행사할 수 있는 시점부터 5년간 행사하지 아니하면 소멸시효가 완성된다(개발이익환수법 §17 ①).

(2) 징수권 소멸시효의 중단과 재기산

개발부담금 징수권의 소멸시효는 납부고지, 납부독촉, 교부청구, 압류의 사유로 중단되며 중단된 소멸시효는 다음의 어느 하나에 해당하는 기간이 지난 시점부터 새로 진행한다(개발이익환수법 §17 ② ③).

중단사유	재기산
① 납부고지	고지한 납부기간 경과 후
② 납부독촉	독촉으로 재설정된 납부기간 경과 후
③ 교부청구	교부청구 중의 기간 경과 후
④ 압류	압류해제까지의 기간 경과 후

(3) 징수권 소멸시효의 정지

개발부담금 징수권의 소멸시효는 납부의 연기 또는 분할 납부의 기간 중에는 진행하지 아니한다(개발이익환수법 §17 ④).

(4) 환급금청구권 소멸시효의 중단

환급청구권의 소멸시효는 환급청구권 행사로 중단된다(개발이익환수법 §17 ⑤).

(5) 민법의 준용

소멸시효에 관하여 이 법에 규정되어 있는 것 외에는 「민법」을 준용한다(개발이익환수법 §17 ⑥).

2 납기 전 징수

시장·군수·구청장은 납부의무자가 다음의 어느 하나에 해당하면 납부 기일 전이라도 이미 부과된 개발부담금을 징수할 수 있다(개발이익환수법 §19 ①).

> ① 국세, 지방세, 그 밖의 공과금에 대하여 체납처분을 받은 경우
> ② 강제집행을 받은 경우
> ③ 파산선고를 받은 경우
> ④ 경매가 개시된 경우
> ⑤ 법인이 해산한 경우
> ⑥ 개발부담금을 포탈하려는 행위가 있다고 인정되는 경우
> ⑦ 개발부담금에 대한 납부 관리인을 두지 아니하고 국내에 주소나 거소(居所)를 두지 아니하게 된 경우

시장·군수·구청장은 납부 기일 전에 부담금을 징수하려는 경우에는 그 납부 기일을 부담금 고지일부터 5일 이상이 지난 날로 해야 하고, 그 고지서에는 납부 기일 전에 징수한다는 뜻과 납부 기일이 변경된 사실을 적어서 고지하여야 한다(개발이익환수법 §19 ②, 개발이익환수령 §23).

3 독촉 및 가산금

(1) 납부의 독촉

시장·군수·구청장은 개발부담금의 납부의무자가 지정된 납부기간에 그 개발부담금을 완납하지 아니하면 납부기한이 지난 후 10일 이내에 독촉장을 발부하여야 한다(개발이익환수법 §21 ①).

(2) 가산금의 징수

개발부담금 또는 체납된 개발부담금을 납부기한까지 완납하지 아니한 경우에는 「지방세징수법」 제30조(가산금) 및 제31조(중가산금)를 준용한다[14](개발이익환수법 §21 ②).

14) 지방세징수법 제30조(가산금)과 제31조(중가산금)은 납부지연가산세로 통합규정됨에 따라 현행 규정에서는 삭제되었으나, 2024. 1. 1. 당시 다른 법령에서 가산금에 관하여 「지방세징수법」 제30조 또는 제31조를

4 체납처분 등

(1) 강제징수

시장·군수·구청장은 개발부담금의 납부의무자가 독촉장을 받고도 지정된 기한까지 개발부담금과 가산금 등을 완납하지 아니하면 「지방행정제재·부과금의 징수 등에 관한 법률」에 따라 징수할 수 있다(개발이익환수법 §22 ①).

(2) 부담금 우선의 원칙과 예외

개발부담금 및 가산금 등은 국세와 지방세를 제외한 그 밖의 채권에 우선하여 징수한다. 다만, 개발부담금 납부 고지일 전에 전세권, 질권 또는 저당권의 설정을 등기하거나 등록한 사실이 증명되는 재산을 매각할 때 그 매각 대금 중에서 개발부담금과 가산금 등을 징수하는 경우 그 전세권, 질권 또는 저당권으로 담보된 채권에 대하여는 그러하지 아니하다(개발이익환수법 §22 ②).

(3) 분할 납부액의 체납 시 일괄징수

분할 납부가 인정된 개발부담금을 징수할 때에는 1회의 분할 납부가 체납된 경우에는 체납처분할 때에 그 납부기간 이후 분할 납부하여야 할 개발부담금과 가산금 등의 전액을 일괄하여 징수한다(개발이익환수법 §22 ③).

5 결손처분

(1) 결손처분사유

시장·군수·구청장은 체납자에게 다음의 어느 하나에 해당하는 사유가 있으면 결손처분을 할 수 있다(개발이익환수법 §23 ①).

인용하고 있는 경우에는 종전의 「지방세징수법」 제30조 및 제31조의 규정을 인용한 것으로 보아 해당 규정에 따라 가산금을 징수함(지방세징수법 부칙(2020. 12. 29.) 제5조).

① 체납처분이 끝나고 그 체납액에 충당된 배분금액이 체납액보다 부족할 때
② 징수권의 소멸시효가 완성될 때
③ 체납처분의 목적물인 총재산의 추산 가액이 체납처분비에 충당하고 잔액이 생길 여지가 없는 때
④ 체납자의 행방을 알 수 없거나 재산이 없다는 것이 밝혀져 체납액을 징수할 가망이 없는 때

시장 · 군수 · 구청장은 체납자의 행방을 알 수 없거나 재산이 없다는 것으로 결손처분을 하려면 관할 세무서 등 관계 행정기관 등에 조회하여 그 체납자의 행방 또는 재산의 유무를 조사 · 확인해야 한다. 다만, 체납된 부담금이 10만 원 미만인 경우는 제외한다(개발이익환수령 §25).

(2) 결손처분 취소

시장 · 군수 · 구청장은 제1항에 따라 결손처분을 한 후 압류할 수 있는 다른 재산을 발견하면 지체 없이 그 처분을 취소하고 체납처분을 하여야 한다. 다만, 징수권의 소멸시효가 완성된 경우에는 그러하지 아니하다(개발이익환수법 §23 ②).

| 개발부담금 부과 · 징수업무 절차도 | [15]

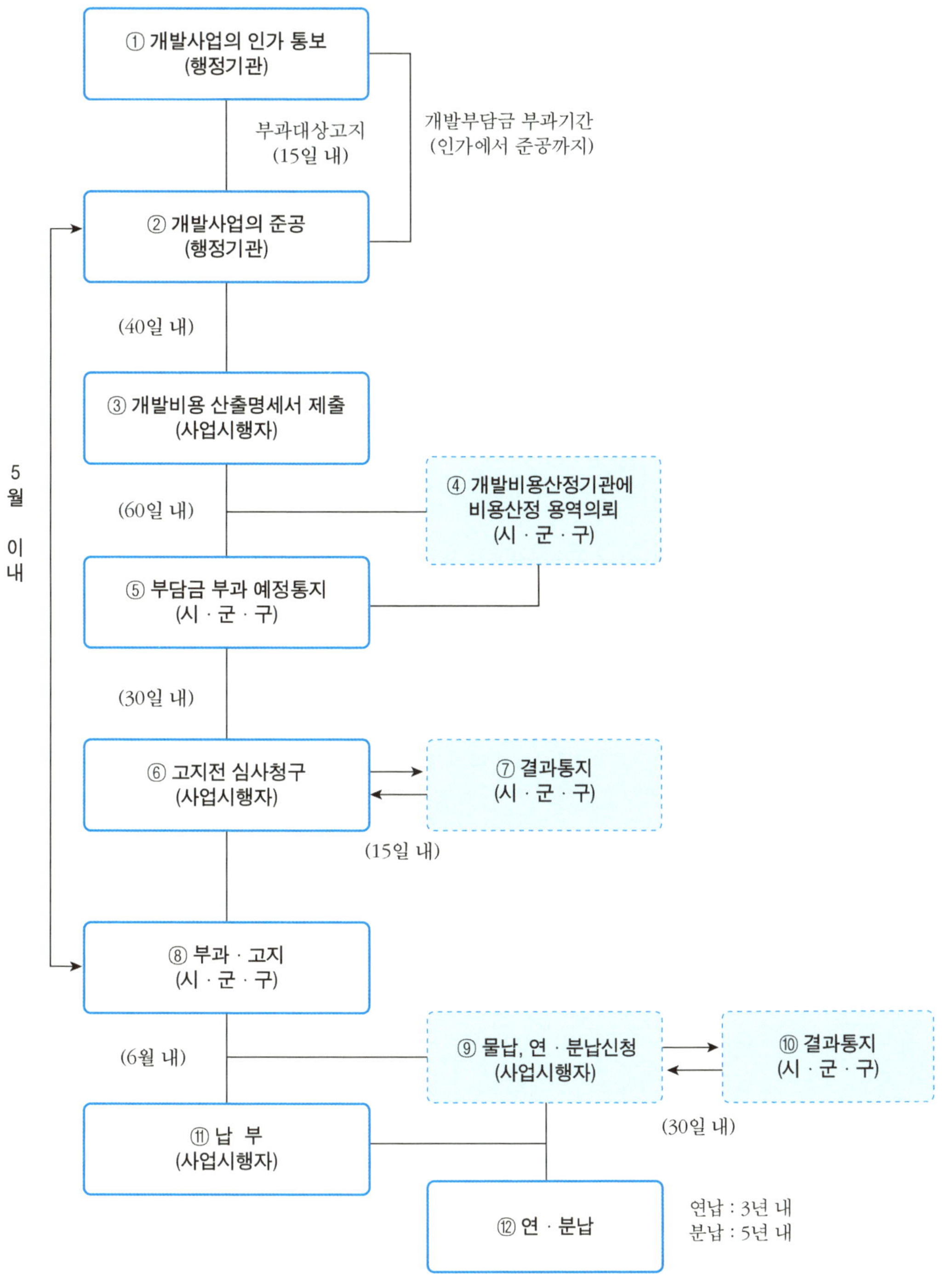

15) 국토교통부, 「개발부담금 업무편람」, pp.83~104. 참조

① 개발사업의 승인 (행정기관) - 부과대상 미리 고지(15일 이내)
② 개발사업 준공 (행정기관)
③ 개발비용명세서 제출 (사업시행자)
④ 원가계산 및 비용산정·용역의뢰 (시·군·구)
⑤ 부담금 예정통지 (시·군·구)
⑥ 고지전 심사청구 (사업시행자)
⑦ 결과 통지 (시·군·구)
⑧ 납부고지 (개발사업준공일로부터 5월 내)
⑨ 물납, 연기·분납신청 (사업시행자)
⑩ 결과통지 (시·군·구)
⑪ 납부 (사업시행자) (6월 내)
⑫ 연기·분납(연기 : 3년 내, 분납 : 5년 내) ※ 물납, 연기·분납신청 시 가산금 부과

○ 개발부담금에 대한 부과 기한 (국토부 토정 58383－1388, 1998. 9. 1.)

개발이익환수에관한법률 제15조 제2항의 규정에 의거 개발부담금은 이를 고지할 수 있는 날부터 5년이 경과한 후에는 부과할 수 없다고 되어 있으나, 이는 어떠한 경우라도 5년이 경과하면 개발부담금을 부과하지 못한다는 의미가 아니라 소송이나 납부고지 및 독촉 등 일정한 사유가 있는 경우에는 그 시효가 중단되는 것으로 보아야 한다.

○ 소송을 제기하지 않은 조합원에 대해서도 기납부한 부담금을 환급하는지 (국토부 검토결과 : 토지정책과－1830, 2013. 3. 22.)

행정소송법 제29조 제1항에 따르면 처분등을 취소하는 확정판결은 제3자에 대하여도 효력이 있다고 규정하고 있어 당해 사안과 같이 동일한 쟁점으로 소를 제기하지 않은 제3자까지 당해 취소판결의 효력이 미치는 것으로 볼 여지도 있지만, 행정소송법 제30조 제1항에서는 처분등을 취소하는 확정판결은 "그 사건에 관하여" 당사자인 행정청과 그 밖의 관계 행정청을 기속한다고 하여 당해 사건에 한정됨을 명확히 규정하고 있으며, 행정소송법 제20조에 의하면 취소소송을 제기할 수 있는 기간을 처분이 있음을 안날로 부터 90일, 있은 날로부터 1년으로 불변기간으로 하여 행정의 안정성을 보장하고 있는 점 등을 고려해 볼 때, 위 소의 당사자가 아닌 나머지 조합원 40명에게까지 당해 판결의 효력이 미친다고 보기는 어려울 것으로 판단된다. 따라서 소를 제기하지 않은 나머지 조합원에 대하여 개발부담금 및 그에 대한 이자를 지급할 법적인 의무는 없는 것으로 판단된다.

○ 개발부담금 재산정 부과시 부과예정통지 등 행정절차 시행 여부 (국토부 토지정책과－914, 2009. 2. 25.)

행정소송 판결 취지에 따라 개발부담금을 재산정하여 부과할 경우 에는 원칙적으로 「개발이익환수에 관한 법률 시행령」 제15조 내지 제19조의 부과절차를 거쳐야 하며, 같은 법 시행령 제20조 제3항에 따라 행정심판 등에 따라 이미 납부된 부담금 중에 과오납금이 발생한 경우에는 부담금의 납부일부터 지급결정을 하는 날까지의 기간에 대하여 국세기본법 시행령 제30조 제2항에 따른 가산금을 더하여 지급한다.

- **납부의무자가 분할 납부기한 내에 납부의무를 이행하지 않았을 경우 분할 납부 변경허가가 가능한지?** (국토부 토지정책과 - 4380, 2016. 6. 20.)

개발부담금 분할 납부가 인정된 이후 1회의 분할 납부가 체납된 경우에는 그 납부기간 이후 분할 납부하여야 할 개발부담금과 가산금 등의 전액을 일괄 징수하여야 하므로 납부의무자가 분할 납부기한 내에 납부의무를 이행하지 않았다면 분할 납부 변경허가는 어렵다.

Q11. 자료제출 절차와 구제 절차 등

1 자료제출의무

(1) 개발비용 산정 자료의 제출

납부의무자는 다음의 구분에 따라 개발비용의 산정에 필요한 명세서를 시장·군수·구청장에게 제출하여야 한다(개발이익환수법 §24).

① 국가나 지방자치단체로부터 개발사업의 준공인가 등을 받은 경우
② 관계 법령에 따라 부과대상 토지의 일부가 준공된 경우 또는 납부의무자가 개발사업의 목적 용도로 사용을 시작하거나 타인에게 분양하는 등 처분하는 경우 등 사업이 준공되기 전에 사업완료로 간주하는 경우

(2) 개발비용 산출명세서의 제출기한

개발비용의 산정에 필요한 명세서를 제출하려는 자는 다음에서 정하는 바에 따라 개발비용 산출명세서를 시장·군수·구청장에게 제출해야 한다(개발이익환수령 §25의 2 ①).

① 국가 또는 지방자치단체로부터 개발사업의 준공인가 등을 받은 경우에는 부과 종료시점부터 40일 이내에 제출할 것
② 부과대상 토지가 관계 법령에 따라 부과대상 토지의 일부가 준공된 경우 또는 사업이 준공되기 전에 사업완료로 간주하는 경우로서 준공된 개발사업별로 개발비용을 산출하기 곤란한 경우에는 전체 개발사업이 완료된 날부터 40일 이내에 명세서를 제출할 것. 이 경우 부과 종료시점이 서로 다른 대상 토지는 그 명세서를 별도로 구분하여 작성하여야 한다.

개발비용 산출명세서에는 설계서 등 개발비용 산출 증명서류를 첨부하여야 한다. 다만, 국토교통부장관이 고시하는 단위면적당 표준비용을 적용하는 경우에는 순공사비, 조사비, 설계비, 일반관리비에 대한 개발비용 산출 증명서류는 첨부하지 아니한다(개발이익환수령 §25의 2 ②).

2 인가등 자료의 통보 등

(1) 자료의 통보와 대상 사업의 고지

① 개발사업 인가등 자료의 통보

개발부담금의 부과대상인 개발사업에 관하여 인가등을 한 행정청은 인가등을 한 날부터 15일 이내에 그 사실을 시장·군수·구청장에게 알려야 한다(개발이익환수법 §25 ①).

② 대상 사업의 고지

시장·군수·구청장은 위의 관계 행정청의 통보를 받으면 납부의무자에게 국토교통부령으로 정하는 사항을 미리 고지해야 한다(개발이익환수령 §27).

③ 개발부담금 자료의 통보

시장·군수·구청장이 개발부담금을 부과한 경우에는 국토교통부령으로 정하는 바에 따라 대상 사업, 납부의무자, 부과 금액, 사업 기간 및 부과일 등에 관한 사항을 부과일부터 15일 이내에 국토교통부장관 및 국세청장에게 통보하여야 한다(개발이익환수법 §25 ②).

(2) 개발사업의 조사

시장·군수·구청장은 부담금의 부과대상인 개발사업의 누락을 방지하기 위하여 자료의 통보 규정에 따른 관계 행정청의 통보가 없는 경우에는 진행 중인 개발사업에 대한 현지조사 또는 관계 행정청에 대한 사실조회 등 필요한 조치를 해야 한다(개발이익환수령 §26).

3 개발부담금에 대한 권리구제절차(행정심판의 특례)

개발부담금 등의 부과·징수에 대하여 이의가 있는 자는 중앙토지수용위원회에 행정심판을 청구하고 중앙토지수용위원회가 심리·의결하여 재결하거나(개발이익환수법 §26 ① ②), 행정심판을 거치지 않고 직접 행정소송 제기도 가능하다. 행정심판 등 청구기한은 처분이 있음을 안 날로부터 90일 또는 처분이 있은 날로부터 180일 이내(행정심판), 처분이 있음을 안 날로부터 90일, 또는 처분이 있은 날로부터 1년 이내(행정소송)이다.

구 분	행 정 심 판	행 정 소 송
청구권자	사업시행자(납부의무자)	사업시행자(납부의무자)
청구기간	• 납부고지일(처분이 있음을 안 날)로부터 90일 이내 ※ 처분이 있은 날로부터 180일 경과시 청구 못함	• 납부고지일(처분이 있음을 안 날)로부터 90일 이내 ※ 처분이 있음을 안 날로부터 1년 경과시 청구 못함
청구기관	중앙토지수용위원회	소재지 관할 행정법원
(재결)기한	• 청구서를 받은 날부터 60일 이내(연장 30일 가능)	• 패소시 항소(상고) 여부 : 판결문 접수된 날부터 14일 이내
관련법령	•「개발이익 환수에 관한 법률」 제26조 및 「행정심판법」 제27조	•「행정소송법」 제18조~제20조

4 벌칙과 과태료

(1) 벌칙

개발부담금을 면탈(免脫)·감경(減輕)할 목적 또는 면탈·감경하게 할 목적으로 거짓으로 계약을 체결한 자는 3년 이하의 징역에 처하거나, 면탈·감경을 하였거나 면탈·감경을 하려고 한 개발부담금의 3배 이하에 해당하는 벌금에 처한다(개발이익환수법 §28 ①). 또한, 법인의 대표자나 법인 또는 개인의 대리인, 사용인, 그 밖의 종업원이 그 법인 또는 개인의 업무에 관하여 제1항의 위반행위를 하면 그 행위자를 벌하는 외에 그 법인 또는 개인에게도 해당 조문의 벌금형을 과(科)한다. 다만, 법인 또는 개인이 그 위반행위를 방지하기 위하여 해당 업무에 관하여 상당한 주의와 감독을 게을리하지 아니한 경우에는 그러하지 아니하다(개발이익환수법 §28 ②).

(2) 과태료

납부의무자가 개발사업의 준공인가 등을 받은 경우 개발비용의 산정에 필요한 명세서를 기한까지 제출하지 아니하거나 거짓으로 제출한 자에게는 200만 원 이하의 과태료를 부과한다(개발이익환수법 §29 ①). 과태료는 부과기준(개발이익환수법 §29 ②, 개발이익환수령 §29)에 따라 시장·군수·구청장이 부과·징수한다.

부과대상	부과금액
개발비용 산출명세서를 기한(부과 종료시점부터 40일 등) 내에 제출하지 아니한 경우	100만 원
개발비용 산출명세서를 부과 종료시점부터 3개월 이내에 제출하지 아니하거나 거짓으로 제출한 경우	200만 원

Q12. 개발부담금 관련 법령

개발이익 환수에 관한 법률 〔법률 제18661호, 2021. 12. 28.〕	개발이익 환수에 관한 법률 시행령 〔대통령령 제32449호, 2022. 2. 17.〕
제1조(목적) 이 법은 토지에서 발생하는 개발이익을 환수하여 이를 적정하게 배분하여서 토지에 대한 투기를 방지하고 토지의 효율적인 이용을 촉진하여 국민경제의 건전한 발전에 이바지하는 것을 목적으로 한다.	**제1조(목적)** 이 영은 「개발이익 환수에 관한 법률」에서 위임된 사항과 그 시행에 필요한 사항을 정함을 목적으로 한다.
제2조(정의) 이 법에서 사용하는 용어의 뜻은 다음과 같다. 1. "개발이익"이란 개발사업의 시행이나 토지이용계획의 변경, 그 밖에 사회적·경제적 요인에 따라 정상지가(正常地價)상승분을 초과하여 개발사업을 시행하는 자(이하 "사업시행자"라 한다)나 토지 소유자에게 귀속되는 토지 가액의 증가분을 말한다. 2. "개발사업"이란 국가나 지방자치단체로부터 인가·허가·면허 등(신고를 포함하며, 이하 "인가등"이라 한다)을 받아 시행하는 택지개발사업이나 산업단지개발사업 등 제5조에 따른 사업을 말한다. 3. "정상지가상승분"이란 금융기관의 정기예금 이자율 또는 「부동산 거래신고 등에 관한 법률」 제19조에 따라 국토교통부장관이 조사한 평균지가변동률(그 개발사업 대상 토지가 속하는 해당 시·군·자치구의 평균지가변동률을 말한다) 등을 고려하여 대통령령으로 정하는 기준에 따라 산정한 금액을 말한다. 4. "개발부담금"이란 개발이익 중 이 법에 따라 특별자치시장·특별자치도지사·시장·군수 또는 구청장(구청장은 자치구의 구청장을 말하며, 이하 "시장·군수·구청장"이라 한다)이 부과·징수하는 금액을 말한다.	**제2조(정상지가상승분)** ① 「개발이익 환수에 관한 법률」(이하 "법"이라 한다) 제2조 제3호에 따른 정상지가상승분은 부과기간 중 각 연도의 정상지가상승분을 합하여 산정하며, 각 연도의 정상지가상승분은 해당 연도 1월 1일 현재의 지가에 해당 연도의 정상지가변동률을 곱하여 산정한다. ② 부과기간이 1년 이내인 경우(연도 중에 부과 개시시점 또는 부과 종료시점이 속한 경우를 포함한다)에는 월별 정상지가상승분(각 월의 정상지가상승분은 해당 월 1일 현재의 지가에 그 월의 정상지가변동률을 곱하여 산정한다)을 합하여 산정한 금액을 그 부과기간 중의 정상지가상승분으로 하되, 월 중 일부 기간의 정상지가상승분은 그 월의 정상지가상승분을 일 단위로 나누어 산정한 금액으로 한다. ③ 제1항에 따른 부과기간 중 제2차 연도 이후의 각 연도 1월 1일 현재의 지가는 부과 개시시점 또는 전년도 1월 1일 현재의 지가에 전년도 부과기간 중의 정상지가상승분을 합한 금액으로 한다. ④ 제1항의 정상지가변동률은 「부동산 거래신고 등에 관한 법률」 제19조에 따라 국토교통부장관이 조사한 연도별 또는 월별 평균지가변동률(해당 개발사업 대상 토지가 속하는 시·군 또는 자치구의 평균지가변동률을 말한다. 이하 같다)로 한다. 다만, 제12조 제1항 제5호 가목 또는 법 제8조 제2호에 따른

개발이익 환수에 관한 법률 〔법률 제18661호, 2021. 12. 28.〕	개발이익 환수에 관한 법률 시행령 〔대통령령 제32449호, 2022. 2. 17.〕
	정상지가상승분을 산정하는 경우에는 연도별 평균지가변동률(부과기간이 1년 미만인 경우와 연도 중에 부과 개시시점 또는 부과 종료시점이 속한 경우에는 해당 연도 내에 속하는 부과기간의 평균지가변동률을 말한다)과 같은 기간의 정기예금 이자율 중 높은 비율로 한다. ⑤ 제4항 단서에 따른 정기예금 이자율은 시중은행의 1년 만기 정기예금 평균 수신금리를 고려하여 국토교통부장관이 매년 결정·고시하는 이자율로 한다.
제3조(개발이익의 환수) 시장·군수·구청장은 제5조에 따른 개발부담금 부과대상 사업이 시행되는 지역에서 발생하는 개발이익을 이 법으로 정하는 바에 따라 개발부담금으로 징수하여야 한다. **제4조(징수금의 배분)** ① 제3조에 따라 징수된 개발부담금의 100분의 50에 해당하는 금액은 개발이익이 발생한 토지가 속하는 지방자치단체에 귀속되고, 이를 제외한 나머지 개발부담금은 「국가균형발전 특별법」에 따른 국가균형발전특별회계(이하 "특별회계"라 한다)에 귀속된다. ② 제1항에도 불구하고 제7조 제4항에 따라 개발부담금을 경감한 경우에는 제3조에 따라 징수된 개발부담금 중 경감하기 전의 개발부담금의 100분의 50에 해당하는 금액에서 경감한 금액을 뺀 금액은 개발이익이 발생한 토지가 속하는 지방자치단체에 귀속되고, 이를 제외한 나머지 개발부담금은 특별회계에 귀속된다. ③ 제1항 및 제2항에 따른 귀속·양여(讓與) 또는 전입(轉入) 절차 등에 필요한 사항은 대통령령으로 정한다. ④ 국토교통부장관은 개발부담금 징수액 중 특별회계에 귀속되는 금액을 징수하는 데 드는 실제 비용의 범위에서 대통령령으로 정하는 바에 따라 해당 지방자치단체에 징수 수	**제3조(징수금의 배분 등)** ① 법 제3조에 따라 징수된 개발부담금(이하 "부담금"이라 한다)의 100분의 50이 귀속되는 지방자치단체는 특별자치시·특별자치도·시·군 또는 자치구(이하 "시·군·구"라 한다)로 한다. ② 「학교용지 확보 등에 관한 특례법」 제4조에 따라 특별시·광역시 또는 도가 학교용지의 확보에 필요한 경비를 부담하는 개발사업의 경우에는 제1항에도 불구하고 법 제4조 제1항에 따라 지방자치단체에 귀속되는 부담금의 2분의 1(특별시·광역시 또는 도가 학교용지의 확보를 위하여 부담하는 경비가 지방자치단체에 귀속되는 부담금의 2분의 1에 미달하는 경우에는 특별시·광역시 또는 도가 부담하는 경비에 해당하는 금액을 말한다)은 특별시·광역시 또는 도에, 이를 제외한 나머지 부담금은 시·군 또는 자치구에 귀속된다. ③ 특별자치시장·특별자치도지사·시장·군수 또는 구청장(구청장은 자치구의 구청장을 말하며, 이하 "시장·군수·구청장"이라 한다)은 법 제18조 제2항 단서에 따라 부담금을 물납(物納)으로 받은 경우 그 물납으로 받은 토지 또는 건축물(이하 "물납부동산"이라 한다)을 법 제4조에 따라 특별회계에 귀속하는 부담금으로 배분한다. 다만, 시장·군수·구청장은 필요한 경우 시·군·

개발이익 환수에 관한 법률 〔법률 제18661호, 2021. 12. 28.〕	개발이익 환수에 관한 법률 시행령 〔대통령령 제32449호, 2022. 2. 17.〕
수료를 지급할 수 있다.	구에 귀속되는 부담금으로 배분할 수 있다. ④ 시장·군수·구청장은 부담금을 징수한 경우 다음 각 호에 따른 조치를 해야 한다. 1. 법 제4조 제1항에 따른 특별회계(이하 "특별회계"라 한다)에의 귀속분인 경우: 「한국은행법」에 따른 한국은행(국고대리점을 포함한다. 이하 같다) 또는 체신관서에 지체 없이 납입할 것. 다만, 제3항 본문에 따른 물납부동산인 경우 특별회계 소속 국유재산으로 하기 위한 등기이전과 그 밖에 필요한 조치를 해야 한다. 2. 제2항에 따른 특별시·광역시 또는 도에의 귀속분인 경우: 「지방회계법」 제38조에 따라 지정된 특별시·광역시 또는 도의 금고에 지체 없이 납입할 것 ⑤ 시장·군수·구청장은 법 제3조에 따라 징수한 분기별 부담금의 부과·징수 실적 및 납입·물납 실적을 다음 분기 첫째 달 10일까지 국토교통부장관에게 통보해야 한다. ⑥ 국토교통부장관은 제5항에 따라 통보받은 실적을 근거로 납입금액(시장·군수·구청장이 제4항 제1호에 따라 한국은행 또는 체신관서에 납입한 금액 및 제3항 본문에 따라 특별회계에 귀속하는 물납부동산의 가액을 말하며, 징수금을 배분할 때 정산한 금액은 제외한다)의 100분의 7을 법 제4조 제4항에 따라 시장·군수·구청장에게 징수 수수료로 지급해야 한다. 이 경우 징수 수수료는 법 제3조에 따라 개발부담금을 징수한 분기의 다음 분기 첫째 달의 말일까지 지급한다. ⑦ 시·군·구는 제1항부터 제3항까지의 규정에 따라 귀속되는 개발부담금을 해당 시·군·구의 토지 관리와 지역균형개발사업을 효율적으로 추진하기 위하여 사용하여야 하며, 필요한 경우에는 조례로 정하는 바에 따라 귀속되는 개발부담금을 재원으로 하는 토지관리특별회계를 설치할 수 있다.
제5조(대상 사업) ① 개발부담금의 부과대상인 개발사업은 다음 각 호의 어느 하나에 해당	**제4조(대상 사업)** ① 법 제5조에 따라 부담금의 부과대상이 되는 개발사업의 범위는 별표

개발이익 환수에 관한 법률 〔법률 제18661호, 2021. 12. 28.〕	개발이익 환수에 관한 법률 시행령 〔대통령령 제32449호, 2022. 2. 17.〕
하는 사업으로 한다. 1. 택지개발사업(주택단지조성사업을 포함한다. 이하 같다) 2. 산업단지개발사업 3. 관광단지조성사업(온천 개발사업을 포함한다. 이하 같다) 4. 도시개발사업, 지역개발사업 및 도시환경정비사업 5. 교통시설 및 물류시설 용지조성사업 6. 체육시설 부지조성사업(골프장 건설사업 및 경륜장・경정장 설치사업을 포함한다) 7. 지목 변경이 수반되는 사업으로서 대통령령으로 정하는 사업 8. 그 밖에 제1호부터 제6호까지의 사업과 유사한 사업으로서 대통령령으로 정하는 사업 ② 동일인이 연접(連接)한 토지를 대통령령으로 정하는 기간 이내에 사실상 분할하여 개발사업을 시행한 경우에는 전체의 토지에 하나의 개발사업이 시행되는 것으로 본다. ③ 제1항 및 제2항에 따른 개발사업의 범위・규모 및 동일인의 범위 등에 관하여 필요한 사항은 대통령령으로 정한다.	1과 같고, 그 규모는 관계 법률에 따라 국가 또는 지방자치단체로부터 인가・허가・면허 등(신고를 포함하며, 이하 "인가등"이라 한다)을 받은 사업 대상 토지의 면적(부과 종료시점 전에 「공간정보의 구축 및 관리 등에 관한 법률」 제84조에 따라 등록 사항 중 면적을 정정한 경우에는 그 정정된 면적을 말한다)이 다음 각 호에 해당하는 경우로 한다. 이 경우 동일인[법인을 포함하며, 자연인인 경우에는 배우자 및 직계존비속(直系尊卑屬)을 포함한다. 이하 같다]이 연접(連接)한 토지[동일인이 소유한 연속된 일단(一團)의 토지인 경우를 포함한다]에 하나의 개발사업이 끝난 후 5년 이내에 개발사업의 인가등을 받아 사실상 분할하여 시행하는 경우에는 각 사업의 대상 토지 면적을 합한 토지에 하나의 개발사업이 시행되는 것으로 본다. 1. 특별시・광역시 또는 특별자치시의 지역 중 도시지역인 지역에서 시행하는 사업(제3호의 사업은 제외한다)의 경우 660제곱미터 이상 2. 제1호 외의 도시지역인 지역에서 시행하는 사업(제3호의 사업은 제외한다)의 경우 990제곱미터 이상 3. 도시지역 중 개발제한구역에서 그 구역의 지정 당시부터 토지를 소유한 자가 그 토지에 대하여 시행하는 사업의 경우 1천650제곱미터 이상 4. 도시지역 외의 지역에서 시행하는 사업의 경우 1천650제곱미터 이상 ② 개발사업이 제1항 각 호의 지역 중 둘 이상의 지역에 걸쳐 시행되는 경우에는 부과대상이 되는 토지 면적을 다음 각 호의 기준에 따라 산정한다. 1. 제1항 제1호에 해당하는 지역의 1제곱미터는 같은 항 제2호에 해당하는 지역의 1.5제곱미터, 같은 항 제3호 및 제4호에 해당하는 지역의 2.5제곱미터에 해당하는 것으로 본다.

개발이익 환수에 관한 법률 〔법률 제18661호, 2021. 12. 28.〕	개발이익 환수에 관한 법률 시행령 〔대통령령 제32449호, 2022. 2. 17.〕
	2. 제1항 제2호에 해당하는 지역의 1제곱미터는 같은 항 제3호 및 제4호에 해당하는 지역의 3분의 5제곱미터에 해당하는 것으로 본다. ③ 「중소기업진흥에 관한 법률」에 따라 시행하는 협동화사업단지조성사업의 규모를 산정하는 경우에는 제1항에도 불구하고 해당 협동화사업단지조성사업에 참여한 중소기업자별 면적(공동시설부지에 대하여 중소기업자별 지분에 따라 산정한 면적을 포함한다)의 토지에 각각의 개발사업이 시행되는 것으로 본다. ④ 별표 1 제7호에 따른 지목변경이 수반되는 개발사업의 경우 부담금 부과대상이 되는 규모는 제1항에도 불구하고 국가 또는 지방자치단체로부터 인가등을 받은 토지의 면적 중 사실상 또는 공부상(公簿上) 지목이 변경되는 토지의 면적이 제1항 각 호에 해당하는 경우로 한다. 이 경우 하나의 필지가 사실상 둘 이상의 용도로 이용되고 있는 토지의 지목은 「공간정보의 구축 및 관리 등에 관한 법률 시행령」 제59조에 따른다.
	제4조의 2(개발부담금 부과대상 사업의 토지 면적에 관한 임시특례) 별표 1에 따른 개발사업으로서 2017년 1월 1일부터 2019년 12월 31일까지 인가등을 받은 사업의 개발부담금 부과대상 토지 면적에 대해서는 제4조 제1항 제1호부터 제4호까지의 규정에도 불구하고 다음 각 호의 구분에 따른다. 이 경우 토지 면적의 산정에 관하여는 제4조 제2항부터 제4항까지의 규정에 따른다. 1. 제4조 제1항 제1호에 따른 사업: 1천제곱미터 이상 2. 제4조 제1항 제2호에 따른 사업: 1천500제곱미터 이상 3. 제4조 제1항 제3호 또는 제4호에 따른 사업: 2천500제곱미터 이상

개발이익 환수에 관한 법률 〔법률 제18661호, 2021. 12. 28.〕	개발이익 환수에 관한 법률 시행령 〔대통령령 제32449호, 2022. 2. 17.〕
제6조(납부의무자) ① 제5조 제1항 각 호의 사업시행자는 이 법으로 정하는 바에 따라 개발부담금을 납부할 의무가 있다. 다만, 다음 각 호의 어느 하나에 해당하면 그에 해당하는 자가 개발부담금을 납부하여야 한다. 1. 개발사업을 위탁하거나 도급한 경우에는 그 위탁이나 도급을 한 자 2. 타인이 소유하는 토지를 임차하여 개발사업을 시행한 경우에는 그 토지의 소유자 3. 개발사업을 완료하기 전에 사업시행자의 지위나 제1호 또는 제2호에 해당하는 자의 지위를 승계하는 경우에는 그 지위를 승계한 자 ② 개발부담금을 납부하여야 할 자가 대통령령으로 정하는 조합인 경우로서 다음 각 호의 어느 하나에 해당하면 그 조합원(조합이 해산한 경우에는 해산 당시의 조합원을 말한다)이 분담 비율 등 대통령령으로 정하는 바에 따라 개발부담금을 납부하여야 한다. 1. 조합이 해산한 경우 2. 조합의 재산으로 그 조합에 부과되거나 그 조합이 납부할 개발부담금·가산금 등에 충당하여도 부족한 경우 ③ 개발부담금 납부의무의 승계 및 제2차 납부의무에 관하여는 「지방세기본법」 제41조부터 제43조까지 및 제45조부터 제48조까지의 규정을 준용하고, 개발부담금 연대 납부의무에 관하여는 「지방세기본법」 제44조를 준용한다.	제5조(조합의 범위 등) ① 법 제6조 제2항 각 호 외의 부분에서 "대통령령으로 정하는 조합"이란 다음 각 호의 조합을 말한다. 1. 「주택법」 제11조에 따른 주택조합 2. 「도시개발법」 제11조 제1항 제6호에 따른 조합 3. 「도시 및 주거환경정비법」 제35조에 따른 재개발사업조합 ② 법 제6조 제2항에 따라 조합원이 내야 할 부담금은 조합이 내야 할 부담금·가산금을 조합의 규약에 따라 각 조합원에게 배분하는 금액으로 한다. ③ 제2항에 따라 조합원에게 부담금을 부과할 때에는 제19조에 따른 납부고지서를 발부하여야 하며, 납부 기한은 부과 고지를 한 날부터 30일로 한다.
제7조(부과 제외 및 감면) ① 국가가 시행하는 개발사업과 지방자치단체가 공공의 목적을 위하여 시행하는 사업으로서 대통령령으로 정하는 개발사업에는 개발부담금을 부과하지 아니한다. ② 다음 각 호의 어느 하나에 해당하는 개발사업에 대하여는 개발부담금의 100분의 50을 경감한다. 이 경우 각 호의 규정을 중복하여 적용하지 아니한다.	제6조(부과 제외 및 감면) ① 법 제7조 제1항에서 "대통령령으로 정하는 개발사업"이란 다음 각 호의 사업을 말한다. 1. 별표 1 제1호에 따른 택지개발사업(주택단지조성사업을 포함한다) 2. 별표 1 제2호에 따른 산업단지개발사업 3. 별표 1 제3호에 따른 관광단지조성사업(온천 개발사업을 포함한다) 중 같은 호 가목 및 나목에 따른 관광지조성사업 및

개발이익 환수에 관한 법률 〔법률 제18661호, 2021. 12. 28.〕	개발이익 환수에 관한 법률 시행령 〔대통령령 제32449호, 2022. 2. 17.〕
1. 지방자치단체가 시행하는 개발사업으로서 제1항에 해당하지 아니하는 사업 2. 「공공기관의 운영에 관한 법률」에 따른 공공기관, 「지방공기업법」에 따른 지방공기업 및 특별법에 따른 공기업 등 대통령령으로 정하는 공공기관이 시행하는 사업으로서 대통령령으로 정하는 사업 3. 「중소기업기본법」 제2조 제1항에 따른 중소기업(이하 "중소기업"이라 한다)이 시행하는 공장용지조성사업, 대통령령으로 정하는 관광단지조성사업과 교통시설 및 물류시설 용지조성사업. 다만, 「수도권정비계획법」 제2조 제1호에 따른 수도권(이하 "수도권"이라 한다)에서 시행하는 사업은 제외한다. 4. 「주택법」 제2조 제5호 나목의 국민주택 중 「주택도시기금법」에 따른 주택도시기금으로부터 자금을 지원받아 국민주택을 건설하기 위하여 시행하는 택지개발사업 5. 「주한미군 공여구역주변지역 등 지원 특별법」 제2조 제2호부터 제4호까지에 따른 공여구역주변지역ㆍ반환공여구역 또는 반환공여구역주변지역에서 시행하는 개발사업. 다만, 공여구역 또는 반환공여구역이 소재한 읍ㆍ면ㆍ동(행정동을 말한다. 이하 같다)에 연접한 읍ㆍ면ㆍ동 지역의 경우에는 같은 법 제8조에 따라 법률 제13699호 개발이익 환수에 관한 법률 일부개정법률 시행 전에 확정된 공여구역주변지역등발전종합계획에 따라 시행하는 개발사업만 해당한다. 6. 「접경지역 지원 특별법」 제2조 제1호에 따른 접경지역 중 비무장지대, 해상의 북방한계선 또는 민간인통제선과 잇닿아 있는 읍ㆍ면ㆍ동지역에서 시행하는 개발사업 ③ 제2항에도 불구하고 다음 각 호의 어느 하나에 해당하는 개발사업에 대하여는 개발부담금을 면제한다. 1. 「산업입지 및 개발에 관한 법률」에 따른	관광단지조성사업 4. 별표 1 제4호에 따른 도시개발사업, 지역개발사업 및 도시환경정비사업(같은 호 사목에 따른 지역개발사업은 제외한다) 5. 별표 1 제5호에 따른 교통시설 및 물류시설 용지조성사업 중 같은 호 라목 및 마목에 따른 물류단지개발사업 및 물류터미널사업을 위한 용지조성사업 ② 법 제7조 제2항 제2호에 따라 부담금의 100분의 50을 경감받는 공공기관(이하 "감면기관"이라 한다)은 다음 각 호의 기관으로 한다. 1. 「공공기관의 운영에 관한 법률」에 따른 공공기관 중 다음 각 목의 공공기관 가. 「한국토지주택공사법」에 따른 한국토지주택공사 나. 「한국수자원공사법」에 따라 설립된 한국수자원공사 다. 삭제 〈2009. 9. 21.〉 라. 「한국농어촌공사 및 농지관리기금법」에 따라 설립된 한국농어촌공사 마. 「한국관광공사법」에 따라 설립된 한국관광공사 바. 「한국철도공사법」에 따라 설립된 한국철도공사 2. 「지방공기업법」에 따라 설립된 지방공사 및 지방공단 중 제1항에 따른 개발사업을 목적으로 설립된 지방공사 및 지방공단 3. 특별법에 따른 공기업과 조합 중 다음 각 목의 공기업과 조합 가. 「중소기업진흥에 관한 법률」에 따라 설립된 중소벤처기업진흥공단 나. 「산업집적활성화 및 공장설립에 관한 법률」에 따라 설립된 한국산업단지공단 다. 「공무원연금법」에 따라 설립된 공무원연금공단 라. 「농업협동조합법」 에 따라 설립된 조합, 조합공동사업법인 및 중앙회(농협경제지주회사 및 그 자회사를 포함

개발이익 환수에 관한 법률 〔법률 제18661호, 2021. 12. 28.〕	개발이익 환수에 관한 법률 시행령 〔대통령령 제32449호, 2022. 2. 17.〕
산업단지개발사업. 다만, 수도권에 있는 산업단지인 경우는 제외한다. 2. 「중소기업창업 지원법」에 따라 공장 설립 계획 승인을 받아 시행하는 공장용지 조성사업 3. 「관광진흥법」에 따른 관광단지 조성사업. 다만, 수도권에 있는 관광단지인 경우는 제외한다. 4. 「물류시설의 개발 및 운영에 관한 법률」에 따른 물류단지개발사업. 다만, 수도권에 있는 물류단지인 경우는 제외한다. ④ 시장·군수·구청장은 지역에 대한 민간투자의 활성화 등을 위하여 지방의회의 승인을 받아 관할 구역에서 시행되는 제5조 제1항 각 호의 개발사업에 대한 개발부담금을 제4조 제1항에 따라 지방자치단체에 귀속되는 귀속분의 범위에서 경감할 수 있다. 다만, 해당 지방자치단체의 지가가 급격히 상승할 우려가 있는 등 대통령령으로 정하는 사유가 있는 경우에는 그러하지 아니하다. ⑤ 제4항에 따른 개발부담금의 경감 대상, 경감 기준 및 경감 절차 등에 관하여 필요한 사항은 대통령령으로 정한다.	한다) 마. 「수산업협동조합법」에 따라 설립된 조합 및 중앙회 바. 「산림조합법」에 따라 설립된 조합, 중앙회 및 조합공동사업법인 사. 「국가철도공단법」에 따라 설립된 국가철도공단 아. 「한국교통안전공단법」에 따라 설립된 한국교통안전공단 자. 「한국공항공사법」에 따라 설립된 한국공항공사 차. 「한국도로공사법」에 따라 설립된 한국도로공사 카. 「인천국제공항공사법」에 따라 설립된 인천국제공항공사 타. 삭제 〈2011. 8. 11.〉 파. 「중소기업협동조합법」에 따라 설립된 중소기업협동조합 하. 「한국자산관리공사 설립 등에 관한 법률」에 따른 한국자산관리공사 거. 「항만공사법」에 따라 설립된 항만공사 너. 「제주특별자치도 설치 및 국제자유도시 조성을 위한 특별법」에 따라 설립된 제주국제자유도시개발센터 ③ 법 제7조 제2항 제2호에 따라 부담금의 100분의 50을 경감받는 개발사업은 다음 각 호의 사업으로 한다. 1. 제1항 각 호의 개발사업 2. 「국가철도공단법」 제23조에 따라 국가철도공단이 시행하는 철도의 역세권 및 철도 부근 지역 개발사업 3. 자동차 관련시설 부지조성사업(「한국교통안전공단법」에 따라 한국교통안전공단이 시행하는 경우로 한정한다) 4. 「양곡관리법」 제22조에 따라 농업협동조합 및 중앙회(농협경제지주회사 및 그 자회사를 포함한다)가 시행하는 미곡종합처리장 설치사업 5. 삭제 〈2011. 8. 11.〉

개발이익 환수에 관한 법률 〔법률 제18661호, 2021. 12. 28.〕	개발이익 환수에 관한 법률 시행령 〔대통령령 제32449호, 2022. 2. 17.〕
	6. 「항만공사법」 제8조 제1항 제1호에 따라 항만공사가 시행하는 항만시설의 신설·개축(改築)·유지·보수·준설(浚渫) 등의 사업 7. 「한국철도공사법」 제9조 제1항 제5호 및 제6호, 같은 법 제13조에 따라 한국철도공사가 시행하는 역시설 및 역세권 개발사업 ④ 법 제7조 제2항 제3호 본문에서 "대통령령으로 정하는 관광단지조성사업과 교통시설 및 물류시설 용지조성사업"이란 다음 각 호의 어느 하나에 해당하는 사업을 말한다. 1. 별표 1 제3호 가목에 따른 관광지조성사업 2. 별표 1 제5호 마목에 따른 물류터미널사업을 위한 용지조성사업 3. 별표 1 제8호 가목 및 나목에 따른 창고시설의 설치 등을 위한 용지조성사업
	제6조의 2(경감제외사유) 법 제7조 제4항 후단에서 "해당 지방자치단체의 지가가 급격히 상승할 우려가 있는 등 대통령령으로 정하는 사유"란 다음 각 호의 모두에 해당하는 경우를 말한다. 1. 경감요청 직전 월의 지방자치단체 지가상승률이 전국 소비자 물가상승률의 100분의 130보다 높은 경우 2. 직전 월부터 소급하여 지방자치단체의 2개월간의 월평균 지가상승률이 전국지가상승률의 100분의 130보다 높은 경우
	제6조의 3(경감 대상·기준 및 경감 절차) ① 시장·군수·구청장은 법 제7조 제4항 본문에 따라 부담금을 경감하려면 다음 각 호의 서류를 첨부하여 지방의회에 승인을 요청해야 한다. 1. 법 제5조 제1항 각 호에 따른 개발사업으로서 경감할 사업 및 경감 기준 2. 제6조의 2에 따른 경감 제외사유에 해당하지 않음을 증명하는 서류 ② 시장·군수·구청장은 제1항 제1호에 따른 경감 기준을 정할 때 법 제6조에 따른 개

개발이익 환수에 관한 법률 〔법률 제18661호, 2021. 12. 28.〕	개발이익 환수에 관한 법률 시행령 〔대통령령 제32449호, 2022. 2. 17.〕
	발부담금 납부의무자, 개발사업의 종류 및 개발사업이 시행되는 토지의 용도지역·용도지구 등에 따라 경감률 및 경감기간을 달리 정할 수 있다. ③ 시장·군수·구청장은 지방의회의 승인을 받으면 개발부담금 경감 사업 및 경감 기준을 공고하고, 이를 국토교통부장관에게 통보해야 한다. ④ 시장·군수·구청장은 제3항에 따른 개발부담금 경감 사업 및 경감 기준을 일반인이 열람할 수 있도록 해야 한다.
제7조의 2(개발부담금 감면에 대한 임시특례) 제5조 제1항 제1호부터 제6호까지의 개발부담금 부과대상 사업으로서 2015년 7월 15일부터 2018년 6월 30일까지 인가등을 받은 개발사업에 대해서는 제7조 제2항 및 제3항(제3항 제2호는 제외한다)에도 불구하고 다음 각 호의 구분에 따라 개발부담금을 경감하거나 면제한다. 1. 수도권에서 시행하는 개발사업: 개발부담금의 100분의 50 경감 2. 수도권 외의 지역에서 시행하는 개발사업: 개발부담금 면제	
제8조(부과 기준) 개발부담금의 부과 기준은 부과 종료시점의 부과대상 토지의 가액(이하 "종료시점지가"라 한다)에서 다음 각 호의 금액을 뺀 금액으로 한다. 1. 부과 개시시점의 부과대상 토지의 가액(이하 "개시시점지가"라 한다) 2. 부과 기간의 정상지가상승분 3. 제11조에 따른 개발비용	
제9조(기준 시점) ① 부과 개시시점은 사업시행자가 국가나 지방자치단체로부터 개발사업의 인가등을 받은 날로 한다. 다만, 다음 각 호의 경우에는 그에 해당하는 날을 부과 개시시점으로 한다. 1. 인가등을 받기 전 5년 이내에 대통령령으로 정하는 토지 이용 계획 등이 변경된 경	제7조(토지 이용 계획 등의 변경) ① 법 제9조 제1항 제1호 본문에서 "대통령령으로 정하는 토지 이용 계획 등이 변경된 경우"란 개발사업이 시행되는 토지가 별표 2의 용도지역·용도지구 등으로 지정 또는 변경되거나 그 토지에 지정된 용도지역·용도지구 등이 해제되는 것을 말한다. 다만, 토지 취득 당시의

개발이익 환수에 관한 법률 〔법률 제18661호, 2021. 12. 28.〕	개발이익 환수에 관한 법률 시행령 〔대통령령 제32449호, 2022. 2. 17.〕
우로서 그 토지 이용 계획 등이 변경되기 전에 취득한 토지의 경우에는 취득일. 다만, 그 취득일부터 2년 이상이 지난 후 토지 이용 계획 등이 변경된 경우 등 대통령령으로 정하는 경우에는 대통령령으로 정하는 날로 한다. 2. 인가등의 변경으로 부과대상 토지의 면적이 변경된 경우에는 대통령령으로 정하는 시점 ② 제1항에 따른 개발사업의 인가등을 받은 날과 취득일은 대통령령으로 정한다. ③ 부과 종료시점은 관계 법령에 따라 국가나 지방자치단체로부터 개발사업의 준공인가 등을 받은 날로 한다. 다만, 부과대상 토지의 전부 또는 일부가 다음 각 호의 어느 하나에 해당하면 해당 토지에 대하여는 다음 각 호의 어느 하나에 해당하게 된 날을 부과 종료시점으로 한다. 1. 관계 법령에 따라 부과대상 토지의 일부가 준공된 경우 2. 납부의무자가 개발사업의 목적 용도로 사용을 시작하거나 타인에게 분양하는 등 처분하는 경우로서 대통령령으로 정하는 경우 3. 그 밖에 대통령령으로 정하는 경우 ④ 제3항 각 호 외의 부분 본문에 따른 개발사업의 준공인가 등을 받은 날은 대통령령으로 정한다.	용도지역·용도지구 등과 같은 용도지역·지구 등으로 되돌리는 경우는 제외한다. ② 제1항을 적용할 때 토지 이용 계획 등의 변경이 두 번 이상 이루어진 경우에는 인가등을 받기 전 5년 이내에 최초로 이루어진 것을 제1항에 따른 토지 이용 계획 등의 변경으로 본다. **제8조(부과 개시시점의 예외)** ① 법 제9조 제1항 제1호 단서에서 "대통령령으로 정하는 경우"와 "대통령령으로 정하는 날"이란 다음 각 호와 같다. 1. 토지 취득일부터 2년 이상이 지난 후에 토지 이용 계획 등이 변경된 경우에는 변경된 날의 2년 전에 해당하는 날 2. 「중소기업기본법」 제2조에 따른 중소기업자가 공장부지를 조성하기 위하여 토지를 취득한 후에 토지 이용 계획 등이 변경된 경우에는 토지 이용 계획 등의 변경일 ② 법 제9조 제1항 제2호에 따라 인가등의 변경으로 부과대상 토지에 새로 편입된 토지에 대한 부과 개시시점은 다음 각 호에서 정하는 날로 한다. 1. 변경인가 등을 받기 전에 제7조에 따른 토지 이용 계획 등이 변경된 경우로서 토지 이용 계획 등의 변경 전에 취득한 토지인 경우에는 취득일 또는 제1항 제1호 및 제2호에 해당되는 날 2. 변경인가 등을 받기 전에 제7조에 따른 토지 이용 계획 등이 변경된 경우로서 토지 이용 계획 등의 변경일부터 변경인가 등을 받기 전의 사이에 토지를 취득한 경우에는 토지를 취득한 날 3. 제1호 또는 제2호 외의 토지인 경우에는 인가등의 변경일 **제9조(개발사업의 인가일 등)** ① 법 제9조 제2항에 따른 개발사업의 인가등을 받은 날과 법 제9조 제4항에 따른 준공인가 등을 받은 날은 별표 3과 같다.

개발이익 환수에 관한 법률 〔법률 제18661호, 2021. 12. 28.〕	개발이익 환수에 관한 법률 시행령 〔대통령령 제32449호, 2022. 2. 17.〕
	② 법 제9조 제2항에 따른 취득일에 관하여는 「소득세법 시행령」 제162조를 준용한다. ③ 법 제9조 제3항에 따라 부과 종료시점이 되는 준공인가 등을 받은 날이 관계 법령에 따라 정해져 있지 않은 경우에는 다음 각 호의 날을 부과 종료시점으로 한다. 1. 납부의무자가 실제로 개발사업이 끝난 날을 증명할 수 있는 서류를 첨부하여 시장·군수·구청장에게 이를 신고한 경우에는 개발사업이 끝난 것으로 증명된 날 2. 납부의무자가 실제로 개발사업이 끝난 날을 신고하지 않거나 이를 증명하지 못하는 경우에는 시장·군수·구청장이 현지를 확인하여 납부의무자에게 개발사업이 끝난 날로 통지한 날
	제10조(개발사업의 준공 전 부과 종료시점) ① 법 제9조 제3항 제2호에서 "대통령령으로 정하는 경우"란 다음 각 호의 어느 하나에 해당하는 경우를 말한다. 1. 토지만을 개발하는 개발사업의 경우에는 다음 각 목의 어느 하나에 해당하는 경우 가. 사실상 개발이 끝난 토지를 타인에게 양도하는 경우 나. 사실상 개발이 끝난 토지에 건축물을 건축하는 등 토지 사용을 시작하는 경우 2. 주택건설사업 등 토지 개발과 건축물의 건축을 함께 하는 개발사업의 경우에는 관계 행정청의 인가등을 받아 건축물 사용을 시작하는 경우 ② 제1항의 경우 개발부담금의 부과 종료시점은 다음 각 호와 같다. 1. 제1항 제1호 가목에 따라 토지를 타인에게 양도하는 경우에는 「소득세법 시행령」 제162조에 따른 시기에 해당하는 날 2. 제1항 제1호 나목에 따라 토지 사용을 시작하는 경우에는 「건축법」 제21조에 따른 착공 신고일

개발이익 환수에 관한 법률 〔법률 제18661호, 2021. 12. 28.〕	개발이익 환수에 관한 법률 시행령 〔대통령령 제32449호, 2022. 2. 17.〕
	3. 제1항 제2호에 따라 건축물 사용을 시작하는 경우에는 「건축법」 제22조에 따른 임시 사용 승인일 ③ 법 제9조 제3항 제3호에서 “그 밖에 대통령령으로 정하는 경우”란 개발사업을 시작한 후 다음 각 호의 어느 하나에 해당하는 사유가 발생한 경우를 말한다. 1. 개발사업에 대한 인가등이 해당 법률에서 정하는 바에 따라 취소된 경우 2. 사업시행자의 파산이나 그 밖의 사유로 개발사업의 시행이 중단되어 사업을 끝낼 수 없게 된 경우 ④ 제1항의 경우 개발사업의 준공인가 등을 받기 전에 해당 사업이 끝난 것으로 보는 토지의 면적은 국토교통부령으로 정한다.
제10조(지가의 산정) ① 종료시점지가는 부과종료시점 당시의 부과대상 토지와 이용 상황이 가장 비슷한 표준지의 공시지가를 기준으로 「부동산 가격공시에 관한 법률」 제3조 제7항에 따른 표준지와 지가산정 대상토지의 지가형성 요인에 관한 표준적인 비교표에 따라 산정한 가액(價額)에 해당 연도 1월 1일부터 부과 종료시점까지의 정상지가상승분을 합한 가액으로 한다. 이 경우 종료시점지가와 표준지의 공시지가가 균형을 유지하도록 하여야 하며, 개발이익이 발생하지 않을 것이 명백하다고 인정되는 경우 등 대통령령으로 정하는 경우 외에는 종료시점지가의 적정성에 대하여 감정평가법인등(「감정평가 및 감정평가사에 관한 법률」에 따른 감정평가사 또는 감정평가법인을 말한다)의 검증을 받아야 한다. ② 부과대상 토지를 분양하는 등 처분할 때에 그 처분 가격에 대하여 국가나 지방자치단체의 인가등을 받는 경우 등 대통령령으로 정하는 경우에는 제1항에도 불구하고 대통령령으로 정하는 바에 따라 그 처분 가격을 종료시점지가로 할 수 있다.	제10조의 2(종료시점지가의 검증) ① 법 제10조 제1항 후단에서 “개발이익이 발생하지 않을 것이 명백하다고 인정되는 경우 등 대통령령으로 정하는 경우”란 다음 각 호의 어느 하나에 해당하는 경우를 말한다. 1. 법 제8조에 따라 산정한 개발이익이 없는 경우. 이 경우 개발부담금 부과 종료시점의 부과대상 토지의 가액(이하 “종료시점지가”라 한다) 산정의 기준이 되는 표준지가 1개 이상 있으면 그 중 공시지가가 가장 높은 표준지를 기준으로 산정한다. 2. 법 제9조 제3항 제1호에 해당하여 부과대상 토지의 일부(이하 이 호에서 “분할토지”라 한다)에 대하여 개발부담금이 결정・부과된 경우로서 분할토지의 종료시점지가 산정 시 적용된 표준지를 기준으로 부과대상 토지의 종료시점지가를 산정한 경우 ② 시장・군수・구청장은 법 제10조 제1항 후단에 따라 종료시점지가의 적정성에 대하여 감정평가법인등(「감정평가 및 감정평가사에 관한 법률」 제2조 제4호에 따른 감정평가법인등을 말한다. 이하 같다)에게 검증을

개발이익 환수에 관한 법률 〔법률 제18661호, 2021. 12. 28.〕	개발이익 환수에 관한 법률 시행령 〔대통령령 제32449호, 2022. 2. 17.〕
③ 개시시점지가는 부과 개시시점이 속한 연도의 부과대상 토지의 개별공시지가(부과 개시시점으로부터 가장 최근에 공시된 지가를 말한다)에 그 공시지가의 기준일부터 부과 개시시점까지의 정상지가상승분을 합한 가액으로 한다. 다만, 다음 각 호의 어느 하나에 해당하면 그 실제의 매입 가액이나 취득 가액에 그 매입일이나 취득일부터 부과 개시시점까지의 정상지가상승분을 더하거나 뺀 가액을 개시시점지가로 할 수 있다. 1. 국가·지방자치단체 또는 국토교통부령으로 정하는 기관으로부터 매입한 경우 2. 경매나 입찰로 매입한 경우 3. 지방자치단체나 제7조 제2항 제2호에 따른 공공기관이 매입한 경우 4. 「공익사업을 위한 토지 등의 취득 및 보상에 관한 법률」에 따른 협의 또는 수용(收用)에 의하여 취득한 경우 5. 실제로 매입한 가액이 정상적인 거래 가격이라고 객관적으로 인정되는 경우로서 대통령령으로 정하는 경우 ④ 제1항 및 제3항에 따라 종료시점지가와 개시시점지가를 산정할 때 부과대상 토지에 국가나 지방자치단체에 기부하는 토지나 국공유지가 포함되어 있으면 그 부분은 종료시점지가와 개시시점지가의 산정 면적에서 제외한다. ⑤ 제1항 및 제3항에 따라 종료시점지가와 개시시점지가를 산정할 때 해당 토지의 개별공시지가가 없는 경우 등 대통령령으로 정하는 경우에는 국토교통부령으로 정하는 방법으로 산정한다. ⑥ 개시시점지가에 대하여 제3항 각 호 외의 부분 단서를 적용받으려는 납부의무자는 같은 항 각 호의 어느 하나에 해당한다는 사실을 증명하는 자료를 국토교통부령으로 정하는 기간에 시장·군수·구청장에게 제출하여야 한다. ⑦ 제1항 후단에 따른 종료시점지가의 검증	의뢰하는 경우 같은 조 제1항 전단에 따라 산정한 종료시점지가에 관한 다음 각 호의 자료를 제공해야 한다. 1. 지가현황도면(종료시점지가, 표준지 공시지가 및 용도지역 등을 표시한 도면을 말하며, 전자도면을 포함한다) 2. 종료시점지가의 산정조서 3. 토지특성조사표 4. 그 밖에 종료시점지가의 검증에 필요한 자료 ③ 법 제10조 제1항 후단에 따라 종료시점지가의 적정성에 대하여 검증을 의뢰받은 감정평가법인등은 다음 각 호의 사항을 검토·확인하여 국토교통부령으로 정하는 검증결과서를 시장·군수·구청장에게 제출해야 한다. 1. 표준지 선정의 적정성에 관한 사항 2. 토지의 이용 상황 등 토지특성조사 내용의 적정성에 관한 사항 3. 토지가격비준표(「부동산 가격공시에 관한 법률」 제3조 제8항에 따른 표준적인 비교표를 말한다) 적용의 타당성에 관한 사항 4. 법 제10조 제1항 후단에 따른 종료시점지가와 표준지 공시지가의 균형 유지에 관한 사항 5. 그 밖에 시장·군수·구청장이 검토를 의뢰한 사항 **제11조(지가의 산정)** ① 법 제10조 제2항에서 "대통령령으로 정하는 경우"란 다음 각 호의 경우를 말한다. 1. 「주택법」 제54조 제1항 제1호에 따라 시장·군수·구청장의 승인을 받아 주택의 분양가가 결정된 경우(주택의 분양가를 제3항 제1호에 따른 건축비를 적용하여 결정하는 경우로 한정한다) 2. 「주택법」 제15조 제1항 및 같은 법 시행령 제27조 제6항에 따라 사업주체가 조성한 대지의 공급조건 등에 대하여 국토교통부장관 또는 지방자치단체의 장의 승인을 받은 경우

개발이익 환수에 관한 법률 〔법률 제18661호, 2021. 12. 28.〕	개발이익 환수에 관한 법률 시행령 〔대통령령 제32449호, 2022. 2. 17.〕
절차·방법 등에 필요한 사항은 대통령령으로 정하고, 종료시점지가 검증 수수료 지급기준은 국토교통부장관이 정하여 고시한다.	3. 「택지개발촉진법」 제9조 및 같은 법 시행령 제8조에 따라 택지의 공급가격결정방법 등이 포함된 택지개발사업실시계획에 대하여 국토교통부장관 또는 지방자치단체의 장의 승인을 받은 경우 4. 「산업입지 및 개발에 관한 법률」 제38조 및 같은 법 시행령 제40조에 따라 개발된 토지의 분양가가 결정된 경우 5. 「산업입지 및 개발에 관한 법률」 제39조에 따른 특수지역개발사업으로 개발된 토지의 분양가가 같은 법 시행령 제40조의 분양가격의 결정방법과 같은 방법으로 결정된 경우 6. 「한국토지주택공사법」 제16조에 따라 한국토지주택공사가 매입하여 개발한 토지의 분양가가 결정된 경우 7. 제1호부터 제6호까지의 경우와 비슷한 경우로서 국가 또는 지방자치단체의 인가등을 받아 토지의 분양가격이 결정된 경우 ② 법 제10조 제2항에 따라 처분 가격을 종료시점지가로 산정하는 경우는 법 제10조 제3항 단서에 따라 매입가격으로 개발부담금 부과 개시시점의 부과대상 토지의 가액(이하 "개시시점지가"라 한다)을 산정하는 경우로 한정한다. ③ 법 제10조 제2항에 따라 처분 가격을 종료시점지가로 할 때 제1항 제1호의 경우에는 그 처분 가격을 분양가에서 다음 각 호의 금액을 뺀 가액(價額)으로 한다. 다만, 납부의무자가 「건설산업기본법」에 따라 등록을 한 건설사업자와의 도급계약에 따라 지출한 건축비 명세서를 제출한 경우에는 분양가에서 그 건축비와 제2호의 경비를 뺀 가액으로 할 수 있다. 1. 국토교통부장관이 정하여 고시하는 건축비 2. 건축과 관련된 부대경비로서 국토교통부령으로 정하는 경비 3. 지하주차장 설치에 들어간 비용 4. 「건축법」등 관계 법령에 따라 설치하도록

개발이익 환수에 관한 법률 〔법률 제18661호, 2021. 12. 28.〕	개발이익 환수에 관한 법률 시행령 〔대통령령 제32449호, 2022. 2. 17.〕
	되어 있는 지하층을 초과하여 설치한 경우 그 초과 설치에 들어간 비용 ④ 시장·군수·구청장은 법 제25조에 따라 관계 행정청으로부터 개발사업에 관한 인가등의 통보를 받았을 때에는 지체 없이 부과대상 토지를 조사하고 개시시점지가를 산정해야 한다. ⑤ 법 제10조 제3항 제5호에서 "대통령령으로 정하는 경우"란 다음 각 호의 어느 하나에 해당하는 경우를 말한다. 1. 부과 개시시점 이전에 매입한 경우(부과 개시시점 이전에 매매계약을 체결하여 부과 개시시점 이후에 그 계약에서 약정한 금액대로 매매대금의 지급이 이루어진 경우로서 국토교통부령으로 정하는 증명서류를 제출한 경우를 포함한다)로서 그 매입가격이 취득세의 과세표준이 된 경우 2. 사업시행자가 「지방세특례제한법」 제21조, 제23조, 제36조, 제37조, 제38조 제1항, 제40조, 제42조 제3항, 제45조, 제47조 제1항, 제49조, 제52조 제1항·제2항, 제53조, 제54조 제5항 제1호, 제69조 및 제88조 제2항에 따른 법인 등인 경우로서 그 매입가격이 법인 등의 장부에 기록된 매입가격인 경우 ⑥ 법 제10조 제3항 각 호 외의 부분 단서에 따라 실제의 매입가액 또는 취득가액을 개시시점지가로 할 때 납부의무자가 토지와 그 토지에 정착된 건축물 등을 함께 매입한 경우로서 실제 매입가액 또는 취득가액 중 토지의 가액과 건축물 등의 가액의 구분이 불분명한 경우에는 「부가가치세법 시행령」 제64조에서 정하는 바에 따라 똑같이 나누어 계산한 가액을 그 토지의 매입가액 또는 취득가액으로 한다. ⑦ 법 제10조 제5항에서 "대통령령으로 정하는 경우"란 다음 각 호의 어느 하나에 해당하는 경우를 말한다. 1. 개시시점지가 및 종료시점지가를 산정할

개발이익 환수에 관한 법률 〔법률 제18661호, 2021. 12. 28.〕	개발이익 환수에 관한 법률 시행령 〔대통령령 제32449호, 2022. 2. 17.〕
	때 부과대상 토지의 개별공시지가가 없는 경우 2. 종료시점지가를 산정할 때 법 제10조 제3항 단서에 따라 매입가격으로 개시시점지가를 산정한 경우
제11조(개발비용의 산정) ① 개발사업의 시행과 관련하여 지출된 비용(이하 "개발비용"이라 한다)은 다음 각 호의 금액을 합하여 산출한다. 1. 순(純) 공사비, 조사비, 설계비 및 일반관리비 2. 관계 법령이나 해당 개발사업 인가등의 조건에 따른 다음 각 목의 금액 가. 납부의무자가 국가나 지방자치단체에 공공시설이나 토지 등을 기부채납(寄附採納)하였을 경우에는 그 가액 나. 납부의무자가 부담금을 납부하였을 경우에는 그 금액 3. 해당 토지의 개량비, 각종 세금과 공과금, 보상비 및 그 밖에 대통령령으로 정하는 금액 ② 제1항에도 불구하고 대통령령으로 정하는 일정 면적 이하의 개발사업(토지개발 비용의 지출 없이 용도변경 등으로 완료되는 개발사업은 제외한다)의 경우에는 제1항 제1호에 따른 순 공사비, 조사비, 설계비 및 일반관리비의 합계액을 산정할 때 국토교통부장관이 고시하는 단위면적당 표준비용을 적용할 수 있다. 다만, 제6조에 따른 납부의무자가 원하지 아니하는 경우에는 그러하지 아니하다. ③ 제1항 각 호 및 제2항의 산정 방법 등에 필요한 사항은 대통령령으로 정한다.	제12조(개발비용의 산정) ① 법 제11조 제1항 각 호에 따른 개발비용의 산정기준은 각각 다음 각 호와 같다. 1. 순공사비: 해당 개발사업을 위하여 지출한 재료비 · 노무비 · 경비의 합계액 2. 조사비: 직접 해당 개발사업의 시행을 위한 다음 각 목의 비용(순공사비에 해당하지 아니하는 비용을 말한다)의 합계액 가. 해당 개발사업의 시행을 위한 측량비 나. 관계 법령이나 해당 개발사업의 인가등의 조건에 따라 의무적으로 실시하여야 하는 각종 영향평가에 드는 비용 다. 「매장문화재 보호 및 조사에 관한 법률」 제6조 제1항 및 제11조 제3항에 따른 매장문화재의 지표조사 및 발굴에 드는 비용 라. 개발사업 토지에 대한 지반조사에 드는 비용 3. 설계비: 해당 개발사업의 설계를 위하여 지출한 비용의 합계액 4. 일반관리비: 해당 개발사업과 관련하여 관리활동 부문에서 발생한 모든 비용의 합계액 5. 기부채납액: 납부의무자가 관계 법령이나 해당 개발사업의 인가등의 조건에 따라 국가 또는 지방자치단체에 기부하는 토지 또는 공공시설 등의 가액으로서 다음 각 목의 구분에 따라 산정한 가액. 다만, 개발사업 목적이 타인에게 분양하는 등 처분하는 것으로서 그 처분가격에 기부하는 토지 또는 공공시설 등의 가액이 포함된 경우에는 제11조 제2항에 따라 그 처분가격을 종료시점지가로 산정하는 경우로 한

개발이익 환수에 관한 법률 〔법률 제18661호, 2021. 12. 28.〕	개발이익 환수에 관한 법률 시행령 〔대통령령 제32449호, 2022. 2. 17.〕
	정한다. 가. 토지의 가액: 개시시점지가에 부과기간의 정상지가상승분을 합한 금액 나. 공공시설 등의 가액: 토지의 가액에 그 시설의 조성원가를 합산한 금액 6. 부담금 납부액: 관계 법령이나 해당 개발사업의 인가등의 조건에 따라 국가 또는 지방자치단체에 납부한 부담금의 합계액 7. 토지의 개량비: 해당 개발사업의 인가등을 받은 날을 기준으로 그 이전 3년 이내에 부과대상 토지를 개량하기 위하여 지출한 비용으로서 개시시점지가에 반영되지 아니한 비용 8. 제세공과금: 해당 개발사업의 시행과 관련하여 국가 또는 지방자치단체에 납부한 제세공과금의 합계액. 다만, 다음 각 목의 어느 하나에 해당하는 금액은 제외한다. 가. 개발사업 대상 토지의 취득이나 보유로 인하여 납부한 금액. 다만, 지목변경으로 인한 취득세는 제외한다. 나. 벌금, 과태료, 과징금 또는 가산금 등 각종 법령이나 의무 위반으로 납부한 금액 9. 보상비: 토지의 가액에 포함되지 않은 개발사업구역의 건축물, 공작물, 입목 및 영업권 등에 대한 보상비. 이 경우 건축물에 대한 보상비를 산정할 때에는 다음 각 목에 따른다. 가. 개발사업을 시행하기 위하여 매입한 건축물인 경우: 취득세의 과세표준이 된 실제 매입가격 나. 기존에 소유한 건축물인 경우: 「지방세법」 제4조에 따른 시가표준액(이하 "시가표준액"이라 한다). 다만, 시가표준액이 없거나 납부의무자가 원하는 경우에는 시장·군수·구청장이 지정하는 감정평가법인등이 감정평가한 금액으로 한다. ② 제1항에 따른 개발비용은 다음 각 호의

개발이익 환수에 관한 법률 〔법률 제18661호, 2021. 12. 28.〕	개발이익 환수에 관한 법률 시행령 〔대통령령 제32449호, 2022. 2. 17.〕
	구분에 따라 산정한다. 1. 법 제11조 제1항에 따른 개발비용은 납부의무자가 해당 사업의 시행과 관련하여 지출한 제1항 각 호의 비용의 합계액으로서 산출명세서와 증명서를 갖춘 금액. 다만, 제1항 제4호의 일반관리비는 「국가를 당사자로 하는 계약에 관한 법률 시행령」 제9조 및 「지방자치단체를 당사자로 하는 계약에 관한 법률 시행령」 제10조에 따른 예정가격 결정기준과 요율을 적용하여 산정한 금액으로 한다. 2. 법 제11조 제2항에 따라 개발비용을 산정하는 경우에는 다음 각 목의 금액의 합계액 가. 제1항 제1호부터 제4호까지의 비용은 부과대상 토지 면적에 국토교통부장관이 고시하는 단위면적당 표준비용을 곱하여 산정한 금액으로서 산출명세서를 갖춘 금액 나. 제1항 제5호부터 제9호까지의 비용의 합계액으로서 산출명세서와 증명서를 갖춘 금액 ③ 제2항의 경우 납부의무자가 제시한 금액 중 제1항 제1호부터 제3호까지의 개발비용의 금액이 다음 각 호의 기준에 따라 산출한 금액을 초과하는 경우에는 그 초과하는 금액은 법 제11조 제1항에 따른 개발비용으로 보지 아니한다. 1. 재료비·노무비·경비는 「국가를 당사자로 하는 계약에 관한 법률 시행령」 제9조 및 「지방자치단체를 당사자로 하는 계약에 관한 법률 시행령」 제10조에 따른 예정가격 결정기준 중 공사원가계산을 위한 재료비·노무비·경비의 산출 방법을 적용하여 산출하되, 정부표준품셈과 단가(정부고시가격이 있는 경우에는 그 금액을 말한다)에 따른 금액 2. 조사비와 설계비는 「엔지니어링산업 진흥법」 제31조에 따른 엔지니어링사업대가의 기준에 따라 산정한 금액

개발이익 환수에 관한 법률 〔법률 제18661호, 2021. 12. 28.〕	개발이익 환수에 관한 법률 시행령 〔대통령령 제32449호, 2022. 2. 17.〕
	④ 납부의무자가 제시한 개발비용의 금액이 제3항에 따른 금액을 초과하는 경우로서 다음 각 호의 어느 하나에 해당하는 경우에는 제3항에도 불구하고 그 금액을 법 제11조에 따른 개발비용으로 인정할 수 있다. 1. 지방자치단체 또는 감면기관이 「지방재정법」, 「지방회계법」 또는 「공공기관의 운영에 관한 법률」에 따라 지출한 개발비용 2. 시장·군수·구청장이 납부의무자가 제시한 금액에 대하여 국토교통부령으로 정하는 요건을 갖춘 다음 각 목의 어느 하나에 해당하는 회사나 기관(이하 "개발비용산정기관"이라 한다)에 의뢰하여 제3항 각 호의 기준에 적합한 것으로 확인한 경우 그 개발비용 가. 「건설기술 진흥법」 제26조에 따라 등록된 건설엔지니어링사업자 나. 「기술사법」 제6조에 따라 등록된 기술사사무소 다. 감정평가법인등 라. 「엔지니어링산업 진흥법」 제21조에 따라 신고된 엔지니어링사업자 마. 국가를 당사자로 하는 계약에 관한 법령에 따른 원가계산용역기관 3. 「건설산업기본법」에 따라 등록을 한 건설사업자와의 도급계약, 「엔지니어링산업 진흥법」 제21조에 따라 신고한 엔지니어링사업자와의 엔지니어링사업계약 등 명백한 원인에 따라 지출한 비용을 근거로 산정한 개발비용 4. 국토교통부장관이 정하는 제3항에 따른 개발비용의 세부 항목별 산출기준에 적합하다고 인정되는 경우 ⑤ 시장·군수·구청장은 제2항에 따라 납부의무자가 제시한 금액의 사실 여부를 확인하고 제3항에 따른 금액을 산출할 때, 해당 개발사업의 내용·성질 등이 특수하여 그 확인 또는 금액 산출이 곤란한 경우에는 개발비용산정기관에 그 확인 또는 금액 산출을

개발이익 환수에 관한 법률 〔법률 제18661호, 2021. 12. 28.〕	개발이익 환수에 관한 법률 시행령 〔대통령령 제32449호, 2022. 2. 17.〕
	의뢰할 수 있다. ⑥ 법 제11조 제2항에서 "대통령령으로 정하는 일정 면적"이란 2천700제곱미터를 말한다.
제12조(양도소득세액 등의 개발비용 인정) ① 부과 개시시점 후 개발부담금을 부과하기 전에 개발부담금 부과대상 토지를 양도하여 발생한 소득에 대하여 양도소득세 또는 법인세가 부과된 경우에는 제11조에도 불구하고 해당 세액 중 부과 개시시점부터 양도시점까지에 상당하는 세액을 같은 조에 따른 개발비용에 계상할 수 있다. ② 제1항에 따라 개발비용으로 계상되는 세액의 범위 등은 대통령령으로 정한다. ③ 시장·군수·구청장은 제1항에 따른 개발비용의 계상에 필요한 경우 다음 각 호의 사항을 적은 문서로 관할 세무관서의 장에게 같은 항에 따른 양도소득세 또는 법인세의 부과금액 등 「국세기본법」 제81조의 13에 따른 과세정보의 제공을 요청할 수 있다. 1. 납세자의 인적 사항 2. 사용 목적 3. 개발부담금 부과대상 토지의 명세 ④ 제3항에 따른 과세정보의 제공 요청 및 그에 따른 과세정보의 제공은 「개인정보 보호법」에 의하여야 한다.	**제13조(양도소득세액 등의 개발비용 인정)** 법 제12조에 따라 개발비용으로 계상되는 양도소득세 또는 법인세의 세액 범위는 부과 종료시점 이전에 토지가 양도된 때에는 해당 세액 중 부과 개시시점부터 양도시까지, 부과 종료시점 이후에 토지가 양도된 때에는 부과 개시시점부터 부과 종료시점까지에 상당하는 세액으로 한다. 이 경우 개발비용으로 계상되는 세액의 산정은 양도소득세 또는 법인세를 일(日) 단위로 똑같이 나누어 산정한다.
제13조(부담률) 납부의무자가 납부하여야 할 개발부담금은 제8조에 따라 산정된 개발이익에 다음 각 호의 구분에 따른 부담률을 곱하여 산정한다. 1. 제5조 제1항 제1호부터 제6호까지의 개발사업: 100분의 20 2. 제5조 제1항 제7호 및 제8호의 개발사업: 100분의 25. 다만, 「국토의 계획 및 이용에 관한 법률」 제38조에 따른 개발제한구역에서 제5조 제1항 제7호 및 제8호의 개발사업을 시행하는 경우로서 납부의무자가 개발제한구역으로 지정될 당시부터 토지 소유자인 경우에는 100분의 20으로 한다.	

개발이익 환수에 관한 법률 〔법률 제18661호, 2021. 12. 28.〕	개발이익 환수에 관한 법률 시행령 〔대통령령 제32449호, 2022. 2. 17.〕
제14조(부담금의 결정 · 부과) ① 시장 · 군수 · 구청장은 부과 종료시점부터 5개월 이내에 개발부담금을 결정 · 부과하여야 한다. 다만, 제9조 제3항 각 호 외의 부분 단서에 해당하는 경우로서 해당 사업이 대규모 사업의 일부에 해당되어 제11조에 따른 개발비용의 명세(明細)를 제출할 수 없는 경우에는 대통령령으로 정하는 바에 따라 개발부담금을 결정 · 부과할 수 있다. ② 시장 · 군수 · 구청장은 제1항에 따라 개발부담금을 결정 · 부과하려면 대통령령으로 정하는 바에 따라 미리 납부의무자에게 그 부과 기준과 부과 금액을 알려야 한다. ③ 제2항에 따라 통지받은 개발부담금에 대하여 이의가 있는 자는 대통령령으로 정하는 바에 따라 심사를 청구할 수 있다.	**제14조(부과 금액의 산정)** ① 법 제8조부터 제13조까지의 규정에 따라 부담금을 산정할 때 부과 종료시점이 월 중에 속하는 경우에는 부과 종료시점이 속한 월의 전월 정상지가변동률을 적용하여 부담금을 산정한다. 이 경우 부과 종료시점이 속한 월의 정상지가변동률이 공표된 때에는 지체 없이 그 차액을 산정하여 정산하여야 한다. ② 별표 1 제7호에 따른 지목변경이 수반되는 개발사업의 경우 인가등을 받은 면적 중 그 사업이 종료된 후 사실상 또는 공부상 지목이 변경된 면적에 한하여 개발이익이 발생한 것으로 본다. ③ 제2항에 따른 개발사업에 대한 부담금을 산정할 때 그 개발비용은 총지출비용 중 지목이 변경된 부분에 지출된 비용으로 하되, 지목이 변경된 부분에 지출된 비용을 명확하게 구분할 수 없는 경우에는 면적비율에 따른다.
	제15조(부과기준과 부과 금액의 예정 통지) ① 시장 · 군수 · 구청장은 법 제14조에 따라 부담금을 부과하려면 미리 납부의무자에게 결정될 부과기준 및 부과 금액을 알려야 한다. ② 제1항에 따른 통지는 비용명세서가 제출된 날부터 60일 이내에 하여야 한다. ③ 시장 · 군수 · 구청장은 법 제14조 제1항 단서에 해당하는 사업에 대하여 부담금을 부과하는 경우에는 전체 개발사업이 끝난 후에 법 제9조 제3항 각 호의 어느 하나에 해당하는 토지별로 부담금을 산정하여 부과할 수 있다.
제14조의 2(부담금의 조정 등) ① 시장 · 군수 · 구청장은 개발부담금 결정 · 부과 후 「학교용지 확보 등에 관한 특례법」에 따른 학교용지부담금을 납부하는 등 대통령령으로 정하는 사유가 발생한 경우에는 이를 다시 산정 · 조정하여 그 차액을 부과하거나 되돌려 주어야 한다.	**제15조의 2(부담금의 재산정 · 조정)** ① 법 제14조의 2 제1항에서 "「학교용지 확보 등에 관한 특례법」에 따른 학교용지부담금을 납부하는 등 대통령령으로 정하는 사유"란 다음 각 호의 어느 하나에 해당하는 경우를 말한다. 1. 「학교용지 확보 등에 관한 특례법」에 따른 학교용지부담금의 납부

개발이익 환수에 관한 법률 〔법률 제18661호, 2021. 12. 28.〕	개발이익 환수에 관한 법률 시행령 〔대통령령 제32449호, 2022. 2. 17.〕
② 제1항에 따른 산정·조정 방법 및 부과·환급 절차 등에 필요한 사항은 대통령령으로 정한다.	2. 제12조 제1항 제5호에 따른 기부채납액의 납부 ② 시장·군수·구청장은 제1항 각 호의 어느 하나에 해당하는 사유가 발생한 경우 즉시 부담금을 다시 산정·조정하여 그 차액의 부과 또는 환급을 결정해야 한다. ③ 제2항에 따라 그 차액을 환급하는 경우에는 해당 부담금의 납부일부터 그 차액의 환급을 결정하는 날까지의 기간에 대하여 「국세기본법 시행령」 제43조의 3 제2항 본문에 따른 기본이자율에 따라 계산한 금액을 더하여 지급한다.
제15조(납부의 고지) ① 시장·군수·구청장은 이 법에 따라 개발부담금을 부과하기로 결정하면 납부의무자에게 대통령령으로 정하는 바에 따라 납부고지서를 발부하여야 한다. ② 개발부담금은 부과 고지할 수 있는 날부터 5년이 지난 후에는 부과할 수 없다. 이 경우 행정심판이나 소송에 의한 재결이나 판결이 확정된 날부터 1년이 지나기 전까지는 개발부담금을 정정하여 부과하거나 그 밖에 필요한 처분을 할 수 있다. ③ 제2항에 따른 개발부담금을 부과 고지할 수 있는 날은 대통령령으로 정한다.	제16조(고지 전 심사) ① 제15조에 따라 통지를 받은 부과기준 및 부과 금액에 대하여 이의가 있는 납부의무자는 예정 통지를 받은 날부터 30일 이내에 시장·군수·구청장에게 심사(이하 "고지 전 심사"라 한다)를 청구할 수 있다. ② 예정 통지를 받은 납부의무자가 고지 전 심사를 청구하려면 다음 각 호의 사항을 적은 고지 전 심사청구서를 시장·군수·구청장에게 제출해야 한다. 이 경우 관계 증명서류 등이 있으면 이를 고지 전 심사청구서에 첨부해야 한다. 1. 청구인의 성명(법인의 경우에는 명칭 및 대표자의 성명) 및 주소 또는 거소(居所) 2. 부담금 부과대상 토지의 명세 3. 예정 통지된 부과기준 및 부과 금액 4. 고지 전 심사청구의 이유 ③ 제1항에 따라 고지 전 심사청구를 받은 시장·군수·구청장은 그 청구를 받은 날부터 15일 이내에 이를 심사하여 그 결과를 청구인에게 알려야 한다. ④ 고지 전 심사결과의 통지는 다음 각 호의 사항을 적은 고지 전 심사결정 통지서로 하여야 한다. 1. 청구인의 성명(법인의 경우에는 명칭 및 대표자의 성명)·주소 또는 거소

개발이익 환수에 관한 법률 〔법률 제18661호, 2021. 12. 28.〕	개발이익 환수에 관한 법률 시행령 〔대통령령 제32449호, 2022. 2. 17.〕
	2. 부담금 부과대상 토지의 명세 3. 부과기준 및 부과 금액 4. 심사결과
	제17조(부담금의 부과 기한) 법 제15조 제3항에 따른 부담금을 부과 고지할 수 있는 날은 다음 각 호의 날로 한다. 1. 제15조 제3항에 따라 부담금을 부과하게 되는 경우에는 전체 개발사업이 끝난 날부터 5개월이 지난 날 2. 제21조에 따라 부담금을 추징하게 되는 경우에는 추징 사유가 발생한 날부터 5개월이 지난 날 3. 제1호와 제2호 외의 경우에는 부과 종료 시점부터 5개월이 지난 날
	제18조(부담금의 결정) 시장·군수·구청장은 제15조에 따른 예정 통지에 이의가 없는 경우 또는 제16조에 따른 고지 전 심사청구에 대한 심사결과를 알린 경우에는 그 알린 금액에 따라 부담금을 결정한다.
	제19조(납부의 고지) 시장·군수·구청장은 법 제15조에 따라 납부의무자에게 납부고지서를 발부할 때에는 다음 각 호의 사항을 명시해야 한다. 1. 부과대상 개발사업의 명칭 2. 납부의무자 3. 부과기준 및 산출 근거 4. 납부 금액 및 납부기한 5. 납부방법
	제20조(부담금의 정정 등) ① 시장·군수·구청장은 제18조에 따라 부담금을 결정한 후에 그 결정 내용에 누락 또는 오류가 있는 것을 발견한 경우에는 즉시 그 부담금을 조사하여 정정해야 한다. ② 납부의무자가 제12조 제1항 제5호에 따라 국가 또는 지방자치단체에 기부하기로 한 토지 또는 공공시설 등을 특별한 사유 없이 법 제18조에 따른 납부 기일까지 기부하지 아니하는 경우에는 납부 기일이 지난 날부터 1개

<table>
<tr><th>개발이익 환수에 관한 법률
〔법률 제18661호, 2021. 12. 28.〕</th><th>개발이익 환수에 관한 법률 시행령
〔대통령령 제32449호, 2022. 2. 17.〕</th></tr>
<tr><td></td><td>월 이내에 그 토지 또는 공공시설 등과 관련하여 개발비용으로 산입한 금액에 해당하는 부담금을 징수한다. 이 경우 부담금의 납부기한은 부과 고지일부터 30일로 한다.
③ 제1항에 따라 부담금을 정정하는 경우와 법 제26조에 따른 행정심판 등에 따라 이미 납부된 부담금 중에 과오납금이 발생한 경우에는 부담금의 납부일부터 지급결정을 하는 날까지의 기간에 대하여 「국세기본법 시행령」 제43조의 3 제2항 본문에 따른 기본이자율에 따라 계산한 금액을 더하여 지급한다.</td></tr>
<tr><td>제16조(추징) ① 시장·군수·구청장은 제7조 제2항부터 제4항까지의 규정에 따른 개발부담금 감면 대상 사업(다른 법률에서 감면 대상으로 정한 사업을 포함한다)을 시행한 후 특별한 사유 없이 대통령령으로 정하는 기간에 토지를 해당 개발사업의 목적 용도로 이용하지 아니하는 등 대통령령으로 정하는 사유가 있으면 감면한 개발부담금을 징수한다.
② 제1항에 따른 개발부담금의 징수에 필요한 사항은 대통령령으로 정한다.</td><td>제21조(부담금의 추징) ① 법 제16조 제1항에서 "특별한 사유"란 다음 각 호의 어느 하나에 해당하는 경우를 말한다.
1. 천재지변이나 그 밖에 이와 유사한 사유로 해당 재산에 현저한 손실을 입은 경우
2. 기업의 도산 등으로 개발사업을 계속하는 것이 곤란한 경우
② 법 제16조 제1항에서 "대통령령으로 정하는 기간"이란 부과 종료시점 후 5년 이내를 말한다.
③ 법 제16조 제1항에서 "대통령령으로 정하는 사유"란 다음 각 호의 어느 하나에 해당하는 경우를 말한다.
1. 당초 개발사업의 목적용도와 다른 용도로 토지를 이용하는 경우
2. 당초 개발사업의 목적용도 외의 용도로 토지를 이용하려는 자에게 그 토지를 양도하는 경우
④ 시장·군수·구청장은 법 제7조 제2항에 따라 경감한 부담금을 법 제16조 제1항에 따라 추징하려면 제3항의 사유가 발생한 날부터 15일 이내에 경감한 부담금에 대한 납부고지서를 납부의무자에게 보내야 한다. 이 경우 추징하는 부담금에 대한 납부 기한은 고지일부터 30일로 한다.
⑤ 시장·군수·구청장은 법 제7조 제3항에 따라 면제한 부담금을 법 제16조 제1항에 따</td></tr>
</table>

개발이익 환수에 관한 법률 〔법률 제18661호, 2021. 12. 28.〕	개발이익 환수에 관한 법률 시행령 〔대통령령 제32449호, 2022. 2. 17.〕
	라 추징하려면 제3항의 사유가 발생한 날부터 15일 이내에 납부의무자에게 추징을 통보해야 하며, 납부의무자는 통보를 받은 날부터 30일 이내에 법 제11조에 따른 개발비용 산정에 필요한 명세서를 시장·군수·구청장에게 제출해야 한다. ⑥ 제5항에 따라 부담금을 추징하는 경우에는 법 제18조와 이 영 제15조·제16조·제18조 및 제19조를 준용한다.
제17조(시효) ① 개발부담금을 징수할 수 있는 권리와 개발부담금의 과오납금을 환급받을 권리는 행사할 수 있는 시점부터 5년간 행사하지 아니하면 소멸시효가 완성된다. ② 제1항에 따른 개발부담금 징수권의 소멸시효는 다음 각 호의 어느 하나의 사유로 중단된다. 1. 납부 고지 2. 납부 독촉 3. 교부 청구 4. 압류 ③ 제2항에 따라 중단된 소멸시효는 다음 각 호의 어느 하나에 해당하는 기간이 지난 시점부터 새로 진행한다. 1. 고지한 납부기간 2. 독촉으로 재설정된 납부기간 3. 교부 청구 중의 기간 4. 압류 해제까지의 기간 ④ 제1항에 따른 개발부담금 징수권의 소멸시효는 납부의 연기 또는 분할 납부의 기간 중에는 진행하지 아니한다. ⑤ 제1항에 따른 환급청구권의 소멸시효는 환급청구권 행사로 중단된다. ⑥ 소멸시효에 관하여 이 법에 규정되어 있는 것 외에는 「민법」을 준용한다.	
제18조(납부) ① 개발부담금의 납부의무자는 부과일부터 6개월 이내에 개발부담금을 납부하여야 한다. ② 개발부담금은 현금 또는 대통령령으로 정	제21조의 2(신용카드 등에 의한 개발부담금의 납부) ① 법 제18조 제2항 본문에서 "대통령령으로 정하는 납부대행기관"이란 다음 각 호의 구분에 따른 기관을 말한다.

개발이익 환수에 관한 법률 〔법률 제18661호, 2021. 12. 28.〕	개발이익 환수에 관한 법률 시행령 〔대통령령 제32449호, 2022. 2. 17.〕
하는 납부대행기관을 통하여 신용카드·직불카드 등(이하 "신용카드등"이라 한다)으로 납부할 수 있다. 다만, 시장·군수·구청장은 토지(해당 부과대상 토지 및 그와 유사한 토지를 말한다) 또는 건축물로 하는 납부[이하 "물납"(物納)이라 한다]를 인정할 수 있다. ③ 제2항 본문에 따라 개발부담금을 신용카드등으로 납부하는 경우에는 납부대행기관의 승인일을 납부일로 본다. ④ 납부대행기관은 개발부담금 납부를 대행하는 대가로 납부의무자로부터 수수료를 받을 수 있다. ⑤ 물납의 기준·절차, 납부대행기관의 지정·지정취소, 납부대행 수수료 등에 필요한 사항은 대통령령으로 정한다.	1. 법 제4조에 따라 지방자치단체에 귀속되는 개발부담금의 경우: 「지방행정제재·부과금의 징수 등에 관한 법률 시행령」 제19조 제1항에 따른 지방세외수입수납대행기관 2. 법 제4조에 따라 특별회계에 귀속되는 개발부담금의 경우: 다음 각 목의 기관 가. 「민법」 제32조에 따라 금융위원회의 허가를 받아 설립된 금융결제원 나. 정보통신망을 이용하여 신용카드·직불카드 등(이하 이 조에서 "신용카드등"이라 한다)에 의한 결제를 수행하는 기관 중 시설, 자본금 규모, 업무수행능력 등을 고려하여 국토교통부장관이 납부대행기관으로 지정하여 고시한 기관. 이 경우 국토교통부장관은 납부대행기관의 지정에 관하여 행정안전부장관과 협의하여야 한다. ② 국토교통부장관은 제1항 제2호 나목에 따른 납부대행기관이 다음 각 호의 어느 하나에 해당하는 경우에는 행정안전부장관과 협의하여 납부대행기관의 지정을 취소할 수 있다. 이 경우 국토교통부장관은 그 지정 취소 사실을 관보에 고시하여야 한다. 1. 제1항 제2호 나목에 따른 시설 축소, 자본금 규모 감소 등으로 인하여 부담금 납부대행 업무를 정상적으로 수행하기 어렵다고 인정되는 경우 2. 신용카드등에 의한 부담금 납부대행 업무를 정상적으로 운영하지 못하는 등 업무수행능력에 문제가 있다고 판단되는 경우 ③ 법 제18조 제4항에 따른 납부대행 수수료는 납부 금액의 1천분의 10을 초과할 수 없다. ④ 제1항부터 제3항까지에서 규정한 사항 외에 신용카드등에 의한 개발부담금의 납부에 필요한 사항은 국토교통부장관이 정한다.
	제22조(물납) ① 법 제18조 제2항 단서에 따라 물납을 신청하려는 자는 부담금의 금액, 물

개발이익 환수에 관한 법률 〔법률 제18661호, 2021. 12. 28.〕	개발이익 환수에 관한 법률 시행령 〔대통령령 제32449호, 2022. 2. 17.〕
	납부동산의 소재지, 면적, 위치 및 가격 등을 적은 물납신청서를 시장·군수·구청장에게 제출해야 한다. ② 시장·군수·구청장은 제1항에 따른 물납신청서를 받은 날부터 30일 이내에 국토교통부령으로 정하는 바에 따라 수납 여부를 결정하여 신청인에게 서면으로 알려야 한다. ③ 납부의무자는 부과 금액과 물납부동산 가액과의 차액을 현금으로 내야 한다. ④ 물납부동산의 가액은 다음 각 호의 구분에 따라 산정한다. 1. 토지: 부과 종료시점 당시의 개별공시지가(물납 토지가 부과대상 토지인 경우에는 종료시점지가)에 부과 종료시점부터 제2항에 따라 서면으로 알린 날까지의 정상지가상승분을 합한 금액 2. 건축물(토지와 그 위의 주택을 함께 물납하는 경우에는 토지를 포함한다): 부과 종료시점 당시의 시가표준액 ⑤ 제4항에도 불구하고 개별공시지가 또는 시가표준액이 없는 경우의 물납부동산 가액은 시장·군수·구청장이 지정하는 감정평가법인등이 감정평가한 금액으로 한다.
제18조의 2(개발부담금의 일부 환급) ① 시장·군수·구청장은 개발부담금의 납부의무자가 제18조 제1항에서 정한 납부 기한 만료일까지 개발부담금의 납부를 완료한 경우에는 부과일부터 납부일까지 기간 등을 고려하여 대통령령으로 정하는 바에 따라 산정된 금액을 납부의무자에게 되돌려줄 수 있다. ② 제20조 제1항에 따른 납부의 연기 및 분할 납부의 경우에는 제1항을 적용하지 아니한다.	제22조의 2(부담금의 일부 환급) ① 법 제18조의 2 제1항에 따른 부담금의 일부 환급 금액(이하 "환급액"이라 한다)의 산정방법은 별표 4와 같다. 다만, 산정된 환급액이 10만 원 미만인 경우에는 환급액이 없는 것으로 본다. ② 제1항에 따라 산정한 환급액(특별회계에의 귀속분에 해당하는 금액과 해당 지방자치단체에의 귀속분에 해당하는 금액을 합한 금액을 말한다)의 환급방법 등에 필요한 사항은 국토교통부령으로 정한다.
제19조(납부 기일 전 징수) ① 시장·군수·구청장은 납부의무자가 다음 각 호의 어느 하나에 해당하면 납부 기일 전이라도 이미 부과된 개발부담금을 징수할 수 있다. 1. 국세, 지방세, 그 밖의 공과금에 대하여 체	제23조(납부 기일 전 징수) 시장·군수·구청장은 법 제19조 제2항에 따라 납부 기일 전에 부담금을 징수하려는 경우에는 그 납부기일을 부담금 고지일부터 5일 이상이 지난 날로 해야 하고, 그 고지서에는 납부 기일 전

개발이익 환수에 관한 법률 〔법률 제18661호, 2021. 12. 28.〕	개발이익 환수에 관한 법률 시행령 〔대통령령 제32449호, 2022. 2. 17.〕
납처분을 받은 경우 2. 강제집행을 받은 경우 3. 파산선고를 받은 경우 4. 경매가 개시된 경우 5. 법인이 해산한 경우 6. 개발부담금을 포탈하려는 행위가 있다고 인정되는 경우 7. 개발부담금에 대한 납부 관리인을 두지 아니하고 국내에 주소나 거소(居所)를 두지 아니하게 된 경우 ② 시장·군수·구청장은 제1항에 따라 납부 기일 전에 개발부담금을 징수하려면 대통령령으로 정하는 바에 따라 납부 기일을 정하여 납부의무자에게 그 뜻과 납부 기일 변경 등을 고지하여야 한다.	에 징수한다는 뜻과 납부 기일이 변경된 사실을 적어야 한다.
제20조(납부의 연기 및 분할 납부) ① 시장·군수·구청장은 개발부담금의 납부의무자가 다음 각 호의 어느 하나에 해당하여 개발부담금을 납부하기가 곤란하다고 인정되면 대통령령으로 정하는 바에 따라 해당 개발사업의 목적에 따른 이용 상황 등을 고려하여 3년의 범위에서 납부 기일을 연기하거나 5년의 범위에서 분할 납부를 인정할 수 있다. 1. 재해나 도난으로 재산에 심한 손실을 받은 경우 2. 사업에 뚜렷한 손실을 입은 경우 3. 사업이 중대한 위기에 처한 경우 4. 납부의무자 또는 그 동거 가족의 질병이나 중상해로 장기 치료가 필요한 경우 5. 그 밖에 대통령령으로 정하는 경우 ② 납부의무자가 제1항에 따라 개발부담금의 납부 기일의 연기 및 분할 납부를 인정받으려면 대통령령으로 정하는 바에 따라 시장·군수·구청장에게 신청하여야 한다. ③ 시장·군수·구청장은 제1항과 제2항의 경우에 납부를 연기한 기간 또는 분할 납부로 납부가 유예된 기간이 1년 이상일 경우 그 1년을 초과하는 기간에 대하여는 개발부	제24조(납부의 연기 및 분할 납부) ① 법 제20조에 따라 납부 기일을 연기하거나 분할 납부를 신청하려는 자는 납부 기일 연기 또는 분할 납부 사유 등을 적은 납부 기일 연기신청서 또는 분할 납부 신청서를 시장·군수·구청장에게 제출해야 한다. ② 시장·군수·구청장은 제1항에 따른 납부 기일 연기신청서 또는 분할 납부 신청서를 받은 날부터 30일 이내에 신청인에게 납부 기일 연기 또는 분할 납부 여부를 서면으로 알려야 한다. ③ 법 제20조 제1항 제5호에서 "대통령령으로 정하는 경우"란 부담금 부과 금액이 1천만 원을 초과하고, 납부의무자가 「지방세기본법」 제67조에 따른 담보를 제공하는 경우를 말한다. ④ 법 제20조 제3항에서 "대통령령으로 정하는 금액"이란 다음의 계산식에 따라 산정한 금액을 말한다.

개발이익 환수에 관한 법률 〔법률 제18661호, 2021. 12. 28.〕	개발이익 환수에 관한 법률 시행령 〔대통령령 제32449호, 2022. 2. 17.〕
담금에 대통령령으로 정하는 금액을 가산하여 징수하여야 한다.	부담금 × 시중은행의 1년 만기 정기예금 평균 수순금리를 고려하여 국토교통부장관이 매년 결정·고시하는 이자율 × 납부를 연기한 기간 또는 분할납부로 납부가 유예된 기간
제21조(납부 독촉 및 가산금) ① 시장·군수·구청장은 개발부담금의 납부의무자가 제18조 제1항에 따라 지정된 기간에 그 개발부담금을 완납하지 아니하면 납부 기한이 지난 후 10일 이내에 독촉장을 발부하여야 한다. ② 개발부담금 또는 체납된 개발부담금을 납부 기한까지 완납하지 아니한 경우에는 「지방세징수법」 제30조 및 제31조를 준용한다.	
제22조(체납처분 등) ① 시장·군수·구청장은 개발부담금의 납부의무자가 독촉장을 받고도 지정된 기한까지 개발부담금과 가산금 등을 완납하지 아니하면 「지방행정제재·부과금의 징수 등에 관한 법률」에 따라 징수할 수 있다. ② 제1항에 따른 개발부담금 및 가산금 등은 국세와 지방세를 제외한 그 밖의 채권에 우선하여 징수한다. 다만, 제15조에 따른 개발부담금 납부 고지일 전에 전세권, 질권 또는 저당권의 설정을 등기하거나 등록한 사실이 증명되는 재산을 매각할 때 그 매각 대금 중에서 개발부담금과 가산금 등을 징수하는 경우 그 전세권, 질권 또는 저당권으로 담보된 채권에 대하여는 그러하지 아니하다. ③ 분할 납부가 인정된 개발부담금을 징수할 때에는 제20조 제1항에도 불구하고 1회의 분할 납부가 체납된 경우에는 체납처분할 때에 그 납부기간 이후 분할 납부하여야 할 개발부담금과 가산금 등의 전액을 일괄하여 징수한다.	
제23조(결손처분) ① 시장·군수·구청장은 체납자에게 다음 각 호의 어느 하나에 해당하는 사유가 있으면 결손처분을 할 수 있다. 1. 체납처분이 끝나고 그 체납액에 충당된 배	**제25조(결손처분)** 시장·군수·구청장은 법 제23조 제1항 제4호에 따라 결손처분을 하려면 관할 세무서 등 관계 행정기관 등에 조회하여 그 체납자의 행방 또는 재산의 유무를 조

<table>
<tr><th>개발이익 환수에 관한 법률
〔법률 제18661호, 2021. 12. 28.〕</th><th>개발이익 환수에 관한 법률 시행령
〔대통령령 제32449호, 2022. 2. 17.〕</th></tr>
<tr><td>분 금액이 체납액보다 부족할 때
2. 제17조 제1항에 따라 소멸시효가 완성될 때
3. 체납처분의 목적물인 총재산의 추산 가액이 체납 처분비에 충당하고 잔액이 생길 여지가 없는 때
4. 체납자의 행방을 알 수 없거나 재산이 없다는 것이 밝혀져 체납액을 징수할 가망이 없는 때
② 시장·군수·구청장은 제1항에 따라 결손처분을 한 후 압류할 수 있는 다른 재산을 발견하면 지체 없이 그 처분을 취소하고 체납처분을 하여야 한다. 다만, 제1항 제2호에 해당하는 경우에는 그러하지 아니하다.</td><td>사·확인해야 한다. 다만, 체납된 부담금이 10만 원 미만인 경우는 제외한다.</td></tr>
<tr><td>제24조(자료 제출 의무) 납부의무자는 다음 각 호의 구분에 따라 대통령령으로 정하는 바에 따라 제11조에 따른 개발비용의 산정에 필요한 명세서를 시장·군수·구청장에게 제출하여야 한다.
1. 국가나 지방자치단체로부터 개발사업의 준공인가 등을 받은 경우
2. 제9조 제3항 단서의 경우</td><td>제25조의 2(개발비용 산출명세서) ① 법 제24조에 따라 개발비용의 산정에 필요한 명세서를 제출하려는 자는 다음 각 호에서 정하는 바에 따라 개발비용 산출명세서를 시장·군수·구청장에게 제출해야 한다.
1. 국가 또는 지방자치단체로부터 개발사업의 준공인가 등을 받은 경우에는 부과 종료시점부터 40일 이내에 제출할 것
2. 부과대상 토지가 법 제9조 제3항 단서에 해당되는 경우로서 준공된 개발사업별로 개발비용을 산출하기 곤란한 경우에는 전체 개발사업이 완료된 날부터 40일 이내에 명세서를 제출할 것. 이 경우 부과 종료시점이 서로 다른 대상 토지는 그 명세서를 별도로 구분하여 작성하여야 한다.
② 제1항에 따른 개발비용 산출명세서에는 설계서 등 개발비용 산출 증명서류를 첨부하여야 한다. 다만, 법 제11조 제2항에 따라 국토교통부장관이 고시하는 단위면적당 표준비용을 적용하는 경우에는 제12조 제1항 제1호부터 제4호까지의 개발비용에 대한 개발비용 산출 증명서류는 첨부하지 아니한다.</td></tr>
<tr><td>제25조(자료의 통보) ① 개발부담금의 부과대상인 개발사업에 관하여 인가등을 한 행정청은 인가등을 한 날부터 15일 이내에 그 사실</td><td>제26조(개발사업의 조사) 시장·군수·구청장은 부담금의 부과대상인 개발사업의 누락을 방지하기 위하여 법 제25조 제1항에 따른 관</td></tr>
</table>

개발이익 환수에 관한 법률 〔법률 제18661호, 2021. 12. 28.〕	개발이익 환수에 관한 법률 시행령 〔대통령령 제32449호, 2022. 2. 17.〕
을 시장·군수·구청장에게 알려야 한다. ② 시장·군수·구청장이 개발부담금을 부과한 경우에는 국토교통부령으로 정하는 바에 따라 대상 사업, 납부의무자, 부과 금액, 사업 기간 및 부과일 등에 관한 사항을 부과일부터 15일 이내에 국토교통부장관 및 국세청장에게 통보하여야 한다.	계 행정청의 통보가 없는 경우에는 진행 중인 개발사업에 대한 현지조사 또는 관계 행정청에 대한 사실조회 등 필요한 조치를 해야 한다 제27조(대상 사업의 고지) 시장·군수·구청장은 법 제25조 제1항에 따라 관계 행정청의 통보를 받으면 법 제6조에 따른 납부의무자에게 국토교통부령으로 정하는 사항을 미리 고지해야 한다.
26조(행정심판의 특례) ① 개발부담금 등의 부과·징수에 이의가 있는 자는 「공익사업을 위한 토지 등의 취득 및 보상에 관한 법률」에 따른 중앙토지수용위원회에 행정심판을 청구할 수 있다. ② 제1항에 따른 행정심판청구에 대하여는 「행정심판법」 제6조에도 불구하고 「공익사업을 위한 토지 등의 취득 및 보상에 관한 법률」에 따른 중앙토지수용위원회가 심리·의결하여 재결(裁決)한다.	
제28조(벌칙) ① 개발부담금을 면탈(免脫)·감경(減輕)할 목적 또는 면탈·감경하게 할 목적으로 거짓으로 계약을 체결한 자는 3년 이하의 징역에 처하거나, 면탈·감경을 하였거나 면탈·감경을 하려고 한 개발부담금의 3배 이하에 해당하는 벌금에 처한다. ② 법인의 대표자나 법인 또는 개인의 대리인, 사용인, 그 밖의 종업원이 그 법인 또는 개인의 업무에 관하여 제1항의 위반행위를 하면 그 행위자를 벌하는 외에 그 법인 또는 개인에게도 해당 조문의 벌금형을 과(科)한다. 다만, 법인 또는 개인이 그 위반행위를 방지하기 위하여 해당 업무에 관하여 상당한 주의와 감독을 게을리하지 아니한 경우에는 그러하지 아니하다.	
제29조(과태료) ① 제24조에 따른 명세서를 기한까지 제출하지 아니하거나 거짓으로 제출한 자에게는 200만 원 이하의 과태료를 부과한다.	제29조(과태료의 부과기준) 법 제29조에 따른 과태료의 부과기준은 다음과 같다. 1. 납부의무자가 법 제24조에 따른 개발비용 산출명세서를 제25조의 2에서 정한 기한

개발이익 환수에 관한 법률 〔법률 제18661호, 2021. 12. 28.〕	개발이익 환수에 관한 법률 시행령 〔대통령령 제32449호, 2022. 2. 17.〕
② 제1항에 따른 과태료는 대통령령으로 정하는 바에 따라 시장·군수·구청장이 부과·징수한다.	내에 제출하지 아니한 경우: 100만 원 2. 납부의무자가 법 제24조에 따른 개발비용 산출명세서를 부과 종료시점부터 3개월 이내에 제출하지 아니하거나 거짓으로 제출한 경우: 200만 원

■ 개발이익 환수에 관한 법률 시행규칙 [별지 제1호의 4 서식] 〈개정 2020. 11. 19.〉

거래가격 신고서

※ 색상이 어두운 란은 신청인이 적지 않습니다.

접수번호		접수일		처리기간 7일	
신고인	성명(대표자명)			생년월일(사업자등록번호 또는 법인등록번호)	
	상호(법인명)		전화번호	휴대전화번호	
	사무소 소재지 또는 주소				
신고내용	대상 개발사업명				
	근거 법률				
	매입가격 신고 토지				
	지번	지목	면적(㎡)	매입가격(원)	매입처	매입 방법

「개발이익 환수에 관한 법률」 제10조 및 같은 법 시행령 제11조에 따라 위와 같이 신고합니다.

년 월 일

신고인 (서명 또는 인)

특별자치시장 · 특별자치도지사 · 시장 · 군수 · 구청장 귀하

신고인 제출서류	1. 매입증서 등 매입 가액 또는 취득 가액을 증명할 수 있는 서류 사본 2. 부과개시시점 이전에 매매계약을 체결하여 부과개시시점 이후에 그 계약에서 약정한 금액대로 매매대금의 지급이 이루어진 사실을 증명하려는 경우에는 다음 각 목의 어느 하나에 해당하는 서류. 다만, 「전자정부법」 제36 1항에 따른 행정정보의 공동이용을 통한 특별자치시장 · 특별자치도지사 · 시장 · 군수 · 구청장의 확인으로 토지 등기사항증명서에 적힌 접수일이 부과개시시점 이전임이 확인되는 경우에는 그 확인으로 증명을 갈음합니다. 가. 「부동산 거래신고 등에 관한 법률」 제3조에 따른 신고필증 사본(신고의 접수일을 기준으로 증명하되, 특별자치시장 · 특별자치도지사 · 시장 · 군수 · 구청장이 같은 법 시행령 제3조 각 호에 따른 서류를 확인하여 신고필증의 내용대로 거래대금이 지급된 것을 확인한 경우에는 거래계약일을 기준으로 증명할 수 있습니다) 나. 「공증인법」 제50조에 따른 증서의 등본(증서의 작성일을 기준으로 증명합니다) 다. 「공증인법」 제57조에 따른 인증된 사서증서의 등본(사서증서의 인증일을 기준으로 증명합니다)	수수료 없음
담당 공무원 확인사항	토지 등기사항증명서	

210㎜×297㎜[백상지 80g/㎡(재활용품)]

■ 개발이익 환수에 관한 법률 시행규칙 [별지 제15호 서식] 〈개정 2014. 7. 14.〉

개발비용 산출명세서

접수번호	접수일	처리기간	즉시

신고인		
신고인	성명(대표자명)	생년월일(사업자등록번호 또는 법인등록번호)
	상호(법인명)	
	전화번호	휴대전화번호
	사무소 소재지 또는 주소	

신고내용

대상 개발사업명

종료시점지가 원

개시시점지가 원

개발비용 명세

○ 단위면적당 표준비용을 적용하지 않는 경우(　　　) (단위: 원)

순공사비	조사비	설계비	일반관리비	기부채납액	부담금납부액	토지개량비	제세공과금	보상비	「개발이익 환수에 관한 법률」 제12조에 따른 양도소득세 또는 법인세	비용총액

○ 단위면적당 표준비용을 적용하는 경우(　　　) (단위: 원)

표준비용	기부채납액	부담금납부액	토지개량비	제세공과금	보상비	「개발이익 환수에 관한 법률」 제12조에 따른 양도소득세 또는 법인세	비용총액

* 표준비용 = 사업면적(　　㎡) × 단위면적당 표준비용(　　원/㎡) = 　　원

「개발이익 환수에 관한 법률」 제24조 및 같은 법 시행규칙 제20조에 따라 위와 같이 제출합니다.

년 　　월 　　일

제출인 　　　　(서명 또는 인)

특별자치시장 · 특별자치도지사 · 시장 · 군수 · 구청장 귀하

신고인 제출서류	설계서 등 개발비용 산출 증명서류. 다만, 「개발이익 환수에 관한 법률」 제11조 제2항에 따라 국토교통부장관이 고시하는 단위면적당 표준비용을 적용하는 경우에는 순공사비 · 조사비 · 설계비 · 일반관리비의 개발비용에 대한 개발비용 산출 증명서류는 제출하지 않습니다.	수수료 없음

210㎜×297㎜[백상지 80g/㎡(재활용품)]

■ 개발이익 환수에 관한 법률 시행규칙 [별지 제3호 서식] 〈개정 2014. 7. 14.〉

개발부담금 고지 전 심사청구서

접수번호		접수일	처리기간 15일
청구인	성명(대표자명)		생년월일(사업자등록번호 또는 법인등록번호)
	상호(법인명)	전화번호	휴대전화번호
	사무소 소재지 또는 주소		
심사 청구 내용	대상 개발사업명		
	개발부담금 부과대상 토지의 명세		
	부과 금액		원
	부과기준		
	심사청구 이유		

「개발이익 환수에 관한 법률 시행령」 제16조 제2항에 따라 위와 같이 고지 전 심사를 청구합니다.

년 월 일

청구인 (서명 또는 인)

특별자치시장 · 특별자치도지사 · 시장 · 군수 · 구청장 귀하

청구인 제출서류	관계 증명서류 등	수수료 없음

처리 절차								
청구서 작성	➔	접수	➔	검토	➔	결재	➔	통지
청구인		처리기관: 특별자치시 · 특별자치도 · 시 · 군 · 자치구						

210㎜×297㎜[백상지 80g/㎡(재활용품)]

■ 개발이익 환수에 관한 법률 시행규칙 [별지 제10호 서식] 〈개정 2014. 7. 14.〉

개발부담금 납부 기일 연기신청서

접수번호	접수일	처리기간	30일

신청인	성명(대표자명)	생년월일(사업자등록번호 또는 법인등록번호)
	상호(법인명)	
	전화번호	휴대전화번호
	사무소 소재지 또는 주소	

신청내용	대상 개발사업명	
	부과 금액	원
	납부 기일	
	연기 희망일	
	연기 사유	

「개발이익 환수에 관한 법률 시행령」 제24조 제1항에 따라 위와 같이 납부 기일 연기를 신청합니다.

년　　월　　일

신청인　　　　(서명 또는 인)

특별자치시장 · 특별자치도지사 · 시장 · 군수 · 구청장 귀하

신청인 제출서류	납부 연기 사유를 증명할 수 있는 자료	수수료 없음

처리 절차								
신청서 작성	➔	접수	➔	검토	➔	결재	➔	통보
신청인		처리기관: 특별자치시 · 특별자치도 · 시 · 군 · 자치구						

210㎜×297㎜[백상지 80g/㎡(재활용품)]

■ 개발이익 환수에 관한 법률 시행규칙 [별지 제18호의 2 서식] 〈신설 2014. 7. 14.〉

기 관 명

수신자 납부의무자 귀하
(경유)
제 목 **개발부과금 부과대상 개발사업에 관한 고지 및 안내장 송부**

1. 아래에 명시한 개발사업이 준공될 경우 「개발이익 환수에 관한 법률」 제3조에 따른 개발부담금이 부과된다는 사실을 「개발이익 환수에 관한 법률 시행령」 제27조 및 같은 법 시행규칙 제22조에 따라 미리 알려 드립니다.

   가. 개발사업명:
   나. 대상 토지의 위치:
   다. 대상 토지의 면적:
   라. 개발사업 기간:
   마. 개발사업의 목적:
   바. 개발사업 시행자(납부의무자):
   사. 개발사업에 대한 인가 등이 있은 날:
   아. 개발사업의 인가 등을 한 행정청:

2. 위 개발사업에 대한 개발부담금 부과 처분에 관한 개략적인 안내서를 붙임과 같이 보내드리니 이를 숙지하여 개발비용 산출명세서 제출의무 등 개발부담금 납부의무자가 준수하여야 할 사항 등을 차질 없이 이행하여 주시기 바라며, 보다 구체적인 사항에 대해서 궁금하신 경우에는 담당자에게 직접 문의하여 주시기 바랍니다.

붙임 : 안내서 1부. 끝.

* 본 기안문 내용에 대하여 해당 기관의 현지 실정에 맞게 수정·보완이 가능함

발 신 명 의 직인

기안자 직위(직급) 서명 검토자 직위(직급)서명 결재권자 직위 (직급)서명
협조자 직위(직급) 서명
시행 처리과명-일련번호(시행일자) 접수 처리과명-일련번호(접수일자)
우 주소 / 홈페이지 주소
전화( ) 전송( ) / 전자우편주소 / 공개 구분

210㎜×297㎜[백상지 80g/㎡(재활용품)]

[붙 임]

안 내 장

1. 개발부담금 납부의무자

가. 사업시행자

나. 개발사업을 위탁하거나 도급한 경우에는 그 위탁이나 도급을 한 자

다. 타인이 소유하는 토지를 임차하여 개발사업을 시행한 경우에는 그 토지의 소유자

라. 개발사업을 완료하기 전에 사업시행자의 지위나 나목 또는 다목에 해당하는 자의 지위를 승계하는 경우에는 그 지위를 승계한 자

2. 개발부담금 산정방법

(종료시점지가 - 개시시점지가 - 정상지가상승분 - 개발비용) × 부담률(%)

가. 종료시점지가 : 표준지공시지가를 기준으로 산정한 가액, 처분 가격 또는 감정평가한 금액을 기준으로 산정

나. 개시시점지가 : 개별공시지가 또는 실제 매입 가액이나 취득 가액을 기준으로 산정

다. 정상지가상승분 : 평균지가변동률 또는 국토교통부장관이 결정 · 고시하는 이자율을 고려하여 산정

라. 개발비용

1) 순공사비, 조사비, 설계비, 일반관리비, 기부채납액, 부담금 납부액, 토지의 개량비, 제세공과금, 보상비, 「개발이익 환수에 관한 법률」 제12조에 따른 양도소득세 또는 법인세 납부액

※ 개발사업 면적이 2,700㎡ 이하인 경우 순공사비, 조사비, 설계비, 일반관리비의 합계액을 산정할 때 국토교통부장관이 고시하는 단위면적당 표준비용을 적용할 수 있습니다.

마. 부담률

1) 「개발이익 환수에 관한 법률」 제5조 제1항 제1호에서 제6호까지에 해당하는 개발사업인 경우 : 20%

2) 「개발이익 환수에 관한 법률」 제5조 제1항 제7호 및 제8호에 해당하는 개발사업인 경우 : 25%. 다만, 「국토의 계획 및 이용에 관한 법률」 제38조에 따른 개발제

한구역에서 해당 개발사업을 시행하는 경우로서 납부의무자가 개발제한구역으로 지정될 당시부터 토지 소유자인 경우에는 20%로 한다.

3. 개발사업의 시행자 및 납부의무자 준수사항 및 협조 요청사항

가. 개발사업 또는 토지의 양도 · 양수 시 조치사항

개발사업을 완료하기 전에 양도 · 양수로 인하여 개발사업의 시행자의 지위 또는 토지소유자 등이 변경된 경우 그 양수자가 전체 개발사업 기간에 대한 개발부담금 납부의무자가 된다는 사실을 사전에 주지시켜 주시기 바랍니다.

나. 개발비용 산출명세서 제출의무

개발부담금 납부의무자는 국가 또는 지방자치단체로부터 개발사업의 준공인가 등을 받았거나 납부의무자가 개발사업의 목적 용도로 토지의 사용을 시작하거나 타인에게 분양하는 등의 경우에는 40일 이내에 개발비용 산출명세서를 제출해야 합니다.

만일 정해진 기한 내에 개발비용산출명세서를 제출하지 않으면 과태료가 부과될 수 있습니다.

다. 개발부담금 납부 방법 등

개발부담금은 일시불로 납부하는 것이 원칙이나, 예외적으로 특수한 경우에 해당하면 3년의 범위에서 납부를 연기하거나 5년의 범위에서 분할 납부도 허용하고 있습니다. 납부 연기 또는 분할 납부를 원하시는 납부의무자께서는 담당자와 사전에 협의하여 주시기 바랍니다.

개발부담금은 현금 납부를 원칙으로 하나, 예외적으로 물납(物納)을 허용하고 있습니다.

라. 조기 성실납부자에 대한 일부 환급

개발부담금은 고지일부터 6개월 이내에 납부하여야 합니다. 다만, 납기 만료 이전에 성실하게 납부한 경우에는 다음의 계산식에 따라 산정된 금액을 환급해 드립니다.

> 일부 환급액 = 개발부담금 납부 금액 × 요율(국토교통부장관이 결정 · 고시하는 이자율) × (조기 납부 일수/365일)
>
> ※ 산정된 환급액이 10만원 미만인 경우에는 환급액이 없는 것으로 보아 환급하지 않습니다.

납부의무자께서는 조기 납부하였을 경우 개발부담금의 일부 환급액을 받을 장소(거래은행, 계좌번호, 예금주)를 미리 알려 주셔야 합니다.

마. 개발부담금 부과 처분에 대한 이의신청 등

납부의무자가 개발비용 산출명세서를 제출한 후 개발부담금을 산정하여 예정 통지를 하면 납부의무자는 예정통지를 받은 날로부터 30일 이내에 고지 전 심사를 청구할 수 있습니다.

또한 개발부담금 부과 · 징수에 대하여 이의가 있어 행정심판을 청구하려는 경우에는 「공익사업을 위한 토지 등의 취득 및 보상에 관한 법률」에 따른 중앙토지수용위원회에 청구하여야 합니다.

《참고사항》

위 안내 내용은 개발이익 환수에 관한 법령에 나온 내용 중 개괄적인 주요 내용만 설명한 것이므로 상세한 내용에 관하여는 담당 공무원에게 문의하시기 바랍니다.

* 개발부담금의 부과 · 징수권자는 위 안내장 내용의 일부를 현지 실정에 맞게 수정 · 보완하는 것이 가능함.

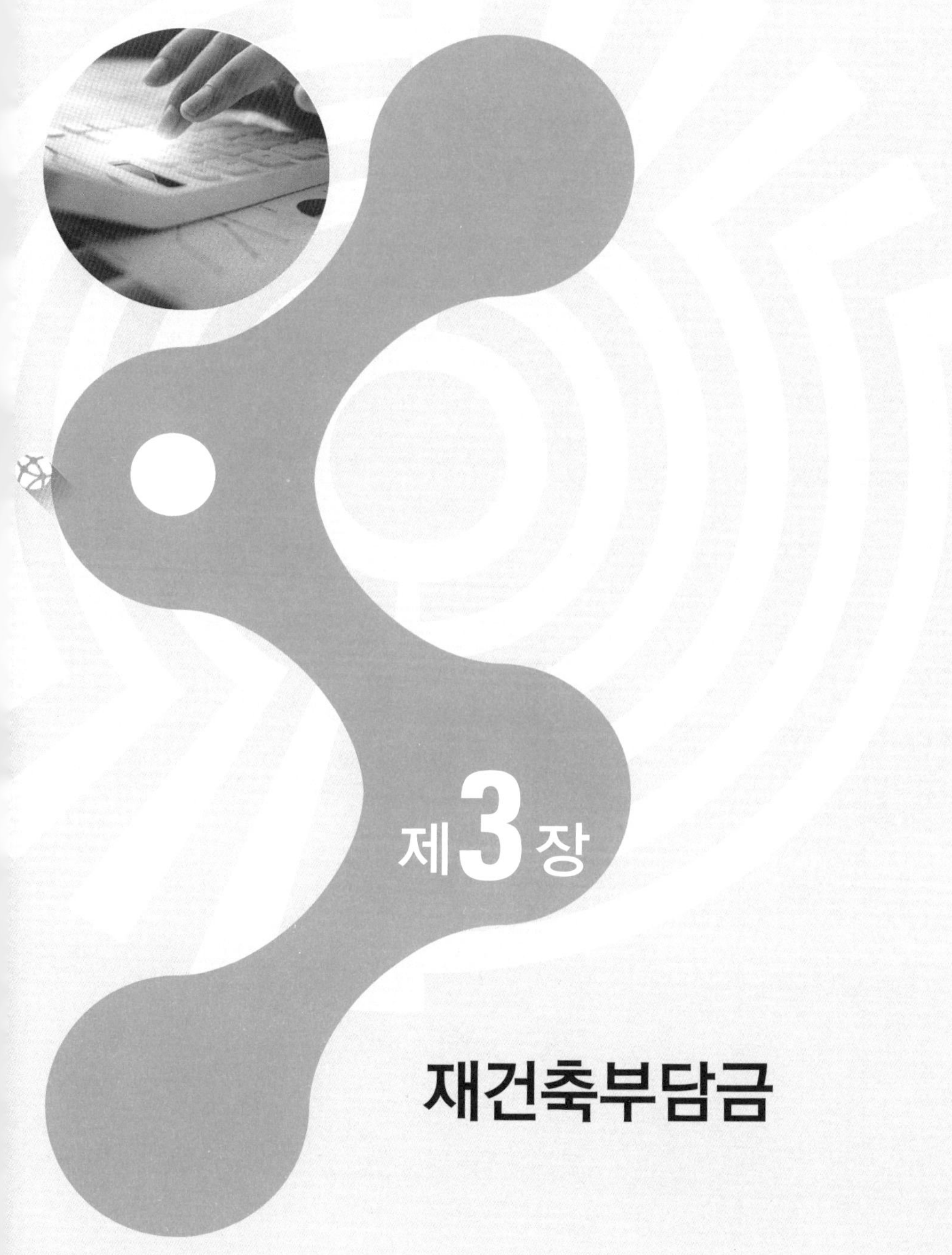

제 3 장

재건축부담금

Q1. 재건축부담금의 의의

❶ 재건축부담금의 개념과 도입 배경

재건축부담금은 주택재건축사업에서 발생되는 초과이익을 환수함으로써 주택가격의 안정과 사회적 형평을 도모하여 국민경제의 건전한 발전과 사회통합에 이바지함을 목적으로 한다(재건축이익환수법 §1). 재건축부담금은 「재건축초과이익 환수에 관한 법률」에 따라 국토교통부장관이 부과·징수하며, 재건축으로 인한 수익의 일부를 환수하는 이익환수부담금의 일종이면서 추가적으로 소득재분배적 기능도 가지고 있다.

주택재건축사업은 공급 위주의 주택정책에 따라 건설된 상당수 공동주택의 노후화에 따른 안전상의 문제를 해결하고 주거환경을 개선하며, 택지확보가 어려운 지역에서 보다 용이하게 택지를 확보할 수 있도록 하는 제도이다. 그러나 재건축된 주택의 가격이 급등하고 이에 따른 무분별한 주택재건축사업의 추진 및 재건축 대상주택에 대한 투기적 매입현상이 초래되면서 자원의 낭비와 부동산 거래 왜곡이 심화되자, 참여정부 시절인 2006년 정부는 재건축개발이익 등의 환수를 주요 내용으로 하는 이른바 '3.30. 부동산 대책'을 발표하고, 그 실천을 담보하기 위하여 2006. 5. 24. 법률 제7959호로 재건축이익환수법을 제정하였다. 즉, 주택가격을 안정시키고 사회적 형평을 기하기 위하여 주택재건축사업을 통하여 발생한 정상주택가격상승분을 초과하는 주택가액의 증가분 중 일부를 환수하도록 하는 것이다.

❷ 재건축부담금의 논란

재건축부담금은 2006년부터 시행되어 수도권 2006. 9. 25., 비수도권 2009. 7. 1. 이후 관리처분계획인가 신청분에 대해 부과하였으나, 2012. 12. 18. 이후 2017년까지 2차례에 걸쳐 시행이 유예(2012. 12.~2014. 12., 2014. 12.~2017. 12.)되어 그 기간 중 관리처분인가를 신청한 단지의 경우 재건축부담금 면제되었고, 2018. 1. 1.부터 재건축부담금 부과면제가 종료되어 재시행되고 있다.

연 월 일	재건축부담금 제도 변천내용
• 2006. 9. 25.	• 제도 시행
• 2012. 12. 18.	• 재건축부담금 부과 면제 (2014. 12. 31.까지 관리처분계획의 인가를 신청하는 사업장)
• 2014. 12. 31.	• 재건축부담금 부과 면제 (2017. 12. 31.까지 관리처분계획의 인가를 신청하는 사업장)
• 2008. 1. 1.	• 재건축부담금 부과면제 종료 및 재시행

2006년 법 시행 이후 전국의 5곳 재건축조합에 대해 부담금이 부과(2010~2012, 총 25억)되었고, 2017년까지 유예기간 종료 이후 5개 단지가 준공되어 부담금을 부과해야 하나, 실제 부담금이 크게 증가함에 따라 지방자치단체에서 부과절차를 중지하고 있다(2022. 9. 29. 국토교통부 보도자료).

한편, 그동안 재건축부담금에 대해 미실현이익에 대한 과세와 양도소득세와의 이중과세 등 문제가 제기되었고, 재건축초과이익 환수조항의 재산권 침해 여부에 대하여 위헌소원이 제기되었다. 하지만 헌법재판소는 ① 입법목적의 정당성 인정, ② 과잉금지원칙 미위배, ③ 재개발과 평등원칙 반하지 않는다며 "합헌" 결정(2019. 12. 27.)함에 따라 재건축부담금 위헌성 논란이 일단락되었다.

헌법재판소의 "합헌" 결정과 함께 2017년까지 재건축부담금 시행유예가 종료되어 2018년부터 제도가 재시행되면서 전국 41개 재건축조합에 약 6,643억 원의 재건축부담금 예정액이 통지[16]된 것을 비롯해 2018년 이후 관리처분계획 인가를 신청한 서울 · 경기 등을 중심으로 재건축부담금 부담에 대한 관심이 높아진 바 있다[17].

▶ **헌법재판소 2019. 12. 27. 자 2014헌바381 결정 [합헌][18]**

이 사건 환수조항 등은 주택가격을 안정시키고 사회적 형평을 기하기 위하여 주택재건축사업을 통하여 발생한 정상주택가격상승분을 초과하는 주택가액의 증가분 중 일부를 환수하도록 규정하고 있는바, 재건축조합의 비용과 노력이 투입된 개발비용 등을 모두 공제하여 산정하도록 규정한 재건축부담금 부과기준 산정방법, 재건축초과이익 중 조합원 1인당 3천만 원을 초과하는 경우에 한하여 비례적으로 높아지도록 설계된 부과율,

16) 기획재정부, 「2021년도 부담금운용 종합보고서」, p.764.

17) 2022년 7월 정부에서 「윤석열정부 120대 국정과제」를 통해 재건축부담금 등 정비사업 관련 제도를 합리적으로 조정하여 도심 공급 촉진 등 주택공급 확대 및 조기화를 추진하겠다고 발표하였다.

18) 헌법재판소는 재판관 6대 2의 의견으로 합헌 결정한 바, 재판관 2명의 반대의견은 임의로 '개시시점'과 '종료시점'을 기준으로 미실현된 재건축초과이익을 포착하는 등의 불공평하고 부정확한 재건축초과이익 산정 기

부과종료시점으로부터 역산하여 최대 10년이 되는 날을 부과개시시점으로 규정한 부과산정기간, 재건축부담금과 양도소득세의 부담을 조정하기 위하여 마련된 각종 공제규정의 존재 등을 종합하여 보면, 이 사건 환수조항 등은 과잉금지원칙에 반하여 청구인의 재산권을 침해하지 아니한다.

주택재건축사업과 주택재개발사업은 사업목적과 대상, 구체적인 사업의 시행방식 및 절차, 개발이익 환수의 방식과 정도가 모두 달라, 헌법적으로 의미 있는 비교집단이 될 수 없으므로, 이 사건 환수조항 등은 평등원칙에 위반되지 아니한다.
재산권 보장의 일반원칙, '재건축초과이익 환수에 관한 법률'의 입법취지, 조합원분양분에 대한 부과기준과의 관계 등을 종합하여 보면, 이 사건 일반분양조항의 '분양시점의 분양가격'은 '실제의 분양가격'이라고 명확하게 해석될 수 있으므로, 명확성원칙에 위반되지 아니한다.

이 사건 일반분양조항은 최종적인 재건축부담금을 산정하기 위한 중간 단계의 기술적인 조항에 불과하여, 재건축조합에 대한 어떤 차별이 존재한다고 볼 수 없으므로, 평등원칙에 위반되지 아니한다.

이 사건 가액산정조항에 의하여 산정되는 '개시시점 주택가액'과 '종료시점 주택가액'은 실질적으로 동일한 기준과 절차에 따라 산정된다고 할 것이므로, 청구인의 주장과 같이 상이한 조건에서 주택가액을 산정함으로써 청구인의 재산권을 침해하여 헌법에 위반된다고 할 수 없다.

재건축부담금의 개정 방향

재건축부담금 제도는 2006년 도입된 이후에 2차례 유예(2012~2017) 등을 거치면서, 정상적으로 시행되지 못한 채 종전의 기준을 그대로 유지하고 있다. 이로 인해 그동안 집값 상승 등 시장 상황 변화에도 불구하고 과거 기준을 그대로 적용하다 보니, 불합리한 수준의 부담금이 산정되는 문제가 초래되었고, 그간 많은 전문가 등이 제도개선 필요성을 제기해 왔다.

준, '1가구 1주택자'나 '실거주 목적으로 장기간 주택 등을 보유한 자'에 관해서 아무런 입법적 배려를 하고 있지 아니한 일률적 · 획일적 부과 체계, 재산세 및 양도소득세 등 각종 조세와의 누적적 · 중첩적 부담, 주택가치 하락에 따른 보완규정의 부재 등을 종합하여 보면, 심판대상조항은 재건축사업에 대한 규제 필요성에 치우친 나머지 주택 소유자로 하여금 과도한 재건축부담금을 부담하게 하여 쾌적한 주거생활을 할 권리를 실현할 토대인 재산권을 침해하므로 헌법에 위반된다는 것이다.

이에 정부는 2022. 9. 29.「재건축부담금 합리화 방안」을 발표한 바, 개선방안의 큰 원칙은 재건축에 따른 과도한 초과이익은 환수하되, 도심 내 주택공급이 원활해지도록 그간 시장여건 변화, 부담능력 등을 고려하여 부담금 수준을 합리적으로 조정하는 데 중점을 두었다. 재건축부담금 부과율을 조정하여 부담 수준을 낮추고 1주택 장기보유자는 최대 50%까지 부담금을 감면하는 등의 내용으로서 이와 관련한 개정법률안이 2022년 말 국회에 제출되어 있다. 정부의 「재건축부담금 합리화 방안(2022. 9. 29.)」은 다음과 같다.

정부의 「재건축부담금 합리화 방안(2022. 9. 29.)」 주요내용

① 부담금 부과기준 현실화 : 시장변화 등을 고려하여 조정

그간의 주택가격 상승 등 여건 변화를 종합적으로 고려하여 면제금액을 현행 3천만 원에서 1억 원으로 상향한다.

현재 초과이익이 3천만 원 이하인 경우 부담금을 면제하고 있으나, 초과이익이 1억 원 이하인 경우까지 면제될 수 있도록 개선하고, 이에 따라, 부과율 결정의 기준이 되는 부과구간도 기존 2천만 원 단위에서 7천만 원 단위로 확대한다.

| 부과기준 현실화 개선안 |

초과이익							
초과이익	현행	0.3억 이하	0.3~0.5억	0.5~0.7억	0.7~0.9억	0.9~1.1억	1.1억 초과
	개선	1억 이하	1.0~1.7억	1.7~2.4억	2.4~3.1억	3.1~3.8억	3.8억 초과
부과율		면제	10%	20%	30%	40%	50%

② 부담금 부과 개시시점 조정 : 부과체계의 정합성 제고를 위해 개선

현재 부담금을 정하는 기준이 되는 초과이익은 정비사업을 위한 임시조직인 추진위원회 구성 승인일부터 산정하고 있다. 그러나, 정비사업의 권리 및 의무를 부여받는 실질적인 사업주체는 조합이고, 부담금 납부 주체도 추진위원회가 아닌 조합이라는 점을 고려하여, 초과이익 산정 개시시점을 조합설립 인가일로 조정하여 부과체계의 합리성을 제고할 계획이다.

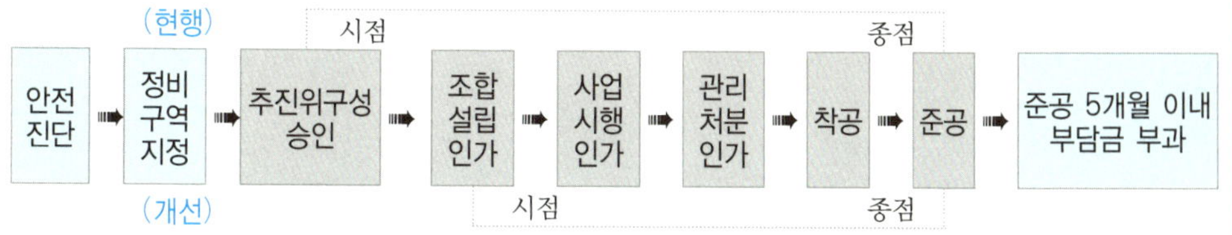

③ 공공기여 감면 인센티브 : 재건축을 통한 공공주택 공급 확대 유도

현재 재건축 사업 시 공공임대, 공공분양 등을 공공기관에 저렴하게 공급할 경우 용적률 상향 혜택을 받을 수 있으나, 매각대금이 초과이익에 산입되어 부담금이 늘어나게 됨으로써, 공공임대주택 등 공공기여에 대한 사업 유인이 감소되는 문제가 있었다.

이에, 공공임대 및 공공분양 주택을 매각한 대금은 부담금 산정 시 초과이익에서 제외하는 인센티브를 부여하여, 재건축을 통한 공공주택 공급이 보다 확대되도록 유도할 예정이다.

④ **실수요자 배려 : 1주택 장기보유자 감면 등을 위한 제도 신설**

현재 주택보유 기간, 구입 목적 등에 관계없이 일률적으로 부담금을 부과하고 있으나, 1주택 실수요자에 대한 과도한 부담금은 경제적 부담을 가중시키고, 정책 취지와 달리 실수요자의 주거안정을 저해할 수 있다.

이에, 1세대 1주택자로서 해당 주택을 준공시점부터 역산하여 6년 이상 보유한 경우에 부담금을 10% 감면하고, 10년 이상은 최대 50%까지 감면할 계획이다. 다만, 준공시점에 1세대 1주택자여야 하고, 보유기간은 1세대 1주택자로서 해당 주택을 보유한 기간만 포함한다.

| 보유 기간에 따른 감면안 |

보유기간	10년 이상	9년 이상	8년 이상	7년 이상	6년 이상
감면율	50%	40%	30%	20%	10%
	• 준공시점 1세대 1주택자로서, 보유기간은 1주택자 기간만 인정				

또한, 경제적 여력, 종부세 규정 등을 고려하여 1세대 1주택 고령자(만 60세 이상)는 담보 제공 조건을 전제로 상속 · 증여 · 양도 등 해당 주택의 처분 시점까지 납부를 유예할 수 있도록 개선할 예정이다.

❹ 재건축부담금의 산정 및 부과 개요

▸ 재건축부담금 = 재건축 초과이익 × 부과율 (10%~50%)

▸ 초과이익 = 종료시점 주택가액 - 개시시점 주택가액 - 정상주택가격상승분 - 개발비용

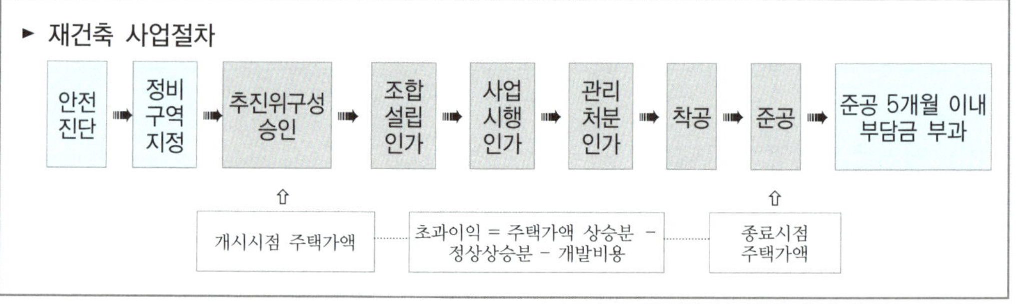

(1) 재건축 초과이익이란?

재건축초과이익은 재건축사업으로 인하여 정상주택가격상승분을 초과하여 조합 또는 조합원에게 귀속되는 주택가액의 증가분으로서 종료시점의 주택가격에서 개시시점의 주택가격과 정상주택가격상승분, 개발비용을 뺀 금액으로 산정한다(재건축이익환수법 §2 1호). 즉, 재건축조합의 비용과 노력이 투입된 개발비용 등을 모두 공제하여 재건축초과이익을 산정하며, 부과 종료시점으로부터 역산하여 최대 10년이 되는 날을 부과 개시시점으로 규정하고 있다.

(2) 재건축부담금의 산정

재건축부담금은 위 재건축초과이익에 부과율을 곱하여 산출한다. 부과율은 재건축초과이익 중 조합원 1인당 3천만 원을 초과하는 경우에 한하여 당해 조합원 1인당 초과이익 금액에 금액 단계별로 10%~50%의 5단계 비례적 누진 부과율을 적용한다(재건축이익환수법 §12). 즉, 부과율에 의하면 재건축 단지 조합원이 오른 집값으로 얻은 이익이 인근 집값 평균 상승분과 각종 비용 등을 빼고 1인당 평균이익이 3천만 원을 초과하는 경우에 한하여 전체 이익의 10%~50%에 해당하는 금액을 부담금으로 부과하여 재건축 초과이익을 환수하는 것이라고 할 수 있다.

▸ 재건축부담금 = 재건축초과이익 × 부과율(10%~50%)

| 조합원 1인당 평균이익별 부과율 |

조합원 1인당 평균이익	부과율 및 부담금 산식
3천만 원 초과~5천만 원 이하	3천만 원 초과금액의 10% × 조합원수
5천만 원 초과~7천만 원 이하	(200만 원 + 5천만 원 초과금액의 20%) × 조합원수
7천만 원 초과~9천만 원 이하	(600만 원 + 7천만 원 초과금액의 30%) × 조합원수
9천만 원 초과~1억1천만 원 이하	(1,200만 원 + 9천만 원 초과금액의 40%) × 조합원수
1억1천만 원 초과	(2,000만 원 + 1억1천만 원 초과금액의 50%) × 조합원수

(3) 재건축부담금의 부과절차

재건축부담금 납부의무자는 조합 및 신탁업자이며, 부과된 재건축부담금은 조합원별로 배분된다. 재건축부담금 납부의무자인 조합이 부과 종료시점(준공)부터 1개월 이내에 개발비용 등 내역서를 해당 기초 지방자치단체에 제출하면, 기초 지방자치단체장은 부과 종료 시점(준공)부터 5월 이내에 부담금을 결정·부과하고, 납부의무자는 부과일로부터 6월 이내에 납부하여야 한다(재건축이익환수법 §17).

5 재건축부담금의 운용 현황[19)]

(1) 재건축부담금의 부과 및 징수기관

담당기관	국토교통부	주택정비과
부과기관	시·군·구	주택과 등
징수기관	시·군·구	주택과 등

(2) 재건축부담금의 부과·징수 규모

① 연도별 부과·징수 규모

구 분	부과		징수	
	건수	금액(백만 원)	건수	금액(백만 원)
합계	5	2,242	4	1,392
2021				233
2020			1	1,059
2019				
2018				
2017				
2016				
2015				
2014	1	431	2	90
2013				
2012 이전	4	1,811	1	10

19) 기획재정부, 「2021년도 부담금운용 종합보고서」, pp.758~768. 참조

② 징수기관별 부담금 징수규모

구 분	징수실적(백만 원)		비고
	2021년	2020년까지 누계	
서울시	233	1,159	

(3) 재건축부담금의 배분 구조

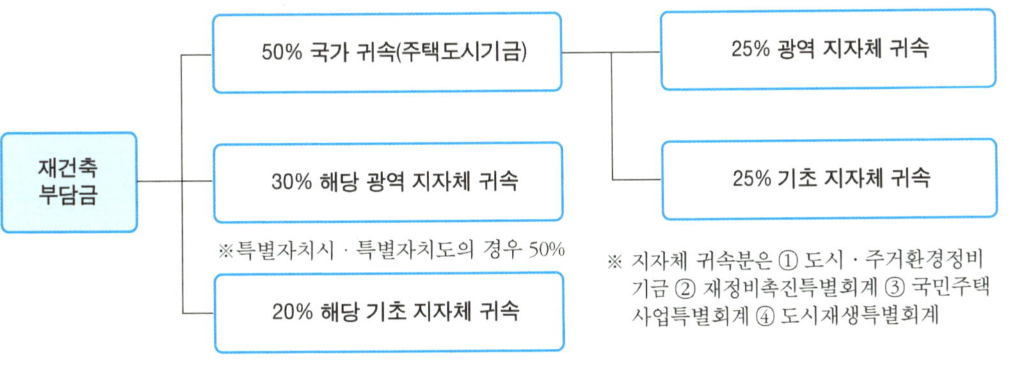

배분항목		배분비율	2021년 징수금액 (백만 원)	관련법령
합계		100%	233	재건축이익 환수법 제4조
국가	주택도시기금	50%	116.5	
광역자치단체	도시 · 주거환경정비기금	20%	46.6	
	재정비특별회계			
	국민주택사업특별회계			
	도시재생특별회계			
기초자치단체	도시 · 주거환경정비기금	30%	69.6	
	재정비특별회계			
	국민주택사업특별회계			
	도시재생특별회계			
기타				

※ 2020년 8월 법 개정으로 징수금 배분비율이 광역 30% · 기초 20%로 변경되었으나, 해당 금액은 개정 이전(2012년 9월)에 부과된 것으로 종전 기준(광역 20% · 기초 30%)을 적용한 것임.

(4) 국고 귀속 재원의 지방자치단체 지원

국토교통부장관은 주택도시기금에 귀속되는 재원을 지방자치단체가 운용하는 도시・주거환경정비기금 또는 재정비촉진특별회계 또는 국민주택사업특별회계 또는 도시재생특별회계의 재원으로 특별시・광역시・특별자치시・도・특별자치도와 시・군・구에 각각 100분의 50을 지원하여야 한다(재건축이익환수법 §4 ④). 이는 국가로 귀속되는 재건축부담금 재원의 50%를 광역 지방자치단체와 기초 지방자치단체에 각각 25%씩 지원한다는 것이다.

국토교통부장관은 지방자치단체별 구분에 따른 가중치를 적용하여 평가한 결과를 기준으로 하여 지원액을 정하되, 재건축부담금을 보다 효율적으로 배분하기 위하여 필요하다고 인정하는 경우에는 다음의 구분에 따른 가중치의 100분의 10 범위에서 조정한 가중치를 적용하여 평가할 수 있다(재건축이익환수령 §3 ③, 세부기준 별도 고시).

① 지방자치단체별 주거기반시설의 설치 수준 : 10%
② 지방자치단체별 주거복지실태 평가결과: 30%
③ 지방자치단체별 주거복지 증진 노력 : 45%
④ 지방자치단체별 정책추진 기반조성 노력: 15%

Q2. 재건축부담금 부과대상사업과 납부의무자

1 재건축부담금 부과대상 사업과 주택

(1) 부과대상 사업

재건축부담금 부과대상 사업은 ①「도시 및 주거환경정비법」 제2조 제2호 다목에 따른 재건축사업 및 ②「빈집 및 소규모주택 정비에 관한 특례법」 제2조 제1항 제3호 다목에 따른 소규모재건축사업이다(재건축이익환수법 §5).

① 재건축사업

재건축사업이란 정비기반시설은 양호하나 노후·불량건축물에 해당하는 공동주택이 밀집한 지역에서 주거환경을 개선하기 위한 사업이다. 즉, 도로 및 공원 등 주변 기반시설은 양호하지만, 건물이 오래되어 낡고 불량한 공동주택(아파트, 연립)을 다시 짓는 것이 재건축사업이다. '재개발사업'이 도로가 열악하며 노후한 단독·다세대주택이 밀집된 지역을 모두 허물고 지역 전체를 다시 개발하는 사업이라면, '재건축사업'은 도로 등 주변 인프라는 양호하지만 건물이 노후·불량한 아파트와 같은 공동주택을 허물고 새로 짓는 사업으로 이해할 수 있다.

재건축사업은 시행주체에 따라 조합에 의한 사업시행 및 시장·군수 등에 의한 공공시행으로 나뉘며, 재건축사업은 도로, 공원 등 기반시설이 양호한 노후 공동주택 중 면적이 1만㎡ 이상이거나 기존 세대수가 200세대 이상인 노후[20]한 공동주택 단지를 새롭게 건축하는 사업으로 재건축사업을 추진하기 위해서는 건축물에 대한 안전진단을 추진하여 안전진단 결과 D등급 또는 E등급으로 판정되어야 사업을 추진할 수 있다.

② 소규모재건축사업

소규모재건축사업은 노후·불량건축물의 밀집 등 지역 또는 가로구역(街路區域)에서 시행하는 사업으로 정비기반시설이 양호한 지역에서 소규모로 공동주택을 재건축하기 위한 사업을 말한다. 소규모재건축사업은 주택단지로서 사업면적 1만㎡ 미만, 기존 세대수

20) 노후건축물이란 공동주택 중 건축물의 구조가 철근콘크리트인 경우 30년 이상 경과한 건축물을 노후건축물이라고 하고, 철근콘크리트 구조가 아닌 경우 20년 이상 경과한 경우 노후한 건축물로 산정한다.

200세대 미만, 노후·불량 건축물 수가 전체 건축물의 2/3 이상의 요건을 모두 충족해야 사업을 추진할 수 있다.

한편, 재건축부담금 부과대상 사업으로서 2017년 12월 31일까지 「도시 및 주거환경정비법」 제74조 제1항에 따른 관리처분계획의 인가 및 「빈집 및 소규모주택 정비에 관한 특례법」 제29조 제1항에 따른 사업시행계획인가를 신청한 재건축사업에 대하여는 재건축부담금을 면제하도록 규정하고 있다(재건축이익환수법 §3의 2).

(2) 부과대상 주택

재건축부담금 부과대상 주택은 앞의 재건축사업에 의해 건축된 주택이다(재건축이익환수법 §2 4호·5호). 종료시점 부과대상 주택이라 함은 부과 종료시점의 재건축사업으로 건축된 주택을 말하며, 개시시점의 부과대상 주택이란 부과 개시시점의 재건축사업의 대상이 되는 주택을 말한다. 즉, 종료시점 부과대상 주택은 재건축부담금 산정대상 주택이 되는 것이고, 개시시점의 부과대상 주택은 재건축부담금 산정에 있어 공제대상 주택이 되는 것이다.

하지만, 국가 또는 공공기관 등이 보유하는 주택 등으로서 아래에 해당하는 주택은 개시시점의 부과대상 주택 또는 부과 종료시점의 주택에서 제외할 수 있도록 규정하고 있다(재건축이익환수법 §2 4호·5호 및 재건축이익환수령 §2).

① 국가 또는 지방자치단체가 보유하는 주택
② 「공공기관의 운영에 관한 법률」 제4조에 따른 공공기관 또는 「지방공기업법」 제49조에 따라 주택사업을 수행하기 위하여 설립된 지방공사가 임대목적으로 보유하는 주택
③ 관계법령에 따라 주택을 건설·공급하는 때에 국가 또는 지방자치단체로 보는 기관이 임대목적으로 보유하는 주택

한편, 2022. 9. 29. 정부의 「재건축부담금 합리화 방안」에 의하면 현재 재건축사업 시 증가하는 용적률의 일부를 활용하여, 공공임대 및 공공분양으로 공급하는 경우 해당 매각대금을 초과이익에 산입하였으나, 앞으로는 공공기여 시 주택 매각대금은 초과이익에서 제외하여 재건축을 통한 공공주택 공급의 확대를 유도한다는 계획이다.

○ 소규모주택정비법에 따라 토지 등 소유자가 직접 시행하는 소규모재건축사업이 재건축부담금 부과대상 사업인지? (법제처 22-0127, 2022. 5. 27.)

재건축이익환수법 제3조 및 제5조에 따르면 「도시 및 주거환경정비법」 제2조 제2호 다목에 따른 재건축사업 및 소규모주택정비법 제2조 제1항 제3호 다목에 따른 소규모재건축사업에서 발생되는 '재건축초과이익'을 재건축부담금으로 징수하고, 재건축이익환수법 제2조 제1호에서는 '재건축초과이익'을 재건축사업으로 인하여 정상주택가격 상승분을 초과하여 도시정비법 제35조에 따라 설립된 재건축조합 및 소규모주택정비법 제23조에 따라 설립된 조합에 귀속되거나 조합원에게 귀속되는 주택가액의 증가분이라고 규정하면서, 그 주택가액의 증가분이 귀속되는 주체로 해당 조합 또는 조합원 이외에 도시정비법에 따른 공공시행자, 토지 등 소유자(도시정비법 제2조 제9호 나목에 따른 토지등소유자로서 정비구역에 위치한 건축물 및 그 부속토지의 소유자를 말함), 신탁업자 및 위탁자만 규정하고 있을 뿐, 소규모주택정비법 제17조 제3항 제1호에 따라 소규모재건축사업을 직접 시행하는 토지 등 소유자는 그 귀속주체로 포함하여 규정하고 있지 않은바, 문언상 토지 등 소유자가 직접 시행하는 소규모재건축사업은 재건축이익환수법에 따른 재건축부담금의 부과대상 사업이 아니라고 할 것이다.

또한 재건축이익환수법 제2조 제1호에서 재건축초과이익의 귀속주체로 토지 등 소유자를 명시적으로 포함하여 규정하고 있지 않음에도 불구하고 토지 등 소유자가 소규모주택정비법 제17조 제3항 제1호에 따라 주민합의체를 구성하여 시행하는 소규모재건축사업까지 재건축부담금의 부과대상 사업에 포함된다고 확장해석할 수는 없을 것이다.

○ A재건축조합이 2017년 12월 31일 이전에 관리처분계획의 인가를 신청하여 「재건축초과이익 환수에 관한 법률」 제3조의 2에 따라 재건축부담금이 면제된 A재건축사업에 대해 2018년 1월 1일 이후에 ① 조합설립 인가는 받았으나 관리처분계획 인가 신청 전인 B재건축조합과 합병한 후 B재건축사업의 정비구역과 통합하여 재건축사업을 시행하는 경우 및 ② 조합설립추진위원회 등이 구성되어 있지 않은 C재건축사업의 정비구역과 통합하여 재건축사업을 시행하는 경우, 각각의 재건축사업이 재건축부담금 부과대상 사업인지? (법제처 18-0289, 2018. 9. 10.)

2017년 12월 31일 이전에 관리처분계획의 인가를 신청하여 재건축부담금이 면제된 A재건축사업과 추후에 조합 합병이나 정비구역 통합 등을 거쳐 최종적으로 시행하게 되는 재건축사업은 서로 조합원, 정비구역, 건축계획, 정비사업비 등 재건축사업의 중요사항을 달리하는바, 양자는 동일한 재건축사업이라기 보다는 새로운 재건축사업에 가깝다고 할 것이고 해당 재건축사업에 대해서는 재건축이익환수법 제3조의 2에 따른 관리처분계획의 인가 신청이 없었으므로, B재건축사업 및 C재건축사업은 물론 A재건축사업도 재건축부담금의 부과대상이 된다고 보아야 한다.

재건축이익환수법 제3조의 2는 주택시장을 안정시키고 재건축사업을 활성화하기 위해 일정 기한 내 관리처분계획의 인가를 신청한 재건축사업에 대해 재건축부담금을 면제하도록 예외적 · 한시적으로 특례를 인정한 규정이므로, 해당 기한 내 관리처분계획의 인가를 신청하여 재건축부담금을 면제받은 재건축사업이 그 기한 내 관리처분계획의 인가를 신청하지 않은 다른 재건축사업과 통합하여 재건축사업을 시행하는 경우까지 위 규정에 따라 재건축부담금이 면제된다고 볼 수는 없다.

 재건축부담금 부과대상사업의 고지

재건축사업에 관하여 인가 등을 한 행정청은 인가 등을 한 날부터 15일 이내에 그 사실을 국토교통부장관(시장 · 군수 · 구청장)에게 통보하여야 한다(재건축이익환수법 §21 ①).

통보를 받은 시장 · 군수 · 구청장은 그 통보일부터 15일 이내에 납부의무자에게 재건축부담금 부과대상 사업의 고지를 하여야 한다(재건축이익환수령 §16, 재건축이익환수칙 §20 ②).

▸ **부과대상 사업의 고지사항(재건축이익환수칙 §20 ①)**

① 재건축부담금 부과대상 사업명
② 재건축사업의 위치 및 면적
③ 법 제7조에 따른 재건축부담금의 부과기준
④ 법 제14조에 따른 재건축부담금 예정액의 산정을 위한 자료제출의무에 관한 사항
⑤ 법 제19조에 따른 재건축부담금의 사전징수 및 예치에 관한 사항
⑥ 법 제20조에 따른 개발비용 산출내역서 제출의무에 관한 사항
⑦ 법 제23조에 따른 벌칙부과에 관한 사항
⑧ 법 제24조에 따른 과태료부과에 관한 사항

 재건축부담금의 납부의무자

(1) 납부의무자

재건축부담금 납부의무자는 원칙적으로 재건축조합 등 조합이다(재건축이익환수법 §6 ①). 조합에는 지정된 신탁업자가 포함되며, 신탁업자가 재건축부담금을 납부하는 경우에는 해당 재건축사업의 신탁재산 범위에서 납부할 의무가 있다(재건축이익환수법 §6 ②).

또한 재건축조합에는 「도시 및 주거환경정비법」 제26조 제1항에 따라 지정된 한국토지주택공사 등 공공시행자가 포함되었다(재건축이익환수법 §2 1호 가목, 2021. 7. 20. 개정사항). 즉, 공공재건축사업 공공시행자에도 재건축부담금 납부의무가 부여된 것이다(재건축이익환수법 §2, §6). 다만, 「도시정비법」 제26조 제1항 제1호의 천재지변 등 사유로 긴급하게 정비사업을 시행할 필요가 있다고 인정되는 때에는 납부의무를 제외하도록 하고 있다.

재건축부담금을 납부하여야 할 의무가 있는 조합은 조합원별로 종전자산을 평가한 가액 등을 고려하여 재건축부담금 예정액의 조합원별 납부액과 결정 및 부과하는 재건축부담금의 조합원별 분담기준 및 비율을 결정하여 이를 관리처분계획에 명시하여야 한다(재건축이익환수법 §6 ③). 여기에서 '조합원별로 종전자산을 평가한 가액 등'이라 함은 조합원별 개시 · 종료시점 부과대상 주택의 가격과 청산금 등으로 아래와 같으며, 「도시 및 주거환경정비법」 제27조 제1항 제3호 또는 「빈집 및 소규모주택 정비에 관한 특례법」 제19조 제1항에 따라 신탁업자가 사업시행자로 지정된 경우에는 조합원은 위탁자를 말한다(재건축이익환수령 §4 ①).

① 조합원별 개시시점 부과대상 주택의 가격 ② 조합원별 종료시점 부과대상 주택의 가격 추정액 ③ 조합원별 관리처분계획상 청산금

(2) 2차 납부의무자

조합이 해산된 경우 등 아래에 해당하는 경우에 있어서는 종료시점 부과대상 주택을 공급받은 조합원이 2차 납부의무를 진다(재건축이익환수법 §6 ①). 다만, 조합이 해산된 경우, 정비구역이 해제된 경우 또는 신탁이 종료된 경우에는 부과 종료시점 당시의 조합원, 「도시 및 주거환경정비법」 제2조 제9호 나목에 따른 토지 등 소유자 또는 위탁자를 말한다)이 다음 각 호에 해당하는 경우에는 2차 납부의무를 진다[21](재건축이익환수법 §6 ①, 2021. 7. 20. 개정사항).

21) 이 개정 규정은 2021. 7. 20. 이후 관리처분계획인가를 신청하는 재건축사업부터 적용한다. 또한 이에 따른 재건축부담금은 이 법 시행일 전의 사업시행기간을 포함하여 산정하되, 이 법 시행일을 기준으로 안분계산(按分計算)하여 이 법 시행일 이후의 사업시행기간에 해당하는 금액을 부과한다(부칙 §2).

① 조합이 해산된 경우
② 조합의 재산으로 그 조합에 부과되거나 그 조합이 납부할 재건축부담금 · 가산금 등에 충당하여도 부족한 경우
③ 정비구역이 해제된 경우
④ 신탁이 종료된 경우
⑤ 신탁업자가 해당 재건축사업의 신탁재산으로 납부할 재건축부담금 · 가산금 등에 충당하여도 부족한 경우

조합원의 2차 납부의무는 산정된 재건축부담금 중 관리처분계획상 분담비율을 적용하여 산정한 금액에 한정한다(재건축이익환수법 §6 ④).

(3) 납부의무의 승계 및 연대납부의무

재건축부담금의 납부의무의 승계, 연대납부의무에 관하여는 「국세기본법」 제23조부터 제25조까지, 제25조의 2 및 제38조부터 제41조까지의 규정을 준용한다(재건축이익환수법 §6 ⑤).

국세기본법에 의하면 법인이 합병한 경우 합병 후 존속하는 법인 또는 합병으로 설립된 법인은 합병으로 소멸된 법인에 부과되거나 그 법인이 납부할 국세 등을 납부할 의무를 지고, 상속이 개시된 때에는 그 상속인 또는 상속재산관리인이 피상속인에게 부과되거나 그 피상속인이 납부할 국세 등을 상속으로 받은 재산의 한도에서 납부할 의무를 진다. 연대납세의무는 공동사업에 관계되는 국세 등은 공유자 또는 공동사업자가 연대하여 납부할 의무를 지고, 법인이 분할되거나 분할합병된 후 분할되는 법인이 존속하는 경우 분할로 승계된 재산가액을 한도로 연대하여 납부할 의무를 진다.

▶ 국세기본법상 납세의무 승계 및 연대납세의무 규정

① 법인의 합병으로 인한 납부의무의 승계 : 합병 후 존속하는 법인 또는 합병으로 인하여 설립된 법인이 납부할 의무를 진다.
② 상속으로 인한 납부의무의 승계 : 상속이 개시된 때에 그 상속인 또는 상속재산관리인이 납부할 의무를 진다.
③ 연대납부의무 : 공유물 또는 공동사업자가 연대하여 납부할 의무를 진다.

4 재건축부담금의 부과권자

국토교통부장관은 재건축사업에서 발생되는 재건축초과이익을 재건축부담금으로 징수하여야 한다(재건축이익환수법 §3). 또한, 국토교통부장관은 부과 종료시점부터 5개월 이내에 재건축부담금을 결정·부과하여야 한다(재건축이익환수법 §15). 즉, 재건축부담의 부과·징수권은 국토교통부장관에게 있다.

그러나, 국토교통부장관은 재건축부담금의 결정·부과 및 징수에 관한 권한을 시·도지사 또는 시장·군수·구청장에게 위임할 수 있고(재건축이익환수법 §22), 국토교통부장관은 재건축부담금의 결정·부과 등 다음의 권한을 시장·군수·구청장에게 위임한다고 규정하고 있다(재건축이익환수령 §17 ①).

① 법 제9조에 따른 주택가액의 산정
② 법 제14조에 따른 재건축부담금 산정에 필요한 자료 제출의 접수 및 재건축부담금의 부과기준·예정액의 통지
③ 법 제15조에 따른 재건축부담금의 결정·부과 및 재건축부담금의 사전통지
④ 법 제16조에 따른 고지 전 심사청구의 접수, 심사 및 심사결과의 통지
⑤ 법 제17조 제2항·제4항 및 이 영 제13조에 따른 물납신청서의 접수 및 수납 여부의 통지
⑥ 법 제18조에 따른 재건축부담금 납부의 고지, 추징, 납부기일 전 징수, 납부의 연기, 분할납부, 납부의 독촉, 체납처분, 결손처분
⑦ 법 제19조 및 이 영 제14조에 따른 재건축부담금의 사전 징수금의 예치를 위한 계좌의 개설 신청의 접수, 계좌의 개설
⑧ 법 제20조에 따라 제출된 자료의 접수
⑨ 법 제21조 제1항 및 이 영 제16조에 따라 관계행정청으로부터 통보된 자료의 접수 및 납부의무자에의 고지, 법 제21조 제2항에 따른 국세청장에 대한 자료의 통보
⑩ 법 제24조에 따른 과태료의 부과·징수
⑪ 제9조 제4항에 따른 개발비용의 확인
⑫ 제15조에 따른 재건축사업의 조사

따라서 재건축부담금 산정을 비롯해 부담금의 결정·부과 및 사전통지, 납부의 고지, 추징, 체납처분, 과태료 부과 등에 관한 권한은 해당 시장·군수·구청장에게 있는 것이다. 시장·군수·구청장은 재건축부담금의 결정·부과 및 징수와 관련하여 발생한 비용을 부담하는 대신 해당 지방자치단체에 귀속되는 재건축부담금(광역 30%, 기초 20%) 재원으로 충당할 수 있도록 하고 있다(재건축이익환수법 §22 ②).

Q3. 부과 개시시점과 주택가액의 산정

▸ 재건축부담금 = 재건축 초과이익 × 부과율 (10%~50%)

▸ 초과이익 = 종료시점 주택가액 - 개시시점 주택가액 - 정상주택가격상승분 - 개발비용

- 종료시점 주택가액 : 조합원주택 공시가+일반분양분 분양가+소형주택 인수가격
- 개시시점 주택가액 : 추진위 승인일 기준 공시가격, 10년 초과 시 종료시점부터 역산해 10년을 부과시점으로 인정
- 개발비용 : 공사비, 설계감리비, 제세공과금, 조합운영비 등
- 정상주택가격상승분 : 사업 기간의 평균주택가격상승률과 정기예금이자율 중 높은 비율 적용

1 부과 개시시점

재건축부담금 부과를 위한 개시・종료의 시점과 그 시점의 주택가격은 초과이익을 결정하는 매우 중요한 요소이다. 특히 부동산 가격은 시점에 따라 가격 차이가 발생하므로 그 시점이 명확히 확정될 필요가 있다.

(1) 조합설립추진위원회 승인일

부과 개시시점은 원칙적으로 재건축사업을 위하여 최초로 구성된 조합설립추진위원회가 승인된 날이다(재건축이익환수법 §8 ①). 따라서 재건축부담금에 대한 결정 기준이 되는 초과이익은 재건축 준비단계의 임시조직인 추진위원회 승인일부터 산정된다는 것이다.

그러나, 재건축조합의 합병 등 부과대상이 되는 재건축사업의 전부 또는 일부가 다음에 해당하는 경우에는 그 해당하는 날이 부과 개시시점이 된다(재건축이익환수법 §8 ①, 재건축이익환수령 §5).

① 2003. 7. 1. 이전에 조합설립인가를 받은 재건축사업은 최초로 조합설립인가를 받은 날
② 추진위원회 또는 재건축조합이 합병된 경우는 각각의 최초 추진위원회 승인일 또는 재건축조합인가일
③ 「도시 및 주거환경정비법」 제26조 제1항에 따라 공공시행자가 공공재건축사업 사업시행자로 최초 지정 승인된 날(추진위원회의 구성 승인이 없는 경우에 한정)

④ 「도시 및 주거환경정비법」 제27조 제1항 제3호에 따라 신탁업자가 사업시행자로 최초 지정 승인된 날(추진위원회의 구성 승인이 없는 경우에 한정)
⑤ 「빈집 및 소규모주택 정비에 관한 특례법」 제18조 제1항에 따라 시장・군수・구청장이 직접 시행하기로 결정된 날 또는 한국토지주택공사 또는 지방공사가 사업시행자로 최초 지정된 날(주민합의체 또는 조합의 구성이 없는 경우만 해당)
⑥ 「빈집 및 소규모주택 정비에 관한 특례법」 제19조 제1항에 따라 신탁업자가 사업시행자로 최초 지정된 날(주민합의체 또는 조합의 구성이 없는 경우만 해당)
⑦ 「빈집 및 소규모주택 정비에 관한 특례법」 제22조에 따라 소규모재건축사업의 주민합의체 구성을 신고한 날
⑧ 「빈집 및 소규모주택 정비에 관한 특례법」 제23조에 따라 소규모재건축사업의 조합설립인가를 받은 날

하지만 2022. 9. 29. 정부의 「재건축부담금 합리화 방안」에 의하면 부과 개시시점이 조합설립 인가일로 조정되어 부담금 부담이 상당 부분 완화될 전망이다. 즉, 그 동안 재건축 초과이익이 추진위원회 승인 시점부터 산정됨으로 인해 재건축사업의 권리 및 의무의 주체인 조합이 설립되기 전부터 초과이익이 산정되는 문제[22]가 있음에 따라 이를 해소하기 위하여 초과이익 산정 개시시점을 늦추어 조합설립 인가일로 변경한다는 것이다.

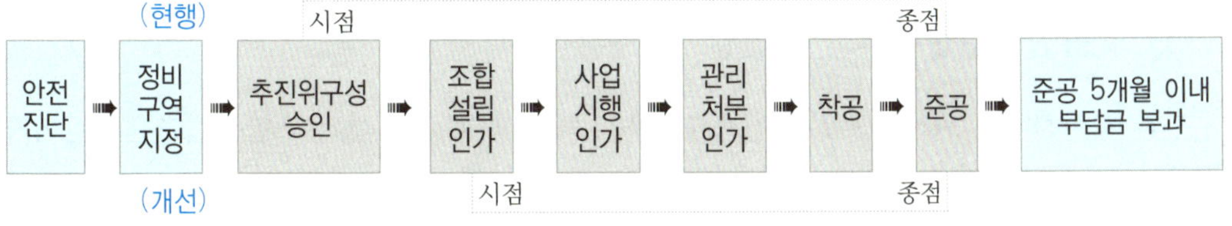

(2) 조합설립위원회가 분할된 경우

「도시 및 주거환경정비법」에 따른 재건축사업을 위하여 구성된 조합설립추진위원회가 분할된 경우에는 분할 이전에 최초로 해당 조합설립추진위원회의 승인을 받은 날이 부과개시시점이 된다. 다만, 2003. 7. 1. 이전에 설립인가를 받은 조합이 분할된 경우에는 분할 이전에 최초로 해당 조합의 인가를 받은 날을 말한다(재건축이익환수령 §5 1호).

22) 소규모 재건축(84곳 중 23곳)은 조합설립 인가일부터 초과이익 산정(국토교통부 보도자료)

(3) 부과 개시시점부터 종료시점까지의 기간이 10년을 초과하는 경우

부과 개시시점부터 부과 종료시점까지의 기간이 10년을 초과하는 경우에는 부과 종료시점부터 역산하여 10년이 되는 날이 부과 개시시점이 된다(재건축이익환수법 §8 ②).

이에 따라 재건축부담금 부과시점 기준은 통상 조합설립추진위원회 승인일(개시시점)부터 준공인가일(종료시점)까지가 되며, 그 기간이 10년을 초과하는 경우에는 준공인가일로부터 역산하여 10년이 되는 날까지이다.

(예시) 개시시점 산정

- 법 제8조 제2항에 따라 역산하여 10년이 되는 날을 개시시점으로 하는 경우에는 민법 제6장(제155조~제161조)규정을 적용하여 산정

구분	조합설립추진위원회 승인일	준공인가 (예정)일	개시시점 산정	비 고
A구역	2012. 7. 20.	2025. 7. 1.	2015. 7. 1.	역산하여 10년이 되는 날 (재건축이익환수법 §8 ②)
B구역	2018. 6. 30.	2025. 7. 1.	2018. 6. 30.	조합설립 추진위원회 승인일 등(재건축이익환수법 §8 ①)

2 부과 개시시점 주택가액의 산정

(1) 개시시점 주택가액은 원칙적으로 공시가격 적용

부과 개시시점의 주택가액은 「부동산 가격공시에 관한 법률」에 따라 공시된 부과대상 주택가격총액에 공시기준일부터 개시시점까지의 정상주택가격상승분을 반영한 가액이다(재건축이익환수법 §9 ①). 따라서 정상주택가격상승분을 감안하지 않는다면 부과 개시시점의 주택가액은 공시된 주택가격총액이 된다.

개시시점 주택가액 = 당시 주택공시가격 + 정상주택가격상승분(1.1~부과개시시점)

만약 공시된 주택가격이 없는 경우에는 인근 유사 거래가격 등 「부동산 가격공시에 관한 법률」 제16조 제5항 · 제18조 제5항 및 같은 법 시행령 제31조 · 제45조를 준용하여 주택가액을 산정한다(재건축이익환수령 §6 ④). 이 경우 국토교통부는 시장 · 군수 · 구청장이 부동산 가격조사 전문기관(한국부동산원)에 의뢰하여 해당 주택의 가액을 조사 · 산정하도록 하고

있다(2022 재건축부담금 업무메뉴얼 p.16). 주택가액의 조사·산정을 의뢰받은 한국부동산원은 주택가액 조사·산정보고서에 개별주택가격의 세부사항을 첨부하여 시장·군수·구청장에게 제출하여야 한다(재건축이익환수칙 §5).

시장·군수·구청장은 공시된 부과대상 주택가격이 없는 경우에 개시시점 주택가액을 산정하는 때에는 조합의 의견을 들어야 하며, 해당 조합은 이의가 있는 경우에는 의견 제출기한 내에 의견을 제출할 수 있다(재건축이익환수령 §6 ⑥, 재건축이익환수칙 §3 ②). 조사·산정된 주택가액에 대하여 조합의 의견을 들으려는 경우에는 해당 시·군·구의 인터넷홈페이지에 10일 이상 게시하여야 하며, 그 사실을 해당 조합에 사전에 통보하여야 한다(재건축이익환수칙 §3 ①). 주택가액에 대하여 이의가 있는 조합은 의견제출 기간 내에 해당 시장·군수·구청장에게 의견을 제출할 수 있으며, 의견을 제출받은 시장·군수·구청장은 의견제출 기간이 만료되는 날부터 10일 이내에 제출받은 의견을 심사하여 그 결과를 통지하여야 한다(재건축이익환수칙 §3 ② ③).

시장·군수·구청장은 주택가액에 계산이 틀렸거나, 잘못 기록한 것 등 명백한 오류가 있음을 발견한 때에는 지체 없이 정정하여야 한다(재건축이익환수령 §6 ⑦, 재건축이익환수칙 §4).

(2) 조정된 개시시점 주택가액

① 주택가격의 조정 취지

앞의 공시된 주택가격 적용 원칙에 불구하고 재건축부담금을 결정·부과하는 경우에는 개시시점 주택가액에 종료시점 주택가액과 종료시점 실거래가격과의 비율을 적용하여 조정한 가액이 개시시점 부과대상 주택의 가격총액이 된다(재건축이익환수법 §9 ②).

> 재건축부담금 = 〔종료시점 주택가액 − (조정된 개시시점 주택가액 + 정상주택가격상승분 총액 + 개발비용)〕 × 부과율

일반적으로 공시가격보다 실거래가격이 높기 때문에 개시시점의 주택가액을 실거래가격의 비율을 적용하여 조정하게 되면 그 만큼 재건축부담금의 부담은 줄어들게 된다. 부동산 공시가격이 적정 수준의 시세를 반영할 수 있도록 공시가격의 시세 반영률을 높이면 부과 종료시점의 주택가액은 비교적 높아지는 반면, 장기간 진행되는 재건축사업의 특성상 부과 개시시점 주택가액은 상대적으로 낮아 재건축부담금이 높게 산정되는 문제를 해소하기 위하여 재건축부담금을 결정·부과하는 경우 부과 개시시점 주택가액은 부과 종료시점 주택

가액과 종료시점 실거래가격 비율을 적용하여 조정한 가액으로 하도록 「재건축초과이익 환수에 관한 법률」이 개정(법률 제17485호, 2020. 8. 18. 공포, 2021. 2. 19. 시행)된 것이다.

즉, 개시시점 주택가액의 조정은 정부의 공시가격 현실화정책에 따라 재건축부담금이 높게 산정되는 문제점이 있기 때문에 이를 해소하기 위하여 종료시점 공시가격 현실화율을 개시시점 주택가액 산정시 동일하게 적용하여 개시시점 주택가액을 조정하는 것이다.

② 주택가액 조정 산식

개시시점 부과대상 주택의 가격 총액을 재건축이익환수법 제9조 제2항 전단에 따라 조정한 가액은 다음 계산식에 따라 산정한 금액으로 한다(재건축이익환수령 §6 ②).

$$\text{조정 개시시점 주택가액} = \text{개시시점 주택가액} \times \frac{\text{종료시점 주택가액}}{\text{종료시점 실거래가격}} \times \frac{\text{개시시점 실거래가격}}{\text{개시시점 주택가액}}$$

위 계산식에서의 실거래가격은 아래의 방법에 따라 산정한다(재건축이익환수령 §6 ③).

① 다음 각 목의 구분에 따른 기간에 「부동산 거래신고 등에 관한 법률」 제3조에 따라 신고된 거래가격을 기준으로 함.
가. 개시시점 실거래가격의 경우 : 개시시점 전후 1년 이내
나. 종료시점 실거래가격의 경우 : 종료시점 전 1년 이내
② 각 목의 구분에 따른 기간에 「부동산 거래신고 등에 관한 법률」 제3조에 따라 신고된 건수가 월평균 1건 미만인 경우에는 인근 유사단지에서 「부동산 거래신고 등에 관한 법률」 제3조에 따라 신고된 거래가격을 고려한 적정가격으로 함.
③ 인근 유사단지에서 「부동산 거래신고 등에 관한 법률」 제3조에 따라 신고된 건수가 월평균 1건 미만이고, 납부의무자의 요청에 따라 시장·군수·구청장이 감정평가가 필요하다고 인정하는 경우에는 감정평가를 실시하여 산정한 가액으로 할 것. 이 경우 감정평가 방법에 관하여는 「도시 및 주거환경정비법」 제74조 제2항을 준용하며, 감정평가에 드는 비용은 납부의무자가 부담해야 함.

만약 종료시점 실거래가격이 없거나 부족한 경우에는 인근 유사단지의 실거래가격을 고려한 적정가격을 적용하여야 한다(재건축이익환수법 §9 ②). 또한 조정된 개시시점 주택가액 산정에 관하여는 「부동산 가격공시에 관한 법률」 제16조 제5항·제18조 제5항 및 같은 법 시행령 제31조·제45조를 준용한다(재건축이익환수령 §6 ④).

적정가격 적용을 위한 인근 유사단지 범위 등 구체적인 산정방법은 국토교통부장관이 고시하고 있는데, 아래와 사항을 고려하여 산정하여야 한다(국토교통부 고시 제2022-445호 재건축초과이익 환수업무처리지침, 이하 "재건축이익환수지침"이라 한다).

> **제12조(주택가액의 산정기준)** 법 제9조 제2항, 영 제6조 제2항 및 제3항에 따라 개시시점 가액에 종료시점 주택가액과 종료시점 실거래가격과의 비율을 적용한 조정된 주택가액을 산정하는 경우에 다음 각 호를 고려하여 산정해야 한다.
>
> 1. 법 제9조 제2항, 영 제6조 제3항 제2호 또는 제3호에 따라 인근 유사단지의 실거래가격을 고려하는 경우 인근 유사단지는 다음 각 목에 따라 가장 유사한 5개 이내의 단지 실거래가격을 적용할 수 있다.
>   가. 부과대상 주택이 속한 대상 단지와 동일 시·군 및 자치구에 위치한 단지. 다만, 동일 구 내에 유사단지가 없거나 부족한 경우에는 유사성이 있는 구의 단지를 적용할 수 있다.
>   나. 개시시점 가격의 경우 부과대상 주택과 유사한 정비사업 대상 주택
>   다. 종료시점 가격의 경우 준공 10년 이내 단지로서 규모가 유사한 단지
>   라. 교통·교육·거주여건 등 주변 환경이 유사한 단지
> 2. 이상거래와 최저층·최고층 거래는 제외한다.
> 3. 실거래가격의 시점과 종료시점 또는 개시시점과의 기간차이가 있는 경우에는 계약일부터 종료시점 또는 개시시점까지의 정상주택가격상승분을 반영하여 산정한다.
> 4. 실거래 사례가 없는 단위세대 규모에 대한 가격은 가장 근접한 단위세대 규모의 실거래가격의 전용면적당 단가를 적용한다.
> 5. 부과대상 주택과 유사한 주택의 규모는 주거전용면적을 기준으로 5제곱미터 전후 이내 주택을 적용한다.
> 6. 제1호에도 불구하고 규모별 주택물량 부족 등으로 유사한 주택규모를 산정하기 곤란한 경우에는 시장·군수·구청장이 유사한 주택규모의 범위를 확대할 수 있다.

한편, 시장·군수·구청장은 조정된 개시시점 주택가액의 조사·산정을 한국부동산원에 의뢰하도록 하고 있고, 주택가액의 조사·산정을 의뢰받은 한국부동산원은 국토교통부령으로 정하는 바에 따라 주택가액 조사·산정보고서를 시장·군수·구청장에게 제출해야 한다(재건축이익환수령 §6의 2 ① ②). 시장·군수·구청장은 한국부동산원이 수행한 주택가액의 조사·산정이 부당하다고 인정되는 경우에는 그 사유를 구체적으로 밝혀 다시 조사·산정을 의뢰할 수 있다(재건축이익환수령 §6의 2 ③). 주택가액의 조사·산정을 한국부동산원에 의뢰하는 경우 국토교통부장관이 정하는 수수료를 지급해야 한다(재건축이익환수령 §6의 2 ④).

③ 조합 의견 청취 및 가액오류 정정

시장・군수・구청장이 조정된 개시시점 주택가액을 산정하는 때에는 조합의 의견을 들어야 하며, 해당 조합은 이의가 있는 경우에는 의견 제출 기한 내에 의견을 제출할 수 있다. 조사・산정된 주택가액에 대하여 조합의 의견을 들으려는 경우에는 해당 시・군・구의 인터넷홈페이지에 10일 이상 게시하여야 하며, 그 사실을 해당 조합에 사전에 통보하여야 한다(재건축이익환수칙 §3 ①). 주택가액에 대하여 이의가 있는 조합은 의견제출 기간 내에 해당 시장・군수・구청장에게 의견을 제출하여야 하며, 의견을 제출받은 시장・군수・구청장은 의견제출 기간이 만료되는 날부터 10일 이내에 제출받은 의견을 심사하여 그 결과를 통지하여야 한다(재건축이익환수칙 §3).

시장・군수・구청장은 주택가액에 계산이 틀렸거나 잘못 기록한 것, 그 밖에 국토교통부령이 정하는 명백한 오류가 있음을 발견한 때에는 지체 없이 정정하여야 한다(재건축이익환수령 §6 ⑧). 국토교통부령으로 정하는 명백한 오류란 ① 조합의 의견청취절차를 거치지 않은 경우와 ② 주택가액에 영향을 미치는 주택의 동・호수, 층의 표시 등 주요 요인을 잘못 조사한 경우를 말한다. 시장・군수・구청장은 오류를 바로잡으려는 경우에는 「부동산 가격공시에 관한 법률」 제25조에 따른 시・군・구 부동산가격공시위원회의 심의를 거쳐야 한다. 다만, 시장・군수・구청장은 주택가액에 계산이 틀렸거나 잘못 기록한 오류를 바로잡으려는 경우에는 시・군・구 부동산가격공시위원회의 심의를 거치지 않고 직권으로 바로잡을 수 있다(재건축이익환수칙 §4 ① ②).

(3) 상가조합원이 주택을 분양받는 경우

「주택법」에 따른 부대시설 또는 복리시설을 소유한 조합원이 종료시점 부과대상 주택을 공급받는 경우에는 본문에 따라 산정된 부과대상 주택가격총액에 「감정평가 및 감정평가사에 관한 법률」에 따른 감정평가법인 등이 평가・산정한 부대시설 및 복리시설의 가격 총액을 합산하여야 한다(재건축이익환수법 §9 ① 단서, 2022. 2. 3. 개정).

재건축부담금 = 〔종료시점 주택가액 − {개시시점 주택가액(부대・복리시설의 가격 포함)
+ 정상주택가격상승분 + 개발비용)}〕 × 부과율

「도시정비법 시행령」에 따르면 재건축사업 시 상가조합원은 부대시설・복리시설을 공급받는 것이 원칙이나, 예외적 사유에 해당하는 경우 1주택을 공급받을 수 있다. 그런데 그

동안 공제되는 개시시점 주택가액이 주택으로만 한정하여 상가 등 복리시설의 시세가 반영되지 않는 문제점이 있고, 상가조합원 등이 재건축사업을 통하여 아파트입주권을 분양받는 경우 재건축부담금이 커지고 재건축부담금 총액도 과대계상될 수 밖에 없어 불합리하다는 의견이 제기되었다. 이에 따라 부대시설·복리시설을 소유한 조합원이 재건축사업에 따라 종료시점 부과대상 주택을 공급받는 경우에는 부대시설 및 복리시설의 가격을 산정하여 그 총액을 부과대상 주택가격 총액에 합산하도록 함으로써 재건축초과이익을 합리적으로 산정하고 재건축부담금 부과의 형평을 도모하기 위해 개정된 것이다.

이로써 재건축 주택가액에서 부대·복리시설 가격만큼 차감할 수 있게 됨으로써 그간 형평성 논란이 제기되었던 상가조합원의 불합리한 점(개시시점 주택가액 0원 반영)이 개선된 것이다. 위 개정규정은 법률 공포일부터 6개월이 경과한 2022. 8. 3. 이후 재건축부담금을 결정·부과하는 경우부터 적용한다(법률 제18833호(2022. 2. 3.) 부칙 §2).

또한 「재건축이익환수법」 개정(2022. 2. 3. 공포)에 따른 후속 조치로 상가조합원이 재건축 주택을 공급받는 경우 기존에 소유하고 있던 부대·복리시설의 가격을 재건축부담금 산정 시 반영할 수 있도록 부대·복리시설 가격의 평가 및 반영 방법에 대한 근거 및 절차가 시행령에 반영되었다(재건축이익환수령 §6 ①, 2022. 8. 2. 개정). 부대·복리시설의 가격은 감정평가로 구하고, 개시시점 주택가액 조정방법과 동일하게 그 평가액에 종료시점 주택의 공시가격과 실거래가격과의 비율(현실화율)을 반영하여 조정된 것이다.

즉, 재건축이익환수법 제9조 제1항 단서에 따라 「주택법」에 따른 부대시설 또는 복리시설을 소유한 조합원이 종료시점 부과대상 주택을 공급받는 경우 산정된 부과대상 주택가격 총액에 합산하는 부대시설 등의 가격 총액은 해당 조합원별로 다음의 구분에 따라 평가·산정한 가격을 합산한 금액으로 한다(재건축이익환수령 §6 ①). 이 경우 감정평가 방법은 「도시 및 주거환경정비법」 제74조 제4항에서 정한 방법에 따르며, 감정평가에 드는 비용은 납부의무자가 부담해야 한다.

① 「도시 및 주거환경정비법 시행령」 제63조 제2항 제2호 가목에 따라 주택을 공급받는 경우 : 개시시점의 부대시설등에 대하여 감정평가를 실시하여 산정한 가격

② 「도시 및 주거환경정비법 시행령」 제63조 제2항 제2호 나목에 따라 주택을 공급받는 경우 : 개시시점의 부대시설등에 대하여 감정평가를 실시하여 산정한 가격에 「도시 및 주거환경정비법」 제74조 제1항 제3호에 따른 분양대상자의 분양예정 대지 또는 건축물의 추산액에서 분양대상자의 분양예정 주택의 추산액이 차지하는 비율을 곱하여 산정한 가격. 다만, 조합이 요청하는 경우에는 개시시점의 부대시설등에 대하여 감정평가를 실시하여 산정한 가격에 종료시점의 대지 또는 건축물의 감정평가가격에서 종료시점의 주택의 감정평가가격이 차지하는 비율을 곱하여 산정할 수 있다.

③ 「도시 및 주거환경정비법 시행령」 제63조 제2항 제2호 다목에 따라 주택을 공급받는 경우 : 개시시점의 부대시설등에 대하여 감정평가를 실시하여 산정한 가격

Q4. 정상주택가격상승분의 산정

▸ 재건축부담금 = 재건축 초과이익 × 부과율 (10%~50%)

▸ 초과이익 = 종료시점 주택가액 − 개시시점 주택가액 - 정상주택가격상승분 − 개발비용

- 종료시점 주택가액 : 조합원주택 공시가+일반분양분 분양가+소형주택 인수가격
- 개시시점 주택가액 : 추진위 승인일 기준 공시가격, 10년 초과 시 종료시점부터 역산해 10년을 부과시점으로 인정
- 정상주택가격상승분 : 사업 기간의 평균주택가격상승률과 정기예금이자율 중 높은 비율 적용
- 개발비용 : 공사비, 설계감리비, 제세공과금, 조합운영비 등

1 정상주택가격상승분 산정 개요

종료시점 주택가액에서 공제하는 정상주택가격상승분은 개시시점 주택가액에 국토교통부장관이 고시하는 정기예금이자율과 종료시점까지의 해당 재건축 사업장이 소재하는 특별자치시・특별자치도・시・군・구의 평균주택가격상승률 중 높은 비율을 곱하여 산정한다(재건축이익환수법 §10 ①).

정상주택가격상승분 = 개시시점 주택가액 × Max [정기예금이자율 / 평균주택가격상승률

만약 정상주택가격상승분의 산정기간이 1개월 미만인 월에 대해서는 정기예금이자율 또는 해당 시・군・구의 평균주택가격상승률을 일 단위로 안분 적용하여 산정한다(재건축이익환수령 §8 ④).

정상주택가격상승분 산정에 있어 정기예금이자율과 평균주택가격상승률 중 높은 비율을 적용하므로 정기예금이자율과 평균주택가격상승률을 비교해 보면 대부분의 경우에는 정기예금이자율보다는 평균주택가격상승률이 적용될 가능성이 높다. 왜냐하면 재건축사업은 시세 상승을 기대하는 특성이 있고, 최근 금리인상과 함께 주택가격의 안정화 추세이긴 하지만 지난 몇 년 동안의 부동산 상승 추이 등을 감안해 보면 평균주택가격상승률이 더 높기 때문이다.

▸ 정상주택가격산정분 산정예

- 개시시점 주택가액 : 2,000억 원
- 개시시점 : 2016. 12. 31.
- 종료시점 : 2021. 12. 31.

구 분	2017년	2018년	2019년	2020년	2021년
정기예금이자율(%)	1.60	1.92	1.76	1.07	1.12
평균주택가격상승률(%)	3.55	3.87	4.39	5.81	7.55

① 정기예금이자율 = 1.0160 × 1.0192 × 1.0176 × 1.0107 × 1.0112 = 1.0769

② 평균주택가격상승률 = 1.0355 × 1.0387 × 1.0439 × 1.0581 × 1.0755 = 1.2777

➡ 정상주택가격상승분 = 2,000억 × 0.278 = 556억 (※소수점 3째 자리에서 절상)

2 정기예금이자율 산정

정상주택가격상승분 산정을 위해 국토교통부장관은 금융기관의 1년 만기 정기예금 평균이자율을 고려하여 정기예금 이자율을 산정·고시한다(재건축이익환수령 §8 ①). 국토교통부장관은 인터넷 홈페이지에 정기예금 이자율을 1개월 단위로 고시해야 한다(재건축이익환수칙 §6).

국토교통부 고시 제2022-445호(재건축초과이익 환수업무처리지침 §11 ①)에 의하면 정기예금 이자율을 산정할 때 한국은행이 작성한 통계자료[23]인 '예금은행 가중평균 수신 금리 중 '저축성 수신의 '순수저축성예금' 중 '정기예금 6개월 ~ 1년 미만'의 연이율(%)을 적용하여 산정한다. 또한 개시시점부터 종료시점까지의 정기예금이자율은 각 연도별 정기예금 연평균이자율(연도별 고시기준 활용)을 소수로 환산한 후 곱하여 산정하되, 산정기간이 1년 미만인 경우에는 월평균변동률(월별 고시기준 활용)을 더한 값을 연도별이자율로 산정한다.

23) 한국은행 경제통계시스템 홈페이지(ecos.bok.or.kr) → 1.3.금리 → 1.3.3.예금은행 가중평균금리 → 수신금리 → 신규취급액기준 → 저축성수신 → 순수저축성예금 → 정기예금 → 정기예금(6개월~1년 미만)

(예시1) 정기예금이자율 산정

- (기준시점) 개시시점(2018. 1. 10.), 산정시점(2020. 12. 15.), 종료시점(2024. 6. 30.)
  - (산정일) 초일 불산입하여 산정일은 기준시점에 +1일 가산하여 산정 (개시시점 2018. 1. 11, 산정시점 2020. 12. 16., 종료시점 2024. 7. 1.으로 산정일 조정)
  - 재건축부담금예정액의 경우 산정시점 이후부터 준공시점까지의 상승률은 개시시점부터 예정액 산정시점까지의 연평균 변동률을 적용
- (일수비) 해당 기간 경과일을 해당 연도 전체 일수(365일 또는 366일)로 나눈 값을 의미
- (변동분) 해당 기간의 정기예금이자율을 의미함
- (소수화) 전체기간의 정기예금이자율 계산을 위하여 산정한 변동분에 1을 더하여 변환

정기예금 이자율	개시~신청 연평균변동률	연도	일수비	변동분	소수화 (변동분+1)
0.10763	0.01592	-	-	-	-
*산출내역 ('18.1.11. ~'24.7.1.) (1.01871× 1.01760× 1.01032× 1.00070× 1.01592× 1.01592× 1.01592× 1.00792) -1	*산출내역 ('18.1.11. ~'20.12.16.) (0.01871+ 0.01760+ 0.01032) ÷(0.97260 +1.0+0.95628)	'18.1.11. ~'19.1.1.	0.97260 (355÷365)	0.01871*	1.01871
		*('18 전체 - '18.1.1.~1.11. 이자율) 0.01871 ≒ 0.0192 - 0.00049 - ('18 전체 이자율, 연기준) 0.0192 - (1.1.~1.11. 이자율, 월기준) 0.00049 ≒ 0.0182 ÷ 12 × 0.32258 - (1.1.~1.11. 일수비) 0.32258 ≒ 10 ÷ 31			
		'19.1.1. ~'20.1.1.	1.00000 (365÷365)	0.01760	1.01760
		'20.1.1. ~12.16.	0.95628 (350÷366)	0.01032*	1.01032
		* (예시2) 정기예금이자율 산정 참조			
	예정액 산정시 예시	'20.12.16. ~'21.1.1.	0.04372 (16÷366)	0.00070 (0.04372×0.01592)	1.00070
		'21.1.1. ~'22.1.1.	1.00000 (365÷365)	0.01592 (1×0.01592)	1.01592
		'22.1.1. ~'23.1.1.	1.00000 (365÷365)	0.01592 (1×0.01592)	1.01592
		'23.1.1. ~'24.1.1.	1.00000 (365÷365)	0.01592 (1×0.01592)	1.01592
		'24.1.1. ~7.1.	0.49727 (182÷366)	0.00792 (0.49727×0.01592)	1.00792

※ (자료) 국토부 재건축부담금 업무메뉴얼, 2022년 2월, p.21.

(예시2) 정기예금이자율 산정

• (1년 미만인 경우) 특정시점(2020. 1. 1.~12. 16.) 변동분 산정 예시
  - 산정기간이 1년 미만인 경우에는 월평균변동률(월별 고시기준 활용)을 더한 값을 연도별이자율로 산정함

특정시점 변동분	월	일수	월별 연평균	해당기간 변동분	비 고
합 계	-	350	-	0.01032	(월별고시기준활용)
*월별평균합 '20.1.1. ~'20.12.16.	'20.1.1.~2.1.	31	1.56%	0.00130	0.0156÷12
	'20.2.1.~3.1.	29	1.42%	0.00118	0.0142÷12
	'20.3.1.~4.1.	31	1.30%	0.00108	0.0130÷12
	'20.4.1.~5.1.	30	1.25%	0.00104	0.0125÷12
	'20.5.1.~6.1.	31	1.08%	0.00090	0.0108÷12
	'20.6.1.~7.1.	30	0.88%	0.00073	0.0088÷12
	'20.7.1.~8.1.	31	0.81%	0.00068	0.0081÷12
	'20.8.1.~9.1.	31	0.83%	0.00069	0.0083÷12
	'20.9.1.~10.1.	30	0.95%	0.00079	0.0095÷12
	'20.10.1.~11.1.	31	0.94%	0.00078	0.0094÷12
	'20.11.1.~12.1.	30	0.93%	0.00078	0.0093÷12
	'20.12.1.~12.16.	15	0.92%	0.00037	(0.0092÷12) ×15일/31일)

※ (자료) 국토부 재건축부담금 업무메뉴얼, 2022년 2월, p.22.

3 평균주택가격상승률 산정

평균주택가격상승률은 「주택법」 제89조의 규정에 따라 국토교통부장관의 위탁을 받아 기금수탁자가 통계청 승인을 받아서 작성한 주택가격 통계를 이용하여 산정한다(재건축이익환수법 §10 ②).

다만, 특별자치시·특별자치도·시·군·구의 주택가격 통계가 생산되기 이전 기간의 평균주택가격상승률은 국토교통부장관이 한국부동산원에 의뢰하여 해당 특별자치시·특별자치도·시·군·구의 기준시가 변동률, 통계청 승인을 받은 해당 특별자치시·특별자치도·시·군·구가 소재하는 광역지방자치단체의 주택가격 상승률 등을 고려하여 조사·산정하고 이를 부동산가격공시위원회의 심의를 거쳐 결정한다(재건축이익환수법 §10 ②, 재건축이익환수령 §8 ②). 국토교통부장관이 평균주택가격상승률을 결정한 때에는 그 내용을 고시

하여야 한다(재건축이익환수령 §8 ③). 특별자치시·특별자치도·시·군·구의 주택가격 통계가 생산되기 이전 기간의 평균주택가격상승률은 제10조의 평균주택가격지수를 이용하여 산정한다(재건축이익환수지침 §9).

평균주택가격지수는 한국부동산원에서 매월 조사 발표하는 '시군구별 주택매매격지수[24]'를 말한다(지침 §10 ①). 평균주택가격지수의 기준일은 매월 15일로 보며, 산정기간이 1개월 미만인 경우는 전·후 월의 가격지수와 비교하여 일 단위로 안분 적용하여 산정한다(재건축이익환수지침 §10 ②). 주택매매가격지수는 통계청 통계변경 승인에 따라 2021년 6월 조사부터는 조사기준일이 조사대상월의 다음 달 1일로 변경되었다(예 : 2021년 5월 지수 기준일 = 2021. 5. 15., 2021년 6월 지수 기준일 = 2021. 7. 1.).

개시시점부터 종료시점까지의 평균주택가격상승률은 각 연도별 가격상승률을 산정하고 소수로 환산한 후 곱하여 산정한다. 산정기간이 1개월 미만인 월에 대하여는 가격지수의 기준일을 매월 15일(2021년 6월 이후는 익월 1일)로 보고 전·후 월의 가격지수와 비교하여 일 단위로 안분 계산하여 평균주택가격 적용지수를 산정한다.

(예시1) 평균주택가격상승률 산정

- '시군구별 주택매매가격지수' 중 아파트 등 주택 유형에 따라 적용하되, 단독주택 등 해당 유형의 시군구별 지수가 공표되지 않는 경우는 종합주택 유형을 적용함
- (예정액 산정) 개시시점부터 예정액 산정시점까지는 실제 평균주택가격상승률을 적용하고, 산정시점 이후부터 종료시점까지는 개시시점부터 예정액 산정시점까지의 평균 상승률을 적용하여 산정함
- 시점 수정은 소수점 6자리에서 반올림하여 5자리까지 표기하여 초일 불산입 기준으로 계산함
- 주택매매가격지수는 소수점 4자리에서 반올림하여 3자리까지 표기

| ○○시·군·구 주택매매가격지수 |

2017.12	2018.1	2018.2	2018.3	2018.4	2018.5
101.356	104.113	106.119	106.94	107.154	107.002
2018.6	**2018.7**	**2018.8**	**2018.9**	**2018.10**	**2018.11**
106.71	106.499	107.205	109.14	109.677	109.615

※ (자료) 국토부 재건축부담금 업무메뉴얼, 2022년 2월, p.24.

24) 한국부동산원 부동산 통계정보시스템(www.r-one.co.kr) → 부동산통계 → 전국주택가격 동향조사 → 월간동향 → 매매가격지수

(예시2) 평균주택가격상승률 산정

- (기준시점) 개시시점(2018. 1. 10.), 산정시점(2020. 12. 15.), 종료시점(2024. 6. 30.)
  - (산정일) 초일 불산입하여 산정일은 기준시점에 +1일 가산하여 산정 (개시시점 2018. 1. 11., 산정시점 2020. 12. 16., 종료시점 2024. 7. 1.으로 산정일 조정)
  - 재건축부담금예정액의 경우 산정시점 이후부터 준공시점까지의 연도별 매매지수는 개시시점부터 예정액 산정시점까지의 연평균 변동률을 적용하여 연도별 매매지수를 산정

| 산정시점 이전 주택매매가격지수 선정 방법 예시 |

* 해당일 기준 고시된 매매가격지수가 있는 경우 별도 산정 불필요

2019.12.15.(2019. 12. 지수)	2020. 1. 1.	2020. 1. 15.(2020.1. 지수)
110.201	111.406*	112.398

* 계산식 = 전월지수+[(당월지수 − 전월지수)×(경과일/전체기간)]
▸ 111.406 ≒ 110.201+(112.398 − 110.201)×(17/31)

| 산정시점 이후 주택매매가격지수 산정 방법 예시 |

2024. 1. 1.(기산정)	2024. 7. 1.
121.468	123.089*

* 계산식 = 전월지수+[전월지수×일수비×개시~산정시점까지 연평균변동률]
▸ 123.089 ≒121.468+(121.468 × 0.49727 × 0.02683)

| 주택매매가격지수 변동분 계산 예시(1) |

2018. 1. 11.	2019. 1. 1.
103.757	109.266

* 변동분 = (종료시점지수 − 시작시점지수)÷(시작시점지수)
▸ 0.05310 ≒ (109.266 − 103.757) ÷ 103.757

| 주택매매가격지수 변동분 계산 예시(2) |

2020. 12. 16.	2021. 1. 1.	2022. 1. 1.
112.062	112.193	115.203
미고시 특정시점 주택매매가격지수 계산 예시 참조	*112.062+ (112.062×0.04372×0.02683)	*112.193+ (112.193×1×0.02683)
	*전월지수+(전월지수×일수비×개시~산정 연평균변동률)	

※(자료) 국토부 재건축부담금 업무메뉴얼, 2022년 2월, p.25.

| 주택매매가격지수 변동분 계산 예시 |

평균주택 가격상승률	개시~산정 연평균변동률		매매지수*	연도	일수비	변동분	소수화 (변동분+1)
0.18634	0.02683		103.757 ('18.1.11.)		–	–	–
*산출내역 ('18.1.11.~ '24.7.1.) (1.05310× 1.01959× 1.00589× 1.00117× 1.02683× 1.02683× 1.01335) - 1	*산출내역 ('18.1.10.~ '20.12.16.) (0.05310 +0.01959 +0.00589) ÷(0.97260+1.0 +0.95628)		109.266 ('19.1.1.)	'18.1.11. ~'19.1.1.	0.97260	0.05310	1.05310
			111.406 ('20.1.1.)	'19.1.1. ~'20.1.1.	1.00000	0.01959	1.01959
			112.062 ('20.12.16.)	'20.1.1. ~12.16.	0.95628	0.00589	1.00589
		예정 액산 정시 예시	112.193 ('21.1.1.)	'20.12.16. ~'21.1.1.	0.04372	0.00117	1.00117
			115.203 ('22.1.1.)	'21.1.1. ~'22.1.1.	1.00000	0.02683	1.02683
			118.294 ('23.1.1.)	'22.1.1. ~'23.1.1.	1.00000	0.02683	1.02683
			121.468 ('24.1.1.)	'23.1.1. ~'24.1.1.	1.00000	0.02683	1.02683
			123.089 ('24.7.1.)	'24.1.1. ~'24.7.1.	0.49727	0.01335	1.01335

- (일수비) 해당 기간 경과일을 해당 연도 전체일수(365일 또는 366일)로 나눈 값을 의미함
- (변동분) 해당 기간의 매매가격지수 변동분[(종료시점지수 - 시작시점지수)/시작시점지수]을 의미함
- (소수화) 평균주택가격상승률 계산을 위하여 산정한 변동분에 1을 더하여 변환함

※(자료) 국토부 재건축부담금 업무메뉴얼, 2022년 2월, p.25.

Q5. 개발비용의 산정

▸ 재건축부담금 = 재건축 초과이익 × 부과율 (10%~50%)

▸ 초과이익 = 종료시점 주택가액 - 개시시점 주택가액 - 정상주택가격상승분 - 개발비용

- 종료시점 주택가액 : 조합원주택 공시가+일반분양분 분양가+소형주택 인수가격
- 개시시점 주택가액 : 추진위 승인일 기준 공시가격, 10년 초과 시 종료시점부터 역산해 10년을 부과시점으로 인정
- 정상주택가격상승분 : 사업 기간의 평균주택가격상승률과 정기예금이자율 중 높은 비율 적용
- 개발비용 : 공사비, 설계감리비, 제세공과금, 조합운영비 등

1 개발비용 산정항목

종료시점 주택가액에서 공제하는 개발비용은 해당 재건축사업의 시행과 관련하여 공사비 등 지출된 다음의 금액을 합하여 산출한다(재건축이익환수법 §11 ①, 재건축이익환수령 §9 ①). 비용금액에 대한 구체적인 구성항목은 시행령 [별표]에 규정되어 있다(재건축이익환수령 §9 ②).

① 공사비, 설계감리비, 부대비용 및 그 밖의 경비
② 관계법령의 규정 또는 인가 등의 조건에 의하여 납부의무자가 국가 또는 지방자치단체에 납부한 각종 세금과 공과금
③ 관계법령의 규정 또는 인가 등의 조건에 의하여 납부의무자가 공공시설 또는 토지 등을 국가 또는 지방자치단체에 제공하거나 기부한 경우에는 그 가액. 다만, 그 대가로 「국토의 계획 및 이용에 관한 법률」, 「도시 및 주거환경정비법」 및 「빈집 및 소규모주택 정비에 관한 특례법」에 따라 용적률 등이 완화된 경우에는 그러하지 아니하다.
④ 조합(추진위원회를 포함한다)의 운영과 관련된 경비
⑤ 「도시 및 주거환경정비법」 제54조에 따른 재건축소형주택 건설과 관련된 비용

2 개발비용의 구성항목

(1) 공사비, 설계감리비, 부대비용 등

① 공사비

공사비는 해당 재건축사업으로 설치되는 제반 시설공사(공동주택과 이에 수반되는 복리시설 및 주차장에 한함)에 드는 건축·토목·조경·철거공사비, 예술장식품 설치비, 시공보증수수료 등을 말한다(재건축이익환수령 [별표] 1호).

② 설계감리비

설계감리비는 해당 재건축사업을 위하여 투입되는 설계 및 감리에 관한 비용이다.

③ 부대비용

부대비용이란 총비용 중에서 공사비, 설계감리비, 그 밖의 경비를 제외한 비용으로서 분양 관련 비용, 수도·가스·전기시설 인입(引入)비용, 등기비용 등이다.

④ 그 밖의 경비

그 밖의 경비로서 교통·환경영향평가 등 사업시행인가와 관련된 비용, 주택 및 토지매입비, 조합원의 이주를 위하여 드는 이주비용에 대한 금융비용, 안전진단비용, 측량비용, 감정평가수수료, 「도시 및 주거환경정비법」에 따른 정비사업전문관리업자에 대한 위탁 및 자문비용, 회계·감사비용, 해당 재건축사업과 관련된 용역비용 등이 해당된다(재건축이익환수령 [별표] 1호).

(2) 각종 세금과 공과금

관계법령의 규정 또는 인가 등의 조건에 의하여 납부의무자가 국가 또는 지방자치단체에 납부한 제세공과금은 개발비용으로 산정한다(재건축이익환수법 §11 ① 2호). 제세공과금은 해당 재건축사업을 위하여 지출되는 취득세, 등록세, 면허세, 법인세, 산업재해보상보험료 등을 말하며, 부담금은 기반시설부담금, 광역교통시설부담금, 그 밖의 원인자 부담금 등 납부액이 해당된다(재건축이익환수령 [별표] 2호).

(3) 국가·지방자치단체에 제공 또는 기부한 가액

관계법령의 규정 또는 인가 등의 조건에 의하여 납부의무자가 공공시설 또는 토지 등을 국가 또는 지방자치단체에 제공하거나 기부한 경우에는 그 가액을 개발비용으로 산정한다. 다만, 그 대가로 「국토의 계획 및 이용에 관한 법률」 및 「도시 및 주거환경정비법」에 따라 용적률 등이 완화된 경우에는 그러하지 아니하다(재건축이익환수법 §11 ① 3호).

토지의 경우 토지의 제공 또는 기부 시점의 가장 가까운 시점에 공시된 해당 토지의 개별공시지가에 그 개별공시지가가 공시된 달부터 제공 또는 기부시점이 포함된 달의 직전 달까지의 월별지가변동률을 곱한 금액이며, 공공시설을 제공하거나 기부한 경우 동일하게 산정한 토지의 가액에 그 시설의 조성원가를 합산한 금액이 된다(재건축이익환수령 [별표] 3호).

(4) 조합운영비 등 기타

조합(추진위원회 포함)의 운영과 관련된 경비도 개발비용으로 산정된다(재건축이익환수령 §9 ①). 재건축조합의 운영비는 재건축조합 운영비, 소송 비용 등 재건축조합(추진위원회 포함)의 운영과 관련된 제반 비용이 해당된다(재건축이익환수령 [별표] 5호).

또한 「도시 및 주거환경정비법」 제54조 제4항에 따른 재건축사업의 국민주택규모 주택 건설과 관련된 비용도 개발비용으로 산정된다(재건축이익환수령 §9 ①). 즉, 재건축소형주택 건설 관련 비용으로 「도시 및 주거환경정비법」 제55조 제2항에 따라 부속토지를 인수자에게 기부채납하는 것으로 보는 경우 그 대지지분 상당액이다. 이 경우 대지지분 상당액은 특별자치도지사 · 시장 · 군수 또는 구청장이 법 제9조 제2항의 절차를 준용하여 산정한다(재건축이익환수령 [별표] 5호).

❸ 개발비용의 산정방법

시장 · 군수 · 구청장은 납부의무자가 제출한 자료에 근거하여 개발비용을 산정하는데(재건축이익환수법 §11), 개발비용은 납부의무자가 해당 재건축사업(소규모재건축사업 포함)의 시행과 관련하여 지출한 비용으로서 「주식회사 등의 외부감사에 관한 법률」 제2조 제7호에 따른 감사인의 회계감사를 받은 후 계약서, 금융 및 세금 납부 자료 등 그 증명서류를 갖추어 제시한 금액에 한한다(재건축이익환수령 §9 ③).

납부의무자가 제시하는 금액 중 법정 개발비용을 합한 금액이 「주택법」에 따른 금액(직접공사비, 간접공사비, 설계비, 감리비, 부대비 등) 등에 비추어 적정범위를 초과하는 경우 국토교통부장관은 외부 전문기관에 회계감사를 의뢰하는 등의 방법으로 해당 개발비용의 적정성을 확인하여야 하며, 그 적정성을 확인할 수 없는 비용은 해당 개발비용에 계상하지 아니한다(재건축이익환수령 §9 ④).

국토교통부장관은 개발비용의 적정성을 확인하기 전에 이에 관한 의견을 듣기 위하여 자문위원회를 구성 · 운영할 수 있다. 다만, 법 제9조에 따른 주택가액의 산정 권한이 시장 · 군수 · 구청장에게 위임된 경우에는 시장 · 군수 · 구청장이 자문위원회를 구성 · 운영하거나 유사한 기능을 수행하는 위원회 등에 의견을 들을 수 있다(재건축이익환수령 §9 ⑤).

▸ 개발비용 산정예

① 건축공사비 · 철거비 · 기간이자 등 전체 개발비용 : 2,500억 원
② 상가부분 면적 / 전체연면적 = 2.3628%
⇒ 개발비용 : 2,500억 × (100% - 2.3628%) = 2,440.93억 원
(※상가는 재건축부담금대상이 아니기 때문에 개발비용에서 상가부분을 공제함)

4 양도소득세액의 개발비용 인정

재건축이익환수법 시행일(2006. 9. 25.) 전에 부과 개시시점 이후 개시시점 부과대상 주택(대지분 포함)의 양도로 인하여 발생한 소득에 대하여 양도소득세가 부과된 경우에는 해당 양도세액 중 부과 개시시점부터 양도시점까지에 상당하는 세액을 같은 조에 따른 개발비용에 계상할 수 있다. 이 경우 납부의무자는 부담금액공제산출내역서에 공제받고자 하는 양도소득세액 및 그 산출근거를 포함시켜 제출하여야 한다(재건축이익환수법 §13 ①). 개발비용으로 계상되는 양도소득세액을 산정하는 경우에는 양도소득세를 일 단위로 안분하여 산정한다(재건축이익환수법 §13 ②, 재건축이익환수령 §10).

Q6. 종료시점 주택가액의 산정

▸ 재건축부담금 = 재건축 초과이익 × 부과율 (10%~50%)

▸ 초과이익 = 종료시점 주택가액 - 개시시점 주택가액 - 정상주택가격상승분 - 개발비용

- 종료시점 주택가액 : 조합원주택 공시가+일반분양분 분양가+소형주택 인수가격
- 개시시점 주택가액 : 추진위 승인일 기준 공시가격, 10년 초과 시 종료시점부터 역산해 10년을 부과시점으로 인정
- 정상주택가격상승분 : 사업 기간의 평균주택가격상승률과 정기예금이자율 중 높은 비율 적용
- 개발비용 : 공사비, 설계감리비, 제세공과금, 조합운영비 등

1 부담금 부과 종료시점

재건축부담금 부과·종료시점과 그 시점의 주택가격은 초과이익을 결정하는 중요한 요소이며, 특히 부동산 가격은 시점에 따라 가격 차이가 발생하므로 그 시점은 더욱 중요하다.

재건축부담금의 부과 종료시점은 원칙적으로 해당 재건축사업의 준공인가일이다. 다만, 부과대상이 되는 재건축사업의 일부가 준공인가되거나 관계행정청의 인가 등을 받아 건축물의 사용을 개시한 경우 등 전부 또는 일부가 아래에 해당되는 경우에는 그에 해당하게 된 날을 부과 종료시점으로 한다(재건축이익환수법 §8 ③).

> ① 관계법령에 의하여 재건축사업의 일부가 준공인가된 날
> ② 관계행정청의 인가 등을 받아 건축물의 사용을 개시한 날
> ③ 그 밖에 대통령령으로 정한 날(☞시행령에 규정된 사항 없음)

2 종료시점 주택가액의 산정

(1) 산정 개요

종료시점 부과대상 주택의 가격 총액은 조합원 주택가액, 일반분양분의 주택가액, 재건축소형주택 인수가격을 합산하여 산정한다(재건축이익환수법 §7, §9 ③, 재건축이익환수령 §6 ④).

종료시점 주택가액을 산정하는 경우에는 조합의 의견을 들어야 하며, 해당 조합은 이의가 있는 경우에는 의견 제출 기한 내에 의견을 제출 할 수 있다(재건축이익환수령 §6 ⑤, 재건축이익환수칙 §3 ②). 조사・산정된 주택가액에 대하여 조합의 의견을 들으려는 경우에는 해당 시・군・구의 인터넷홈페이지에 10일 이상 게시하여야 하며, 그 사실을 해당 조합에 사전에 통보하여야 한다(재건축이익환수칙 §3 ①).

주택가액에 대하여 이의가 있는 조합은 의견제출 기간 내에 해당 시장・군수・구청장에게 의견을 제출할 수 있으며, 의견을 제출받은 시장・군수・구청장은 의견제출 기간이 만료되는 날부터 10일 이내에 제출받은 의견을 심사하여 그 결과를 통지하여야 한다(재건축이익환수칙 §3 ②). 시장・군수・구청장은 주택가액에 계산이 틀렸거나, 잘못 기록한 것 등 명백한 오류가 있음을 발견한 때에는 지체 없이 정정하여야 한다(재건축이익환수령 §6 ⑦, 재건축이익환수칙 §4).

(2) 조합원 주택가액 산정

종료시점 주택가액은 부동산 가격의 조사・산정에 관하여 전문성이 있는 한국부동산원에 의뢰하여 종료시점 현재의 주택가격 총액을 조사・산정하고 이를 「부동산 가격공시에 관한 법률」에 따른 부동산가격공시위원회[25]의 심의를 거쳐 결정한 가액으로 한다(재건축이익환수법 §9 ③, 재건축이익환수령 §7 ① ②). 이 경우 산정된 종료시점 현재의 주택가격은 「부동산 가격공시에 관한 법률」 제16조, 제17조 및 제18조에 따라 공시된 주택가격으로 본다(재건축이익환수법 §9 ③). 즉, 여기에서 조사・산정된 주택가격이 표준주택가격과 개별주택가격, 공동주택가격으로 공시된 주택가격이 된다.

종료시점 주택가액의 조사・산정을 의뢰받은 한국부동산원은 주택가액 조사・산정보고서를 시장・군수・구청장에게 제출해야 하고, 한국부동산원이 수행한 주택가액의 조사・산정이 부당하다고 인정되는 경우에는 그 사유를 구체적으로 밝혀 다시 조사・산정을 의뢰할 수 있다(재건축이익환수령 §7 ③). 한국부동산원이 다시 조사・산정한 가액을 종료시점 주택가액으로 보며(재건축이익환수령 §7 ④), 주택가액의 조사・산정을 한국부동산원에 의뢰하는 경우 국토교통부장관이 정하는 수수료를 지급해야 한다. 다만, 시장・군수・구청장은 한국부동산원이 조사・산정한 주택가액에 대하여 부동산가격공시위원회의 심의에서 부적

25) 부동산가격공시위원회는 「부동산 가격공시에 관한 법률」 제24조에 따른 중앙부동산가격공시위원회로 한다. 다만, 주택가액의 산정 권한이 시장・군수・구청장에게 위임된 경우에는 「부동산 가격공시에 관한 법률」 제25조에 따른 시・군・구 부동산가격공시위원회로 한다(재건축이익환수령 §6 ⑦).

정 등의 사유로 부결된 경우에는 한국부동산원에 사유를 구체적으로 밝혀 다시 조사・산정을 의뢰해야 한다. 이 경우 수수료는 지급하지 아니한다(재건축이익환수지침 §6).

시장・군수・구청장은 종료시점 주택가액을 산정하는 경우에는 조합의 의견을 들어야 하며, 해당 조합은 이의가 있는 경우에는 의견 제출 기한 내에 의견을 제출할 수 있다(재건축이익환수령 §6 ⑥).

한편 재건축부담금 예정액 산정 시에는 산정시점 당시 인근시세를 고려하여 산정시점부터 종료시점까지의 가격 상승률(개시시점부터 예정액 산정시점까지의 주택매매가격지수 평균상승률)을 적용하여 보정한 후 공시가액 산정방법을 준용하여 산정하고, 재건축부담금 예정액 산정시 공시가액 산정방법을 준용하여 종료시점 주택가액을 산정하는 경우 종료시점 현실화율은 산정시점에 공표된 자료 중 합리성이 인정되는 자료를 기준으로 적용한다(예: 국토교통부 보도자료 등 / 2022년 재건축부담금 업무메뉴얼 p.30).

(3) 일반분양분 주택가액 산정

종료시점의 일반분양분 주택가액은 분양시점 분양가격의 총액으로 한다. 즉, 부과대상 주택 중 일반분양분의 종료시점 주택가액은 분양시점 분양가격의 총액과 종료시점까지 미분양된 일반분양분의 가액을 반영한 총액으로 한다(재건축이익환수법 §7, §9 ③).

재건축부담금 예정액 산정 시에는 산정시점 당시 인근시세 및 분양사례 등을 고려한 예상 분양가격에 산정시점부터 분양시 점까지의 가격상승률(개시시점부터 예정액 산정시점까지의 주택매매 가격지수 평균 상승률)을 적용하여 분양가격을 산정한다.

(4) 재건축 소형주택 인수가액 산정

「도시 및 주거환경정비법」 제54조 제4항에 따라 건설된 재건축소형주택에 대한 종료시점 주택가격을 산정하는 경우에 「도시 및 주거환경정비법」 제55조에 따라 국토교통부장관, 특별시장・광역시장・특별자치시장・도지사・특별자치도지사, 「한국토지주택공사법」에 따른 한국토지주택공사 또는 지방공사가 해당 재건축소형주택을 인수한 가격을 그 주택의 종료시점주택가액으로 산정한다(재건축이익환수령 §6 ⑤).

재건축부담금 예정액 산정시에는 「도시정비법」 제55조 제2항에 따라 소형주택 매각 예상금액은 국토교통부장관이 고시하는 공공건설임대주택의 표준건축비로 산정하며 토지는 기부채납 한 것으로 본다(2022년 재건축부담금 업무메뉴얼 p.31).

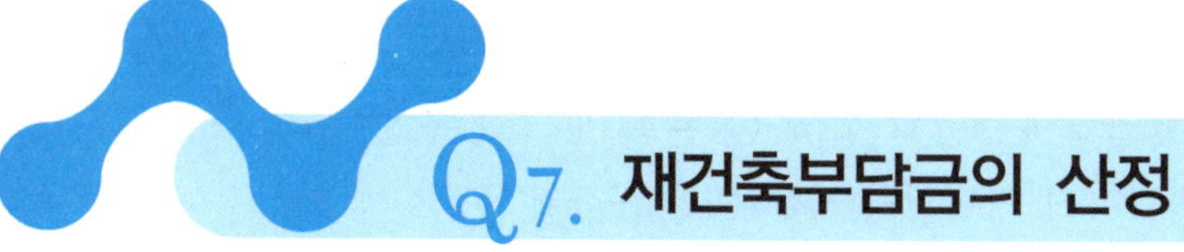

Q7. 재건축부담금의 산정

❶ 재건축초과이익의 산정

재건축초과이익은 조세로 보면 과세표준에 해당하는 금액으로서 재건축사업으로 인하여 정상주택가격상승분을 초과하여 조합 또는 조합원에 귀속되는 주택가액의 증가분을 말한다(재건축이익환수법 §2 1호).

재건축초과이익은 아래와 같이 종료시점 부과대상 주택가격에서 개시시점의 주택가격과 정상주택가격상승분 및 개발비용을 공제하여 산정한다[26](재건축이익환수법 §2 1호, §7). 다만, 일반분양분의 종료시점 주택가액은 분양시점 분양가격 총액과 종료시점까지 미분양된 일반분양분의 가액을 반영한 총액으로 한다(재건축이익환수법 §7 단서, §9 ③).

▸ 재건축부담금 = 재건축 초과이익 × 부과율 (10%~50%)

▸ 초과이익 = 종료시점 주택가액 - 개시시점 주택가액 - 정상주택가격상승분 - 개발비용

- 종료시점 주택가액 : 조합원주택 공시가+일반분양분 분양가+소형주택 인수가격
- 개시시점 주택가액 : 추진위 승인일 기준 공시가격, 10년 초과 시 종료시점부터 역산해 10년을 부과시점으로 인정
- 정상주택가격상승분 : 사업 기간의 평균주택가격상승률과 정기예금이자율 중 높은 비율 적용
- 개발비용 : 공사비, 설계감리비, 제세공과금, 조합운영비 등

한편, 2022. 9. 29. 정부의 「재건축부담금 합리화 방안」에 의하면 앞으로 공공임대 및 공공분양 주택을 매각한 대금은 부담금 산정 시 초과이익에서 제외한다고 한다. 현재 재건축사업 시 공공임대, 공공분양 등을 공공기관에 저렴하게 공급할 경우 용적률 상향 혜택을 받을 수 있으나, 매각대금이 초과이익에 산입되어 부담금이 늘어나게 됨으로써 공공임대주택 등 공공기여에 대한 사업 유인이 감소되는 문제가 있었다. 이에 따라 공공임대 및 공공

26) 재건축부담금의 부과기준은 종료시점 주택가액에서 개시시점 주택가액과 정상주택가격상승분, 개발비용 등 금액을 공제한 금액이라고 규정하고 있고(재건축이익환수법 §7), 재건축초과이익이라 함은 정상주택가격상승분을 초과하여 조합과 조합원에게 귀속되는 주택가액의 증가분으로서 법 제7조에 따라 산정된 금액이라고 규정하고 있기 때문에 재건축부담금의 부과기준(재건축이익환수법 §7)과 재건축초과이익은 같은 개념으로 볼 수 있다(재건축이익환수법 §2 1호).

분양 주택을 매각한 대금은 부담금 산정 시 초과이익에서 제외하는 인센티브를 부여하여, 재건축을 통한 공공주택 공급이 보다 확대되도록 유도할 예정이다.

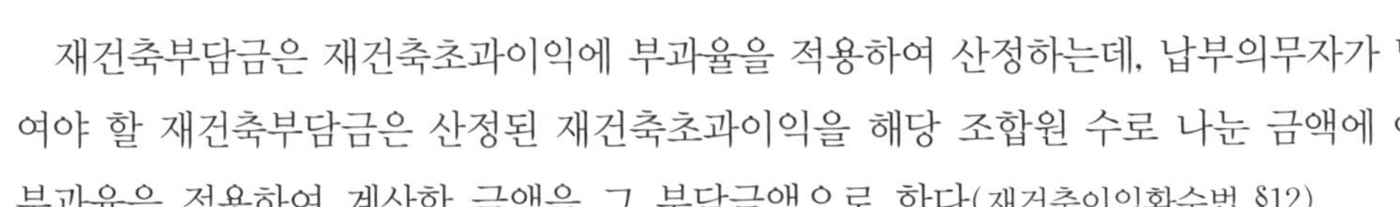

2 재건축부담금의 산정

재건축부담금은 재건축초과이익에 부과율을 적용하여 산정하는데, 납부의무자가 납부하여야 할 재건축부담금은 산정된 재건축초과이익을 해당 조합원 수로 나눈 금액에 아래의 부과율을 적용하여 계산한 금액을 그 부담금액으로 한다(재건축이익환수법 §12).

즉, 재건축부담금은 아래 부과율에서와 같이 재건축추진위원회 설립 승인일부터 재건축 준공때까지 조합원 1인당 평균이익이 3,000만 원 이하는 면제하고, 3,000만 원을 초과할 경우에 그 초과금의 10%~50%를 부담하도록 하고 있다.

조합원 1인당 평균이익	부과율 및 부담금 산식
3천만 원 이하	• 면제
3천만 원 초과 5천만 원 이하	• 3천만 원을 초과하는 금액의 10% × 조합원수
5천만 원 초과 7천만 원 이하	• 200만 원 × 조합원수 + 5천만 원을 초과하는 금액의 20% × 조합원수
7천만 원 초과 9천만 원 이하	• 600만 원 × 조합원수 + 7천만 원을 초과하는 금액의 30% × 조합원수
9천만 원 초과 1억1천만 원 이하	• 1천200만 원 × 조합원수 + 9천만 원을 초과하는 금액의 40% × 조합원수
1억1천만 원 초과	• 2천만 원 × 조합원수 + 1억1천만 원을 초과하는 금액의 50% × 조합원수

※ 조합원 1인당 평균이익 = 재건축초과이익 / 조합원 수

(예시) 재건축부담금 산정

- 개시시점 주택가액 : 4,000억 원
- 종료시점 주택가액 : 9,000억 원
- 정상주택가격상승액 : 1,000억 원
- 개발비용 : 3,000억 원
- 조합원 수 : 1,600명

⇒ 초과이익 = 9,000억 원 − (4,000억 원 + 1,000억 원 + 3,000억 원) = 1,000억 원

⇒ 조합원 1인당 평균이익 = 1,000억 원 ÷ 1,600명 = 6,250만 원

⇒ 부담금 산정액 = (200만 원×1,600명) + (1,250만 원×20%×1,600명) = 72억 원

한편, 재건축부담금은 이 법 시행일(2006. 9. 26.) 전의 사업시행기간을 포함하여 산정하되, 이 법 시행일을 기준으로 안분계산(按分計算)하여 이 법 시행일 이후의 사업시행기간에 해당하는 금액을 부과한다(재건축이익환수법 부칙 §2 ②).

참고적으로 재건축부담금 부담금액에 관해 최근 언론에 보도된 내용을 살펴보면 아래와 같다.

- 재건축정비사업조합연대에 따르면 서울 및 경기 16개 단지에서 1억 원 이상의 초과이익 환수금 추정 부담금이 나온 것으로 알려졌다. 그 중 현재까지 계산된 것을 기준으로 가장 부담액이 큰 단지는 성수동 장미아파트(5억 원)다. 뒤이어 도곡개포한신(4억3800만 원), 반포3주구(4억 원), 대치쌍용1차(3억 원) 순이었다. 서울이 아닌 경기 지역 수원 영통2구역에서도 2억9500만 원으로 3억 원 가까운 금액이 예상됐고, 대전 용문1·2·3구역도 2억7600만 원의 부담금을 내야 할 전망이다. 단지별로 사업 추진 속도가 다르기 때문에 최근 집값이 많이 오른 강남지역 아파트의 초과이익 부담금은 더 늘어날 가능성도 적지 않다(https://realty.chosun.com/site/data/html_dir/2022/02/09/2022020900425.html).
- 한강과 인접한 서울 용산구 이촌동 한강맨션(660가구) 재건축 조합은 최근 용산구로부터 재건축초과이익 환수금 예정액으로 1인당 7억7000만 원을 통보받았다. '재건축 부담금' 예정액으로 역대 최고금액이다. 재건축초과이익 산출 기관인 한국부동산원과 조합 간 시세 평가가 달라 부담금이 조합의 예상치를 크게 웃돈 것으로 알려졌다(https://www.hankyung.com/realestate/article/2022072473641).

아울러, 2022. 9. 29. 정부의 「재건축부담금 합리화 방안」 발표에 따른 부담금 면제금액 상향과 부과구간을 확대하여 재건축부담금을 현실화하는 부과율 조정방안은 다음과 같다.

| 재건축부담금 부과기준 현실화 개선안 |

초과이익							
	현행	0.3억 이하	0.3~0.5억	0.5~0.7억	0.7~0.9억	0.9~1.1억	1.1억 초과
	개선	1억 이하	1.0~1.7억	1.7~2.4억	2.4~3.1억	3.1~3.8억	3.8억 초과
부과율		면제	10%	20%	30%	40%	50%

3 재건축부담금의 면제대상

위 부과율에 따라 조합원 1인당 평균이익이 3천만 원 이하인 경우 부담금이 면제된다. 또한 2017. 12. 31.까지 「도시 및 주거환경정비법」 제74조 제1항에 따른 관리처분계획의 인가 및 「빈집 및 소규모주택 정비에 관한 특례법」 제29조 제1항에 따른 사업시행계획인가를 신청한 재건축사업에 대하여는 재건축부담금이 면제된다(재건축이익환수법 §3의 2)[27].

한편, 2017년 12월 31일 이전에 관리처분계획의 인가를 신청하여 재건축부담금을 면제받은 재건축조합이 2018년 1월 1일 이후 다른 정비구역과 통합하여 재건축사업을 추진하는 경우 통합하여 추진하는 재건축사업이 재건축부담금 부과대상인지에 대하여 살펴보면, 새로운 관리처분계획을 수립하여 행정청의 인가를 받은 경우 당초 관리처분계획은 특별한 사정이 없는 한 효력을 상실하게 되므로, 기한 내 관리처분계획의 인가를 신청하지 않은 다른 재건축사업과 통합하여 재건축사업을 시행하는 경우라면 재건축부담금이 면제된다고 볼 수는 없다고 한다(법제처 18-0289, 2018. 9. 10.).

다만, 2022. 9. 29. 정부의 「재건축부담금 합리화 방안」에 의한 부담금 면제금액은 현행 3천만 원 이하에서 그간의 주택가격 상승 등 여건 변화를 종합적으로 고려하여 초과이익 1억 원 이하까지 면제하도록 하고 있다.

27) 이와 같은 특례규정은 관리처분계획을 통해 재건축사업의 대지 및 건축물의 규모 등 건축계획과 해당 대지 및 건축물을 분양받을 자가 구체적으로 특정된 경우로 한정하여 재건축부담금을 면제하려는 취지로 볼 수 있고, 또한 특례규정은 법령을 제정 또는 개정할 때 정책적인 관점 또는 특수한 상황을 전제로 하여 한정된 기간 또는 한정된 대상에 대해 예외적으로 본칙의 내용과 다른 제도를 도입하여 운용할 필요가 있을 때에 두는 것으로서 그 성격상 제한적으로 해석해야 할 필요가 있다고 한다(법제처 2016. 4. 20. 회신 15-0801 해석례 참조).

4 재건축부담금의 감면

현재로서는 재건축부담금의 감면에 관한 규정이 없으나, 2022. 9. 29. 정부의 「재건축부담금 합리화 방안」과 2022. 11. 1. 입법발의된 「재건축초과이익 환수에 관한 법률 일부개정법률안(김정재의원 대표발의)」에 의한 재건축부담금 감면대상은 다음과 같다.

현재는 주택보유 기간이나 목적 등에 따른 실수요자를 고려하지 않고 일률적으로 부담금을 부과하고 있어 1주택 장기보유자의 부담능력을 초과한 과도한 부담금은 주거안정을 저해할 우려가 있음에 따라 실소유자에 대한 배려차원에서 1세대 1주택 실수요자에 대한 감면제도를 신규로 도입한다는 것이다.

즉, 1세대 1주택 보유기간에 비례하여 재건축부담금을 최대 50%까지 감면하는 것으로 준공 시점부터 역산하여 산정된 보유기간이 6년 이상인 경우에는 10%를 감면하여, 10년[28] 이상인 경우 최대 50%까지 감면한다. 다만, 준공 시점에 1세대 1주택자이고, 보유기간은 1주택자로서 해당 주택을 보유한 기간만 산정한다.

| 보유기간에 따른 재건축부담금 감면안 |

보유기간	10년 이상	9년 이상	8년 이상	7년 이상	6년 이상
감면율	50%	40%	30%	20%	10%
	• 준공시점 1세대 1주택자로서, 보유기간은 1주택자 기간만 인정				

28) 부담금은 준공부터 역산하여 최대 10년까지만 산정하고, 조합원 지위양도가 예외로 가능한 주택보유기간도 10년으로 정하고 있는 점을 고려하여, 10년을 장기보유 최대 감면 기간으로 설정한다.

Q8. 재건축부담금 부과 관련 주요 절차 흐름도

주택공급 업무단계	사업주체(조합 등)	시장 · 군수 · 구청장
■ 사업시행인가 조합설립인가(소규모재건축)		
⇩		
① 부과대상사업의 고지(재건축이익환수칙 §20 ②)		인가 등의 통보를 받은 날부터 15일 이내 고지
⇩		
② 부담금 예정액 산정자료 제출 (재건축이익환수법 §14 ①)	예정액 산정자료 제출 (→시장 · 군수 · 구청장) ※ 3개월/ 1개월 이내	
⇩		
③ 예정액 검증 (재건축이익환수법 §22 ③)		필요한 경우 검증 (시장 · 군수 · 구청장→부동산원)
⇩		
④ 예정액 통지 (재건축이익환수법 §14 ②③)		예정액 산정 후 통지(30일) 매년 1월말 조합에 재통지
⇩		
⑤ 분양신청 공고/통지 (도정법 §72 ①)	분양신청 공고, 통지내용 작성 및 통지(토지소유자)	
⇩		
⑥ 관리처분계획 수립 (도정법 §74)	관리처분계획안 작성, 총회결의 (부담금 및 산정기준 반영) 관리처분계획 인가신청	
■ 관리처분계획 인가 사업시행인가(소규모재건축)		
⇩		

⑦ 사전징수계좌 신설 및 개설 (재건축이익환수법 §19)	사전징수계좌 신청 (→시장 · 군수 · 구청장)	사전징수계좌 개설 (신청 후 7일 이내)
⇩		
▣ 준공인가 (종료시점)		
⇩		
⑧ 주택가액 산정 (재건축이익환수법 §9)		[종료시점] 조합원분 주택가액 등 [개시시점] 조정된 주택가액 산정 및 결과송부(부동산원)
⇩		
⑨ 부담금 산정자료 제출 (재건축이익환수법 §20)	산정자료 제출(1개월 이내)	
⇩		
⑩ 부담금 결정 및 부과액 검증 (재건축이익환수법 §22 ③)		필요한 경우 검증의뢰 (한국부동산원)
⇩		
⑪ 부담금 사전통지 (재건축이익환수령 §11)		준공인가일부터 3개월 이내
⇩		
⑫ 심사청구 · 검증 및 심사 결과통지 (재건축이익환수법 §16)	사전통지일로부터 50일 이내 고지전 심사청구 신청	고지전 심사청구 신청일부터 30일 이내 심사 및 통지
⇩		
⑬ 부담금 결정 · 부과 (재건축이익환수법 §15)		준공일(부과종료)부터 5개월 이내 결정 · 부과
⇩		
⑭ 자료의 통보 (재건축이익환수법 §21)		부과한 후 15일내 국세청 등 통보
⇩		
⑮ 부담금 납부 (재건축이익환수법 §17)	6개월 이내 납부 (납부연기, 분할납부 가능)	

자료) 국토교통부, 「2022 재건축부담금 업무 메뉴얼」, p.6~7.

Q9. 재건축부담금 산정자료의 제출

❶ 재건축부담금 예정액 산정자료 제출

(1) 산정자료 제출 시기

납부의무자는 사업시행인가 고시일로부터 아래의 시기까지 재건축부담금 산정에 필요한 자료를 시장·군수·구청장에게 제출하여야 한다. 다만, 사업시행인가 고시일로부터 3개월 이내에 시공사가 선정되지 아니하면 자료제출 기한을 시공사와의 계약 체결일부터 1개월 이내로 연장할 수 있다(재건축이익환수법 §14 ①).

> ① 「도시 및 주거환경정비법」 제2조 제2호 다목에 따른 재건축사업의 경우에는 사업시행인가 고시일부터 3개월 이내
> ② 「빈집 및 소규모주택 정비에 관한 특례법」 제2조 제1항 제3호 다목에 따른 소규모재건축사업의 경우에는 조합설립인가를 받은 후 시공사와의 계약 체결일부터 1개월 이내

(2) 산정자료 제출 내역

납부의무자는 재건축부담금 산정하기 위하여 사업시행기간 등 아래의 사항이 포함된 재건축부담금 예정액 산정을 위한 명세서에 이를 증명할 수 있는 서류를 첨부하여 시장·군수·구청장에게 제출하여야 한다(재건축이익환수칙 §7, [별지 제3호 서식]).

> ① 사업주체
> ② 사업시행기간
> ③ 시공사
> ④ 개발비용 추정액
> ⑤ 부과대상 주택 중 일반분양분의 분양가격 추정액
> ⑥ 그 밖에 시장·군수·구청장이 필요하다고 인정하는 자료(개시시점·종료시점 조합원 분양분 주택가액, 정상주택가격상승분 추정자료 등)

시장 · 군수 · 구청장은 납부의무자가 제출한 자료가 재건축부담금 예정액을 산정하기에 부족하다고 인정하는 경우에 추가 자료를 요청할 수 있으며, 납부의무자는 요청받은 날로부터 10일 이내에 제출하여야 한다(재건축이익환수칙 §7 ②, ③).

| 재건축부담금 예정액 산정 시 적용 내용 |

구 분		적 용 내 용
일반현황	추진위 승인일	사업계획 참고(조합 제출자료 및 지자체 인 · 허가사항 반영)
	조합 설립일	〃
	사업시행 인가일	〃
	구역면적(㎡)	〃
사업계획	대지면적(㎡)	사업시행 인가에 따른 기부채납 후 대지면적
	용적률(%)	사업시행 인가에 따른 사업계획 상 용적률
	소형주택 용적률(%)	사업시행 인가에 따른 소형주택 건립 용적률
	주택 공급면적	사업시행 인가에 따른 주택공급 면적
	연면적(지하 포함)	사업시행 인가에 따른 사업계획상 연면적(지하 포함)
	조합원수ⓐ	재건축부담금 부과대상 조합원수
	건립세대	사업시행 인가에 따른 사업계획상 건립세대수
개시시점 주택가액	개시시점 추정일	조합설립추진위원회가 승인된 날
	종료시점 추정일	준공인가일(사업계획 참고)
	적용기간	개시시점부터 종료시점까지의 사업기간
	개시시점 공시가격 총액	개시시점의 공시가액 총액(조합원 전체 합산)
	개시시점 주택가액①	개시시점의 공시가액 총액에 공시일(1. 1.)부터 개시시점까지의 정상주택가격상승분을 보정하여 산정
정상주택 가격 상승분	정상주택가격 상승률(%)	부담금 예정액 산정시에는 ①개시시점부터 예정액 산정시점까지는 연도별 종합매매가격지수 상승률 또는 정기예금이자율 중 높은 것을 적용하고, ②예정액 산정시점 이후부터 준공시점까지의 상승률은 개시시점부터 예정액 산정시점까지의 평균 정상주택가격상승률을 적용
	정상주택가격상승분②	개시시점 공시가액 × 정상주택가격상승률
종료시점 주택가액	소 계③	조합원분양분 + 일반분양분 총액 + 소형주택
	조합원분	부담금 예정액 산정시에는 ①예정액 산정시점의 인근 지역의 시세에 종료시점까지 가격상승률(개시시점부터 예정액 산정시점까지의 아파트 매매가격지수 연평균 상승률)을 보정하여

구 분		적 용 내 용
		종료시점 가격을 추정하고 ②종료시점 추정가격에 공시가액 산정방법(해당 지자체 공시율 적용)을 준용하여 종료시점의 공시가격 산정
	일반분양	부담금 예정액 산정시에는 ①예정액 산정시점의 인근 지역의 분양가격을 고려한 예상 분양가격에 ②분양일(○년 후)까지 가격상승률(개시시점부터 예정액 산정시점까지의 아파트 매매가격지수 연평균 상승률)을 적용하여 일반분양가격을 산정
	소형주택	소형주택 매각금액 합계(조합 제출자료 참고)
개발비용④		인근 재건축사업의 개발비용을 고려하여 산정(조합 제출자료 참고)
1인당 평균 초과이익 [A=(③-①-②-④/ⓐ)]		(종료시점 주택가액-개시시점 주택가액-정상주택가격상승분-개발비용) ÷ 조합원수
1인당 평균 재건축부담금[B]		산식 적용
총 재건축부담금		산식 적용

자료) 국토교통부, 「2022 재건축부담금 업무 메뉴얼」, p.33.

 재건축부담금 결정 · 부과액 산정을 위한 개발비용 등 자료제출

(1) 일반적인 경우

부담금 납부의무자가 준공인가를 받은 경우 등 다음의 경우에는 부과 종료시점(준공인가일 등)부터 1개월 이내에 개발비용 등의 산정 및 부담금액 공제에 필요한 내역서를 시장・군수・구청장에게 제출하여야 한다(재건축이익환수법 §20).

> ① 「도시 및 주거환경정비법」에 의한 준공인가를 받은 경우
> ② 「빈집 및 소규모주택 정비에 관한 특례법」에 의한 준공인가를 받은 경우
> ③ 재건축사업의 전부 또는 일부가 준공되거나 인가 등을 받아 사용을 개시한 경우

납부의무자가 제출하는 개발비용 산출내역서([별지 제18호 서식])에는 다음의 서류를 첨부하여야 한다(재건축이익환수칙 §18 ①).

개발비용	공사비, 설계감리비, 부대비용 및 그 밖의 경비 (「재건축초과이익 환수에 관한 법률」 제11조 제1항 제1호)
	제세공과금(「재건축초과이익 환수에 관한 법률」 제11조 제1항 제2호)
	국가·지방자치단체에 제공 또는 기부한 공공시설 또는 토지 (「재건축초과이익 환수에 관한 법률」 제11조 제1항 제3호)
	조합의 운영과 관련된 경비 (「재건축초과이익 환수에 관한 법률 시행령」 제9조 제1항 제1호)
	개발비용에 계상되는 양도소득세액 (「재건축초과이익 환수에 관한 법률」 제13조)
증빙서류	① 설계서 등 개발비용 산출증빙서류를 첨부 ② 감사인의 회계감사를 받은 후 계약서, 금융 및 세금납부 자료 등 그 증명서류를 갖추어 제시한 금액에 한하여 개발비용에 반영

(2) 예외적인 경우

재건축사업의 일부가 준공되거나 관계행정청의 인가 등을 받아 건축물의 사용을 개시함으로써 해당 재건축사업에 대한 부과종료시점이 도래한 경우로서 준공된 사업별로 개발비용을 구분하여 산출하기 곤란한 경우에는 전체 재건축사업이 완료된 날부터 1개월 이내에 개발비용 산출내역서를 제출할 수 있으며, 이 경우 부과종료시점이 서로 다른 대상 주택은 그 내역서를 따로 구분하여 작성하여야 한다(재건축이익환수칙 §18 ②).

(3) 개발비용 및 부담금액 공제내역서 허위 제출 시

재건축부담금을 면탈·감경할 목적으로 개발비용 및 부담금액 공제내역서를 허위로 제출한 자는 3년 이하의 징역 또는 면탈·감경하였거나 면탈·감경하고자 한 재건축부담금의 3배 이하에 상당하는 벌금에 처한다(재건축이익환수법 §23). 또한 개발비용 산출 내역서를 제출하지 아니하거나 게을리 한 자에 대하여는 과태료를 부과한다(재건축이익환수법 §24).

| 재건축부담금 결정 · 부과액 산정 시 적용 내용 |

구 분		적 용 내 용
일반현황	추진위 승인일	사업계획 참고(조합 제출자료 및 지자체 인 · 허가사항 반영)
	조합 설립일	〃
	사업시행 인가일	〃
	구역면적(㎡)	〃
사업계획	대지면적(㎡)	사업시행 인가에 따른 기부채납 후 대지면적
	용적률(%)	사업시행 인가에 따른 사업계획 상 용적률
	소형주택 용적률(%)	사업시행 인가에 따른 소형주택 건립 용적률
	주택 공급면적	사업시행 인가에 따른 주택공급 면적
	연면적(지하 포함)	사업시행 인가에 따른 사업계획상 연면적(지하 포함)
	조합원수ⓐ	재건축부담금 부과대상 조합원수
	건립세대	사업시행 인가에 따른 사업계획상 건립세대수
개시시점 주택가액	개시시점	조합설립추진위원회가 승인된 날(기타)
	종료시점	준공인가일(사업계획 참고)
	적용기간	개시시점부터 종료시점까지의 사업기간
	개시시점 공시가격 총액	개시시점의 공시가액 총액(조합원 전체 합산)
	개시시점 주택가액	개시시점의 공시가액 총액에 공시일(1. 1.)부터 개시시점까지의 정상주택가격상승분을 보정하여 산정
	조정된 개시시점 주택가액①	개시시점 주택가액×종료시점 부과대상 주택의 가격 총액/종료시점 실거래가격×개시시점 실거래가격/개시시점 주택가액
정상주택 가격상승분	정상주택가격 상승률(%)	결정부과액 산정시에는 개시시점부터 종료시점까지 연도별 매매가격지수 상승률 또는 정기예금이자율 중 높은 것을 적용. ※ 매매가격지수는 주택유형에 따라 구분하여 적용하되, 단독주택 등 해당 유형의 시군구별 지수가 공표되지 않는 경우는 종합주택 유형을 적용
	정상주택가격상승분②	조정된 개시시점 공시가액 × 정상주택가격상승률
종료시점 주택가액	소 계③	조합원분양분 + 일반분양분 총액 + 소형주택
	조합원분	부담금 결정부과액 산정 시에는 법 제9조 제3항 절차에 따라 한국부동산원에 의뢰하여 산정한 공동주택가격을 적용
	일반분양	부담금 결정부과액 산정 시에는 분양시점 일반분양가격 총액과 제9조 제3항에 따라 산정한 종료시점까지 미분양된 일반분양분의 가액을 반영한 총액
	소형주택	소형주택 매각금액 합계(조합 제출자료 참고)

구 분	적 용 내 용
개발비용④	해당 재건축사업의 시행과 관련하여 지출된 금액(조합 제출 자료 참고)
1인당 평균 초과이익 [A=(③-①-②-④/ⓐ)]	(종료시점 주택가액-개시시점 주택가액-정상주택가격상승분-개발비용) ÷ 조합원수
1인당 평균 재건축부담금[B]	산식 적용
총 재건축부담금	산식 적용

자료) 국토교통부, 「2022 재건축부담금 업무 메뉴얼」, p.35.

Q10. 재건축부담금의 부과기준 및 예정액 통지

❶ 부담금 부과기준 및 예정액 통지

시장・군수・구청장은 부담금 산정을 위한 자료를 제출받은 날부터 30일 이내에 납부의무자에게 재건축부담금의 부과기준 및 예정액을 통지하여야 한다(재건축이익환수법 §14 ②, 재건축이익환수칙 §8 ①, [별지 제4호 서식]). 시장・군수・구청장이 부동산가격조사 전문기관에 재건축부담금 예정액 검증을 의뢰한 경우에는 45일 이내에 통지하여야 한다(재건축이익환수법 §14 ②).

예정액 통지 내용	
① 대상 사업명	
② 부과 기준	
③ 예정액	
④ 그 밖의 사항	

아울러, 재건축부담금의 예정액 통지를 위하여 필요한 경우 시장・군수・구청장은 한국부동산원에 검증을 의뢰할 수 있고(재건축이익환수법 §22 ③, 재건축이익환수령 §17의 2 ①), 검증을 의뢰받은 한국부동산원은 주택가액, 정상주택가격상승분, 개발비용 등이 적정하게 산정되었는지를 검증해야 한다[29](재건축이익환수령 §17의 2 ②).

한국부동산원은 조사・검증에 필요한 경우에는 분야별 외부 전문가로 구성된 심사단 또는 자문위원회를 구성・운영할 수 있으며, 정확한 검증을 위하여 필요하다고 인정하는 경우에는 「감정평가 및 감정평가사에 관한 법률」 제29조에 따라 인가를 받은 감정평가법인 등에 재건축부담금의 조사・검토를 의뢰할 수 있다(재건축이익환수령 §17의 2 ③ ④).

재건축부담금 예정액 및 결정・부과를 위해 한국부동산원에 검증을 의뢰하는 경우의 처리기간 및 제출서류 등은 다음 각 호에 따른다(재건축이익환수지침 §13).

29) 재건축부담금 예정액의 검증은 검증의뢰일로부터 15일 이내로 하며, 결정・부과액의 검증은 검증의뢰일로부터 30일 이내로 한다. 다만, 관련 자료의 불충분 등에 따른 보완기간은 제외한다(재건축이익환수지침 §13).

① 재건축부담금 예정액의 검증은 검증의뢰일로부터 15일 이내로 하며, 결정・부과액의 검증은 검증의뢰일로부터 30일 이내로 한다. 다만, 관련 자료의 불충분 등에 따른 보완기간은 제외한다.
② 시장・군수・구청장이 검증을 의뢰하고자 할 경우 제출해야 하는 검증 서류는 [별표 2](별첨)에 따른다. 다만, 검증 수수료는 국토교통부장관의 승인을 받아 운영한다.

| 재건축부담금 예정액 통지 절차 |

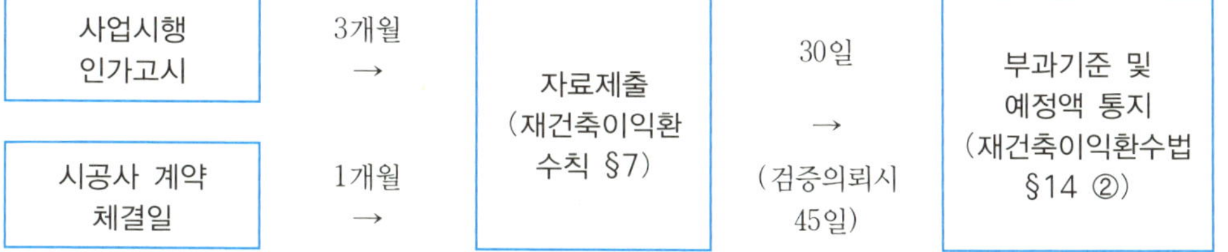

☞ 소규모재건축사업의 경우 조합설립인가 이후 시공사 계약 체결일부터 1개월 이내

2 조합의 분양신청 통지 시 재건축부담금 추산액 통지

조합 등 사업시행자는 「도시 및 주거환경정비법」에 따라 분양신청 통지를 하는 때에는 분양대상자별 분담금의 추산액에 조합원별 재건축부담금 예정액 등을 포함하여 통지하여야 한다(도시정비법 §72 ①).

3 예정액 통지 후 주기적 통지

시장・군수・구청장이 위에 따라 재건축부담금 예정액을 통지한 경우에는 부과 종료시점까지 규칙 제4호의 2 서식의 재건축부담금 예정액 통지서를 매년 1월 말까지 재건축부담금 납부의무자에게 보내야 한다(재건축이익환수법 §14 ③, 재건축이익환수칙 §8 ②). 즉, 재건축부담금 예정액을 주기적으로 통지하도록 한 것이다(☞ 2021. 7. 20. 법 개정사항).

통지 내용	대상 사업명		
	최초	기준시점	예정액
	직전연도	기준시점	예정액
	현재	기준시점	예정액
	그 밖의 사항		

Q11. 관리처분계획 수립 및 부담금의 사전징수

❶ 재건축 계획안 작성 및 총회 결의(관리처분계획 수립)

(1) 관리처분계획에 부담금 반영

재건축부담금을 납부하여야 할 의무가 있는 조합은 조합원별로 종전자산을 평가한 가액 등을 고려하여 재건축부담금 예정액의 조합원별 납부액과 결정·부과하는 재건축부담금의 조합원별 분담기준 및 비율을 결정하여 이를 관리처분계획에 명시하여야 한다(재건축이익환수법 §6 ③, 재건축이익환수령 §4 ①). 또한 「도시 및 주거환경정비법」 제74조 제1항에서도 재건축사업의 경우에는 관리처분계획을 수립할 때 정비사업비의 추산액에서 재건축부담금에 관한 사항과 그에 따른 조합원 분담규모 및 분담시기를 포함하도록 규정하고 있다.

조합은 관리처분계획의 수립 사항을 의결하기 위한 총회의 개최일부터 1개월 전에 재건축부담금 등에 해당하는 사항을 각 조합원에게 문서로 통지하여야 한다(도시정비법 §74 ⑤).

▸ **관리처분계획 반영내용(도시정비법 제74조)**

① 분양설계
② 분양대상자의 주소 및 성명
③ 분양대상자별 분양예정인 대지 또는 건축물의 추산액(임대관리 위탁주택에 관한 내용 포함)
④ 다음 각 목에 해당하는 보류지 등의 명세와 추산액 및 처분방법. 다만, 나목의 경우에는 제30조 제1항에 따라 선정된 임대사업자의 성명 및 주소(법인인 경우에는 법인의 명칭 및 소재지와 대표자의 성명 및 주소)를 포함한다.
가. 일반 분양분
나. 공공지원민간임대주택
다. 임대주택
라. 그 밖에 부대시설·복리시설 등
⑤ 분양대상자별 종전의 토지 또는 건축물 명세 및 사업시행계획인가 고시가 있은 날을 기준으로 한 가격(사업시행계획인가 전에 제81조 제3항에 따라 철거된 건축물은 시장·군수등에게 허가를 받은 날을 기준으로 한 가격)
⑥ 정비사업비의 추산액(재건축사업의 경우에는 「재건축초과이익 환수에 관한 법률」에

따른 재건축부담금에 관한 사항을 포함한다) 및 그에 따른 조합원 분담규모 및 분담시기
⑦ 분양대상자의 종전 토지 또는 건축물에 관한 소유권 외의 권리명세
⑧ 세입자별 손실보상을 위한 권리명세 및 그 평가액
⑨ 그 밖에 정비사업과 관련한 권리 등에 관하여 대통령령으로 정하는 사항

(2) 조합원별 부담금 배분액 등 반영

납부의무자는 시장・군수・구청장이 통지한 재건축부담금 예정액을 확인하고 이를 관리처분계획에 반영하여 총회의 개최일부터 1개월 전에 정비사업비의 추산액에 조합원별 분담규모 및 분담시기 등을 포함하여 통지하여야 한다(도시정비법 §74 ⑤).

(3) 조합원별 부담금 분담의 기준

조합은 조합원별 주택가격 등 다음의 사항을 고려하여 산정된 조합원별 순이익을 모두 합산한 총액에서 조합원별 순이익이 차지하는 비율에 기초하여 조합원별 재건축부담금의 분담비율을 결정하여야 한다(재건축이익환수령 §4).

① 조합원별 개시시점 부과대상 주택의 가격
② 조합원별 종료시점 부과대상 주택의 가격 추정액
③ 조합원별 관리처분계획상 청산금

한편, 국토교통부장관은 조합원별 재건축부담금 분담의 기준에 대하여 2014년 1월 1일을 기준으로 3년마다(매 3년이 되는 해의 1월 1일 전까지를 말한다) 그 타당성을 검토하여 개선 등의 조치를 하여야 한다(재건축이익환수령 §17의 3).

 관리처분계획인가 신청 (조합 → 시 · 군 · 구)

조합이 시・군・구에 관리처분계획인가 신청 시 관리처분계획에 명시된 재건축부담금의 조합원별 납부액 산정의 근거서류를 첨부한다(도시정비법 §74 ①).

③ 재건축부담금의 사전징수 및 사전징수계좌 신청 · 개설

(1) 재건축부담금의 사전징수

납부의무자는 관리처분계획에 따라 재건축부담금 예정액의 전부 또는 일부를 조합원으로부터 사전에 징수할 수 있다(재건축이익환수법 §19 ①).

납부의무자는 시장 · 군수 · 구청장이 지정하는 계좌를 통해서만 재건축부담금을 사전에 징수하여 예치할 수 있으며, 재건축부담금을 사전에 징수 · 예치하고자 하는 경우 납부의무자는 조합원별 부담금 배분기준, 부담금 예정액, 계좌번호 등 다음의 사항을 명확하게 기록한 납부고지서를 조합원에게 통지하여야 한다(재건축이익환수법 §19 ② ③, 재건축이익환수령 §14 ④).

> ① 재건축부담금의 부과기준 및 재건축부담금의 예정액 총액
> ② 조합원별 재건축부담금의 배분기준 및 조합원별 재건축부담금의 예정액
> ③ 납부할 계좌번호

한편, 재건축부담금의 징수방법 중 하나로 납부의무자인 재건축조합으로 하여금 재건축부담금 예정액의 전부 또는 일부를 조합원으로부터 사전에 징수하여 예치할 수 있도록 규정에 대하여 헌법재판소는 기본권침해의 직접성을 인정하지 아니하였다. 즉, 위 규정 자체로 재건축조합에 어떠한 법률적 의무부과가 있다고 보기 어렵고, 재건축조합이 재건축부담금을 사전에 징수하기로 결정한다면 재건축부담금을 사전에 납부하도록 강제되므로 기본권침해의 가능성이 있는 것으로 볼 수 있으나 이 경우에도 법률 규정상 사전징수를 결정하는 관리처분계획이라는 집행행위를 매개로 하고 있어 기본권침해의 직접성이 인정되지 않는다는 것이다(헌법재판소 2008. 3. 27 자 2006헌마770 결정).

(2) 사전징수계좌 개설

재건축부담금을 사전에 징수하여 예치하기 위한 계좌를 개설하려는 경우 납부의무자는 시장 · 군수 · 구청장에게 재건축부담금의 사전징수를 위한 계좌의 개설을 신청할 수 있다(재건축이익환수령 §14 ①, 재건축이익환수칙 §17, [별지 제17호 서식]).

계좌의 개설을 신청받은 국토교통부장관은 신청일부터 7일 이내에 「주택도시기금법」 제10조 제2항 및 제3항에 따라 주택도시기금 운용 · 관리에 관한 사무를 위탁받거나 재위탁받은 자로서 해당 재건축사업이 시행되는 지역에 있는 금융기관에 해당 조합과 국토교통부장

관의 공동명의로 계좌를 개설하여야 한다. 다만, 재건축부담금의 결정 및 부과 권한이 시장 · 군수 · 구청장에게 위임된 경우에는 조합과 시장 · 군수 · 구청장의 공동명의로 개설하여야 한다(재건축이익환수령 §14 ②).

(3) 사전징수 예치금액에 대한 이자

사전 징수하여 예치된 재건축부담금은 주택도시기금으로 귀속되며(재건축이익환수령 §14 ③), 결정된 재건축부담금에서 부과시점 이전에 예치받은 금액에 고시된 정기예금이자율의 2배에 해당하는 이자를 합한 금액을 차감한 후 재건축부담금을 부과할 수 있다(재건축이익환수법 §19 ④). 이자는 일 단위로 안분하여 산정한다(재건축이익환수령 §14 ⑤).

Q12. 재건축부담금 사전통지 및 심사청구

❶ 재건축부담금의 사전통지

시장 · 군수 · 구청장은 재건축부담금을 결정 · 부과하기 전에 부과 종료시점(준공인가 등)부터 3개월 이내에 재건축부담금의 부과기준 및 금액 등을 납부의무자에게 미리 서면으로 통지해야 한다(재건축이익환수법 §15 ②, §11 ①, 재건축이익환수칙 §9, [별지 제5호 서식]).

| 재건축부담금 부과 절차 |

부과 종료시점	3개월 →	사전통지	50일 →	이의신청	30일 → (최장60일)	이의신청 심사

❷ 고지 전 심사청구 및 심사결과 통지

재건축부담금의 사전통지를 받은 납무의무자는 부담금에 대하여 이의가 있는 경우 사전통지를 받은 날부터 50일 이내에 "고지 전 심사"를 청구할 수 있다(재건축이익환수법 §16 ①).

고지 전 심사를 청구하고자 할 때에는 심사의 청구 이유 등 아래의 사항을 기재한 고지 전 심사청구서를 시장 · 군수 · 구청장에게 제출하여야 한다(재건축이익환수법 §16 ②, 재건축이익환수령 §12 ①). 납부의무자가 해당 사항에 대하여 관계증명서류 등이 있는 경우에는 이를 고지 전 심사청구서에 첨부하여야 하며(재건축이익환수령 §12 ②), 심사청구시 재건축부담금 고지 전 심사청구서를 작성하여 제출한다(재건축이익환수칙 §10, [별지 제6호 서식]).

① 청구인의 성명(청구인이 법인인 경우에는 법인의 명칭 및 대표자의 성명을 말한다)
② 청구인의 주소 또는 거소(청구인이 법인인 경우에는 법인의 주소 및 대표자의 주소 또는 거소를 말한다)
③ 재건축부담금 부과대상 주택에 관한 자세한 내용
④ 법 제15조 제2항에 따라 사전통지된 부과기준과 재건축부담금
⑤ 고지 전 심사의 청구 이유

재건축부담금 고지 전 심사의 청구를 받은 시장 · 군수 · 구청장은 그 청구일부터 30일 이내에 이를 심사하여 심사의 결과 및 그 이유 등 아래의 사항을 기재하여 그 결과를 서면으로 통지하여야 한다(재건축이익환수법 §16 ③, 재건축이익환수령 §12 ③).

① 청구인의 성명(청구인이 법인인 경우에는 법인의 명칭 및 대표자의 성명을 말한다)
② 청구인의 주소 또는 거소(청구인이 법인인 경우에는 법인의 주소 및 대표자의 주소 또는 거소를 말한다)
③ 재건축부담금 부과대상 주택의 자세한 내용
④ 부과기준과 납부할 재건축부담금
⑤ 고지 전 심사의 결과 및 그 이유

재건축부담금 고지 전 심사 청구의 내용이 주택가액 및 정상주택가격상승분 산정과 관련된 사항일 경우 시장 · 군수 · 구청장은 부동산가격조사 전문기관(한국부동산원)의 검증과 부동산가격공시위원회의 심의를 거쳐 재건축부담금을 재산정하여 부과하여야 하며, 이 경우 심사기간을 최장 60일까지 연장할 수 있다(재건축이익환수법 §16 ④). 여기에서 부동산가격공시위원회는 중앙부동산가격공시위원회를 말하며, 고지 전 심사에 관한 권한이 시장 · 군수 · 구청장에게 위임된 경우에는 시 · 군 · 구 부동산가격공시위원회를 말한다(재건축이익환수령 §12 ④).

시장 · 군수 · 구청장은 고지 전 심사청구서를 제출받은 경우 그 심사청구의 내용 중 국토교통부장관이 시 · 군 · 구의 주택가격 통계가 생산되기 이전 기간에 대하여 산정한 평균주택가격상승률에 대하여는 국토교통부장관의 의견을 들어야 한다(재건축이익환수칙 §10 ①). 시장 · 군수 · 구청장은 국토교통부장관의 의견을 반영하여 심사결과의 통지 및 재건축부담금의 재산정 등을 시행하여야 한다(재건축이익환수칙 §10 ②).

Q13. 재건축부담금의 결정 · 부과

① 재건축부담금 결정 및 부과

(1) 재건축부담금 결정 · 부과

시장 · 군수 · 구청장은 재건축사업에 대한 부과 종료시점부터 5개월 이내에 재건축부담금을 결정 · 부과하여야 한다. 다만, 납부의무자가 고지전 심사를 청구한 경우에는 그 결과의 서면통지일부터 1개월 이내에 재건축부담금을 결정 · 부과하여야 한다(재건축이익환수법 §15 ①).

시장 · 군수 · 구청장은 재건축부담금의 결정 · 부과를 위하여 필요한 경우 한국부동산원에 검증을 의뢰할 수 있다(재건축이익환수법 §22 ③, 재건축이익환수령 §17의 2 ①). 검증을 의뢰받은 한국부동산원은 주택가액, 정상주택가격상승분, 개발비용 등이 적정하게 산정되었는지를 검증해야 한다[30](재건축이익환수령 §17의 2 ②).

한국부동산원은 조사 · 검증에 필요한 경우에는 분야별 외부 전문가로 구성된 심사단 또는 자문위원회를 구성 · 운영할 수 있으며, 정확한 검증을 위하여 필요하다고 인정하는 경우에는 「감정평가 및 감정평가사에 관한 법률」 제29조에 따라 인가를 받은 감정평가법인 등에 재건축부담금의 조사 · 검토를 의뢰할 수 있다(재건축이익환수령 §17의 2 ③ ④).

(2) 재건축부담금 부과 통보

시장 · 군수 · 구청장이 재건축부담금을 부과한 경우에는 대상사업 · 납부의무자 · 부과금액 · 사업기간 및 부과일 등 부과내역을 부과일부터 15일 이내에 국세청장에게 통보하여야 한다(재건축이익환수법 §21 ②).

(3) 재건축부담금 납부 고지 등

재건축부담금에 대한 납부의 고지, 납부의 연기 및 분할납부, 징수방법, 행정심판의 특례 등 재건축부담금의 납부 · 징수에 관하여 이 법에 규정되어 있는 것을 제외하고는 「개발이

---

30) 재건축부담금 예정액의 검증은 검증의뢰일로부터 15일 이내로 하며, 결정 · 부과액의 검증은 검증의뢰일로부터 30일 이내로 한다. 다만, 관련 자료의 불충분 등에 따른 보완기간은 제외한다(재건축이익환수지침 §13).

익환수에 관한 법률」 제15조부터 제17조까지, 제19조부터 제23조까지와 제26조의 규정을 준용한다(재건축이익환수법 §18).

시장 · 군수 · 구청장은 재건축부담금의 부과내역을 납부의무자 또는 2차 납부의무자에게 통지하여야 한다(재건축이익환수칙 §12 및 [별지 제10호 서식]). 납부의무자가 미납시 별도의 기간 없이 2차 납부의무자가 체납금을 납부해야 하므로 납부고지서는 동시에 양쪽에 발부한다.

2차 납부의무 조합원에 대한 납부고지는 「국세징수법」 제7조를 준용한다(재건축이익환수법 §18). 이에 따라 재건축부담금을 부과고지할 수 있는 날부터 5년이 지난 후에는 부과할 수 없다. 하지만 행정심판이나 소송에 의한 재결이나 판결이 확정된 날부터 1년이 지나기 전까지는 재건축부담금을 정정하여 부과하거나 그 밖에 필요한 처분을 할 수 있다(개발이익환수법 §15 ② 준용).

한편, 조합은 재건축부담금 납부고지서를 받은 즉시 관리처분계획상 분담비율을 적용하여 조합원별 재건축부담금을 산정하여 조합원에게 통보해야 한다. 납부의 고지시 사전징수 · 예치를 위해 개설한 계좌에 2차 납부의무자가 직접 납부할 수 있음과 가산금에 관한 안내를 첨부하여야 한다.

납부고지한 재건축부담금 고지내용 중 재건축부담금을 정정하여 부과할 경우에는 납부고지 정정통지서에 따라 정정사항을 통지하여야 한다(재건축이익환수칙 §13 및 [별지 제11호 서식]). 시장 · 군수 · 구청장은 2차 납부의무자로부터 부담금 · 가산금 또는 체납처분비를 징수하고자 할 때는 그 산출근거 · 납부기한 · 납부장소와 징수할 금액 및 기타 필요한 사항을 기재한 납부통지서에 의하여 고지하여야 한다(재건축이익환수법 §18, 국세징수법 §7 준용).

(4) 이의신청에 관한 행정심판의 특례

재건축부담금 부과에 이의가 있는 자는 처분이 있음을 알게 된 날부터 90일 이내 또는 처분이 있었던 날부터 180일 이내에 「공익사업을 위한 토지 등의 취득 및 보상에 관한 법률」에 따른 중앙토지수용위원회에 행정심판을 청구할 수 있다(재건축이익환수법 §18, 개발이익환수법 §26 준용, 행정심판법 §27, §28).

위 행정심판청구에 대하여는 「행정심판법」 제6조에도 불구하고 「공익사업을 위한 토지 등의 취득 및 보상에 관한 법률」에 따른 중앙토지수용위원회가 심리 · 의결하여 재결(裁決)한다(재건축이익환수법 §18, 개발이익환수법 §26 준용).

Q14. 재건축부담금의 납부방법

1 부담금 납부기간 및 방법

조합 등 재건축부담금의 납부의무자는 부과일부터 6개월 이내에 재건축부담금을 납부하여야 한다(재건축이익환수법 §17 ①).

재건축부담금은 현금에 의한 납부를 원칙으로 하지만, 납부대행기관을 통하여 신용카드·직불카드 등으로 납부하거나 해당 재건축사업으로 건설·공급되는 주택으로 납부(물납)할 수 있다(재건축이익환수법 §17 ②). 재건축부담금을 신용카드 등으로 납부하는 경우에는 납부대행기관의 승인일을 납부일로 본다(재건축이익환수법 §17 ③).

납부대행기관은 금융결제원 등 다음의 기관을 말하며(재건축이익환수령 §12의 2 ①), 납부대행기관은 신용카드등에 의한 납부대행 용역의 대가로 납부금액의 1천분의 10을 초과하지 아니하는 범위에서 납부의무자로부터 납부대행 수수료를 받을 수 있다(재건축이익환수령 §12의 2 ③). 납부대행기관은 납부대행 수수료에 대하여 국토교통부장관의 승인을 받아야 하며, 이 경우 국토교통부장관은 납부대행기관의 운영경비 등을 종합적으로 고려하여 납부대행 수수료를 승인하여야 한다(재건축이익환수령 §12의 2 ④).

> ① 「민법」 제32조에 따라 금융위원회의 허가를 받아 설립된 금융결제원
> ② 정보통신망을 이용하여 신용카드·직불카드 등에 의한 결제를 수행하는 기관 중 시설, 업무수행능력, 자본금 규모 등을 고려하여 국토교통부장관이 납부대행기관으로 지정하여 고시한 기관

국토교통부장관은 납부대행기관이 시설 축소 등 다음에 해당하는 경우에는 납부대행기관의 지정을 취소할 수 있다. 이 경우 국토교통부장관은 그 지정 취소 사실을 관보에 고시하여야 한다(재건축이익환수령 §12의 2 ②).

> ① 시설 축소, 자본금 규모 감소 등으로 인하여 재건축부담금 납부 업무를 정상적으로 수행하기 어렵다고 인정되는 경우
> ② 신용카드등에 의한 재건축부담금 납부 업무를 정상적으로 운영하지 못하는 등 업무수행능력에 문제가 있다고 판단되는 경우

2 납부연기, 분할납부 및 납부유예

(1) 납부연기 및 분할납부

납부의 연기 및 분할납부 등 재건축부담금의 납부 · 징수에 관하여 「개발이익환수에 관한 법률」 제20조의 규정을 준용한다(재건축이익환수법 §18). 이에 따라 시장 · 군수 · 구청장은 재건축부담금의 납부의무자가 재해나 도난으로 재산에 심한 손실을 받은 경우 등 아래에 해당하여 재건축부담금을 납부하기가 곤란하다고 인정되면 3년의 범위에서 납부 기일을 연기하거나 5년의 범위에서 분할 납부를 인정할 수 있다(개발이익환수법 §20 ①).

① 재해나 도난으로 재산에 심한 손실을 받은 경우 ② 사업에 뚜렷한 손실을 입은 경우 ③ 사업이 중대한 위기에 처한 경우 ④ 납부의무자 또는 그 동거 가족의 질병이나 중상해로 장기 치료가 필요한 경우 ⑤ 부담금 부과 금액이 1천만 원을 초과하고, 납부의무자가 「지방세기본법」 제67조에 따른 담보를 제공하는 경우

납부의무자가 재건축부담금의 납부 기일의 연기 및 분할 납부를 인정받으려면 납부 기일 연기 또는 분할 납부 사유 등을 적은 납부 기일 연기신청서 또는 분할 납부 신청서를 시장 · 군수 · 구청장에게 신청하여야 한다(개발이익환수법 §20 ② ①). 납부 기일 연기신청서 또는 분할 납부 신청서를 받은 시장 · 군수 · 구청장은 그 신청서를 받은 날부터 30일 이내에 신청인에게 납부 기일 연기 또는 분할 납부 여부를 서면으로 알려야 한다(개발이익환수령 §24 ②).

재건축부담금의 납부연기신청은 재건축부담금 납부연기신청서([별지 제12호 서식])에 납부연기 사유를 증명하는 자료를 첨부하여 신청하여야 한다. 시장 · 군수 · 구청장은 납부연기 신청일로부터 30일 이내에 허가 여부를 결정하고, 납부연기허가를 결정한 때에는 재건축부담금 납부연기허가서([별지 제13호 서식])를 교부하여야 한다(재건축이익환수칙 §14).

또한 재건축부담금의 분할납부신청은 재건축부담금 분할납부허가서([별지 제14호 서식])에 분할납부 사유를 증빙하는 자료를 첨부하여 신청하여야 한다. 시장 · 군수 · 구청장은 분할납부 신청일로부터 30일 이내에 허가 여부를 결정하고, 분할납부허가를 결정한 때에는 재건축부담금 분할납부허가([별지 제15호 서식])를 교부하여야 한다(재건축이익환수칙 §15).

한편 시장·군수·구청장은 납부를 연기한 기간 또는 분할 납부로 납부가 유예된 기간이 1년 이상일 경우 그 1년을 초과하는 기간에 대하여는 재건축부담금에 다음의 계산식에 따라 산정한 이자상당액의 금액을 가산하여 징수하여야 한다(개발이익환수령 §24 ④).

가산금 = 부담금 × 법정이자율 × 납부를 연기한 기간 또는 분할납부로 납부가 유예된 기간

* 법정이자율이란 시중은행의 1년 만기 정기예금 평균 수신금리를 고려하여 국토교통부장관이 매년 결정·고시하는 이자율을 말한다.

만약, 1회 분할납부가 체납된 경우 동 납부기한 이후 재건축부담금과 가산금 등 전액을 체납 처분 시 일괄 징수한다.

(2) 고령자에 대한 납부유예 신설

2022. 9. 29. 정부의 「재건축부담금 합리화 방안」에 따르면 고령자에 대한 납부유예 제도를 신설한다. 즉, 현재 은퇴자 등 수입이 많지 않은 고령자의 경우 과도한 부담금이 부과될 경우 현실적으로 납부가 곤란할 우려가 있음에 따라 1세대 1주택 고령자(만 60세 이상)는 담보 제공을 전제로 상속·증여·양도 등 해당 주택의 처분 시점까지 부담금의 납부를 유예할 예정이다.

 물납

(1) 물납 신청

재건축부담금은 해당 재건축사업으로 건설·공급되는 주택으로 납부(물납)할 수 있다. 물납한 주택의 가액은 종료시점 주택가액과 동일 공급유형 일반분양분의 분양시점 분양가격 중 높은 가격으로 한다(재건축이익환수법 §17 ④).

다만, 동일 공급유형의 일반분양분이 없는 경우에는 근접한 공급유형의 면적별 일반분양단가를 반영하여 산정한 가격을 말한다. 물납을 신청하려는 자는 재건축부담금의 금액, 물납하려는 주택의 소재지, 물납 대상 주택의 면적·위치·가격 등을 적은 물납신청서를 시장·군수·구청장에게 제출하여야 한다(재건축이익환수령 §13 ①).

물납을 신청하려는 자는 규칙 [별지 제8호 서식]의 물납신청서에 물납주택가액의 산출 근거 및 재건축부담금과 물납주택가액 사이의 차액 산정 근거에 대한 서류를 첨부하여 시

장·군수·구청장에게 제출하여야 한다. 이 경우 시장·군수·구청장은 「전자정부법」 제36조 제1항에 따른 행정정보의 공동이용을 통하여 물납하려는 주택의 등기부등본을 확인하여야 한다(재건축이익환수칙 §11 ①).

(2) 물납 허가

물납신청서를 받은 시장·군수·구청장은 그 날부터 30일 이내에 신청인에게 수납 여부를 서면으로 통지하여야 한다(재건축이익환수령 §13 ① ②). 시장·군수·구청장이 물납허가를 결정한 때에는 규칙 [별지 제9호 서식]의 물납허가서를 송부하여야 한다.

물납을 신청할 수 있는 주택의 가액은 해당 재건축부담금의 부과액을 초과할 수 없으며, 납부의무자는 부과된 재건축부담금과 물납주택의 가액과의 차액을 현금으로 납부하여야 한다. 물납에 충당할 주택의 가액 산정은 부과 종료시점의 주택가액에 부과 종료시점부터 물납 수납 여부를 서면으로 통지한 날까지의 정상주택가격상승분을 합한 금액으로 한다(재건축이익환수령 §13 ③ ④). 물납된 주택은 징수금의 배분규정에 불구하고 주택도시기금으로 귀속되며, 국토교통부장관은 물납된 주택을 국민 주거안정과 주택시장 안정에 기여할 수 있도록 운용하여야 한다(재건축이익환수법 §17 ⑤). 시장·군수·구청장은 물납을 받은 때에는 지체 없이 해당 주택을 주택도시기금 소관 국유재산으로 하기 위한 등기 이전, 그 밖의 필요한 조치를 하여야 한다(재건축이익환수령 §17 ③).

| 재건축부담금 물납절차 흐름도 |

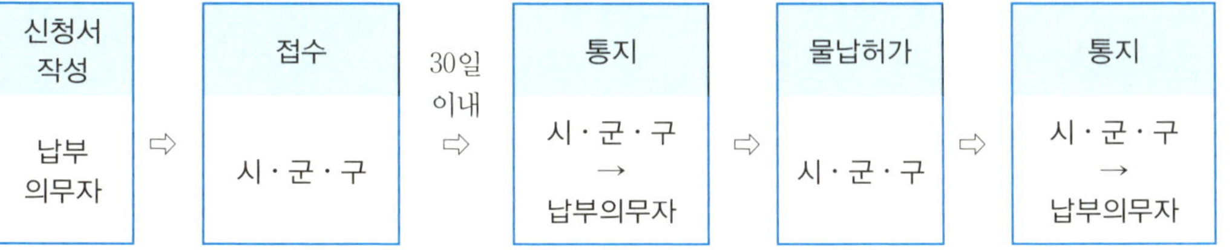

Q15. 재건축부담금의 징수와 벌칙 등

1 재건축부담금의 납부 기일 전 징수

시장·군수·구청장은 납부의무자가 강제집행을 받은 때 등 아래에 해당하는 사유가 있을 때에는 납부 기일 전이라도 이미 부과된 재건축부담금을 징수할 수 있다(재건축이익환수법 §18, 개발이익환수법 §19).

① 국세, 지방세, 그 밖의 공과금에 대하여 체납처분을 받은 경우
② 강제집행을 받은 경우
③ 파산선고를 받은 경우
④ 경매가 개시된 경우
⑤ 법인이 해산한 경우
⑥ 재건축부담금을 포탈하려는 행위가 있다고 인정되는 경우
⑦ 재건축부담금에 대한 납부 관리인을 두지 아니하고 국내에 주소나 거소(居所)를 두지 아니하게 된 경우

시장·군수·구청장이 납부 기일 전에 재건축부담금을 징수하려는 경우에는 그 납부 기일을 부담금 고지일부터 5일 이상이 지난 날로 해야 하고, 그 고지서에는 납부 기일 전에 징수한다는 뜻과 납부 기일이 변경된 사실을 적어야 한다(개발이익환수령 §23).

2 재건축부담금의 납부 독촉

(1) 독촉장 발부

시장·군수·구청장은 재건축부담금의 납부의무자가 지정된 기간 내에 재건축부담금을 완납하지 아니한 때에는 납부기한 경과 후 10일 이내에 독촉장([별지 제16호 서식])을 발부하여야 한다(재건축이익환수칙 §16, 개발이익환수법 §21).

(2) 가산금 부과

재건축부담금을 납부기한까지 완납하지 아니하면 납부기한이 지난날부터 체납된 재건축

부담금의 100분의 3에 상당하는 가산금을 징수함(재건축이익환수법 §18, 개발이익환수법 §21 ②, 지방세징수법 §30). 또한 체납된 재건축부담금을 납부하지 아니하였을 때에는 납부기한이 지난 날부터 1개월이 지날 때마다 체납된 재건축부담금의 1만분의 75에 상당하는 가산금을 가산하여 징수한다(재건축이익환수법 §18, 개발이익환수법 §21 ②, 지방세징수법 §31).

③ 재건축부담금의 체납처분

시장·군수·구청장은 재건축부담금의 납부의무자가 독촉장을 받고도 지정된 기한까지 재건축부담금과 가산금 등을 완납하지 아니하면 「지방행정제재·부과금의 징수 등에 관한 법률」에 따라 징수할 수 있다(재건축이익환수법 §18, 개발이익환수법 §22).

재건축부담금 및 가산금 등은 국세와 지방세를 제외한 그 밖의 채권에 우선하여 징수한다. 다만, 재건축부담금 납부 고지일 전에 전세권, 질권 또는 저당권의 설정을 등기하거나 등록한 사실이 증명되는 재산을 매각할 때 그 매각 대금 중에서 재건축부담금과 가산금 등을 징수하는 경우 그 전세권, 질권 또는 저당권으로 담보된 채권에 대하여는 그러하지 아니하다.

또한 분할 납부가 인정된 재건축부담금을 징수할 때에는 납부 기일 연장 또는 분할 납부의 인정에 불구하고 1회의 분할 납부가 체납된 경우에는 체납처분할 때에 그 납부기간 이후 분할 납부하여야 할 재건축부담금과 가산금 등의 전액을 일괄하여 징수한다.

④ 재건축부담금의 결손처분

시장·군수·구청장은 체납자에게 다음의 어느 하나에 해당하는 사유가 있으면 결손처분을 할 수 있다(재건축이익환수법 §18, 개발이익환수법 §23).

① 체납처분이 끝나고 그 체납액에 충당된 배분 금액이 체납액보다 부족할 때
② 재건축부담금을 징수할 수 있는 권리에 대한 소멸시효가 완성될 때(5년)
③ 체납처분의 목적물인 총재산의 추산 가액이 체납 처분비에 충당하고 잔액이 생길 여지가 없는 때
④ 체납자의 행방을 알 수 없거나 재산이 없다는 것이 밝혀져 체납액을 징수할 가망이 없는 때

시장 · 군수 · 구청장은 위의 결손처분을 하려면 관할 세무서 등 관계 행정기관 등에 조회하여 그 체납자의 행방 또는 재산의 유무를 조사 · 확인해야 한다. 다만, 체납된 부담금이 10만 원 미만인 경우는 제외한다(개발이익환수령 §25).

결손처분을 한 후 압류할 수 있는 다른 재산을 발견한 때에는 지체 없이 결손처분을 취소하고 체납처분을 하여야 한다. 다만, 소멸시효 완성으로 재건축부담금을 결손처분한 경우에는 그러하지 아니하다.

5 재건축부담금 소멸시효 완성 및 중단

(1) 소멸시효 완성

재건축부담금을 징수할 수 있는 권리를 행사할 수 있는 시점부터 5년간 행사하지 아니하면 소멸시효가 완성된다(개발이익환수법 §17).

(2) 소멸시효 중단

재건축부담금 징수권의 소멸시효는 ① 납부 고지, ② 납부 독촉, ③ 교부 청구, ④ 압류 중 어느 하나의 사유로 중단된다. 또한 환급청구권의 행사로 인하여 재건축부담금 환급청구권의 소멸시효도 중단된다.

중단된 소멸시효는 ① 고지한 납부기간, ② 독촉에 의한 납부기간, ③ 교부청구 중의 기간, ④ 압류해제까지의 기간이 경과한 때부터 새로 진행한다. 또한 재건축부담금 징수권의 소멸시효는 납부의 연기 또는 분할 납부의 기간 중에는 진행하지 아니하며, 기타 소멸시효에 관하여는 「민법」을 준용한다.

6 벌칙과 과태료

(1) 벌칙

재건축부담금을 면탈 · 감경할 목적 또는 면탈 · 감경하게 할 목적으로 허위계약을 체결하거나 개발비용 등에 관한 내역서를 허위로 제출한 행위를 한 자는 3년 이하의 징역 또는 면탈 · 감경하였거나 면탈 · 감경하고자 한 재건축부담금의 3배 이하에 상당하는 벌금에 처한다(재건축이익환수법 §23 ①).

또한 법인의 대표자나 법인 또는 개인의 대리인, 사용인, 그 밖의 종업원이 그 법인 또는 개인의 업무에 관하여 허위계약 등 위반행위를 하면 그 행위자를 벌하는 외에 그 법인 또는 개인에게도 위의 벌금형을 과(科)한다. 다만, 법인 또는 개인이 그 위반행위를 방지하기 위하여 해당 업무에 관하여 상당한 주의와 감독을 게을리하지 아니한 경우에는 그러하지 아니하다(재건축이익환수법 §23 ②).

(2) 과태료

납부의무자가 부과 종료시점(준공인가 등)부터 1월 이내에 개발비용 등의 산정 및 부담금액 공제에 필요한 내역서를 제출하지 아니하거나 게을리한 자에게는 다음과 같이 과태료를 부과한다(재건축이익환수법 §24 ①).

부 과 대 상	부과금액
제출하지 아니하거나 게을리한 기간(해태기간)이 기간 만료일부터 1개월 이상 2개월 미만인 때	재건축부담금의 1% 이하
해태기간이 2개월 이상 6개월 미만인 때	재건축부담금의 2% 이하
해태기간이 6개월 이상 12개월 미만인 때	재건축부담금의 4% 이하
해태기간이 12개월 이상인 때	재건축부담금의 5% 이하

과태료는 시장 · 군수 · 구청장이 부과 · 징수하며(재건축이익환수법 §24 ②, 재건축이익환수령 §17 ①), 시장 · 군수 · 구청장은 위 위반행위의 동기 · 결과 및 횟수 등을 고려하여 과태료 상한액의 2분의 1 범위 안에서 과태료를 경감할 수 있다(재건축이익환수령 §18 ③). 과태료 징수절차에 대하여는 「국고금관리법 시행규칙」을 준용하며, 납입고지서에는 이의신청 방법과 신청기간 등을 함께 기재하여야 한다(재건축이익환수칙 §23).

Q16. 재건축부담금 징수액 배분 및 지원 등

❶ 부담금 징수액 납입

시장·군수·구청장은 징수한 재건축부담금 중 ①국가 귀속분은 주택도시기금에, ②지방자치단체 귀속분은 「도시 및 주거환경정비법」 제126조에 따라 설치되는 도시·주거환경정비기금, 「도시재정비 촉진을 위한 특별법」 제24조에 따라 설치되는 재정비촉진특별회계, 「주택법」 제84조에 따라 설치되는 국민주택사업특별회계 또는 「도시재생 활성화 및 지원에 관한 특별법」 제28조에 따라 설치되는 도시재생특별회계에 지체 없이 납입해야 한다(재건축이익환수령 §17 ②).

❷ 부담금 징수액 배분

징수된 재건축부담금은 국가에 100분의 50, 특별시·광역시·도에 100분의 30, 시·군·구에 100분의 20이 귀속되며, 특별자치시와 특별자치도에는 100분의 50이 각각 귀속된다(재건축이익환수법 §4 ①). 국가 귀속분은 주택도시기금의 재원으로 귀속되고, 지방자치단체 귀속분은 도시·주거환경정비기금 또는 재정비촉진특별회계 또는 국민주택사업특별회계 또는 도시재생특별회계의 재원으로 귀속된다(재건축이익환수법 §4 ② ③).

❸ 국가 귀속분의 지방자치단체 지원

국토교통부장관은 주택도시기금에 귀속되는 재원을 지방자치단체가 운용하는 도시·주거환경정비기금 또는 재정비촉진특별회계 또는 국민주택사업특별회계 또는 도시재생특별회계의 재원으로 특별시·광역시·특별자치시·도·특별자치도와 시·군·구에 각각 100분의 50을 지원하여야 한다(재건축이익환수법 §4 ④).

국토교통부장관은 「주택도시기금법」에 따른 주택도시기금에 귀속되는 재건축부담금을 지방자치단체에 지원하려는 경우에는 다음의 사항을 다음 각 호의 구분에 따른 가중치를 적용하여 평가한 결과를 기준으로 하여 지원액을 정한다. 다만, 국토교통부장관은 재건축부담금을 보다 효율적으로 배분하기 위하여 필요하다고 인정하는 경우에는 다음 각 호의 사항을 다음 각 호의 구분에 따른 가중치의 100분의 10 범위에서 조정한 가중치를 적용하여 평가할 수 있다(재건축이익환수령 §3 ③).

① 지방자치단체별 주거기반시설의 설치 수준 : 10퍼센트
② 지방자치단체별 주거복지실태 평가결과: 30퍼센트
③ 지방자치단체별 주거복지 증진 노력 : 45퍼센트
④ 지방자치단체별 정책추진 기반조성 노력: 15퍼센트

국토교통부장관은 가중치에 관하여 보다 세부적인 기준을 정하여 고시한다(재건축이익환수령 §3 ④). 지방자치단체별로 가중치를 적용하여 평가하는 경우에는 관계전문가의 의견을 들어야 하며, 필요한 경우 전문기관에 의뢰할 수 있다(재건축이익환수령 §3 ⑤ ⑥). 위 가중치에 관한 세부적인 기준은 아래와 같다(재건축이익환수지침 §3 ①).

① 지방자치단체별 주거기반시설의 설치수준 : 10퍼센트
- 도로보급률 : 3퍼센트
- 1인당 도시공원면적 : 2퍼센트
- 1인당 주차면수 : 3퍼센트
- 아파트 지역난방 비율 : 2퍼센트

② 지방자치단체별 주거복지실태 평가결과 : 30퍼센트
- 주거 지원계층 비율 : 10퍼센트
- 주택보급률 : 10퍼센트
- 노후 건축물 비율 : 10퍼센트

③ 지방자치단체별 주거복지 증진 노력 : 45퍼센트
- 공공임대주택 공급 실적 : 15퍼센트
- 주거복지센터 설치 실적 : 20퍼센트
- 주거관리비 지원 등 : 5퍼센트
- 주택공급질서 확립 노력 : 5퍼센트

④ 지방자치단체별 정책추진 기반조성 노력 : 15퍼센트
- 정책추진 준비사항 등 평가 : 10퍼센트
- 재건축부담금 집행 실적 : 5퍼센트

재건축부담금을 배분받으려는 지방자치단체의 장은 1월 31일까지 시행규칙 [별지 제1호 서식]에 따른 재건축부담금 사용계획서를 국토교통부장관에게 제출하여야 하며, 국토교통부장관은 이에 대한 심의결과를 3월 31일까지 관계지방자치단체의 장에게 통보하여야 한

다(재건축이익환수령 §3 ⑧). 재건축부담금을 배분받은 지방자치단체의 장은 해당 자금의 집행명세 등 결산명세서를 다음 연도 1월 31일까지 국토교통부장관에게 제출하여야 한다(재건축이익환수령 §3 ⑨).

국토교통부장관은 필요한 경우 특별시장·광역시장·특별자치시장·도지사·특별자치도지사 또는 시장·군수·구청장으로 하여금 도시·주거환경정비기금, 재정비촉진특별회계, 국민주택사업특별회계 및 도시재생특별회계의 운용계획 및 운용상황을 보고하게 할 수 있다(재건축이익환수법 §4 ⑤).

 지방자치단체의 재건축부담금 운용계획 보고 등

(1) 재건축부담금 운용계획 보고

재건축부담금 부과대상이 되는 재건축 사업장이 소재한 지방자치단체의 장은 법 제4조 제1항에 따라 재건축부담금이 귀속되는 기금 또는 회계와 동 재원의 운용계획을 부과 종료 시점까지 국토교통부장관에게 보고하여야 한다(재건축이익환수령 §3 ①).

(2) 분기별 부과·징수·납입·물납실적 제출

시장·군수·구청장은 징수한 분기별 재건축부담금의 부과실적, 징수실적, 납입실적, 물납실적을 시행규칙 [별지 제23호 서식]에 의거 작성하여 다음 분기 첫째 달 10일까지 국토교통부장관에게 제출하여야 한다(재건축이익환수령 §17 ④).

(3) 재건축부담금 부과 자료 통보

시장·군수·구청장은 부과대상사업·납부의무자·부과금액·사업기간 및 부과일 등에 관한 사항을 부과일부터 15일 이내에 국세청장에게 통보하여야 한다(재건축이익환수법 §21 ②).

(4) 재건축부담금 사용계획서 제출

재건축부담금을 배분 또는 지원받으려는 광역·기초 지방자치단체장은 재건축부담금 사용계획서([별지 제1호 서식])를 1월 31일까지 국토교통부장관에게 제출하여야 한다(재건축이익환수령 §3 ⑦). 국토교통부장관은 재건축부담금 사용계획서에 대한 심의결과를 3월 31일까지 관계 광역·기초 지방자치단체장에게 통보하여야 한다(재건축이익환수령 §3 ⑧).

Q17. 재건축부담금 관련 법령

재건축초과이익 환수에 관한 법률 〔법률 제18833호, 2022. 2. 3. 개정〕	재건축초과이익 환수에 관한 법률 시행령 〔대통령령 제32847호, 2022. 8. 2. 개정〕
제1조(목적) 이 법은 「도시 및 주거환경정비법」에 의한 재건축사업 및 「빈집 및 소규모주택 정비에 관한 특례법」에 따른 소규모재건축사업에서 발생되는 초과이익을 환수함으로써 주택가격의 안정과 사회적 형평을 도모하여 국민경제의 건전한 발전과 사회통합에 이바지함을 목적으로 한다.	**제1조(목적)** 이 영은 「재건축초과이익 환수에 관한 법률」에서 위임된 사항과 그 시행에 관하여 필요한 사항을 규정함을 목적으로 한다.
제2조(정의) 이 법에서 사용하는 용어의 정의는 다음과 같다. 1. "재건축초과이익"이라 함은 「도시 및 주거환경정비법」 제2조 제2호 다목에 따른 재건축사업 및 「빈집 및 소규모주택 정비에 관한 특례법」 제2조 제1항 제3호 다목에 따른 소규모재건축사업(이하 "재건축사업"이라 한다)으로 인하여 정상주택가격상승분을 초과하여 다음 각 목의 어느 하나에 귀속되는 주택가액의 증가분으로서 제7조에 따라 산정된 금액을 말한다. 가. 「도시 및 주거환경정비법」 제35조에 따라 설립된 재건축조합[같은 법 제26조 제1항에 따라 지정된 공공시행자(같은 항 제1호에 따라 지정된 경우는 제외한다. 이하 "공공시행자"라 한다) 및 같은 법 제27조 제1항 제3호에 따라 지정된 신탁업자를 포함한다] 및 「빈집 및 소규모주택 정비에 관한 특례법」 제23조에 따라 설립된 조합(이하 "조합"이라 한다) 나. 조합원(사업시행자가 공공시행자인 경우 「도시 및 주거환경정비법」 제2조 제9호 나목에 따른 토지등소유자를 말하며, 사업시행자가 신탁업자인 경우 위탁자를 말한다. 이하 같다) 2. "정상주택가격상승분"이라 함은 제10조에	**제2조(부과대상에서 제외되는 주택)** 「재건축초과이익 환수에 관한 법률」(이하 "법"이라 한다) 제2조 제4호 단서 및 제5호 단서에서 "국가 또는 공공기관 등이 보유하는 주택으로서 대통령령으로 정하는 주택"이란 각각 다음 각 호의 주택을 말한다. 1. 국가 또는 지방자치단체가 보유하는 주택 2. 「공공기관의 운영에 관한 법률」 제4조에 따른 공공기관 또는 「지방공기업법」 제49조에 따라 주택사업을 수행하기 위하여 설립된 지방공사(이하 "지방공사"라 한다)가 임대목적으로 보유하는 주택 3. 관계법령에 따라 주택을 건설·공급하는 때에 국가 또는 지방자치단체로 보는 기관이 임대목적으로 보유하는 주택

재건축초과이익 환수에 관한 법률 〔법률 제18833호, 2022. 2. 3. 개정〕	재건축초과이익 환수에 관한 법률 시행령 〔대통령령 제32847호, 2022. 8. 2. 개정〕
따라 산정된 금액을 말한다. 3. “재건축부담금”이라 함은 재건축초과이익 중 이 법에 따라 국토교통부장관이 부과·징수하는 금액을 말한다. 4. “개시시점 부과대상 주택”이라 함은 제8조에 따른 부과 개시시점의 재건축사업의 대상이 되는 주택을 말한다. 다만, 국가 또는 공공기관 등이 보유하는 주택으로서 대통령령으로 정하는 주택을 제외할 수 있다. 5. “종료시점 부과대상 주택”이라 함은 제8조에 따른 부과 종료시점의 재건축사업으로 건축된 주택을 말한다. 다만, 국가 또는 공공기관 등이 보유하는 주택으로서 대통령령으로 정하는 주택을 제외할 수 있다.	
제3조(재건축초과이익의 환수) 국토교통부장관은 재건축사업에서 발생되는 재건축초과이익을 이 법에서 정하는 바에 의하여 재건축부담금으로 징수하여야 한다.	
제3조의 2(재건축부담금 면제를 위한 임시 특례) 제3조에도 불구하고 제5조에 따른 재건축부담금 부과대상 사업으로서 2017년 12월 31일까지 「도시 및 주거환경정비법」 제74조 제1항에 따른 관리처분계획의 인가 및 「빈집 및 소규모주택 정비에 관한 특례법」 제29조 제1항에 따른 사업시행계획인가를 신청한 재건축사업에 대하여는 재건축부담금을 면제한다.	
제4조(징수금의 배분) ① 제3조에 따라 징수된 재건축부담금은 국가에 100분의 50이, 해당 특별시·광역시·도에 100분의 30이, 해당 특별자치시·특별자치도에 100분의 50이, 해당 시·군·구(자치구를 말한다. 이하 같다)에 100분의 20이 각각 귀속된다. ② 제1항에 따른 재건축부담금의 국가 귀속분은 「주택도시기금법」에 따른 주택도시기금(이하 “주택도시기금”이라 한다)의 재원으로 귀속된다.	**제3조(징수금의 지원을 위한 평가기준 및 지원절차 등)** ① 재건축부담금 부과대상이 되는 재건축 사업장이 소재한 지방자치단체의 장은 법 제4조 제1항에 따라 재건축부담금이 귀속되는 기금 또는 회계와 동 재원의 운용계획을 부과 종료시점까지 국토교통부장관에게 보고하여야 한다. ② 법 제4조 제4항 제3호에서 “대통령령으로 정하는 사항”이란 지방자치단체별 정책추진 기반조성 노력을 말한다.

재건축초과이익 환수에 관한 법률 〔법률 제18833호, 2022. 2. 3. 개정〕	재건축초과이익 환수에 관한 법률 시행령 〔대통령령 제32847호, 2022. 8. 2. 개정〕
③ 제1항에 따른 재건축부담금의 지방자치단체 귀속분은 「도시 및 주거환경정비법」 제126조에 따라 설치되는 도시·주거환경정비기금(이하 "도시·주거환경정비기금"이라 한다) 또는 「도시재정비 촉진을 위한 특별법」 제24조에 따라 설치되는 재정비촉진특별회계(이하 "재정비촉진특별회계"라 한다) 또는 「주택법」 제84조에 따라 설치되는 국민주택사업특별회계(이하 "국민주택사업특별회계"라 한다) 또는 「도시재생 활성화 및 지원에 관한 특별법」 제28조에 따라 설치되는 도시재생특별회계(이하 "도시재생특별회계"라 한다)의 재원으로 귀속된다. ④ 국토교통부장관은 제2항에 따라 주택도시기금에 귀속되는 재원을 다음 각 호의 사항을 고려하여 지방자치단체가 운용하는 도시·주거환경정비기금 또는 재정비촉진특별회계 또는 국민주택사업특별회계 또는 도시재생특별회계의 재원으로 특별시·광역시·특별자치시·도·특별자치도와 시·군·구에 각각 100분의 50을 지원하여야 하며, 구체적인 지원기준·절차 그 밖에 필요한 사항은 대통령령으로 정한다. 1. 지방자치단체별 주거기반시설의 설치 수준 2. 지방자치단체별 주거복지실태 평가결과 및 주거복지 증진 노력 등 3. 그 밖에 대통령령으로 정하는 사항 ⑤ 국토교통부장관은 필요한 경우 특별시장·광역시장·특별자치시장·도지사·특별자치도지사(이하 "시·도지사"라 한다) 또는 시장·군수·구청장(자치구의 구청장을 말한다. 이하 같다)으로 하여금 도시·주거환경정비기금, 재정비촉진특별회계, 국민주택사업특별회계 및 도시재생특별회계의 운용계획 및 운용상황을 보고하게 할 수 있다.	③ 국토교통부장관은 「주택도시기금법」에 따른 주택도시기금(이하 "주택도시기금"이라 한다)에 귀속되는 재건축부담금을 법 제4조 제4항에 따라 지방자치단체에 지원하려는 경우에는 다음 각 호의 사항을 다음 각 호의 구분에 따른 가중치를 적용하여 평가한 결과를 기준으로 하여 지원액을 정한다. 다만, 국토교통부장관은 재건축부담금을 보다 효율적으로 배분하기 위하여 필요하다고 인정하는 경우에는 다음 각 호의 사항을 다음 각 호의 구분에 따른 가중치의 100분의 10 범위에서 조정한 가중치를 적용하여 평가할 수 있다. 1. 지방자치단체별 주거기반시설의 설치 수준 : 10퍼센트 2. 지방자치단체별 주거복지실태 평가결과: 30퍼센트 3. 지방자치단체별 주거복지 증진 노력 : 45퍼센트 4. 지방자치단체별 정책추진 기반조성 노력: 15퍼센트 ④ 국토교통부장관은 제3항에 따른 가중치에 관하여 보다 세부적인 기준을 정하여 고시한다. ⑤ 국토교통부장관은 지방자치단체별로 제3항 각 호의 사항을 제3항 및 제4항에 따른 가중치를 적용하여 평가하는 경우에는 관계전문가의 의견을 들어야 한다. ⑥ 국토교통부장관은 필요한 경우 제5항에 따른 평가를 전문기관에 의뢰할 수 있다. ⑦ 법 제4조 제4항에 따라 재건축부담금을 배분받으려는 지방자치단체의 장은 국토교통부령으로 정하는 바에 따라 1월 31일까지 재건축부담금 사용계획서를 국토교통부장관에게 제출해야 한다. ⑧ 국토교통부장관은 제7항에 따라 제출된 재건축부담금 사용계획서에 대한 심의결과를 3월 31일까지 관계지방자치단체의 장에게 통보해야 한다. ⑨ 법 제4조 제4항에 따라 재건축부담금을

<table>
<tr><th>재건축초과이익 환수에 관한 법률
〔법률 제18833호, 2022. 2. 3. 개정〕</th><th>재건축초과이익 환수에 관한 법률 시행령
〔대통령령 제32847호, 2022. 8. 2. 개정〕</th></tr>
<tr><td></td><td>배분받은 지방자치단체의 장은 해당 자금의 집행명세 등 결산명세서를 다음 연도 1월 31일까지 국토교통부장관에게 제출해야 한다.</td></tr>
<tr><td>제5조(대상사업) 재건축부담금 부과대상 행위는 제2조 제1호에 따른 재건축사업으로 한다.</td><td></td></tr>
<tr><td>제6조(납부의무자) ① 재건축사업을 시행하기 위하여 조합은 이 법에서 정하는 바에 따라 재건축부담금을 납부할 의무가 있다. 다만, 종료시점 부과대상 주택을 공급받은 조합원(조합이 해산된 경우, 정비구역이 해제된 경우 또는 신탁이 종료된 경우에는 부과 종료시점 당시의 조합원, 「도시 및 주거환경정비법」 제2조 제9호 나목에 따른 토지등소유자 또는 위탁자를 말한다)이 다음 각 호에 해당하는 경우에는 2차 납부의무를 진다.
1. 조합이 해산된 경우
2. 조합의 재산으로 그 조합에 부과되거나 그 조합이 납부할 재건축부담금·가산금 등에 충당하여도 부족한 경우
2의 2. 정비구역이 해제된 경우
3. 신탁이 종료된 경우
4. 신탁업자가 해당 재건축사업의 신탁재산으로 납부할 재건축부담금·가산금 등에 충당하여도 부족한 경우
② 신탁업자가 제1항에 따라 재건축부담금을 납부하는 경우에는 해당 재건축사업의 신탁재산 범위에서 납부할 의무가 있다.
③ 제1항에 따라 재건축부담금을 납부하여야 할 의무가 있는 조합은 조합원별로 종전자산을 평가한 가액 등 대통령령으로 정하는 사항을 고려하여 제14조에 따른 재건축부담금 예정액의 조합원별 납부액과 제15조에 따라 결정 및 부과하는 재건축부담금의 조합원별 분담기준 및 비율을 결정하여 이를 관리처분계획에 명시하여야 한다.
④ 제1항 단서에 따른 조합원의 2차 납부의무는 제12조에 따라 산정된 재건축부담금 중 제3항에 따른 관리처분계획상 분담비율을 적</td><td>제4조(조합원별 재건축부담금 분담의 기준) ① 법 제6조 제3항에서 "조합원별로 종전자산을 평가한 가액 등 대통령령으로 정하는 사항"이란 다음 각 호의 사항을 말한다.
1. 조합원(「도시 및 주거환경정비법」 제27조 제1항 제3호 또는 「빈집 및 소규모주택 정비에 관한 특례법」 제19조 제1항에 따라 신탁업자가 사업시행자로 지정된 경우에는 위탁자를 말한다. 이하 같다)별 개시시점 부과대상 주택의 가격
2. 조합원별 종료시점 부과대상 주택의 가격 추정액
3. 「도시 및 주거환경정비법」 제89조 또는 「빈집 및 소규모주택 정비에 관한 특례법」 제41조에 따른 조합원별 관리처분계획상 청산금
② 「도시 및 주거환경정비법」 제35조 또는 「빈집 및 소규모주택 정비에 관한 특례법」 제23조에 따라 설립된 재건축조합(「도시 및 주거환경정비법」 제27조 제1항 제3호 또는 「빈집 및 소규모주택 정비에 관한 특례법」 제19조 제1항에 따라 사업시행자로 지정된 신탁업자를 포함한다. 이하 "조합"이라 한다)은 제1항 각 호의 사항을 고려하여 산정된 조합원별 순이익을 모두 합산한 총액에서 조합원별 순이익이 차지하는 비율에 기초하여 조합원별 재건축부담금의 분담비율을 결정하여야 한다.
제17조의 3(규제의 재검토) 국토교통부장관은 제4조에 따른 조합원별 재건축부담금 분담의 기준에 대하여 2014년 1월 1일을 기준으로 3년마다(매 3년이 되는 해의 1월 1일 전까지를 말한다) 그 타당성을 검토하여 개선 등의</td></tr>
</table>

재건축초과이익 환수에 관한 법률 〔법률 제18833호, 2022. 2. 3. 개정〕	재건축초과이익 환수에 관한 법률 시행령 〔대통령령 제32847호, 2022. 8. 2. 개정〕
용하여 산정한 금액에 한정한다. ⑤ 재건축부담금의 납부의무의 승계, 연대납부의무에 관하여는 「국세기본법」 제23조부터 제25조까지, 제25조의 2 및 제38조부터 제41조까지의 규정을 준용한다.	조치를 하여야 한다.
제7조(부과기준) 재건축부담금의 부과기준은 종료시점 부과대상 주택의 가격 총액(이하 "종료시점 주택가액"이라 한다)에서 다음 각 호의 모든 금액을 공제한 금액으로 한다. 다만, 부과대상 주택 중 일반분양분의 종료시점 주택가액은 분양시점 분양가격의 총액과 제9조 제3항에 따라 산정한 종료시점까지 미분양된 일반분양분의 가액을 반영한 총액으로 한다. 1. 개시시점 부과대상 주택의 가격 총액(이하 "개시시점 주택가액"이라 한다) 2. 부과기간 동안의 개시시점 부과대상 주택의 정상주택가격상승분 총액 3. 제11조의 규정에 의한 개발비용 등	
제8조(기준시점 등) ① 부과 개시시점은 재건축사업을 위하여 최초로 구성된 조합설립추진위원회(이하 "추진위원회"라 한다)가 승인된 날로 한다. 다만, 부과대상이 되는 재건축사업의 전부 또는 일부가 다음 각 호의 어느 하나에 해당하는 경우에는 다음 각 호의 어느 하나에 해당하는 날을 부과 개시시점으로 한다. 1. 2003년 7월 1일 이전에 조합설립인가를 받은 재건축사업은 최초로 조합설립인가를 받은 날 2. 추진위원회 또는 재건축조합이 합병된 경우는 각각의 최초 추진위원회 승인일 또는 재건축조합인가일 2의 2. 「도시 및 주거환경정비법」 제26조 제1항에 따라 공공시행자가 공공재건축사업 사업시행자로 최초 지정 승인된 날(추진위원회의 구성 승인이 없는 경우에 한정한다)	**제5조(부과 개시시점)** 법 제8조 제1항 제4호에서 "대통령령으로 정하는 날"이란 다음 각 호의 어느 하나에 해당하는 날을 말한다. 1. 「도시 및 주거환경정비법」에 따른 재건축사업을 위하여 구성된 조합설립추진위원회(이하 "추진위원회"라 한다)가 분할된 경우에는 분할 이전에 최초로 해당 추진위원회의 승인을 받은 날. 다만, 법 제8조 제1항 제1호에 해당하는 조합이 분할된 경우에는 분할 이전에 최초로 해당 조합의 인가를 받은 날을 말한다. 2. 「빈집 및 소규모주택 정비에 관한 특례법」 제18조 제1항에 따라 특별자치시장 · 특별자치도지사 · 시장 · 군수 또는 자치구의 구청장(이하 "시장 · 군수 · 구청장"이라 한다)이 직접 시행하기로 결정된 날 또는 「한국토지주택공사법」에 따라 설립된 한국토지주택공사 또는 지방공사가 사업시행자로 최초 지정된 날(주민합의체 또는

재건축초과이익 환수에 관한 법률 〔법률 제18833호, 2022. 2. 3. 개정〕	재건축초과이익 환수에 관한 법률 시행령 〔대통령령 제32847호, 2022. 8. 2. 개정〕
3. 「도시 및 주거환경정비법」 제27조 제1항 제3호에 따라 신탁업자가 사업시행자로 최초 지정 승인된 날(추진위원회의 구성 승인이 없는 경우에 한정한다) 4. 그 밖에 대통령령으로 정하는 날 ② 제1항의 규정에도 불구하고 부과 개시시점부터 부과 종료시점까지의 기간이 10년을 초과하는 경우에는 부과 종료시점부터 역산하여 10년이 되는 날을 부과 개시시점으로 한다. ③ 부과 종료시점은 해당 재건축사업의 준공인가일로 한다. 다만, 부과대상이 되는 재건축사업의 전부 또는 일부가 다음 각 호의 어느 하나에 해당하는 경우에는 다음 각 호의 어느 하나에 해당하게 된 날을 부과 종료시점으로 한다. 1. 관계법령에 의하여 재건축사업의 일부가 준공인가된 날 2. 관계행정청의 인가 등을 받아 건축물의 사용을 개시한 날 3. 그 밖에 대통령령으로 정한 날	조합의 구성이 없는 경우만 해당한다) 3. 「빈집 및 소규모주택 정비에 관한 특례법」 제19조 제1항에 따라 신탁업자가 사업시행자로 최초 지정된 날(주민합의체 또는 조합의 구성이 없는 경우만 해당한다) 4. 「빈집 및 소규모주택 정비에 관한 특례법」 제22조에 따라 소규모재건축사업의 주민합의체 구성을 신고한 날 5. 「빈집 및 소규모주택 정비에 관한 특례법」 제23조에 따라 소규모재건축사업의 조합설립인가를 받은 날
제9조(주택가액의 산정) ① 제7조에 따른 개시시점 주택가액은 「부동산 가격공시에 관한 법률」에 따라 공시된 부과대상 주택가격(공시된 주택가격이 없는 경우는 제3항에서 규정한 절차에 따라 국토교통부장관이 산정한 부과 개시시점 현재의 주택가격)총액에 공시기준일부터 개시시점까지의 정상주택가격상승분을 반영한 가액으로 한다. 다만, 「주택법」에 따른 부대시설 또는 복리시설을 소유한 조합원이 종료시점 부과대상 주택을 공급받는 경우에는 본문에 따라 산정된 부과대상 주택가격총액에 「감정평가 및 감정평가사에 관한 법률」에 따른 감정평가법인등이 대통령령으로 정하는 바에 따라 평가·산정한 부대시설 및 복리시설의 가격 총액을 합산하여야 한다. ② 제1항에도 불구하고 제15조에 따라 재건	**제6조(주택가액의 산정)** ① 법 제9조 제1항 단서에 따라 「주택법」에 따른 부대시설 또는 복리시설(이하 이 조에서 "부대시설등"이라 한다)을 소유한 조합원이 종료시점 부과대상 주택을 공급받는 경우 같은 항 본문에 따라 산정된 부과대상 주택가격총액에 합산하는 부대시설등의 가격 총액은 해당 조합원별로 다음 각 호의 구분에 따라 평가·산정한 가격을 합산한 금액으로 한다. 이 경우 감정평가 방법은 「도시 및 주거환경정비법」 제74조 제4항에서 정한 방법에 따르며, 감정평가에 드는 비용은 납부의무자가 부담해야 한다. 1. 「도시 및 주거환경정비법 시행령」 제63조 제2항 제2호 가목에 따라 주택을 공급받는 경우: 개시시점의 부대시설등에 대하여 감정평가를 실시하여 산정한 가격 2. 「도시 및 주거환경정비법 시행령」 제63조

재건축초과이익 환수에 관한 법률
〔법률 제18833호, 2022. 2. 3. 개정〕

축부담금을 결정·부과하는 경우에는 제1항에 따른 개시시점 주택가액에 종료시점 주택가액과 종료시점 실거래가격(실거래가격이 없거나 부족한 경우에는 인근 유사단지의 실거래가격을 고려한 적정가격을 말한다)과의 비율을 적용하여 조정한 가액으로 한다. 이 경우 실거래가격의 산정 및 비율적용의 기준·방법에 관하여 필요한 사항은 대통령령으로 정한다.

③ 제7조에 따른 종료시점 주택가액은 대통령령으로 정하는 바에 따라 국토교통부장관이 대통령령으로 정하는 부동산 가격의 조사·산정에 관하여 전문성이 있는 기관(이하 "부동산가격조사 전문기관"이라 한다)에 의뢰하여 종료시점 현재의 주택가격 총액을 조사·산정하고 이를 「부동산 가격공시에 관한 법률」에 따른 부동산가격공시위원회(이하 "부동산가격공시위원회"라 한다)의 심의를 거쳐 결정한 가액으로 한다. 이 경우 본문에 따라 산정된 종료시점 현재의 주택가격은 「부동산 가격공시에 관한 법률」 제16조, 제17조 및 제18조에 따라 공시된 주택가격으로 본다.

재건축초과이익 환수에 관한 법률 시행령
〔대통령령 제32847호, 2022. 8. 2. 개정〕

제2항 제2호 나목에 따라 주택을 공급받는 경우: 개시시점의 부대시설등에 대하여 감정평가를 실시하여 산정한 가격에 「도시 및 주거환경정비법」 제74조 제1항 제3호에 따른 분양대상자의 분양예정 대지 또는 건축물의 추산액에서 분양대상자의 분양예정 주택의 추산액이 차지하는 비율을 곱하여 산정한 가격. 다만, 조합이 요청하는 경우에는 개시시점의 부대시설등에 대하여 감정평가를 실시하여 산정한 가격에 종료시점의 대지 또는 건축물의 감정평가가격에서 종료시점의 주택의 감정평가가격이 차지하는 비율을 곱하여 산정할 수 있다.

3. 「도시 및 주거환경정비법 시행령」 제63조 제2항 제2호 다목에 따라 주택을 공급받는 경우: 개시시점의 부대시설등에 대하여 감정평가를 실시하여 산정한 가격

② 개시시점 부과대상 주택의 가격 총액(이하 "개시시점주택가액"이라 한다)을 법 제9조 제2항 전단에 따라 조정한 가액은 다음 계산식에 따라 산정한 금액으로 한다.

> 법 제9조 제2항 전단에 따라 조정한 개시시점
> = A × B × C
> 주택가액
> A : 개시시점 주택가액
> B : 종료시점 부과대상 주택의 가격 총액(이하 '종료시점주택가액'이라 한다)을 종료시점 실거래가격으로 나눈 값
> C : 개시시점 실거래가격을 개시시점주택가액으로 나눈 값
> (다만, 법 제9조 제1항 단서에 해당하는 경우에 대해서는 A=이 조 제1항에 따른 부대시설 등의 가격 총액, C=1을 적용한다)

③ 제2항의 계산식에서 실거래가격은 다음 각 호의 방법에 따라 산정한다. 이 경우 인근 유사단지의 범위 등 구체적인 산정방법은 국토교통부장관이 정하여 고시한다.

1. 다음 각 목의 구분에 따른 기간에 「부동산

재건축초과이익 환수에 관한 법률 〔법률 제18833호, 2022. 2. 3. 개정〕	재건축초과이익 환수에 관한 법률 시행령 〔대통령령 제32847호, 2022. 8. 2. 개정〕
	거래신고 등에 관한 법률」 제3조에 따라 신고된 거래가격을 기준으로 할 것 가. 개시시점 실거래가격의 경우: 개시시점 전후 1년 이내 나. 종료시점 실거래가격의 경우: 종료시점 전 1년 이내 2. 제1호 각 목의 구분에 따른 기간에 「부동산 거래신고 등에 관한 법률」 제3조에 따라 신고된 건수가 월평균 1건 미만인 경우에는 인근 유사단지에서 「부동산 거래신고 등에 관한 법률」 제3조에 따라 신고된 거래가격을 고려한 적정가격으로 할 것 3. 인근 유사단지에서 「부동산 거래신고 등에 관한 법률」 제3조에 따라 신고된 건수가 월평균 1건 미만이고, 납부의무자의 요청에 따라 시장·군수·구청장이 감정평가가 필요하다고 인정하는 경우에는 감정평가를 실시하여 산정한 가액으로 할 것. 이 경우 감정평가 방법은 「도시 및 주거환경정비법」 제74조 제4항에서 정한 방법에 따르며, 감정평가에 드는 비용은 납부의무자가 부담해야 한다. ④ 다음 각 호의 어느 하나에 해당하는 주택가액의 산정에 관하여는 「부동산 가격공시에 관한 법률」 제16조 제5항·제18조 제5항 및 같은 법 시행령 제31조·제45조를 준용한다. 1. 공시된 부과대상 주택가격이 없어 법 제9조 제1항에 따라 산정하는 개시시점주택가액 2. 법 제9조 제2항 전단에 따른 조정된 개시시점주택가액 3. 법 제9조 제3항 전단에 따라 산정·결정하는 종료시점주택가액 ⑤ 국토교통부장관은 「도시 및 주거환경정비법」 제54조 제4항에 따라 건설된 재건축사업의 국민주택규모 주택에 대하여 법 제9조 제3항 전단에 따라 종료시점 주택가격을 산정하는 경우에는 「도시 및 주거환경정비법」 제55조에 따라 국토교통부장관, 특별시장·

재건축초과이익 환수에 관한 법률 〔법률 제18833호, 2022. 2. 3. 개정〕	재건축초과이익 환수에 관한 법률 시행령 〔대통령령 제32847호, 2022. 8. 2. 개정〕
	광역시장·특별자치시장·도지사·특별자치도지사·시장·군수·구청장, 「한국토지주택공사법」에 따른 한국토지주택공사 또는 지방공사가 해당 재건축소형주택을 인수한 가격을 그 주택의 종료시점주택가액으로 산정한다. ⑥ 국토교통부장관은 제4항 각 호의 주택가액을 산정하는 경우에는 국토교통부령으로 정하는 바에 따라 해당 조합의 의견을 들어야 한다. ⑦ 법 제9조 제3항 전단에 따른 부동산가격공시위원회는 「부동산 가격공시에 관한 법률」 제24조에 따른 중앙부동산가격공시위원회(이하 "중앙부동산가격공시위원회"라 한다)로 한다. 다만, 법 제9조에 따른 주택가액의 산정 권한이 시장·군수·구청장에게 위임된 경우에는 「부동산 가격공시에 관한 법률」 제25조에 따른 시·군·구(자치구인 구를 말한다. 이하 같다)부동산가격공시위원회(이하 "시·군·구 부동산가격공시위원회"라 한다)로 한다. ⑧ 국토교통부장관은 법 제9조에 따라 산정한 주택가액에 계산이 틀렸거나 잘못 기록한 것, 그 밖에 국토교통부령으로 정하는 명백한 오류가 있음을 발견한 때에는 지체 없이 바로잡아야 한다.
	제6조의 2(조정된 개시시점주택가액의 산정 의뢰) ① 국토교통부장관은 법 제9조 제2항에 따른 조정된 개시시점주택가액의 조사·산정을 「한국부동산원법」에 따른 한국부동산원(이하 "한국부동산원"이라 한다)에 의뢰해야 한다. ② 제1항에 따라 주택가액의 조사·산정을 의뢰받은 한국부동산원은 국토교통부령으로 정하는 바에 따라 주택가액 조사·산정보고서를 국토교통부장관에게 제출해야 한다. ③ 국토교통부장관은 한국부동산원이 수행한 주택가액의 조사·산정이 부당하다고 인

재건축초과이익 환수에 관한 법률 〔법률 제18833호, 2022. 2. 3. 개정〕	재건축초과이익 환수에 관한 법률 시행령 〔대통령령 제32847호, 2022. 8. 2. 개정〕
	정되는 경우에는 그 사유를 구체적으로 밝혀 다시 조사·산정을 의뢰할 수 있다. ④ 국토교통부장관은 제1항에 따라 주택가액의 조사·산정을 한국부동산원에 의뢰하는 경우 국토교통부장관이 정하는 수수료를 지급해야 한다.
	제7조(부동산가격조사 전문기관의 선정 등) ① 법 제9조 제3항 전단에서 "대통령령으로 정하는 부동산 가격의 조사·산정에 관하여 전문성이 있는 기관"이란 한국부동산원을 말한다. ② 국토교통부장관은 법 제9조 제3항 전단 및 이 조 제1항에 따라 종료시점주택가액의 조사·산정을 한국부동산원에 의뢰해야 한다. ③ 제2항에 따른 한국부동산원의 종료시점주택가액의 조사·산정에 관하여는 제6조의2 제2항부터 제4항까지의 규정을 준용한다. ④ 제3항에 따라 제6조의2 제3항을 준용하는 경우 한국부동산원이 다시 조사·산정한 가액을 종료시점주택가액으로 본다.
제10조(정상주택가격상승분의 산정) ① 제7조 제2호에 따른 정상주택가격상승분은 제9조 제1항 및 제2항에 따른 개시시점 주택가액에 국토교통부장관이 대통령령으로 정하는 바에 따라 고시하는 정기예금이자율과 종료시점까지의 해당 재건축 사업장이 소재하는 특별자치시·특별자치도·시·군·구의 평균주택가격상승률 중 높은 비율을 곱하여 산정한다. ② 제1항에 따른 평균주택가격상승률은 「주택법」 제89조의 규정에 따라 국토교통부장관의 위탁을 받아 기금수탁자가 통계청 승인을 받아서 작성한 주택가격 통계를 이용하여 산정한다. 다만, 특별자치시·특별자치도·시·군·구의 주택가격 통계가 생산되기 이전 기간의 평균주택가격상승률은 국토교통부장관이 대통령령으로 정하는 바에 따라 부동산가격조사 전문기관에 의뢰하여 해당 특별자치시·특별자치도·시·군·구의 기준	제8조(정상주택가격상승분의 산정) ① 국토교통부장관은 법 제10조 제1항에 따라 금융기관의 1년 만기 정기예금 평균이자율을 고려하여 정기예금 이자율을 산정·고시한다. ② 법 제10조 제2항 단서에 따라 특별자치시·특별자치도·시·군·자치구(이하 "시·군·구"라 한다)의 주택가격 통계가 생산되기 이전 기간의 평균주택가격상승률은 국토교통부장관이 한국부동산원에 의뢰하여 조사·산정한 내용을 기초로 중앙부동산가격공시위원회의 심의를 거쳐 결정한다. ③ 국토교통부장관은 제2항에 따라 평균주택가격상승률을 결정한 때에는 그 내용을 고시하여야 한다. ④ 법 제10조 제1항에 따른 정상주택가격상승분은 그 산정기간이 1개월 미만인 월에 대해서는 정기예금 이자율 또는 해당 시·군·구의 평균주택가격상승률을 일 단위로 안분 적용하여 산정한다.

재건축초과이익 환수에 관한 법률 〔법률 제18833호, 2022. 2. 3. 개정〕	재건축초과이익 환수에 관한 법률 시행령 〔대통령령 제32847호, 2022. 8. 2. 개정〕
시가 변동률, 통계청 승인을 받은 해당 특별자치시·특별자치도·시·군·구가 소재하는 광역지방자치단체의 주택가격 상승률 등을 고려하여 조사·산정하고 이를 부동산가격공시위원회의 심의를 거쳐 결정한다.	
제11조(개발비용 등의 산정) ① 제7조 제3호에 따른 개발비용은 해당 재건축사업의 시행과 관련하여 지출된 다음 각 호의 금액을 합하여 산출한다. 1. 공사비, 설계감리비, 부대비용 및 그 밖의 경비 2. 관계법령의 규정 또는 인가 등의 조건에 의하여 납부의무자가 국가 또는 지방자치단체에 납부한 각종 세금과 공과금 3. 관계법령의 규정 또는 인가 등의 조건에 의하여 납부의무자가 공공시설 또는 토지 등을 국가 또는 지방자치단체에 제공하거나 기부한 경우에는 그 가액. 다만, 그 대가로 「국토의 계획 및 이용에 관한 법률」, 「도시 및 주거환경정비법」 및 「빈집 및 소규모주택 정비에 관한 특례법」에 따라 용적률 등이 완화된 경우에는 그러하지 아니하다. 4. 삭제 〈2012. 12. 18.〉 5. 그 밖에 대통령령으로 정하는 사항 ② 제1항 각 호의 산정방법 등에 관하여 필요한 사항은 대통령령으로 정한다.	제9조(개발비용의 산정) ① 법 제11조 제1항 제5호에서 "대통령령으로 정하는 사항"이란 다음 각 호의 사항을 말한다. 1. 조합(추진위원회를 포함한다)의 운영과 관련된 경비 2. 「도시 및 주거환경정비법」 제54조 제4항에 따른 재건축사업의 국민주택규모 주택 건설과 관련된 비용 ② 법 제11조 제1항 각 호의 금액에 대한 구체적인 구성항목은 별표와 같다. ③ 법 제11조 제1항 각 호에 따른 개발비용은 납부의무자가 해당 재건축사업(「빈집 및 소규모주택 정비에 관한 특례법」에 따른 소규모재건축사업을 포함한다. 이하 같다)의 시행과 관련하여 지출한 비용으로서 「주식회사 등의 외부감사에 관한 법률」 제2조 제7호에 따른 감사인의 회계감사를 받은 후 계약서, 금융 및 세금 납부 자료 등 그 증명서류를 갖추어 제시한 금액에 한한다. ④ 제3항에 따라 납부의무자가 제시하는 금액 중 법 제11조 제1항 제1호·제2호 및 제5호에서 정하는 개발비용을 합한 금액이 「주택법」 제57조 제6항 제2호부터 제7호까지의 규정에 따른 금액 등에 비추어 적정범위를 초과하는 경우 국토교통부장관은 외부 전문기관에 회계감사를 의뢰하는 등의 방법으로 해당개발비용의 적정성을 확인하여야 하며, 그 적정성을 확인할 수 없는 비용은 해당개발비용에 계상하지 아니한다. ⑤ 국토교통부장관은 제4항에 따라 개발비용의 적정성을 확인하기 전에 이에 관한 의견을 듣기 위하여 자문위원회를 구성·운영할 수 있다. 다만, 법 제9조에 따른 주택가액

재건축초과이익 환수에 관한 법률 〔법률 제18833호, 2022. 2. 3. 개정〕	재건축초과이익 환수에 관한 법률 시행령 〔대통령령 제32847호, 2022. 8. 2. 개정〕
	의 산정 권한이 시장·군수·구청장에게 위임된 경우에는 시장·군수·구청장이 자문위원회를 구성·운영하거나 유사한 기능을 수행하는 위원회 등에 의견을 들을 수 있다
제12조(부과율) 납부의무자가 납부하여야 할 재건축부담금은 제7조에 따라 산정된 재건축초과이익을 해당 조합원 수로 나눈 금액에 다음의 부과율을 적용하여 계산한 금액을 그 부담금액으로 한다. 1. 조합원 1인당 평균이익이 3천만 원 이하 : 면제 2. 조합원 1인당 평균이익이 3천만 원 초과 5천만 원 이하 : 3천만 원을 초과하는 금액의 100분의 10 × 조합원수 3. 조합원 1인당 평균이익이 5천만 원 초과 7천만 원 이하 : 200만 원 × 조합원수 + 5천만 원을 초과하는 금액의 100분의 20 × 조합원수 4. 조합원 1인당 평균이익이 7천만 원 초과 9천만 원 이하 : 600만 원 × 조합원수 + 7천만 원을 초과하는 금액의 100분의 30 × 조합원수 5. 조합원 1인당 평균이익이 9천만 원 초과 1억1천만 원 이하 : 1천200만 원 × 조합원수 + 9천만 원을 초과하는 금액의 100분의 40 × 조합원수 6. 조합원 1인당 평균이익이 1억1천만 원 초과 : 2천만 원 × 조합원수 + 1억1천만 원을 초과하는 금액의 100분의 50 × 조합원수	
제13조(양도소득세액의 개발비용 인정) ① 이 법 시행일 전에 제8조 제1항에 따른 부과 개시시점 이후 개시시점 부과대상 주택(대지분을 포함한다. 이하 같다)의 양도로 인하여 발생한 소득에 대하여 양도소득세가 부과된 경우에는 제11조에도 불구하고 해당 양도세액 중 부과 개시시점부터 양도시점까지에 상당하는 세액을 같은 조에 따른 개발비용에 계상할 수 있다. 이 경우 납부의무자는 제20조	제10조(양도소득세의 개발비용 인정) 법 제13조에 따라 개발비용으로 계상되는 양도소득세액을 산정하는 경우에는 양도소득세를 일단위로 안분하여 산정한다.

재건축초과이익 환수에 관한 법률 〔법률 제18833호, 2022. 2. 3. 개정〕	재건축초과이익 환수에 관한 법률 시행령 〔대통령령 제32847호, 2022. 8. 2. 개정〕
에 따라 제출하는 부담금액공제산출내역서에 공제받고자 하는 양도소득세액 및 그 산출근거를 포함하여야 한다. ② 제1항에 따라 개발비용으로 계상되는 양도세액의 산정방법 등은 대통령령으로 정한다.	
제14조(재건축부담금의 예정액 통지 등) ① 납부의무자는 다음 각 호의 구분에 따라 이 법에 의한 재건축부담금 산정에 필요한 자료를 국토교통부령으로 정하는 바에 따라 국토교통부장관에게 제출하여야 한다. 다만, 제1호의 경우 기한 내에 시공사가 선정되지 아니하면 자료제출 기한을 시공사와의 계약 체결일부터 1개월 이내로 연장할 수 있다. 1. 「도시 및 주거환경정비법」 제2조 제2호 다목에 따른 재건축사업의 경우에는 사업시행인가 고시일부터 3개월 이내 2. 「빈집 및 소규모주택 정비에 관한 특례법」 제2조 제1항 제3호 다목에 따른 소규모재건축사업의 경우에는 조합설립인가를 받은 후 시공사와의 계약 체결일부터 1개월 이내 ② 국토교통부장관은 제1항에 따라 자료를 제출받은 날부터 30일(제22조 제3항에 따라 부동산가격조사 전문기관에 재건축부담금 예정액 검증을 의뢰한 경우에는 45일) 이내에 납부의무자에게 재건축부담금의 부과기준 및 예정액을 통지하여야 한다. ③ 국토교통부장관은 제2항에 따라 재건축부담금 예정액을 통지한 경우에는 부과 종료시점까지 국토교통부령으로 정하는 바에 따라 매년 1월 말까지 재건축부담금 예정액을 납부의무자에게 통지하여야 한다.	
제15조(재건축부담금의 결정 및 부과) ① 국토교통부장관은 부과 종료시점부터 5개월 이내에 재건축부담금을 결정·부과하여야 한다. 다만, 납부의무자가 제16조 제1항의 규정에 따라 고지전 심사를 청구한 경우에는 그 결과의 서면통지일부터 1개월 이내에 재건축부	제11조(재건축부담금의 사전통지) ① 국토교통부장관은 법 제15조 제2항에 따라 재건축부담금을 결정·부과하기 전에 부과 종료시점부터 3개월 이내에 그 부과기준 및 재건축부담금을 납부의무자에게 미리 서면으로 통지해야 한다.

<table>
<tr><th>재건축초과이익 환수에 관한 법률
〔법률 제18833호, 2022. 2. 3. 개정〕</th><th>재건축초과이익 환수에 관한 법률 시행령
〔대통령령 제32847호, 2022. 8. 2. 개정〕</th></tr>
<tr><td>담금을 결정·부과하여야 한다.
② 국토교통부장관은 제1항에 따라 재건축부담금을 결정·부과하고자 하는 경우에는 대통령령으로 정하는 바에 따라 미리 납부의무자에게 그 부과기준 및 재건축부담금을 통지하여야 한다.</td><td>② 제1항에 따른 재건축부담금의 사전통지의 구체적인 방법은 국토교통부령으로 정한다.</td></tr>
<tr><td>제16조(고지 전 심사 청구 등) ① 제15조에 따라 재건축부담금을 통지받은 납무의무자는 부담금에 대하여 이의가 있는 경우 사전통지를 받은 날부터 50일 이내에 국토교통부장관에게 심사(이하 "고지 전 심사"라 한다)를 청구할 수 있다.
② 고지 전 심사를 청구하고자 할 때에는 대통령령으로 정하는 사항을 기재한 고지 전 심사청구서를 국토교통부장관에게 제출하여야 한다.
③ 제1항에 따라 고지 전 심사의 청구를 받은 국토교통부장관은 그 청구일부터 30일 이내에 이를 심사하여 대통령령으로 정하는 사항을 기재하여 그 결과를 서면으로 통지하여야 한다.
④ 제1항에 따른 고지 전 심사 청구의 내용이 제9조 및 제10조와 관련된 사항일 경우 국토교통부장관은 부동산가격조사 전문기관의 검증과 부동산가격공시위원회의 심의를 거쳐 재건축부담금을 재산정하여 부과하여야 하며, 이 경우 제3항에도 불구하고 심사기간을 최장 60일까지 연장할 수 있다.</td><td>제12조(고지 전 심사) ① 법 제16조 제2항에서 "대통령령으로 정하는 사항"이란 다음 각 호의 사항을 말한다.
1. 청구인의 성명(청구인이 법인인 경우에는 법인의 명칭 및 대표자의 성명을 말한다)
2. 청구인의 주소 또는 거소(청구인이 법인인 경우에는 법인의 주소 및 대표자의 주소 또는 거소를 말한다)
3. 재건축부담금 부과대상 주택에 관한 자세한 내용
4. 법 제15조 제2항에 따라 사전통지된 부과기준과 재건축부담금
5. 고지 전 심사의 청구 이유
② 납부의무자가 제1항 각 호의 사항에 대하여 관계증명서류 등이 있는 경우에는 이를 고지 전 심사청구서에 첨부하여야 한다.
③ 법 제16조 제3항에서 "대통령령으로 정하는 사항"이란 다음 각 호의 사항을 말한다.
1. 청구인의 성명(청구인이 법인인 경우에는 법인의 명칭 및 대표자의 성명을 말한다)
2. 청구인의 주소 또는 거소(청구인이 법인인 경우에는 법인의 주소 및 대표자의 주소 또는 거소를 말한다)
3. 재건축부담금 부과대상 주택의 자세한 내용
4. 부과기준과 납부할 재건축부담금
5. 고지 전 심사의 결과 및 그 이유
④ 법 제16조 제4항에 따른 부동산가격공시위원회는 중앙부동산가격공시위원회를 말한다. 다만, 고지 전 심사에 관한 권한이 시장·군수·구청장에게 위임된 경우에는 시·군·구 부동산가격공시위원회를 말한다.
⑤ 법 제16조 제4항에 따른 고지 전 심사의</td></tr>
</table>

<table>
<tr><th>재건축초과이익 환수에 관한 법률
〔법률 제18833호, 2022. 2. 3. 개정〕</th><th>재건축초과이익 환수에 관한 법률 시행령
〔대통령령 제32847호, 2022. 8. 2. 개정〕</th></tr>
<tr><td></td><td>구체적인 절차는 국토교통부령으로 정한다.</td></tr>
<tr><td>제17조(재건축부담금의 납부) ① 재건축부담금의 납부의무자는 부과일부터 6개월 이내에 재건축부담금을 납부하여야 한다.
② 재건축부담금은 현금에 의한 납부를 원칙으로 한다. 다만, 대통령령으로 정하는 납부대행기관을 통하여 신용카드・직불카드 등(이하 "신용카드등"이라 한다)으로 납부하거나 해당 재건축사업으로 건설・공급되는 주택으로 납부(이하 "물납"이라 한다)할 수 있다.
③ 제2항 단서에 따라 재건축부담금을 신용카드등으로 납부하는 경우에는 납부대행기관의 승인일을 납부일로 본다. 이 경우 납부대행기관의 지정, 지정 취소, 납부대행 수수료 및 운영 등에 필요한 사항은 대통령령으로 정한다.
④ 제2항에 따라 물납한 주택의 가액은 다음 각 호의 가격 중 높은 가격으로 한다. 이 경우 물납의 구체적 기준・절차 및 가격의 산정 기준・방법 등 필요한 사항은 대통령령으로 정한다.
1. 제9조 제3항을 준용하여 산정한 가격
2. 동일 공급유형 일반분양분의 분양시점 분양가격. 다만, 동일 공급유형의 일반분양분이 없는 경우에는 근접한 공급유형의 면적별 일반분양 단가를 반영하여 산정한 가격을 말한다.
⑤ 제2항의 규정에 따라 물납된 주택은 제4조에도 불구하고 주택도시기금으로 귀속되며, 국토교통부장관은 물납된 주택을 국민주거안정과 주택시장 안정에 기여할 수 있도록 운용하여야 한다.</td><td>제12조의 2(납부대행기관의 지정 등) ① 법 제17조 제2항 단서에서 "대통령령으로 정하는 납부대행기관"이란 다음 각 호의 기관을 말한다.
1. 「민법」 제32조에 따라 금융위원회의 허가를 받아 설립된 금융결제원
2. 정보통신망을 이용하여 신용카드・직불카드 등(이하 이 조에서 "신용카드등"이라 한다)에 의한 결제를 수행하는 기관 중 시설, 업무수행능력, 자본금 규모 등을 고려하여 국토교통부장관이 납부대행기관으로 지정하여 고시한 기관
② 국토교통부장관은 제1항 제2호에 따른 납부대행기관이 다음 각 호의 어느 하나에 해당하는 경우에는 납부대행기관의 지정을 취소할 수 있다. 이 경우 국토교통부장관은 그 지정 취소 사실을 관보에 고시하여야 한다.
1. 제1항 제2호에 따른 시설 축소, 자본금 규모 감소 등으로 인하여 재건축부담금 납부 업무를 정상적으로 수행하기 어렵다고 인정되는 경우
2. 신용카드등에 의한 재건축부담금 납부 업무를 정상적으로 운영하지 못하는 등 업무수행능력에 문제가 있다고 판단되는 경우
③ 납부대행기관은 신용카드등에 의한 납부대행 용역의 대가로 납부금액의 1천분의 10을 초과하지 아니하는 범위에서 납부의무자로부터 납부대행 수수료를 받을 수 있다.
④ 납부대행기관은 제3항에 따른 납부대행 수수료에 대하여 국토교통부장관의 승인을 받아야 한다. 이 경우 국토교통부장관은 납부대행기관의 운영경비 등을 종합적으로 고려하여 납부대행 수수료를 승인하여야 한다.
⑤ 제1항부터 제4항까지에서 규정한 사항 외에 신용카드등에 의한 재건축부담금의 납부에 필요한 사항은 국토교통부장관이 정할 수 있다.</td></tr>
</table>

재건축초과이익 환수에 관한 법률 〔법률 제18833호, 2022. 2. 3. 개정〕	재건축초과이익 환수에 관한 법률 시행령 〔대통령령 제32847호, 2022. 8. 2. 개정〕
	제13조(물납의 신청 등) ① 법 제17조 제4항에 따라 물납을 신청하려는 자는 재건축부담금의 금액, 물납하려는 주택의 소재지, 물납 대상 주택의 면적·위치·가격 등을 적은 물납신청서를 국토교통부장관에게 제출하여야 한다. ② 국토교통부장관은 제1항에 따른 물납신청서를 받은 날부터 30일 이내에 신청인에게 수납여부를 서면으로 통지하여야 한다. ③ 물납을 신청할 수 있는 주택의 가액은 해당재건축부담금의 부과액을 초과할 수 없으며, 납부의무자는 부과된 재건축부담금과 물납주택의 가액과의 차액을 현금으로 납부하여야 한다. ④ 물납에 충당할 주택의 가액 산정은 법 제9조에 따라 산정된 부과 종료시점의 주택가액에 부과 종료시점부터 제2항에 따라 서면으로 통지한 날까지의 정상주택가격상승분을 합한 금액으로 한다.
제18조(재건축부담금의 징수 등) 재건축부담금의 납부의 고지, 납부의 연기 및 분할납부, 징수방법, 행정심판의 특례 등 재건축부담금의 납부·징수에 관하여 이 법에 규정되어 있는 것을 제외하고는 「개발이익환수에 관한 법률」 제15조부터 제17조까지, 제19조부터 제23조까지와 제26조의 규정을 준용한다. 다만, 2차 납부의무 조합원에 대한 납부고지는 「국세징수법」 제7조를 준용한다.	
제19조(부담금의 사전징수 및 예치) ① 납부의무자는 관리처분계획에 따라 제14조에 따른 재건축부담금 예정액의 전부 또는 일부를 조합원으로부터 사전에 징수할 수 있다. ② 납부의무자는 국토교통부장관이 지정하는 계좌를 통해서만 제1항의 규정에 따라 재건축부담금을 사전에 징수하여 예치할 수 있으며, 계좌의 개설, 관리 등과 관련하여 필요한 사항은 대통령령으로 정한다. ③ 제1항에 따라 재건축부담금을 사전에 징	제14조(재건축부담금의 사전징수 및 예치를 위한 계좌의 개설 등) ① 납부의무자가 법 제19조 제2항에 따라 재건축부담금을 사전에 징수하여 예치하기 위한 계좌를 개설하려는 경우 납부의무자는 국토교통부장관에게 재건축부담금의 사전징수를 위한 계좌의 개설을 신청할 수 있다. ② 제1항에 따라 계좌의 개설을 신청받은 국토교통부장관은 신청일부터 7일 이내에 「주택도시기금법」 제10조 제2항 및 제3항에 따

재건축초과이익 환수에 관한 법률 〔법률 제18833호, 2022. 2. 3. 개정〕	재건축초과이익 환수에 관한 법률 시행령 〔대통령령 제32847호, 2022. 8. 2. 개정〕
수·예치하고자 하는 경우 납부의무자는 조합원별 부담금 배분기준, 부담금 예정액, 계좌번호 등 대통령령으로 정하는 사항을 명확하게 기록한 납부고지서를 조합원에게 통지하여야 한다. ④ 국토교통부장관은 제15조에 따라 결정된 재건축부담금에서 제2항에 따라 부과시점 이전에 예치받은 금액에 제10조에 따라 고시된 정기예금이자율의 2배에 해당하는 이자를 합한 금액을 차감한 후 재건축부담금을 부과할 수 있으며, 이자의 계산방식 등 구체적인 사항은 대통령령으로 정한다.	라 주택도시기금 운용·관리에 관한 사무를 위탁받거나 재위탁받은 자로서 해당 재건축사업이 시행되는 지역에 있는 금융기관에 해당 조합과 국토교통부장관의 공동명의로 계좌를 개설하여야 한다. 다만, 재건축부담금의 결정 및 부과 권한이 시장·군수·구청장에게 위임된 경우에는 조합과 시장·군수·구청장의 공동명의로 개설하여야 한다. ③ 법 제19조 제1항 및 제2항에 따라 사전징수하여 예치된 재건축부담금은 주택도시기금으로 귀속된다. ④ 법 제19조 제3항에서 "대통령령으로 정하는 사항"이란 다음 각 호의 사항을 말한다. 1. 재건축부담금의 부과기준 및 재건축부담금의 예정액 총액 2. 조합원별 재건축부담금의 배분기준 및 조합원별 재건축부담금의 예정액 3. 납부할 계좌번호 ⑤ 법 제19조 제4항에 따른 이자는 일 단위로 안분하여 산정한다. ⑥ 제1항에 따른 계좌의 개설 신청에 관한 구체적인 방법은 국토교통부령으로 정한다.
제20조(자료제출의무) 납부의무자는 부과 종료 시점부터 1개월 이내에 다음 각 호의 구분에 따라 국토교통부령으로 정하는 바에 따라 제11조의 규정에 의한 개발비용 등의 산정 및 제13조에 따른 부담금액 공제에 필요한 내역서를 국토교통부장관에게 제출하여야 한다. 1. 「도시 및 주거환경정비법」에 의한 준공인가를 받은 경우 2. 「빈집 및 소규모주택 정비에 관한 특례법」에 의한 준공인가를 받은 경우 3. 제8조 제3항 각 호에 해당하는 경우	**제15조(재건축사업의 조사)** 국토교통부장관은 재건축부담금의 부과대상인 재건축사업의 누락을 방지하기 위하여 재건축사업에 대한 현지조사 또는 관계행정청에 대한 사실조회 등 필요한 조치를 할 수 있다.
제21조(자료의 통보) ① 재건축사업에 관하여 인가 등을 한 행정청은 인가 등을 한 날부터 15일 이내에 그 사실을 국토교통부장관에게 통보하여야 한다. ② 국토교통부장관이 재건축부담금을 부과	**제16조(재건축부담금 부과대상 사업의 고지)** 국토교통부장관은 법 제21조에 따라 관계행정청의 통보를 받은 때에는 납부의무자에게 국토교통부령으로 정하는 사항을 미리 고지해야 한다.

재건축초과이익 환수에 관한 법률 〔법률 제18833호, 2022. 2. 3. 개정〕	재건축초과이익 환수에 관한 법률 시행령 〔대통령령 제32847호, 2022. 8. 2. 개정〕
한 경우에는 국토교통부령으로 정하는 바에 의하여 대상사업·납부의무자·부과금액·사업기간 및 부과일 등에 관한 사항을 부과일부터 15일 이내에 국세청장에게 통보하여야 한다.	
제22조(권한의 위임 등) ① 국토교통부장관은 이 법에 의한 재건축부담금의 결정·부과 및 징수에 관한 권한을 대통령령으로 정하는 바에 따라 시·도지사 또는 시장·군수·구청장에게 위임할 수 있다. ② 시·도지사 또는 시장·군수·구청장은 제1항에 따라 재건축부담금의 결정·부과 및 징수와 관련하여 발생한 비용을 제4조에 따라 해당지방자치단체에 귀속되는 재건축부담금으로 충당할 수 있다. ③ 제1항에 따라 권한을 위임받은 시·도지사 또는 시장·군수·구청장은 제14조에 따른 재건축부담금의 예정액 통지 및 제15조에 따른 재건축부담금의 결정·부과를 위하여 필요한 경우 대통령령으로 정하는 바에 따라 부동산가격조사 전문기관에 검증을 의뢰할 수 있다.	제17조(권한의 위임) ① 국토교통부장관은 법 제22조 제1항에 따라 다음의 권한을 시장·군수·구청장에게 위임한다. 1. 법 제9조에 따른 주택가액의 산정 2. 법 제14조에 따른 재건축부담금 산정에 필요한 자료 제출의 접수 및 재건축부담금의 부과기준·예정액의 통지 3. 법 제15조에 따른 재건축부담금의 결정·부과 및 재건축부담금의 사전통지 4. 법 제16조에 따른 고지 전 심사청구의 접수, 심사 및 심사결과의 통지 5. 법 제17조 제2항·제4항 및 이 영 제13조에 따른 물납신청서의 접수 및 수납여부의 통지 6. 법 제18조에 따른 재건축부담금 납부의 고지, 추징, 납부기일 전 징수, 납부의 연기, 분할납부, 납부의 독촉, 체납처분, 결손처분 7. 법 제19조 및 이 영 제14조에 따른 재건축부담금의 사전 징수금의 예치를 위한 계좌의 개설 신청의 접수, 계좌의 개설 8. 법 제20조에 따라 제출된 자료의 접수 9. 법 제21조 제1항 및 이 영 제16조에 따라 관계행정청으로부터 통보된 자료의 접수 및 납부의무자에의 고지, 법 제21조 제2항에 따른 국세청장에 대한 자료의 통보 10. 법 제24조에 따른 과태료의 부과·징수 11. 제9조 제4항에 따른 개발비용의 확인 12. 제15조에 따른 재건축사업의 조사 ② 시장·군수·구청장은 제1항에 따라 징수한 재건축부담금 중 국가 귀속분은 주택도시기금에, 지방자치단체 귀속분은 「도시 및 주거환경정비법」 제126조에 따라 설치되는 도시·주거환경정비기금, 「도시재정비 촉진

재건축초과이익 환수에 관한 법률 〔법률 제18833호, 2022. 2. 3. 개정〕	재건축초과이익 환수에 관한 법률 시행령 〔대통령령 제32847호, 2022. 8. 2. 개정〕
	을 위한 특별법」 제24조에 따라 설치되는 재정비촉진특별회계, 「주택법」 제84조에 따라 설치되는 국민주택사업특별회계 또는 「도시재생 활성화 및 지원에 관한 특별법」 제28조에 따라 설치되는 도시재생특별회계에 지체 없이 납입해야 한다. ③ 시장·군수·구청장은 제1항에 따라 물납을 받은 때에는 지체 없이 해당주택을 주택도시기금 소관 국유재산으로 하기 위한 등기 이전, 그 밖의 필요한 조치를 하여야 한다. ④ 시장·군수·구청장은 제1항에 따라 징수한 분기별 재건축부담금의 부과실적, 징수실적, 납입실적, 물납실적을 작성하여 다음 분기 첫째 달 10일까지 국토교통부장관에게 제출하여야 한다.
	제17조의 2(재건축부담금 예정액 등의 검증) ① 법 제22조 제1항 및 이 영 제17조 제1항에 따라 국토교통부장관의 권한을 위임받은 시장·군수·구청장은 법 제22조 제3항에 따라 한국부동산원에 법 제14조에 따른 재건축부담금의 예정액 통지 및 법 제15조에 따른 재건축부담금의 결정·부과를 위하여 필요한 경우 한국부동산원에 검증을 의뢰할 수 있다. ② 제1항에 따라 검증을 의뢰받은 한국부동산원은 법 제9조부터 제11조까지의 규정에 따른 주택가액, 정상주택가격상승분, 개발비용 등이 적정하게 산정되었는지를 검증해야 한다. ③ 한국부동산원은 제1항에 따른 조사·검증에 필요한 경우에는 분야별 외부 전문가로 구성된 심사단 또는 자문위원회를 구성·운영할 수 있다. ④ 한국부동산원은 정확한 검증을 위하여 필요하다고 인정하는 경우에는 「감정평가 및 감정평가사에 관한 법률」 제29조에 따라 인가를 받은 감정평가법인 등에 재건축부담금의 조사·검토를 의뢰할 수 있다. ⑤ 제1항부터 제4항까지에서 규정한 사항 외에 한국부동산원의 검증 처리기간 등 검증에

재건축초과이익 환수에 관한 법률 〔법률 제18833호, 2022. 2. 3. 개정〕	재건축초과이익 환수에 관한 법률 시행령 〔대통령령 제32847호, 2022. 8. 2. 개정〕
	필요한 세부 사항은 국토교통부장관이 정하여 고시한다.
제23조(벌칙) ① 재건축부담금을 면탈·감경할 목적 또는 면탈·감경하게 할 목적으로 다음 각 호의 어느 하나에 해당하는 행위를 한 자는 3년 이하의 징역 또는 면탈·감경하였거나 면탈·감경하고자 한 재건축부담금의 3배 이하에 상당하는 벌금에 처한다. 1. 허위의 계약을 체결한 자 2. 제20조에 따른 내역서를 허위로 제출한 자 ② 법인의 대표자나 법인 또는 개인의 대리인, 사용인, 그 밖의 종업원이 그 법인 또는 개인의 업무에 관하여 제1항의 위반행위를 하면 그 행위자를 벌하는 외에 그 법인 또는 개인에게도 제1항의 벌금형을 과(科)한다. 다만, 법인 또는 개인이 그 위반행위를 방지하기 위하여 해당 업무에 관하여 상당한 주의와 감독을 게을리하지 아니한 경우에는 그러하지 아니하다.	
제24조(과태료) ① 제20조에 따른 내역서를 제출하지 아니하거나 게을리한 자에게는 다음 각 호의 어느 하나에 의한 과태료를 부과한다. 1. 제출하지 아니하거나 게을리한 기간(이하 이 항에서 "해태기간"이라 한다)이 기간만료일부터 1개월 이상 2개월 미만인 때 : 재건축부담금의 100분의 1에 상당하는 금액 이하 2. 해태기간이 2개월 이상 6개월 미만인 때 : 재건축부담금의 100분의 2에 상당하는 금액 이하 3. 해태기간이 6개월 이상 12개월 미만인 때 : 재건축부담금의 100분의 4에 상당하는 금액 이하 4. 해태기간이 12개월 이상인 때 : 재건축부담금의 100분의 8에 상당하는 금액 이하 ② 제1항에 따른 과태료는 대통령령으로 정하는 바에 따라 국토교통부장관이 부과·징수한다.	제18조(과태료의 부과·징수) ① 삭제 〈2010.3. 4.〉 ② 삭제 〈2010. 3. 4.〉 ③ 국토교통부장관은 위반행위의 동기·결과 및 횟수 등을 고려하여 법 제24조 제1항 각 호에 따른 과태료 상한액의 2분의 1 범위 안에서 과태료를 경감할 수 있다.

재건축초과이익 환수에 관한 법률 시행령 [별표] 〈개정 2018. 2. 9.〉

개발비용 등의 구성항목(제9조 제2항 관련)

개발비용의 구성항목		내역
1. 법 제11조 제1항 제1호	가. 공사비	해당 재건축사업으로 설치되는 제반 시설공사(공동주택과 이에 수반되는 복리시설 및 주차장에 한한다)에 드는 건축·토목·조경·철거공사비, 예술장식품 설치비, 시공보증수수료 등
	나. 설계감리비	해당 재건축사업을 위하여 투입되는 설계 및 감리에 관한 비용
	다. 부대비용	법 제11조 제1항 제1호에 해당하는 총비용 중에서 공사비, 설계감리비, 그 밖의 경비를 제외한 비용으로서 분양 관련 비용, 수도·가스·전기시설 인입(引入)비용, 등기비용 등
	라. 그 밖의 경비	교통·환경영향평가 등 사업시행인가와 관련된 비용, 주택 및 토지매입비, 조합원의 이주를 위하여 드는 이주비용에 대한 금융비용, 안전진단비용, 측량비용, 감정평가수수료, 「도시 및 주거환경정비법」에 따른 정비사업전문관리업자에 대한 위탁 및 자문비용, 회계·감사비용, 해당 재건축사업과 관련된 용역비용 등
2. 법 제11조 제1항 제2호	가. 제세공과금	해당 재건축사업을 위하여 지출되는 취득세, 등록세, 면허세, 법인세, 산업재해보상보험료 등
	나. 부담금	기반시설부담금, 광역교통시설부담금, 그 밖의 원인자 부담금 등
3. 법 제11조 제1항 제3호	가. 공공시설	이 별표에 따라 산정된 토지의 가액에 그 시설의 조성원가를 합산한 금액
	나. 토지	제공 또는 기부시점의 가장 가까운 시점에 공시된 해당토지의 개별공시지가에 그 개별공시지가가 공시된 달부터 제공 또는 기부시점이 포함된 달의 직전 달까지의 월별지가변동률을 곱한 금액
4. 삭제 〈2010.3.4〉		
5. 법 제11조 제1항 제5호	가. 재건축조합의 운영비	재건축조합 운영비, 소송 비용 등 재건축조합(추진위원회를 포함한다)의 운영과 관련된 제반 비용
	나. 재건축소형주택 건설 관련 비용	「도시 및 주거환경정비법」 제55조 제2항에 따라 부속토지를 인수자에게 기부채납하는 것으로 보는 경우 그 대지지분 상당액. 이 경우 대지지분 상당액은 특별자치도지사·시장·군수 또는 구청장이 법 제9조 제2항의 절차를 준용하여 산정한다.

재건축초과이익 환수에 관한 법률 일부개정법률안(김정재의원 대표발의)

의안 번호	18016

발의연월일 : 2022. 11. 1.

발 의 자 : 김정재 · 김학용 · 서일준 · 강대식 · 정동만 · 유경준 · 김선교 · 이종배 · 박정하 · 정운천 · 성일종 의원 (11인)

제안이유

현행법은 재건축사업에서 발생 되는 재건축초과이익이 조합원 1인당 3천만 원을 초과하는 경우부터 2천만 원 단위의 부과구간으로 나누어 100분의 10에서 최대 100분의 50까지 부과율을 적용한 부담금을 산정하여 재건축조합 등이 납부하도록 규정하고 있으며, 이 과정에서 특별한 부담금 감면규정이나 납부유예 규정 등을 두고 있지 않음.

하지만 2006년 현행법 제정 이후로 그동안 집값 상승 등 시장 상황이 크게 변화하였으나 두 차례의 재건축부담금 납부 면제 과정 등을 거치면서 종전의 부과체계는 그대로 유지되다 보니 재건축부담금이 현실에 맞지 않게 과도하게 산정되는 문제가 초래되고 있고, 1주택자나 고령자에 대한 배려 없이 일률적으로 부과되어 실수요자의 주거 안정을 저해하는 문제도 유발하고 있음.

이에 시장 상황 등을 반영하여 재건축부담금이 면제되는 초과이익 금액과 부과구간 단위 금액을 상향하는 등 부과기준을 현실화하고, 1주택 장기보유자에 대한 부담금 감면 규정 신설, 고령자 납부 유예 제도 도입, 부담금 부과 개시시점 조정 등을 통하여 부담금 제도를 합리적으로 개선하여 재건축사업을 보다 활성화함으로써 도심 내 양질의 주택 공급을 확대하고 주택시장 안정을 도모하고자 하려는 것임.

주요내용

가. 공공임대주택 등을 건설하여 국가 또는 공공기관 등에 공급하는 경우 종료시점 부과대상 주택의 범위에서 제외하도록 함(안 제2조 제5호).

나. 재건축부담금의 부과개시시점을 '최초로 구성된 조합설립추진위원회가 승인된 날'에서 '조합설립인가일'로 변경함(안 제8조 제1항).

다. 재건축부담금이 면제되는 조합원 1인당 평균이익 금액을 1억 원으로 상향하고, 부과구간 단위 금액을 7천만 원 단위로 조정함(안 제12조).

라. 1세대 1주택자에 대해서는 준공 시점부터 역산하여 산정된 보유기간에 따라 부담금을 100분의 10에서 최대 100분의 50까지 감면할 수 있도록 함(안 제14조의 2 신설).

마. 1세대 1주택자로서 만 60세 이상의 고령자는 담보 제공을 전제로 상속 · 증여 · 양도 등 해당 주택의 처분 시점까지 납부를 유예할 수 있도록 함(안 제17조의 2 신설).

재건축초과이익 환수에 관한 법률 일부개정법률안

신 · 구조문대비표

현 행	개 정 안
제2조(정의) 이 법에서 사용하는 용어의 정의는 다음과 같다.	제2조(정의) ----------------------------.
1. "재건축초과이익"이라 함은 「도시 및 주거환경정비법」 제2조 제2호 다목에 따른 재건축사업 및 「빈집 및 소규모주택 정비에 관한 특례법」 제2조 제1항 제3호 다목에 따른 소규모재건축사업(이하 "재건축사업"이라 한다)으로 인하여 정상주택가격상승분을 초과하여 다음 각 목의 어느 하나에 귀속되는 주택가액의 증가분으로서 제7조에 따라 산정된 금액을 말한다.	1. --.
가. 「도시 및 주거환경정비법」 제35조에 따라 설립된 재건축조합[같은 법 제26조 제1항에 따라 지정된 공공시행자(같은 항 제1호에 따라 지정된 경우는 제외한다. 이하 "공공시행자"라 한다) 및 같은 법 제27조 제1항 제3호에 따라 지정된 신탁업자를 포함한다] 및 「빈집 및 소규모주택 정비에 관한 특례법」 제23조에 따라 설립된 조합(이하 "조합"이라 한다)	가. ---------- 제35조 ------------------------------------
〈신 설〉	나. 「도시 및 주거환경정비법」 제26조 제1항(같은 항 제1호에 따라 지정된 경우는 제외한다) 및 「빈집 및 소규모주택 정비에 관한 특례법」 제18조 제1항(같은 항 제1호에 따라 지정된 경우는 제외한다)에 따라 지정된 공공시행자(이하 "공공시행자"라 한다)
〈신 설〉	다. 「도시 및 주거환경정비법」 제27조 제1항 제3호 및 「빈집 및 소규모주택 정비에 관한 특례법」 제19조 제1항에 따라 지정된 신탁업자(이하 "신탁업자"이라 한다)
〈신 설〉	라. 「빈집 및 소규모주택 정비에 관한 특

현 행	개 정 안
	례법」 제22조 제1항에 따라 구성된 주민합의체(이하 "주민합의체"라 한다)
나. 조합원(사업시행자가 공공시행자인 경우 「도시 및 주거환경정비법」 제2조 제9호 나목에 따른 토지등소유자를 말하며, 사업시행자가 신탁업자인 경우 위탁자를 말한다. 이하 같다)	마. ------------------ - 공공시행자 및 주민합의체인 경우 --
2. ~ 4. (생 략)	2. ~ 4. (현행과 같음)
5. "종료시점 부과대상 주택"이라 함은 제8조에 따른 부과종료시점의 재건축사업으로 건축된 주택을 말한다. 다만, 국가 또는 공공기관 등이 보유하는 주택으로서 대통령령으로 정하는 주택을 제외할 수 있다.	5. ----------------------------------. --- 국가, 지방자치단체 --- 보유하거나 재건축사업으로 인하여 인수하는 ------------------ --.
제6조(납부의무자) ① 재건축사업을 시행하기 위하여 조합은 이 법에서 정하는 바에 따라 재건축부담금을 납부할 의무가 있다. 다만, 종료시점 부과대상 주택을 공급받은 조합원(조합이 해산된 경우, 정비구역이 해제된 경우 또는 신탁이 종료된 경우에는 부과종료시점 당시의 조합원, 「도시 및 주거환경정비법」 제2조 제9호 나목에 따른 토지등소유자 또는 위탁자를 말한다)이 다음 각 호에 해당하는 경우에는 2차 납부의무를 진다.	제6조(납부의무자) ① ---------------------------- 조합, 공공시행자, 신탁업자 또는 주민합의체(이하 "조합등"이라 한다)는 ---------------------------해제된 경우, 주민합의체가 해산된 ---------------------------- 조합원을 --.
1.・2. (생 략)	1.・2. (현행과 같음)
2의 2. 정비구역이 해제된 경우	2의 2. 공공시행자가 지정되어 있는 정비구역이 해제되는 경우
3.・4. (생 략)	3.・4. (현행과 같음)
〈신 설〉	5. 주민합의체가 해산된 경우
② (생 략)	② (현행과 같음)
③ 제1항에 따라 재건축부담금을 납부하여야 할 의무가 있는 조합은 조합원별로 종전자산을 평가한 가액 등 대통령령으로 정하는 사항을 고려하여 제14조에 따른 재건축부담금 예정액의 조합원별 납부액과 제15조에 따라 결정 및 부과하는 재건축부담금의 조합원	③------------------------------------- 조합등은 --

현　　　행	개　정　안
별 분담기준 및 비율을 결정하여 이를 관리처분계획에 명시하여야 한다.	------------------------------.
④·⑤ (생　략)	④·⑤ (현행과 같음)
제8조(기준시점 등) ①부과개시시점은 재건축사업을 위하여 최초로 구성된 조합설립추진위원회(이하 "추진위원회"라 한다)가 승인된 날로 한다. 다만, 부과대상이 되는 재건축사업의 전부 또는 일부가 다음 각 호의 어느 하나에 해당하는 경우에는 다음 각 호의 어느 하나에 해당하는 날을 부과개시시점으로 한다.	제8조(기준시점 등) ① ---------- 조합설립인가를 받은 ------------. ---------------.
1. 2003년 7월 1일 이전에 조합설립인가를 받은 재건축사업은 최초로 조합설립인가를 받은 날	〈삭　제〉
2. 추진위원회 또는 재건축조합이 합병된 경우는 각각의 최초 추진위원회 승인일 또는 재건축조합인가일	2. 조합------------------ 조합설립인가일
2의 2. 「도시 및 주거환경정비법」 제26조 제1항에 따라 공공시행자가 공공재건축사업 사업시행자로 최초 지정 승인된 날(추진위원회의 구성 승인이 없는 경우에 한정한다)	2의 2. 공공시행자가 ------------------(조합설립인가를 받지 아니한 -------------
〈신　설〉	2의 3. 주민합의체 구성을 신고한 날
3. 「도시 및 주거환경정비법」 제27조 제1항 제3호에 따라 신탁업자가 사업시행자로 최초 지정 승인된 날(추진위원회의 구성 승인이 없는 경우에 한정한다)	3. 신탁업자---------------(조합설립인가를 받지 아니한 -------------
4. (생　략)	4. (현행과 같음)
②·③ (생　략)	②·③ (현행과 같음)
제10조(정상주택가격상승분의 산정) ① (생　략)	제10조(정상주택가격상승분의 산정) ① (현행과 같음)
②제1항에 따른 평균주택가격상승률은 「주택법」 제89조의 규정에 따라 국토교통부장관의 위탁을 받아 기금수탁자가 통계청 승인을 받아서 작성한 주택가격 통계를 이용하여 산정한다. 다만, 특별자치시·특별자치도·시·군·구의 주택가격 통계가 생산되기 이	②------------------ 받은 자--------------------------

현　　　행	개　정　안
전 기간의 평균주택가격상승률은 국토교통부장관이 대통령령으로 정하는 바에 따라 부동산가격조사 전문기관에 의뢰하여 해당 특별자치시·특별자치도·시·군·구의 기준시가 변동률, 통계청 승인을 받은 해당 특별자치시·특별자치도·시·군·구가 소재하는 광역지방자치단체의 주택가격 상승률 등을 고려하여 조사·산정하고 이를 부동산가격공시위원회의 심의를 거쳐 결정한다.	--.
제12조(부과율) 납부의무자가 납부하여야 할 재건축부담금은 제7조에 따라 산정된 재건축초과이익을 해당 조합원 수로 나눈 금액에 다음의 부과율을 적용하여 계산한 금액을 그 부담금액으로 한다.	제12조(부과율) ---.
1. 조합원 1인당 평균이익이 3천만 원 이하 : 면제	1. ---- 1억 원 ----------------
2. 조합원 1인당 평균이익이 3천만 원 초과 5천만 원 이하 : 3천만 원을 초과하는 금액의 100분의 10 × 조합원수	2. ---------- 1억 원 초과 1억7천만 원 ---- 1억 원을 --------------------
3. 조합원 1인당 평균이익이 5천만 원 초과 7천만 원 이하 : 200만 원 × 조합원수 + 5천만 원을 초과하는 금액의 100분의 20 × 조합원수	3. -------------- 1억7천만 원 초과 2억4천만 원 ------------------ 700만 원 ---------- 1억7천만 원을 -------
4. 조합원 1인당 평균이익이 7천만 원 초과 9천만 원 이하 : 600만 원 × 조합원수 + 7천만 원을 초과하는 금액의 100분의 30 × 조합원수	4. ---------- 2억4천만 원 초과 3억1천만 원이하 : 2천100만 원 ---- 2억4천만 원을 ------------------------------
5. 조합원 1인당 평균이익이 9천만 원 초과 1억1천만 원 이하 : 1천200만 원 × 조합원수 + 9천만 원을 초과하는 금액의 100분의 40 × 조합원수	5. -------- 3억1천만 원 초과 3억8천만 원 ------ 4천200만 원 --------- 3억1천만 원을 --------------
6. 조합원 1인당 평균이익이 1억1천만 원 초과 : 2천만 원 × 조합원수 + 1억1천만 원을 초과하는 금액의 100분의 50 × 조합원수	6. -----------3억8천만 원-- 7천만 원 -------- 3억8천만 원을 -----------------------
〈신　설〉	제14조의 2(재건축부담금의 감면) ① 조합원이 속한 세대(조합원 및 그 배우자와 그들과 생계를 같이 하는 가족으로서 대통령령으로 정

현 행	개 정 안
	하는 것을 말한다. 이하 같다)의 구성원이 재건축사업의 대상이 되는 주택(이하 "재건축대상주택"이라 한다) 외의 다른 주택(대통령령으로 정하는 준주택을 포함한다. 이하 같다)을 보유하지 아니한 경우로서 해당 조합원(이하 "1세대 1주택자"라 한다)이 재건축대상주택을 부과종료시점으로부터 역산하여 6년 이상 보유한 경우에는 제12조에 따른 부담금액 중 제6조 제3항의 조합원별 분담기준 및 비율에 따라 해당 조합원이 분담해야 하는 부담금액에 다음 각 호의 보유기간(1세대 1주택자로서의 기간에 한정한다)에 따른 비율을 곱한 금액에 해당하는 재건축부담금을 감면한다. 이 경우 해당 조합원은 부과종료시점에 1세대 1주택자이어야 한다. 1. 보유기간이 6년 이상 7년 미만 : 100분의 10 2. 보유기간이 7년 이상 8년 미만 : 100분의 20 3. 보유기간이 8년 이상 9년 미만 : 100분의 30 4. 보유기간이 9년 이상 10년 미만 : 100분의 40 5. 보유기간이 10년 이상 : 100분의 50 ② 제1항에 따른 다른 주택의 범위에는 다음 각 호의 어느 하나에 해당하는 주택은 포함하지 아니한다. 1. 상속, 혼인 등 부득이한 사유로 인하여 보유하는 경우로서 대통령령으로 정하는 주택 2. 재건축사업의 시행기간 동안 거주를 위한 사유로 보유하는 경우로서 대통령령으로 정하는 주택 3. 주택 소재지역, 주택가액 등을 고려하여 대통령령으로 정하는 저가주택 ③ 제2항 제1호 및 제2호의 주택을 보유하여 제1항에 따른 감면을 받은 자는 대통령령으로 정하는 기간 이내에 해당 주택을 처분하여야 한다. ④ 제1항부터 제3항까지에서 규정한 사항 외

현 행	개 정 안
	에 1세대 1주택자 감면을 위한 구체적인 기준, 방법 등 필요한 사항은 대통령령으로 정한다.
제15조(재건축부담금의 결정 및 부과) ① 국토교통부장관은 부과종료시점부터 5개월 이내에 재건축부담금을 결정·부과하여야 한다. 다만, 납부의무자가 제16조 제1항의 규정에 따라 고지전 심사를 청구한 경우에는 그 결과의 서면통지일부터 1개월 이내에 재건축부담금을 결정·부과하여야 한다.	제15조(재건축부담금의 결정 및 부과) ① ---------------------------------------. 다만, 제14조의 2에 따라 재건축부담금을 감면하려는 경우에는 3개월을 연장할 수 있고---.
② (생 략)	② (현행과 같음)
〈신 설〉	③ 국토교통부장관은 제14조의 2 제2항 제1호 및 같은 항 제2호의 사유에 따라 재건축대상주택 외의 다른 주택을 보유한 조합원에게 제14조의 2제1항에 따라 1세대 1주택자 감면을 하는 경우에는 제1항에 따른 재건축부담금을 결정·부과하기 전에 감면 금액에 상당하는 금액의 담보를 제공받아야 한다.
〈신 설〉	④ 국토교통부장관은 1세대 1주택자 감면을 받은 조합원이 제14조의 2 제3항을 위반하여 해당 주택을 처분하지 아니한 경우에는 조합원에게 감면받은 금액에 해당하는 재건축부담금(대통령령으로 정하는 이자상당 가산금을 포함한다)을 부과하여야 한다.
〈신 설〉	⑤ 제1항부터 제4항까지에서 규정한 사항 외에 재건축부담금의 결정·부과, 재건축부담금 감면을 위한 절차 및 담보의 제공·해제에 대한 구체적인 기준·방법 등 필요한 사항은 대통령령으로 정한다.
〈신 설〉	제17조의 2(재건축부담금의 납부유예) ① 국토교통부장관은 조합원이 다음 각 호의 요건을 모두 충족하는 경우로서 해당 조합원이 분담해야 할 재건축부담금의 납부유예를 신청하는 경우 이를 허가할 수 있다. 이 경우 납부유예를 신청하는 조합원은 그 유예할 재건축부담금에 상당하는 담보를 제공하여야 한다. 1. 부과종료시점에 1세대 1주택자일 것

현 행	개 정 안
	2. 부과종료시점에 만 60세 이상일 것 ② 국토교통부장관은 제1항에 따른 신청을 받은 경우 대통령령으로 정하는 바에 따라 납부의무자 및 해당 조합원에게 납부유예 허가 여부를 통지하여야 한다. ③ 국토교통부장관은 제1항에 따라 재건축부담금의 납부가 유예된 조합원이 다음 각 호의 어느 하나에 해당하는 경우에는 그 납부유예 허가를 취소하여야 한다. 1. 해당 주택을 타인에게 양도, 매매, 증여하는 경우 2. 사망하여 상속이 개시되는 경우 3. 1세대 1주택자 요건을 충족하지 아니하게 된 경우 4. 담보의 변경 또는 그 밖에 담보 보전에 필요한 국토교통부장관의 명령에 따르지 아니한 경우 5. 「국세징수법」 제9조 제1항 각 호의 어느 하나에 해당되어 그 납부유예와 관계되는 재건축부담금의 전액을 징수할 수 없다고 인정되는 경우 6. 납부유예된 재건축부담금을 납부하려는 경우 ④ 제1항에 따라 납부유예가 허가된 경우에는 재건축부담금 징수 소멸시효를 적용하지 아니한다. ⑤ 국토교통부장관은 제3항에 따라 재건축부담금의 납부유예 허가를 취소한 경우에는 대통령령으로 정하는 바에 따라 해당 납부의무자에게 납부를 유예받은 재건축부담금과 이자상당가산금을 징수하여야 한다. 다만, 상속인 또는 상속재산관리인은 상속으로 받은 재산의 한도에서 납부를 유예받은 재건축부담금과 이자상당가산금을 납부할 의무를 진다. ⑥ 국토교통부장관은 제1항에 따라 납부유예를 허가한 후 납부기한이 지난 날부터 제5항에 따라 징수할 재건축부담금의 고지일까지의 기간 동안에는 납부지연에 따른 가산금을 부과하지 아니한다. ⑦ 제1항부터 제6항까지에서 규정한 사항 외

현 행	개 정 안
	에 납부유예 절차 등 필요한 사항은 대통령령으로 정한다.
제20조(자료제출의무) 납부의무자는 부과종료 시점부터 1개월 이내에 다음 각 호의 구분에 따라 국토교통부령으로 정하는 바에 따라 제11조의 규정에 의한 개발비용 등의 산정 및 제13조에 따른 부담금액 공제에 필요한 내역서를 국토교통부장관에게 제출하여야 한다.	제20조(자료제출의무) ---------- ---------------------- ---------------------- ---------------- 산정, -- ------------------- 내역서 및 제14조의 2에 따른 1세대 1주택자 등을 증명하는 서류와 주택소유현황 확인을 위한 서류---.
1. ~ 3. (생 략)	1. ~ 3. (현행과 같음)
제22조(권한의 위임 등) ①·② (생 략)	제22조(권한의 위임 등) ①·② (현행과 같음)
③ 제1항에 따라 권한을 위임받은 시·도지사 또는 시장·군수·구청장은 제14조에 따른 재건축부담금의 예정액 통지 및 제15조에 따른 재건축부담금의 결정·부과를 위하여 필요한 경우 대통령령으로 정하는 바에 따라 부동산가격조사 전문기관에 검증을 의뢰할 수 있다.	③ -------------------- ---------------------- ------------ 통지, 제14조의 2에 따른 1세대 1주택자 확인 -------- ---------------------- ---------------------- -------.

■ 재건축초과이익 환수에 관한 법률 시행규칙 [별지 제3호 서식] 〈개정 2017. 9. 5.〉

재건축부담금 예정액 산정을 위한 명세서

납무 의무자	조합의 명칭				
	주된 사무소의 소재지				
	대표자	성명		생년월일	
		주소		전화번호	

①사업주체	
②사업시행기간	
③시공사	
④「재건축초과이익 환수에 관한 법률」 제11조에 따른 개발비용 추정액	
⑤일반분양분의 분양가격 추정액	
⑥그 밖에 자치단체장이 필요하다고 인정하는 자료	

「재건축초과이익 환수에 관한 법률」 제14조 제1항 및 같은 법 시행규칙 제7조 제1항에 따라 재건축부담금의 예정액 산정을 위한 자료를 위와 같이 제출합니다.

년 월 일

제출자

특별자치시장 · 특별자치도지사 · 시장 · 군수 · 구청장 귀하

첨부 서류	①부터 ⑥까지를 증명할 수 있는 서류	수수료 없음

210㎜×297㎜ [백상지(80g/㎡) 또는 중질지(80g/㎡)]

■ 재건축초과이익 환수에 관한 법률 시행규칙 [별지 제4호 서식] 〈개정 2017. 9. 5.〉

제 호

재건축부담금의 부과기준 및 예정액 통지서

납부 의무자	조합의 명칭				
	주된 사무소의 소재지				
	대표자	성 명		생년월일	
		주 소		전화번호	

통지 내용	
대상 사업명	
부과 기준	
예정액	
그 밖의 사항	

「재건축초과이익 환수에 관한 법률」 제14조 제2항 및 같은 법 시행규칙 제8조에 따라 위와 같이 재건축부담금 부과기준 및 예정액을 통지합니다.

년 월 일

특별자치시장 · 특별자치도지사 · 시장 · 군수 · 구청장

귀하

210㎜×297㎜ [백상지(80g/㎡) 또는 중질지(80g/㎡)]

■ 재건축초과이익 환수에 관한 법률 시행규칙 [별지 제4호의 2 서식] 〈신설 2022. 1. 21.〉

제　　　호

재건축부담금 예정액 통지서

납부 의무자	조합의 명칭				
	주된 사무소의 소재지				
	대표자	성명		전화번호	
통지내용	대상 사업명				
	최초	기준시점		예정액	
	직전연도	기준시점		예정액	
	현재	기준시점		예정액	
	그 밖의 사항				

「재건축초과이익 환수에 관한 법률」 제14조 제3항 및 같은 법 시행규칙 제8조 제2항에 따라 위와 같이 재건축부담금 예정액을 통지합니다.

년　　월　　일

특별자치시장 · 특별자치도지사
시장 · 군수 · 구청장　　직인

＿＿＿＿＿＿＿＿ 귀하

210㎜×297㎜[백상지(80g/㎡) 또는 중질지(80g/㎡)]

■ 재건축초과이익 환수에 관한 법률 시행규칙 [별지 제5호 서식] 〈개정 2017. 9. 5.〉

제 호

재건축부담금 사전통지서

<table>
<tr><td rowspan="3">납부 의무자</td><td>성명(법인인 경우 법인의 명칭 및 대표자의 성명)</td><td></td><td>생년월일
(법인인 경우 법인등록번호)</td><td></td></tr>
<tr><td>조합의 명칭</td><td></td><td>전화번호</td><td></td></tr>
<tr><td>주소 또는 거소
(법인인 경우 법인의 주소 및 대표자의 주소 또는 거소)</td><td colspan="3"></td></tr>
</table>

사전통지 내용	
대상 사업명	
부과 기준	
부과 금액	
그 밖의 사항	

「재건축초과이익 환수에 관한 법률」 제15조 제2항, 같은 법 시행령 제11조 제2항 및 같은 법 시행규칙 제9조에 따라 위와 같이 재건축부담금의 부과기준·부과금액을 사전통지합니다. 같은 법 제16조 제1항에 따라 사전통지를 받은 날부터 50일 이내에 고지 전 심사청구를 할 수 있습니다.

년 월 일

특별자치시장·특별자치도지사·시장·군수·구청장

귀하

210㎜×297㎜ [백상지(80g/㎡) 또는 중질지(80g/㎡)]

■ 재건축초과이익 환수에 관한 법률 시행규칙 [별지 제6호 서식] 〈개정 2017. 9. 5.〉

재건축부담금 고지 전 심사청구서

※ 색상이 어두운 란은 신청인이 적지 않습니다.

접수번호	접수일	발급일	처리기간 30일

청구인				
청구인	성명(법인인 경우 법인의 명칭 및 대표자의 성명)		생년월일 (법인인 경우 법인등록번호)	
	조합의 명칭		전화번호	
	주소 또는 거소 (법인인 경우 법인의 주소 및 대표자의 주소 또는 거소)			

고지 전 심사 청구 내용	
대상 사업명	
재건축부담금 부과대상 주택에 관한 자세한 사항	
부과기준	
재건축부담금	
고지 전 심사의 청구 이유	

「재건축초과이익 환수에 관한 법률」 제16조 제1항 및 같은 법 시행규칙 제10조 제3항에 따라 위와 같이 심사를 청구합니다.

년 월 일

청구인

특별자치시장 · 특별자치도지사 · 시장 · 군수 · 구청장 귀하

첨부서류	관계 증명서류 또는 증거물	수수료 없음

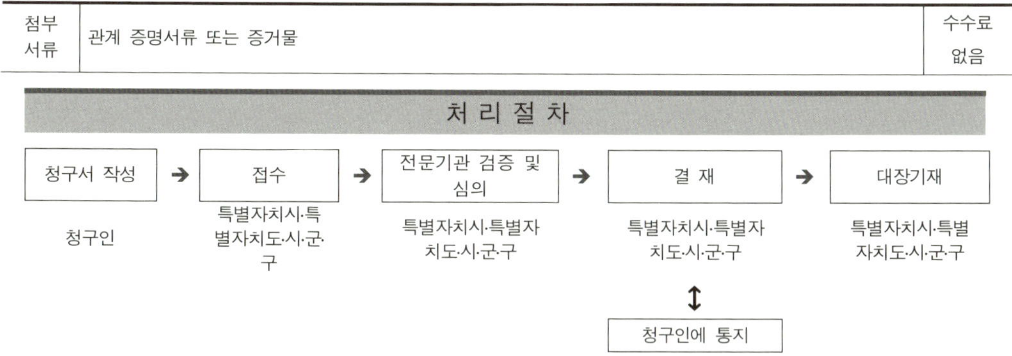

210㎜×297㎜ [백상지(80g/㎡) 또는 중질지(80g/㎡)]

■ 재건축초과이익 환수에 관한 법률 시행규칙 [별지 제17호 서식] 〈개정 2017. 9. 5.〉

재건축부담금 사전징수·예치를 위한 계좌개설신청서

※ 색상이 어두운 란은 신청인이 적지 않습니다.

접수번호	접수일	발급일	처리기간 7일

신청인				
	조합의 명칭			
	주된 사무소의 소재지			
	대표자 성 명		생년월일	
	대표자 주 소		전화번호	

「재건축초과이익 환수에 관한 법률」 제19조 제2항 및 같은 법 시행규칙 제17조에 따라 재건축부담금을 사전에 징수하여 예치하기 위한 계좌의 개설을 신청합니다.

년 월 일

특별자치시장 • 특별자치도지사 • 시장 • 군수 • 구청장

귀하

210㎜×297㎜ [백상지(80g/㎡) 또는 중질지(80g/㎡)]

■ 재건축초과이익 환수에 관한 법률 시행규칙 [별지 제18호 서식] 〈개정 2017. 9. 5.〉

개발비용 산출내역서

※ 색상이 어두운 란은 신청인이 적지 않습니다.

접수번호	접수일	발급일	처리기간 즉시

신청인				
신청인	조합의 명칭			
	주된사무소의 소재지			
	대표자 성 명		생년월일	
	대표자 주 소		전화번호	

신고 내용			
대상 사업명			
종료시점 주택가액		개시시점 주택가액	

개발비용	항목	금액
개발비용	총 액	원
	공사비, 설계감리비, 부대비용 및 그 밖의 경비 (「재건축초과이익 환수에 관한 법률」 제11조 제1항 제1호)	원
	제세공과금(「재건축초과이익 환수에 관한 법률」 제11조 제1항 제2호)	원
	국가지방자치단체에 제공 또는 기부한 공공시설 또는 토지 (「재건축초과이익 환수에 관한 법률」 제11조 제1항 제3호)	원
	조합의 운영과 관련된 경비 (「재건축초과이익 환수에 관한 법률 시행령」 제9조 제1항 제1호)	원
	개발비용에 계상되는 양도소득세액 (「재건축초과이익 환수에 관한 법률」 제13조)	원

「재건축초과이익 환수에 관한 법률」 제20조 및 같은 법 시행규칙 제18조 제1항에 따라 위와 같이 제출합니다.

년 월 일

제출인

특별자치시장·특별자치도지사·시장·군수·구청장 귀하

첨부서류	설계서 등 개발비용 산출 증명서류	수수료 없음

210㎜×297㎜ [백상지(80g/㎡) 또는 중질지(80g/㎡)]

■ 재건축초과이익 환수에 관한 법률 시행규칙 [별지 제8호 서식] 〈개정 2017. 9. 5.〉

물납신청서

※ 색상이 어두운 란은 신청인이 적지 않습니다.

접수번호	접수일	발급일	처리기간 30일

신청인				
신청인	성명(법인인 경우 법인의 명칭 및 대표자의 성명)		생년월일(법인인 경우 법인등록번호)	
	조합의 명칭		전화번호	
	주소 또는 거소(법인인 경우 법인의 주소 및 대표자의 주소 또는 거소)			

신청 내용	
대상 사업명	

물납주택					
소재지	면적	가액	소재지	면적	차액
			합계		
부담금액			차액		

「재건축초과이익 환수에 관한 법률」 제17조 제4항, 같은 법 시행령 제13조 제1항 및 같은 법 시행규칙 제11조 제1항에 따라 위와 같이 신청합니다.

년 월 일

신청인 (서명 또는 인)

특별자치시장 • 특별자치도지사 • 시장 • 군수 • 구청장 귀하

신청인 제출서류	신청인(대표자) 제출서류	특별자치시장·특별자치도지사·시장·군수·구청장 확인사항	수수료
	1. 물납주택가액 산출근거 2. 차액 산정근거	물납하려는 주택의 등기부등본의 내용을 특별자치도지사·시장·군수·구청장이 확인합니다.	없음

처 리 절 차

신청서 작성 (신청인) → 접수 (특별자치시·특별자치도·시·군·구) → 검토 (특별자치시·특별자치도·시·군·구) → 결 재 (특별자치시·특별자치도·시·군·구) ↕ 신청인에 통지 → 대장기재 (특별자치시·특별자치도·시·군·구)

210㎜×297㎜ [백상지(80g/㎡) 또는 중질지(80g/㎡)]

재건축초과이익 환수업무처리지침

국토교통부고시 제2022-445호 (2022. 8. 4.)

[별표 2]

재건축부담금 예정액 및 결정 · 부과액 검증 제출서류(제13조 제2호 관련)

구분	제출서류
예정액 검증	1. 신청서[별지 제1호 서식] 2. 조합원 개시시점 가격 산출자료 3. 사업시행계획(사업일정, 건축개요, 조합원 · 일반분양 계획 및 재건축 소형주택 등 임대주택 공급계획, 정비사업비 계획) 4. 재건축부담금 산출액 관련 사업시행자 의견 및 근거자료
결정 · 부과액 검증	1. 신청서[별지 제1호 서식] 2. 조합원 개시시점 가격 산출자료 3. 사업시행계획(사업일정, 건축개요, 조합원 · 일반분양 계획 및 재건축 소형주택 등 임대주택 공급계획) 4. 관리처분계획(변경인가를 포함함) 5. 도시 및 주거환경정비법 제112조 제1항 제3호에 따른 회계감사보고서 6. 일반분양 주택 및 재건축소형주택 등 임대주택 처분결과 7. 재건축부담금 산출액 관련 사업시행자 의견 및 근거자료

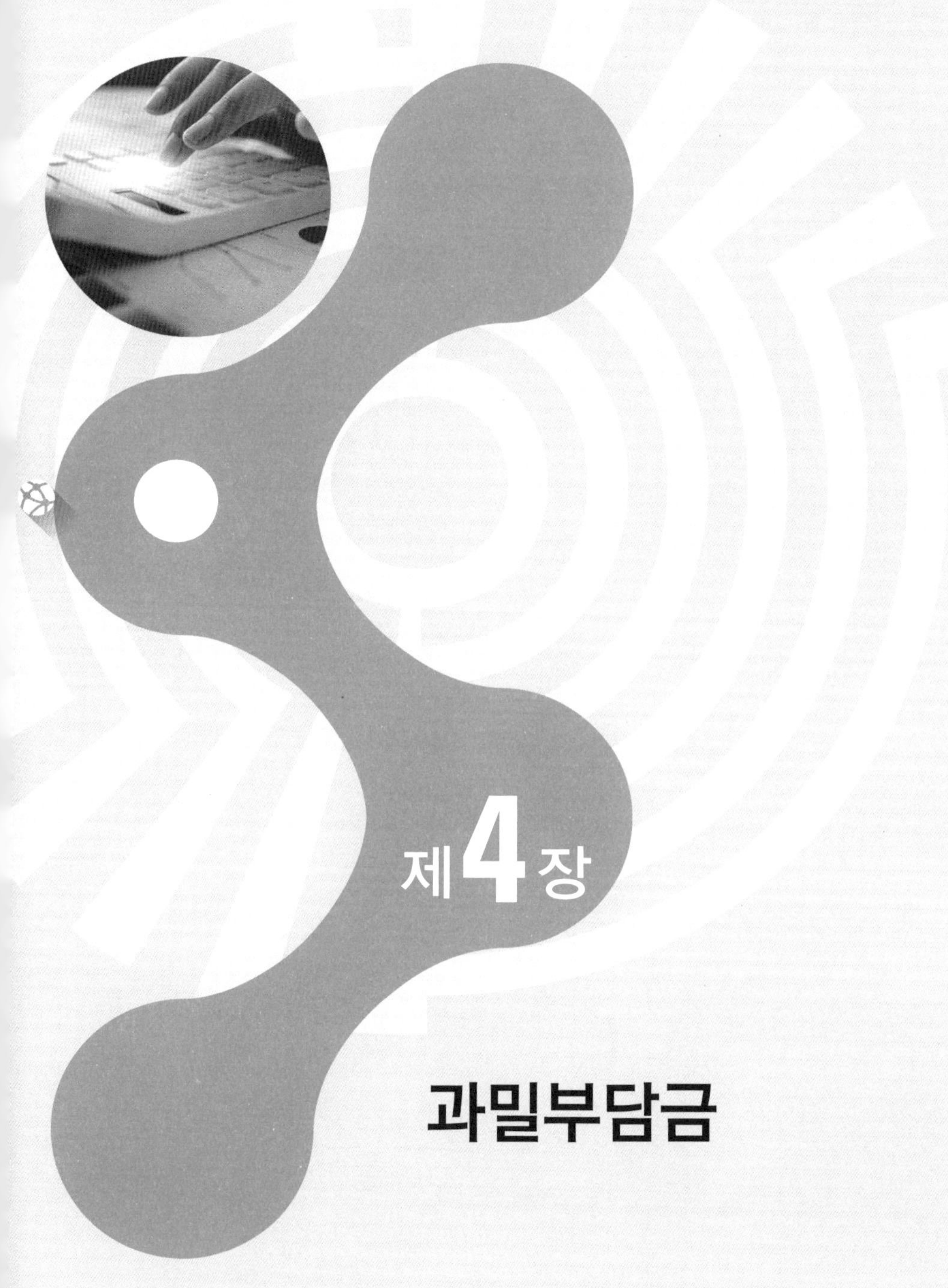

제4장

과밀부담금

Q1. 과밀부담금의 의의

① 과밀부담금의 개념과 도입배경

과밀부담금제도는 수도권에 인구집중을 유발하는 대형건축물을 건축하는 자에게 일정한 액수의 부담금을 부과함으로써 과밀을 유발하는 건축물의 공급을 적정수준에 머물도록 억제하여 수도권 집중 해소 및 지역균형개발의 정책적인 목적을 달성하기 위해 도입된 제도이다.

1994년 「수도권정비계획법」 개정으로 수도권 안의 인구집중유발시설에 대한 신·증축을 물리적으로 억제하는 직접 규제방식에서 인구집중유발시설의 신·증축 등에 대해 과밀부담금을 부과하는 경제적·간접적 규제로 전환된 것이다.

「수도권정비계획법」상 과밀억제권역은 서울 전역과 인천·경기 일부 지역이 해당되지만, 현재 과밀부담금은 과밀억제권역 중 서울특별시 지역에서만 적용되고 있다. 과밀부담금에 대한 부과근거는 「수도권정비계획법」인데, 1994. 1. 7. 전부개정으로 도입되어 1994. 4. 8.부터 시행되고 있다.

부과대상	납부의무자	부담금 산정방식
① 25천m^2 이상 업무용 건축물 ② 15천m^2 이상 판매용 건축물 ③ 25천m^2 이상 복합용 건축물 ④ 1천m^2 이상 공공청사	서울특별시에서 부과대상 건축물을 건축(신·증축, 용도변경)하고자 하는 자	산정면적 × 단위당 건축비 × 부담률

과밀부담금은 인구집중에 따른 여러 문제의 해결을 위한 공사시행의 원인을 제공하게 됨에 따라 부과하는 원인자 부담금의 성격과, 건축물이 기반시설이 풍부한 수도권에 입지함에 따라 생기는 이득분을 수익자에게서 환수하여 낙후지역의 개발에 투자하고자 하는 수익자 부담금의 성격을 함께 지니고 있지만, 기본적으로는 과밀억제권역 내에서의 인구집중유발시설의 신축·증설을 억제함으로써 수도권의 과밀해소 및 지역균형발전이라는 국가적 목적 달성을 유도하기 위해 정책적으로 부과되는 특별부담금이다(헌법재판소 2001. 11. 29. 자 2000헌바23 결정).

또한, 과밀부담금 부과 목적은 수도권에 집중된 인구와 산업의 과밀을 효율적으로 억제하고, 낙후지역 개발사업 지원 등 국가균형발전 및 도시·재생 등 과밀에 따른 문제 해결을 위한 재원 확보이다. 과밀부담금으로 징수된 금액의 50%는 국가균형발전특별회계에 귀속되도록 규정하고 있다(수도권정비계획법 §16).

수도권 과밀억제권역에서 일정 규모 이상의 업무용 건축물, 판매용 건축물 등 인구집중유발시설의 건축물을 건축하려는 자가 과밀부담금을 납부하는데, 과밀부담금 부과액은 해당 건축물 건축비의 10%로 산정하되, 건축물 용도 등을 고려하여 5%까지 조정할 수 있다. 즉, 표준건축비의 5% 내지 10%를 부담하는 것이다.

과밀부담금은 건축허가일에 부과하고, 건축물의 사용승인일이 납부일로서 부과(건축허가일·신고일 또는 용도변경일)에서 징수(건축물 사용승인일까지 납부)까지 장기간이 소요되는 특성이 있다.

한편, 서울특별시에서 부과된 과밀부담금 규모는 2021년 기준 102건 3,251억 원 수준이다.

▸ **헌법재판소 2001. 11. 29 자 2000헌바23 결정 [수도권정비계획법 제2조 제3호등 위헌소원] 합헌**

1960년대 이래 경제개발을 위한 국토개발정책의 지속적인 추진에 의하여 전국의 도시화가 급격히 진전되어 도시를 중심으로 인구·산업 등이 집중되었다. 특히 1970년대 이후 공업화시책 등으로 서울과 주변 위성도시가 국가성장을 주도함에 따라 수도권에 각종 국가중추기능이 집중되기 시작하였고, 그 결과로 수도권은 지가상승·주택난·교통난·물류비용의 증가·수질 및 대기오염 등 과밀로 인한 막대한 경제적·사회적 비용을 치르고 있으며, 지방은 개발이 지체되어 국가 전체의 균형발전에 장애를 초래하고 있다. 이에 이러한 인구 및 산업의 수도권집중을 해소하고 수도권의 체계적인 정비와 국토의 균형발전을 도모하기 위해 1982년 법률 제3600호로 수도권정비계획법을 제정하였다.

1983년 실시된 수도권정비계획법은 일정규모 이상의 대형 건축물의 허가에 대해서는 수도권정비위원회의 심의를 받도록 규정되어 있었다. 그러나 이러한 심의제도는 규제규모 미만의 소규모 건축물의 난립을 유발하여 비효율적인 토지이용 및 도시미관 저해를 초래하였을 뿐만 아니라, 수도권입지가 불가피한 시설마저도 입지를 제한하는 등의 많은 부작용도 생겨났다. 이에 따라 이러한 획일적이고 물리적인 집중억제 및 분산정책을 지양하고자 1994년 수도권정비계획법을 개정하여, 간접적·경제적 규제수단으로서 과밀부담금제도를 도입하게 되었다.

과밀부담금제도는 수도권에 인구집중을 유발하는 대형건축물을 건축하고자 하는 자에게 일정한 액수의 부담금을 부과함으로써 과밀을 유발하는 건축물의 공급을 적정수준에 머물도록 억제하여 수도권 집중 해소 및 지역균등개발의 정책적인 목적을 달성하고자 하는 제도이다. 이는 규제에 경제적 개념을 도입하여 사회 전체적인 경제적 효율성과 자원의 최적배분을 유도하고자 하는 시장유인적 규제수단이라고 할 수 있다.

이러한 과밀부담금제도는 수도권에 과밀이라는 외부불경제를 발생시켜 경제의 최적배분상태를 해치는 원인자인 건축주에게 일정한 부담금을 부과시켜 수도권과밀을 해소하고 자원의 바람직한 배분상태를 유도하는 경제적 기능을 수행할 뿐만 아니라, 건축물이 기반시설이 풍부한 수도권에 입지함으로 생기는 외부경제의 이익, 즉 지방과 수도권간의 사회적 편익차이를 사회정의의 관점에서 국가가 일부 환수하여 국민전체에 환원하는 사회적 기능도 수행한다.

2 과밀부담금의 운용 현황[31)]

(1) 과밀부담금의 부과 및 징수기관

담당기관	국토교통부	수도권정책과
부과기관	서울특별시	도시계획과
징수기관	서울특별시	도시계획과

(2) 과밀부담금 부과 · 징수 규모

① 연도별 부과 · 징수 규모

구 분	부과		징수	
	건수	금액(백만 원)	건수	금액(백만 원)
합계	2,007	3,237,701	1,253	2,388,714
2021	102	325,059	35	69,152
2020	57	90,716	21	132,567
2019	50	204,485	34	48,146
2018	70	63,512	45	79,910
2017	83	162,084	51	211,900

31) 기획재정부, 「2021년도 부담금운용 종합보고서」, pp.728~736. 참조

구 분	부과		징수	
	건수	금액(백만 원)	건수	금액(백만 원)
2016	85	78,557	44	147,571
2015	93	96,887	44	147,571
2014	134	141,254	66	99,549
2013	71	45,853	41	114,792
2012 이전	1,262	2,029,094	876	1,388,618

※ 과밀부담금은 건축허가일에 부과하고, 건축물의 사용승인일이 납부일로 납부기한 미도래에 따라 부과한 연도에 징수되지 않음(부과금액과 징수금액의 차이 발생)

② 징수기관별 부담금 징수규모

구 분	징수실적(백만 원)		비고
	2021년	2020년까지 누계	
서울시	69,152	2,319,562	

③ 과밀부담금 배분 구조

배분항목		배분비율	2021년 징수금액 (백만 원)	관련법령
합계		100%	69,152	
국가	균형발전특별회계	50%	34,576	법 §16, 국가균형발전특별법 §30 · §34
광역자치단체(서울)	균형발전특별회계	25%	17,288	법 §16, 서울시 지역균형발전 지원조례 §12
	도시재생특별회계 (도시재생기금)	25%	17,288	법 §16, 도시재생 활성화 및 지원에 관한 특별법 §28

Q2. 과밀부담금의 부과대상 건축물

❶ 과밀부담금 부과대상의 개요

과밀부담금은 부과대상 지역은 서울특별시에 한정된다(수도권정비계획령 §16 ①). 따라서 과밀부담금은 서울특별시 지역에서 건축하는 인구집중유발시설 중 일정 규모 이상의 ① 업무용 건축물, ② 판매용 건축물, ③ 복합 건축물, ④ 공공 청사 건축물에 부과되며, 여기에서 말하는 건축은 신축・증축 및 용도변경을 포함하는 개념이다(수도권정비계획법 §12 ①, 수도권정비계획령 §3 3호・4호 및 §16 ①).

건축물의 주용도가 판매용인 경우 15,000㎡, 업무용 및 복합용 25,000㎡ 이상인 경우와 주용도가 아닌 경우로서 판매용시설의 면적의 합계가 15,000㎡, 업무용 및 복합용시설의 면적의 합계가 25,000㎡ 이상인 건축물이 과밀부담금 부과대상이 된다(수도권정비계획령 §3 3호・4호 및 §16 ①).

부담금 부과대상 시설에 해당하는 건축물의 연면적 또는 시설의 면적을 산정할 때 대지가 연접하고 소유자(공공 청사는 사용자 포함)가 같은 건축물에 대하여는 각 건축물의 연면적 또는 시설의 면적을 합산하는 것에 유의할 필요가 있다(수도권정비계획령 §3 본문). 즉, 건축하는 업무용 등 건축물의 연면적이 기준면적 미만이라도 기존 업무용 등 건축물의 대지와 연접하고 소유자가 동일한 경우에는 건축물 연면적을 합산하여 과밀부담금을 산정하게 된다(국토부 수도권 58207-336, 1995. 11. 6. 참조).

❷ 업무용 건축물

업무용 건축물이란 ① 사무소 등 일반업무시설과 근린생활시설 등 아래의 업무용시설(가+나)이 주용도인 건축물로서 그 연면적[32)]이 25천㎡ 이상인 건축물 또는 ② 업무용시설이 주용도는 아니지만 업무용시설 면적의 합계가 25천㎡ 이상인 건축물을 말한다(수도권정비계획령 §3 3호).

32) 업무용시설 외 주차장 등 해당 부속시설의 면적을 포함하여 연면적 25천㎡ 이상 여부를 판단하고, 실제 부담금 산정시에는 주차장 면적은 제외함에 유의할 필요가 있다.

가. 「건축법 시행령」 별표 1 제10호 마목의 연구소 및 같은 표 제14호 나목의 일반업무시설
나. 「건축법 시행령」 별표 1 제3호의 제1종 근린생활시설, 같은 표 제4호의 제2종 근린생활시설, 같은 표 제5호의 문화 및 집회시설(같은 호 라목 및 마목의 시설만 해당한다) 및 같은 표 제18호의 창고시설. 다만, 각 시설의 면적이 가.에 따른 시설 면적의 합계보다 작은 경우만 해당한다.

위에서 주용도라 함은 해당 건축물의 업무용시설 면적의 합계가 「건축법 시행령」 [별표 1]의 분류에 따른 용도별 면적 중 가장 큰 경우를 말한다(수도권정비계획령 §3 4호). 또한 주차장면적과 기계·전기실 등 부속시설의 면적은 주용도 판정시 업무용시설, 판매용시설 등에 각각 포함시켜 주용도를 판정한다(국토부 수도권 58209-141, 1997. 6. 20. 참조).

(1) 연구소 및 일반업무시설

「건축법 시행령」 [별표 1] 제10호 마목의 연구소 및 같은 표 제14호 나목의 일반업무시설이 해당된다(수도권정비계획령 §3 4호 가목). 연구소는 연구소에 준하는 시험소와 계측계량소를 포함하며(건축법시행령 별표 1), 산업단지·과학연구단지·나노기술연구단지 등 단지에 건축하는 연구소에 대하여는 후술하는 바와 같이 과밀부담금이 면제된다(수도권정비계획령 §17 5호).

일반업무시설이라 함은 금융업소, 사무소, 결혼상담소 등 소개업소, 출판사, 신문사, 그 밖에 이와 비슷한 것으로서 제1종 근린생활시설 및 제2종 근린생활시설에 해당하지 않는 것과 오피스텔(업무를 주로 하며, 분양하거나 임대하는 구획 중 일부 구획에서 숙식을 할 수 있도록 한 건축물로서 국토교통부장관이 고시하는 기준에 적합한 것)의 요건을 갖춘 업무시설을 말한다(건축법시행령 [별표 1]).

(2) 근린생활시설과 문화·집회시설, 창고시설

「건축법 시행령」 [별표 1] 제3호의 제1종 근린생활시설, 같은 표 제4호의 제2종 근린생활시설, 같은 표 제5호의 문화 및 집회시설(전시장 및 동·식물원 시설만 해당) 및 같은 표 제18호의 창고시설. 다만, 각 시설의 면적이 위 (1)에 따른 시설 면적의 합계보다 작은 경우만 해당한다(수도권정비계획령 §3 4호 가목). 즉, 단서규정의 의미는 건축물의 주용도인 위 (1)의 일반업무시설에 부속용도의 근린생활시설 등으로 이해하면 된다.

> ① 제1종 근린생활시설 : 소매점, 목욕장, 의원 시설, 탁구장, 마을회관 등
> ② 제2종 근린생활시설 : 일반음식점, 공연장, 종교집회장, 독서실 등
> ③ 문화 및 집회시설(전시장 및 동·식물원 시설만 해당)
> ④ 창고시설 : 창고, 하역장, 물류터미널, 집배송 시설

3 판매용 건축물

판매용 건축물은 ①판매시설 등 다음의 해당하는 시설(가+나)이 주용도인 건축물로서 그 연면적이 15천㎡ 이상인 건축물 또는 ②판매용시설이 주용도가 아닌 건축물로서 그 판매용 시설 면적의 합계가 15천㎡ 이상인 건축물을 말한다. 여기에서 주용도란 해당 건축물의 판매용시설 면적의 합계가 용도별면적 중 가장 큰 경우를 말한다(수도권정비계획령 §3 4호 나목).

> 가. 「건축법 시행령」 별표 1 제7호의 판매시설 및 같은 표 제16호의 위락시설
> 나. 「건축법 시행령」 별표 1 제3호의 제1종 근린생활시설, 같은 표 제4호의 제2종 근린생활시설, 같은 표 제5호의 문화 및 집회시설, 같은 표 제13호의 운동시설 및 같은 표 제18호의 창고시설. 다만, 각 시설의 면적이 가)에 따른 시설 면적의 합계보다 작은 경우만 해당한다.

(1) 판매시설 및 위락시설

「건축법 시행령」 [별표 1] 제7호의 판매시설 및 같은 표 제16호의 위락시설이 이에 해당된다(수도권정비계획령 §3 4호 나목). 여기에서 판매시설이란 도매시장과 소매시장, 상점으로서 제1종 근린생활시설 또는 제2종 근린생활시설에 해당하지 아니하는 것 등을 말한다. 또한, 위락시설은 단란주점으로서 제2종 근린생활시설에 해당하지 아니하는 것과 유흥주점이나 그 밖에 이와 비슷한 것, 유원시설업의 시설, 무도장·무도학원, 카지노영업소 등을 말한다.

(2) 근린생활시설 및 문화·집회시설, 운동시설, 창고시설

「건축법 시행령」 [별표 1] 제3호의 제1종 근린생활시설, 같은 표 제4호의 제2종 근린생활시설, 같은 표 제5호의 문화 및 집회시설, 같은 표 제13호의 운동시설 및 같은 표 제18호의 창고시설. 다만, 각 시설의 면적이 위 (1)에 따른 시설 면적의 합계보다 작은 경우만 해당한다(수도권정비계획령 §3 4호 나목).

아울러 용도변경도 과밀부담금 부과대상인데, 전시시설, 운동시설 등을 판매시설 또는 업무시설로 전환하는 경우 수도권정비계획법시행령 제3조 제3호 규정에 의하여 판매시설 또는 업무시설면적보다 작아 부속되는 경우에는 같은 업무시설 또는 판매시설로서 동시행령 [별표 2] 제1호 다목 규정에 의하여 용도변경이 아니므로 과밀부담금 부과대상이 아니나, 전시시설, 운동시설등의 면적이 판매시설 또는 업무시설보다 큰 경우는 부속용도가 아니므로 용도변경에 해당하여 과밀부담금을 부과하게 된다(국토부 수도권 58209-219, 1997. 10. 6. 참조).

(3) 복합시설이 주용도가 아닌 건축물

복합시설이라 함은 업무용시설 및 판매용시설을 말하며, 복합시설(업무용시설 및 판매용시설)이 주용도가 아닌 건축물로서 복합시설의 면적의 합계가 15천㎡ 이상 25천㎡ 미만이고 판매용시설 면적이 업무용시설 면적보다 큰 건축물의 복합시설에 해당하는 부분도 판매용 건축물에 포함된다(수도권정비계획령 §3 4호 나목).

4 복합 건축물

복합시설(업무용시설 및 판매용시설)이 주용도인 건축물로서 그 연면적이 25천㎡ 이상인 건축물 또는 복합시설(업무용시설 및 판매용시설)이 주용도가 아닌 건축물로서 그 복합시설의 면적의 합계가 25천㎡ 이상인 건축물이 이에 해당한다(수도권정비계획령 §3 4호 다목).

5 공공청사

과밀부담금 과세대상이 되는 공공 청사란 중앙행정기관 등 다음의 청사로서 건축물의 연면적이 1천㎡ 이상인 것을 말한다. 다만, 도서관, 전시장, 공연장, 군사시설 중 군부대의 청사, 국가정보원 및 그 소속 기관의 청사는 제외된다(수도권정비계획령 §3 3호).

① 중앙행정기관 및 그 소속 기관의 청사
② 아래의 공공법인 사무소(연구소와 연수 시설 등 포함)
- 정부가 자본금의 100분의 50 이상을 출자한 법인 및 그 법인이 자본금의 100분의 50 이상을 출자한 법인
- 「국유재산법」에 따른 정부출자기업체
- 법률에 따른 정부 출연 대상 법인으로서 정부로부터 출연을 받거나 받은 법인

- 개별 법률에 따라 설립되는 법인으로서 주무부장관의 인가 또는 허가를 받지 아니하고 해당 법률에 따라 직접 설립된 법인

중앙행정기관과 그 소속 기관, 그리고 정부의 출자·출연기관 등이 그 대상이므로 지방자치단체와 그 소속 기관의 청사, 지방자치단체가 출자·출연한 기관 등의 공공법인 사무소는 공공청사에 해당되지 않음을 알 수 있다. 이에 따라 공공청사가 아닌 업무용 건축물 등에 해당될 수 있지만, 지방자치단체가 건축하는 건축물에는 부담금을 부과하지 아니하며(수도권정비계획령 §17 1호), 지방자치단체가 출자하거나 출연한 법인의 사무소로 사용되는 건축물에 대하여는 업무용 건축물 등에서 제외하도록 규정하고 있다(수도권정비계획령 §17 4호).

아울러 공공법인의 청사는 당해 공공법인의 사무소를 말하는 것이므로 과밀부담금 산정 시 전체면적은 민간임대용 등을 제외한 당해 공공법인의 사무소로 사용하고 있는 부분만의 면적이다[국토부 수도권 58207-1(2002. 1. 3.), 수도권 58209-266(1997. 11. 15.) 참조]. 또한 공공청사의 용도변경은 공공청사가 아닌 시설에서 공공청사로 용도를 변경하는 것으로 국한된다.

한편, 최근 과밀부담금 부과대상인 공공 청사의 범위에 서울대병원(암센터)이 포함되는 것인지에 대하여 쟁점이 있었는데, 대법원은 "서울대병원은 수도권정비계획법 시행령 제3조 3호 나목에서 정한 공공법인에 해당하며 서울대병원이 증축한 암센터는 서울대병원의 사무가 행해지는 장소이므로 해당 암센터는 공공법인의 사무소"라며 "따라서 암센터는 공공법인의 사무소로서 수도권정비계획법 제2조 3호의 공공 청사에 해당돼 같은 법 제12조에서 정한 과밀부담금 부과대상"이라고 판단한 바 있다(대법원 2022. 6. 16 선고 2019두32207 판결).

〈서울대병원 암센터 과밀부담금 쟁송 경과〉

① 서울대병원은 1977년 「서울대 병원 설치법」에 따라 설립된 법인으로, 2015년 서울 종로구청으로부터 암센터 증축 허가를 받아 이듬해 완공

② 감사원의 2016년 서울시 기관운영감사에서 "서울대병원 암센터 증축공사 때 발생한 과밀부담금을 부과할 것"을 요구하여 서울시는 7,000여만원의 과밀부담금 부과

③ 1,2,3심 모두 서울대병원은 공공법인에 해당하며 서울대병원이 증축한 암센터는 서울대병원의 사무가 행해지는 장소이므로 해당 암센터는 공공법인의 사무소이고, 암센터는 공공법인의 사무소로서 공공 청사에 해당되므로 과밀부담금 부과대상이라고 판결

6 과밀부담금의 부과제외대상 건축물

(1) 대학 · 공장 · 교육원 등 건축물

일정 규모 이상의 인구집중유발시설이라 하더라도 학교, 공장, 교육원, 직업훈련소 등 아래의 시설은 과밀부담금 부과대상 건축물로 보지 아니한다(수도권정비계획령 §3 1호 · 2호 · 5호).

> ① 「고등교육법」 제2조에 따른 학교로서 대학, 산업대학, 교육대학 또는 전문대학(이에 준하는 각종 학교를 각각 포함)
> ② 「산업집적활성화 및 공장설립에 관한 법률」 제2조 제1호에 따른 공장으로서 건축물의 연면적(제조시설로 사용되는 기계 또는 장치를 설치하기 위한 건축물 및 사업장의 각 층 바닥면적의 합계를 말한다)이 500제곱미터 이상인 것
> ③ 「건축법 시행령」 별표 1 제10호 나목의 교육원, 같은 호 다목의 직업훈련소 및 같은 표 제20호 사목의 운전 및 정비 관련 직업훈련소로서 건축물의 연면적이 3만제곱미터 이상인 연수 시설. 다만, 지방자치단체 또는 지방자치단체가 출자하거나 출연한 법인이 설치하는 시설은 제외한다.

(2) 지방자치단체의 출자 · 출연 법인의 사무소

지방자치단체가 출자하거나 출연한 법인의 사무소로 사용되는 건축물은 제외된다(수도권정비계획령 §3 4호). 따라서 지방자치단체의 출자 · 출연기관의 사무소로 사용되는 부분을 제외한 업무용 건축물과 판매용 건축물 등의 부분에 대하여는 별도의 감면대상에 해당되지 않는 한 과밀부담금 부과대상이 된다.

(3) 벤처기업집적시설과 국제회의시설

자연보전권역이 아닌 지역에 설치되는 「벤처기업육성에 관한 특별조치법」 제2조 제4항에 따른 벤처기업집적시설 및 「국제회의산업 육성에 관한 법률 시행령」 제3조에 따른 국제회의시설 중 전문회의시설도 제외된다(수도권정비계획령 §3 4호).

업무용 건축물 관련 건축법령 규정(수도권정비계획령 §3 4호 가목)

「건축법 시행령」 [별표 1]

3. 제1종 근린생활시설

가. 식품 · 잡화 · 의류 · 완구 · 서적 · 건축자재 · 의약품 · 의료기기 등 일용품을 판매하는 소매점으로서 같은 건축물(하나의 대지에 두 동 이상의 건축물이 있는 경우에는 이를 같은 건축물로 본다. 이하 같다)에 해당 용도로 쓰는 바닥면적의 합계가 1천제곱미터 미만인 것

나. 휴게음식점, 제과점 등 음료 · 차(茶) · 음식 · 빵 · 떡 · 과자 등을 조리하거나 제조하여 판매하는 시설(제4호 너목 또는 제17호에 해당하는 것은 제외한다)로서 같은 건축물에 해당 용도로 쓰는 바닥면적의 합계가 300제곱미터 미만인 것

다. 이용원, 미용원, 목욕장, 세탁소 등 사람의 위생관리나 의류 등을 세탁 · 수선하는 시설(세탁소의 경우 공장에 부설되는 것과 「대기환경보전법」, 「물환경보전법」 또는 「소음 · 진동관리법」에 따른 배출시설의 설치 허가 또는 신고의 대상인 것은 제외한다)

라. 의원, 치과의원, 한의원, 침술원, 접골원(接骨院), 조산원, 안마원, 산후조리원 등 주민의 진료 · 치료 등을 위한 시설

마. 탁구장, 체육도장으로서 같은 건축물에 해당 용도로 쓰는 바닥면적의 합계가 500제곱미터 미만인 것

바. 지역자치센터, 파출소, 지구대, 소방서, 우체국, 방송국, 보건소, 공공도서관, 건강보험공단 사무소 등 주민의 편의를 위하여 공공업무를 수행하는 시설로서 같은 건축물에 해당 용도로 쓰는 바닥면적의 합계가 1천 제곱미터 미만인 것

사. 마을회관, 마을공동작업소, 마을공동구판장, 공중화장실, 대피소, 지역아동센터(단독주택과 공동주택에 해당하는 것은 제외한다) 등 주민이 공동으로 이용하는 시설

아. 변전소, 도시가스배관시설, 통신용 시설(해당 용도로 쓰는 바닥면적의 합계가 1천제곱미터 미만인 것에 한정한다), 정수장, 양수장 등 주민의 생활에 필요한 에너지공급 · 통신서비스제공이나 급수 · 배수와 관련된 시설

자. 금융업소, 사무소, 부동산중개사무소, 결혼상담소 등 소개업소, 출판사 등 일반업무시설로서 같은 건축물에 해당 용도로 쓰는 바닥면적의 합계가 30제곱미터 미만인 것

차. 전기자동차 충전소(해당 용도로 쓰는 바닥면적의 합계가 1천제곱미터 미만인 것으로 한정한다)

4. 제2종 근린생활시설

가. 공연장(극장, 영화관, 연예장, 음악당, 서커스장, 비디오물감상실, 비디오물소극장, 그 밖에 이와 비슷한 것을 말한다. 이하 같다)으로서 같은 건축물에 해당 용도로

쓰는 바닥면적의 합계가 500제곱미터 미만인 것

나. 종교집회장[교회, 성당, 사찰, 기도원, 수도원, 수녀원, 제실(祭室), 사당, 그 밖에 이와 비슷한 것을 말한다. 이하 같다]으로서 같은 건축물에 해당 용도로 쓰는 바닥면적의 합계가 500제곱미터 미만인 것

다. 자동차영업소로서 같은 건축물에 해당 용도로 쓰는 바닥면적의 합계가 1천제곱미터 미만인 것

라. 서점(제1종 근린생활시설에 해당하지 않는 것)

마. 총포판매소

바. 사진관, 표구점

사. 청소년게임제공업소, 복합유통게임제공업소, 인터넷컴퓨터게임시설제공업소, 가상현실체험 제공업소, 그 밖에 이와 비슷한 게임 및 체험 관련 시설로서 같은 건축물에 해당 용도로 쓰는 바닥면적의 합계가 500제곱미터 미만인 것

아. 휴게음식점, 제과점 등 음료·차(茶)·음식·빵·떡·과자 등을 조리하거나 제조하여 판매하는 시설(너목 또는 제17호에 해당하는 것은 제외한다)로서 같은 건축물에 해당 용도로 쓰는 바닥면적의 합계가 300제곱미터 이상인 것

자. 일반음식점

차. 장의사, 동물병원, 동물미용실, 「동물보호법」 제32조 제1항 제6호에 따른 동물위탁관리업을 위한 시설, 그 밖에 이와 유사한 것

카. 학원(자동차학원·무도학원 및 정보통신기술을 활용하여 원격으로 교습하는 것은 제외한다), 교습소(자동차교습·무도교습 및 정보통신기술을 활용하여 원격으로 교습하는 것은 제외한다), 직업훈련소(운전·정비 관련 직업훈련소는 제외한다)로서 같은 건축물에 해당 용도로 쓰는 바닥면적의 합계가 500제곱미터 미만인 것

타. 독서실, 기원

파. 테니스장, 체력단련장, 에어로빅장, 볼링장, 당구장, 실내낚시터, 골프연습장, 놀이형시설(「관광진흥법」에 따른 기타유원시설업의 시설을 말한다. 이하 같다) 등 주민의 체육 활동을 위한 시설(제3호 마목의 시설은 제외한다)로서 같은 건축물에 해당 용도로 쓰는 바닥면적의 합계가 500제곱미터 미만인 것

하. 금융업소, 사무소, 부동산중개사무소, 결혼상담소 등 소개업소, 출판사 등 일반업무시설로서 같은 건축물에 해당 용도로 쓰는 바닥면적의 합계가 500제곱미터 미만인 것(제1종 근린생활시설에 해당하는 것은 제외한다)

거. 다중생활시설(「다중이용업소의 안전관리에 관한 특별법」에 따른 다중이용업 중 고시원업의 시설로서 국토교통부장관이 고시하는 기준과 그 기준에 위배되지 않는 범위에서 적정한 주거환경을 조성하기 위하여 건축조례로 정하는 실별 최소 면적, 창문의 설치 및 크기 등의 기준에 적합한 것을 말한다. 이하 같다)로서 같은 건축물에

해당 용도로 쓰는 바닥면적의 합계가 500제곱미터 미만인 것

너. 제조업소, 수리점 등 물품의 제조・가공・수리 등을 위한 시설로서 같은 건축물에 해당 용도로 쓰는 바닥면적의 합계가 500제곱미터 미만이고, 다음 요건 중 어느 하나에 해당하는 것

1) 「대기환경보전법」, 「물환경보전법」 또는 「소음・진동관리법」에 따른 배출시설의 설치 허가 또는 신고의 대상이 아닌 것

2) 「물환경보전법」 제33조 제1항 본문에 따라 폐수배출시설의 설치 허가를 받거나 신고해야 하는 시설로서 발생되는 폐수를 전량 위탁처리하는 것

더. 단란주점으로서 같은 건축물에 해당 용도로 쓰는 바닥면적의 합계가 150제곱미터 미만인 것

러. 안마시술소, 노래연습장

5. 문화 및 집회시설

라. 전시장(박물관, 미술관, 과학관, 문화관, 체험관, 기념관, 산업전시장, 박람회장, 그 밖에 이와 비슷한 것을 말한다)

마. 동・식물원(동물원, 식물원, 수족관, 그 밖에 이와 비슷한 것을 말한다)

10. 교육연구시설(제2종 근린생활시설에 해당하는 것은 제외한다)

마. 연구소(연구소에 준하는 시험소와 계측계량소를 포함한다)

14. 업무시설

나. 일반업무시설: 다음 요건을 갖춘 업무시설을 말한다.

1) 금융업소, 사무소, 결혼상담소 등 소개업소, 출판사, 신문사, 그 밖에 이와 비슷한 것으로서 제1종 근린생활시설 및 제2종 근린생활시설에 해당하지 않는 것

2) 오피스텔(업무를 주로 하며, 분양하거나 임대하는 구획 중 일부 구획에서 숙식을 할 수 있도록 한 건축물로서 국토교통부장관이 고시하는 기준에 적합한 것을 말한다)

18. 창고시설(위험물 저장 및 처리 시설 또는 그 부속용도에 해당하는 것은 제외한다)

가. 창고(물품저장시설로서 「물류정책기본법」에 따른 일반창고와 냉장 및 냉동 창고를 포함한다)

나. 하역장

다. 「물류시설의 개발 및 운영에 관한 법률」에 따른 물류터미널

라. 집배송 시설

판매용 건축물 관련 건축법령 규정(수도권정비계획령 §3 4호 나목)

「건축법 시행령」 [별표 1]

3. 제1종 근린생활시설
   가. 식품·잡화·의류·완구·서적·건축자재·의약품·의료기기 등 일용품을 판매하는 소매점으로서 같은 건축물(하나의 대지에 두 동 이상의 건축물이 있는 경우에는 이를 같은 건축물로 본다. 이하 같다)에 해당 용도로 쓰는 바닥면적의 합계가 1천 제곱미터 미만인 것
   나. 휴게음식점, 제과점 등 음료·차(茶)·음식·빵·떡·과자 등을 조리하거나 제조하여 판매하는 시설(제4호 너목 또는 제17호에 해당하는 것은 제외한다)로서 같은 건축물에 해당 용도로 쓰는 바닥면적의 합계가 300제곱미터 미만인 것
   다. 이용원, 미용원, 목욕장, 세탁소 등 사람의 위생관리나 의류 등을 세탁·수선하는 시설(세탁소의 경우 공장에 부설되는 것과 「대기환경보전법」, 「물환경보전법」 또는 「소음·진동관리법」에 따른 배출시설의 설치 허가 또는 신고의 대상인 것은 제외한다)
   라. 의원, 치과의원, 한의원, 침술원, 접골원(接骨院), 조산원, 안마원, 산후조리원 등 주민의 진료·치료 등을 위한 시설
   마. 탁구장, 체육도장으로서 같은 건축물에 해당 용도로 쓰는 바닥면적의 합계가 500제곱미터 미만인 것
   바. 지역자치센터, 파출소, 지구대, 소방서, 우체국, 방송국, 보건소, 공공도서관, 건강보험공단 사무소 등 주민의 편의를 위하여 공공업무를 수행하는 시설로서 같은 건축물에 해당 용도로 쓰는 바닥면적의 합계가 1천 제곱미터 미만인 것
   사. 마을회관, 마을공동작업소, 마을공동구판장, 공중화장실, 대피소, 지역아동센터(단독주택과 공동주택에 해당하는 것은 제외한다) 등 주민이 공동으로 이용하는 시설
   아. 변전소, 도시가스배관시설, 통신용 시설(해당 용도로 쓰는 바닥면적의 합계가 1천제곱미터 미만인 것에 한정한다), 정수장, 양수장 등 주민의 생활에 필요한 에너지공급·통신서비스제공이나 급수·배수와 관련된 시설
   자. 금융업소, 사무소, 부동산중개사무소, 결혼상담소 등 소개업소, 출판사 등 일반업무시설로서 같은 건축물에 해당 용도로 쓰는 바닥면적의 합계가 30제곱미터 미만인 것
   차. 전기자동차 충전소(해당 용도로 쓰는 바닥면적의 합계가 1천제곱미터 미만인 것으로 한정한다)

4. 제2종 근린생활시설
   가. 공연장(극장, 영화관, 연예장, 음악당, 서커스장, 비디오물감상실, 비디오물소극장,

그 밖에 이와 비슷한 것을 말한다. 이하 같다)으로서 같은 건축물에 해당 용도로 쓰는 바닥면적의 합계가 500제곱미터 미만인 것

나. 종교집회장[교회, 성당, 사찰, 기도원, 수도원, 수녀원, 제실(祭室), 사당, 그 밖에 이와 비슷한 것을 말한다. 이하 같다]으로서 같은 건축물에 해당 용도로 쓰는 바닥면적의 합계가 500제곱미터 미만인 것

다. 자동차영업소로서 같은 건축물에 해당 용도로 쓰는 바닥면적의 합계가 1천제곱미터 미만인 것

라. 서점(제1종 근린생활시설에 해당하지 않는 것)

마. 총포판매소

바. 사진관, 표구점

사. 청소년게임제공업소, 복합유통게임제공업소, 인터넷컴퓨터게임시설제공업소, 가상현실체험 제공업소, 그 밖에 이와 비슷한 게임 및 체험 관련 시설로서 같은 건축물에 해당 용도로 쓰는 바닥면적의 합계가 500제곱미터 미만인 것

아. 휴게음식점, 제과점 등 음료·차(茶)·음식·빵·떡·과자 등을 조리하거나 제조하여 판매하는 시설(너목 또는 제17호에 해당하는 것은 제외한다)로서 같은 건축물에 해당 용도로 쓰는 바닥면적의 합계가 300제곱미터 이상인 것

자. 일반음식점

차. 장의사, 동물병원, 동물미용실, 「동물보호법」 제32조 제1항 제6호에 따른 동물위탁관리업을 위한 시설, 그 밖에 이와 유사한 것

카. 학원(자동차학원·무도학원 및 정보통신기술을 활용하여 원격으로 교습하는 것은 제외한다), 교습소(자동차교습·무도교습 및 정보통신기술을 활용하여 원격으로 교습하는 것은 제외한다), 직업훈련소(운전·정비 관련 직업훈련소는 제외한다)로서 같은 건축물에 해당 용도로 쓰는 바닥면적의 합계가 500제곱미터 미만인 것

타. 독서실, 기원

파. 테니스장, 체력단련장, 에어로빅장, 볼링장, 당구장, 실내낚시터, 골프연습장, 놀이형시설(「관광진흥법」에 따른 기타유원시설업의 시설을 말한다. 이하 같다) 등 주민의 체육 활동을 위한 시설(제3호 마목의 시설은 제외한다)로서 같은 건축물에 해당 용도로 쓰는 바닥면적의 합계가 500제곱미터 미만인 것

하. 금융업소, 사무소, 부동산중개사무소, 결혼상담소 등 소개업소, 출판사 등 일반업무시설로서 같은 건축물에 해당 용도로 쓰는 바닥면적의 합계가 500제곱미터 미만인 것(제1종 근린생활시설에 해당하는 것은 제외한다)

거. 다중생활시설(「다중이용업소의 안전관리에 관한 특별법」에 따른 다중이용업 중 고시원업의 시설로서 국토교통부장관이 고시하는 기준과 그 기준에 위배되지 않는 범위에서 적정한 주거환경을 조성하기 위하여 건축조례로 정하는 실별 최소 면적, 창

문의 설치 및 크기 등의 기준에 적합한 것을 말한다. 이하 같다)로서 같은 건축물에 해당 용도로 쓰는 바닥면적의 합계가 500제곱미터 미만인 것

너. 제조업소, 수리점 등 물품의 제조·가공·수리 등을 위한 시설로서 같은 건축물에 해당 용도로 쓰는 바닥면적의 합계가 500제곱미터 미만이고, 다음 요건 중 어느 하나에 해당하는 것

1) 「대기환경보전법」, 「물환경보전법」 또는 「소음·진동관리법」에 따른 배출시설의 설치 허가 또는 신고의 대상이 아닌 것

2) 「물환경보전법」 제33조 제1항 본문에 따라 폐수배출시설의 설치 허가를 받거나 신고해야 하는 시설로서 발생되는 폐수를 전량 위탁처리하는 것

더. 단란주점으로서 같은 건축물에 해당 용도로 쓰는 바닥면적의 합계가 150제곱미터 미만인 것

러. 안마시술소, 노래연습장

5. 문화 및 집회시설

가. 공연장으로서 제2종 근린생활시설에 해당하지 아니하는 것

나. 집회장[예식장, 공회당, 회의장, 마권(馬券) 장외 발매소, 마권 전화투표소, 그 밖에 이와 비슷한 것을 말한다]으로서 제2종 근린생활시설에 해당하지 아니하는 것

다. 관람장(경마장, 경륜장, 경정장, 자동차 경기장, 그 밖에 이와 비슷한 것과 체육관 및 운동장으로서 관람석의 바닥면적의 합계가 1천 제곱미터 이상인 것을 말한다)

라. 전시장(박물관, 미술관, 과학관, 문화관, 체험관, 기념관, 산업전시장, 박람회장, 그 밖에 이와 비슷한 것을 말한다)

마. 동·식물원(동물원, 식물원, 수족관, 그 밖에 이와 비슷한 것을 말한다)

7. 판매시설

가. 도매시장(「농수산물유통 및 가격안정에 관한 법률」에 따른 농수산물도매시장, 농수산물공판장, 그 밖에 이와 비슷한 것을 말하며, 그 안에 있는 근린생활시설을 포함한다)

나. 소매시장(「유통산업발전법」 제2조 제3호에 따른 대규모 점포, 그 밖에 이와 비슷한 것을 말하며, 그 안에 있는 근린생활시설을 포함한다)

다. 상점(그 안에 있는 근린생활시설을 포함한다)으로서 다음의 요건 중 어느 하나에 해당하는 것

1) 제3호 가목에 해당하는 용도(서점은 제외한다)로서 제1종 근린생활시설에 해당하지 아니하는 것

2) 「게임산업진흥에 관한 법률」 제2조 제6호의 2 가목에 따른 청소년게임제공업의 시설, 같은 호 나목에 따른 일반게임제공업의 시설, 같은 조 제7호에 따른 인터넷컴퓨터게임시설제공업의 시설 및 같은 조 제8호에 따른 복합유통게임제공업

의 시설로서 제2종 근린생활시설에 해당하지 아니하는 것

13. 운동시설

가. 탁구장, 체육도장, 테니스장, 체력단련장, 에어로빅장, 볼링장, 당구장, 실내낚시터, 골프연습장, 놀이형시설, 그 밖에 이와 비슷한 것으로서 제1종 근린생활시설 및 제2종 근린생활시설에 해당하지 아니하는 것

나. 체육관으로서 관람석이 없거나 관람석의 바닥면적이 1천제곱미터 미만인 것

다. 운동장(육상장, 구기장, 볼링장, 수영장, 스케이트장, 롤러스케이트장, 승마장, 사격장, 궁도장, 골프장 등과 이에 딸린 건축물을 말한다)으로서 관람석이 없거나 관람석의 바닥면적이 1천 제곱미터 미만인 것

16. 위락시설

가. 단란주점으로서 제2종 근린생활시설에 해당하지 아니하는 것

나. 유흥주점이나 그 밖에 이와 비슷한 것

다. 「관광진흥법」에 따른 유원시설업의 시설, 그 밖에 이와 비슷한 시설(제2종 근린생활시설과 운동시설에 해당하는 것은 제외한다)

라. 삭제 〈2010. 2. 18.〉

마. 무도장, 무도학원

바. 카지노영업소

18. 창고시설(위험물 저장 및 처리 시설 또는 그 부속용도에 해당하는 것은 제외한다)

가. 창고(물품저장시설로서 「물류정책기본법」에 따른 일반창고와 냉장 및 냉동 창고를 포함한다)

나. 하역장

다. 「물류시설의 개발 및 운영에 관한 법률」에 따른 물류터미널

라. 집배송 시설

- **업무용 및 판매용 복합건축물로서 건축연면적이 30,000㎡이고, 업무용시설 및 판매용시설의 각각의 건축면적이 25,000㎡ 이하일 경우 부과대상인지?** (국토부 수도권 58209-283, 1997. 12. 5.)

  건축물의 주용도가 판매용 15,000㎡, 업무용 및 복합용 25,000㎡ 이상인 경우와 주용도가 아닌 경우로서 판매용시설의 면적의 합계가 15,000㎡, 업무용 및 복합용시설의 면적의 합계가 25,000㎡ 이상인 건축물은 인구집중유발시설에 해당된다.

- **주용도가 의료시설인 건축물의 경우에 의료기능을 지원하는데 필수시설인 원무과 등의 사무실과 그에 따른 창고·강당 등 부속시설의 용도는?** (수도권 58209-141, 1997. 6. 20.)

  과밀부담금 부과를 위한 건축물의 용도별 면적 산정시 건축법시행령 제2조 제14호의 규정에 의한 부속용도의 시설은 주용도시설에 포함된다.

- **공공법인이 운영하는 판매용시설의 부속시설로서 민간임대용 전시판매장을 설치하는 경우 수도권정비계획법상 공공청사에 해당 여부** (수도권 58209-266, 1997. 11. 15.)

  수도권정비계획법상 공공청사는 동법시행령 제3조의 규정에 의한 공공법인이 사용하는 사무소를 의미한다. 따라서 판매시설의 부속용도인 전시장이나 민간이 사용하는 업무시설의 경우는 공공청사로 볼 수 없으나, 건물 준공 후에 공공법인이 사용하는 경우에는 규제대상이다.

- **정부 출연 대상 법인의 공공청사 증축에 따른 과밀부담금 부과처분 적법성** (대법원 2019두32207, 2022. 6. 16.)

  ○○대학교병원 암센터는 「수도권정비계획법 시행령」 제3조 제3호 나목에서 정한 공공법인에 해당하고, 원고가 증축한 이 사건 암센터는 원고의 사무가 행하여지는 장소이므로, 이 사건 암센터는 공공법인의 사무소로서 「수도권정비계획법」 제12조 제1항에서 정한 과밀부담금 부과대상인 공공 청사에 해당된다고 해석하는 것이 타당하다. 수도권정비계획법과 그 시행령의 개정 연혁에서 공공 청사의 범위에 의료기관을 포함시키려는 입법 취지가 분명히 드러나는 상황에서 다른 법령의 규정을 우선시하여 입법취지와 달리 해석하기는 어렵고, 이러한 해석이 '공공 청사'의 통상적인 의미를 어느 정도 확장하는 결과가 된다 하더라도 합목적적 해석을 넘어 허용되지 않는 확장해석 내지 유추해석에 해당한다고 볼 정도는 아니다(서울고등법원 2018. 12. 19 선고 2018누51500 판결).

- **'판매용시설이 주용도가 아닌 건축물로서 그 판매용시설의 면적의 합계가 15,000㎡ 이상인 건축물'에 해당하는지 여부의 판단 방법** (대법원 2002. 4. 9 선고 2001두2843 판결)

  어떤 건축물이 구 수도권정비계획법시행령 제3조 제4호 (나)목 (1)항 소정의 '판매용시설이 주용도가 아닌 건축물로서 그 판매용시설의 면적의 합계가 15,000㎡ 이상인 건축물'에 해당하는지 여부는, 건축법시행령 제2조 제1항 제14호 소정의 부속용도에 관련된 시설의 면적을, 주차장에 관한 법령 등 관계 법령의 취지에 따라, 구 수도권정비계획법시행령 제3조 제4호 (나)목 (1)항에서 규정하고 있는 건축법시행령 [별표 1] 소정의 각 주된 용도에 관련된 시설에 안분한 후, 각 주된 용도에 관련된 시설의 면적에 그 각 안분면적을 합산한 다음, 판매용시설에 해당하는 시설(판매시설 · 위락시설과 그 밖에 근린생활시설 · 운동시설 · 관람집회시설 · 전시시설 · 창고시설로서 그 면적이 위의 판매시설 · 위락시설 면적의 합계보다 작은 시설)에 관련된 면적을 합산한 합계가 15,000㎡ 이상인지 여부에 따라 판단함이 상당하다.

- **공공법인의 사무소가 임대형 민자사업(BTL) 방식과 유사한 방식으로 증축되는 과정에서 사업시행자가 건축주로서 건축허가를 받은 경우, 과밀부담금의 부과대상이 되는 "건축물을 건축하려는 자"는 공공법인인지 아니면 사업시행자인지?** (법제처 16 - 0635, 2017. 2. 2.)

공공법인이 임대형 민자사업과 유사한 방식으로 사무소의 증축사업을 추진하면서 사업시행자가 건축주로서 건축허가를 받은 경우 해당 건축물이 준공되어 소유권이 공공법인에 이전되기 전까지는 건축주인 사업시행자가 그 건축물에 관한 법령상의 권리와 의무의 주체가 된다고 할 것이고, 「수도권정비계획법」 제15조에서는 관할 시 · 도지사가 건축물의 건축 허가일 또는 건축 신고일을 기준으로 과밀부담금을 산정하여 부과하고(제1항), 건축물의 사용승인일까지 과밀부담금을 납부하도록(제2항) 규정하고 있는 점에 비추어 볼 때, 과밀부담금은 인구집중유발시설의 건축 과정에서 부과되는 것으로서 준공 후 건축물의 소유관계에 따라 부과대상이 달라진다고 보기는 어려우므로 건축주인 사업시행자에게 과밀부담금을 부과하는 것이 타당하다고 할 것이다.

- **과밀부담금을 기 납부한 공공법인이 다른 건물로 이전시 재부과 여부** (국토부 수도권 58201 - 68, 2001. 3. 13.)

공공법인이 일반 업무용 건축물 등으로 이전시 용도변경이 계속적으로 발생하므로 과밀부담금을 부과하여야 함.

- **기존의 공공법인 소유이거나 공공청사로 사용중인 일부분을 매입 또는 임차한 경우에 용도변경에 해당하여 과밀부담금 부과대상인지?** (국토부 수도권 58207 - 268, 2001. 9. 15.)

공공청사의 용도변경은 수도권정비계획법시행령 별표 2 제3호 다목에 의거하여 공공청사가 아닌 시설에서 공공청사로 용도를 변경하는 것을 말하므로 소유 여부에 관계없이 공공청사로 사용중인 시설을 매입 또는 임차할 경우에는 공공청사의 용도변경에 해당하지 않는다.

- **지방자치단체가 출자한 법인이 건축한 건축물에 대한 부과 여부** (수도권정책과 - 1222, 2010. 7. 30.)

「수도권정비계획법」 제2조 및 동법 시행령 제3조에 따르면 지방자치단체가 출자하거나 출연한 법인이 사무소로 사용되는 건축물은 인구집중유발시설의 종류에서 제외하고 있으므로, 동일한 건축물에 법인의 사무소와 여러 다른 용도(업무용, 판매용, 복합용도)로 함께 사용될 경우 순수하게 법인의 사무소로 이용되는 부분은 제외하고 나머지 부분만 인구집중유발시설에 해당될 것이다.

따라서, 지방자치단체가 출자 또는 출연한 법인이 사무소로 이용하지 않는 인구집중유발시설을 건축(신축·증축·용도변경 등)할 경우 특별히 법령에 정한 감면조항이 없다면 과밀부담금 부과대상이 된다.

○ 체육시설 및 판매용시설, 상품시설로 구성된 복합건물 전체를 판매시설로 용도변경하는 경우 과밀부담금 부과대상인지? (수도권 58209-30, 1998. 2. 6.)

수도권정비계획법시행령 제3조 제4호 나목에 의거 건축물 중 판매시설과 위락시설의 면적합계보다 각각의 면적이 큰 운동시설, 전시시설을 판매시설로 용도변경하는 경우 또는 건축물연면적이 15천㎡ 이상으로서 용도변경으로 인하여 판매용시설이 주용도가 되는 경우에는 과밀부담금 부과대상이 된다.

○ 과밀부담금이 부과된 신축 건축물(연면적 26,000㎡)에 대하여 건축물사용승인전에 설계변경하여 일부면적(21,000㎡)이 벤처기업집적시설로 지정되었을 경우 (수도권 58201-87, 2001. 3. 23.)

벤처기업집적시설은 수도권정비계획법시행령 제3조 제4호의 규정에 의거하여 업무용건축물에서 제외되며, 동 시설을 제외한 잔여부분(5,000㎡)은 업무용건축물에 해당되지 않아 과밀부담금 부과대상이 아니므로 기 부과된 과밀부담금은 취소되어야 하며, 벤처기업집적시설로 지정되어 과밀부담금이 부과되지 않았던 건축물에 대하여 추후 시설지정이 취소되는 경우에는 동 시설부분을 다시 포함하여 업무용건축물 등에 적용하는 과밀부담금 산정방식에 따라 과밀부담금을 부과하여야 할 것이다.

○ 벤처기업집적시설로 지정을 받아 과밀부담금 부과대상에서 제외된 후 당해 건축물에 대한 소유권의 변경이 이루어진 상태에서 동 벤처기업집적시설에서 해제된 경우 당초 취소된 과밀부담금의 부과는? (수도권정비계획과-424, 2005. 4. 18.)

수도권정비계획법 제12조 제1항에 의거 건축물의 신축·증축 및 용도변경 등 건축물을 건축하고자 하는 자에게 과밀부담금을 납부하도록 하고 있고, 2003. 12. 12. 서울고등법원(사건 : 2003누2788)에서 벤처기업집적시설의 해제는 과밀부담금 부과대상이 되는 법 소정의 새로운 건축물의 신축이나 증축 또는 용도변경에 해당한다고 볼 수 없으므로 벤처기업집적시설의 해제에 따른 과밀부담금의 부과는 해제시점이 아닌 건축허가일을 기준으로 부과하여야 한다는 요지의 판결을 참고하시기 바란다.

○ 소프트웨어산업진흥법에서 지정받은 소프트웨어진흥시설이 벤처기업집적시설과 동일하게 과밀부담금을 면제받을 수 있는지 (수도권 58207-250, 2001. 8. 14.)

소프트웨어진흥시설은 소프트웨어진흥법 제5조에 의거하여 벤처기업육성에 관한 특별조치법 제18조의 규정에 의한 벤처기업집적시설로 지정된 것으로 보며, 벤처기업집적시설은 수도권정비계획법시행령 제3조 제4호에 의거하여 업무용건축물·판매용건축물·복합용건축물에서 제외됨. 따라서 소프트웨어진흥법 제5조에 의거하여 지정된 소프트웨어진흥시설도 업무용건축물등에서 제외된다.

- **기존 건축물에 무허가로 증축한 경우 증축분에 대하여 과밀부담금을 부과하는지?** (수도권정책과 - 1091, 2010. 6. 7.)

수도권정비계획법 제12조에서 업무용건축물 등을 건축하려는 자는 과밀부담금을 내도록 규정하고 있고 적법한 건축물일 것을 요구하고 있지 아니한 점, 수도권정비계획법이 건축법과는 제정목적 등을 달리하고 있는 점, 무허가 건축물일지라도 수도권에 과밀을 유도하는 것은 적법한 건축물과 다르지 않다는 점 등을 종합적으로 고려할 때 무허가 증축분에 대하여도 과밀부담금의 부과는 가능할 것으로 본다.

Q3. 과밀부담금의 납부의무자

❶ 과밀부담금의 납부의무자

서울특별시에서 인구유발집중시설 중 업무용 건축물, 판매용 건축물, 복합 건축물, 공공청사를 건축하고자 하는 자이다(수도권정비계획법 §12 ①).

여기에서 건축이란 신축·증축뿐 아니라 공공 청사가 아닌 시설을 공공 청사로 하는 용도변경과 업무용시설, 판매용시설 및 복합시설(업무용시설 등)이 아닌 시설에서 업무용시설 등으로 용도를 변경하는 것을 포함한다(수도권정비계획법 §12 ①).

공공법인이 공공청사가 아닌 일반기업 소유의 건물을 임차하여 1천㎡ 이상의 사무소로 사용할 경우 공공청사로의 용도변경에 해당하게 되어 과밀부담금 부과대상이며, 이 경우 과밀부담금의 납부자는 임차인인 공공법인이 된다(국토부 수도권 58201－14, 2003. 1. 15. 참조).

❷ 2차 납부의무자

과밀부담금을 내야 할 자가 조합인 경우에 그 조합이 해산하면 그 조합원이 부담금을 내야 한다(수도권정비계획법 §12 ②). 여기에서 말하는 조합이란 「도시 및 주거환경정비법」 제35조에 따른 정비사업조합이나 그 밖에 건축물의 건축을 위하여 관계 법률에 따라 구성된 조합을 말한다(수도권정비계획령 §16 ②).

❸ 납부의무 승계 등

과밀부담금 납부의무의 승계, 연대(連帶) 납부의무와 제2차 납부의무에 관하여는 「국세기본법」 제23조부터 제25조까지 및 같은 법 제38조부터 제41조까지의 규정을 준용한다(수도권정비계획법 §12 ③).

〈국세기본법〉

제23조(법인의 합병으로 인한 납세의무의 승계)
제24조(상속으로 인한 납세의무의 승계)
제25조(연대납세의무)
제38조(청산인 등의 제2차 납세의무)
제39조(출자자의 제2차 납세의무)
제40조(법인의 제2차 납세의무)
제41조(사업양수인의 제2차 납세의무)

Q4. 과밀부담금의 감면

① 공공법인 등에 대한 면제(100%)

국가 등에 대한 국세·지방세 비과세와 같이 국가나 지방자치단체가 건축하는 건축물에는 과밀부담금을 부과하지 아니한다(수도권정비계획법 §13 1호, 수도권정비계획령 §17 1호).

또한 건축물 중 수도권만을 관할하는 공공법인(지점 포함)의 사무소에 대하여는 과밀부담금을 부과하지 아니한다(수도권정비계획령 §17 4호). 이는 수도권만을 관할하여 수도권에 위치할 수밖에 없는 공공법인에 대하여는 과밀부담금을 부과하지 않도록 하기 위한 취지의 규정으로 보여진다.

감면대상 또는 감면사유	감면율	관련법령
① 국가나 지방자치단체가 건축하는 건축물	100%	수도권정비계획법 §13 1호 및 수도권정비계획령 §17 4호
② 수도권만을 관할하는 공공법인(지점 포함)의 사무소	100%	

한편 위 수도권만을 관할하는 공공법인(지점 포함)의 사무소에 대하여는 부담금을 부과하지 아니하는 바, 이에 공공법인인 서울대병원(암센터)이 포함되는지에 대하여 대법원은 "서울대병원의 정관에서 그 목적이나 사업의 범위를 수도권만을 관할하는 것으로 제한적으로 규정하고 있지 않을 뿐만 아니라 실제로도 서울대병원의 본원(서울)과 분원(성남)을 이용하는 환자도 전국에 걸쳐 있는 점, 수도권정비계획법상 인구집중유발시설의 개념 등을 종합적으로 고려할 때 서울대병원이 수도권만을 관할하는 공공법인에 해당된다고 보기는 어렵다"고 판단하였다(대법원 2022. 6. 16 선고 2019두32207 판결).

② 재개발사업 및 시장정비사업에 대한 경감(50%)

「도시 및 주거환경정비법」에 따른 재개발사업으로 건축하는 건축물에는 부담금의 100분의 50을 경감한다(수도권정비계획법 §13 및 수도권정비계획령 §17 2호).

재개발사업이란 정비기반시설이 열악하고 노후·불량건축물이 밀집한 지역에서 주거환경을 개선하거나 상업지역·공업지역 등에서 도시기능의 회복 및 상권활성화 등을 위하여 도시환경을 개선하기 위한 사업을 말한다(도시정비법 §2 2호 나목).

한편, 후술하는 「전통시장 및 상점가육성을 위한 특별법」에 의한 시장시장정비구역에서 시장정비사업으로 건축된 건축물에 대하여도 과밀부담금의 100분의 50을 경감한다(전통시장법 §57).

3 주차장 · 어린이집 · 연구소 등 용도별 면제대상(100%)

과밀부담금 부과대상으로 적합하지 아니한 주상복합건축물의 주택 면적과 건축물 중 주차장 면적은 부담금 산정대상 면적에서 공제 또는 제외한다(수도권정비계획법 §13 및 수도권정비계획령 §17 3호). 주차장 면적은 건축물 기준면적이나 신축·증축면적 또는 용도변경면적에서 공제하는 방식으로 면제한다(수도권정비계획령 [별표 2]).

또한, 국가나 지방자치단체에 기부채납되는 시설의 면적과 직장어린이집의 설치 확대를 위하여 「영유아보육법」에 따른 직장어린이집의 면적[33]을 공제 또는 제외한다(수도권정비계획령 §17 3호 및 [별표 2]).

산업단지 등에 건축하는 연구소 면적도 공제 또는 제외하는데, 이 경우 연구소는 「건축법 시행령」 [별표 1] 제10호 마목에 따른 연구소 중 아래에 해당하는 산업단지와 과학연구단지, 나노기술연구단지, 산업기술단지에 건축하는 연구소를 말한다(수도권정비계획령 §17 5호).

① 「산업입지 및 개발에 관한 법률」 제2조에 따른 산업단지 ② 「과학기술기본법」 제29조에 따른 과학연구단지 ③ 「나노기술과학촉진법」 제16조에 따른 나노기술연구단지 ④ 「산업기술단지 지원에 관한 특례법」 제2조에 따른 산업기술단지

「금융중심지의 조성과 발전에 관한 법률」 제2조에 따른 금융중심지에 건축하는 일반업무시설 중 금융업소의 면적도 공제 또는 제외하는 방식으로 부담금을 감면한다(수도권정비계획령 §17 6호).

아울러 건축물 중 부담금이 이미 부과된 시설을 용도변경하는 경우에는 부담금을 부과하지 아니한다(수도권정비계획령 §17 7호).

33) 수도권정비계획법 시행령 개정으로 2017. 7. 18. 이후 과밀부담금을 부과하는 경우부터 적용한다(수도권정비계획령 부칙 제2조).

이와 같이 주차장 · 어린이집 · 연구소 · 금융업소 등에 대한 과밀부담금 감면사항을 정리해 보면 다음과 같다.

감면대상 또는 감면사유	감면율	관련법령
① 주차장, 주택, 직장어린이집, 국가 등 기부채납시설 면적	100%	수도권정비계획령 §17
② 산업단지, 과학연구단지, 나노기술연구단지, 산업기술단지에 건축하는 연구소	100%	
③ 금융중심지에 건축하는 금융업소	100%	
④ 부담금이 부과된 시설의 용도변경을 하는 경우	100%	

④ 건축물 규모에 따른 부과율 차등적용

부담금 부과대상 건축물의 연면적 규모, 즉 업무용 건축물 25천㎡ 등 아래 기준면적을 초과하는 면적에 대하여는 높은 부과율(10%)을 적용하는 반면, 그 미만의 면적에 대하여는 낮은 부과율(5%)을 적용하는 방식으로 부담금을 감면한다(수도권정비계획령 §17 8호 및 [별표 2]).

> ① 업무용 건축물 : 25천㎡
> ② 판매용 건축물 : 15천㎡
> ③ 복합 건축물로서 판매용 시설의 면적이 용도별 면적 중 가장 큰 건축물 : 15천㎡
> ④ 위 ③ 외의 복합 건축물 : 25천㎡

예를 들어 업무용 건축물을 신축한 경우로서 주차장면적과 기초공제면적(5천㎡)의 합계면적이 기준면적(25천㎡)을 초과하는 경우에는 부과율 0.1을 일률적으로 적용하는 반면, 초과하지 아니하는 경우에는 기준면적 초과면적만 부과율 0.1을 적용할 뿐 기준면적 이하 부분에 대하여는 부과율 0.05를 적용하는 것이다(수도권정비계획령 [별표 2]).

⑤ 개별법에서 규정하고 있는 과밀부담금 감면

「수도권정비계획법」 외에 「도시재정비 촉진을 위한 특별법」 등 개별법에서 해당 과밀부담금을 감면하거나 감면할 수 있도록 아래와 같이 규정하고 있다.

감면대상 또는 감면사유	감면율	근거법률
① 재정비촉진계획에 따라 건축하는 건축물	100%	도시재정비 촉진을 위한 특별법 §23
② 도매시장의 시설현대화 사업으로 건축하는 건축물	100%	농수산물유통 및 가격안정에 관한 법률 §42의 3
③ 농업협동조합 및 중앙회, 농협경제지주회사 · 농협금융지주회사 · 농협은행 · 농협생명보험 · 농협손해보험의 재산	100%	농업협동조합법 §8
④ 수산업협동조합 및 중앙회, 수협은행의 재산	100%	수산업협동조합법 §8
⑤ 산림조합, 중앙회의 재산	100%	산림조합법 §8
⑥ 시장정비구역에서 시장정비사업으로 건축된 건축물	50%	전통시장 및 상점가육성을 위한 특별법 §57
⑦ 물류단지의 원활한 개발 및 입주기업체 유치	임의	물류시설의 개발 및 운영에 관한 특별법 §58
⑧ 복합환승센터 개발 및 복합환승센터 입주업체 유치	임의	국가통합교통체계효율화법 §68
⑨ 사업시행자가 민간투자사업을 시행할 때	임의	사회기반시설에 대한 민간투자법 §56

수도권정비계획법상의 과밀부담금의 산정에 있어 공제되어야 할 주차장의 면적(=주차장 전체의 면적) (대법원 2001. 12. 24. 선고 2000두2037 판결)

과밀부담금과 같이 국민에게 부담을 주는 제도에 대한 법령의 해석에 있어서는 법의 근거 없이 행정편의적인 확장해석이나 유추적용을 하는 것은 허용되지 않는다 할 것인바, 수도권정비계획법 제13조 제3호, 같은법시행령 제17조 제3호 및 [별표 2] 등이 주차장의 면적을 공제하라고 규정하고 있을 뿐이고, 주차장의 면적 중에서 이른바 실주차장의 면적만을 가려내어 이를 공제할 것을 규정하고 있지 아니한 이상 과밀부담금의 산정에 있어 공제되어야 할 주차장의 면적은 주차장 전체의 면적을 뜻한다.

과밀부담금 감면대상인 주차장의 범위 (국토부 수도권 58207－341, 2001. 12. 4.)

과밀부담금 면제대상인 주차장의 범위와 관련하여 그간 수도권 과밀억제정책의 보다 엄격한 적용을 위하여 주차장부대시설(관리실, 기계실 등)을 제외한 실주차장 면적에 대해서만 부담금을 면제토록 하였으나,

주차장 면적 중에서 실주차장의 면적만을 공제하도록 규정하고 있지 않은 이상 전체주차장 면적에 대해 과밀부담금을 감면해야 한다는 대법원 판결(2001. 10. 30)의 취지에 따라, 과밀부담금 부과시 전체주차장 면적에 대하여 부담금을 면제하도록 지침을 통보한 바 있다.

Q5. 과밀부담금의 산정기준

❶ 과밀부담금의 산정개요

과밀부담금은 건축연면적에 표준건축비와 부과율을 곱해 산정하는 구조이다. 여기에서 건축비는 국토교통부장관이 고시하는 표준건축비를 말하며, 부과율은 건축비의 100분의 10으로 하되, 지역별 여건 등을 고려하여 대통령령으로 정하는 바에 따라 건축비의 100분의 5까지 조정(調整)할 수 있다(수도권정비계획법 §14 ①, 수도권정비계획령 §18 및 [별표 2]).

구 분			산 정 방 식
일반 건축물	신축	(주차장+기초공제면적)≤기준면적 • 기초공제면적: 5천㎡	(기준면적－주차장면적－기초공제면적)×단위면적당건축비×0.05 ＋ 기준면적초과면적×단위면적당건축비×0.1
		(주차장+기초공제면적)〉기준면적 • 기초공제면적: 5천㎡	(신축면적－주차장면적－기초공제면적)×단위면적당건축비×0.1
	증축	(기존면적+주차장)〈기준면적 • 기존면적〈기초면적 ⇒ 기존면적 대신 기초공제면적을 적용	(기준면적－기존면적－증축면적 중 주차장면적)×단위면적당건축비×0.05 ＋ 전체면적 중 기준면적초과면적×단위면적당건축비×0.1
		(기존면적+주차장)〉기준면적 • 기존면적〈기초면적 ⇒ 기존면적 대신 기초공제면적을 적용	(전체면적－기존면적－증축면적 중 주차장면적)×단위면적당건축비×0.1
		기존면적〉기준면적	(전체면적－기존면적－증축면적 중 주차장면적)×단위면적당건축비×0.1
공공 청사	신축	• 기초공제면적: 1천㎡	(신축면적－주차장면적－기초공제면적)×단위면적당건축비×0.1
	증축	• 기존면적〈기초공제면적 ⇒ 기준면적 대신 기초공제면적을 적용	(전체면적－기존면적－증축면적 중 주차장면적)×단위면적당건축비×0.1

국토교통부장관이 매년 고시하는 단위면적당 건축비는 아래와 같으며, 표준건축비 적용시점은 당해 건축물의 신·증축 또는 용도변경 허가시점을 기준으로 한다(수도권정비계획법 §15 ①).

► 과밀부담금 부과를 위한 2023년도 표준건축비

「수도권정비계획법」 제14조 규정에 따라 과밀부담금 부과를 위해 산정한 2023년도 표준건축비를 다음과 같이 고시합니다.

2023년 12월 일

국토교통부장관

□ 2023년도 표준건축비 : 2,257,000원/㎡

► 과밀부담금 부과를 위한 2022년도 표준건축비 [시행 2022. 1. 1.] [국토교통부고시 제2021-1455호, 2021. 12. 30., 폐지제정] 국토교통부(수도권정책과), 044-201-3661

□ 2022년도 표준건축비 : 2,130,000원/㎡

연 도	표준건축비(원/㎡)	근 거
2023	2,257,000	국토교통부고시 제2022-808호(2022. 12. 21.)
2022	2,130,000	국토교통부고시 제2021-1455호(2021. 12. 30.)
2021	2,048,000	국토교통부고시 제2020-1051호(2020. 12. 29.)
2020	2,000,000	국토교통부고시 제2019-802호(2019. 12. 20.)
2019	1,923,000	국토교통부고시 제2018-882호(2018. 12. 27.)
2018	1,859,000	국토교통부고시 제2017-898호(2017. 12. 28.)
2017	1,812,000	국토교통부고시 제2016-942호(2016. 12. 23.)
2016	1,762,000	국토교통부고시 제2015-1013호(2015. 12. 28.)
2015	1,715,000	국토교통부고시 제2014-880호(2014. 12. 29.)
2014	1,693,000	국토해양부고시 제2013-824호(2013. 12. 24.)
2013	1,664,000	국토해양부고시 제2012-974호(2012. 12. 31.)
2012	1,630,000	국토해양부고시 제2011-838호(2011. 12. 29.)
2011	1,627,000	국토해양부고시 제2010-985호(2010. 12. 24.)

2 업무용 건축물 등의 과밀부담금 산정방식

(1) 신축의 경우 - 건축물(업무용 · 판매용 · 복합 주용도)

주용도가 업무용 건축물, 판매용 건축물 또는 복합 건축물의 신축인 경우에 다음과 같이 부담금을 산정한다. 주용도란 해당 건축물의 업무용시설등 면적의 합계가 용도별면적 중 가장 큰 경우를 말하며, 증축 또는 용도변경의 경우에는 증축 또는 용도변경으로 업무용 시설 등이 주용도가 되는 경우를 포함한다(수도권정비계획령 [별표 2]).

① 주차장면적과 기초공제면적의 합계면적이 기준면적을 초과하지 아니하는 경우

부담금=(기준면적－주차장면적－기초공제면적) × 단위면적당 건축비 × 0.05 + 기준면적 초과면적 × 단위면적당 건축비 × 0.1

- 기초공제면적 : 5천㎡
- 기준면적 : 건축물별 부과기준면적

가. 업무용 건축물 : 25천㎡
나. 판매용 건축물 : 15천㎡
다. 복합 건축물로서 판매용 시설의 면적이 용도별 면적 중 가장 큰 건축물 : 15천㎡
라. 위 다목 외의 복합 건축물 : 25천㎡

② 주차장면적과 기초공제면적의 합계면적이 기준면적을 초과하는 경우

부담금=(신축면적 – 주차장면적 – 기초공제면적) × 단위면적당 건축비 × 0.1

(예시) 과밀부담금 산정사례

[사례 1] 건축물 신축 : 판매용 40,000㎡ + 주차장 9,000㎡ = 연면적 49,000㎡
⇒ 부담금 = [(15,000 – 9,000 – 5,000) × 2,130,000원/㎡ × 5%] + [25,000 × 2,130,000원 × 10%] = 5,431,500,000원

[사례 2] 건축물 신축 : 판매용 60,000㎡ + 주차장 12,000㎡ = 연면적 72,000㎡
⇒ 부담금 = (72,000 – 12,000 – 5,000) × 2,130,000원 × 10%
= 11,715,000,000원

(2) 증축의 경우 - 건축물(업무용 · 판매용 · 복합 주용도)

주용도가 업무용 건축물 판매용 건축물 또는 복합 건축물의 증축인 경우에 다음과 같이 부담금을 산정한다(수도권정비계획령 [별표 2] 1호 나목).

① 기존면적이 기준면적을 초과하지 아니한 경우로서 기존면적과 (증축면적 중) 주차장면적의 합계면적이 기준면적을 초과하지 아니하는 경우

부담금=(기준면적-기존면적-증축면적 중 주차장면적)×단위면적당 건축비×0.05 + 전체면적 중 기준면적 초과면적×단위면적당 건축비×0.1

• 기존면적이 기초공제면적보다 작은 경우에는 기존면적 대신 기초공제면적을 적용

② 기존면적이 기준면적을 초과하지 아니한 경우로서 기존면적과 (증축면적 중) 주차장면적의 합계면적이 기준면적을 초과하는 경우

부담금=(전체면적-기존면적-증축면적 중 주차장면적)×단위면적당 건축비×0.1

• 기존면적이 기초공제면적보다 작은 경우에는 기존면적 대신 기초공제면적을 적용

③ 기존면적이 기준면적을 초과하는 경우

부담금=(전체면적-기존면적-증축면적 중 주차장면적)×단위면적당 건축비×0.1

(3) 용도변경의 경우 – 건축물(업무용 · 판매용 · 복합 주용도)

용도변경하는 경우의 부담금 산정은 증축의 경우를 준용한다. 이 경우 "기존면적" 대신 "전체면적 - 용도변경면적"을 적용하며, "증축면적 중 주차장면적" 대신 "용도변경면적 중 주차장면적"을 적용한다(수도권정비계획령 [별표 2] 1호 다목).

판매용시설 등이 아닌 시설에서 판매용시설 등으로 용도를 변경하는 경우에 대한 과밀부담금 산정은 용도변경 허가시점을 기준으로 하여 증축의 경우를 준용하며, 이미 과밀부담금이 부과된 시설의 경우에는 재부과하지 않는다.

(4) 업무용시설 등이 주용도가 아닌 건축물의 경우

업무용시설 등이 주용도가 아닌 업무용 건축물, 판매용 건축물 또는 복합 건축물을 신축, 증축 또는 용도변경하는 경우의 부담금은 업무용시설등의 면적(업무용시설등에 딸린 주차장면적을 포함한 면적)만을 건축물의 면적으로 보고 일반건축물에 대한 산식을 준용하여 산정한다(수도권정비계획령 [별표 2] 2호).

3 공공청사의 과밀부담금 산정방식

수도권정비계획령 제3조 제3호의 공공청사로서 건축물의 연면적이 1천㎡ 이상인 경우에는 다음과 같이 부담금을 산정한다(수도권정비계획령 [별표 2] 3호). 여기에서 공공청사라 함은 중앙행정기관 및 그 소속 기관의 청사, 정부출자법인 등 공공법인의 사무소를 말하며, 도서관, 전시장, 공연장, 군사시설 중 군부대의 청사, 국가정보원 및 그 소속 기관의 청사는 제외한다(수도권정비계획령 §3 3호).

(1) 신축의 경우

부담금=(신축면적−주차장면적−기초공제면적)×단위면적당 건축비×0.1

- 기초공제면적 : 1천㎡

(2) 증축의 경우

부담금=(전체면적−기존면적−증축면적 중 주차장면적)×단위면적당 건축비 ×0.1

- 기존면적이 기초공제면적보다 작은 경우에는 기존면적 대신 기초공제면적을 적용

(3) 용도변경의 경우

용도변경하는 경우의 부담금 산정은 증축의 경우를 준용한다. 이 경우 "기존면적" 대신 "전체면적−용도변경면적"을 적용하며, "증축면적 중 주차장면적" 대신 "용도변경면적 중 주차장면적"을 적용한다(수도권정비계획령 [별표 2] 3호).

4 산정방식 특례사항

(1) 신축 후 증축·용도변경으로 기준면적을 초과하는 경우

건축물의 신축 당시에는 면적 등이 부담금 부과기준에 미달하여 부담금을 부과하지 아니하였으나 그 후 증축 또는 용도변경으로 부과기준을 초과하여 부과대상이 되는 경우에는 건물 전체를 신축으로 보아 과밀부담금을 부과한다. 즉, 대통령령 제14234호 수도권정비계

획법시행령 개정령의 시행일인 1994년 4월 30일 이후 신축하여 증축 또는 용도변경하는 것으로서 업무용 건축물, 판매용 건축물 또는 복합 건축물이 되는 건물의 경우에는 증축 또는 용도변경을 건축물 전체를 신축하는 것에 준하는 것으로 보아 부담금을 산정하며, 이 중 이미 부담금이 부과된 면적이 있는 경우에는 부과된 면적을 제외한 면적에 대하여 산정한다(수도권정비계획령 [별표 2] 1호 라목).

(주차장+기초공제면적)≦기준면적 • 기초공제면적: 5천㎡	(기준면적－주차장면적－기초공제면적)×단위면적당건축비×0.05 + 기준면적초과면적×단위면적당건축비×0.1
(주차장+기초공제면적)〉기준면적 • 기초공제면적: 5천㎡	(신축면적－주차장면적－기초공제면적)×단위면적당건축비×0.1

(2) 주택 · 직장어린이집 등의 면적은 제외

주상복합건축물, 직장어린이집, 국가나 지방자치단체에 기부채납하는 시설 및 수도권정비계획령 제17조 제5호 또는 제6호에 따른 연구소 또는 금융업소가 포함된 건축물에 대한 부담금은 주택면적, 직장어린이집면적, 기부채납시설면적이나 연구소 또는 금융업소의 면적을 제외한 면적(산정대상면적)에 대하여 산정한다. 이 경우 산정대상면적이 기준면적보다 작은 경우에는 기준면적 대신 산정대상면적을 적용하여 산정한다(수도권정비계획령 [별표 2] 1호 마목).

(3) 공공 청사에 대한 특례

공공 청사 신축 당시 건축물의 연면적이 1천㎡ 미만으로 부담금 부과대상이 아니였지만 그 후 증축 · 용도변경으로 부과기준에 해당하게 된 경우에는 신축에 준하는 것으로 보아 부담금을 부과한다.

즉, 대통령령 제14234호 수도권정비계획법시행령개정령의 시행일인 1994년 4월 30일 이후 신축하여 증축 또는 용도변경하는 것으로서 공공 청사가 되는 건물의 경우에는 증축 또는 용도변경을 건축물 전체를 신축하는 것에 준하는 것으로 보아 부담금을 산정하며, 이 중 이미 부담금이 부과된 면적이 있는 경우에는 부과된 면적을 제외한 면적에 대하여 산정한다(수도권정비계획령 [별표 2] 3호 라목).

한편 공공 청사와 공공 청사가 아닌 시설이 포함된 건축물에 대한 부담금은 공공 청사에 해당하는 면적(국가나 지방자치단체에 기부채납하는 시설의 면적은 제외)에 대하여 산정한다(수도권정비계획령 [별표 2] 3호 마목).

○ 건축주를 달리하는 집합적 건축물에 대한 과밀부담금의 부과 여부 (대법원 2002. 4. 9 선고 2001두2843 판결)

아시아유럽정상회의(asem)를 준비하기 위하여 수인의 건축주가 컨벤션센타 · 아셈(asem) 회관 · 업무시설동 · 호텔 등을 증 · 개축하기로 한 후 하나의 건축허가신청서에 공동으로 신청하여 건축허가를 받은 경우, 위 건축물들의 규모 · 용도 및 형태 등에 비추어 하나의 건축물이라고는 볼 수 없고, 각 건축주들이 각자의 비용과 노력을 들여 해당 건축물을 증 · 개축한 것으로서 그 소유자를 달리하고 있다는 이유로, 과밀부담금 부과 여부나 그 금액은 각 건축주가 건축주로서 건축허가를 받아 건축하고자 한 건축물만을 기준으로 결정하여야 한다.

○ 공공법인의 "사무소"에 해당하는 공공 청사에 대해 과밀부담금을 부과할 때 부과대상 면적은? (법제처 2017. 1. 6.)

「수도권정비계획법 시행령」 제3조 제3호 나목에 따른 공공법인의 사무소에 해당하는 공공 청사에 대해 과밀부담금을 부과할 때 그 부과대상 면적은 해당 공공법인 시설의 전체 면적이다.

○ 공동주택 주용도로 판매용시설과 업무용시설의 합이 25,000㎡ 이상인 건축물(판매용시설〉업무용시설)의 과밀부담금 산정시 기준면적은? (국토부 수도권 58210-228, 2003. 11. 18.)

업무용시설 및 판매용시설이 주용도가 아닌 건축물로서 그 업무용시설 및 판매용시설의 면적의 합계가 25,000㎡ 이상인 건축물로서 부과대상면적 중 판매용시설의 면적이 용도별 면적 중에서 가장 큰 경우에 해당하여 기준면적은 15,000㎡이다.

○ 신축면적과 기준면적초과면적의 개념 (국민신문고, 2007. 8. 24.)

가. 수도권정비계획법시행령 별표 2(과밀부담금 산정방식) 제1호 가목의 산정방식은 다음과 같으며, 동호 마목에 의하면 주상복합건축물 또는 국가 · 지방자치단체에 기부채납하는 시설이 포함된 건축물에 대한 부담금은 주택면적 또는 기부채납시설면적을 제외한 면적(산정대상면적)에 대하여 산정하도록 되어 있다.

(1) 주차장면적과 기초공제면적의 합계면적이 기준면적을 초과하지 아니하는 경우
부담금=(기준면적－주차장면적－기초공제면적)×단위면적당 건축비×0.05＋기준면적초과면적×단위면적당 건축비×0.1

(2) 주차장면적과 기초공제면적의 합계면적이 기준면적을 초과하는 경우
부담금=(신축면적－주차장면적－기초공제면적)×단위면적당 건축비×0.1

나. 위 산정방식의 (1)에서 "기준면적초과면적"은 과밀부담금 부과대상건축물의 연면적 중 산정대상면적에서 기준면적을 뺀 면적을 의미하고, (2)에서 "신축면적"은

위 산정대상면적을 의미한다고 본다. 이 경우 과밀부담금 부과대상건축물의 연면적은 건축법령상의 연면적을 의미함을 말한다.

◦ 연접 건축물의 표준건축비 적용시점 (국토부 수도권정책팀 – 1812, 2006. 12. 27.)

과밀부담금 부과대상건축물의 연면적을 산정함에 있어 대지가 연접하고 소유자가 동일한 건축물에 대하여는 각 건축물의 연면적을 합산하도록 되어 있고,
"A건축물"과 연접 합산 규정이 적용되어 "A건축물"의 연면적을 합산하여 부과대상건축물에 해당 하는 경우에는 각 건축물을 하나의 부과대상건축물로 보아 부담금을 산정하여 부과하여야 하며, 부담금 산정은 "B건축물" 허가 당시 고시된 표준건축비를 기준으로 하여야 한다.

◦ 부담금 부과대상이 아닌 건축물이 증축으로 건축물 전체가 부과대상이 되는 경우 표준건축비 적용 시점은? (수도권계획과 – 307, 2005. 3. 22.)

수도권정비계획법시행령 제18조 별표 2 제1호 라목의 규정에 의거 대통령령 제14234호 수도권정비계획법시행령개정령 시행(1994. 4. 30.) 후 신축하여 증축 · 용도변경하는 것으로서 업무용건축물 · 판매용건축물 · 복합용건축물이 되는 경우에는 증축 · 용도변경을 건축물 전체를 신축하는 것에 준하는 것으로 보아 부담금을 산정하도록 하고 있으므로 귀 질의와 같이 증축으로 업무용건축물이 된 경우에는 증축을 위한 건축허가일을 기준으로 표준건축비를 적용하여야 할 것이다.

◦ 기존건축물의 일부를 철거하고 기존시설과 같은 용도로 증축하는 경우 철거면적이 기존건축물의 연면적에 포함되는지? (수도권정책과 – 207, 2017. 2. 8.)

공공청사의 증축에 따른 과밀부담금 산정방식은 「수도권정비계획법 시행령」 제18조 별표 2 제3호 나목*에 따라 처리하여야 하며,
*(전체면적 – 기존면적 – 증축면적 중 주차장면적)×단위면적당 건축비×0.1
기존 건축물의 일부분을 철거하고 동시에 증축할 경우에는 철거된 건축면적을 기존면적에 포함시켜 전체면적에서 공제한 후 건축물 전체의 연면적 증가분에 대해서만 과밀부담금을 부과하여야 한다.

수도권정비계획법 시행령 [별표 2] 〈개정 2017. 6. 20.〉

부담금의 산정방식(제18조 관련)

1. 업무용시설등이 주용도(해당 건축물의 업무용시설등 면적의 합계가 용도별면적 중 가장 큰 경우를 말한다. 이하 같다)인 업무용 건축물, 판매용 건축물 또는 복합 건축물의 경우(증축 또는 용도변경의 경우에는 증축 또는 용도변경으로 업무용시설등이 주용도가 되는 경우를 포함한다)

   가. 신축의 경우

   1) 주차장면적과 기초공제면적의 합계면적이 기준면적(제17조 제8호 각 목의 구분에 따른 면적을 말한다. 이하 같다)을 초과하지 아니하는 경우

   부담금=(기준면적－주차장면적－기초공제면적)×단위면적당 건축비×0.05
   +기준면적 초과면적×단위면적당 건축비×0.1

   * 기초공제면적은 5천제곱미터로 한다. 이하 이 호에서 같다

   2) 주차장면적과 기초공제면적의 합계면적이 기준면적을 초과하는 경우

   부담금=(신축면적－주차장면적－기초공제면적)×단위면적당 건축비×0.1

   나. 증축의 경우

   1) 기존 건축물의 면적(이하 "기존면적"이라 한다)이 기준면적을 초과하지 아니하는 경우

   가) 기존면적과 증축면적 중 주차장면적의 합계면적이 기준면적을 초과하지 아니하는 경우

   부담금=(기준면적－기존면적－증축면적 중 주차장면적)×단위면적당 건축비×0.05+전체면적 중 기준면적 초과면적×단위면적당 건축비×0.1

   * 기존면적이 기초공제면적보다 작은 경우에는 기존면적 대신 기초공제면적을 적용한다.

   나) 기존면적과 증축면적 중 주차장면적의 합계면적이 기준면적을 초과하는 경우

   부담금=(전체면적－기존면적－증축면적 중 주차장면적)×단위면적당 건축비×0.1

   * 기존면적이 기초공제면적보다 작은 경우에는 기존면적 대신 기초공제면적을 적용한다.

   2) 기존면적이 기준면적을 초과하는 경우

   부담금=(전체면적－기존면적－증축면적 중 주차장면적)×단위면적당 건축비×0.1

다. 용도변경하는 경우의 부담금 산정은 증축의 경우를 준용한다. 이 경우 "기존면적" 대신 "전체면적－용도변경면적"을 적용하며, "증축면적 중 주차장면적" 대신 "용도변경면적 중 주차장면적"을 적용한다.

라. 대통령령 제14234호 수도권정비계획법시행령 개정령의 시행일인 1994년 4월 30일 이후 신축하여 증축 또는 용도변경하는 것으로서 업무용 건축물, 판매용 건축물 또는 복합 건축물이 되는 건물의 경우에는 증축 또는 용도변경을 건축물 전체를 신축하는 것에 준하는 것으로 보아 가목의 산정방식에 따라 부담금을 산정하며, 이 중 이미 부담금이 부과된 면적이 있는 경우에는 부과된 면적을 제외한 면적에 대하여 산정한다.

마. 주상복합건축물, 직장어린이집, 국가나 지방자치단체에 기부채납하는 시설 및 제17조 제5호 또는 제6호에 따른 연구소 또는 금융업소가 포함된 건축물에 대한 부담금은 주택면적, 직장어린이집면적, 기부채납시설면적이나 연구소 또는 금융업소의 면적을 제외한 면적(이하 "산정대상면적"이라 한다)에 대하여 산정한다. 이 경우 산정대상면적이 가목 1)의 기준면적보다 작은 경우에는 기준면적 대신 산정대상면적을 적용하여 산정한다.

2. 업무용시설등이 주용도가 아닌 업무용 건축물, 판매용 건축물 또는 복합 건축물을 신축, 증축 또는 용도변경하는 경우의 부담금은 업무용시설등의 면적(업무용시설등에 딸린 주차장면적을 포함한 면적을 말한다)만을 건축물의 면적으로 보고 제1호 가목부터 마목까지의 식을 준용하여 산정한다.

3. 제3조 제3호의 공공 청사의 경우

가. 신축의 경우

부담금＝(신축면적－주차장면적－기초공제면적)×단위면적당 건축비×0.1

기초공제면적은 1천제곱미터로 한다. 이하 이 호에서 같다.

나. 증축의 경우

부담금＝(전체면적－기존면적－증축면적 중 주차장면적)×단위면적당 건축비 ×0.1

* 기존면적이 기초공제면적보다 작은 경우에는 기존면적 대신 기초공제면적을 적용한다.

다. 용도변경하는 경우의 부담금 산정은 증축의 경우를 준용한다. 이 경우 "기존면적" 대신 "전체면적－용도변경면적"을 적용하며, "증축면적 중 주차장면적" 대신 "용도변경면적 중 주차장면적"을 적용한다.

라. 대통령령 제14234호 수도권정비계획법시행령 개정령의 시행일인 1994년 4월 30일 이후 신축하여 증축 또는 용도변경하는 것으로서 공공 청사가 되는 건물의 경우에는 증축 또는 용도변경을 건축물 전체를 신축하는 것에 준하는 것으로 보아 가목의 산정방식에 따라 부담금을 산정하며, 이 중 이미 부담금이 부과된 면적이 있는 경우

에는 부과된 면적을 제외한 면적에 대하여 산정한다.

마. 공공 청사와 공공 청사가 아닌 시설이 포함된 건축물에 대한 부담금은 공공 청사에 해당하는 면적(국가나 지방자치단체에 기부채납하는 시설의 면적은 제외한다)에 대하여 산정한다.

4. 제1호부터 제3호까지의 규정에서 단위면적당 건축비는 제곱미터당 표준건축비로서 국토교통부장관이 매년 고시하는 것을 말한다.

Q6. 과밀부담금의 부과 · 징수 및 환급

1 과밀부담금 부과기준일 및 납부기한

과밀부담금은 부과대상 건축물이 속한 지역을 관할하는 시 · 도지사가 부과 · 징수한다(수도권정비계획법 §15 ①). 과밀부담금 부과는 서울지역에 국한되므로 부과권자는 서울특별시장이 된다(수도권정비계획령 §16 ①).

과밀부담금은 부과대상 건축물이 속한 지역을 관할하는 시 · 도지사(서울특별시장)가 부과 · 징수하되, 건축물의 건축 허가일, 건축 신고일 또는 용도변경일을 기준으로 산정하여 부과한다(수도권정비계획법 §15 ①). 즉, 과밀부담금의 부과기준일은 건축물의 건축허가일 · 신고일 또는 용도변경일이 된다.

부과권자가 과밀부담금을 부과 · 징수하려면 납부 대상, 납부 금액, 납부 기한 및 납부 장소 등을 적은 납부 고지서를 건축 허가일, 건축 신고일 또는 용도변경일에 납부의무자에게 발급하여야 한다(수도권정비계획령 §19 ①). 또한 건축 허가사항 또는 건축 신고사항의 변경이나 용도변경에 따라 건축물의 연면적이 변경되거나 그 밖에 부담금 금액의 변동 사유가 발생한 경우에는 납부 고지서를 다시 발급하여야 한다(수도권정비계획령 §19 ②).

과밀부담금의 납부 기한은 건축물의 사용승인일이고, 임시 사용승인을 받은 경우에는 임시 사용승인일이다. 만약 사용승인이 필요 없는 경우에는 부과일부터 6개월로 한다(수도권정비계획법 §15 ②).

구 분	내 용	관련법령
부과기준일	건축허가일 · 신고일 또는 용도변경일	수도권정비계획법 §15 ①
납부기한	건축물 사용승인일(임시 사용승인일) *사용승인이 필요없는 경우 부과일부터 6개월	수도권정비계획법 §15 ②

과밀부담금 부과권은 지방재정법 제82조에 의거 권리의 시효에 관하여 다른 법률에 특별한 규정이 있는 경우를 제외하고는 5년간 행사하지 아니하면 소멸시효가 완성한다.

2 과밀부담금의 납부방법

과밀부담금은 「지방행정제재 · 부과금의 징수 등에 관한 법률」 제21조에 따른 지방세외수입 수납대행기관(수납대행기관)을 통하여 신용카드, 직불카드 등으로 납부할 수 있다(수도권정비계획령 §19의 2 ①). 지방세외수입 수납대행기관이란 「지방회계법 시행령」 제49조 제1항 및 제2항에 따라 지방자치단체 금고업무의 일부를 대행하는 금융회사 등을 말한다.

신용카드 등으로 과밀부담금을 납부하는 경우에는 수납대행기관의 승인일을 납부일로 보며, 그 외 부담금의 납부방법에 관하여 필요한 사항은 「지방행정제재 · 부과금의 징수 등에 관한 법률」 제21조 제3항 및 제4항을 준용하도록 하고 있다(수도권정비계획령 §19의 2 ② ③).

한편 지방세외수입은 지방자치단체의 금고 또는 지방세외수입수납대행기관에서 수납하여야 하며, 징수공무원은 이를 수납할 수 없다. 다만, 지방자치단체의 조례로 정하는 금액 이하의 소액이나 수납대행기관이 없는 섬 · 외딴곳 등의 경우에는 징수공무원이 지방세외수입을 수납할 수 있다(지방행정제재 · 부과금의 징수 등에 관한 법률 시행령 §18).

3 과밀부담금 체납액 독촉 및 강제징수

서울특별시장은 납부의무자가 부담금을 납부 기한까지 내지 아니하면 납부 기한이 지난 후 10일 이내에 독촉장을 발부하여야 하며, 이 경우의 납부 기한은 독촉장 발부일부터 10일로 한다(수도권정비계획법 §15 ③).

또한 납부의무자가 납부 기한까지 부담금을 내지 아니하면 「국세징수법」 제21조를 준용하여 가산금을 징수한다(수도권정비계획법 §15 ④). 가산금은 첫 달에 3%, 그 후 매월 0.75%를 최대 60개월간 징수한다[34].

34) 국세징수법 개정으로 가산금이 폐지되었지만 동 부칙에 별도 적용 규정이 있다.

부　　칙 〈법률 제17758호, 2020. 12. 29.〉

제15조(가산금 폐지에 관한 특례) 2019년 12월 31일까지 납세의무가 성립된 분에 대해서는 이 법에도 불구하고 종전의 「국세징수법」(법률 제16098호로 개정되기 전의 것을 말한다. 이하 부칙 제17조부터 제19조까지에서 같다) 제21조를 적용한다. 다만, 같은 조 제2항 본문에 따라 2019년 1월 1일 이후 가산하여 징수하는 가산금을 계산할 때는 같은 본문 중 "1천분의 12"를 "1만분의 75"로 본다.

제18조(가산금 폐지에 따른 다른 법령과의 관계에 관한 경과조치) 2020년 1월 1일 이후에도 다른 법령에서 가산금에 관하여 「국세징수법」 제21조를 인용하고 있는 경우에는 종전의 「국세징수법」 제21조를 인용한 것으로 보되, 같은 조 제2항 본문 중 "1천분의 12"를 "1만분의 75"로 본다.

납부의무자가 독촉장을 받고도 지정된 기한까지 부담금과 가산금을 내지 아니하면 「지방행정제재 · 부과금의 징수 등에 관한 법률」에 따라 징수할 수 있다(수도권정비계획법 §15 ⑤).

체납자가 독촉장을 받고 지정된 기한까지 과밀부담금과 가산금을 완납하지 아니한 경우에는 체납자의 재산을 압류하며, 재산을 압류하였을 때에는 그 사실을 체납자에게 문서로 알려 주어야 한다(지방행정제재부과금법 §9).

4 과오납된 과밀부담금의 환급

과오납(過誤納)된 과밀부담금 · 가산금 및 체납처분비의 처리에 관하여는 「지방세기본법」을 준용한다(수도권정비계획법 §15 ⑥).

과밀부담금 부과권자는 납부의무자가 납부한 부담금 중 과오납한 금액이 있거나 환급하여야 할 환급액(환급액에서 공제하여야 할 금액이 있을 때에는 공제한 후 남은 금액을 말한다)이 있을 때에는 즉시 그 오납액, 초과납부액 또는 환급세액을 과밀부담금 환급금으로 결정하여야 한다(지방세기본법 §60 ① 준용).

결정한 환급금과 환급가산금을 미납된 징수금에 충당하고 남은 금액이 생겼거나 충당할 것이 없어서 이를 환급하여야 할 경우에는 지체 없이 지급금액, 지급이유, 지급절차, 지급장소, 그 밖에 필요한 사항을 권리자에게 통지하여야 한다. 환급가산금의 이자율은 시중은행의 1년 만기 정기예금 평균 수신금리를 고려하여 기획재정부령으로 정하는 이자율로서 2022년말 현재 연 1천분의 12로 규정되어 있다(지방세기본법 §62 준용).

◦ 공동사업자에 대한 과밀부담금 납부고지서에 연대납부의무자별 과밀부담금을 특정하여 기재하지 않았다고 하여 그 납부고지가 위법한지 여부 (대법원 2005. 9. 28 선고 2003두13168 판결)

하나의 복합건축물로 허가받아 공동으로 비용을 부담하여 건축한 건물을 구분 소유하기로 한 공동사업자가 다른 공동사업자와 연대하여 건물 전체에 대한 과밀부담금을 납부할 의무가 있고, 위 공동사업자에 대한 과밀부담금 납부고지서에 연대납부의무자별 과밀부담금을 특정하여 기재하지 않았다고 하여 그 납부고지가 위법하다고 할 수 없다.

◦ 사전통지하지 않은 과밀부담금 부과처분은 위법 (서울행정법원 2002. 9. 4 선고 2002구합9834 판결)

과밀부담금부과처분을 함에 있어서는 행정절차법 제21조 제1항, 제22조 제3항에서 정한 사전통지 및 의견제출의 기회부여 절차를 거쳐야 하므로, 이 사건 부과처분은 같은 법 제21조 제4항 제3호, 제22조 제4항, 같은 법 시행령 제13조 제5호에 해당하여 사전통지를 하거나 의견제출의 기회를 부여하지 않아도 되는 경우라는 피고의 위 주장은 이유 없다.
결국, 행정절차법이 정한 사전통지 및 의견제출의 기회부여 절차를 거치지 아니한 이 사건 부과처분은 원고의 나머지 주장에 관하여 더 나아가 살펴볼 필요 없이 위법하여 그 전부의 취소를 면할 수 없다.

◦ 과밀부담금 부과처분이 '그 처분의 성질상 의견청취가 명백히 불필요하다고 인정될 만한 상당한 이유가 있는 경우'에 해당한다고 볼 수 있는지 여부 (서울행정법원 2005. 2. 2 선고 2004구합19484 판결)

행정절차법의 목적과 사전통지 및 의견제출의 기회부여절차를 두게 된 취지에 비추어 보면, 사전통지 및 의견제출의 기회부여절차는 엄격하게 지켜져야 할 것이므로 그 예외사유가 되는 행정절차법 제21조 제4항 제3호의 '당해 처분의 성질상 의견청취가 현저히 곤란하다거나 명백히 불필요하다고 인정될 만한 상당한 이유'도 엄격하게 해석하여야 하고, 수도권정비계획법령에서 정하고 있는 과밀부담금의 부과대상, 부과절차 등에 비추어 볼 때, 과밀부담금 부과처분은 다수의 사람에게 대량으로 행하여지는 처분이 아닐 뿐만 아니라, 그 처분을 함에 있어 사전통지 및 의견제출의 기회부여를 한다고 하더라도 행정청의 능률을 저해한다고 볼 수 없고, 수도권정비계획법상의 과밀부담금은 그 부과대상이 되는 인구집중유발시설 중 일정한 건축물에 해당하는지 여부 등 그 산정에 다툼의 여지가 많을 것으로 보이므로 부과관청으로서도 부과처분을 하기 이전에 부과대상자의 의견을 들어 자기시정의 기회를 가질 수 있을 뿐만 아니라, 부과대상자 역시 사전에 부과처분의 내용을 알고 의견을 제출하는 절차를 거치거나 이에 승복함으로써 장차 부과처분이 있은 이후 분쟁이 발생할 소지를 없앨 수 있으므로 과밀부담금 부과처분은 '그 처분의 성질상 의견청취가 명백히 불필요하다고 인정될 만한 상당한 이유가 있는 경우'에 해당한다고 볼 수 없다.

하나의 건축 허가 건의 부담금 부과기준 (국토부 수도권 58201 – 182, 2002. 9. 5.)

한 건으로 건축허가된 건축물이라 하더라도 서로 다른 건축주가 별개의 독립한 건축물을 건축할 경우에는 각 건축주별로 과밀부담금을 부과하여야 한다(대법원 판결 : 2002. 4. 9.)

설계변경시 과밀부담금 산정 (수도권정책팀 – 615, 2006. 5. 25.)

수도권정비계획법 제15조에 따라 과밀부담금은 건축허가일을 기준으로 산정하도록 하고 있고, 건축물 연면적 변경 등 부담금의 금액변동사유가 발생한 경우에는 납부고지서를 재발부하도록 하고 있다.

따라서, 당초 건축허가 이후 건축물의 연면적이 증가한 경우에는 증가되는 면적에 대하여 변경허가일을 기준으로 부담금을 추가 산정하고, 건축물의 연면적이 감소된 경우에는 감소된 면적을 제외한 면적에 대하여 당초 건축허가일을 기준으로 표준건축비를 적용하여 과밀부담금을 산정하여야 할 것이다.

Q7. 과밀부담금의 이의신청 및 징수금 관리

 과밀부담금의 이의신청

과밀부담금의 부과 · 징수에 이의가 있을 경우 「공익사업을 위한 토지 등의 취득 및 보상에 관한 법률」에 따른 중앙토지수용위원회에 행정심판을 청구할 수 있다. 이 행정심판청구에 대하여는 「행정심판법」 제6조에도 불구하고 중앙토지수용위원회가 심리 · 의결하여 재결(裁決)한다(수도권정비계획법 §17 ① ②).

중앙토지수용위원회는 위원장 1명을 포함한 20명 이내의 위원으로 구성하며, 위원장은 국토교통부장관이 된다. 중앙토지수용위원회의 상임위원은 국토교통부장관의 제청으로 대통령이 임명하고, 비상임위원은 토지 수용에 관한 학식과 경험이 풍부한 사람 중에서 국토교통부장관이 위촉한다(토지보상법 §52).

 과밀부담금의 납입 · 배분 및 사후관리

(1) 과밀부담금의 납입 및 배분

시 · 도지사는 징수된 부담금 중 「국가균형발전 특별법」에 따른 국가균형발전특별회계로 귀속되는 금액을 수납한 날부터 2일 이내에 한국은행(국고대리점을 포함한다) 또는 체신관서에 납입하여야 한다(수도권정비계획령 §20). 징수된 과밀부담금의 100분의 50은 「국가균형발전 특별법」에 따른 국가균형발전특별회계에 귀속하고, 100분의 50은 부담금을 징수한 건축물이 있는 시 · 도에 귀속한다(수도권정비계획법 §16).

(2) 사후관리

시 · 도지사는 부담금의 부과 및 징수대장을 작성 · 관리하고, 부과 및 징수 실적에 대한 자료를 월별로 다음 달 10일까지 국토교통부장관에게 제출하여야 한다(수도권정비계획령 §19 ③).

또한 부담금을 부과하는 서울특별시 · 광역시 및 도 관할 구역의 시장 · 군수 또는 구청장(자치구의 구청장을 말한다)은 부담금을 부과하는 대상 건축물에 대한 허가사항이나 신고사항 등 부담금 부과에 필요한 자료를 시 · 도지사에게 제출하여야 한다(수도권정비계획령 §19 ④).

Q8. 과밀부담금 납부자 교통유발부담금 면제 혜택

❶ 과밀부담금 납부 시설물은 교통유발부담금 3년간 면제

과밀부담금이 납부된 신축·증축 등 시설물의 소유자로서 1개 이상의 교통량감축활동계획을 신고한 후 그 계획을 이행한 경우에는 아래와 같이 최대 3년까지 교통유발부담금을 부과하지 아니한다(도시교통정비촉진법 시행령 §17 ②).

> ① 신축된 건축물 : 사용승인일(임시사용승인일 제외)부터 3년 면제
> ② 증축된 건축물 : 증축된 부분의 사용승인일부터 3년 면제. 단, 증축으로 인하여 최초로 과밀부담금 부과대상 시설물이 된 경우만 해당
> ③ 용도변경된 시설물 : 그 용도변경된 부분의 용도변경일(사용승인이 필요한 경우에는 그 용도변경된 부분의 사용승인일)부터 3년 면제. 단, 용도변경으로 인하여 최초로 과밀부담금 부과대상 시설물이 된 경우만 해당

❷ 교통유발부담금이란?

"교통유발부담금(交通誘發負擔金)"이란 교통혼잡을 완화하기 위하여 원인자 부담의 원칙에 따라 혼잡을 유발하는 시설물에 부과하는 경제적 부담을 말한다(도시교통정비촉진법 §2 8호). 즉, 교통유발부담금은 「도시교통정비법」에 의거해 대중교통개선사업의 재원을 확보하고 교통량 감축을 유도할 목적으로 대형판매시설 등 교통 혼잡을 유발하는 시설물을 소유한 자에게 매년 부과되는 부담금이다. 교통유발의 원인자에게 경제적 부담금을 부과함과 아울러 시설물 소유자가 교통량 감축 프로그램에 참여하여 교통량을 감축하는 경우에는 교통유발부담금을 경감해 준다.

교통유발부담금 부과대상은 도시교통정비지역(인구 10만 명 이상의 도시)의 시설물로 해당 시설물의 각 층 바닥면적을 합한 면적이 1천제곱미터 이상인 시설물이며, 주택단지 내 시설물은 3천제곱미터 이상의 시설물이 그 대상이다(도시교통정비촉진법 §36 및 동법 시행령 §16).

| 교통유발부담금 부과 개요 |

부과대상	납부의무자	부담금(산출식)
인구 10만 명 이상의 도시 내 시설물 중 각 층 바닥면적의 합이 1,000㎡ 이상인 것	시설물 소유자	시설물 각 층 바닥면적합계×단위부담금×교통유발계수

교통유발부담금은 각 층 바닥면적의 합계에 단위부담금과 교통유발계수를 곱하여 산정하는데, 단위부담금은 3천㎡ 이하는 700원, 3천㎡ 초과 3만㎡ 이하는 1,400원, 3만㎡ 초과는 2,000원으로 책정되어 있다(서울시 교통유발부담금 경감 등에 관한 조례 §4).

교통유발부담금이 매년 시설물 소유자에게 부과된다는 점에서 재산세와 유사한 부분이 있다고 할 수 있다. 교통유발부담금의 부과기준일은 매년 7. 31.이고, 부과기간은 전년도 8. 1.~해당연도 7. 31.이다. 교통유발부담금의 납부기간은 10. 16.~31.으로 사무위임에 따라 시·군·구에서 매년 부과·징수한다(도시교통정비촉진법 시행령 §21).

주차장 및 차고, 새마을사업을 위한 마을공동시설물, 정당법에 따라 설립된 정당의 소유에 속하는 시설물, 종교시설, 유아교육법, 초·중등교육법, 고등교육법 또는 특별법에 따라 설립된 각급 학교의 교육용 시설물(대학부속병원 제외), 사회복지사업법에 따른 사회복지시설 및 대한적십자사조직법에 따른 대한적십자사의 소유에 속하는 시설물 등은 부담금이 면제된다(도시교통정비촉진법 시행령 §17 ①). 또한 교통량 감축계획을 이행하는 시설물에 대하여는 감축활동별로 교통유발부담금의 경감률을 적용한 감면혜택이 주어진다(도시교통정비촉진법 시행령 §24).

교통유발부담금은 2021년 기준으로 전국 302,651건, 4,819억 원이 부과되었으며, 서울시가 총 2,345억 원을 부과하여 그 비중이 가장 높다.

《교통유발부담금 산정(예시)》

[예시(1)] 시설물의 각 층 바닥면적의 합이 40,000㎡, 소유자는 '갑', 시설물을 하나의 용도로 사용할 경우 2020년도 부담금 산정 방법

부담금 = [(3,000㎡×700원) + (27,000㎡×1,400원) + (10,000㎡×2,000원)] × 교통유발계수

[예시(2)] 시설물의 각 층 바닥면적의 합이 40,000㎡, 소유자는 갑(3만㎡), 을(7천㎡), 병(3천㎡)일 경우 2020년도 부담금 산정 방법

※ 시설물의 면적구분 기준이 '시설물의 각 층 바닥면적의 합'에서 차지하는 비율(소수점 세자리 미만은 버린다)

- 3천㎡ 이하(7.5%) ⇒ 3,000㎡ ÷ 40,000㎡ = 0.075
- 3천㎡ 초과~3만㎡ 이하(67.5%) ⇒ 27,000㎡ ÷ 40,000㎡ = 0.675
- 3만㎡ 초과(25%) ⇒ 10,000㎡ ÷ 40,000㎡ = 0.25

• 소유자별 부담금 산정

① 갑의 부담금
(30,000㎡ × 7.5% × 700원 × 유발계수) + (30,000㎡ × 67.5% × 1,400원 ×유발계수)
+ (30,000㎡ × 25% × 2,000원 × 유발계수)

② 을의 부담금
(7,000㎡ × 7.5% × 700원 × 유발계수) + (7,000㎡ × 67.5% ×1,400원 × 유발계수)
+ (7,000㎡ × 25% × 2,000원 × 유발계수)

③ 병의 부담금
(3,000㎡ × 7.5% × 700원 × 유발계수) + (3,000㎡ × 67.5% × 1,400원 × 유발계수)
+ (3,000㎡ × 25% × 2,000원 × 유발계수)

[예시(3)] 예시(2) 시설물의 갑의 소유지분 3만㎡ 중 '2만㎡는 유발계수 A', '1만㎡는 유발계수 B'일 경우 2020년도 부담금 산정 방법

• 갑의 부담금 = [(20,000㎡ × 7.5% × 700원 × 유발계수A) + (10,000㎡ × 7.5% × 700원 × 유발계수B)] + [(20,000㎡ × 67.5% × 1,400원 × 유발계수A) + (10,000㎡ × 67.5% × 1,400원 × 유발계수B)] + [(20,000㎡ × 25% ×2,000원 × 유발계수A) + (10,000㎡ × 25% × 2,000원 × 유발계수B)]

Q9. 과밀부담금 관련 「수도권정비계획법 · 시행령」

수도권정비계획법 〔시행 2020. 6. 11., 2019. 12. 10. 일부개정〕	수도권정비계획법 시행령 〔시행 2022. 2. 18., 2022. 2. 17. 타법개정〕
제1조(목적) 이 법은 수도권(首都圈) 정비에 관한 종합적인 계획의 수립과 시행에 필요한 사항을 정함으로써 수도권에 과도하게 집중된 인구와 산업을 적정하게 배치하도록 유도하여 수도권을 질서 있게 정비하고 균형 있게 발전시키는 것을 목적으로 한다.	**제1조(목적)** 이 영은 「수도권정비계획법」에서 위임된 사항과 그 시행에 필요한 사항을 정함을 목적으로 한다.
제2조(정의) 이 법에서 사용하는 용어의 뜻은 다음과 같다. 1. "수도권"이란 서울특별시와 대통령령으로 정하는 그 주변 지역을 말한다. 3. "인구집중유발시설"이란 학교, 공장, 공공청사, 업무용 건축물, 판매용 건축물, 연수시설, 그 밖에 인구 집중을 유발하는 시설로서 대통령령으로 정하는 종류 및 규모 이상의 시설을 말한다.	**제2조(수도권에 포함되는 서울특별시 주변 지역의 범위)** 「수도권정비계획법」(이하 "법"이라 한다) 제2조 제1호에서 "대통령령으로 정하는 그 주변 지역"이란 인천광역시와 경기도를 말한다. **제3조(인구집중유발시설의 종류 등)** 법 제2조 제3호에 따른 인구집중유발시설은 다음 각 호의 어느 하나에 해당하는 시설을 말한다. 이 경우 제3호부터 제5호까지의 시설에 해당하는 건축물의 연면적 또는 시설의 면적을 산정할 때 대지가 연접하고 소유자(제3호의 공공 청사인 경우에는 사용자를 포함한다)가 같은 건축물에 대하여는 각 건축물의 연면적 또는 시설의 면적을 합산한다. 1. 「고등교육법」 제2조에 따른 학교로서 대학, 산업대학, 교육대학 또는 전문대학(이에 준하는 각종학교를 각각 포함한다. 이하 같다) 2. 「산업집적활성화 및 공장설립에 관한 법률」 제2조 제1호에 따른 공장으로서 건축물의 연면적(제조시설로 사용되는 기계 또는 장치를 설치하기 위한 건축물 및 사업장의 각 층 바닥면적의 합계를 말한다)이 500제곱미터 이상인 것 3. 다음 각 목의 어느 하나에 해당하는 공공청사(도서관, 전시장, 공연장, 군사시설 중

수도권정비계획법 〔시행 2020. 6. 11., 2019. 12. 10. 일부개정〕	수도권정비계획법 시행령 〔시행 2022. 2. 18., 2022. 2. 17. 타법개정〕
	군부대의 청사, 국가정보원 및 그 소속 기관의 청사는 제외한다. 이하 같다)로서 건축물의 연면적이 1천제곱미터 이상인 것 가. 중앙행정기관 및 그 소속 기관의 청사 나. 다음에 해당하는 법인(이하 "공공법인"이라 한다)의 사무소(연구소와 연수 시설 등을 포함한다. 이하 같다) 1) 정부가 자본금의 100분의 50 이상을 출자한 법인 및 그 법인이 자본금의 100분의 50 이상을 출자한 법인 2) 「국유재산법」에 따른 정부출자기업체 3) 법률에 따른 정부 출연 대상 법인으로서 정부로부터 출연을 받거나 받은 법인 4) 개별 법률에 따라 설립되는 법인으로서 주무부장관의 인가 또는 허가를 받지 아니하고 해당 법률에 따라 직접 설립된 법인 4. 다음 각 목의 어느 하나에 해당하는 업무용 건축물, 판매용 건축물 및 복합 건축물. 다만, 지방자치단체가 출자하거나 출연한 법인의 사무소로 사용되는 건축물과 자연보전권역이 아닌 지역에 설치되는 「벤처기업육성에 관한 특별조치법」 제2조 제4항에 따른 벤처기업집적시설 및 「국제회의산업 육성에 관한 법률 시행령」 제3조에 따른 국제회의시설 중 전문회의시설은 제외한다. 가. 업무용 건축물: 다음에 해당하는 시설(이하 "업무용시설"이라 한다)이 주용도[해당 건축물의 업무용시설 면적의 합계가 「건축법 시행령」 별표 1의 분류에 따른 용도별 면적(이하 "용도별면적"이라 한다) 중 가장 큰 경우를 말한다. 이하 이 목에서 같다]인 건축물로서 그 연면적이 2만5천제곱

수도권정비계획법 〔시행 2020. 6. 11., 2019. 12. 10. 일부개정〕	수도권정비계획법 시행령 〔시행 2022. 2. 18., 2022. 2. 17. 타법개정〕
	미터 이상인 건축물 또는 업무용시설이 주용도가 아닌 건축물로서 그 업무용시설 면적의 합계가 2만5천제곱미터 이상인 건축물 1) 「건축법 시행령」 별표 1 제10호 마목의 연구소 및 같은 표 제14호 나목의 일반업무시설 2) 「건축법 시행령」 별표 1 제3호의 제1종 근린생활시설, 같은 표 제4호의 제2종 근린생활시설, 같은 표 제5호의 문화 및 집회시설(같은 호 라목 및 마목의 시설만 해당한다) 및 같은 표 제18호의 창고시설. 다만, 각 시설의 면적이 1)에 따른 시설 면적의 합계보다 작은 경우만 해당한다. 나. 판매용 건축물: 다음에 해당하는 건축물 1) 다음에 해당하는 시설(이하 "판매용시설"이라 한다)이 주용도(해당 건축물의 판매용시설 면적의 합계가 용도별면적 중 가장 큰 경우를 말한다. 이하 이 목에서 같다)인 건축물로서 그 연면적이 1만5천제곱미터 이상인 건축물 또는 판매용시설이 주용도가 아닌 건축물로서 그 판매용시설 면적의 합계가 1만5천제곱미터 이상인 건축물 가) 「건축법 시행령」 별표 1 제7호의 판매시설 및 같은 표 제16호의 위락시설 나) 「건축법 시행령」 별표 1 제3호의 제1종 근린생활시설, 같은 표 제4호의 제2종 근린생활시설, 같은 표 제5호의 문화 및 집회시설, 같은 표 제13호의 운동시설 및 같은 표 제18호의 창고시설. 다만, 각 시설의 면적이 가)에 따른 시설 면적의 합계보

수도권정비계획법 〔시행 2020. 6. 11., 2019. 12. 10. 일부개정〕	수도권정비계획법 시행령 〔시행 2022. 2. 18., 2022. 2. 17. 타법개정〕
	다 작은 경우만 해당한다. 2) 업무용시설 및 판매용시설(이하 "복합시설"이라 한다)이 주용도(해당 건축물의 복합시설 면적의 합계가 용도별면적 중 가장 큰 경우를 말한다. 이하 이 목 및 다목에서 같다)가 아닌 건축물로서 복합시설의 면적의 합계가 1만5천제곱미터 이상 2만5천제곱미터 미만이고 판매용시설 면적이 업무용시설 면적보다 큰 건축물의 복합시설에 해당하는 부분 다. 복합 건축물: 복합시설이 주용도인 건축물로서 그 연면적이 2만5천제곱미터 이상인 건축물 또는 복합시설이 주용도가 아닌 건축물로서 그 복합시설의 면적의 합계가 2만5천제곱미터 이상인 건축물 5. 「건축법 시행령」 별표 1 제10호 나목의 교육원, 같은 호 다목의 직업훈련소 및 같은 표 제20호 사목의 운전 및 정비 관련 직업훈련소로서 건축물의 연면적이 3만제곱미터 이상인 연수 시설. 다만, 지방자치단체 또는 지방자치단체가 출자하거나 출연한 법인이 설치하는 시설은 제외한다.
제6조(권역의 구분과 지정) ① 수도권의 인구와 산업을 적정하게 배치하기 위하여 수도권을 다음과 같이 구분한다. 1. 과밀억제권역: 인구와 산업이 지나치게 집중되었거나 집중될 우려가 있어 이전하거나 정비할 필요가 있는 지역 2. 성장관리권역: 과밀억제권역으로부터 이전하는 인구와 산업을 계획적으로 유치하고 산업의 입지와 도시의 개발을 적정하게 관리할 필요가 있는 지역 3. 자연보전권역: 한강 수계의 수질과 녹지 등 자연환경을 보전할 필요가 있는 지역	**제9조(권역의 범위)** 법 제6조에 따른 과밀억제권역, 성장관리권역 및 자연보전권역의 범위는 별표 1과 같다.

수도권정비계획법 〔시행 2020. 6. 11., 2019. 12. 10. 일부개정〕	수도권정비계획법 시행령 〔시행 2022. 2. 18., 2022. 2. 17. 타법개정〕
② 과밀억제권역, 성장관리권역 및 자연보전권역의 범위는 대통령령으로 정한다.	
제7조(과밀억제권역의 행위 제한) ① 관계 행정기관의 장은 과밀억제권역에서 다음 각 호의 행위나 그 허가·인가·승인 또는 협의 등(이하 "허가등"이라 한다)을 하여서는 아니 된다. 1. 대통령령으로 정하는 학교, 공공 청사, 연수 시설, 그 밖의 인구집중유발시설의 신설 또는 증설(용도변경을 포함하며, 학교의 증설은 입학 정원의 증원을 말한다. 이하 같다) 2. 공업지역의 지정 ② 관계 행정기관의 장은 국민경제의 발전과 공공복리의 증진을 위하여 필요하다고 인정하면 제1항에도 불구하고 다음 각 호의 행위나 그 허가등을 할 수 있다. 1. 대통령령으로 정하는 학교 또는 공공 청사의 신설 또는 증설 2. 서울특별시·광역시·도(이하 "시·도"라 한다)별 기존 공업지역의 총면적을 증가시키지 아니하는 범위에서의 공업지역 지정. 다만, 국토교통부장관이 수도권정비위원회의 심의를 거쳐 지정하거나 허가등을 하는 경우에만 해당한다.	제10조(과밀억제권역의 행위 제한) 법 제7조 제1항 제1호에서 "대통령령으로 정하는 학교, 공공 청사, 연수 시설, 그 밖의 인구집중유발시설"이란 다음 각 호의 어느 하나에 해당하는 것을 말한다. 1. 제3조 제1호에 해당하는 학교(이하 "학교"라 한다) 2. 제3조 제3호에 해당하는 공공 청사(이하 "공공 청사"라 한다) 3. 제3조 제5호에 해당하는 연수 시설(이하 "연수 시설"이라 한다)
제12조(과밀부담금의 부과·징수) ① 과밀억제권역에 속하는 지역으로서 대통령령으로 정하는 지역에서 인구집중유발시설 중 업무용 건축물, 판매용 건축물, 공공 청사, 그 밖에 대통령령으로 정하는 건축물을 건축(신축·증축 및 공공 청사가 아닌 시설을 공공 청사로 하는 용도변경, 그 밖에 대통령령으로 정하는 용도변경을 말한다. 이하 같다)하려는 자는 과밀부담금(이하 "부담금"이라 한다)을 내야 한다. ② 부담금을 내야 할 자가 대통령령으로 정하는 조합인 경우 그 조합이 해산하면 그 조	제16조(과밀부담금의 부과·징수) ① 법 제12조 제1항에서 "대통령령으로 정하는 지역"이란 서울특별시를 말하고, "대통령령으로 정하는 건축물"이란 제3조 제4호 다목의 복합건축물을 말하며, "대통령령으로 정하는 용도변경"이란 제3조 제4호의 업무용시설, 판매용시설 및 복합시설(이하 "업무용시설등"이라 한다)이 아닌 시설에서 업무용시설등으로 용도를 변경하는 것을 말한다. ② 법 제12조 제2항에서 "대통령령으로 정하는 조합"이란 「도시 및 주거환경정비법」 제35조에 따른 정비사업조합이나 그 밖에 건축

수도권정비계획법 〔시행 2020. 6. 11., 2019. 12. 10. 일부개정〕	수도권정비계획법 시행령 〔시행 2022. 2. 18., 2022. 2. 17. 타법개정〕
합원이 부담금을 내야 한다. ③ 부담금 납부의무의 승계, 연대(連帶) 납부의무와 제2차 납부의무에 관하여는 「국세기본법」 제23조부터 제25조까지 및 같은 법 제38조부터 제41조까지의 규정을 준용한다.	물의 건축을 위하여 관계 법률에 따라 구성된 조합을 말한다.
제13조(부담금의 감면) 다음 각 호의 건축물에 대하여는 대통령령으로 정하는 바에 따라 부담금을 감면할 수 있다. 1. 국가나 지방자치단체가 건축하는 건축물 2. 「도시 및 주거환경정비법」에 따른 재개발사업에 따른 건축물 3. 건축물 중 주차장이나 그 밖에 대통령령으로 정하는 용도로 사용되는 건축물 4. 건축물 중 대통령령으로 정하는 면적 이하의 부분	**제17조(과밀부담금의 감면)** 법 제12조에 따른 과밀부담금(이하 "부담금"이라 한다)의 감면은 다음 각 호에서 정하는 바에 따른다. 1. 국가나 지방자치단체가 건축하는 건축물에는 부담금을 부과하지 아니한다. 2. 「도시 및 주거환경정비법」에 따른 재개발사업으로 건축하는 건축물에는 부담금의 100분의 50을 감면한다. 3. 건축물 중 주차장, 주택, 「영유아보육법」 제10조 제4호에 따른 직장어린이집 및 국가나 지방자치단체에 기부채납되는 시설에 대하여는 별표 2에서 정하는 바에 따라 부담금을 감면한다. 4. 건축물 중 수도권만을 관할하는 공공법인(지점을 포함한다)의 사무소에 대하여는 부담금을 부과하지 아니한다. 5. 「건축법 시행령」 별표 1 제10호 마목에 따른 연구소 중 다음 각 호의 어느 하나에 해당하는 단지에 건축하는 연구소에 대하여는 별표 2에서 정하는 바에 따라 부담금을 감면한다. 가. 「산업입지 및 개발에 관한 법률」 제2조에 따른 산업단지 나. 「과학기술기본법」 제29조에 따른 과학연구단지 다. 「나노기술과학촉진법」 제16조에 따른 나노기술연구단지 라. 「산업기술단지 지원에 관한 특례법」 제2조에 따른 산업기술단지 6. 「금융중심지의 조성과 발전에 관한 법률」 제2조에 따른 금융중심지에 건축하는 「건축법 시행령」 별표 1 제14호 나목의 일반

수도권정비계획법 〔시행 2020. 6. 11., 2019. 12. 10. 일부개정〕	수도권정비계획법 시행령 〔시행 2022. 2. 18., 2022. 2. 17. 타법개정〕
	업무시설 중 금융업소에 대하여는 별표 2에서 정하는 바에 따라 부담금을 감면한다. 7. 건축물 중 부담금이 부과된 시설을 용도변경하는 경우에는 부담금을 부과하지 아니한다. 8. 다음 각 목의 어느 하나에 해당하는 건축물의 경우에는 해당 면적에 대하여 각각 별표 2에서 정하는 바에 따라 부담금을 감면한다. 가. 업무용 건축물: 2만5천제곱미터 나. 판매용 건축물: 1만5천제곱미터 다. 복합 건축물로서 부과대상 면적 중 판매용 시설의 면적이 용도별면적 중 가장 큰 건축물: 1만5천제곱미터 라. 다목 외의 복합 건축물: 2만5천제곱미터
제14조(부담금의 산정 기준) ① 부담금은 건축비의 100분의 10으로 하되, 지역별 여건 등을 고려하여 대통령령으로 정하는 바에 따라 건축비의 100분의 5까지 조정(調整)할 수 있다. ② 제1항에 따른 건축비는 국토교통부장관이 고시하는 표준건축비를 기준으로 산정한다. ③ 부담금의 산정에 관한 구체적인 사항은 대통령령으로 정한다.	제18조(부담금의 산정) 법 제14조 제3항에 따른 부담금의 산정 방법은 별표 2와 같다.
제15조(부담금의 부과·징수 및 납부 기한 등) ① 부담금은 부과대상 건축물이 속한 지역을 관할하는 시·도지사가 부과·징수하되, 건축물의 건축 허가일, 건축 신고일 또는 용도변경일을 기준으로 산정하여 부과한다. ② 부담금의 납부 기한은 건축물의 사용승인일(임시 사용승인을 받은 경우에는 임시 사용승인일을 말한다)로 하되, 사용승인이 필요 없는 경우에는 부과일부터 6개월로 한다. ③ 시·도지사는 납부의무자가 부담금을 납부 기한까지 내지 아니하면 납부 기한이 지난 후 10일 이내에 독촉장을 발부하여야 하며, 이 경우의 납부 기한은 독촉장 발부일부	제19조(부담금의 부과·징수 방법 등) ① 법 제15조 제1항에 따라 부담금 부과대상 건축물이 속한 지역을 관할하는 시·도지사가 부담금을 부과·징수하려면 납부 대상, 납부 금액, 납부 기한 및 납부 장소 등을 적은 납부 고지서를 건축 허가일, 건축 신고일 또는 용도변경일에 납부의무자에게 발급하여야 한다. ② 시·도지사는 건축 허가사항 또는 건축 신고사항의 변경이나 용도변경에 따라 건축물의 연면적이 변경되거나 그 밖에 부담금 금액의 변동 사유가 발생한 경우에는 납부 고지서를 다시 발급하여야 한다. ③ 시·도시자는 부담금의 부과 및 징수대장

수도권정비계획법 〔시행 2020. 6. 11., 2019. 12. 10. 일부개정〕	수도권정비계획법 시행령 〔시행 2022. 2. 18., 2022. 2. 17. 타법개정〕
터 10일로 한다. ④ 시·도지사는 납부의무자가 납부 기한까지 부담금을 내지 아니하면 「국세징수법」 제21조를 준용하여 가산금을 징수한다. ⑤ 시·도지사는 납부의무자가 독촉장을 받고도 지정된 기한까지 부담금과 가산금을 내지 아니하면 「지방행정제재·부과금의 징수 등에 관한 법률」에 따라 징수할 수 있다. ⑥ 과오납(過誤納)된 부담금·가산금 및 체납처분비의 처리에 관하여는 「지방세기본법」을 준용하며, 그 밖에 부담금의 부과·징수·납부의 방법·절차 등에 관하여 필요한 사항은 대통령령으로 정한다.	을 작성·관리하고, 부과 및 징수 실적에 대한 자료를 월별로 다음 달 10일까지 국토교통부장관에게 제출하여야 한다. ④ 부담금을 부과하는 서울특별시·광역시 및 도(이하 "시·도"라 한다) 관할 구역의 시장·군수 또는 구청장(자치구의 구청장을 말한다. 이하 같다)은 부담금을 부과하는 대상 건축물에 대한 허가사항이나 신고사항 등 부담금 부과에 필요한 자료를 시·도지사에게 제출하여야 한다.
	제19조의 2(부담금의 납부 방법 등) ① 납부의무자는 부담금을 「지방행정제재·부과금의 징수 등에 관한 법률」 제21조에 따른 지방세외수입수납대행기관(이하 "수납대행기관"이라 한다)을 통하여 신용카드, 직불카드 등(이하 "신용카드등"이라 한다)으로 납부할 수 있다. ② 제1항에 따라 신용카드등으로 부담금을 납부하는 경우에는 수납대행기관의 승인일을 납부일로 본다. ③ 제1항 및 제2항에서 규정한 사항 외에 부담금의 납부방법에 관하여 필요한 사항은 「지방행정제재·부과금의 징수 등에 관한 법률」 제21조 제3항 및 제4항을 준용한다.
제16조(부담금의 배분) 징수된 부담금의 100분의 50은 「국가균형발전 특별법」에 따른 국가균형발전특별회계에 귀속하고, 100분의 50은 부담금을 징수한 건축물이 있는 시·도에 귀속한다.	제20조(부담금의 납입) 시·도지사는 징수된 부담금 중 「국가균형발전 특별법」에 따른 국가균형발전특별회계로 귀속되는 금액을 수납한 날부터 2일 이내에 한국은행(국고대리점을 포함한다) 또는 체신관서에 납입하여야 한다.
제17조(이의신청) ① 부담금의 부과·징수에 이의가 있는 자는 「공익사업을 위한 토지 등의 취득 및 보상에 관한 법률」에 따른 중앙토지수용위원회에 행정심판을 청구할 수 있다. ② 제1항의 행정심판청구에 대하여는 「행정심판법」 제6조에도 불구하고 중앙토지수용위원회가 심리·의결하여 재결(裁決)한다.	

수도권정비계획법 〔시행 2020. 6. 11., 2019. 12. 10. 일부개정〕	수도권정비계획법 시행령 〔시행 2022. 2. 18., 2022. 2. 17. 타법개정〕
부 칙 〈법률 제8977호, 2008. 3. 21.〉 ① (시행일) 이 법은 공포한 날부터 시행한다. ② (과밀부담금 부과에 관한 경과조치) 법률 제4721호 수도권정비계획법개정법률의 시행일인 1994년 4월 8일 당시 종전의 규정에 따라 수도권정비심의위원회의 심의를 거쳐 건설부장관이 협의 또는 승인한 건축물과 건축물의 건축에 관한 허가등을 신청한 건축물에 대하여는 제12조의 개정규정에 따른 과밀부담금을 부과하지 아니한다.	

수도권정비계획법 시행령 [별표 1] 〈개정 2017. 6. 20.〉

과밀억제권역, 성장관리권역 및 자연보전권역의 범위(제9조 관련)

과밀억제권역	성장관리권역	자연보전권역
1. 서울특별시 2. 인천광역시[강화군, 옹진군, 서구 대곡동·불로동·마전동·금곡동·오류동·왕길동·당하동·원당동, 인천경제자유구역(경제자유구역에서 해제된 지역을 포함한다) 및 남동 국가산업단지는 제외한다] 3. 의정부시 4. 구리시 5. 남양주시(호평동, 평내동, 금곡동, 일패동, 이패동, 삼패동, 가운동, 수석동, 지금동 및 도농동만 해당한다) 6. 하남시 7. 고양시 8. 수원시 9. 성남시 10. 안양시 11. 부천시 12. 광명시 13. 과천시 14. 의왕시 15. 군포시 16. 시흥시[반월특수지역(반월특수지역에서 해제된 지역을 포함한다)은 제외한다]	1. 인천광역시[강화군, 옹진군, 서구 대곡동·불로동·마전동·금곡동·오류동·왕길동·당하동·원당동, 인천경제자유구역(경제자유구역에서 해제된 지역을 포함한다) 및 남동 국가산업단지만 해당한다] 2. 동두천시 3. 안산시 4. 오산시 5. 평택시 6. 파주시 7. 남양주시(별내동, 와부읍, 진전읍, 별내면, 퇴계원면, 진건읍 및 오남읍만 해당한다) 8. 용인시(신갈동, 하갈동, 영덕동, 구갈동, 상갈동, 보라동, 지곡동, 공세동, 고매동, 농서동, 서천동, 언남동, 청덕동, 마북동, 동백동, 중동, 상하동, 보정동, 풍덕천동, 신봉동, 죽전동, 동천동, 고기동, 상현동, 성복동, 남사면, 이동면 및 원삼면 목신리·죽릉리·학일리·독성리·고당리·문촌리만 해당한다) 9. 연천군 10. 포천시 11. 양주시 12. 김포시 13. 화성시 14. 안성시(가사동, 가현동, 명	1. 이천시 2. 남양주시(화도읍, 수동면 및 조안면만 해당한다) 3. 용인시(김량장동, 남동, 역북동, 삼가동, 유방동, 고림동, 마평동, 운학동, 호동, 해곡동, 포곡읍, 모현면, 백암면, 양지면 및 원삼면 가재월리·사암리·미평리·좌항리·맹리·두창리만 해당한다) 4. 가평군 5. 양평군 6. 여주시 7. 광주시 8. 안성시(일죽면, 죽산면 죽산리·용설리·장계리·매산리·장릉리·장원리·두현리 및 삼죽면 용월리·덕산리·율곡리·내장리·배태리만 해당한다)

과밀억제권역	성장관리권역	자연보전권역
	륜동, 승인동, 봉남동, 구포동, 동본동, 영동, 봉산동, 성남동, 창전동, 낙원동, 옥천동, 현수동, 발화동, 옥산동, 석정동, 서인동, 인지동, 아양동, 신흥동, 도기동, 계동, 중리동, 사곡동, 금석동, 당왕동, 신모산동, 신소현동, 신건지동, 금산동, 연지동, 대천동, 대덕면, 미양면, 공도읍, 원곡면, 보개면, 금광면, 서운면, 양성면, 고삼면, 죽산면 두교리·당목리·칠장리 및 삼죽면 마전리·미장리·진촌리·기솔리·내강리만 해당한다) 15. 시흥시 중 반월특수지역(반월특수지역에서 해제된 지역을 포함한다)	

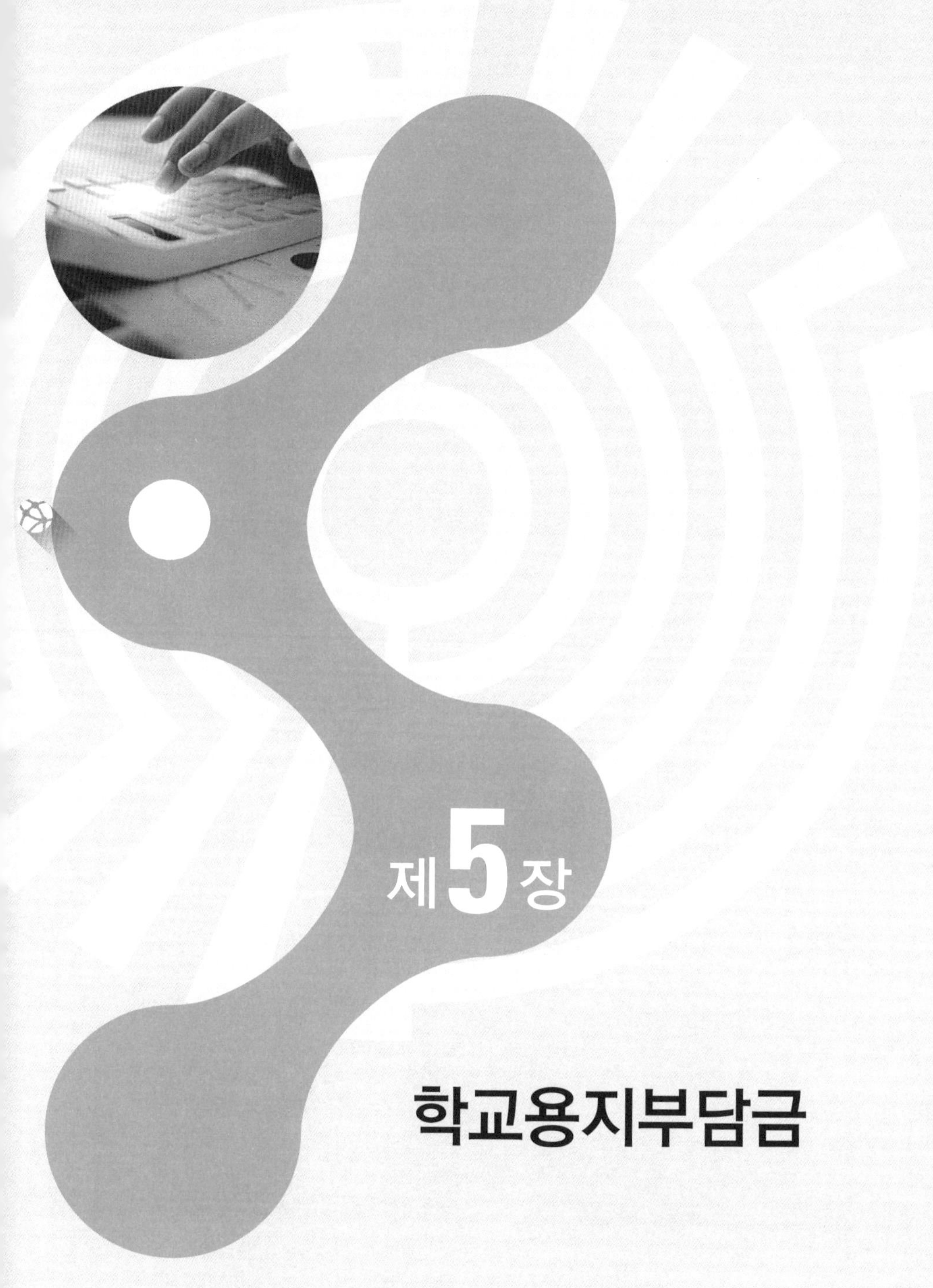

제 5 장

학교용지부담금

Q1. 학교용지부담금의 의의

1 학교용지부담금의 개념과 도입배경

학교용지부담금은 택지개발사업 등으로 인해 개발지역의 신설학교설립에 대한 수요는 증대되었지만 지가의 급격한 상승과 지방교육재정의 취약성 등으로 인해서 학교용지 확보가 어려워지자 학교용지의 개발과 확보를 용이하게 함으로써 궁극적으로 교육환경을 개선하기 위해 도입된 제도이다[35].

즉, 대규모 주택건설사업은 인구와 학생수를 증가시키고, 이는 학교시설의 부족현상으로 이어져 교육환경을 악화시키고 있으나 교육환경 개선비용을 정부의 재정으로만 충당하기에는 한계가 있으므로 일정한 규모 이상의 개발지역에 대하여 학교용지매입비의 일부를 주민에게 부담하도록 하기 위하여 부과하는 부담금이다. 여기에서 말하는 대상학교는 공립 유・초・중・고등학교이다.

학교용지부담금은 1995. 1. 1.「학교용지 확보 등에 관한 특례법」(약칭 : 학교용지법)이 제정되면서 1996. 7. 1.부터 시행되었으며[36], 개발사업에 대하여 시・도지사가 학교용지를 확보하거나, 학교용지를 확보할 수 없는 경우 가까운 곳에 있는 학교를 증축하기 위하여 개발사업을 시행하는 자에게 징수한다(학교용지법 §2 3호). 즉, 학교용지부담금은 지방자치단체가 공동주택 등의 개발사업시행자에게 부과・징수하는 부담금으로 재정목적의 조달금이며, 징수된 학교용지부담금은 개발사업지역 인근의 학교를 신설하거나 증축하는 용도로 사용된다.

학교용지부담금의 부과 근거는「학교용지 확보 등에 관한 특례법」과 동법 시행령, 각 지방자치단체 조례(「서울특별시 학교용지부담금 부과・징수 및 특별회계 설치・운용 조례」 등)이다.

35) 2020년 기준 합계출산율이 0.837를 기록하는 등 저출산으로 학령인구는 감소하는 추세이지만, 주택 재개발・재건축 사업 등으로 학교설립의 수요는 지속적인 상황이다.

36) 학교용지부담금 제도가 1995. 12. 29.「학교용지확보에 관한 특례법」 제정으로 도입되었지만, 동법 시행령이 2000년 12월에 제정되고, 이후 각 지방자치단체의 조례 제정을 통해 2001년부터 실제로 학교용지부담금이 부과되었다.

아울러, 「서울특별시 학교용지부담금 부과·징수 및 특별회계 설치·운용 조례」(이하 "학교용지부담금조례"라 한다)에 의하면 부담금의 부과대상은 2000년 2월 28일 이후에 개발사업계획의 승인을 받아 서울특별시조례 제3937호 「서울특별시학교용지부담금부과징수등에관한조례」의 시행일(2001. 11. 10.) 이후 분양공고하는 토지 또는 공동주택을 분양받는 자부터 적용하도록 규정하고 있다. 다만, 법률 제7397호 「학교용지 확보 등에 관한 특례법」의 시행일(2005. 3. 24.) 이후부터는 개발사업지역에서 단독주택을 건축하기 위한 토지를 개발하여 분양하거나 공동주택을 분양하는 자에 적용한다(학교용지부담금조례 부칙 §2).

> ▸ **헌법재판소 2008. 9. 25 자 2007헌가1 결정 [학교용지확보등에관한특례법 제2조 제2호 등 위헌제청]**
>
> 학교용지부담금은 '학교용지를 확보하거나, 학교용지를 확보할 수 없는 경우 가까운 곳에 있는 학교를 증축하기 위하여' 개발사업을 시행하는 자에게 징수하는 경비이며, 납부된 부담금은 학교 시설의 신설에 필요한 용지 매입비 및 감정평가수수료 등의 비용, 학교용지부담금의 부과· 징수에 소요되는 비용 및 기존 건물의 증축비용 등으로 사용된다. 이처럼 학교용지부담금은 기본적으로 필요한 학교시설의 확보에 있어서 소요되는 재정을 충당하기 위한 것이고, 부담금을 부과함으로써 택지개발이나 주택공급 등을 제한하거나 금지하기 위한 성격은 매우 희박하므로 '순수한 재정조달목적 부담금'에 해당한다(헌재 2005. 3. 31. 2003헌가20, 판례집 17-1, 294, 301 참조).

2 학교용지부담금의 부과 개요

학교용지부담금은 개발사업에 대하여 시·도지사가 학교용지를 확보하거나 학교용지를 확보할 수 없는 경우 가까운 곳에 있는 학교를 증축하기 위하여 개발사업을 시행하는 자에게 징수하는 경비이다(학교용지법 §2 3호). 여기에서 학교용지란 공립 유치원·초등학교·중학교 및 고등학교의 교사(校舍)·체육장 및 실습지, 그 밖의 학교시설을 신설하는 데에 필요한 토지를 말한다(학교용지법 §2 1호).

이에 따라 학교 신설 수요를 발생시킨다고 볼 수 있는 100세대 규모 이상의 주택건설 및 주택토지를 조성·개발하는 사업의 주택 및 토지를 분양하는 개발사업자에게 분양가의 0.8% 또는 1.4%에 해당하는 금액을 학교용지부담금으로 부과·징수한다. 개발사업자는 분양을 받는 사람들과 함께 개발사업의 일차적인 수혜자라 할 수 있고 개발사업은 학교 신설 수요를 유발하는 행위라고 할 수 있으므로 개발사업자의 수익 일부를 학교 신설을 위해 납부의무자로 하는 것이다[37].

| 학교용지부담금 부과 개요 |

구 분	세 부 사 항	산정기준
부과대상사업	건축법・주택법 등 해당 법률에 따라 시행하는 100세대 규모 이상의 ①주택건설용 토지를 조성・개발하거나 ②공동주택을 건설하는 개발사업	
부과주체	시・도지사(시장・군수・구청장에게 위임)	
부과대상자	개발사업지역에서 공동주택(일정 조건의 오피스텔 포함)을 분양하는 자	분양가의 0.8%
	단독주택 건축을 위해 토지를 분양하는 자	분양가의 1.4%
부담금 사용	학교용지 매입 시(매입비의 1/2, 의무사항) 기존학교 증축 시(시・도 재량사항)	

한편, 개발사업의 규모에 따라 학교용지부담금 부담과 학교용지 확보의무가 달라지는데, 100세대 이상이 기준이므로 100세대 미만인 경우에는 「학교용지 확보 등에 관한 특례법」이 적용되지 아니한다(학교용지법 §2 2호, §5 ①). 또한, 300세대 이상인 경우 학교용지부담금 부담 외에 학교용지 확보 의무가 주어진다(학교용지법 §3 ①). 따라서 100세대 이상 300세대 미만인 경우에는 학교용지부담금만 부담하면 되고, 300세대 이상인 경우 학교용지부담금 부담과 학교용지 확보 의무가 있다.

구 분	개발사업의 부담내용
100세대 미만	학교용지부담금 미부담
100세대 이상 300세대 미만	학교용지부담금만 부담
300세대 이상	학교용지 확보 의무 및 학교용지부담금 부담

학교용지 확보의 경우 300세대 규모 이상의 개발학교용지규모 이상의 개발사업을 시행하는 자는 개발사업을 시행하기 위하여 수립하는 계획에 학교용지의 조성・개발에 관한 사항을 포함시켜야 한다(학교용지법 §3 ①). 개발사업시행자가 학교용지를 개발하거나 학교용지를 확보하려는 때에는 교육감의 의견을 들어야 한다(학교용지법 §3 ③).

다만, 300세대의 규모를 산정함에 있어 노인복지주택 등 취학 수요가 발생하지 아니하는 용도의 개발사업은 그 개발사업분은 뺀 세대 수를 대상으로 하고, 재건축사업과 소규모재

37) 학교용지부담금 도입 당시 납부의무자는 수분양자였으나, 2005. 3. 31. 의무교육의 무상원칙에 반한다는 이유로 위헌결정됨에 따라 2005. 3. 24. 법을 개정하여 분양하는 개발사업자로 변경된 것이다.

건축사업에 있어서는 기본 세대를 뺀 세대 수를 대상으로 한다(학교용지법 §3 ①).

또한 국가·지방자치단체, 공공기관, 지방공사·지방공단 등 공영개발사업시행자가 개발사업을 하는 경우에는 학교용지를 무상[38]으로 공급하며, 그 외 개발사업시행자가 공급하는 학교용지의 공급가액은 감정평가액으로 한다(학교용지법 §4 ③).

> **학교용지법 제3조(학교용지의 조성·개발)** ① 300세대(제5조 제5항 제3호에 해당하는 개발사업은 그 개발사업분을 뺀 세대 수를 대상으로 하고, 「도시 및 주거환경정비법」 제2조 제2호 다목의 재건축사업 및 「빈집 및 소규모주택 정비에 관한 특례법」 제2조 제1항 제3호 다목의 소규모재건축사업은 기존 세대를 뺀 세대 수를 대상으로 한다) 규모 이상의 개발사업을 시행하는 자(이하 "개발사업시행자"라 한다)는 개발사업을 시행하기 위하여 수립하는 계획에 학교용지의 조성·개발에 관한 사항을 포함시켜야 한다. 이 경우 학교용지의 위치와 규모 등은 「국토의 계획 및 이용에 관한 법률」 제43조에 따른 학교시설의 설치기준 등에 관한 규정을 준용한다.

2021년 기준 전국에서 징수된 학교용지부담금의 규모는 7,201건 4,661억 원 수준이며, 이 중 경기도에서 징수된 금액이 1,439억 원으로 전체의 30.9%를 차지하여 시·도 중 가장 큰 규모이다.[39]

구 분	징수실적(백만 원)		비고
	2021년	2020년까지 누계	
서울시	26,254	356,613	
부산광역시	26,166	369,018	
대구광역시	60,119	302,729	
인천광역시	62,527	309,513	
광주광역시	6,090	125,335	
대전광역시	11,902	131,005	
울산광역시	7,499	106,020	
세종특별자치시	13,838	161,735	
경기도	143,948	1,665,374	

38) 「도시 및 주거환경정비법」에 따른 정비사업의 경우 2천세대 규모 이상은 유치원·초등학교와 중학교는 학교용지 조성원가의 100분의 50, 고등학교는 학교용지 조성원가의 100분의 70으로 하고, 2천세대 규모 미만인 경우에는 조성원가로 공급한다.

39) 기획재정부, 「2021년도 부담금운용 종합보고서」, pp.133~140. 참조

구 분	징수실적(백만 원)		비고
	2021년	2020년까지 누계	
강원도	13,361	92,614	
충청북도	4,259	52,917	
충청남도	25,215	107,312	
전라북도	15,716	90,751	
전라남도	6,190	92,095	
경상북도	16,830	122,570	
경상남도	22,306	290,893	
제주특별자치도	3,896	17,852	

3 학교용지부담금의 사용 용도

학교용지부담금으로 징수된 금액은 학교용지를 확보하기 위하여 시 · 도가 부담하는 경비를 마련하기 위한 재원으로 사용한다. 즉, 시 · 도가 학교용지를 확보하는 데에 드는 경비는 시 · 도의 일반회계와 학교용지부담금특별회계에서 2분의 1을, 시 · 도 교육비특별회계에서 2분의 1을 각각 부담하도록 하고 있다(학교용지법 §4 ④).

시 · 도는 학교용지를 확보하기 위하여 시 · 도의 일반회계가 부담하는 경비를 개발사업이 시행되는 지역에서 부과 · 징수된 취득세 등 지방세 중 일부 세액 및 개발부담금의 일부 재원으로 조달할 수 있다(학교용지법 §6 ①, 학교용지령 §6 ① ②). 또한 학교용지를 확보할 수 없는 경우에는 가까운 곳에 있는 학교를 증축하기 위하여 필요한 경비를 학교용지부담금특별회계에서 부담할 수 있다. 이 경우 학교 증축 경비는 학교용지부담금특별회계 예산에 계상하여 시 · 도 교육비특별회계로 전출하여야 한다(학교용지법 §6 ②).

| 학교용지 매입비 재원부담 구조 |

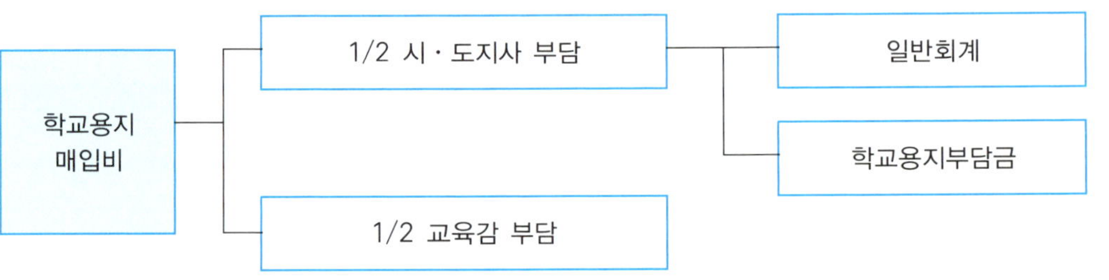

4 학교용지부담금의 운용 현황[40)]

(1) 학교용지부담금의 부과 및 징수기관

담당기관	교육부	지방교육재정과
부과기관	시·도 및 시·군·구	건축허가부서 등
징수기관	시·도 및 시·군·구	건축허가부서 등

(2) 학교용지부담금의 부과·징수 규모

① 연도별 부과·징수 규모

구 분	부과		징수	
	건수	금액(백만 원)	건수	금액(백만 원)
합계	292,533	5,032,750	289,061	4,860,462
2021	7,066	487,045	7,201	466,116
2020	6,771	375,223	6,580	360,843
2019	4,718	301,457	4,921	304,041
2018	5,686	393,913	6,101	364,240
2017	5,046	332,346	4,388	330,959
2016	9,537	433,970	9,542	434,559
2015	4,590	447,739	4,548	450,196
2014	6,037	385,910	6,029	367,616
2013	4,757	253,523	5,248	248,905
2012 이전	238,325	1,621,624	234,503	1,532,987

② 학교용지부담금 귀속주체별 배분구조

배분항목		배분비율	2021년 징수금액 (백만 원)	관련법령
합계		100%	466,116	
국가	학교용지부담금특별회계	–	–	
	일반회계	–	–	

40) 기획재정부, 「2021년도 부담금운용 종합보고서」, pp.133~140. 참조

배분항목		배분비율	2021년 징수금액 (백만 원)	관련법령
광역자치 단체	학교용지부담금특별회계	93.6%	436,322	
	일반회계	–	–	
기초자치 단체	학교용지부담금특별회계	4.9%	22,920	
	일반회계	1.5%	6,874	
기 타		–	–	

► **대법원 2017. 12. 28. 선고 2017두30122 판결 참조**

학교용지법은 학교용지의 조성 · 개발 · 공급과 관련 경비의 부담 등에 관한 특례를 규정하여 학교용지의 확보 등을 쉽게 하려는 법률이다. 이에 필요한 재정을 충당하기 위하여 부담금을 개발사업시행자에게 부과하는 것은 개발사업시행자가 위와 같은 학교시설 확보의 필요성을 유발하였기 때문이다. 따라서 학교용지법상 부담금은 주택이 신규로 공급되어 학교시설 확보의 필요성을 유발하는 개발사업분을 기준으로 산정되어야 함을 알 수 있다.

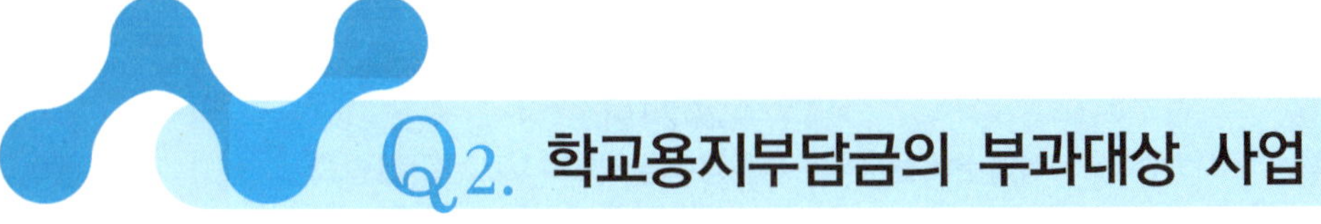

Q2. 학교용지부담금의 부과대상 사업

1 단독주택건설용 토지 조성 · 개발사업

시 · 도지사는 개발사업 지역에서 단독주택을 건축하기 위한 토지를 개발하여 분양하거나 공동주택을 분양하는 자에게 학교용지부담금을 부과 · 징수할 수 있다(학교용지법 §5 ①).

여기에서 개발사업이란 다음의 어느 하나에 해당하는 법률에 따라 시행하는 사업 중 100세대 규모 이상의 주택건설용 토지를 조성 · 개발하거나 공동주택을 건설하는 사업을 말한다(학교용지법 §2 2호).

> 「건축법」, 「도시개발법」, 「도시 및 주거환경정비법」, 「주택법」, 「택지개발촉진법」, 「산업입지 및 개발에 관한 법률」, 「공공주택 특별법」, 「신행정수도 후속대책을 위한 연기 · 공주지역 행정중심복합도시 건설을 위한 특별법」, 「혁신도시 조성 및 발전에 관한 특별법」, 「경제자유구역의 지정 및 운영에 관한 특별법」, 「기업도시개발 특별법」, 「도청이전을 위한 도시건설 및 지원에 관한 특별법」, 「주한미군 공여구역주변지역 등 지원 특별법」, 「민간임대주택에 관한 특별법」, 「연구개발특구의 육성에 관한 특별법」, 「빈집 및 소규모주택 정비에 관한 특례법」, 「역세권의 개발 및 이용에 관한 법률」, 「도시재생 활성화 및 지원에 관한 특별법」, 「지역 개발 및 지원에 관한 법률」, 「아시아문화중심도시 조성에 관한 특별법」, 「지방소도읍 육성 지원법」, 「동 · 서 · 남해안 및 내륙권 발전 특별법」, 「친수구역 활용에 관한 특별법」

따라서 「건축법」 · 「주택법」 등 위 23개 법률 중 어느 하나에 해당하는 법률에 따라 시행하는 사업 중 100세대 규모 이상의 단독주택을 건축하기 위한 토지를 조성 · 개발하여 분양하는 사업에 대하여는 학교용지부담금이 부과된다(학교용지법 §2 2호 · §5 ①).

만약 「건축법」 등 위의 법률에서 열거하고 있지 아니한 사업의 경우에는 학교용지부담금을 부과할 수 없다. 예를 들어 「전통시장 및 상점가 육성을 위한 특별법」에 따른 정비사업에 따라 복합형 상가건물을 건립하면서 공동주택이 포함되어 있더라도 이 경우는 위에서 정하고 있는 법률의 범위에 해당하지 않음에 따라 학교용지부담금을 부과할 수 없는 것이다(교육부 지방교육재정과, 2021. 9. 10.).

또한, 100세대 규모 이상의 단독주택을 건축하기 위한 토지를 개발하여 분양하거나 공동주택을 분양하는 자에게 학교용지부담금을 부과・징수할 수 있으므로 100세대 규모 이하인 개발사업의 경우에는 학교용지부담금이 부과되지 아니한다. 다만, 이주용 택지・주택이나 임대주택을 분양하는 경우와 도시개발사업 시행 결과 세대수가 증가하지 아니하는 경우 등에 해당하는 개발사업분의 경우에는 학교용지부담금 부과・징수대상에서 제외되나(재건축이익환수법 §5 ①), 100세대 이상이라는 부담금 부과대상 규모 판정 시에는 포함해야 하는 점을 유의할 필요가 있다(2011년 감심 제119호 참조).

한편, 단독주택이라 함은 1세대가 하나의 건축물 안에서 독립된 주거생활을 할 수 있는 구조로 된 주택을 말하는데, 단독주택의 형태를 갖춘 가정어린이집・공동생활가정・지역아동센터・공동육아나눔터・작은도서관(주택 1층에 설치한 경우만 해당) 및 노인복지시설(노인복지주택은 제외)을 포함한다. 단독주택 용도별 건축물의 종류는 다음과 같다(주택법 §2 2호 및 동법 시행령 §2 [별표 1]).

〈단독주택 용도별 건축물의 종류〉

① 단독주택

② 다중주택: 다음의 요건을 모두 갖춘 주택을 말한다.
   1) 학생 또는 직장인 등 여러 사람이 장기간 거주할 수 있는 구조로 되어 있는 것
   2) 독립된 주거의 형태를 갖추지 않은 것(각 실별로 욕실은 설치할 수 있으나, 취사시설은 설치하지 않은 것을 말한다)
   3) 1개 동의 주택으로 쓰이는 바닥면적(부설 주차장 면적은 제외한다. 이하 같다)의 합계가 660제곱미터 이하이고 주택으로 쓰는 층수(지하층은 제외한다)가 3개 층 이하일 것. 다만, 1층의 전부 또는 일부를 필로티 구조로 하여 주차장으로 사용하고 나머지 부분을 주택(주거 목적으로 한정한다) 외의 용도로 쓰는 경우에는 해당 층을 주택의 층수에서 제외한다.
   4) 적정한 주거환경을 조성하기 위하여 건축조례로 정하는 실별 최소 면적, 창문의 설치 및 크기 등의 기준에 적합할 것

③ 다가구주택: 다음의 요건을 모두 갖춘 주택으로서 공동주택에 해당하지 아니하는 것
   1) 주택으로 쓰는 층수(지하층은 제외한다)가 3개 층 이하일 것. 다만, 1층의 전부 또는 일부를 필로티 구조로 하여 주차장으로 사용하고 나머지 부분을 주택(주거 목적으로 한정한다) 외의 용도로 쓰는 경우에는 해당 층을 주택의 층수에서 제외한다.
   2) 1개 동의 주택으로 쓰이는 바닥면적의 합계가 660제곱미터 이하일 것
   3) 19세대(대지 내 동별 세대수를 합한 세대를 말한다) 이하가 거주할 수 있을 것

2 공동주택 · 오피스텔 등 건설사업

앞의 「건축법」·「주택법」 등 23개 법률 중 어느 하나에 해당하는 법률에 따라 시행하는 사업 중 100세대 규모 이상의 공동주택(준주택 중 대통령령으로 정하는 오피스텔 포함)을 건설하여 분양하는 사업에 대하여는 학교용지부담금이 부과된다(학교용지법 §2 2호 및 §5 ①).

(1) 공동주택

"공동주택"이란 건축물의 벽·복도·계단이나 그 밖의 설비 등의 전부 또는 일부를 공동으로 사용하는 각 세대가 하나의 건축물 안에서 각각 독립된 주거생활을 할 수 있는 구조로 된 주택을 말한다(주택법 §2 3호).

공동주택은 아파트·연립주택·다세대주택을 말하는데, 공동주택의 형태를 갖춘 가정어린이집·공동생활가정·지역아동센터·공동육아나눔터·작은도서관·노인복지시설(노인복지주택 제외) 및 「주택법 시행령」 제10조 제1항 제1호에 따른 소형주택 포함하며, 공동주택 용도별 건축물의 종류는 다음과 같다(주택법 §2 및 동법 시행령 §3 [별표 1]).

〈공동주택 용도별 건축물의 종류〉

① 아파트: 주택으로 쓰는 층수가 5개 층 이상인 주택
② 연립주택: 주택으로 쓰는 1개 동의 바닥면적합계가 660제곱미터를 초과하고, 층수가 4개 층 이하인 주택
③ 다세대주택: 주택으로 쓰는 1개 동의 바닥면적 합계가 660제곱미터 이하이고, 층수가 4개 층 이하인 주택

(2) 주거용 오피스텔

학교용지부담금이 부과되는 공동주택에는 「주택법」 제2조 제4호에 따른 준주택(주택 외의 건축물과 그 부속토지로서 주거시설로 이용가능한 시설) 중 아래의 요건을 모두 갖춘 오피스텔이 포함된다(학교용지법 §2 2호, 학교용지령 §1의 2).

① 전용면적이 40㎡ 초과 85㎡ 이하이면서
② 상하수도 시설이 갖추어진 전용 입식 부엌, 전용 수세식 화장실 및 목욕시설(전용 수세식 화장실에 목욕시설을 갖춘 경우를 포함한다)을 갖출 것

오피스텔 개발사업에 대하여는 2020년말 법 개정으로 학교용지부담금 부과대상에 포함되었는데, 이는 2021. 6. 23. 이후 허가·인가 또는 승인을 얻은 개발사업(사업계획변경에 따라 이 법 적용대상이 된 경우 포함)부터 적용됨에 유의할 필요가 있다(법률 제17667호, 2020. 12. 22. 부칙 §2 참조).

한편, 일정 규모·기준의 오피스텔이 학교용지부담금이 부과되는 공동주택의 범위에 포함되게 된 것은 ① 건축기준[41] 상 전용면적 85㎡ 이하에 대해서만 바닥난방이 허용되어 주거용으로 활용이 가능하고, ② 소규모 오피스텔의 경우 주로 1인 가구용으로 사용되어 취학아동 등 학교수요가 없으며, 기숙사·다중생활시설(고시원)·노인복지주택 등 나머지 준주택[42]은 취학아동이 거주하기 어려운 시설이므로 주거가 가능한 오피스텔 중 일정 면적 및 일정 세대수의 오피스텔로 한정하여 부담금을 부과할 필요가 있었기 때문이다(국회 법사위 심사정보 참고).

(3) 도시형 생활주택

「주택법」 제2조 제20호에 의한 도시형 생활주택은 학교용지부담금 부과대상이 될 수 있다. 도시형 생활주택이란 300세대 미만의 국민주택규모에 해당하는 주택으로서 도시지역에 건설하는 다음의 주택을 말한다(주택법 시행령 §10 ①).

「국토의 계획 및 이용에 관한 법률」 제36조 제1항 제1호에 따른 도시지역에 건설하는 아래의 주택

① 소형 주택: 다음 각 목의 요건을 모두 갖춘 공동주택

1) 세대별 주거전용면적은 60㎡ 이하일 것
2) 세대별로 독립된 주거가 가능하도록 욕실 및 부엌을 설치할 것
3) 주거전용면적이 30㎡ 미만인 경우에는 욕실 및 보일러실을 제외한 부분을 하나의 공간으로 구성할 것
4) 주거전용면적이 30㎡ 이상인 경우에는 욕실 및 보일러실을 제외한 부분을 세 개 이

41) 오피스텔 건축기준(국토교통부고시) 제2조 제3호

42) 주택법 시행령 제4조(준주택의 종류와 범위) 법 제2조 제4호에 따른 준주택의 종류와 범위는 다음 각 호와 같다.
1. 「건축법 시행령」 별표 1 제2호 라목에 따른 기숙사
2. 「건축법 시행령」 별표 1 제4호 거목 및 제15호 다목에 따른 다중생활시설
3. 「건축법 시행령」 별표 1 제11호 나목에 따른 노인복지시설 중 「노인복지법」 제32조 제1항 제3호의 노인복지주택
4. 「건축법 시행령」 별표 1 제14호 나목 2)에 따른 오피스텔

하의 침실(각각의 면적이 7㎡ 이상인 것)과 그 밖의 공간으로 구성할 수 있으며, 침실이 두 개 이상인 세대수는 소형 주택 전체 세대수의 3분의 1을 초과하지 않을 것
5) 지하층에는 세대를 설치하지 아니할 것
② 단지형 연립주택: 소형 주택이 아닌 연립주택.
③ 단지형 다세대주택: 원룸형 주택이 아닌 다세대주택.

도시형 생활주택 중 전용면적 30m^2 이하 원룸형 주택의 경우, 욕실과 보일러실을 제외한 부분이 하나의 공간으로 구성된 1~2인 가구의 거주를 위한 주택으로서 취학수요를 유발하기 어려운 측면이 있으며, 「학교용지법」 제5조 제4항 제3호에 따르면, 「노인복지법」 제32조에 따른 노인복지주택 등 취학수요가 발생하지 아니하는 용도의 개발사업을 시행하는 경우 학교용지부담금을 면제하도록 규정하고 있음에 따라, 교육부에서 학교용지부담금의 징수권자인 각 시·도에 학교용지부담금의 면제를 안내[43]한 바 있다고 한다.

하지만, 도시형 생활주택 중 전용면적 30m^{2}를 초과하는 원룸형 주택의 경우, 두 개의 공간구성이 가능하고, 실제 가족을 위하여 공급이 되고 있는 점을 감안할 때, 취학수요 유발이 없다고 보기 어려우므로 학교용지부담금의 면제는 타당하지 않다는 입장이다(교육부 지방교육재정과, 2016. 4. 15. 참조).

43) 교육부 지방교육재정팀-1794(2010. 3. 22.), 「도시형 생활주택(원룸형, 기숙사형) 주택에 대한 학교용지부담금 부과」

일반분양분이 100가구 미만이므로 학교용지부담금 부과대상이 아니라는 주장에 관한 판단 (감사원 2011년 감심 제119호)

「학교용지 확보 등에 관한 특례법」 제2조 제2호에서는 건축법 등에 따라 시행하는 사업 중 100가구 규모 이상의 공동주택을 건설하는 사업 등을 '개발사업'이라고 정의하고, 제5조에서는 개발사업지역에서 공동주택을 분양하는 자에게 부담금을 부과·징수할 수 있도록 하면서 「도시 및 주거환경정비법」에 따른 정비사업지역의 기존 거주자와 토지 및 건축물의 소유자에게 분양하는 경우에는 예외로 한다고 규정하고 있다.
이는 기존 거주자 등에게 분양하는 가구와 일반분양하는 가구를 합한 가구가 100세대 규모 이상인 경우에 그 공동주택을 분양하는 자는 학교용지부담금의 부과대상이 되는 것으로 해석할 것이고 기존 거주자 등을 제외한 일반분양하는 가구가 100세대 규모 이상이어야 학교용지부담금을 부과할 수 있는 것으로 해석할 수는 없다.

국민임대주택건설 등에 관한 특별조치법에 따른 단지조성사업이 학교용지부담금 부과대상 개발사업에 포함되는지 여부 (대법원 2016. 11. 24 선고 2014두47686 판결)

학교용지부담금 부과대상 사업에 관한 구 학교용지 확보 등에 관한 특례법(2015. 1. 20. 법률 제13006호로 개정되기 전의 것, 이하 '학교용지법'이라 한다) 제2조 제2호는 부과대상 사업의 근거 법률로 구 국민임대주택건설 등에 관한 특별조치법(2009. 3. 20. 법률 제9511호 보금자리주택건설 등에 관한 특별법으로 전부 개정되기 전의 것, 이하 '공공주택건설법'이라 한다)을 들고 있지 아니하다. 그리고 공공주택건설법 제12조 제1항이 단지조성사업 실시계획의 승인이 있는 때에는 도시개발법에 의한 실시계획의 작성·인가(제11호), 주택법에 의한 사업계획의 승인(제20호)을 받은 것으로 본다고 규정하고 있으나, 이는 공공주택건설법상 단지조성사업 실시계획의 승인을 받으면 그와 같은 인가나 승인을 받은 것으로 의제함에 그치는 것이지 더 나아가 그와 같은 인가나 승인을 받았음을 전제로 하는 도시개발법과 주택법의 모든 규정들까지 적용된다고 보기는 어렵다.
따라서 공공주택건설법에 따른 단지조성사업은 학교용지법 제2조 제2호에 정한 학교용지부담금 부과대상 개발사업에 포함되지 아니하고, 이와 달리 학교용지부담금 부과대상 개발사업에 포함된다고 해석하는 것은 학교용지부담금 부과에 관한 규정을 상대방에게 불리한 방향으로 지나치게 확장해석하거나 유추해석하는 것이어서 허용되지 아니한다.

「기업도시개발특별법」에 따른 개발사업을 시행하는 경우 부과대상 여부 (교육부 지방교육재정과, 2017. 7. 27.)

2017. 3. 21.자 「학교용지법」 제2조 제2호의 개정에 따라 「기업도시개발 특별법」 등 개발사업 관련 법을 추가하고, 개정법의 〈부칙〉 [법률 제14604호, 2017. 3. 21.] 제3조에

서는 제2조 제2호의 개정규정에 의한 개발사업의 경우에 동법 제5조에 따른 부담금의 부과·징수는 이 법 시행 후 최초로 분양공고 승인된 개발사업(사업계획변경에 따라 이 법 적용대상이 된 경우를 포함한다)부터 적용된다.

그러나, 사업의 성격상 분양공고 절차가 별도 없는 경우 해당 개발사업의 특수성 등을 감안하여 분양공고 시점을 정하여 그 시점이 법 시행일 이후인 경우, 학교용지부담금을 부과하는 것이 적절할 것이다.

○ 도시형 생활주택 중 30m²를 초과하는 원룸형 주택에 대한 부담금 부과 여부 (교육부 지방교육재정과, 2016. 4. 15.)

도시형 생활주택 중 전용면적 30m² 이하 원룸형 주택의 경우, 욕실과 보일러실을 제외한 부분이 하나의 공간으로 구성된 1~2인 가구의 거주를 위한 주택으로서 취학수요를 유발하기 어려운 측면이 있으며, 「학교용지법」 제5조 제4항 제3호에 따르면, 「노인복지법」 제32조에 따른 노인복지주택 등 취학수요가 발생하지 아니하는 용도의 개발사업을 시행하는 경우 학교용지부담금을 면제하도록 규정하고 있음에 따라, 우리부에서는 학교용지부담금의 징수권자인 각 시·도(지방자치단체)에 학교용지부담금의 면제를 안내한 바 있으며, 이에 이미 각 시·도에서는 부담금 부과를 예외적으로 면제하고 있는 사항이다.

다만, 질의 사안과 같이 전용면적 30m²를 초과하는 원룸형 주택의 경우, 두 개의 공간 구성이 가능하고, 실제 가족을 위하여 공급이 되고 있는 점을 감안할 때, 취학수요 유발이 없다고 보기 어려우므로 학교용지부담금의 면제는 타당하지 아니하다.

○ 재건축 정비사업 후 가구 수 산정 시 소형주택 세대수 포함 여부 (교육부 지방교육재정과, 2019. 3. 19.)

「학교용지법」 제5조 제1항 제5호에서는 「도시 및 주거환경정비법」 제2조 제2호 나목부터 다목까지 규정에 따른 정비사업 시행 결과 해당 정비구역 내 가구 수가 증가하지 아니하는 경우라고 명시되어 있으며, 가구의 성격을 구분하고 있지 아니하므로, 정비사업 시행에 따른 가구 수는 소형주택 여부와 관계없이 전체 세대수를 의미한다고 할 것이다.

○ 재개발사업을 시행하는 경우 부담금의 부과대상 가구 수 산정 (교육부 지방교육재정과, 2018. 7. 26.)

재개발사업을 실시하는 경우, 사업실시로 인해 증가된 가구 수에 대해서만 학교용지부담금을 부과·징수하는 것이 타당하다 할 것이며, 사업시행 후의 전체 주택세대수에서 기존 가구 수로 볼 수 있는 재개발사업의 조합원 분양분 및 현금 청산분을 제외한 나머지 주택세대수에 대하여 부담금을 부과할 수 있을 것이다.

◦ 300세대 규모 미만 개발사업의 경우 부담금 부과 제외 대상인지 여부 (교육부 지방교육재정과, 2017. 11. 7.)

「학교용지법」〈부칙〉[법률 제7397호, 2005. 3. 24.] 제4항에서는 300세대 규모 미만 개발사업에 관한 경과조치로 이 법 시행 당시 허가·인가 또는 승인을 얻은 300세대 규모 미만의 개발사업은 동법 제2조 제2호·제3호, 제5조 제1항 및 부칙 제3항의 개정규정에 불구하고 종전의 규정에 의하여 부담금 부과대상에서 제외한다고 하고 있다.
따라서 개정법의 시행 당시 이미 승인을 얻은 300세대 규모 미만의 개발사업의 경우 학교용지부담금의 부과대상에서 제외하는 것이 타당하다고 판단된다.

◦ 학교용지부담금은 단독주택 토지를 분양한 LH에 부과해야 하는지, 차후 도시형 생활주택을 건설하여 분양할 예정인 민간건설사에 부과해야 하는지? (교육부 지방교육재정과, 2020. 2. 27.)

학교용지부담금은 「학교용지법」 제5조 제1항에 시·도지사는 개발사업지역에서 단독주택을 건축하기 위한 토지를 개발하여 분양하거나 공동주택을 분양하는 자에게 부과하는 경비로 개발사업으로 인하여 유발된 취학수요의 해소를 위한 학교설립을 쉽게 하기 위한 목적으로 취학수요를 유발한 원인 제공자인 개발사업시행자에게 부과하는 것이 타당하다 사료된다.

Q3. 학교용지부담금의 부과권자와 납부의무자

❶ 학교용지부담금의 부과권자

학교용지부담금에 대한 부과권자는 시·도지사이다(학교용지법 §5 ①). 하지만 시장·군수·구청장에게 그 권한이 위임되어 있어 실제의 부과권자는 해당 지역의 시장·군수·구청장이다(학교용지법 §9 ①, 학교용지부담금조례 §3 ①).

「학교용지확보특례법」 제5조 제1항에서 시·도지사는 '부담금 부과·징수할 수 있다'고 규정하고 있어 시·도지사가 부과하는 재량행위에 해당한다. 하지만 재량행위는 법령이 정하는 재량권 행사의 한계를 벗어나거나 비례·평등원칙 등에 위배되는 경우 재량권 일탈, 남용으로 위법한 것이 된다(대법원 2010. 9. 30. 선고 2010두12651 판결 참조).

한편, 교육감은 해당 교육규칙으로 정하는 바에 따라 인접 학교용지의 확보에 관한 업무와 교육감의 의견 표시에 관한 업무를 시·군·구의 교육장에게 위임할 수 있다(학교용지법 §9 ②).

❷ 학교용지부담금의 납부의무자

학교용지부담금의 납부의무자는 개발사업지역에서 ① 단독주택을 건축하기 위한 토지를 개발하여 분양하거나 ② 공동주택을 분양하는 자(이하 "공동주택분양자등"이라 한다)이다(학교용지법 §5 ①).

「학교용지법」은 학교용지의 조성·개발·공법과 관련 경비의 부담 등에 관한 특례를 규정하여 학교용지의 확보 등을 쉽게 하기 위하여 제정되었으며, 학교용지 확보에 필요한 재정을 충당하기 위하여 부담금을 개발사업의 시행자에게 부과하는 것은 개발사업의 시행자가 위와 같은 학교시설 확보의 필요성을 유발하였기 때문으로 볼 수 있을 것이다. 개발사업 시행자인 공동주택분양자 등은 부담금의 부담을 주택수요자에게 전가하는 것도 현실이지만, 학교 신설로 인한 실질적 수혜자는 주민이라는 점에서 개발사업자와 주택수요자가 학교 신설 비용을 분담하는 구조인 것으로 생각된다.

한편, 공동주택분양자 등은 단독주택 건축을 위한 토지 또는 공동주택을 분양한 때에는 분양공급계약자 및 분양공급계약내역 등의 분양자료를 분양공급계약체결일부터 30일까지 시·도지사에게 제출하여야 한다. 다만, 미분양된 토지 및 공동주택등이 최초 분양공급계약체결일부터 60일이 경과하여 추가분양되는 경우에는 매 분기종료 후 7일까지 제출하여야 한다(학교용지법 §5 ②, 학교용지령 §5의 2 ①).

당초 학교용지부담금의 납부의무자는 '분양받는 자'였으나, 2005. 3. 24. 법개정으로 '분양하는 자'로 변경되었다. 이러한 법의 개정은 헌재 2005. 3. 31. 2003헌가20의 위헌결정의 취지를 반영한 것이다. 즉, 헌법재판소는 법 개정 이전 학교용지확보를 위하여 부담금을 공동주택을 분양받은 자에게 부과·징수한다는 규정을 헌법상 의무교육의 무상원칙에 반한다고 판단한 바 있다.44)

하지만, 그 이후 위에서 보는 바와 같이 헌법재판소는 2008. 9. 25. 2007헌가1(합헌결정)에서 개발사업자가 부담금 부담자가 되는 것이 합헌이라고 결정하였다. 즉, 수분양자가 아닌 개발사업자를 부과대상으로 하는 학교용지특례법의 규정이 헌법 제31조 제3항의 의무교육 무상원칙에 위배되지 않는다는 것이다.

○ 구 헌법재판소 2005. 3. 31 자 2003헌가20 결정 [구학교용지확보에관한특례법 제2조 제2호 등위헌제청] 위헌 [헌공제103호]

헌법은, 모든 국민은 그 보호하는 자녀에게 적어도 초등교육과 법률이 정하는 교육을 받게 할 의무를 지고(헌법 제31조 제2항), 의무교육은 무상으로 한다(헌법 제31조 제3항)고 규정하고 있다. 이러한 의무교육제도는 국민에 대하여 보호하는 자녀들을 취학시키도록 한다는 의무부과의 면보다는 국가에 대하여 인적·물적 교육시설을 정비하고 교육환경을 개선하여야 한다는 의무부과의 측면이 보다 더 중요한 의미를 갖는다. 의무교육에 필요한 학교시설은 국가의 일반적 과제이고, 학교용지는 의무교육을 시행하기 위한 물적 기반으로서 필수조건임은 말할 필요도 없으므로 이를 달성하기 위한 비용은 국가의 일반재정으로 충당하여야 한다. 따라서 적어도 의무교육에 관한 한 일반재정이 아닌 부담금과 같은 별도의 재정수단을 동원하여 특정한 집단으로부터 그 비용을 추가로 징수하여 충당하는 것은 의무교육의 무상성을 선언한 헌법에 반한다.

의무교육이 아닌 중등교육에 관한 교육재정과 관련하여 재정조달목적의 부담금을 징수할 수 있다고 하더라도 이는 일반적인 재정조달목적의 부담금이 갖추어야 할 요건을

44) 당초 수분양자를 대상으로 한 학교용지부담금은 부담금주체의 적정성과 형평성에 대한 논란을 불러왔고, 헌법재판소의 2005년 3월 위헌 결정이 되었음에도 이미 납부한 학교용지부담금을 환급받을 수 없는 사람들의 불만과 환급요청에 따라 국회는 2008년 3월 「학교용지부담금환급 등에 관한 특별법」을 제정하기에 이르렀으며, 동 법에 의해 환급이 이루어진 바 있다.

동일하게 갖춘 경우에 한하여 허용될 수 있다.

그런데, 학교용지부담금은 특정한 공익사업이 아니라 일반적 공익사업이거나 일반적 공익사업으로서의 성격을 함께 가지고 있는 공익사업을 위한 재정확보수단이다. 그리고 학교용지확보 필요성에 있어서 주택건설촉진법상의 수분양자들의 구체적 사정을 거의 고려하지 않은 채 수분양자 모두를 일괄적으로 동일한 의무자집단에 포함시켜 동일한 학교용지부담금을 부과하는 것은 합리적 근거가 없는 차별에 해당하고, 의무자집단 전체의 입장에서 보더라도 일반 국민, 특히 다른 개발사업에 의한 수분양자집단과 사회적으로 구별되는 집단적 동질성을 갖추고 있다고 할 수 없다. 나아가 학교용지확보의 필요성은 신규 주택의 건설 · 공급의 경우에 생겨나는 것이고, 그 정도는 개발사업의 목적이나 절차에 관계없이 개발사업의 결과로 공급되는 신규 주택의 수에 비례하여 결정된다고 보아야 할 것인데, 이 사건 법률조항은 학교용지부담금 부과대상 개발사업을 신규 주택의 공급 여부가 아닌 단순히 주택 공급의 근거 법률이 무엇이냐에 따라 정하고 있는바, 이는 합리성이 없는 기준에 의하여 자의적으로 제청신청인들을 불리하게 대우하는 것이다.

- **헌법재판소 2008. 9. 25 자 2007헌가9 결정 [학교용지확보등에관한특례법 제2조 제2호 등 위헌제청] 헌법불합치, 합헌 [헌공제144호]**

의무교육의 무상성에 관한 헌법상 규정은 교육을 받을 권리를 보다 실효성 있게 보장하기 위해 의무교육 비용을 학령○○동 ○○호자의 부담으로부터 공동체 전체의 부담으로 이전하라는 명령일 뿐 의무교육의 모든 비용을 조세로 해결해야 함을 의미하는 것은 아니므로, 학교용지부담금의 부과대상을 수분양자가 아닌 개발사업자로 정하고 있는 특례법 제2조 제2호, 제5조 제1항 본문은 의무교육의 무상원칙에 위배되지 아니한다.

개발사업자는 개발사업을 통해 이익을 얻었다는 점에서 개발사업 지역에서의 학교시설 확보라는 특별한 공익사업에 대해 밀접한 관련성을 가지고 있을 뿐만 아니라 이에 대해 일정한 부담을 져야 할 책임도 가지고 있는바, 개발사업자에 대한 학교용지부담금 부과는 평등원칙에 반하지 아니한다.

위 법률조항에 의한 학교용지부담금은 학교용지 확보를 위한 새로운 재원의 마련이라는 정당한 입법목적을 달성하기 위한 적절한 수단으로서 교육의 기회를 균등하게 보장해야 한다는 공익과 개발사업자의 재산적 이익이라는 사익을 적절히 형량하고 있으므로 이 사건 법률조항은 개발사업자의 재산권을 과도하게 침해하지 아니한다.

Q4. 학교용지부담금의 부과제외 및 면제대상

❶ 학교용지부담금의 부과제외 대상

임대주택 건축 등 개발사업에 학교용지부담금을 부과하는 것이 적정하지 않아 부과대상에서 제외하도록 규정한 것으로 조세에서 비과세와 유사한 경우라 할 수 있다. 또한 「부담금관리 기본법」 제5조 제1항에서는 "부담금은 설치 목적을 달성하기 위하여 필요한 최소한의 범위에서 공정성 및 투명성이 확보되도록 부과하여야 하며, 특별한 사유가 없으면 하나의 부과대상에 이중으로 부과되어서는 아니된다"고 규정하고 있다.

시・도지사가 개발사업지역에서 ① 단독주택을 건축하기 위한 토지를 개발하여 분양하거나 ② 공동주택을 분양하는 자에게 학교용지부담금을 부과・징수할 수 있지만, 이주용 택지와 임대주택 분양, 정비구역 내 가구 수가 증가되지 아니하는 등 다음의 어느 하나에 해당하는 개발사업분에 대하여는 학교용지부담금 부과대상에서 제외된다(학교용지법 §5 ①).

이와 같은 부과제외는 임대주택 등을 부과대상에서 제외하려는 정책적 취지와 함께 재개발・재건축 등 사업의 시행으로 주택을 건설하는 경우에도 신규로 주택이 공급되어 학교시설 확보의 필요성을 유발하는 개발사업분만을 대상으로 부과대상을 정하기 위한 취지로 이해할 수 있다.

(1) 이주용 택지와 주택

「공익사업을 위한 토지 등의 취득 및 보상에 관한 법률」에 따른 이주용(移住用) 택지나 이주용 주택을 분양하는 경우는 부담금 부과대상에서 제외된다(학교용지법 §5 ① 1호).

(2) 임대주택을 분양하는 경우

임대주택을 분양하는 경우 부과하지 아니한다(학교용지법 §5 ① 2호). 임대주택에 관한 근거법률을 명시하지 않았지만 「공공주택 특별법」에 의한 공공건설임대주택과 공공매입임대주택과 「민간임대주택에 관한 특별법」에 따라 임대 목적으로 제공하는 주택으로 보여진다. 따라서 민간건설임대주택과 민간매입임대주택을 분양하는 개발사업분은 부담금 부과대상에서 제외된다.

한편, 위의 임대주택 등 부과예외 주택은 부담금 부과대상에서 제외하는 것이며, 100세대 이상이라는 부담금 부과대상 규모 판정 시에는 포함됨에 유의할 필요가 있다(2011년 감심 제119호 참조).

(3) 도시개발사업 등 시행 결과 세대 수가 증가하지 아니하는 경우[45)]

도시개발사업 등 시행 결과 종전보다 세대 수가 증가하지 아니하는 경우에는 부담금을 부과하지 아니한다. 즉, ①「도시개발법」 제2조 제1항 제2호에 따른 도시개발사업 시행 결과 해당 도시개발구역 내 세대 수가 증가하지 아니하는 경우와 ②「도시 및 주거환경정비법」 제2조 제2호 나목부터 다목까지의 규정에 따른 정비사업(재개발사업·재건축사업) 및 ③「빈집 및 소규모주택 정비에 관한 특례법」 제2조 제1항 제3호 나목·다목에 따른 소규모주택정비사업 시행 결과 해당 정비구역 및 사업시행구역 내 세대 수가 증가하지 아니하는 경우의 개발사업분은 제외된다(학교용지법 §5 ① 3호·5호).

세대 수 증가 산정 여부에 관하여 쟁점이 있는데, '증가한 세대 수'는 공급세대 수에서 종전에 세대 수를 차감하여 산정한다(법제처 20-0404, 2020. 11. 19.). 이 때 기존 세대 수의 산정 시기는 실제적인 사업시행계획서를 작성하고 토지소유자의 동의를 거쳐 해당 구청장에게 시행인가를 신청하는 절차를 수행해야 하는 것을 고려해 사업이 전반적으로 확정되는 사업시행인가일이 적정하고, 시행 결과에 대한 세대 수를 산정하는 시점은 입주자모집공고 승인 시를 기준으로 가구 수를 산정하는 것이 적정하다(교육부 지방교육재정과, 2020. 3. 9.).

또한 기존 세대 수는 정비사업 시행 전 사업구역 내 주택 용도의 건축물에서 실제 거주하였던 세대 수를 명확하게 확인하여야 하지만, 실사 등을 통한 조사가 불가능한 경우 주민등록법에 따라 전입신고를 마친 세대 수를 기존 세대 수로 산정한다. 아울러 정비사업을 시행하여 신축한 임대주택을 분양하는 경우에는 사업의 시행으로 증가되는 세대수를 산정함에 있어 임대주택 수를 공제하도록 한다(학교용지법 §5 ① 2호).

한편, 주택재개발사업의 경우 학교용지부담금 부과대상에서 현금청산의 대상이 되어 제3자에게 분양됨으로써 기존에 비하여 가구 수가 증가하지 아니하는 개발사업분을 제외하지 아니한 것에 대해 헌법불합치 결정을 받은 바 있다(헌법재판소 2014. 4. 24. 자 2013헌가28 결정 참조).

---

45) [법률 제13006호] 2015. 1. 20. 일부 개정사항으로 개발사업의 시행 결과 해당 구역 내 가구 수가 증가하지 아니하는 경우를 학교용지부담금 부과대상의 예외 사유로 명확히 하였다. 즉, 종전에는 기존 거주자와 소유자에게 분양하는 경우에만 부과대상의 예외 사유로 규정하였다.

(4) 주거환경개선사업

「도시 및 주거환경정비법」 제2조 제2호 가목에 따른 주거환경개선사업의 경우에는 세대수 증가 여부에 불구하고 부담금 부과대상에서 제외된다(학교용지법 §5 ① 4호).

(5) 리모델링주택조합

「주택법」 제2조 제11호 다목에 따른 리모델링주택조합의 구성원에게 분양하는 경우 그 개발사업분에 대하여는 학교용지부담금 부과대상에서 제외된다(학교용지법 §5 ① 6호).

2 학교용지부담금의 면제대상

(1) 의무적 면제대상

학교용지를 기부채납하는 경우와 취학 수요가 발생하지 않는 노인복지주택 등 다음의 어느 하나에 해당하는 경우에는 부담금을 면제하여야 한다(학교용지법 §5 ⑤ 단서).

① 개발사업시행자가 법 제3조 제3항에 따른 교육감 의견으로 제시된 학교용지를 시・도 교육비특별회계에 기부채납(寄附採納)하는 경우
② 「노인복지법」 제32조에 따른 노인복지주택 등 취학 수요가 발생하지 아니하는 용도의 개발사업을 시행하는 경우
③ 개발사업시행자가 학교용지 또는 학교시설을 시・도 교육비특별회계 소관 공유재산으로 무상공급하는 경우

따라서 교육감 의견으로 제시된 학교용지를 기부채납하는 것이 아닌 지구단위계획 변경에 따라 학교용지를 시・도교육비특별회계에 기부채납하는 경우에는 학교용지부담금 면제대상이 될 수 없다(교육부 지방교육재정과, 2019. 8. 1.).

또한 학교용지 등을 공유재산으로 무상공급하는 경우와 관련하여 해당 개발사업시행자가 실질적으로 비용을 부담하여 교육감의 의견 또는 협약에 따라 학교용지를 시・도 교육비특별회계 소관 공유재산으로 무상공급하여 학교용지부담금 부과 목적을 달성한 것으로서 시・도지사가 판단될 경우에는 학교용지부담금을 면제할 수 있다(교육부 지방교육재정과, 2021. 9. 30.).

무상공급하는 학교 증축비용이 부과 예상되는 학교용지부담금보다 적을 때은 경우에는 그 차액분을 부과해야 하는지에 대하여 의문이 들 수 있다. 이에 대해 교육부는 교육감의 의견 또는 협약에 따라 학교용지 또는 학교시설을 시・도교육비특별회계 소관 공유재산으로 무상공급(증축 또는 증축비용 부담)하는 경우 학교용지부담금 부과목적을 달성한 것으로서 학교용지부담금을 면제하는 것이 타당하다는 의견이다(교육부 지방교육재정과, 2020. 5. 13.).

한편, 학교용지를 무상공급한 공영개발사업시행자로부터 공동주택 택지를 공급받아 공동주택을 건설하는 민간개발사업시행자는 학교용지부담금을 면제받아야 할 것이다. 즉, 공영개발사업시행자인 택지개발사업시행자가 학교용지를 무상공급하기로 시・도와 협의한 경우, 택지개발지구 내에서 공영개발사업시행자로부터 택지를 공급받아 공동주택을 건설・분양하는 민간개발사업시행자에게 학교용지부담금을 면제하여야 한다. 왜냐하면 공영개발사업시행자가 학교용지를 무상공급하여 학교용지부담금의 부과목적이 이미 달성된 경우 민간개발사업시행자에게 추가적으로 부담금을 부과할 필요성이 없기 때문이다(교육부 지방교육재정과, 2018. 2. 28.).

(2) 임의적 면제대상

학교용지부담금은 개발사업으로 인하여 유발된 취학수요의 해소를 위한 학교설립을 쉽게 하기 위한 목적으로 취학수요를 유발한 원인 제공자인 개발사업시행자에게 부과하는 것이라는 점을 감안할 때, 학교용지부담금 부과 및 면제는 "취학수요 유발 유무"에 따라 판단하는 것이 타당할 것이다. 이에 따라 '최근 3년 이상 취학 인구가 지속적으로 감소하여 학교신설의 수요가 없는 지역에서 개발사업을 시행하는 경우'에는 부담금을 면제할 수 있도록 규정하고 있다(학교용지법 §5 ⑤ 2호).

이와 같이 학교 신설수요가 없는 곳은 학교용지부담금을 면제할 수 있도록 하여 부과권자의 재량행위로 규정되어 있다. 즉, 이 경우의 부담금 면제 여부는 부과권자의 재량행위에 해당한다. 하지만, 재량행위는 법령이 정하는 재량권 행사의 한계를 벗어나거나 비례・평등원칙 등에 위배되는 경우 재량권 일탈・남용으로 위법한 것이 된다. 학교용지부담금의 부과대상이 되는 개발사업에 대하여 구체적 사정에 따라 학교용지부담금을 부과하는 것이 「부담금관리 기본법」[46]에서 정한 위와 같은 한계를 넘거나 비례・평등원칙 등에 위배된다고 볼만한 특별한 사정이 있을 때에는, 그와 같은 부담금 부과는 재량권을 일탈・남용한

46) 「부담금관리 기본법」 제5조 제1항은 "부담금은 설치목적을 달성하기 위하여 필요한 최소한의 범위 안에서 공정성 및 투명성이 확보되도록 부과되어야 한다."고 규정하고 있다.

것으로서 위법하다고 할 것이다(대법원 2010. 9. 30. 선고 2010두12651 판결).

교육부에서는 아래와 같이 부과권자가 시 · 도교육감과 협의한 후 사실관계를 명확히 확인 후 이에 기반하여 부담금 면제 여부를 결정하라는 의견이고, 서울지역의 경우 개발사업을 관할하는 구청장이 서울특별시장과 사전에 협의한 후 부담금 면제 여부를 결정하도록 규정하고 있다(학교용지부담금조례 §3 ① 단서).

▶ [교육부 지방교육재정과, 2020. 10. 8.]

「학교용지법」 제2조 제3호에는 '학교용지부담'에 대하여 명시하고 있고, 동법 제3조 제3항에 따르면 "개발사업시행자가 학교용지를 개발하거나 학교용지를 확보하려는 때에는 교육감의 의견을 들어야 한다"고 규정하고 있으며, 동법 제5조 제5항 제2호에 의하면 "최근 3년 이상 취학 인구가 지속적으로 감소하여 학교 신설의 수요가 없는 지역에서 개발사업을 시행하는 경우"에는 학교용지부담금을 면제할 수 있도록 임의규정으로 정하고 있다.

입법 취지와 학교용지부담금 면제 사유를 「학교용지법」에서 구체적으로 정하고 있음을 고려할 때 동법 제5조 제5항의 면제 사유에 해당하지 않는다면 학교용지부담금을 부과하는 것이 원칙으로, 동법 제5조 제5항 제2호의 규정이 임의규정이나, 학교용지부담금의 부과 징수권 자인 시 · 도지사는 개발사업의 영향이 미치게 되는 당해 지역 및 인근 학구(군)까지 고려한 종합적인 학생 수용 판단 등에 대하여 시 · 도교육감과 협의한 후 사실관계를 명확히 확인 후 이에 기반하여 부담금 면제 여부를 결정하여야 할 것이다.

'최근 3년 이상 취학 인구가 지속적으로 감소하여 학교 신설의 수요가 없는 지역'에 대해 대법원은 "면제 조항의 요건에 해당하지 않는 경우라 하더라도 장래 학교 신설의 수요가 발생하지 않을 것으로 예상된다면 부담금을 부과할 수 없으며, 본 개발사업지역에서 학교의 증축이나 학교용지의 확보에 대하여 논의된 적도 없는 바, 학교용지부담금 부과처분을 취소한다"라고 판시한 바 있다(대법원 2014두8605, 2016. 1. 14. 참조). 또한 장래에 학교 신설의 수요가 발생하지 않을 것으로 예상된다면 부담금을 부과할 수 없다고 판단하였다(대법원 2022두45999, 2022. 9. 15. 참조).

▸ **[대법원 2022두45999(2022. 9. 15.), 학교용지부담금 부과처분 취소(학교용지 수요 증가)]**

학교용지부담금은 주택사업으로 인해 학교용지의 수요가 증가하는 것을 전제로 그러한 '수요증가'라는 결과에 원인을 제공한 사업시행자에게 신설 학교용지의 비용을 부담시키는 것임. 그러나 사업시행 지역이 면제조건인 '최근 3년 이상 취학 인구가 지속적으로 감소하여 학교 신설의 수요가 없는 지역'에 해당하는 경우뿐만 아니라, 사업시행이나 부담금 부과시점 현재 구체적인 사정에 비추어 장래에 학교 신설의 수요가 발생하지 않을 것으로 예상된다면 부담금을 부과할 수 없고, 이에 반하는 부과처분은 재량권을 일탈·남용한 것이다.

인정사실 등을 종합했을 때 이 사건 사업으로 인해 학교를 신설 또는 증축해야 할 필요성이 생겼다고 보기 어렵고 장래에도 이 사건 사업구역 인근에 학교 신설 또는 증축의 수요가 발생하지 않을 것으로 예상됨. 따라서 학교용지부담금의 목적을 달성하기 위해 필요한 최소한의 범위를 벗어났거나 부과처분의 필요성과 상당성이 인정되지 않아 비례의 원칙에 어긋나므로 재량권을 일탈·남용한 것으로서 위법하다.

한편, 이와 같이 학교 신설수요가 없는 곳에서의 학교용지부담금은 부과권자의 재량행위임에도 불구하고 일선 지방자치단체에서는 관행적으로 부과되고 있는 경향이 있었고, 최근 법원에서 부과된 부담금이 학교수요가 없다고 판단되어 취소되는 사례가 나타나고 있음에 따라 국토교통부는 학교 신설 필요성이 없는 경우에는 부담금을 면제하도록 규정을 명확히 하기 위하여 「학교용지법」 관련규정을 개정하겠다고 밝힌 바 있다(2022. 8. 16. 국토부 보도자료 참조).

◦ **학교신설 수요가 없는 경우 학교용지부담금의 면제 여부** (교육부 지방교육재정과, 2019. 5. 2.)

법 제5조 제5항 제2호에 의하면 "최근 3년 이상 취학 인구가 지속적으로 감소하여 학교신설의 수요가 없는 지역에서 개발사업을 시행하는 경우"에는 학교용지부담금을 면제할 수 있도록 규정하고 있다.

입법 취지와 학교용지부담금 면제 사유를 동법에서 구체적으로 정하고 있음을 고려할 때, 동법 제5조 제5항의 면제 사유에 해당하지 않는다면 학교용지부담금을 부과하는 것이 원칙이나, 유사 사안에 대한 판례(대법원 2014두8605, 2016. 1. 14.)에서 "학교용지부담금은 최근 3년 이상 취학 인구가 지속적으로 감소하여 학교신설의 수요가 없는 지역이란 면제 조항의 요건에 해당하지 않는 경우라 하더라도 장래 학교 신설의 수요가 발생하지 않을 것으로 예상된다면 부담금을 부과할 수 없으며, 본 개발사업지역에서 학교의 증축이나 학교용지의 확보에 대하여 논의된 적도 없는 바, 학교용지부담금 부과처분을 취소한다"라고 판시한 바 있다.

따라서, 학생배치계획 수립권자인 교육감이 학교 신설 수요 미발생 의견을 제시하는 경우, 이를 바탕으로 학교용지부담금 부과권자인 시·도지사가 사실관계를 명확히 확인하여 부담금 면제 여부를 결정하여야 할 것이다.

○ 최근 3년간 취학인구 감소로 학교 신설 수요가 없는 곳의 학교용지부담금 면제 여부 (대법원 2022. 12. 29. 선고 2020두49041 판결 - 파기환송 처분청 승소)

이 사건 사업으로 공동주택 878세대가 공급됨에 따라 이 사건 사업구역 내의 세대 수는 임대주택 분양분 44세대를 제외하더라도 기존에 비해 총 536세대가 증가되었다. 이 사건 공동주택의 입주가 완료된 2019년도를 기준으로 이 사건 공동주택이 속하는 통학구역에 있는 △△초등학교의 학생 수는 전년도에 비하여 99명이 증가하였으며, 이에 따라 △△초등학교의 학급당 학생 수 평균은 23.3명이 되었다.

이 사건 처분이 이루어진 2018년도를 기준으로 △△초등학교 및 △△초등학교 졸업생들이 주로 진학하는 중·고등학교의 학생 수는 3년간 지속적으로 감소하였다. 그러나 위 기간 동안 △△초등학교 등이 위치한 부산광역시 연제구 관할구역 내에서는 이 사건 사업을 비롯하여 다수의 대규모 정비사업이 진행되고 있었다. 해당 사업구역 내 거주자들의 일시적 주거 이전이 위와 같은 학생 수 감소에 영향을 미쳤을 가능성을 배제하기 어렵다.

위와 같은 정비사업이 모두 완료되면 부산광역시 연제구 관할구역 내 가구 수는 이 사건 사업으로 인한 증가분을 제외하더라도 기존에 비해 총 6,200가구 이상 증가될 것으로 예상되는바, 이는 △△초등학교 졸업생들이 진학하는 중·고등학교의 학생 수에도 영향을 끼칠 것으로 보인다.

이 사건 사업시행인가 당시 부산광역시교육청이 이 사건 사업으로 증가하는 학생들을 인근 학교에서 수용할 수 있다는 의견을 밝혔다거나, 실제로 이 사건 공동주택의 입주가 완료된 2019년도에 △△초등학교가 기존 교사를 이용하여 증가한 학생들을 모두 수용하였거나, △△초등학교 등이 2019년 무렵까지 학교증축계획을 세웠다거나 증축허가를 받은 사실이 없다고 하더라도, 인구유입과 지역적 상황의 변화 가능성 및 교육정책적 목적 등을 고려할 때 그러한 사정만으로 앞으로도 이 사건 사업구역 인근 지역에 학교 신설의 수요가 없을 것이라고 단정할 수 없다.

○ 취학 인구 감소로 학교 신설의 수요가 없는 지역의 해당 여부 (대법원 2022두45999, 2022. 9. 15.)

학교용지부담금은 주택사업으로 인해 학교용지의 수요가 증가하는 것을 전제로 그러한 '수요증가'라는 결과에 원인을 제공한 사업시행자에게 신설 학교용지의 비용을 부담시키는 것이다. 그러나 사업시행 지역이 면제조건인 '최근 3년 이상 취학 인구가 지속적으로 감소하여 학교 신설의 수요가 없는 지역'에 해당하는 경우뿐만 아니라, 사업시행이나 부담금 부과시점 현재 구체적인 사정에 비추어 장래에 학교 신설의 수요가 발생하지 않을 것으로 예상된다면 부담금을 부과할 수 없고, 이에 반하는 부과처분은 재량권을 일탈·남용한 것이다.

인정사실 등을 종합했을 때 이 사건 사업으로 인해 학교를 신설 또는 증축해야 할 필요성이 생겼다고 보기 어렵고 장래에도 이 사건 사업구역 인근에 학교 신설 또는 증축의 수요가 발생하지 않을 것으로 예상된다. 따라서 학교용지부담금의 목적을 달성하기 위해 필요한 최소한의 범위를 벗어났거나 부과처분의 필요성과 상당성이 인정되지 않아 비례의 원칙에 어긋나므로 재량권을 일탈·남용한 것으로서 위법하다.

개발사업시행자가 학교용지 또는 학교시설을 시·도 교육비 특별회계 소관 공유재산으로 무상공급하는 경우에는 부담금을 면제하는 바, 공유재산을 RC구조(영구축조물)이 아닌 모듈러 교실로 임대 또는 구매하여 기부채납하는 경우에 부담금 면제 여부 (교육부 지방교육재정과, 2021. 9. 10.)

「학교용지법」 제5조 제5항 제4호의 "학교시설"의 의미에 대하여 명확한 규정은 없으나, 각종 개발사업으로 인한 학생유발 수요의 해소를 위하여 부담금을 부과하는 동법의 입법취지 상, 해당 개발사업에 의한 직접적인 학생유발 수요에 대응하기 위한 경우에 해당한다면, 영구 축조물에 해당하지 않는 "모듈러 교사를 시·도 교육비특별회계 소관 공유재산으로 무상 공급하는 경우"에도 해당규정을 적용하는 것에는 무리가 없어 보인다.

"모듈러 교사를 시·도 교육비특별회계 소관 공유재산으로 무상공급하는 경우"란 개발 사업시행자가 모듈러 교사를 구입하여 시·도 교육비특별회계 소관 공유재산으로 하는 것을 의미하므로 임대하여 공급하는 경우는 해당하지 않는다.

기부채납 또는 무상공급 시 학교용지부담금의 면제 범위 (교육부 지방교육재정과, 2021. 8. 25.)

「학교용지법」 제2조 제3호에 학교용지부담금에 대하여 정의하고 있으며, 부담금을 기존 학교 증축에 활용할 수 있도록 하고 있다.

또한, 동법 제3조 제3항에 따르면 "개발사업시행자가 학교용지를 개발하거나 학교용지를 확보하려는 때에는 교육감의 의견을 들어야 한다"고 규정하고 있으며, 동법 제5조 제5항 제1호에서는 "개발사업시행자가 법 제3조 제3항에 따른 교육감 의견으로 제시된 학교 용지를 시·도 교육비특별회계에 기부채납하는 경우", 동법 제5조 제5항 제4호에서는 "개발 사업시행자가 학교용지 또는 학교시설을 시·도 교육비특별회계 소관 공유재산으로 무상 공급하는 경우" 학교용지부담금을 면제하도록 규정하고 있다.

따라서, 교육감의 의견 또는 협약에 따라 학교용지 또는 학교시설을 시·도 교육비특별회계 소관 공유재산으로 무상공급(증축 또는 증축비용 부담)하는 경우, 학교용지부담금 부과 목적을 달성한 것으로서 학교용지부담금을 면제하는 것이 타당할 것으로 판단된다.

○ 교실 환경개선공사의 학교용지 부담금 면제 가능 여부 (교육부 지방교육재정과, 2020. 5. 21.)

개발사업 시행으로 학생 수요를 유발한 원인자인 개발사업시행자에게 학교용지의 확보 또는 인근 기존 학교의 증축비용 재원 확보를 위하여 학교용지부담금을 부담하도록 정하고 있으며, 학생 유발 수요 해소를 위하여 부담금을 부과하는 점을 감안할 때, 직접적인 학생 유발수요에 대응하기 위한 비용에 해당하지 않는 경우 학교용지부담금 면제 대상으로 보기는 어렵다고 판단된다.

○ 시설개선비를 부담하는 경우 학교용지부담금 면제 여부 (교육부 지방교육재정과, 2020. 12. 23.)

개발사업 시행으로 학생 수요를 유발한 원인자인 개발사업시행자에게 학교용지의 확보 또는 인근 기존 학교의 증축 비용 재원 확보를 위하여 학교용지부담금을 부담하도록 정하고 있으며, 학생 유발 수요 해소를 위하여 부담금을 부과하는 점을 감안할 때, 직접적인 학생 유발 수요에 대응하기 위한 비용의 경우 학교용지부담금 면제가 가능할 것으로 판단된다.

다만, 법에서 구체적으로 정하고 있지 아니한 사항의 경우, 사안에 대한 사실관계 및 정황 등을 종합적으로 검토하여 당사자인 개발사업시행자, 시・도교육감, 시・도지사의 협의를 통한 결정이 필요하다고 판단되며, 협의내용을 감안하여 학교용지부담금 면제 여부를 판단하는 것이 적절하다고 사료된다.

○ 개발사업시행자가 학교시설을 증축하여 기부채납하는 경우 실제 소요된 비용만큼 면제해야 하는지, 부과금액 전액을 면제해야 하는지 여부 (교육부 지방교육재정과, 2020. 12. 1.)

「학교용지법」 제2조 제3호에 '학교용지부담금'에 대하여 정의하고 있고, 부담금을 기존 학교 증축에 활용할 수 있도록 하고 있으며, 동법 제3조 제3항에 따르면 "개발사업시행자가 학교 용지를 개발하거나 학교용지 확보하려는 때에는 교육감의 의견을 들어야 한다"고 규정하고 있고, 동법 제5조 제5항 제4호에 의하면 "개발사업시행자가 학교용지 또는 학교시설을 시・도 교육비특별회계 소관 공유재산으로 무상공급하는 경우"에는 학교용지부담금을 면제하도록 규정하고 있다.

따라서, 교육감의 의견 또는 협약에 따라 학교용지 또는 학교시설을 시・도 교육비특별회계 소관 공유재산으로 무상공급(증축 또는 증축비용 부담)하는 경우 학교용지부담금 부과 목적을 달성한 것으로써 학교용지부담금을 면제하는 것이 타당할 것으로 판단된다.

○ 이주용 택지나 주택을 분양하는 경우 부담금의 부과 면제 여부 (교육부 지방교육재정과, 2016. 5. 10.)

「학교용지법」 제5조 제1항 제1호에서는 "「공익사업을 위한 토지 등의 취득 및 보상에 관한 법률」에 따른 이주용(移住用) 택지나 이주용 주택을 분양하는 경우" 학교용지부담금의 부과를 제외하도록 정하고 있으므로 부담금 부과가 제외되어야 할 것으로 판단된다.
다만, 이주민조합원을 대상으로 한 조합원 분양 외의 일반인을 대상으로 한 일반분양의 경우에는 이주용 택지나 이주용 주택을 분양하는 경우에 해당되지 않는다고 사료된다.

○ 사업시행자가 학교발전기금을 환경개선사업비로 사용한다는 협약을 학교와 체결하고 학교발전기금을 기탁하는 경우 학교용지부담금 면제 여부 (교육부 지방교육재정과, 2018. 7. 16.)

「학교용지법」 제5조 제5항 제4호에서는 개발사업시행자가 학교용지 또는 학교시설을 무상공급하는 경우에 학교용지부담금을 면제하도록 규정하고 있으나, 학교발전기금으로 학교시설의 환경 개선 비용을 부담한 경우에 대하여는 별도로 명시하고 있지는 아니하다.
동법 제2조 제3호에서는 "학교용지부담금"을 개발사업에 대하여 시·도지사가 개발사업 시행자에게 학교용지 확보 또는 학교용지의 확보가 불가능한 경우 인근 기존 학교의 증축을 위하여 징수하는 경비라고 정의하고 있음에 따라, 개발사업으로 유발된 학생의 배치를 목적으로 기존 학교시설의 증축 등을 하기 위하여 개발사업시행자가 해당 소요경비를 기탁하는 경우 동법 제5조 제5항의 면제 규정에 따라, 실제 학생 배치를 목적으로 기탁된 금액이라면 학교용지부담금을 면제하여야 한다고 판단된다.
다만, 학교발전기금 기탁금의 사용 목적 및 사용 내용 등에 대한 구체적 확인 등을 통해 부담금의 면제 금액 등의 범위를 교육감과 개발사업시행자와의 협의를 통해 명확히 정하여야 할 필요가 있다고 판단된다.

○ 개발사업시행자가 학교시설 확충비용을 부담할 경우 해당 비용만큼 부담금에서 면제 여부 (교육부 지방교육재정과, 2019. 1. 16.)

학교용지부담금은 학교용지를 확보하거나 용지 미확보 시 인근 학교 증축 등이 완료되어 그 의무와 목적을 달성했을 경우 이중적으로 부과할 수 없다고 할 것이다.
따라서 학교시설 확충비용을 직접 납부하여 학교시설을 확충하는데 사용하는 경우, 「부담금관리 기본법」 및 관련 판례 등을 고려할 때 이중적으로 학교용지부담금을 부과하는 것은 타당하지 않아 보인다.

○ 학교용지 무상공급이 취소된 경우 부담금의 부과 여부 (교육부 지방교육재정과, 2019. 3. 19.)

법 제5조 제5항 제4호에 따라 개발사업시행자가 학교용지 또는 학교시설을 시·도 교육비특별회계 소관 공유재산으로 무상공급하는 경우 부담금을 면제할 수 있도록 규정되어 있으나, 해당 개발사업은 무상공급 협의가 진행되었을 뿐, 실제 학교용지를 무상으로 공급한 것은 아니므로 계획된 학교용지 무상공급이 취소된 경우 학교용지부담금 면제대상이 아니다.

Q5. 학교용지부담금의 산정기준

1 학교용지부담금의 산정기준과 부과율

시・도지사는 개발사업지역에서 단독주택을 건축하기 위한 토지를 개발하여 분양하거나 공동주택을 분양하는 자에게 학교용지부담금을 부과・징수할 수 있다(학교용지법 §5 ①).

학교용지부담금은 단독주택지 분양가격 또는 세대별 공동주택 분양가격에 부과율을 곱하여 산정한다(학교용지법 §5의 2 ②). 즉, 공동주택인 경우에는 분양가격을 기준으로 부과하고, 단독주택을 건축하기 위한 토지인 경우에는 단독주택 용지의 분양가격을 기준으로 부과한다(학교용지법 §5의 2 ①). 공동주택 분양가격 및 단독주택 용지의 분양가격은 「부가가치세법」에 따른 부가가치세액이 제외된 금액이다(학교용지령 §5의 2 ④).

학교용지부담금 산정을 위한 부과율은 ① 공동주택의 경우 세대별 공동주택 분양가격에 1천분의 8이고, ② 단독주택을 건축하기 위한 토지의 경우 단독주택지 분양가격에 1천분의 14로 규정되어 있다(학교용지법 §5의 2 ②).

산정기준	부과율(%)	산출식
①공동주택 : 공동주택분양가격	공동주택 분양가격의 0.8%	공동주택 : 세대별 공동주택 분양가격 × 0.008
② 단독주택 건축 위한 토지 : 단독주택 택지 분양가격	단독주택 택지 분양가격의 1.4%	단독주택 건축 토지 : 단독주택 택지 분양가격 × 0.014

2 학교용지부담금의 산정 사례

「학교용지법」 제5조 제1항 제3호 및 제5호에서는 "「도시개발법」 제2조 제1항 제2호에 따른 도시개발사업 및 「도시 및 주거환경정비법」 제2조 제2호 나목부터 다목까지 규정에 따른 정비사업 등 시행 결과 해당 구역 내 가구 수가 증가하지 아니하는 경우"에는 부담금을 부과・징수하지 않도록 명시되어 있다.

따라서 정비사업 등 시행 결과 기존 가구 수에서 증가된 가구 수에 대해서만 부담금을 부과・징수할 수 있는 것이다(교육부 지방교육재정과, 2019. 4. 16.).

부담금의 부과·징수 대상이 되는 재건축사업의 개발사업분은 재건축사업 시행 전 해당 정비구역의 세대 수를 기준으로 증가한 세대 수를 의미한다고 보아야 할 것이다. 즉, 재건축사업의 경우 사업의 전과 후를 비교하여 실제로 증가한 세대 수를 기준으로 부담금을 산정해야 하는데, 가구 수가 증가된 경우를 가정하여 부담금 산정을 예시해 보면 아래와 같다.

| 학교용지부담금 산정 예시 (재건축정비사업조합) |

부과세대수(세대)			부담금 산출내역(원)			학교용지부담금 부과금액
계	기존 세대	분양 세대	일반분양총금액	분양평균가 (일반세대)	세대당부담금	
750	320	430	231,820,100,000	539,116,511	4,312,932	1,854,560,790
산출식	• 부담금 산정액 = 분양완료 세대 × 세대당 부담금 – 부과대상 세대 : 사업시행으로 인해 증가된 세대(430세대) – 세대당 부담금 : 분양평균가(일반분양총금액/일반분양세대수) × 0.008					

위와 같이 재건축사업의 전과 후를 비교하여 실제로 증가한 세대 수를 기준으로 부담금을 산정해야 하는데, 이때 '증가한 세대 수'란 재건축사업의 조합원 중 상가를 소유하던 사람이 주택을 분양받고 주택을 소유하던 사람의 일부가 현금청산을 받은 경우에도 부담금의 부과·징수 대상이 되는 '증가한 세대 수'는 공급세대 수(재건축사업에 따라 공급하는 전체 세대 수)에서 종전의 세대 수(재건축사업 시행 전 해당 정비구역의 세대 수)를 차감하여 산정한다(법제처 20-0404, 2020. 11 .19.).

또한 「학교용지법」 제5조 제1항 제2호에 "임대주택을 분양하는 경우"는 부담금을 부과·징수하지 아니하도록 규정되어 있으므로 정비사업 시행결과 증가된 가구 수 중 임대주택을 분양하는 경우에는 증가된 가구 수에서 제외한다.

아울러 기존 세대 수는 정비사업 시행 전 사업구역 내 주택 용도의 건축물에서 실제 거주하였던 세대 수의 명확한 확인이 필요하나, 실사 등을 통한 조사가 불가능한 경우 「주민등록법」에 따라 전입신고를 마친 세대 수를 기존 세대 수로 산정한다(교육부 지방교육재정과, 2021. 9. 10. / 2021. 8. 25.). 또한 기존 세대 수의 산정 시기는 실제적인 사업시행계획서를 작성하고 토지소유자의 동의를 거쳐 해당 구청장에게 시행인가를 신청하는 절차를 수행해야하는 것을 고려해 사업이 전반적으로 확정되는 사업시행인가일이 된다.

한편, 정비사업의 부담금은 「학교용지법」 제5조의 2 부담금 산정기준에 따라 공동주택 분양가격을 기준으로 증가하는 세대 수에 대해서 부과하되, 부담금 부과에 해당하는 분양

세대는 주택 유형별로 분양가 산정이 다르므로, 각 유형별 세대와 해당 세대에 대한 분양가를 곱하여 합한 전체 합계액을 증가하는 총 분양세대수로 나눈 평균분양가로 적용한다(교육부 지방교육재정과, 2020. 5. 28.).

◦ 학교용지부담금 부과요건과 산정기준 규정이 명확성 원칙에 위배되는지 여부? (대법원 2022. 12. 29. 선고 2020두49041 판결)

학교용지법 제5조 제1항 제5호, 제5조의 2 제1항, 제2항 제1호에서 정한 학교용지부담금 부과요건과 산정기준이 부과관청에게 자의적인 해석과 집행의 여지를 주거나 수범자의 예견가능성을 해할 정도로 불명확하여 명확성의 원칙에 위배된다고 볼 수 없고, 이에 관한 법적 규율에 어떠한 공백이 있다고 보기 어렵다. 부담금관리 기본법 제4조는 침익적 행정행위에 해당하는 부담금부과의 근거 법률에 관하여 헌법상 요구되는 명확성의 원칙 내지 포괄위임금지의 원칙을 풀어서 규정한 것에 지나지 않는다고 할 것인바(대법원 2007. 10. 26. 선고 2007두9884 판결 참조), 앞에서 본 바와 같이 학교용지법 제5조 제1항 제5호 등이 명확성의 원칙 등에 위배되지 아니하는 이상 부담금관리 기본법 제4조에 저촉된다고도 할 수 없다.

◦ 정비사업시행 전 500세대에서 정비사업시행 결과 800세대로 가구 수가 증가된 경우, 부담금 부과 · 징수 대상 가구 수는? 기존 500세대는 조합원 가구로 조합원 100세대가 현금 청산하여 일반분양 가구 수는 400세대인 경우임 (교육부 지방교육재정과, 2019. 4. 16.)

법 제5조 제1항 제5호에서는 "「도시 및 주거환경정비법」 제2조 제2호 나목부터 다목까지 규정에 따른 정비사업 시행 결과 해당 정비구역 내 가구 수가 증가하지 아니하는 경우"에는 부담금을 부과 · 징수하지 아니할 수 있도록 명시되어 있다.
따라서 정비사업 시행 결과 기존 가구 수에서 증가된 가구 수에 대해 부담금을 부과 · 징수할 수 있다고 판단된다.

◦ 학교용지부담금 부과를 위한 '증가한 세대 수'의 산정 기준(「학교용지 확보 등에 관한 특례법」 제5조 제1항 제5호 등) 관련 (법제처 20 - 0404, 2020. 11. 19.)

학교용지법 제5조 제1항 제5호에서는 「도시 및 주거환경정비법」 제2조 제2호 나목(재개발사업) 및 다목(재건축사업)에 따른 정비사업의 시행 결과 해당 정비구역 내 세대 수가 증가하지 않는 경우를 규정하여 이 경우의 개발사업분은 부담금을 부과 · 징수할 수 없도록 명시하고 있는바, 이러한 규정에 비추어 보면 부담금의 부과 · 징수 대상이 되는 재건축사업의 개발사업분은 재건축사업 시행 전 해당 정비구역의 세대 수를 기준으로 증가한 세대 수를 의미한다고 보아야 한다.
그렇다면 이 사안의 경우 재건축사업의 전과 후를 비교하여 실제로 증가한 세대 수를 기준으로 부담금을 산정해야 하는데, 이때 '증가한 세대 수'를 ② 공급세대 수에서 조합원에게 분양하는 세대 수를 차감한 일반분양 세대 수로 산정할 경우 조합원 중 상가를 소유하던 사람은 종전의 세대 수에는 포함되어 있지 않았으므로 해당 조합원이 주택을 분양받으면 학교시설 확보의 필요성을 유발하는 증가한 세대 수로 계산해야 함에도 불구하고 증가한 세대 수에서 누락되어 불합리하고, ③ 일반분양 세대 수에서 현금청산에 따라 일반분양을 하는 세대 수를 차감하는 방법으로 산정할 경우 종전에 주택을 소유하던 조합원이 분양을 받았는지 또는 현금청산을 받았는지 여부는 종전의 세대 수나 총 공급세대 수에 영향을 미치는 것이 아님에도 불구하고 현금청산 여부에 따라 그 결과가 달라지게 되어 학교시설 확보의 필요성을 유발하는 '증가한 세대 수'를 제대로 산정할 수 없다.

따라서 이 사안과 같이 재건축사업의 조합원 중 상가를 소유하던 사람이 주택을 분양받고 주택을 소유하던 사람의 일부가 현금청산을 받은 경우에도 부담금의 부과·징수 대상이 되는 '증가한 세대 수'는 공급세대 수(재건축사업에 따라 공급하는 전체 세대 수)에서 종전의 세대 수(재건축사업 시행 전 해당 정비구역의 세대 수)를 차감하여 산정해야 한다.

○ **주택재개발사업 현금청산분에 대한 학교용지부담금 부과 여부** (대법원 2017. 12. 28 선고 2017두30122 판결)

구 학교용지 확보 등에 관한 특례법(2015. 1. 20. 법률 제13006호로 개정되기 전의 것, 이하 '구 학교용지법'이라고 한다)은 학교용지의 조성·개발·공급과 관련 경비의 부담 등에 관한 특례를 규정하여 학교용지의 확보 등을 쉽게 하려는 법률이다(제1조). 이에 필요한 재정을 충당하기 위하여 부담금을 개발사업의 시행자에게 부과하는 것은 개발사업의 시행자가 위와 같은 학교시설 확보의 필요성을 유발하였기 때문이다. 따라서 주택재개발사업의 시행으로 공동주택을 건설하는 경우에도 신규로 주택이 공급되어 학교시설 확보의 필요성을 유발하는 개발사업분만을 기준으로 부담금의 부과대상을 정함이 옳다.

그런데 주택재개발사업에서 조합원분양분과 현금청산분은 모두 신규로 주택이 공급되는 것이 아니어서 학교시설 확보의 필요성을 유발하지 아니한다는 점에서 차이가 없다. 따라서 구 학교용지법 제5조 제1항 단서 제5호 중 도시 및 주거환경정비법 제2조 제2호 (나)목의 규정에 따른 '주택재개발사업'에 관한 부분에 근거하여 주택재개발사업자에 대하여 부담금을 부과할 때 조합원분양분 뿐만 아니라 현금청산분까지 제외한 후 그 나머지에 대한 부담금을 부과하여야 한다.

○ **가구 수 산정 시 소형 임대가구 포함 여부** (교육부 지방교육재정과, 2020. 5. 13.)

「학교용지법」 제5조 제1항 제5호에서는 "「도시 및 주거환경정비법」 제2조 제2호 나목부터 다목까지 규정에 따른 정비사업 시행 결과 해당 정비구역 내 가구 수가 증가하지 아니하는 경우"에는 부담금을 부과·징수하지 아니할 수 있도록 명시되어 있으며, 동법 제5조 제1항 제2호에 "임대주택을 분양하는 경우"는 부담금을 부과·징수하지 아니할 수 있도록 명시되어 있다.

따라서, 정비사업 시행결과 증가된 가구 수 중 동법 제5조 제1항 제2호에 의한 임대주택을 분양하는 경우에는 증가된 가구 수에서 제외해야 할 것으로 판단된다.

- **「학교용지법」 제5조 제1항 제2호, 제3호, 제5호 관련 도시개발사업 또는 정비사업에 대한 학교용지부담금 산정 시 기존 세대수에 세입자 세대 포함 여부** (교육부 지방교육재정과, 2021. 9. 10. / 2021. 8. 25.)

정비구역 내 기존 세대 수 산정 시 세입자 포함 여부 관련 유사 사안 판례(대법원 2020두46592, 2020. 11. 26.)에서 기존 세대 수의 조사는 실사 등을 통한 조사가 원칙이나, 「주민등록법」에 따라 전입신고를 마친 세대는 특별한 사정이 없는 한 해당 지역에서 실제 거주하고 있는 것으로 추정되므로, 「주민등록법」에 따라 전입신고를 마친 세대의 수는 사업구역 내 기존 세대수를 산정함에 있어 유력한 기초자료가 될 수 있다고 판시한 바 있다.

따라서, 「학교용지법」의 입법 취지 상 학교용지부담금 부과를 위해 산정해야 하는 기존 세대 수는 정비사업 시행 전 사업구역 내 주택 용도의 건축물에서 실제 거주하였던 세대 수의 명확한 확인이 필요하나, 실사 등을 통한 조사가 불가능한 경우 「주민등록법」에 따라 전입신고를 마친 세대 수를 기존 세대 수로 산정하는 것이 보다 합리적일 것으로 판단된다.

- **분양이 아닌 매매된 세대에 대하여 학교용지부담금 산정 기준** (교육부 지방교육재정과, 2021. 8. 3.)

미분양 건의 경우 사업시행자 보존등기 이후 매매계약을 체결하였다는 사실 또한 추가 분양과 다르지 않다 할 것이며, 따라서 매매계약 체결 가격을 분양가격으로 볼 수 있음에 따라 이를 기준으로 학교용지부담금을 부과하는 것이 합리적이라 판단된다.

또한, 부가가치세액 제외 여부에 관하여, 추가 제출한 매매가 관련 자료에서 동법 시행령 제5조의 2 제4항에 "부담금의 산정기준에 적용하는 공동주택 분양가격 및 단독주택 용지의 분양가격은 「부가가치세법」에 따른 부가가치세액을 제외한 금액으로 한다."에 따라 부가가치세액을 제외한 가격에 대해 학교용지부담금을 산정하면 될 것으로 사료된다.

- **분양공급계약내역 등 분양자료가 없는 경우, 분양가격 산정 기준** (교육부 지방교육재정과, 2020. 6. 29.)

「학교용지법」 제5조 제1항에서는 개발사업지역에서 공동주택을 분양하는 자에게 부담금을 부과・징수할 수 있도록 규정하고 있으며, 제1항 단서에서는 부담금 부과・징수에 대한 예외 사유를 각 호로 규정하고, 제5호에서는 "정비사업 및 소규모주택정비사업 시행 결과 해당 정비 구역 및 사업시행구역 내 세대 수가 증가하지 아니하는 경우"

를 부담금 부과·징수 예외사유로 규정하고 있다.

동법 규정 및 취지 등을 종합적으로 고려할 때, 재건축사업을 실시하는 경우 사업실시로 인해 증가된 세대수에 대해서만 학교용지부담금을 부과·징수하는 것이 타당하다 할 것이다.

따라서, 질의내용이 학교용지부담금을 부과하기 위한 분양가격의 산정기준에 대한 사항이라면 분양공급 계약자료가 없다하더라도 조합과 공유자 B가 공동소유한 경우는 기존 세대로서, 증가하는 세대 수에 포함하지 않는 것이 합리적인 것으로 판단된다.

○ 2주택 공급받는 조합원의 학교용지부담금 부과 제외 여부 (교육부 지방교육재정과, 2020. 5. 28.)

재건축사업을 실시하는 경우 사업실시로 인해 증가된 세대수에 대해서만 학교용지부담금을 부과·징수하는 것이 타당하다 할 것이므로, 사업시행 후 전체 세대수에서 기존 세대수를 제외한 나머지 세대수에 대하여 부담금을 부과할 수 있을 것이다.

또한, 부담금 산정에 있어 주택유형(분양면적)별 분양가가 다르기 때문에, 각 유형별 세대에 분양가를 곱하여 합산한 전체 합계액을 해당 세대로 나눈 평균값으로 적용하는 것이 합리적이라 판단된다. (부담금 = 전체 평균 분양가 × 증가 가구수)

○ 공동주택 할인분양 시 부담금 산정 기준 (교육부 지방교육재정과, 2019. 8. 30.)

개발사업시행자가 미분양 잔여세대를 할인하여 분양하였다면, 할인 분양한 분양자료를 시·도지사에게 제출하고, 시·도지사는 제출된 분양자료를 근거로 부담금을 산출하는 것이 타당하다고 사료된다.

○ 공공·민간 공동개발사업에서 학교용지의 공공지분율만 무상 공급하는 경우 산정 기준 (교육부 지방교육재정과, 2019. 3. 19.)

공공사업시행자와 그 외의 개발사업시행자가 공동으로 개발사업을 하는 경우에 대하여 별도 규정은 없으나, 해당 개발사업은 공공사업시행자와 그 외의 개발사업시행자 모두 사업시행자라고 할 수 있으며, 학교용지의 공급가액은 특정 금액으로 산정이 가능하므로 일정 비율에 따라 안분하는 것도 가능하다고 사료된다.

따라서, 공공사업시행자와 그 외의 개발사업시행자가 공동으로 개발사업을 하는 경우에는 해당 사업의 규모, 형태 등을 고려하여 학교용지의 공급가액 산정을 위한 부담비율을 확정한 후에 공공사업시행자의 부담비율에 해당하는 부분은 동법 제4조 제3항 제1호에 따라 학교용지를 무상으로 공급하여야 하고, 공공사업시행자 외의 개발사업시행자의 부담비율에 해당하는 부분은 동법 제5조의 2에 따라 공동주택인 경우 가구별 공동주택 분양가격의 1천분의 8로 부과 징수할 수 있을 것으로 판단된다.

○ 최초 입주자모집공고 취소 후 재공고하는 경우 부담금의 산정 기준 (교육부 지방교육재정과, 2018. 11. 30.)

법 〈부칙〉 [법률 제9743호, 2009. 5. 28.] 제3조는 동법 제5조의 2 제2항 제1호의 개정규정에서 이 법 시행은 「주택법」 제38조에 따른 입주자모집에 관한 승인을 최초로 신청하는 개발사업부터 적용하도록 정하고 있다.

입주자모집 승인을 거쳐 입주자모집공고를 하였다 하더라도, 당사자가 모집승인의 취소를 승인권자에게 구하였다면 그 취소의 신청에는 모집승인 신청 취소의 의사표시를 포함하고 있는 것으로 보아야 하고, 따라서 승인권자가 모집승인 취소 요청을 승낙한 경우에는 모집승인 신청도 취소된 것으로 보아야 할 것이다.

다만, 당사자가 사업계획의 중대한 변경요인 또는 부득이한 자발적인 이유로 모집승인의 취소를 승인권자에게 구하여 모집승인 신청의 철회 의사표시를 한 것이 아니라, 일상적인 단순한 변경승인 절차라고 한다면 그러하지 아니할 것으로 판단된다.

※ 감사원 심사결정문(분류번호 2016-심사-881, 2016-심사-882) 참조

| [참고] 학교용지부담금 산정기준 변천현황 |

년 월 일	변천내용
1995. 12. 29. (법률)	학교용지부담금의 범위 · 산정기준 · 징수방법 등을 대통령령에 위임
1996. 11. 2. (시행령)	시행령은 시 · 도 조례로 위임(부담률 미정)
2000. 1. 28. (법률)	단독주택 : 단독주택지 분양가격의 1.5% 공동주택 : 세대별 공동주택 분양가격의 0.8%
2002. 12. 5. (법률)	단독주택 : 단독주택지 분양가격의 1.5% 공동주택 : 세대별 공동주택 분양가격의 0.8%. ※재건축 · 재개발 · 주거환경개선사업을 개발사업에 포함(기존세대는 면제)
2005. 3. 24. (법률)	단독주택 : 단독주택지 분양가격의 0.7% 공동주택 : 세대별 공동주택 분양가격의 0.4%. ※납부의무자 변경 : 분양받는 자 → 분양하는 자
2006. 7. 19. (법률)	단독주택 : 단독주택지 분양가격의 1.5% 공동주택 : 세대별 공동주택 분양가격의 0.8%. ※ 학교용지의 공급을 감정가격에서 초 · 중학교의 경우에는 학교용지 조성원가의 50%로, 고등학교의 경우에는 학교용지 조성원가의 70%로 공급하도록 변경
2009. 5. 28. (법률)	단독주택 : 단독주택지 분양가격의 1.4% 공동주택 : 세대별 공동주택 분양가격의 0.8%
2015. 1. 20. (법률)	개발사업 시행결과 '구역 내 가구 수가 증가하지 아니하는 경우'는 부담금 부과 예외 사유로 명확히 규정
2020. 12. 22. (법률)	공동주택 범위에 대통령령으로 정하는 규모의 오피스텔을 포함토록 하여 실질적인 주거용 오피스텔에 대한 학교 수요에 대비

Q6. 학교용지부담금의 부과 · 징수

1 학교용지부담금의 부과시기 및 납부기간

구 분	내 용	관련법령
부과시기	개발사업시행자가 단독주택 건축을 위한 토지 또는 공동주택 등을 분양한 때	학교용지법 §5 ①
납부시기	납부 고지일로부터 30일	학교용지법 §5 ④

(1) 분양자료 제출

공동주택분양자 등은 단독주택 건축을 위한 토지 또는 공동주택을 분양한 때에는 분양공급계약자 및 분양공급계약내역 등의 분양자료를 분양공급계약체결일부터 30일까지 시 · 도지사에게 제출하여야 한다(학교용지법 §5 ②, 학교용지령 §5의 2 ①). 다만, 최초 분양공급계약체결일부터 60일이 경과하여 미분양된 토지 및 공동주택 등이 추가 분양되는 경우에는 매 분기종료 후 7일까지 제출하여야 한다(학교용지령 §5의 2 ①).

공동주택분양자 등이 분양자료를 정해진 기한까지 제출하지 아니하거나 거짓으로 제출한 경우에는 500만 원의 과태료를 부과한다(학교용지령 §8 ①). 시 · 도지사는 그 위반행위가 사소한 부주의나 오류로 인한 것으로 인정되는 경우 등[47]에 있어서는 과태료 금액의 2분의 1의 범위에서 그 금액을 줄일 수 있다(학교용지령 §8 ②).

(2) 납부고지서 발부

시 · 도지사는 위의 분양자료를 받은 때에는 즉시 부담금의 금액 · 납부기한 · 납부방법 · 납부장소 등을 기재한 납부고지서를 해당 공동주택분양자등에게 발부하여야 하며, 그 부담

47) 시 · 도지사는 다음 각 호의 어느 하나에 해당하는 경우에는 과태료 금액의 2분의 1의 범위에서 그 금액을 줄일 수 있다(학교용지령 §8 ②).
1. 위반행위가 사소한 부주의나 오류로 인한 것으로 인정되는 경우
2. 위반행위자가 법 위반상태를 시정하거나 해소하기 위한 노력이 인정되는 경우
3. 그 밖에 위반행위의 정도, 위반행위의 동기나 그 결과 등을 고려하여 그 금액을 줄일 필요가 있다고 인정되는 경우

금의 납부기한은 고지한 날부터 30일이다(학교용지법 §5 ③ ④).

「학교용지법 시행령」 제5조의 2 제5항에서 "제1항 및 제4항에서 규정한 사항 외에 납부고지서의 서식, 그밖에 부담금의 부과 · 징수에 필요한 사항은 시 · 도의 조례로 정한다"고 규정하고 있어, 구체적으로 정하지 아니한 사항에 대해서는 시 · 도지사가 정한 조례에 따라야 할 것이다. 「서울특별시 학교용지부담금 부과 · 징수 및 특별회계 설치 · 운용 조례」에서는 학교용지부담금 납부고지서를 발부하고자 하는 때에는 「지방세징수법 시행규칙」 [별지 제8호 서식]을 준용하도록 규정하고 있다(학교용지부담금조례 §2 ①).

2 학교용지부담금의 강제징수

시 · 도지사는 부담금 납부의무자가 납부기한까지 부담금을 내지 아니하면 납부기한이 지난 후 10일 이내에 독촉장을 발급하여야 한다. 이 경우 납부기한은 독촉장 발급일부터 10일로 한다(학교용지법 §5의 3 ①).

또한 납부의무자가 당초 납부기한까지 부담금을 내지 아니하면 납부기한이 경과한 날부터 매 1일이 경과할 때마다 체납된 부담금의 1천분의 1에 해당하는 금액을 가산하여 징수할 수 있다. 이 경우 가산금은 체납된 부담금의 1천분의 30을 초과하지 못한다(학교용지법 §5의 3 ②)[48].

아울러 납부의무자가 독촉장을 받고 지정된 기한까지 부담금과 가산금을 내지 아니하면 「지방행정제재 · 부과금의 징수 등에 관한 법률」에 따라 징수할 수 있다(학교용지법 §5의 3 ③). 그 밖에 규정되지 아니한 부담금의 징수에 관하여는 지방세 징수의 예에 따른다(학교용지부담금조례 §4).

3 학교용지부담금의 이의신청

부담금에 대한 이의제기 절차 · 요건 · 방법 · 처리방법이 법이나 시행령에 마련되어 있지 않으며, 시 · 도 조례에서 규정하고 있다.

48) 현행 가산금은 2017년 5%에서 3%로 경감된 것이다.

서울시 조례에 의하면 학교용지부담금을 부담금을 부과받은 자가 이의가 있는 때에는 부담금 납부고지서를 받은 날부터 30일 이내에 학교용지부담금 이의신청서[별첨 : 참고2]에 따라 증명할 수 있는 자료를 첨부하여 시장(시・도지사)에게 이의를 신청할 수 있다(학교용지부담금조례 §2 ②). 시・도지사는 납부의무자로부터 이의신청이 있는 때에는 이의신청서를 접수받은 날부터 30일 이내에 심의하고 그 결과를 신청인에게 서면으로 통보하여야 한다(학교용지부담금조례 §2 ③). 이의신청 방법과 절차 등에 관하여는 「지방세기본법」 제90조와 제94조부터 제99조까지의 규정을 준용한다(학교용지부담금조례 §4).

〈지방세기본법〉
제90조(이의신청)
제94조(청구기한의 연장 등)
제95조(보정요구)
제96조(결정 등)
제97조(결정의 경정)
제98조(다른 법률과의 관계)
제99조(청구의 효력 등)

 권한의 위임

시・도지사는 그 시・도의 조례로 정하는 바에 따라 제5조에 따른 부담금의 부과・징수에 관한 업무를 시장・군수・구청장(자치구의 구청장을 말한다)에게 위임할 수 있다(학교용지법 §9 ①).

서울특별시장은 제2조에 따른 부담금의 부과・징수 등에 관한 사무를 개발사업지역을 관할하는 자치구청장에게 위임한다(학교용지부담금조례 §3 ①). 다만, 「학교용지 확보 등에 관한 특례법」 제5조 제5항 제2호에 해당하는 경우 자치구청장은 시장과 사전에 협의한 후 부담금 면제 여부를 결정하여야 한다. 즉, 구청장이 최근 3년 이상 취학 인구가 지속적으로 감소하여 학교 신설의 수요가 없는 지역에서 개발사업을 시행하는 경우로서 부담금을 면제할 경우에는 시장과 사전에 협의한 후 결정하여야 한다. 서울특별시장은 징수한 부담금의 100분의 3을 해당 자치구청장에게 교부하되, 매년 징수실적을 기준으로 하여 다음 해 3월 말까지 교부한다(학교용지부담금조례 §3 ②).

5 학교용지부담금 특별회계 설치

시 · 도는 학교용지 확보 등에 필요한 경비를 조달하고, 부담금을 적정하게 관리하기 위하여 학교용지부담금특별회계를 설치하여야 하며, 특별회계는 시 · 도지사가 관리 · 운용한다(학교용지법 §5의 4 ① ②).

특별회계의 세입은 부과 · 징수하는 학교용지부담금과 가산금, 그 밖에 해당 시 · 도의 조례로 정하는 재원으로 하며, 특별회계의 세출은 학교용지를 확보하기 위하여 부담하는 경비와 학교 증축 경비, 부담금의 과오납환급금, 부담금의 부과 · 징수에 소요되는 비용, 그 밖에 학교용지의 확보 등에 필요하거나 부담금을 적정하게 관리하기 위하여 필요한 사항으로 해당 시 · 도의 조례로 정하는 사항으로 한다(학교용지법 §5의 4 ③).

특별회계의 세출은 학교용지를 확보하기 위하여 부담하는 경비, 학교 증축 경비, 부담금의 과오납환급금, 부담금의 부과 · 징수에 소요되는 비용, 그 밖에 학교용지의 확보 등에 필요하거나 부담금을 적정하게 관리하기 위하여 필요한 사항으로 해당 시 · 도의 조례로 정하는 사항이다(학교용지법 §5의 4 ④).

시 · 도지사는 특별회계의 운용 상황을 행정안전부장관에게 보고하고, 행정안전부장관은 보고받은 내용을 교육부장관에게 통보하여야 한다(학교용지법 §5의 4 ⑤). 시 · 도지사는 학교용지부담금특별회계의 세입 및 세출 등 운용 상황을 매년 2월 말일까지 행정안전부장관에게 보고하여야 한다. 또한 행정안전부장관은 보고받은 내용을 매년 3월 31일까지 교육부장관에게 통보하여야 한다(학교용지령 §5의 3 ① ②).

한편 서울특별시장은 특별회계 운용과 관련하여 부담금의 부과 · 징수 현황 및 학교용지 등의 확보를 위하여 서울특별시 교육비특별회계로 전출되는 비용에 대해 매년 1월 말까지 자치구청장과 서울특별시교육청으로부터 보고받으며 필요한 경우 자료제출 등을 요구할 수 있다(학교용지부담금조례 §5 ②).

- **학교용지부담금 부과처분이 신뢰보호의 원칙에 위반되는지 여부** (감사원 2019 - 심사 - 347, 2021. 6. 17.)

  처분청은 ①이 사건 공동주택 개발사업에 대해 학교용지부담금이 면제된다는 것에 대한 공적인견해를 표명하였고, 그 견해를 계속 유지하여 왔다고 봄이 상당한 점, ②청구인이 이 사건 공동주택 개발사업에 대해 학교용지부담금이 부과되지 않을 것으로 신뢰한데 어떠한 귀책사유를 발견할 수 없고, 청구인은 처분청의 공적견해 표명을 신뢰하여 분양대금에 학교용지부담금을 포함시키지 않고 이 사건 공동주택 개발사업을 진행한 점, ③이 사건 부과처분으로 인하여 청구인은 약 51억원의 학교용지부담금을 추가로 부담하게 되어 막대한 이익이 침해된 반면, 처분청은 당초부터 이 사건 용지는 학교용지부담금이 면제대상이라는 입장을 견지해 왔던 것으로 보이므로 청구인으로부터 학교용지부담금을 받지 못하더라도 학교부지 또는 학교시설의 공급 등에 어려움이 발생할 수 있다는 등의 구체적인 자료 또는 정황도 발견할 수 없어 학교용지부담금이 면제될 경우 그로 인하여 공익 또는 제3자의 정당한 이익을 현저히 해할 우려가 있는 경우에 해당한다고도 볼 수 없는 점 등을 종합하면 이 사건 공동주택 개발사업에 대해 학교용지부담금을 부과하는 것은 신뢰보호의 원칙에 위반되므로 이 사건 부과처분은 위법하다.

- **재건축사업 후 미분양으로 시공사에 분양권을 양도하고 시공사에서 일반분양을 실시한 경우 학교용지부담금의 납부의무자는?** (교육부 지방교육재정과, 2020. 12. 1.)

「학교용지법」 제5조 제1항에 의하면 학교용지 부담금은 개발사업지역에서 단독주택을 건축하기 위한 토지를 개발하여 분양하거나 공동주택을 분양하는 자에게 부과하는 경비로, 개발사업으로 인하여 유발된 취학수요의 해소를 위한 학교설립을 쉽게 하기 위한 목적으로 취학 수요를 유발한 원인 제공자인 개발사업시행자에게 부과하는 것이 타당하다 사료된다.

- **회사 소유로 소유권 이전등기가 완료된 분에 대한 학교용지부담금 부과 여부** (교육부 지방교육재정과, 2021. 5. 7.)

시행자 회사소유로 소유권 보존등기가 아닌 소유권 이전등기를 한 것이라 한다면, 미분양 세대에 대한 소유를 시행사가 취득한 것으로 볼 수 있고, 이는 실제적으로 동법상 분양과 유사한 것으로 볼 수 있음에 따라 학교용지부담금 부과・징수는 가능할 것으로 판단된다.

- **조합원 분양공급 계약체결일과 일반분양자 분양공급 계약체결일이 다른 경우 부과기준일은?** (교육부 지방교육재정과, 2019. 3. 11.)

법 제5조 제2항에서 "공동주택분양자등은 단독주택 건축을 위한 토지 또는 공동주택을 분양한 때에는 분양공급계약자 및 분양공급계약내역 등의 분양자료를 대통령령으로 정하는 기한까지 시・도지사에게 제출하여야 한다"고 규정하고 있으며, 동법 시행령 제5조의 2 제1항에서 정하는 기한이란 "분양공급계약체결일부터 30일"을 의미하며, 제3항에서는 "시・도지사는 제2항에 따른 분양자료를 받은 때에는 즉시 부담금의 금액・납부기한・납부방법・납부장소 등을 기재한 납부고지서를 해당 공동주택분양자 등에게 발부하여야 한다"고 규정하고 있음을 고려할 때, 분양공급 계약체결이 별도로 이루어져 분양공급계약체결일이 다른 경우 분양자료 제출기한이 별도로 설정된 것으로 보는 것이 타당하다.

○ 개발사업시행자가 파산한 경우 부담금의 부과 여부 (교육부 지방교육재정과, 2016. 7. 18.)

조합이 파산하는 경우라 하더라도 파산절차가 종료되기 전까지는 법인격이 소멸하지 않습니다. 파산선고 후 파산재단이 만들어지고 파산관재인이 채권·채무 관계를 확정하고 재산을 처분하여 채권자들에게 분배하게 된다. 절차 진행 중 적정한 절차에 따라 학교용지부담금이 발생하는 경우 학교용지부담금 부과가 가능할 수 있을 것으로 판단된다.

분양은 매매를 말하며, 경매와 공매도 매매에 해당하므로 경매로 진행되어 적정한 절차에 따라 학교용지부담금이 발생하는 경우에는 부과대상이 될 수 있다고 판단된다.

○ 학교용지의 기부채납으로 교육감의 의견이 변경된 경우 부담금의 환급 (교육부 지방교육재정과, 2016. 6. 2.)

학교용지 또는 학교시설을 교육비특별회계로 기부채납 및 무상공급하였다면 기부채납 또는 무상공급한 만큼의 비용에 해당하는 만큼 학교용지부담금의 부과를 면제하거나 부담금을 이미 납부한 경우라면 환급하는 것이 타당하다고 판단된다.

다만, 동법에서는 학교용지부담금의 환급 시기, 절차 및 방법 등에 대하여 따로 정하지 아니하고 있고, 동법 시행령 제5조의 2에서는 법에서 정하고 있지 아니한 학교용지부담금의 징수 등에 관한 사항은 시·도지사가 조례로 정하여 업무를 처리하도록 하고 있음에 따라 학교용지부담금의 환급 시기, 절차 및 방법 등에 대해서는 실제 부담금을 징수한 지방자치단체가 합리적인 방안을 검토하여 환급하는 것이 적절하다.

○ 공동주택의 입주자 모집공고가 취소된 경우, 개발사업시행자가 기 납부한 학교용지부담금을 환급해야 하는지? (교육부 지방교육재정과, 2016. 5. 12.)

입주 모집공고가 취소되고 기 분양된 분양계약이 해지되었다면, 분양자의 지위에 있지 아니하여 학교용지부담금 납부의무자가 아니므로 사업자가 이미 납부한 학교용지부담금은 환급해주어야 한다고 판단된다.

○ 분양계약완료 후 법 개정에 따른 학교용지부담금 부과일 적용 기준 (교육부 지방교육재정과, 2016. 4. 4.)

개발사업시행자가 공동주택 등을 분양한 때에는 분양자료를 분양공급계약체결일부터 30일 내에 시·도지사에게 제출하여야 하며, 시·도지사는 분양자료를 받은 즉시 납부고지서를 개발사업시행자에게 발부하여 부담금을 부과하여야 할 것이다.

다만, 동법 제5조 제1항 제5호의 경우, 헌법재판소의 헌법불합치 결정(선고일: 2014. 4. 24)에 따라 2015. 1. 20.자로 개정·시행된 법률 조항이라는 점과 조세의 부과과세제도에 따르면, 과세요건 충족으로 납세자의 납세의무가 객관적으로 발생되더라도, 세액 등의 산정은 과세관청(정부)의 부과처분에 의하여 최종적으로 납세의무의 확정력을 가지게 된다는 점 등을 고려할 때, 질의 사안과 같이 2015. 1. 20.자 법률 개정·시행 이전에 분양공급계약이 체결되었으나 법률 개정 이후 부담금을 부과한 경우, 분양공급계약체결에 따라 법률 개정 이전에 부담금 납부의무가 발생하였더라도 해당 납부의무의 확정은 부과처분이라는 행정청의 행정행위를 통하여 결정된다고 보는 것이 합리적일 것이다.

따라서, 질의 사안과 같이 2015. 1. 20.자 법률 개정 이전에 분양공급계약이 체결되었으나 법률 개정 이후 부과처분이라는 행정행위가 이루어진 경우, 부과처분이라는 행정행위가 이루어지는 시기에 적용되는 개정된 법령 규정에 따라 학교용지부담금을 산정하여 부과하는 것이 합리적일 것으로 판단된다.

Q7. 학교용지부담금 관련 법령 및 조례

학교용지 확보 등에 관한 특례법 〔시행 2021. 6. 23., 2020. 12. 22. 일부개정〕	학교용지 확보 등에 관한 특례법 시행령 〔시행 2021. 6. 23., 2021. 6. 22. 일부개정〕
제1조(목적) 이 법은 공립 유치원·초등학교·중학교 및 고등학교용 학교용지(學校用地)의 조성·개발·공급과 관련 경비의 부담 등에 관한 특례를 규정함으로써 학교용지의 확보를 쉽게 하고 학교용지를 확보할 수 없는 경우 가까운 곳에 있는 기존 학교의 증축을 쉽게 함을 목적으로 한다.	제1조(목적) 이 영은 「학교용지 확보 등에 관한 특례법」에서 위임된 사항과 그 시행에 관하여 필요한 사항을 규정함을 목적으로 한다
제2조(정의) 이 법에서 사용하는 용어의 뜻은 다음과 같다. 1. "학교용지"란 공립 유치원·초등학교·중학교 및 고등학교의 교사(校舍)·체육장 및 실습지, 그 밖의 학교시설을 신설하는 데에 필요한 토지를 말한다. 2. "개발사업"이란 다음 각 목의 어느 하나에 해당하는 법률에 따라 시행하는 사업 중 100세대 규모 이상의 주택건설용 토지를 조성·개발하거나 공동주택(「주택법」 제2조 제4호에 따른 준주택 중 대통령령으로 정하는 규모의 오피스텔을 포함한다. 이하 같다)을 건설하는 사업을 말한다. 가. 「건축법」 나. 「도시개발법」 다. 「도시 및 주거환경정비법」 라. 「주택법」 마. 「택지개발촉진법」 바. 「산업입지 및 개발에 관한 법률」 사. 「공공주택 특별법」 아. 「신행정수도 후속대책을 위한 연기·공주지역 행정중심복합도시 건설을 위한 특별법」 자. 「혁신도시 조성 및 발전에 관한 특별법」 차. 「경제자유구역의 지정 및 운영에 관한	제1조의 2(개발사업에 포함되는 오피스텔) 「학교용지 확보 등에 관한 특례법」(이하 "법"이라 한다) 제2조 제2호에서 "대통령령으로 정하는 규모의 오피스텔"이란 다음 각 호의 요건을 모두 갖춘 오피스텔을 말한다. 1. 전용면적이 40제곱미터 초과 85제곱미터 이하일 것 2. 상하수도 시설이 갖추어진 전용 입식 부엌, 전용 수세식 화장실 및 목욕시설(전용 수세식 화장실에 목욕시설을 갖춘 경우를 포함한다)을 갖출 것 [본조신설 2021. 6. 22.]

학교용지 확보 등에 관한 특례법 〔시행 2021. 6. 23., 2020. 12. 22. 일부개정〕	학교용지 확보 등에 관한 특례법 시행령 〔시행 2021. 6. 23., 2021. 6. 22. 일부개정〕
특별법」 카. 「기업도시개발 특별법」 타. 「도청이전을 위한 도시건설 및 지원에 관한 특별법」 파. 「주한미군 공여구역주변지역 등 지원 특별법」 하. 「민간임대주택에 관한 특별법」 거. 「연구개발특구의 육성에 관한 특별법」 너. 「빈집 및 소규모주택 정비에 관한 특례법」 더. 「역세권의 개발 및 이용에 관한 법률」 러. 「도시재생 활성화 및 지원에 관한 특별법」 머. 「지역 개발 및 지원에 관한 법률」 버. 「아시아문화중심도시 조성에 관한 특별법」 서. 「지방소도읍 육성 지원법」 어. 「동·서·남해안 및 내륙권 발전 특별법」 저. 「친수구역 활용에 관한 특별법」 3. "학교용지부담금"이란 개발사업에 대하여 특별시장·광역시장·특별자치시장·도지사 또는 특별자치도지사(이하 "시·도지사"라 한다)가 학교용지를 확보하거나, 학교용지를 확보할 수 없는 경우 가까운 곳에 있는 학교를 증축하기 위하여 개발사업을 시행하는 자에게 징수하는 경비(이하 "부담금"이라 한다)를 말한다.	
제3조(학교용지의 조성·개발) ① 300세대(제5조 제5항 제3호에 해당하는 개발사업은 그 개발사업분을 뺀 세대 수를 대상으로 하고, 「도시 및 주거환경정비법」 제2조 제2호 다목의 재건축사업 및 「빈집 및 소규모주택 정비에 관한 특례법」 제2조 제1항 제3호 다목의 소규모재건축사업은 기존 세대를 뺀 세대 수를 대상으로 한다) 규모 이상의 개발사업을 시행하는 자(이하 "개발사업시행자"라 한	제2조(개발사업계획의 승인 신청) ① 법 제3조 제1항에 따른 개발사업시행자(이하 "개발사업시행자"라 한다)가 개발사업계획의 승인을 신청할 때에는 다음 각 호 중 해당하는 의견서 또는 협의결과를 각각 첨부하여야 한다. 1. 법 제3조 제3항에 따른 교육감의 의견서 2. 법 제4조의 2 제2항 및 같은 조 제6항에 따른 교육감과의 협의결과 ② 제1항 각 호의 의견서 및 협의결과에는

학교용지 확보 등에 관한 특례법 〔시행 2021. 6. 23., 2020. 12. 22. 일부개정〕	학교용지 확보 등에 관한 특례법 시행령 〔시행 2021. 6. 23., 2021. 6. 22. 일부개정〕
다)는 개발사업을 시행하기 위하여 수립하는 계획에 학교용지의 조성·개발에 관한 사항을 포함시켜야 한다. 이 경우 학교용지의 위치와 규모 등은 「국토의 계획 및 이용에 관한 법률」 제43조에 따른 학교시설의 설치기준 등에 관한 규정을 준용한다. ② 특별시·광역시·특별자치시·도 또는 특별자치도의 교육감(이하 "교육감"이라 한다)은 제1항에 따른 학교시설의 설치기준에 못 미치는 개발사업에 대하여는 개발사업시행자에게 그 개발사업의 규모와 지역 여건을 고려하여 적절한 규모의 학교용지를 확보하도록 한다. 다만, 그 지역이 협소하여 개발사업시행자가 학교용지를 확보할 수 없다고 판단되면 개발사업시행자로 하여금 사업지와 인접한 곳에 학교용지를 확보하도록 할 수 있다. ③ 개발사업시행자가 제1항에 따라 학교용지를 개발하거나 제2항에 따라 학교용지를 확보하려는 때에는 교육감의 의견을 들어야 한다. 이 경우 교육감은 제4조 제4항에 따라 학교용지 매입비용의 2분의 1을 부담하는 시·도지사와 비용부담 등에 대하여 협의하여야 한다. ④ 시·도지사, 시장 또는 군수는 제1항에 따른 학교용지의 조성·개발계획을 포함한 개발사업계획이 허가·인가 또는 승인되면 지체 없이 그 학교용지에 대하여 「국토의 계획 및 이용에 관한 법률」 제25조에 따른 도시·군관리계획을 입안하여야 한다. ⑤ 제2항에 따른 적절한 규모의 학교용지 확보에 필요한 사항은 대통령령으로 정한다.	다음 각 호의 구분에 따른 사항이 포함되어야 한다. 1. 제1항 제1호의 경우: 다음 각 목에 대한 교육감의 의견 가. 학교용지의 위치 및 규모의 적합성 나. 학교용지의 조성·개발기간 및 매입시기의 적절성 다. 학교용지에 설치되어야 하는 기반시설의 종류의 타당성 라. 법 제4조 제3항에 따른 학교용지 공급가액 산정의 적절성 2. 제1항 제2호의 경우: 다음 각 목에 대한 교육감의 의견 가. 학교의 수·규모의 적절성 나. 학교부지에 설치하는 소공원 및 조경녹지의 적절성 다. 개교시기의 적절성 라. 설립비용의 적절성 ③ 개발사업계획 승인권자는 개발사업계획의 승인신청이 있는 때에는 그 계획에 도시·군계획 관계 법령에 따른 학교용지에 관한 사항과 제2항에 따른 학교용지 및 학교시설에 관한 교육감의 의견 및 교육감과의 협의결과가 적정하게 반영되었는지의 여부를 확인하고 반영되지 아니한 경우에는 이를 보완하게 하여야 한다. ④ 법 제3조 제2항의 규정에 의한 개발사업지에 인접한 학교용지는 개발사업구역의 경계선으로부터 통학거리 1천미터 이내의 것으로 하되, 교육감은 1천미터 이내에 학교용지를 확보하기 어렵다고 인정하는 경우 개발사업지역의 규모, 개발인접지역의 학교여건 등을 고려하여 달리 정할 수 있다. ⑤ 법 제3조 제3항 후단에 따라 학교용지 매입비용의 부담 등에 대하여 교육감이 특별시장·광역시장·특별자치시장·도지사 및 특별자치도지사(이하 "시·도지사"라 한다)와 협의할 때에는 학교용지 면적의 산출근거,

학교용지 확보 등에 관한 특례법 〔시행 2021. 6. 23., 2020. 12. 22. 일부개정〕	학교용지 확보 등에 관한 특례법 시행령 〔시행 2021. 6. 23., 2021. 6. 22. 일부개정〕
	학교용지 매입 예상가격의 산출근거 및 학교용지 매입시기, 학교 설립시기 등을 제시하여야 한다.
	제2조의 2(적정한 규모의 학교용지 확보) ① 법 제3조 제5항에서 "적정한 규모의 학교용지"라 함은 초등학교 36학급, 중학교 24학급, 고등학교 24학급 미만인 학교(이하 "소규모 학교"라 한다)의 설립에 필요한 학교용지를 말한다. ② 개발사업시행자가 제1항의 규정에 의한 소규모 학교의 학교용지를 확보하고자 하는 때에는 「고등학교 이하 각급 학교 설립·운영규정」 제6조의 규정에 의한 교지의 면적(이하 "각급 학교의 학교용지기준"이라 한다) 이상을 확보하여야 한다.
제4조(학교용지의 확보 및 경비의 부담) ① 특별시·광역시·특별자치시·도 또는 특별자치도(이하 "시·도"라 한다)인 개발사업시행자는 제3조에 따른 학교용지를 확보하여 시·도 교육비특별회계 소관 공유재산(公有財産)으로 하여야 한다. ② 시·도 외의 개발사업시행자는 제3조에 따른 학교용지를 시·도에 공급하고, 시·도는 학교용지를 확보하여 시·도 교육비특별회계 소관 공유재산으로 하여야 한다. ③ 제1항과 제2항에 따른 학교용지의 공급가액은 다음 각 호와 같다. 1. 다음 각 목의 개발사업시행자가 개발사업을 하는 경우에는 학교용지를 무상(「도시 및 주거환경정비법」에 따른 정비사업의 경우 2천세대 규모 이상은 유치원·초등학교와 중학교는 학교용지 조성원가의 100분의 50, 고등학교는 학교용지 조성원가의 100분의 70으로 하고, 2천세대 규모 미만인 경우에는 조성원가)으로 공급하여야 한다. 가. 국가 또는 지방자치단체	제5조(학교용지 및 학교시설 무상공급 지원기관) ① 학교용지 및 학교시설 무상공급의 원활한 추진을 위하여 교육부장관은 국토교통부장관과 협의하여 법 제4조 제3항 제1호, 제4조의 2 제1항 및 같은 조 제6항에 따라 학교용지 또는 학교시설을 무상공급하는 개발사업시행자와 해당 교육감에게 학교용지 및 학교시설 무상공급 지원기관(이하 "지원기관"이라 한다)을 추천할 수 있다. ② 교육부장관이 제1항에 따라 추천할 수 있는 지원기관은 다음 각 호와 같다. 1. 「정부출연연구기관 등의 설립·운영 및 육성에 관한 법률」 제8조 제1항에 따른 연구기관 2. 학교시설 및 도시개발에 관한 전문성이 있는 연구기관 또는 대학 ③ 제2항에 따라 추천을 받은 지원기관은 학교용지 또는 학교시설을 무상공급하는 개발사업시행자와 교육감이 동의하는 경우 다음 각 호의 사항에 관하여 지원을 할 수 있다. 1. 학교 급별·규모별 학교용지 및 학교시설 기준에 관한 연구

학교용지 확보 등에 관한 특례법 〔시행 2021. 6. 23., 2020. 12. 22. 일부개정〕	학교용지 확보 등에 관한 특례법 시행령 〔시행 2021. 6. 23., 2021. 6. 22. 일부개정〕
나. 「공공기관의 운영에 관한 법률」 제4조에 따른 공공기관 다. 「지방공기업법」 제5조에 따른 지방직영기업 라. 「지방공기업법」 제49조에 따른 지방공사 마. 「지방공기업법」 제76조에 따른 지방공단 2. 제1호 각 목의 개발사업시행자 외의 개발사업시행자가 공급하는 학교용지의 공급가액은 「감정평가 및 감정평가사에 관한 법률」 제2조 제2호에 따른 감정평가에 의한 가액으로 한다. ④ 제1항과 제2항에 따라 시·도가 학교용지를 확보하는 데에 드는 경비는 시·도의 일반회계와 제5조의 4에 따른 학교용지부담금특별회계에서 2분의 1을, 시·도 교육비특별회계에서 2분의 1을 각각 부담한다. ⑤ 시·도지사는 제4항에 따라 부담하는 금액을 각각 시·도의 일반회계와 제5조의 4에 따른 학교용지부담금특별회계 예산에 계상하여 시·도 교육비특별회계로 전출하여야 한다. ⑥ 제3항 제1호에서 "학교용지 조성원가"란 제2조 제2호에 따른 관계 법률에서 용지 조성원가를 정하고 있는 경우에는 그 용지 조성원가를 말하며, 용지 조성원가를 정하고 있지 아니한 경우에는 「택지개발촉진법」 제18조 제3항에 따른 택지 조성원가의 산정방식을 준용하여 산정한 가격을 말한다. ⑦ 개발사업시행자가 학교용지 또는 학교시설을 시·도 교육비특별회계 소관 공유재산으로 무상공급하는 경우에는 무상공급에 소요되는 비용을 「개발이익환수에 관한 법률」 제11조 제1항에 따른 개발비용에 포함할 수 있다. ⑧ 제3항 제1호 각 목에 따른 개발사업시행자가 개발사업을 하는 경우에는 개발사업지	2. 무상공급하는 학교용지 및 학교시설의 적절한 품질확보 방법 및 설치비용에 관한 연구 3. 학교 내 소공원 및 조경녹지시설의 설치에 관한 모델 개발 4. 학교용지에 대한 교육환경평가 등 교육환경 보호를 위한 연구 5. 무상공급하는 학교시설의 규모 등에 대한 이해당사자 간 분쟁에 관한 자문 6. 그 밖에 학교용지 및 학교시설의 무상공급과 관련한 사항 ④ 제3항에 따른 지원을 하는 지원기관에 대하여 교육부장관 또는 국토교통부장관은 지원에 필요한 경비의 전부 또는 일부를 지원할 수 있다.

학교용지 확보 등에 관한 특례법 〔시행 2021. 6. 23., 2020. 12. 22. 일부개정〕	학교용지 확보 등에 관한 특례법 시행령 〔시행 2021. 6. 23., 2021. 6. 22. 일부개정〕
역 내에 사립학교(유치원·초등학교·중학교 및 고등학교에 한한다)를 설립 또는 이전하려는 「사립학교법」 제2조 제2호의 학교법인에 학교시설(교사·체육장 및 실습지를 포함한다)을 신설하는 데 필요한 토지를 학교용지 조성원가 이하로 공급할 수 있다.	
제4조의 2(학교시설에 관한 특례) ① 제4조 제3항 제1호 각 목에 따른 개발사업시행자가 「수도권정비계획법」 제2조 제1호에 따른 수도권에서 학교용지를 무상으로 공급하는 개발사업을 하는 경우 소공원 및 조경녹지를 포함한 학교시설을 설치하여 시·도 교육비특별회계 소관 공유재산으로 시·도 교육청에 무상공급하여야 한다. ② 제1항에 따라 학교시설을 설치하는 개발사업시행자는 학교의 수·규모, 학교부지에 설치하는 소공원 및 조경녹지, 개교시기 및 설립비용 등에 관하여 교육감과 협의하여야 한다. ③ 제1항에 따라 학교시설을 설치하는 개발사업시행자는 해당 개발지역에 「도시공원 및 녹지 등에 관한 법률」 제14조 제2항에도 불구하고 같은 항에 따른 기준면적에서 개발사업면적의 최대 100분의 1을 뺀 면적을 도시공원 또는 녹지로 확보할 수 있다. ④ 제3항에 따라 도시공원 및 녹지를 축소함에 따라 발생하는 개발이익은 학교시설의 설치비용으로 사용하여야 한다. ⑤ 제1항에 따라 학교시설을 설치하는 경우 그 비용이 제4항에 따른 개발이익보다 많을 경우 제2항에 따른 협의를 통하여 그 차액을 확정하고 교육감이 분담한다. ⑥ 제1항에 따른 학교시설 무상공급 대상에 포함되지 아니하는 개발사업시행자가 학교시설을 설치하여 무상으로 공급하는 경우에는 제2항부터 제4항까지의 규정을 준용한다.	
제5조(부담금의 부과·징수) ① 시·도지사는	

학교용지 확보 등에 관한 특례법 〔시행 2021. 6. 23., 2020. 12. 22. 일부개정〕	학교용지 확보 등에 관한 특례법 시행령 〔시행 2021. 6. 23., 2021. 6. 22. 일부개정〕
개발사업지역에서 단독주택을 건축하기 위한 토지를 개발하여 분양하거나 공동주택을 분양하는 자(이하 이 조에서 "공동주택분양자등"이라 한다)에게 부담금을 부과·징수할 수 있다. 다만, 다음 각 호의 어느 하나에 해당하는 개발사업분의 경우에는 그러하지 아니하다. 1. 「공익사업을 위한 토지 등의 취득 및 보상에 관한 법률」에 따른 이주용(移住用) 택지나 이주용 주택을 분양하는 경우 2. 임대주택을 분양하는 경우 3. 「도시개발법」 제2조 제1항 제2호에 따른 도시개발사업 시행 결과 해당 도시개발구역 내 세대 수가 증가하지 아니하는 경우 4. 「도시 및 주거환경정비법」 제2조 제2호 가목에 따른 주거환경개선사업의 경우 5. 「도시 및 주거환경정비법」 제2조 제2호 나목부터 다목까지의 규정에 따른 정비사업 및 「빈집 및 소규모주택 정비에 관한 특례법」 제2조 제1항 제3호 나목·다목에 따른 소규모주택정비사업 시행 결과 해당 정비구역 및 사업시행구역 내 세대 수가 증가하지 아니하는 경우 6. 「주택법」 제2조 제11호 다목에 따른 리모델링주택조합의 구성원에게 분양하는 경우	
② 공동주택분양자등은 단독주택 건축을 위한 토지 또는 공동주택을 분양한 때에는 분양공급계약자 및 분양공급계약내역 등의 분양자료를 대통령령으로 정하는 기한까지 시·도지사에게 제출하여야 한다. ③ 시·도지사는 제2항에 따른 분양자료를 받은 때에는 즉시 부담금의 금액·납부기한·납부방법·납부장소 등을 기재한 납부고지서를 해당 공동주택분양자등에게 발부하여야 한다. ④ 제3항에 따른 부담금의 납부기한은 고지한 날부터 30일로 한다.	제5조의 2(학교용지부담금의 부과·징수의 절차 등) ① 법 제5조 제2항에서 "대통령령으로 정하는 기한"이란 분양공급계약체결일부터 30일(미분양된 토지 및 공동주택등이 최초 분양공급계약체결일부터 60일이 경과하여 추가분양되는 경우에는 매 분기종료후 7일)을 말한다. ② 삭제 〈2017. 9. 19.〉 ③ 삭제 〈2017. 9. 19.〉 ④ (법 제5조의 2 참조) ⑤ 제1항 및 제4항에서 규정한 사항 외에 납부고지서의 서식, 그 밖에 부담금의 부과·

학교용지 확보 등에 관한 특례법 〔시행 2021. 6. 23., 2020. 12. 22. 일부개정〕	학교용지 확보 등에 관한 특례법 시행령 〔시행 2021. 6. 23., 2021. 6. 22. 일부개정〕
⑤ 시·도지사는 다음 각 호의 어느 하나에 해당하는 경우에는 부담금을 면제할 수 있다. 다만, 제1호·제3호 및 제4호의 경우에는 부담금을 면제하여야 한다. 1. 개발사업시행자가 제3조 제3항에 따른 교육감 의견으로 제시된 학교용지를 시·도 교육비특별회계에 기부채납(寄附採納)하는 경우 2. 최근 3년 이상 취학 인구가 지속적으로 감소하여 학교 신설의 수요가 없는 지역에서 개발사업을 시행하는 경우 3. 「노인복지법」 제32조에 따른 노인복지주택 등 취학 수요가 발생하지 아니하는 용도의 개발사업을 시행하는 경우 4. 개발사업시행자가 학교용지 또는 학교시설을 시·도 교육비특별회계 소관 공유재산으로 무상공급하는 경우 ⑥ 제1항부터 제5항까지에서 규정한 사항 외에 부담금 부과·징수의 방법·절차 등에 필요한 사항은 대통령령으로 정한다. [2015. 1. 20. 법률 제13006호에 의하여 2013. 7. 25., 2014. 4. 24. 헌법불합치 결정된 제5조 제1항을 개정함]	징수에 필요한 사항은 특별시·광역시·특별자치시·도 또는 특별자치도(이하 "시·도"라 한다)의 조례로 정한다.
제5조의 2(부담금의 산정기준) ① 제5조 제1항에 따른 부담금은 공동주택인 경우에는 분양가격을 기준으로 부과하고, 단독주택을 건축하기 위한 토지인 경우에는 단독주택 용지의 분양가격을 기준으로 부과한다. ② 제1항에 따른 부담금은 다음 각 호의 기준에 따라 산정한다. 1. 공동주택 : 세대별 공동주택 분양가격×1천분의 8 2. 단독주택을 건축하기 위한 토지 : 단독주택지 분양가격× 1천분의 14	제5조의 2(학교용지부담금의 부과·징수의 절차 등) ④ 법 제5조의 2에 따라 부담금의 산정기준에 적용하는 공동주택 분양가격 및 단독주택 용지의 분양가격은 「부가가치세법」에 따른 부가가치세액을 제외한 금액으로 한다.
제5조의 3(부담금 등의 강제 징수) ① 시·도지사는 부담금 납부의무자가 납부기한까지 부담금을 내지 아니하면 납부기한이 지난 후	

학교용지 확보 등에 관한 특례법 〔시행 2021. 6. 23., 2020. 12. 22. 일부개정〕	학교용지 확보 등에 관한 특례법 시행령 〔시행 2021. 6. 23., 2021. 6. 22. 일부개정〕
10일 이내에 독촉장을 발급하여야 한다. 이 경우 납부기한은 독촉장 발급일부터 10일로 한다. ② 시・도지사는 납부의무자가 제1항 전단에 따른 납부기한까지 부담금을 내지 아니하면 납부기한이 경과한 날부터 매 1일이 경과할 때마다 체납된 부담금의 1천분의 1에 해당하는 금액을 가산하여 징수할 수 있다. 이 경우 가산금은 체납된 부담금의 1천분의 30을 초과하지 못한다. ③ 시・도지사는 납부의무자가 독촉장을 받고 지정된 기한까지 부담금과 가산금을 내지 아니하면 「지방행정제재・부과금의 징수 등에 관한 법률」에 따라 징수할 수 있다.	
제5조의 4(학교용지부담금특별회계의 설치) ① 시・도는 학교용지 확보 등에 필요한 경비를 조달하고, 부담금을 적정하게 관리하기 위하여 학교용지부담금특별회계(이하 이 조에서 "특별회계"라 한다)를 설치하여야 한다. ② 특별회계는 시・도지사가 관리・운용한다. ③ 특별회계의 세입은 다음 각 호와 같다. 1. 제5조 제1항에 따라 부과・징수하는 부담금 2. 제5조의 3 제2항에 따라 부과・징수하는 가산금 3. 그 밖에 해당 시・도의 조례로 정하는 재원 ④ 특별회계의 세출은 다음 각 호와 같다. 1. 제4조 제4항에 따라 학교용지를 확보하기 위하여 부담하는 경비 2. 제6조 제2항에 따른 학교 증축 경비 3. 부담금의 과오납환급금 4. 부담금의 부과・징수에 소요되는 비용 5. 그 밖에 학교용지의 확보 등에 필요하거나 부담금을 적정하게 관리하기 위하여 필요한 사항으로 해당 시・도의 조례로 정하는 사항 ⑤ 시・도지사는 대통령령으로 정하는 바에 따라 특별회계의 운용 상황을 행정안전부장	제5조의 3(학교용지부담금특별회계 운용에 관한 보고 등) ① 시・도지사는 법 제5조의 4 제5항에 따라 학교용지부담금특별회계의 세입 및 세출 등 운용 상황을 매년 2월 말일까지 행정안전부장관에게 보고하여야 한다. ② 행정안전부장관은 제1항에 따라 보고받은 내용을 매년 3월 31일까지 교육부장관에게 통보하여야 한다.

학교용지 확보 등에 관한 특례법 〔시행 2021. 6. 23., 2020. 12. 22. 일부개정〕	학교용지 확보 등에 관한 특례법 시행령 〔시행 2021. 6. 23., 2021. 6. 22. 일부개정〕
관에게 보고하고, 행정안전부장관은 보고받은 내용을 교육부장관에게 통보하여야 한다. ⑥ 특별회계의 설치 및 운용·관리 등에 필요한 사항은 해당 시·도의 조례로 정한다.	
제6조(시·도 부담 경비의 재원) ① 시·도는 학교용지를 확보하기 위하여 제4조 제4항에 따라 시·도의 일반회계가 부담하는 경비를 다음 각 호의 재원으로 조달할 수 있다. 1. 개발사업이 시행되는 지역에서 부과·징수되는 지방세 중 대통령령으로 정하는 세액 2. 「개발이익환수에 관한 법률」에 따라 개발사업지역에서 부과·징수한 개발부담금 중 대통령령으로 정하는 금액 ② 시·도는 제4조 제1항 및 제2항에 따라 학교용지를 확보할 수 없는 경우에는 가까운 곳에 있는 학교를 증축하기 위하여 필요한 경비를 제5조의 4에 따른 학교용지부담금특별회계에서 부담할 수 있다. 이 경우 학교 증축 경비는 학교용지부담금특별회계 예산에 계상하여 시·도 교육비특별회계로 전출하여야 한다.	**제6조(시·도 부담경비의 재원조달범위)** ① 법 제6조 제1항 제1호에 따른 지방세액으로 조달하는 경비는 학교용지의 확보를 위하여 시·도의 일반회계가 부담하는 경비에서 제2항에 따른 개발부담금과 법 제5조의 규정에 따른 부담금을 뺀 금액을 한도로 한다. 이 경우 지방세는 취득세 및 등록에 대한 등록면허세를 말한다. ② 법 제6조 제1항 제2호에 따른 개발부담금으로 조달하는 경비는 해당 개발사업에서 징수되는 시·도귀속 개발부담금으로 한다.
제9조(권한의 위임) ① 시·도지사는 그 시·도의 조례로 정하는 바에 따라 제5조에 따른 부담금의 부과·징수에 관한 업무를 시장·군수·구청장(자치구의 구청장을 말한다)에게 위임할 수 있다. ② 교육감은 해당 교육규칙으로 정하는 바에 따라 제3조에 따른 인접 학교용지의 확보에 관한 업무와 교육감의 의견 표시에 관한 업무를 시·군·구의 교육장에게 위임할 수 있다.	
제10조(공사중지 요청) 교육감은 개발사업시행자가 제3조에 따른 개발사업계획에 따라 학교용지를 확보하지 아니하여 개발사업계획의 허가·인가 또는 승인 조건을 위반하면 「건축법」 제79조, 「도시개발법」 제75조, 「도시 및 주거환경정비법」 제113조, 「주택법」	

학교용지 확보 등에 관한 특례법 〔시행 2021. 6. 23., 2020. 12. 22. 일부개정〕	학교용지 확보 등에 관한 특례법 시행령 〔시행 2021. 6. 23., 2021. 6. 22. 일부개정〕
제94조, 「택지개발촉진법」 제23조, 「산업입지 및 개발에 관한 법률」 제48조, 「공공주택 특별법」 제55조, 「혁신도시 조성 및 발전에 관한 특별법」 제55조, 「기업도시개발 특별법」 제47조, 「도청이전을 위한 도시건설 및 지원에 관한 특별법」 제38조, 「민간임대주택에 관한 특별법」 제40조, 「빈집 및 소규모주택 정비에 관한 특례법」 제54조, 「역세권의 개발 및 이용에 관한 법률」 제31조, 「지역 개발 및 지원에 관한 법률」 제75조, 「아시아문화중심도시 조성에 관한 특별법」 제50조, 「동·서·남해안 및 내륙권 발전 특별법」 제34조 및 「친수구역 활용에 관한 특별법」 제27조에 따른 공사중지를 그 개발사업계획의 허가·인가 또는 승인권자에게 요청할 수 있다.	
제11조(과태료) ① 제5조 제2항을 위반하여 분양자료를 기한까지 제출하지 아니하거나 거짓으로 제출한 자에게는 500만 원 이하의 과태료를 부과한다. ② 제1항에 따른 과태료는 대통령령으로 정하는 바에 따라 시·도지사가 부과·징수한다.	제8조(과태료의 부과기준) ① 법 제11조에 따라 분양자료를 제5조의 2 제1항에서 정한 기한까지 제출하지 아니하거나 거짓으로 제출한 경우에는 500만 원의 과태료를 부과한다. ② 시·도지사는 다음 각 호의 어느 하나에 해당하는 경우에는 제1항에 따른 과태료 금액의 2분의 1의 범위에서 그 금액을 줄일 수 있다. 1. 위반행위가 사소한 부주의나 오류로 인한 것으로 인정되는 경우 2. 위반행위자가 법 위반상태를 시정하거나 해소하기 위한 노력이 인정되는 경우 3. 그 밖에 위반행위의 정도, 위반행위의 동기나 그 결과 등을 고려하여 그 금액을 줄일 필요가 있다고 인정되는 경우

서울특별시 학교용지부담금 부과 · 징수 및 특별회계 설치 · 운용 조례
[시행 2019. 3. 28.]

제1조(목적) 이 조례는 「학교용지 확보 등에 관한 특례법」 및 같은 법 시행령에서 조례로 정하도록 위임된 사항과 그 시행에 필요한 사항을 규정함을 목적으로 한다.

제2조(부담금의 부과 · 징수 등) ① 서울특별시장(이하 "시장"이라 한다)은 「학교용지 확보 등에 관한 특례법 시행령」 제5조의 2에 따라 학교용지부담금(이하 "부담금"이라 한다) 납부고지서를 발부하고자 하는 때에는 「지방세징수법 시행규칙」 별지 제8호 서식을 준용한다.

② 부담금을 부과받은 자가 이의가 있는 때에는 제1항의 납부고지서를 받은 날부터 30일 이내에 별지 제1호 서식의 학교용지부담금 이의신청서에 따라 증명할 수 있는 자료를 첨부하여 시장에게 이의를 신청할 수 있다.

③ 시장은 제2항의 이의신청이 있는 때에는 이의신청서를 접수받은 날부터 30일 이내에 심의하고 그 결과를 신청인에게 서면으로 통보하여야 한다.

제3조(권한의 위임) ① 시장은 제2조에 따른 부담금의 부과 · 징수 등에 관한 사무를 개발사업지역을 관할하는 자치구청장에게 위임한다. 다만, 「학교용지 확보 등에 관한 특례법」(이하 "학교용지법"이라 한다) 제5조 제5항 제2호에 해당하는 경우 자치구청장은 시장과 사전에 협의한 후 부담금 면제여부를 결정하여야 한다.

② 시장은 징수한 부담금의 100분의 3을 해당 자치구청장에게 교부하되, 매년 징수실적을 기준으로 하여 다음 해 3월 말까지 교부한다.

제4조(지방세징수법 등 준용) 이 조례에 규정되지 아니한 부담금의 징수에 관하여는 지방세 징수의 예에 따르고, 이의신청 방법과 절차 등에 관하여는 「지방세기본법」 제90조와 제94조부터 제99조까지의 규정을 준용한다.

제5조(특별회계의 설치 · 운용) ① 시장은 학교용지 확보 등에 필요한 경비를 조달하고, 부담금을 적정하게 관리하기 위하여 서울특별시 학교용지부담금특별회계(이하 "특별회계"라 한다)를 설치 · 운용한다.

② 시장은 특별회계 운용과 관련하여 부담금의 부과 · 징수 현황 및 학교용지 등의 확보를 위하여 서울특별시 교육비특별회계로 전출되는 비용에 대해 매년 1월 말까지 자치구청장과 서울특별시교육청으로부터 보고받으며 필요한 경우 자료제출 등을 요구할 수 있다.

제6조(세입) 특별회계의 세입은 다음 각 호와 같다.

1. 학교용지법 제5조의 4 제3항 제1호 및 제2호에 따른 부담금 및 가산금
2. 일반회계로부터의 전입금

제7조(세출) 특별회계의 세출은 다음 각 호와 같다.

1. 학교용지법 제5조의 4 제4항 제1호부터 제4호까지에 해당하는 세출(학교용지 확보를

위해 부담하는 경비, 학교 증축 경비, 부담금의 과오납환급금, 부담금의 부과 · 징수에 소요되는 비용)

2. 감정평가 수수료 등 학교용지의 매입에 소요되는 경비

부 칙 〈제7033호, 2019. 3. 28.〉

제1조 (시행일) 이 조례는 공포한 날부터 시행한다.

제2조 (부담금부과대상에 대한 적용례) 부담금의 부과대상은 2000년 2월 28일 이후에 개발사업계획의 승인을 받아 서울특별시조례 제3937호 「서울특별시학교용지부담금부과징수등에관한조례」의 시행일(2001년 11월 10일을 말한다) 이후 분양공고하는 토지 또는 공동주택을 분양받는 자부터 적용한다. 다만, 법률 제7397호 「학교용지 확보 등에 관한 특례법」의 시행일(2005년 3월 24일을 말한다)이후 부터는 개발사업지역에서 단독주택을 건축하기 위한 토지를 개발하여 분양하거나 공동주택을 분양하는 자에 적용한다.

제6장

광역교통시설부담금

Q1. 광역교통시설부담금의 의의

 광역교통시설부담금의 개념과 도입배경

광역교통시설부담금을 부과하는 취지는 대도시권의 주택건설사업 등으로 급증하는 교통수요에 대비하여 원인제공자 내지 수익자에게 교통시설 설치비의 일부를 부담시킴으로써 대도시권의 교통난을 완화하기 위한 광역교통시설의 건설 및 개량에 소요되는 재원을 확보하고자 함에 있다(헌법재판소 2009. 2. 26. 2007헌바112 결정).

또한 교통시설의 건설 및 개량 사업을 위한 특별회계로 귀속되어 관리되며, 광역교통시설의 개선이라는 특정한 공익적 과제의 필요에 충당하기 위하여 교통에 부담을 유발하는 사업을 하는 일부 사람들에게만 강제적으로 부과·징수되므로 성질상 원인자부담금에 해당하며, 기능적 측면에서는 교통시설의 개선에 필요한 재원 확보를 목적으로 하는 재정조달목적 부담금에 해당한다(헌법재판소 2009. 2. 26. 2007헌바112 결정 참조).

광역교통시설부담금은 대도시권이 처하고 있는 여건과 종전제도의 문제점 등을 고려하여 개발압력으로 인한 광역교통시설 부족문제에 효율적으로 대처하고자 주택단지 등 개발사업 시행자가 기간교통시설비의 일부를 부담하도록 종전의『광역전철부담금제(1997. 4. 10. 도입, 2001. 4. 30. 폐지)』가 『광역교통시설부담금제(2001. 4. 30. 시행)』로 확대·개편된 것이다.

즉, 대규모 개발사업의 경우 당해 사업이 이루어지는 지역을 관할하는 시·도지사는 광역교통개선대책을 수립하고 광역교통위원회의 심의를 거쳐 확정하도록 하고, 광역교통시설의 건설에 소요되는 재원을 확충하고 다양한 광역교통시설 확보를 위한 사업에 투자할 수 있도록 종전 광역전철부담금제가 광역교통시설부담금제로 확대·개편된 것이다.

광역교통시설부담금의 부과대상 지역은 수도권은 2001. 4. 30.부터, 지방도시권(부산·울산권, 광주권, 대구권, 대전권)은 2002. 1. 11.부터 부과해 오고 있다. 즉, 「대도시권 광역교통 관리에 관한 특별법」 제11조에서 광역교통시행계획이 수립·고시된 5대 대도시권(수도권과 부산·울산권, 대구권, 광주권, 대전권)에서 택지개발사업 등을 시행하는 자는 광역교통시설 등의 건설 및 개량, 광역버스운송사업에 대한 지원 등을 위한 광역교통시설 부담금을 내도록 규정하고 있다.

광역교통시설부담금 부과대상	납부의무자	관련법령
광역교통시행계획이 수립・고시된 대도시권(수도권, 부산・울산권 등)에서 아래 사업을 시행하는 경우 ① 택지조성 사업 : 택지개발사업, 도시개발사업, 대지조성사업 (종전 아파트지구 개발사업 포함) ② 주택건설사업 : 주택건설・주택재개발・재건축 및 건축허가를 받아 주택 외의 시설과 20세대 이상의 주택을 동일건축물로 건축하는 사업	사업시행자	광역교통법 §11 ①

광역교통시설부담금의 부과근거는 「대도시권 광역교통관리에 관한 특별법」(약칭 : 광역교통법)과 동법 시행령, 각 지방자치단체 조례이며, 국토교통부장관이 특별법 규정에 따라 고시하는 표준개발비와 표준건축비도 법적 근거에 해당한다. 특히 각 시・도의 조례를 통해 부과율 등의 조정이 가능하여 해당 사업이 시행되는 지역별로 그 기준이 다를 수 있기 때문에 해당 시・도 관련 조례의 규정을 반드시 확인할 필요가 있다.

광역교통시설이란 대도시권의 광역적인 교통 수요를 처리하기 위한 교통시설로서 다음의 시설을 말한다(광역교통법 §2 2호).

① 둘 이상의 시・도에 걸치는 도로로서 광역도로 요건에 해당하는 도로
② 둘 이상의 시・도에 걸쳐 운행되는 도시철도 또는 광역철도
③ 대도시권 외곽에 위치한 광역철도 역(驛)의 인근에 건설되는 주차장
④ 여객자동차 운수사업 또는 화물자동차 운수사업에 제공되는 공영차고지
⑤ 간선급행버스체계로서 일정 요건에 해당하는 시설
⑥ 환승센터・복합환승센터로서 일정 요건에 해당하는 시설
⑦ 그 밖에 대통령령으로 정하는 교통시설

2021년 기준 해당 시・도에서 징수된 광역교통시설부담금의 규모는 963건 2,302억 원 수준이며, 특히 경기도에서 징수된 금액이 1,282억 원으로 전체의 55.7%를 차지하여 광역교통시설부담금은 주로 경기도에 집중되어 있음을 알 수 있다.

광역교통시설부담금의 운용 현황[49)]

(1) 광역교통시설부담금의 부과 및 징수기관

담당기관	국토교통부	광역교통정책과
부과기관	대도시권의 각 시·도지사	교통정책과 등
징수기관	대도시권의 각 시·도지사	교통정책과 등

(2) 광역교통시설부담금의 부과·징수 규모

① 연도별 부과·징수 규모

구 분	부과		징수	
	건수	금액(백만 원)	건수	금액(백만 원)
합계	17,170	3,906,496	14,495	2,861,298
2021	868	202,622	963	230,218
2020	823	205,538	802	164,221
2019	867	197,544	999	222,222
2018	950	200,507	1,010	227,725
2017	1,176	207,011	1,038	249,751
2016	961	262,345	853	179,753
2015 이전	11,525	2,630,929	8,830	1,587,408

※ 광역교통시설부담금의 납부기한은 부과일로부터 1년이며, 납부의무자의 신청을 받아 사업의 준공완료 공고일까지 분할납부 가능.

② 징수기관별 부담금 징수규모

구 분	징수실적(백만 원)		비고
	2021년	2020년까지 누계	
서울특별시	12,877	301,357	
부산광역시	5,285	164,822	
대구광역시	27,338	175,237	
인천광역시	31,832	342,066	
광주광역시	6,002	51,615	

49) 기획재정부, 「2021년도 부담금운용 종합보고서」, pp.666~687. 참조

구 분	징수실적(백만 원)		비고
	2021년	2020년까지 누계	
대전광역시	4,316	55,168	
울산광역시	1,999	43,697	
세종특별자치시	33	72	
경기도	128,210	1,325,947	
충청북도	1,283	42,708	
충청남도	1,548	4,881	
전라남도	424	9,501	
경상북도	3,771	28,243	
경상남도	5,300	85,766	
계	230,218	2,631,080	

③ 광역교통시설부담금 배분 구조

배분항목		배분비율	2021년 징수금액 (백만 원)	관련법령
합계		100.0%	230,218	
국가	국가균형발전 특별회계	40%	92,089	광역교통법 §11의 6
광역자치단체	지방광역교통시설 특별회계	60%	138,129	

○ 광역교통시설부담금의 액수 산정을 위한 계산요소의 기준을 대통령령에 위임하고 있는 구 '대도시권 광역교통관리에 관한 특별법' 제11조의 3 제5항 중 "개발면적" 부분(이하 '이 사건 법률조항'이라 한다)이 포괄위임금지원칙에 위반되는지 여부 (헌법재판소 2013. 10. 24. 자 2012헌바368 결정)

광역교통시설부담금은 이미 승인 또는 인가된 사업에 부과되는 점을 고려할 때(광역교통법 제11조의 4 참조) 구체적인 당해 사업의 '전체' 면적은 사업의 개시단계에서부터 이미 당해 사업자가 알고 있는 내용이며, 이를 상한으로 구체적인 부담금의 부과기준인 "개발면적"이 어느 범위에서 정해지는지만 문제된다. 따라서 이 사건 법률조항 중 "개발면적"에 관한 산정 방법의 대강 및 그 상한은 특별법의 유기적・체계적 해석을 통하여 예측할 수 있다.

특별법 제11조의 3 제1항 제1호의 계산식을 따르고 있는 사업은 모두 토지를 개발하는 사업으로, "개발면적"의 의미는 이러한 사업을 통하여 "유용하게 만들고자 하는 토지의 넓이"를 뜻한다 할 것이고, 광역교통시설부담금의 부과 목적, 관계법령을 고려한 법원의 합리적 해석을 통해 "개발면적"의 구체적 의미와 적용범위를 확정할 수 있다.

또한 특별법의 입법목적 및 재정조달목적 부담금으로서의 광역교통시설부담금의 성격, 특별법에서의 구체적 재원조달 체계 등을 고려할 때, 구체적인 재원 마련의 규모와 회계 구성, 필요한 징수 규모 등은 행정기관에서 다양한 사회적・경제적 여건의 변화 및 건설교통정책의 변화를 고려하여 합리적으로 규율할 필요가 있는 사항이다. 이에 따라 개별 사업자에게 징수할 광역교통시설부담금의 산정 기준 중 "개발면적" 부분도 그 상한이 이미 전체 면적으로 정해져 있다면, 그 중 어느 범위까지를 포함시킬지는 규율대상의 성격상 지극히 다양하고 수시로 변화되어 행정기관의 전문적인 판단이 필요한 사항으로서 하위법규에 위임할 필요성이 인정된다. 따라서 이 사건 법률조항은 포괄위임금지원칙에 위반되었다고 볼 수 없다.

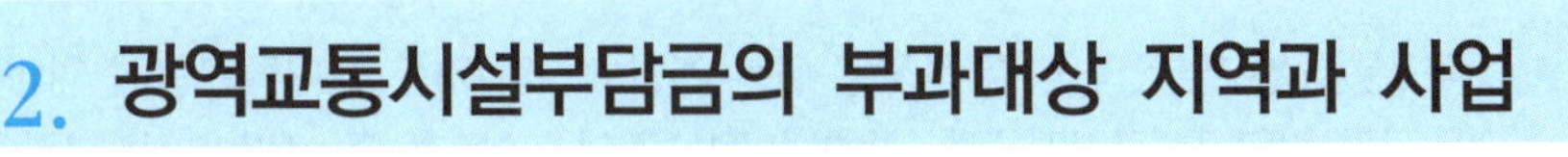

Q2. 광역교통시설부담금의 부과대상 지역과 사업

1 광역교통시설부담금의 부과대상 지역

광역교통시설부담금은 광역교통시행계획이 수립・고시된 전국 5대 대도시권에서 부과된다(광역교통법 §11 ①). 여기에서 대도시권이란 「지방자치법」 제2조 제1항 제1호에 따른 특별시・광역시 및 그 도시와 같은 교통생활권에 있는 지역 중 대통령령으로 정하는 지역을 말하는데, 구체적인 행정구역의 범위는 아래 표와 같다(광역교통법 §2 1호, 광역교통령 §2).

| 대도시권 광역교통 관리에 관한 특별법 시행령 [별표 1] |

대도시권의 범위(제2조 관련)

권역별	범 위
수도권	서울특별시, 인천광역시 및 경기도
부산・울산권	부산광역시, 울산광역시, 경상북도 경주시 및 경상남도 양산시・김해시・창원시
대구권	대구광역시, 경상북도 구미시・경산시・영천시・군위군・청도군・고령군・성주군・칠곡군 및 경상남도 창녕군
광주권	광주광역시 및 전라남도 나주시・담양군・화순군・함평군・장성군
대전권	대전광역시, 세종특별자치시, 충청남도 공주시・논산시・계룡시・금산군 및 충청북도 청주시・보은군・옥천군

광역교통계획이 개정법률 시행일 이전에 수립・고시(1998. 12.)된 수도권은 개정법률 시행일인 2001. 4. 30.부터 광역교통시설부담금이 부과되며, 광역교통계획이 개정법률 시행일 이후인 2002. 1. 5. 수립・고시(건설교통부 제2001-373호)된 부산・울산권 등 지방 대도시권의 경우에는 2002. 1. 11.부터 광역교통시설부담금이 부과된다.

즉, 수도권은 2001. 4. 30.부터, 지방 5대 도시권(부산・울산권, 광주권, 대구권, 대전권)은 2002. 1. 11.부터 광역교통시설부담금이 부과되고 있다.

2 광역교통시설부담금의 부과대상 사업

① 「택지개발촉진법」에 따른 택지개발사업
② 「도시개발법」에 따른 도시개발사업
③ 「주택법」에 따른 대지조성사업 및 법률 제6916호 주택건설촉진법개정법률 부칙 제9조에 따라 종전의 규정에 따르도록 한 아파트지구개발사업
④ 「주택법」에 따른 주택건설사업(다른 법령에 따라 사업 승인이 의제되는 협의를 거친 경우를 포함한다)
⑤ 「도시 및 주거환경정비법」에 따른 재개발사업 및 재건축사업. 다만, 재개발사업의 경우에는 20세대 이상의 공동주택을 건설하는 경우만 해당한다.
⑥ 「건축법」 제11조에 따른 건축허가를 받아 주택 외의 시설과 20세대 이상의 주택을 동일 건축물로 건축하는 사업
⑦ 그 밖에 ①부터 ⑥까지의 사업과 유사한 사업으로서 대통령령으로 정하는 사업

(1) 택지개발사업

광역교통시행계획이 수립·고시된 대도시권에서 「택지개발촉진법」에 의한 택지개발사업을 시행하는 자는 광역교통시설 부담금을 내야 한다(광역교통법 §11 ① 1호). 택지개발사업이란 일단(一團)의 토지를 활용하여 주택건설 및 주거생활이 가능한 택지를 조성하는 사업을 말하며, 여기에서 "택지"란 택지개발촉진법에서 정하는 바에 따라 개발·공급되는 주택건설용지 및 공공시설용지이다(택지개발촉진법 §2). 일반적으로 택지개발사업은 택지개발지구 내에서 국가, 지방자치단체, 한국토지주택공사, 지방공사 등이 실시계획승인을 받아 택지(주택건설용지 및 공공시설용지 등)를 조성하는 사업을 말한다.

(2) 도시개발사업

대도시권에서 「도시개발법」에 의한 도시개발사업 시행하는 자는 광역교통시설부담금을 내야 한다(광역교통법 §11 ① 2호). 도시개발사업이란 도시개발지구안에서 주거·상업·산업·유통·정보통신·생태·문화·보건 및 복지 등의 기능을 가진 단지 또는 시가지를 조성하기 위하여 시행하는 사업을 말한다(도시개발법 §2). 일반적으로 국가, 지방자치단체, 공공기관 및 정부출연기관, 도시개발구역 안의 토지소유자 등이 실시계획 승인을 받아 사업을 시행한다.

(3) 대지조성사업 및 아파트지구 개발사업

「주택법」에 따른 대지조성사업 및 법률 제6916호 주택건설촉진법개정법률 부칙 제9조[50]에 따라 종전의 규정에 따르도록 한 아파트지구 개발사업은 부담금 부과대상 사업이다(광역교통법 §11 ① 3호). 대지조성사업이란 주택법령에 따라 10,000㎡ 이상의 대지를 조성하고자 하는 경우 대지조성사업 등록업자가 사업계획승인을 받아 주택단지를 조성하기 위하여 시행하는 사업을 말한다(주택법 시행령 §27 ②). 또한 아파트지구 개발사업이란 구 주택법령에 따라 당해 아파트개발지구 안의 토지소유자 또는 그들이 설립한 조합, 국가, 지방자치단체, 한국토지주택공사, 지방공사 등이 사업시행인가를 받아 아파트지구개발 기본계획을 수립하고 시행하는 사업을 말한다.

한편, 택지개발사업이 시행된 지구 내에서 대지조성사업을 실시한 경우 그 대지조성사업이 부담금 부과대상이 되는지에 대해 살펴보면, 대법원은 이중부과로서 위법하다는 입장이다. 왜냐하면 대지조성사업으로 야기되는 교통난 유발 등 효과는 택지개발사업 시행에 따른 부담금 부과과정에서 이미 평가된 것으로 볼 수 있기 때문이다(대법원 2008. 12. 24 선고 판결 참조).

(4) 주택건설사업

「주택법」에 따른 주택건설사업을 시행하는 자는 광역교통시설 부담금을 내야 한다. 여기 주택건설사업에는 다른 법령에 따라 사업 승인이 의제되는 협의를 거친 경우를 포함한다(광역교통법 §11 ① 4호).

주택건설사업은 20세대 이상의 공동주택 또는 20호 이상의 단독주택을 건축하고자, 국가, 지방자치단체, 한국토지주택공사, 지방공사, 국토교통부장관에게 등록한 주택건설사업자 등이 사업계획승인을 받아 시행하는 사업을 말한다. 도시형 생활주택 사업은 30세대 이상인 경우에 부담금 부과대상이 된다(주택법 §4 ① 및 동법 시행령 §14 ①).

(5) 주택재개발 · 재건축사업

「도시 및 주거환경정비법」에 의한 재개발사업 및 재건축사업을 시행하는 자는 광역교통시설 부담금을 내야 한다. 다만, 재개발사업의 경우에는 20세대 이상의 공동주택을 건설하

50) 제9조 (아파트지구 개발사업 폐지에 따른 경과조치) 이 법 시행 당시 도시계획법에 의하여 지정된 아파트지구의 개발에 관하여는 종전의 규정에 의한다.

는 경우만 해당한다(광역교통법 §11 ① 5호). 20세대 이상의 공동주택만을 부과대상으로 하는 것은 「주택법」에 의한 주택건설사업의 요건이 20세대 이상이고, 20세대 이하는 「건축법」에 의한 인·허가 사항이기 때문이다.

주택재개발사업은 정비기반시설이 열악하고 노후·불량건축물이 밀집한 지역에서 주거환경을 개선하기 위하여 시행하는 사업이다. 또한 주택재건축사업은 정비기반시설은 양호하나 노후·불량건축물이 밀집한 지역에서 주거환경을 개선하기 위하여 시행하는 사업을 말한다(도시정비법 §2).

(6) 주상복합 건축사업

「건축법」 제11조에 따른 건축허가를 받아 주택 외의 시설과 20세대 이상의 주택을 동일 건축물로 하는 사업은 부담금 부과대상 사업이다(광역교통법 §11 ① 6호).

건축법 제11조에 따른 건축허가를 받아 주택 외의 시설과 20세대 이상의 주택을 동일 건축물로 하는 사업은 동일 건축물 내에 20세대 이상의 주택과 상업용 또는 공업용 시설 등을 함께 건축하는 사업을 말하는데, 통상적으로 시행되는 형태는 주상복합 건축사업이다.

아울러 오피스텔은 통상 주거용으로 사용하더라도 건축법상 업무용이므로 부담금 부과면적에서 제외된다. 또한 근린생활시설도 부과면적에서 제외되는데, 주택인 시설의 건축연면적의 합계에 대하여만 산정기준의 건축연면적으로 규정하고 있기 때문이다(광역교통령 §16의 2 ⑦).

(7) 그 밖에 유사한 사업

그 밖에 위 (1)부터 (6)까지의 사업과 유사한 사업으로서 대통령령으로 정하는 사업도 부과대상이라고 법률에 규정하고 있으나(광역교통법 §11 ① 7호), 대통령령에서 규정하고 있는 사업이 없으므로 현재로서는 위 (1)부터 (6)까지의 사업만이 부담금 부과대상 사업이 된다.

◦ 보금자리주택지구 조성사업이 광역교통시설부담금 부과대상 사업에 포함되는지 여부 (대법원 2018. 11. 9 선고 2016두51610 판결)

구 대도시권 광역교통 관리에 관한 특별법 제11조 제1항은 "광역교통시행계획이 수립·고시된 대도시권에서 다음 각호의 어느 하나에 해당하는 사업을 시행하는 자는 광역교통시설 등의 건설 및 개량을 위한 광역교통시설부담금을 내야 한다."라고 규정하면서, 택지개발촉진법에 따른 택지개발사업(제1호), 주택법에 따른 대지조성사업(제3호), 주택법에 따른 주택건설사업(제4호) 등을 부담금 부과대상 사업으로 열거하고 있다. 그런데 위 제11조 제1항은 구 보금자리주택건설 등에 관한 특별법(2014. 1. 14. 법률 제12251호 '공공주택건설 등에 관한 특별법'으로 개정되기 전의 것, 이하 '보금자리주택법'이라 한다)을 광역교통시설부담금 부과대상 사업의 근거 법률로 들고 있지 않다. 위 제11조 제1항 제4호는 '주택법에 따른 주택건설사업'에 한하여 다른 법령에 따라 사업승인이 의제되는 협의를 거친 경우도 부과대상 사업에 포함된다고 규정하고 있다.

◦ 건축법 시행령 [별표 1]의 기숙사가 광역교통시설부담금 부과대상인지? (국토교통부 광역교통정책팀 – 2639, 2007. 9. 29.)

기숙사는 건축법령상 공동주택에 해당하나 이는 공동취사를 할 수 있는 구조 및 독립된 주거의 형태를 갖추지 않는 구조에 한정되어 주택법의 주택개념에 부합하지 아니하고 주택에 해당되지 아니한다.
따라서 기숙사는 주택 외의 시설과 20세대 이상의 주택을 동일 건축물로 건축하는 사업에 해당되지 않으므로 부담금의 부과대상에 포함되지 않는 것으로 판단된다.
또한 광역교통시설부담금은 대도시권에서 주택 등의 개발사업 시 유발되는 광역교통수요에 적절히 대응하기 위해 광역교통시설 등의 설치비용을 충당하기 위한 것으로, 기숙사는 통근 및 통학 등을 통해 유발될 수 있는 광역교통수요를 오히려 감소시키는 효과가 있으므로 광역교통시설부담금 제도의 취지에도 부합하지 않다.

◦ 경제자유구역개발사업 실시계획 승인을 택지개발사업 실시계획승인 또는 도시개발사업 실시계획인가와 같은 것으로 보아 부담금을 부과할 수 있는지? (국토부 도시광역교통과 – 211, 2008. 4. 8.)

법 제11조의 규정에 광역교통시설부담금 부과대상 사업을 정하고 있으며, 이에 해당하지 않는 「경제자유구역의 지정 및 운영에 관한 법률」에 의거 시행되는 사업(경제자유구역개발사업)은 광역교통시설부담금 부과대상이 아니다.
「경제자유구역의 지정 및 운영에 관한 법률」에 의거 실시계획 승인을 얻은 지역 내에서 「주택법」에 의한 주택건설사업을 추진할 경우 법제11조 제4호의 규정에 의한 광역교통시설부담금 부과대상이다.

- **주택법에 의한 주택건설사업 시행으로 광역교통시설부담금 부과대상이던 개발사업의 허가를 취소하고 「경제자유구역의 지정 및 운영에 관한 법률」에 따른 경제자유구역 개발사업으로 같은 사업을 변경하여 시행할 경우 부담금 부과대상 해당 여부** (도시광역교통과 - 1127, 2009. 4. 9.)

  「대광법」 제11조의 2(부담금의 감면)에 따른 부담금 감면대상에는 「경제자유구역법」에 의한 개발사업이 해당되지 않는 바, 경제자유구역의 개발사업 시행자가 경제자유구역 지정 이전에 받은 주택건설사업의 승인을 취하하고, 「경제자유구역법」 제9조 등에 따른 실시계획 변경승인을 득하는 경우에도 「대광법」 제11조의 2에 따른 광역교통시설부담금 감면대상에는 해당되지 않는다.

  ⇒ 이후, 법제처에서 경제자유구역개발사업은 광역교통시설부담금 부과대상이 아니라는 취지로 법령해석심의 회신(2009년 6월)

- **대지조성사업으로 단독주택이 조성된 부지에 「주택법」에 의한 주택건설사업(연립주택 건설)을 시행할 경우 대광법 제11조 제4호 예외규정을 적용하여 부담금 제외 대상인지?** (도시광역교통과 - 1412, 2009. 9. 2.)

  「대도시권 광역교통관리에 관한 특별법」 제11조 제4호에 따를 때 대지조성사업이 완료된 사업지역 내에서 동법 제11조 제4호의 주택건설사업이 시행되는 경우 광역교통시설부담금을 부과할 수 없는 것으로 판단된다.

- **다른 법에 따라 인 · 허가를 받은 특정사업이 「택지개발촉진법」에 의한 택지개발사업 또는 「도시개발법」에 의한 도시개발사업과 관련한 인 · 허가를 받은 것으로 의제되는 경우 법 제11조에 의한 광역교통시설부담금 부과대상 사업에 해당하는지 여부** (국토교통부 도시광역교통과 - 6418, 2009. 9. 16.)

  법제처 법령해석(법령해석총괄과 - 1304(2009. 6. 22.)) 등에서는 부담금 부과대상의 확장 · 유추해석은 허용되지 않으며, 인 · 허가 의제의 법률상 효력은 인 · 허가가 있는 것으로 보는 것에 그치는 것이고, 인 · 허가를 받았음을 전제로 해당 법률의 모든 규정까지 적용되는 것은 아니라고 보는 점 등을 감안할 때, 동 사업은 부과대상 사업으로 볼 수 없다고 판단된다.

- **도시환경정비사업 시행인가를 받아서 건축허가가 있는 것으로 의제되는 경우도 구 대도시 광역교통관리에 관한 특별법 시행령 제15조 제2항의 규율대상에 포함되는지?** (대법원 2007. 10. 26 선고 2007두9884 판결)

  도시 및 주거환경정비법에 정한 도시환경정비사업 시행인가를 받아서 건축허가가 있는 것으로 의제되는 경우도 구 대도시 광역교통관리에 관한 특별법 시행령(2007. 4. 20. 대통령령 제20021호로 개정되기 전의 것) 제15조 제2항의 규율대상에 포함된다.

○ 주택법에 의한 주택건설사업(노인복지주택)이 광역교통시설부담금 부과대상인지? (국토교통부 광역교통정책팀 - 2131, 2006. 10. 19.)

법 제11조 제4호에 의하면 주택법에 의한 주택건설사업을 광역교통시설부담금 부과대상으로 하고 있으며, 시행령 제16조의 2 제5항에 의하면, 법 제11조의 3 제1항 제2호의 규정에 의한 건축연면적은 전체 연면적의 합계에서 다음 각호의 1에 해당하는 연면적의 합계를 제외한 면적으로 한다고 규정하고 있고, 제3호에서는 주택법 제2조 제7호의 규정에 의한 복리시설 중 노인복지시설을 제외하도록 하고 있다.

그러나 주택법 제2조 제7호에서는 '복리시설'이라 함은 주택단지 안의 입주자 등의 생활복리를 위한 다음 각목의 "공동시설"을 말한다고 규정하고 있으므로, 이는 노인복지법상 노인주거복지시설과는 무관한 것으로 판단된다.

Q3. 광역교통시설부담금의 납부의무자

1 광역교통시설부담금의 납부의무자

광역교통시설부담금의 납부의무자는 광역교통시행계획이 수립·고시된 대도시권에서 택지조성사업 및 주택건설사업 등의 사업을 시행하는 자이다(광역교통법 §11 ①). 택지개발사업의 경우 사업의 시행자는 국가·지방자치단체, 한국토지주택공사, 지방공사, 주택건설 등 사업자이고, 재개발·재건축사업의 시행자는 조합 등이다.

광역교통시설부담금의 납부의무자가 사업의 사용승인·사용검사·준공인가 또는 준공검사를 받는 날(국가나 지방자치단체가 시행하는 사업의 경우 준공완료 공고일) 이전에 사업시행자의 지위를 승계하는 경우에는 그 지위를 승계한 자가 부담금을 내야 한다(광역교통법 §11 ②).

2 납부의무 승계 및 연대 납부의무

부담금 납부의무의 승계, 연대 납부의무 및 제2차 납부의무에 관하여는 이 법의 규정에 반하지 아니하는 범위에서 「지방세기본법」 제41조부터 제48조까지 및 「지방세징수법」 제15조를 준용한다(광역교통법 §11 ③).

〈지방세기본법〉
제41조(법인의 합병으로 인한 납세의무의 승계)
제42조(상속으로 인한 납세의무의 승계)
제44조(연대납세의무)
제45조(청산인 등의 제2차 납세의무)
제46조(출자자의 제2차 납세의무)
제47조(법인의 제2차 납세의무)
제48조(사업양수인의 제2차 납세의무)

〈지방세징수법〉
제15조(제2차 납세의무자에 대한 납부고지)

③ 광역교통시설부담금의 부과 · 징수권자

광역교통시설부담금은 해당 사업이 시행되는 지역의 시 · 도지사가 부과 · 징수하되(광역교통법 §11의 4 ①), 시행령에서 시 · 도지사는 조례가 정하는 바에 따라 부담금의 부과 · 징수에 관한 사무를 시장 · 군수 또는 구청장에게 위임할 수 있도록 규정하고 있다(광역교통령 §17의 4 ①). 이에 따라 서울지역의 경우 조례에서 시장은 부담금의 부과 · 징수에 관한 사무를 구청장에게 위임한다고 규정하고 있기 때문에 광역교통시설부담금의 부과 · 징수권자는 구청장이 된다(광역교통시설부담금조례 §11 ①).

시 · 도지사는 부담금의 부과 · 징수에 관한 사무의 처리비용으로 시장 · 군수 또는 구청장이 징수한 부담금의 100분의 3의 범위에서 해당 시 · 도의 조례로 정하는 금액을 시장 · 군수 또는 구청장에게 교부할 수 있다. 다만, 해당 시 · 도의 조례로 정하는 징수율 이상으로 부담금을 징수한 경우에는 징수한 부담금의 100분의 10의 범위에서 해당 시 · 도의 조례로 정하는 금액을 시장 · 군수 또는 구청장에게 교부할 수 있다(광역교통령 §17의 4 ②).

서울지역의 경우 시장은 각 구청장이 징수한 부담금의 100분의 3에 해당하는 금액을 부담금의 부과 · 징수에 관한 사무의 처리비용으로 교부하고 있다(광역교통시설부담금조례 §11 ②). 경기도의 경우 100분의 3을 교부하되, 부담금의 연간 징수율이 70% 이상인 시 · 군에 대하여는 100분의 8 내지 100분의 10을 교부하고 있다(경기도 광역교통시설부담금조례 §7 ②).

한편 부과권자는 부담금의 부과 및 징수에 관한 대장을 작성 · 관리하고 매분기 말일을 기준으로 부과 · 징수실적에 관한 자료를 다음 달 10일까지 국토교통부장관에게 제출하여야 한다(광역교통령 §17 ⑨).

Q4. 광역교통시설부담금의 면제 및 경감

❶ 광역교통시설부담금의 면제

(1) 중복부과 방지를 위한 면제(100%)

광역교통법 제11조 제1항 제1호부터 제3호까지에 해당하여 부담금 부과대상으로 결정된 사업의 지구, 구역 또는 사업지역에서 시행되는 같은 항 제1호부터 제4호까지, 제6호 및 제7호의 사업에 대하여는 부담금을 부과하지 아니한다(광역교통법 §11의 2 ① 1호).

1. 「택지개발촉진법」에 따른 택지개발사업 2. 「도시개발법」에 따른 도시개발사업 3. 「주택법」에 따른 대지조성사업 및 법률 제6916호 주택건설촉진법개정법률 부칙 제9조에 따라 종전의 규정에 따르도록 한 아파트지구개발사업	1. 「택지개발촉진법」에 따른 택지개발사업 2. 「도시개발법」에 따른 도시개발사업 3. 「주택법」에 따른 대지조성사업 및 법률 제6916호 주택건설촉진법개정법률 부칙 제9조에 따라 종전의 규정에 따르도록 한 아파트지구개발사업 4. 「주택법」에 따른 주택건설사업(다른 법령에 따라 사업 승인이 의제되는 협의를 거친 경우를 포함한다) 6. 「건축법」 제11조에 따른 건축허가를 받아 주택 외의 시설과 20세대 이상의 주택을 동일 건축물로 건축하는 사업 7. 그 밖에 제1호부터 제6호까지의 사업과 유사한 사업으로서 대통령령으로 정하는 사업

이는 택지개발사업과 도시개발사업·대지조성사업·아파트지구개발사업의 시행 지역 안에서 주택건설사업과 주상복합사업이 시행되는 경우 부담금의 중복부과를 방지하기 위하여 부과하지 아니하는 것이다. 즉, 주택건설사업을 광역교통시설부담금 부과대상 사업으로 하되, 다만, 택지개발촉진법에 의한 택지개발사업이 시행되는 지구, 구역 또는 사업지역 안에서 시행되는 경우는 부과대상 사업에서 제외한다는 것으로서 이는 주택건설사업이 택지개발사업 등이 시행되는 지구 등 안에서 행하여지는 경우에는 택지개발사업 등 시행자가 이미 광역교통시설부담금을 부담하고, 그 비용이 택지의 가격에 반영되어 주택건설사업자에게 전가되어질 것이므로 다시 주택건설사업 시행자에게 이를 부과하는 것은 이중부과에 해당하기 때문에 이를 방지하기 위한 것이라 할 것이다(서울행정법원 2003. 1. 16 선고 2002구합34915 판결).

따라서 주택건설사업과 주상복합사업을 시행하는 경우 이미 광역교통시설부담금이 납부된 지역인지 여부를 확인할 필요가 있는 것이다.

한편, '부담금 부과대상으로 결정된' 택지개발사업 지구에서 시행되는 주택건설사업만을 면제대상으로 규정하고 있는데, 이는 광역교통시설 부담금이 이중으로 부과되는 것을 방지함과 동시에 부담금이 일실되는 문제가 생기지 않도록 하기 위한 것이다(헌법재판소 2018. 12. 27. 자 2017헌바215 결정).

(2) 정책적 차원의 부담금 면제대상(100%)

임대주택건설사업 등 다음의 각 사업에 대하여는 정책적 차원에서 광역교통시설부담금을 부과하지 아니한다.

① 주거환경개선사업

「도시 및 주거환경정비법」에 따른 주거환경개선사업에 대하여는 부담금을 부과하지 아니한다(광역교통법 §11의 2 ① 2호) 주거환경개선사업이란 도시저소득 주민이 집단거주하는 지역으로서 정비기반시설이 극히 열악하고 노후·불량건축물이 과도하게 밀집한 지역의 주거환경을 개선하거나 단독주택 및 다세대주택이 밀집한 지역에서 정비기반시설과 공동이용시설 확충을 통하여 주거환경을 보전·정비·개량하기 위한 사업을 말한다.

② 임대주택 건설사업

주택건설사업과 주상복합사업 중 4년 이상 임대하기 위하여 「민간임대주택에 관한 특별법」에 따른 민간임대주택 또는 「공공주택 특별법」에 따른 공공임대주택을 건설하는 사업은 면제대상이다(광역교통법 §11의 2 ① 3호). 다만 시행령에서 임대주택으로서 「주택법」 제2조 제6호의 국민주택규모(전용면적 85㎡) 이하의 임대주택을 건설하는 사업으로 제한하고 있다(광역교통령 §16).

③ 이주대책의 주택건설

「공익사업을 위한 토지 등의 취득 및 보상에 관한 법률」 제78조에 따른 이주대책의 실시에 따른 주택지의 조성 및 주택의 건설에 대하여는 부담금을 부과하지 아니한다(광역교통법 §11의 2 ① 4호).

④ 민간투자법의 부대사업으로 시행하는 사업

광역교통법 제11조 제1항 각 호의 사업 중 「사회기반시설에 대한 민간투자법」 제2조 제1호 가목부터 다목까지의 어느 하나에 해당하는 시설을 신설·증설 또는 개량하는 사업을 시행하는 자가 같은 법 제21조에 따라 부대사업으로 시행하는 사업은 면제대상이다(광역교통법 §11의 2 ① 5호). "사회기반시설"이란 도로, 철도, 항만, 학교, 공동보건의료시설 등 각종 생산활동의 기반이 되는 시설, 해당 시설의 효용을 증진시키거나 이용자의 편의를 도모하는 시설 및 국민생활의 편익을 증진시키는 시설을 말한다. 또한 사업시행자가 민간투자사업을 시행할 때 해당 사회기반시설의 투자비 보전(補塡) 또는 원활한 운영, 사용료 인하 등 이용자의 편익 증진, 주무관청의 재정부담 완화 등을 위하여 필요하다고 인정하는 경우에는 주택건설사업 등의 부대사업을 해당 민간투자사업과 연계하여 시행하게 할 수 있도록 하고 있다.

⑤ 행정중심복합도시 주택건설사업

「신행정수도 후속대책을 위한 연기·공주지역 행정중심복합도시 건설을 위한 특별법」 제11조에 따라 지정된 예정지역에서 시행되는 주택의 건설사업에 대하여는 부담금을 부과하지 아니한다(광역교통법 §11의 2 ① 6호).

2 광역교통시설부담금의 경감

(1) 부담금 50% 경감대상

① 국가나 지방자치단체가 시행하는 사업(광역교통법 §11의 2 ② 1호)

② 「도시 및 주거환경정비법」에 따른 재개발사업(광역교통법 §11의 2 ② 2호)

재개발사업이란 정비기반시설이 열악하고 노후·불량건축물이 밀집한 지역에서 주거환경을 개선하거나 상업지역·공업지역 등에서 도시기능의 회복 및 상권활성화 등을 위하여 도시환경을 개선하기 위한 사업을 말한다.

③ 「도시 및 주거환경정비법」에 따른 재건축사업(광역교통법 §11의 2 ② 3호)

재건축사업은 정비기반시설은 양호하나 노후·불량건축물에 해당하는 공동주택이 밀집한 지역에서 주거환경을 개선하기 위한 사업이다.

④ 도시지역에서 시행되는 사업

「국토의 계획 및 이용에 관한 법률」 제6조 제1호에 따른 도시지역에서 시행되는 제11조 제1항 각 호의 사업은 부담금의 100분의 50을 경감한다(광역교통법 §11의 2 ② 4호). 여기에서 도시지역이란 인구와 산업이 밀집되어 있거나 밀집이 예상되어 그 지역에 대하여 체계적인 개발 · 정비 · 관리 · 보전 등이 필요한 지역을 말하는데, 국토의 용도는 도시지역과 관리지역 · 농림지역 · 자연환경보전지역으로 구분된다. 따라서 택지개발 · 도시개발 · 대지조성사업 등과 주택건설사업 · 재건축사업 등이 도시지역에서 시행되는 경우 부담금의 50%가 경감된다.

도시지역에서 시행되는 사업에 대해 부담금을 경감하는 취지는 도시기본계획 등을 바탕으로 당해 토지의 이용 및 도로 등 도시기반시설의 계획적 기반이 이미 마련되어 있고, 도시지역 밖의 여타 개발사업과 비교해 볼 때 교통난 유발 정도가 낮은 측면이 있으므로 이를 감안하여 부담금을 경감하는 것이다.

(2) 부담금 75% 경감대상

「국토의 계획 및 이용에 관한 법률」 제6조 제1호에 따른 도시지역에서 시행되는 재개발 · 재건축사업과 국가 · 지방자치단체가 시행하는 사업은 100분의 75를 경감한다(광역교통법 §11의 2 ② 단서).

이는 도시지역에서 시행되는 사업에 대한 경감규정 적용과 동시에 그 사업이 국가 · 지방자치단체가 시행하는 사업이거나 재개발 · 재건축사업인 경우에는 경감규정을 종전에 중복 적용하던 것을 2013. 5. 22.부터 75%를 경감하도록 개정된 것이다.

○ 보금자리주택지구에서 시행된 주택건설사업이 광역교통시설부담금 면제대상 해당 여부 (대법원 2018. 11. 9. 선고 2016두51610 판결)

구 대도시권 광역교통 관리에 관한 특별법(2015. 8. 28. 법률 제13499호로 개정되기 전의 것, 이하 '광역교통법'이라 한다) 제11조의 2 제1항 제1호는 '제11조 제1항 제1호부터 제3호까지에 해당하여 부담금 부과대상으로 결정된 사업의 지구, 구역 또는 사업지역에서 시행되는 같은 항 제1호부터 제4호까지, 제6호 및 제7호의 사업에 대하여는 부담금을 부과하지 아니한다.'고 규정하고 있다.

위 조항의 취지는 동일 지역에 광역교통시설부담금 부과대상 사업이 차례로 시행될 경우 뒤에 시행되는 사업에 대하여는 광역교통시설부담금을 부과하지 아니하도록 하여

부담금의 이중부과를 방지하는 데 있다.

그렇다면 동일 지역에서 나중에 시행되는 사업이 광역교통시설부담금의 면제 대상이 되기 위해서는 앞서 시행된 사업이 '광역교통법 제11조 제1항 제1호부터 제3호까지에 해당하여 광역교통시설부담금 부과대상으로 결정된 사업'에 해당되어야 한다.

결국, 구 보금자리주택건설 등에 관한 특별법(2014. 1. 14. 법률 제12251호 공공주택건설 등에 관한 특별법으로 개정되기 전의 것)에 따른 보금자리주택지구 조성사업은 광역교통법 제11조 제1항 제1호부터 제3호까지에 해당하는 광역교통시설부담금 부과대상 사업이 아니고, 따라서 보금자리주택지구에서 시행된 주택건설사업은 광역교통법 제11조의 2 제1항 제1호에 따른 광역교통시설부담금 면제 대상 사업에 해당하지 않는다.

「도시 및 주거환경정비법」에 의하여 건설되는 임대주택도 감면대상에 포함되는지? (국토교통부 광역교통정책팀 - 3121, 2007. 11. 28.)

법 제11조의 2 제1호에 의하면, 부담금을 부과하지 아니하는 사업은 제11조 제4호의 주택건설사업 중 5년 이상 임대하기 위하여 임대주택법에 의하여 임대주택을 건설하는 사업으로서 대통령령으로 정하는 사업을 규정하고 있다.

한편, 이에 근거한 시행령 제16조에 의하면, 법 제11조의 2 제1항 제2호에서 "대통령령으로 정하는 사업"이라 함은 주택법시행령 제3조 제1항의 규정에 의한 국민주택규모 이하의 임대주택을 건설하는 사업을 말한다고 규정하고 있는 바, 도시및주거환경정비법에 의한 임대주택과 관련하여 감면대상 여부에 대하여는 규정하지 않고 있다.

Q5. 광역교통시설부담금의 산정기준

1 광역교통시설부담금 부과산식 및 부과율 개요

- ► 택지조성 : 〔1㎡당 표준개발비×부과율×개발면적×(용적률/200)〕 – 공제액
  - 공공시설, 학교, 임대주택건설 용지 등은 개발면적에서 제외
  - 부과율 : 수도권 30%, 지방 15% (지자체 조례로 50% 범위 내 가감조정 가능)
- ► 주택건설 : (1㎡당 표준건축비×부과율×건축연면적) – 공제액
  - 광역교통시설설치비용 공제
  - 부과율 : 수도권 4%, 지방 2% (지자체 조례로 50% 범위 내 가감조정 가능)

사 업 별	산 출 식	부과율(%)
택지개발 · 도시개발 · 대지조성사업	{1㎡당 표준개발비 × 부과율 × 개발면적 × (용적률 ÷ 200)} – 공제액	경기 30% 서울 · 인천 15% 부산 등 15%
주택건설 · 재개발 · 재건축사업	{1㎡당 표준건축비 × 부과율 × 건축연면적} – 공제액	경기 4% 서울 · 인천 2~4% 부산 등 2%
주상복합건축사업	{1㎡당 표준건축비 × 부과율 × 건축연면적(주택인 시설의 건축연면적 합계)}–공제액	경기 4% 서울 · 인천 2~4% 부산 등 2%

2 택지조성사업의 부담금 산정기준

► 부담금 = {1㎡당 표준개발비 × 부과율 × 개발면적 × (용적률 ÷ 200)} – 공제액

※ 산식 적용 후 도출되는 부담금액의 백원 단위는 절사

(1) 위 산식 적용대상 택지조성사업의 범위

위 산식의 적용대상인 택지조성사업은 광역교통법 제11조 제1호 내지 제3호의 사업인 택지개발사업, 도시개발사업, 아파트지구개발사업 및 대지조성사업이 해당된다(광역교통법 §11

의 3 ① 1호).

① 「택지개발촉진법」에 따른 택지개발사업
② 「도시개발법」에 따른 도시개발사업
③ 「주택법」에 따른 대지조성사업 및 법률 제6916호 주택건설촉진법개정법률 부칙 제9조에 따라 종전의 규정에 따르도록 한 아파트지구개발사업

다만, 택지조성사업과 주택건설사업이 중복되는 경우에는 후속되는 주택건설사업에 대해 부과대상에서 제외한다(광역교통법 §11의 2 ① 1호 참조). 즉, 광역교통법 제11조의 2 제1항 제1호의 부담금 중복부과 방지를 위한 취지를 감안하여 면제하는 것이다.

주택건설사업이 택지조성사업계획의 범위 내에서 시행되는 경우에는 선행된 택지조성사업에서 부담금을 납부한 경우에는 후속되는 주택건설사업에 대해서는 부과대상에서 제외하지만, 택지조성사업을 초과하여 주택을 건설한 경우에는 부담금 부담의 형평성 확보 차원에서 그 초과부분에 대해서는 부담금을 부과해야 하는 것이다.

(2) 표준개발비 : 1㎡당 299,350원

1㎡당 표준개발비는 단위당 개발비용으로서 생산자물가상승률 등을 고려하여 국토교통부장관이 고시하는 금액이다(광역교통법 §11의 3 ④). 현재 국토교통부에서 광역교통시설부담금 부과를 위한 표준개발비는 1㎡당 299,350원으로 고시되어 있다(국토교통부고시 제2013-181호, 2013. 4. 30. 제정, 적용기간 : 2013년 4월 30일 ~ 추후 고시일까지).

(3) 부과율 적용 : 서울 · 인천 15%, 경기 30%

부과율은 100분의 50의 범위에서 대통령령으로 정하되 시 · 도지사는 해당 지방자치단체의 조례로 정하는 바에 따라 해당 사업이 시행되는 지구, 구역 또는 사업지역의 위치 · 규모 · 특성 등에 따라 100분의 50의 범위에서 부과율을 조정할 수 있다(광역교통법 §11의 3 ③). 대통령령에서는 부과율을 100분의 15로 정하고 있으며, 대도시권 중 수도권인 경우에는 100분의 30으로 규정하고 있다(광역교통령 §16의 2 ⑧).

그러나 서울특별시의 경우 「서울특별시 광역교통시설부담금 부과 · 징수 및 광역교통시설특별회계 설치 · 운영 조례」에서 100분의 15로 규정하고 있기 때문에 현재 적용되는 부과율은 100분의 15이다(조례 §3). 인천광역시도 서울특별시와 동일하다. 다만, 경기도의 경우

「경기도 광역교통시설부담금 부과 · 징수 및 광역교통시설 특별회계 설치 조례」에서 부담금의 부과율 조정에 관한 별도 규정을 두고 있지 않기 때문에 시행령의 수도권 부과율인 100분의 30이 적용된다.

(4) 개발면적 산정

부담금의 산정기준이 되는 개발면적은 당해 사업이 시행되는 지구 · 구역 또는 사업지역의 전체면적에서 기부채납용지, 임대주택건설용지, 학교용지 등 아래의 용지 면적을 제외한 면적이다(광역교통령 §16의 2 ①).

① 국가 또는 지방자치단체에 무상으로 귀속되거나 국가 또는 지방자치단체에 기부채납하는 용지
② 임대주택 건설을 위한 용지
③ 이주대책 실시에 따른 주택지의 조성 및 주택건설을 위한 용지
④ 공용의 청사용지와 각급 학교용지

한편, 2001. 4. 30. 당시 택지개발촉진법 제20조의 규정에 의하여 택지의 선수금 납부승인을 얻어 택지를 공급받을 자에게 공급되기로 확정된 용지의 면적은 개발면적 산정대상에서 제외한다(대통령령 제17218호, 2001. 4. 30. 부칙 제6조).

(5) 용적률 : 주택의 대지 면적에 따라 가중평균하여 산정

부담금의 산정기준이 되는 용적률은 해당 사업이 시행되는 지구 · 구역 또는 사업지역 안에서 「주택법」 제15조 제1항에 따른 사업계획의 승인을 얻어 「주택법」 제2조 제2호 및 제3호에 따른 단독주택 및 공동주택을 건립하는 경우 각 주택이 건립되는 대지의 면적에 따라 가중평균하여 산정한다. 다만, 가중평균하여 산정된 용적률이 「국토의 계획 및 이용에 관한 법률」 제78조 제1항 제1호 가목에서 정한 주거지역 용적률의 최대한도를 초과하는 경우에는 그 최대한도의 용적률을 적용한다(광역교통령 §16의 2 ②).

사업시행자가 해당사업의 승인 또는 인가를 받은 날부터 60일 이내에 제2항 본문에 따른 평균용적률을 산정할 수 없는 때에는 「국토의 계획 및 이용에 관한 법률」 제78조에 따라 특별시 · 광역시 · 특별자치시 · 시 또는 군의 조례로 정하는 용적률의 최대한도를 적용할 수 있다. 다만, 용적률의 최대한도와 위의 평균용적률의 차이에 따른 부담금의 차액은 평균용적률을 산정할 수 있게 된 때에 지체 없이 정산하여야 하며, 이 경우 정산금액에는 부담

금을 납부한 날부터 정산금액의 지급일 전날까지의 이자(이자율은 「은행법」에 따라 설립된 은행의 1년 만기 정기예금 평균이자율로서 부담금 납부일 당시의 금리 기준)를 가산하여야 한다(광역교통령 §16의 2 ③).

(예시) 용적률 산정예
• 택지개발지구 내 주택용지의 총면적이 70만㎡이며, 단독주택 건립 A블럭(20만㎡)의 계획용적률이 190%, 공동주택 건립 B블록(30만㎡)과 C블록(20만㎡)의 계획용적률이 각각 230%, 250%일 경우 가중 평균 용적률은 224.28%가 된다(소수둘째자리까지 계산). • (20만㎡×190%)+(30만㎡×230%)+(20만㎡×250%) ÷ 70만㎡ = 224.28%

(6) 공제액 산정

당해 사업과 관련하여 철도·도로·주차장 등 아래의 시설을 설치하거나 건설·개량 비용을 부담하는 경우 그 금액을 모두 합한 금액을 공제하여 부담금을 산정한다(광역교통령 §16의 2 ④).

① 당해 사업과 관련하여 도시철도 또는 철도의 건설 및 개량에 소요되는 비용을 부담하는 경우에는 그 금액

② 사업이 시행되는 지구·구역 또는 사업지역 밖에서 다음의 어느 하나에 해당하는 도로를 설치하거나 그 비용의 전부 또는 일부를 부담하는 경우에는 그 금액. "도로"란 차도, 보도(步道), 자전거도로, 측도(側道), 터널, 교량, 육교 등 시설로 구성된 것으로서 도로의 부속물을 포함한다. 다만, 도로의 경우 설치 비용 외 개량 비용은 규정되어 있지 않음에 유의할 필요가 있다.

• 도로관계 법령에 의한 고속국도, 자동차전용도로, 일반국도, 특별시도, 광역시도 또는 지방도 • 광역도로(법 §3)에 해당하는 시·군·구도 • 법 제7조의2 제3항에 따라 확정된 광역교통개선대책에 따라 건설 또는 개량되는 도로 • 그 밖에 시·도지사가 광역교통에 영향을 미친다고 인정하는 도로

※ 종전에는 진입도로의 설치비용은 공제액에서 제외하도록 규정하고 있어서 이에 대한 논란이 많았으나, 2005. 6. 30.부터 그 규정이 삭제되었다.[51)]

51) [대통령령 제18915호, 2005. 6. 30., 일부개정] 개정이유 : 대도시권의 광역교통난 해소를 위하여 부과하는 광역교통시설부담금의 공제대상이 되는 도로의 범위가 불분명하여 일부 운영상 문제점이 발생하게 됨에 따

◦ 광역교통법 제11조의 3 제1항 제3호에 따라 같은 법 제11조 제1항 제6호의 사업에 대한 부담금을 산정하는 경우에도 같은 법 시행령 제16조의 2 제6항을 적용할 수 있는지? (법제처 21-0505, 2021. 11. 25.)

광역교통령 제16조의 2 제6항에서는 광역교통법 제11조의 3 제1항 제2호에 따른 건축연면적을 산정하는 경우에는 전체 연면적의 합계에서 지하층(주거용은 제외함)과 건축물 안의 주차장 등 같은 항 각 호의 어느 하나에 해당하는 연면적의 합계를 제외한 면적을 건축연면적으로 산정하도록 규정하고 있는 반면, 같은 법 제11조의 3 제1항 제3호에서는 건축연면적을 주택인 시설의 건축연면적의 합계로 규정하고 있을 뿐, 같은 호에 따른 건축연면적을 산정하는 경우에 같은 법 시행령 제16조의 2 제6항을 적용하도록 하는 규정은 두고 있지 않으므로, 법령의 문언상 같은 항은 같은 법 제11조의 3 제1항 제2호에 따른 건축연면적을 산정하는 경우에만 적용된다고 보아야 한다.

③ 해당 사업과 관련하여 주차장 · 차고지 · 환승센터 등 다음의 어느 하나에 해당하는 시설을 설치하거나 그 시설의 건설 및 개량에 드는 비용의 전부 또는 일부를 부담하는 경우에는 그 금액

- 주차장
- 여객자동차 운수사업에 제공되는 차고지로서 지방자치단체의 장이 설치하는 공영차고지
- 간선급행버스체계의 구성시설
- 환승센터의 구성시설

한편, 위 ①~③ 철도 · 도로 · 주차장 등의 설치 또는 건설 · 개량 비용을 공제액으로 인정받고자 하는 사업시행자는 관할 시 · 도지사에게 그 사유를 증명하는 서류를 제출하여야 한다(광역교통령 §16의 2 ⑤).

라 광역교통시설부담금의 공제대상이 되는 도로의 범위를 광역교통기능을 수행하는 도로에 한정하여 명확하게 규정함으로써 관련 분쟁을 최소화할 수 있도록 함.

광역교통시설부담금 산출사례【택지개발사업 기준】

경기도 ○○시 일대 4,000,000㎡를 A공사에서 ○○택지개발사업을 시행하고자 하며, 그 사업계획은 다음과 같음.

□ 토지이용계획

- 사업면적 : 4,000,000㎡
- 주택건설용지 : 2,000,000㎡, 상업용지 250,000㎡, 공공시설용지 1,750,000㎡

□ 공공시설용지

- (기부채납) 공원녹지 900,000㎡, 도로 600,000㎡, 광장 90,000㎡, 도서관 20,000㎡
- 공공청사 55,000㎡, 학교용지 28,000㎡
- 주차장 15,000㎡, 종교시설 15,500㎡, 기타 26,500㎡

□ 교통시설설치비용

- 경전철 부담액(35,000백만 원), 외부도로개설비용(50,000백만 원)

① 부과대상 개발면적의 산정

- 개발면적 = 총 사업면적 - 제외대상면적
  = 4,000,000 - (900,000+600,000+90,000+20,000+55,000+28,000)
  = 2,055,000㎡

※ 개발면적은 사업지역의 전체면적에서 무상귀속·기부채납 용지, 임대주택 건설용지, 공공의 청사용지와 학교용지 등을 제외한 면적으로 산정(용지별 광역교통령 §16의 2 ① 확인)

② 부담금의 산정기준

- 산정산식 : {㎡당 표준개발비 × 부과율 × 개발면적 × (용적률÷200)} - 공제액
- 각 항목별 산출근거
  - 표준개발비 = 1㎡당 299,350원
  - 부과율 = 30/100 (경기도)
  - 평균용적률의 산출(획지별 용적률을 가중 평균 산출, 여기서는 175.58%로 가정)
  - 공제액 = 경전철 부담액(35,000백만 원) + 외부도로개설비용(60,000백만 원)
    = 95,000백만 원

③ 광역교통시설부담금의 산정

- 부담금 = {299,350원×30%×2,055,000㎡×(175.58÷200)} - 95,000백만 원
  = 67,015,808,500(원)
- 만약, 위 사업이 도시지역에서 시행되는 사업일 경우에는 부담금의 50% 경감 대상 (광역교통법 §11의 2 ②)

3 주택건설사업의 부담금 산정기준

택지조성사업과 달리 주택건설사업과 재개발·재건축사업 유형에 대한 부담금 산정기준은 아래와 같다(광역교통법 §11의 3 ① 2호).

▸ 부담금 = {1㎡당 표준건축비 × 부과율 × 건축연면적} − 공제액

※ 산식 적용 후 도출되는 부담금액의 백원 단위는 절사

(1) 위 산식 적용대상 주택건설사업의 범위

위 산식의 적용대상인 주택건설사업은 아래와 같이 광역교통법 제11조 제4호 내지 제5호의 사업인 주택건설사업과 재개발·재건축사업이 해당된다(광역교통법 §11의 3 ① 2호).

① 「주택법」에 따른 주택건설사업(다른 법령에 따라 사업 승인이 의제되는 협의를 거친 경우를 포함한다)

② 「도시 및 주거환경정비법」에 따른 재개발사업 및 재건축사업. 다만, 재개발사업의 경우에는 20세대 이상의 공동주택을 건설하는 경우만 해당한다.

다만, 택지조성사업과 주택건설사업이 중복되는 경우에는 후속되는 주택건설사업은 부과대상에서 제외하거나 초과부분에 대하여만 부담금을 부과한다(광역교통법 §11의 2 ① 1호 참조).

(2) 표준건축비 적용

1㎡당 표준건축비는 「공공주택 특별법」 제50조의 3에 따라 공공건설임대주택의 분양전환가격을 산정하는 기준으로 국토교통부장관이 고시하는 표준건축비로서(광역교통법 §11의 3 ④), 현재 국토교통부에서 공공건설임대주택 표준건축비를 아래와 같이 고시하고 있다(국토교통부고시 제2016-339호, 2016. 6. 8. 전부개정).

(단위 : 천 원/㎡)

구 분 (주거전용면적기준)		건축비 상한가격 (주택공급면적에 적용)
5층 이하	40㎡ 이하	1,026.1
	40㎡ 초과 ~ 50㎡ 이하	1,043.0
	50㎡ 초과 ~ 60㎡ 이하	1,010.5
	60㎡ 초과	1,020.8
6~10층 이하	40㎡ 이하	1,101.8
	40㎡ 초과 ~ 50㎡ 이하	1,116.7
	50㎡ 초과 ~ 60㎡ 이하	1,082.4
	60㎡ 초과	1,085.9
11~20층 이하	40㎡ 이하	1,041.0
	40㎡ 초과 ~ 50㎡ 이하	1,051.1
	50㎡ 초과 ~ 60㎡ 이하	1,019.4
	60㎡ 초과	1,018.9
21층 이상	40㎡ 이하	1,058.8
	40㎡ 초과 ~ 50㎡ 이하	1,069.0
	50㎡ 초과 ~ 60㎡ 이하	1,037.5
	60㎡ 초과	1,036.8

※ 주택공급면적이라 함은 「주택공급에 관한 규칙」 제21조 제5항에 따른 공급면적 중 그 밖의 공용면적을 제외한 면적을 말하며 표준건축비에는 부가가치세가 포함되었으며, 국토교통부장관은 「행정규제기본법」 제8조 및 「훈령·예규 등의 발령 및 관리에 관한 규정」에 따라 이 고시에 대하여 2016년 7월 1일을 기준으로 3년이 되는 시점(매 3년째의 6월 30일까지를 말한다)마다 그 타당성을 검토하여 개선 등의 조치를 하여야 한다.

(3) 부과율 적용 : 경기 4%, 서울·인천 2~4%, 그 밖 2%

부과율은 100분의 10의 범위에서 대통령령으로 정하되 시·도지사는 해당 지방자치단체의 조례로 정하는 바에 따라 해당 사업이 시행되는 지구, 구역 또는 사업지역의 위치·규모·특성 등에 따라 100분의 50의 범위에서 부과율을 조정할 수 있다(광역교통법 §11의 3 ③).

대통령령에서는 부과율을 100분의 2로 정하고 있으며, 대도시권 중 수도권인 경우에는 100분의 4로 규정하고 있다(광역교통령 §16의 2 ⑧). 그러나 서울지역의 경우 「서울특별시 광역교통시설부담금 부과·징수 및 광역교통시설특별회계 설치·운영 조례」에서 아래와 같이 주택규모 등에 따라 부과율을 100분의 2 ~ 100분의 4로 정하고 있다(광역교통시설부담금 조례 §3). 인천지역도 서울특별시와 동일하다.

> ① 주택의 경우 전용면적이 85제곱미터 이하인 경우 100분의 2
> ② 주택의 경우 전용면적이 85제곱미터를 초과하는 경우 100분의 4
> ③ 주택 이외의 시설은 100분의 4

다만, 경기도의 경우 「경기도 광역교통시설부담금 부과·징수 및 광역교통시설 특별회계 설치 조례」에서 부담금의 부과율 조정에 관한 별도 규정을 두고 있지 않기 때문에 수도권 부과율인 100분의 4가 적용된다(광역교통령 §16의 2 ⑧).

(4) 건축연면적 산정

부담금의 산정기준이 되는 건축연면적은 전체 연면적의 합계에서 다음의 어느 하나에 해당하는 연면적의 합계를 제외한 면적이다(광역교통령 §16의 2 ⑥).

> ① 지하층(주거용인 경우 제외)과 건축물 안의 주차장
> ② 공용의 청사와 「학교용지 확보 등에 관한 특례법」에 따른 각급학교
> ③ 「주택법」에 부대시설(주차장, 관리사무소, 담장, 주택도로) 및 복리시설(놀이터, 유치원, 주민운동시설, 경로당)
> ④ 「주택건설기준 등에 관한 규정」에 따른 주민공동시설(어린이집, 도서실, 주민교육시설, 청소년수련시설, 주민휴게시설, 독서실, 입주자집회소, 공용취사장, 공용세탁소. 단, 위의 부대시설 및 복리시설 제외)
> ⑤ 「도시 및 주거환경정비법」에 따른 주택재개발사업·주택재건축사업 및 도시환경정비사업의 경우 해당 사업이 시행되는 구역 내 종전 건축물의 연면적
> ⑥ 「주택법」상 국민주택 규모 이하인 임대주택의 연면적

※ 건축연면적은 전용면적과 주거공용면적을 합한 공급면적(분양면적)과 대체로 일치함
※ 공급면적(분양면적) = 전용면적+주거공용면적
※ 계약면적 = 공급면적+기타공용면적+지하주차장
※ 베란다(발코니)는 서비스 면적이므로 공급면적(분양면적)과 계약면적에서 제외
① 주거공용면적 : 계단, 복도, 1층 공동현관, 엘리베이터
※ 엘리베이터는 주거공용면적에 포함되지만 건축연면적에서 제외
② 부대시설
㉠ 주차장, 관리사무소, 담장, 입주자집회소, 보안등, 대문, 경비실, 자전거보관소, 조경시설, 옹벽, 축대, 공동주택단지 안의 도로, 안내표지판, 공중전화, 공중화장실, 저수시설, 지하양수시설, 대피시설, 쓰레기수거 및 처리시설, 오수처리시설, 단독정화조, 소방시설, 냉난방공급시설, 급탕공급시설, 공동저탄장, 수해방지시설
㉡ 전기, 전화, 가스, 급수, 배기, 배수, 환기, 난방, 소화, 배연 및 오물처리의 설비
㉢ 전기·전화 설비, 초고속 정보통신 설비, 지능형 홈네트워크 설비, 가스·급수·배수(配水)·배수(排水)·환기·난방·냉방·소화(消火)·배연(排煙) 및 오물처리의 설비,

㉣ 굴뚝, 승강기, 피뢰침, 국기 게양대, 공동시청 안테나, 유선방송 수신시설, 우편함, 저수조(貯水槽), 방범시설

③ 복리시설

㉠ 어린이 놀이터, 주민운동시설, 경로당, 유치원 및 보육시설(개인에게 분양된 시설은 제외), 주민공동시설, 문고

㉡ 그 밖에 거주자의 취미활동, 종교생활, 가정의례 및 주민봉사활동에 사용할 수 있는 시설 등

(5) 공제액 산정

당해 사업과 관련하여 철도·도로·주차장 등 아래의 시설을 설치하거나 건설·개량 비용을 부담하는 경우 그 금액을 모두 합한 금액을 공제하여 부담금을 산정한다(광역교통령 §16의 2 ④).

① 당해 사업과 관련하여 도시철도 또는 철도의 건설 및 개량에 소요되는 비용을 부담하는 경우에는 그 금액

② 사업이 시행되는 지구·구역 또는 사업지역 밖에서 다음의 어느 하나에 해당하는 도로를 설치하거나 그 비용의 전부 또는 일부를 부담하는 경우에는 그 금액. "도로"란 차도, 보도(步道), 자전거도로, 측도(側道), 터널, 교량, 육교 등 시설로 구성된 것으로서 도로의 부속물을 포함한다. 다만, 도로의 경우 설치 비용 외 개량 비용은 규정되어 있지 않음에 유의할 필요가 있다.

- 도로관계 법령에 의한 고속국도, 자동차전용도로, 일반국도, 특별시도, 광역시도 또는 지방도
- 광역도로(광역교통법 §3)에 해당하는 시·군·구도
- 광역교통법 제7조의 2 제3항에 따라 확정된 광역교통개선대책에 따라 건설 또는 개량되는 도로
- 그 밖에 시·도지사가 광역교통에 영향을 미친다고 인정하는 도로

③ 해당 사업과 관련하여 주차장·차고지·환승센터 등 다음의 어느 하나에 해당하는 시설을 설치하거나 그 시설의 건설 및 개량에 드는 비용의 전부 또는 일부를 부담하는 경우에는 그 금액

- 주차장
- 여객자동차 운수사업에 제공되는 차고지로서 지방자치단체의 장이 설치하는 공영차고지
- 간선급행버스체계의 구성시설
- 환승센터의 구성시설

한편, 위 철도・도로・주차장 등의 설치 또는 건설・개량 비용을 공제액으로 인정받고자 하는 사업시행자는 관할 시・도지사에게 그 사유를 증명하는 서류를 제출하여야 한다(광역교통령 §16의 2 ⑤). 사업시행자가 법 제11조의 3 제1항 제1호부터 제3호까지의 공제액을 인정받고자 하는 때에는 영 제16조의 2 제4항 각 호에 따른 비용부담을 증명하는 서류를 사업의 승인 또는 인가신청서에 첨부하여 관계행정기관의 장에게 제출하여야 한다(광역교통시설부담금조례 §9 ①).

또한 사업시행자가 공제대상사업의 확정 또는 변경으로 인하여 기 제출한 공제액 산정자료의 내용에 변경이 있는 때에는 지체 없이 이를 당초에 제출했던 관계행정기관의 장에게 제출하여야 한다(광역교통시설부담금조례 §9 ②).

광역교통시설부담금 산출사례 【주택건설사업 기준】

A주택건설사에서 경기도 ○○시 일대 토지 30,000㎡에 용적률 160% 이하로 15층 아파트 572호를 건립하여 일반에게 분양하고자 하며, 사업승인 내용은 다음과 같음.

□ 사업승인 내용

- 공동주택건립 : 15층 572호(전용면적 85㎡), 연면적 40,000㎡
  (주거용 이외의 지하층 4,000㎡)
  - 아파트 : 35,000㎡, 상가 650㎡, 관리사무소 350㎡
- 공제대상 외부개설도로 설치비용(가정) : 390,000천 원

① 부과대상 건축연면적의 산정

- 건축연면적 = 총 건축연면적 - 제외대상면적
- 부과대상면적 = 40,000 - (4,000 + 350) = 35,650㎡
  - 제외연면적은 지하주차장 4,000㎡, 관리사무소 350㎡
    (생활편익시설 중 노인정 등이 있을 경우는 사업계획승인서를 토대로 산출하여 추가 제외)

② 부담금 산정기준

- 산정기준 = {㎡당 표준건축비 × 부과율 × 건축연면적} - 공제액
- 각 항별 산출근거
  - 표준건축비 = 1,018.9천 원/㎡ (표준건축비 중 15층 60㎡ 초과의 경우에 적용되는 금액을 예로 사용)
  - 부과율 = 4/100(수도권이므로)
  - 공제액 : 공제대상을 직접 설치한 경우는 실시설계 내역 등을 기초로 산출된 금액을 공사원가계산작성준칙과 비교하여 적정할 경우 그 금액을 반영(원가계산용역기관이 확인한 경우에는 그 금액을 적용)
  - 공제액(사례의 가정) : 590,000천 원 (영 제16조의 2 제3항 제2호의 도로로서 공제대상에서 제외되지 않는 도로를 설치할 경우 공제)

③ 부담금의 산정

- 부담금 = (1,018,900 × 4/100 × 35,650) - 390,000,000
  = 1,452,951,400 - 390,000,000 = 1,062,951,400(원)
- 만약, 위 사업이 도시지역에서 시행되는 사업일 경우에는 부담금의 50% 경감 대상
  (광역교통법 §11의 2 ②)

광역교통시설부담금 산출사례 【주택재개발사업 기준】

A건설사에서 서울시 ○○구 일대 130,000㎡(도시계획구역)는 주택재개발 구역으로 지정되어 있으며 △△주택재개발조합에서 사업시행인가를 받으려고 하는데, 사업시행인가 내용은 아래와 같음.

□ 사업계획 용지면적 : 130,000㎡

□ 사업시행인가 내용

- 공동주택 : 20층 이하 3,000호, 연면적 400,000㎡(주거용 이외의 지하층 100,000㎡)
  - 분양주택 : 2,500호(전용 62㎡~85㎡) – 임대주택 500호, 30,000㎡(전용 40㎡)
- 기타 : 관리사무소(4,000㎡), 생활편익시설(6,000㎡)
- 조합원의 종전 건축연면적 : 150,000㎡
- 공제대상 주택재개발구역 외부 개설도로 설치비용(가정) : 680,000천 원

① 부과대상 건축연면적의 산정

- 건축연면적 = 총 건축연면적 – 제외대상면적
- 대상면적 = 400,000 + 4,000 + 6,000 – (100,000 + 30,000 + 4,000) = 276,000㎡
  - 제외연면적은 지하층 100,000㎡, 임대주택 30,000㎡, 관리사무소 4,000㎡ (생활편익시설 중 노인정 등이 있을 경우는 추가로 제외)
- 실 부과대상면적 (조합원의 종전 건축 연면적 제외)
  부과대상면적 = 276,000 – 150,000(㎡) = 126,000㎡

② 부담금의 산정기준

- 산정기준
  부담금 ={㎡당 표준건축비 × 부과율 × 건축연면적} – 공제액
- 각 항별 산출근거
  - 표준건축비 = 1,018.9천 원/㎡ (표준건축비 중 편의상 11~20층 이하 60㎡ 이상의 경우에 적용되는 금액을 예로 사용)
  - 부과율 = (서울시 광역교통시설부담금조례 §3)

• 주택의 경우 전용면적이 85제곱미터 이하인 경우 100분의 2 • 주택의 경우 전용면적이 85제곱미터를 초과하는 경우 100분의 4 • 주택 이외의 시설은 100분의 4

  - 공제액 : 인가 조건 이행을 위한 도로공사비 = 680,000천 원

③ 부담금의 산정(도시지역 내 시행시)

• 부담금 = {(1,108,000×2/100×(126,000－6000)) ＋ (1,108,000×4/100×6000)} －
680,0000,000 × 25% ＝ 528,040,000(원)

☞ 주택재개발사업이므로 50% 감면되고, 도시지역 내이므로 50% 추가감면되어 75%가 감면되어 25%만 부과(광역교통법 §11의 2 ②)

※ 재건축사업도 주택재개발 사업과 동일하게 산출함.

❹ 주상복합 건축사업의 부담금 산정기준

「건축법」 제11조에 따른 건축허가를 받아 주택 외의 시설과 20세대 이상의 주택을 동일 건축물로 건축하는 사업에 대한 부담금 산정기준은 앞의 '2. 주택건설사업의 경우'와 동일하다(광역교통법 §11의 3 ① 3호).

부담금 ＝ {1㎡당 표준건축비 ×부과율×건축연면적(주택인 시설의 건축연면적의 합계를 말한다)}
－ 공제액

※ 산식 적용 후 도출되는 부담금액의 백원 단위는 절사

(1) 위 산식 적용대상 사업의 범위

• 「건축법」 제11조에 따른 건축허가를 받아 주택 외의 시설과 20세대 이상의 주택을 동일 건축물로 건축하는 사업

(2) 부과율 적용 : 경기 4%, 서울 · 인천 2~4%, 그 밖 2%

부과율은 100분의 10의 범위에서 대통령령으로 정하되 시 · 도지사는 해당 지방자치단체의 조례로 정하는 바에 따라 해당 사업이 시행되는 지구, 구역 또는 사업지역의 위치 · 규모 · 특성 등에 따라 100분의 50의 범위에서 부과율을 조정할 수 있다(광역교통법 §11의 3 ③).

대통령령에서는 부과율을 100분의 2로 정하고 있으며, 대도시권 중 수도권인 경우에는 100분의 4로 규정하고 있다(광역교통령 §16의 2 ⑧). 그러나 서울지역의 경우 「서울특별시 광역교통시설부담금 부과 · 징수 및 광역교통시설특별회계 설치 · 운영 조례」에서 아래와 같이 주택규모 등에 따라 부과율을 100분의 2 ~ 100분의 4로 정하고 있다(광역교통시설부담금 조례 §3). 인천지역도 서울특별시와 동일하다.

① 주택의 경우 전용면적이 85제곱미터 이하인 경우 100분의 2
② 주택의 경우 전용면적이 85제곱미터를 초과하는 경우 100분의 4
③ 주택 이외의 시설은 100분의 4

(3) 건축연면적 산정

주상복합 건축사업의 부담금 산정기준이 되는 건축연면적은 주택인 시설의 건축연면적의 합계이며, 리모델링을 하는 사업의 경우에는 해당 사업의 종전 건축물의 건축연면적을 제외한 면적을 건축연면적으로 한다(광역교통령 §16의 2 ⑦).

○ 광역교통시설부담금의 부과기준이 되는 '개발면적'의 의미? (대법원 2015. 11. 12. 선고 2014두11472 판결)

광역교통법에서 말하는 '개발'이란 주택 등의 건축행위만을 의미하는 것이 아니라 대지조성사업 등을 모두 포함하는 개념이며, 도시개발구역으로 지정하여 도시개발사업을 통해 유용하게 만들고자 하는 토지는 모두 개발면적에 포함된다.
따라서 광역교통시설부담금의 부과기준이 되는 '개발면적'에 도시개발사업구역 내 토지 중 실제로 개발이 이루어지지 않은 부분도 포함된다.

○ 부담금 산정기준의 "용적률" 산정방법 (대법원 2012. 7. 26 선고 2010두6052 판결)

관할 시장이 도시개발사업 시행자에게 각 용도지역 용적률을 단순 합산하여 용도지역 수로 나누는 방식으로 구 대도시권 광역교통관리에 관한 특별법 시행령(2011. 1. 17. 대통령령 제22627호로 개정되기 전의 것) 제16조의 2 제2항 제1호에서 정한 '공동주택이 건립되는 용지의 평균용적률'을 산정하여 광역교통시설부담금을 부과한 사안에서, 위와 같은 방식으로 평균용적률을 산정할 경우 용적률이 다른 각 용도지역의 면적을 고려하지 않음으로써 용적률이 높은 지역의 면적이 전체 사업면적의 극히 일부에 불과하더라도 용적률 산정에 미치는 영향이 크거나 그 반대의 경우가 발생하여 실제 교통수요 증가와 무관하게 광역교통시설부담금이 산정되는 불합리가 발생한다는 이유로, 각 용도지역 면적에 용적률을 곱한 값을 모두 더한 후 전체 면적으로 나누는 가중산술평균 방식에 의하여 평균용적률을 산정하는 것이 타당하다고 본 원심판단은 정당하다.

○ 기부채납하기로 결정되기 전에 매입된 사업자 소유의 토지에 대하여 공제액 산출시 토지비는 토지매입 당시 실거래가인지 기부채납 결정 후의 감정평가에 의한 금액인지 여부 (국토교통부 광역교통정책팀 - 374, 2008. 2. 26.)

공제대상 도로는 원칙적으로 사업과 관련하여 부담금 부과당시에 사업자가 설치하거나(설치 예정이거나) 그 비용을 일부 또는 전부를 부담할 경우에 해당될 것이나, 공제대상도로 여부는 사업별로 도로개설과 사업의 관련성 등 구체적인 사실관계를 토대로 판단해야 한다.

또한, 공제대상도로 설치비용은 부담금 부과당시를 기준으로 산정해야 하므로 비록 납부의무자가 과거에 용지를 취득하였다 하더라도, 부담금 부과당시 시점을 기준으로 감정평가된 용지비를 공제해야 할 것이다.

사업구역 밖에 위치한 기존 광역시도(廣域市道)의 일부 구간을 도로의 확장 없이 재포장하는 공사를 하는 경우, 해당 공사를 위해 부담하는 비용이 부담금 산정 시 공제액 해당 여부 (법제처 안건번호 18-0557, 2018. 12. 14.)

「광역교통법 시행령」 제16조의 2 제4항에서는 「광역교통법」 제11조의 3 제1항 제1호부터 제3호까지에 따라 광역교통시설 부담금을 계산하는 경우 공제되는 금액으로 같은 법 제11조 제1항 각 호에 따른 사업이 시행되는 지구·구역 또는 사업지역 밖에서 광역시도 등을 설치하거나 그 비용의 전부 또는 일부를 부담하는 경우 그 금액(제2호) 등을 합한 금액으로 정하고 있는바, 사업구역 밖에 위치한 기존 광역시도를 재포장하는 공사가 해당 규정의 적용 대상인지 여부를 밝히기 위해서는 도로의 설치에 기존 도로의 재포장공사까지 포함되는지 여부를 살펴보아야 하는데, 도로 설치의 의미에 관해서는 광역교통법에서 별도의 규정을 두고 있지 않으므로 가능한 한 문언의 통상적인 의미에 충실하게 해석하는 것을 원칙으로 하면서 해당 법률의 입법 취지와 목적 및 법질서 전체와의 조화 등을 종합적으로 고려하여 판단해야 할 것이다.(각주: 법제처 2014. 10. 10. 회신 14-0572 해석례 참조)

그런데 광역교통법에 따른 광역교통시설 부담금이란 대도시권에서 이루어지는 개발사업으로 인해 급증하는 교통수요에 대비하여 원인 제공자 또는 수익자에게 교통시설 설치비용의 일부를 부담시킴으로써 대도시권의 교통난을 완화하기 위한 광역교통시설의 건설 및 개량에 소요되는 재원을 확보하는 제도로서 광역교통법 시행령 제16조의 2 제4항 제2호에서 같은 호 각 목에 해당하는 도로를 설치할 경우 그 설치 비용을 공제하는 취지는 해당 도로의 설치가 기능상 지역·광역 교통난 완화에 기여하는 효과가 있어 광역교통시설 부담금을 부과하는 취지와 공통되는 면이 있으므로 사업을 시행하는 자의 이중 부담을 방지(각주: 대법원 2004. 9. 3. 선고 2004두4673 판결례 참조)하려는 것임을 고려하면, 광역교통법 시행령 제16조의 2 제4항 제2호에 따른 광역교통시설 부담금에서 공제되는 대상이 되는 도로의 설치는 도로가 단위 시간당 처리할 수 있는 교통량을 증대시키기 위해 도로를 신설 또는 확장하거나 선형을 개선하는 등의 공사를 의미한다고 보아야 할 것이며, 기존 도로의 확장 없이 재포장만 하는 공사와 같이 현행 도로의 유지·보수를 위한 공사는 해당하지 않는다고 보는 것이 해당 규정의 입법취지에 부합하는 해석이다.

- **교통영향평가에서 보완사항으로 지적된 도로 확장에 관한 사항의 공제대상 인정 여부** (국토해양부 광역교통정책과 2007. 6. 20.)

  2005년 6월 시행령 개정으로 광역교통시설부담금 공제대상 도로를 광역적인 교통기능을 수행하는 도로로 한정하여 사업자가 사업지역 또는 사업지역 밖에서 지방도 급 이상 도로를 건설 및 개량하거나 광역교통대책에 포함된 도로를 건설 및 개량하는 경우에 그 비용을 공제하도록 하였으므로, 해당 도로가 시행령 상의 공제대상 도로일 경우 공제 가능하다.

- **공제대상인 철도 또는 도로의 설치 비용이 확정되지 아니하여 금액을 확정할 수 없는 경우 추후 정산을 조건으로 부과처분이 가능한지 여부** (국토교통부 광역교통정책과 - 228, 2005. 2. 4.)

  도로 등의 설치비용이 확정되지 아니하였다면 추후 정산을 조건으로 부과처분 가능하다.

- **부담금 공제금액 산정 시 부과기준일을 기준으로 한 공제금액만을 공제하는지 아니면 추후 증가되는 물가상승분 등을 반영한 공사비용을 추가 공제해야 하는지?** (국토교통부 도시광역교통과 - 1186, 2008. 7. 7.)

  광역교통시설부담금 부과기준일을 기준으로 공제금액을 산출하여 부담금을 부과하고, 사업착수 후 공제대상 도로 등의 설치비가 물가 상승분 등을 반영하여 변경된 경우에는 사업시행자의 신청을 받아 부담금 납부고지서를 변경하여 발급해야 한다.

- **사업시행자가 매입한 도시철도공채를 시행령 제16조의 2 제4항 제1호에 따른 광역교통시설부담금 공제액으로 볼 수 있는지?**

  매입한 도시철도공채상의 원금과 이자는 일정한 기간이 지난 후 상환받는 것이므로 시행령 제16조의 2 제4항 제1호에 의한 광역교통시설부담금 공제액에 해당되지 않는다.

- **주택재개발 사업 시 교통영향분석 개선대책의 일환으로 사업지역 내에서 광역시도를 확장하는 경우에 따라 도로개량 소요비용을 부담금에서 공제할 수 있는지?** (국토교통부 도시광역교통과 - 1481, 2009. 9. 9.)

  시행령 제16조의 2 제4항 제2호의 규정에 따를 때 도로개량 소요비용은 "동법을 제11조 각호에 따른 사업이 시행되는 지구 · 구역, 사업지역 밖에서" 실시되는 경우에 한하여 공제 가능하므로 주택재개발사업지역 내의 광역시도를 확장하는 경우는 광역교통시설부담금 공제대상에 해당하지 않는다.

- **주택건설사업 시행자가 단지조성 시 단지 밖에 계획 중인 광역시도 개설비 공제를 요청하면서 택지공급원가를 공개하지 않은 채 도로사업비, 개발면적 등을 토대로 주택건설사업에 대한 도로설치비를 산정한 경우 이를 인정해 줄 수 있는지 여부** (국토교통부 도시광역교통과 - 1206, 2010. 3. 18.)

  사업시행지구 밖에서 광역시도 설치비용을 부담하는 경우 그 금액을 공제액으로 인정할 수 있게 되어 있으며(령 제16조의 2 제4항), 택지공급원가가 공개되지 않더라도 도로사업비, 개발면적 등이 명확하다면 단위면적당 비용 등 산출이 가능하므로 이를 통해 공제액을 산출·공제하는 것이 타당하다고 판단된다.

○ 동일한 건축물이 15층과 17층으로 혼재되어 있는 경우 표준건축비 적용시 11~15층 이하의 기준을 적용하여야 하는지 아니면 16층 이상의 기준을 적용하여야 하는지? (국토부 교운 911044, 2001. 7. 13.)

법 제11조의 3 제4항의 규정에 의한 표준건축비상의 층별로 구분한 각각의 면적은 전용면적을 말하며, 동일한 건축물이 15층과 17층으로 혼재되어 있는 경우 표준건축비의 적용은 각각 층고별로 건축비 상한가격을 적용하여 건축비를 산정하여야 할 것이다. 다만, 사업계획승인시 16층 이상 건립에 추가되는 구조 및 시설 등을 설치하도록 의무화하였고 이를 설치하는 경우라면 15층 이하에 대하여도 16층 이상의 표준건축비를 적용할 수 있을 것이다.

또한, 령 제16조의 2 제6항에 의하면 주상복합건축물에 대한 부담금 산정은 주택인 시설의 건축연면적의 합계로 하도록 되어 있음을 알린다.

○ 표준건축비 적용과 관련하여 사업 승인 후 분양면적, 층수, 세대수 등 사업계획 변경이 변경된 경우, 변경으로 인한 부담금 재 산정 시 어떤 시점의 표준건축비를 적용하는지? (도시광역교통과-253, 2010. 1. 20.)

사업계획 변경 시에는 원칙적으로, 변경 전후 부과대상 면적을 비교하여 면적이 증가했을 때는 증가한 면적에 대해서만 변경 후의 표준건축비를 적용하여 부담금을 추가 부과하고, 면적이 감소했을 때는 종전의 표준건축비를 적용하여 재산정하여야 한다.

다만, 분양면적, 층수, 세대수가 전반적으로 변경되어 유형별 면적 증감 구분이 사실상 불가능한 사례에 대해서는, 귀 시에서 전용면적에 따라 부과율을 50%까지 감소시켜 운영하고 있는 점을 감안하여 우선적으로 부과율을 달리하는 전용면적별로 부과대상 면적 증감을 판단한 뒤, 부담금 추가 부과(증가된 면적만 변경 후 표준건축비 적용) 또는 재산정(면적 감소시 종전 표준건축비를 적용하여 재산정)을 처리하되, 어떤 유형을 추가된 면적으로 처리할지는 사업별 특성에 따라 처리하는 것이 비교적 합리적인 방법이라고 판단된다.

Q6. 광역교통시설부담금의 부과 · 징수

❶ 광역교통시설부담금의 부과 및 납부

구 분	내 용	관련법령
부과시기	사업의 승인 또는 인가 등을 받은 날부터 60일 이내	광역교통법 §11의 4, 광역교통령 §17
납부기한	부과일로부터 1년 이내 납부	
납부기한 연장	천재지변 등 정당한 사유가 있는 경우 사업의 착공 시까지 연기	
분할납부	부담금 납부고지서일로부터 30일 이내 신청하고 지자체 조례에 따라 분할납부	

(1) 광역교통시설부담금의 부과

광역교통시설부담금은 해당 사업이 시행되는 지역의 시 · 도지사가 부과 · 징수하되 관할 시장 · 군수 · 구청장에게 위임된 경우에는 시장 · 군수 · 구청장이 부과 · 징수한다(광역교통법 §11의 4 ①, §13 ①, 광역교통령 §17의 4 ①).

부과권자는 사업시행자가 국가나 지방자치단체로부터 사업의 승인 또는 인가 등을 받은 날부터 60일 이내에 광역교통시설부담금을 부과한다(광역교통법 §11의 4 ①).[52] 이 때 사업의 승인 또는 인가등을 받은 날과 사업의 사용승인 · 사용검사 · 준공인가 또는 준공검사를 받는 날은 다음과 같다(광역교통령 §17 ⑥ [별표 3]).

52) 부과기간인 60일은 불변기일이 아니므로 60일 경과로 부과권이 자동소멸되는 것은 아니며, 부과권의 소멸시효는 지방재정법령 등의 규정을 감안할 때 5년이다.

| 부과대상사업의 승인 등을 받은 날과 사용승인 등을 받는 날 |

사 업 명	승인 등을 받은 날	사용승인 등을 받는 날
① 택지개발사업	1. 실시계획 승인일	1. 준공검사일
② 도시개발사업	2. 실시계획 인가일	2. 준공검사일
③ 대지조성사업	3. 사업계획 승인일	3. 사용검사일
④ 주택건설사업	4. 사업계획 승인일	4. 사용검사일
⑤ 주택재개발사업 및 주택재건축사업	5. 사업시행 인가일	5. 준공인가일
⑥ 도시환경정비사업	6. 사업시행 인가일	6. 준공인가일
⑦ 법 제11조 제1항 제6호에 따른 건축사업	7. 건축허가일	7. 사용승인일

부과권자가 부담금을 부과하고자 하는 때에는 납부대상 · 납부금액 · 납부기한 · 납부장소 등을 기재한 납부고지서를 발부해야 한다(광역교통령 §17 ①). 또한 사업계획 등의 변경으로 부담금 변경사유가 발생한 때에는 납부고지서를 지체없이 재발급해야 하며, 부담금 변경으로 납부고지를 다시 하는 때에는 부담금이 증가되는 금액에 대한 납부기한을 고지일부터 60일 이내에서 따로 정할 수 있다(광역교통령 §17 ②, 광역교통시설부담금조례 §4 ③). 사업계획 등의 변경 외에 공제대상 도로 등의 설치비용이 변경되어 공제액이 변경될 경우에도 납부고지서를 재발급해야 한다. 그리고 부담금 부과할 때에 이의신청에 관한 사항을 고지서에 포함해야 하며(광역교통시설부담금조례 §4 ②), 부담금의 부과 · 징수에 관한 사항은 「지방세기본법」의 관련 규정을 준용한다(광역교통시설부담금조례 §12).

한편, 부과권자가 부담금을 부과 · 징수한 후 부담금이 과소 또는 과다 부과 · 징수된 사실을 발견한 경우에는 이를 조사하여 그 차액을 추징하거나 환급해야 한다(광역교통법 §11의 4 ⑦).

(2) 광역교통시설부담금의 납부

부과된 부담금은 부과일부터 1년 이내에 내야 하되, 납부기한 내에 사업의 사용승인등을 받을 경우에는 그 신청일(국가나 지방자치단체가 시행하는 사업의 경우 준공완료 공고일) 이전까지 납부해야 한다(광역교통법 §11의 4 ②).

납부고지서를 받은 사업시행자가 천재 · 지변 그 밖의 부득이한 사유로 인하여 납부기한 안에 납부하기가 곤란하다고 인정되는 때에는 그 사유가 없어진 날부터 30일 이내에 납부하여야 한다(광역교통령 §17 ③).

한편, 부과권자는 부담금 변경으로 납부고지를 다시 하는 때에는 부담금이 증가되는 금액에 대한 납부기한을 고지일부터 60일 이내에서 따로 정할 수 있다(광역교통시설부담금조례 §4 ③).

(3) 납부기한 연기

과세권자는 부담금의 부과대상 사업의 착공이 천재지변 등 아래와 같은 정당한 사유에 따라 연기되는 경우에는 납부의무자의 신청을 받아 사업의 착공 시까지 납부기한을 연기할 수 있다(광역교통법 §11의 4 ③, 광역교통령 §17 ⑦).

▸ 납부기한 연기 정당한 사유

① 천재지변 또는 사업시행자에게 책임이 없는 불가항력적인 사유로 인하여 사업의 착공이 지연되는 경우

② 해당 사업시행지에 대한 소유권 분쟁(소송절차가 진행 중인 경우만 해당한다)으로 인하여 사업의 착공이 지연되는 경우

③ 사업의 승인 또는 인가 등의 조건으로 부과된 사항을 이행함에 따라 사업의 착공이 지연되는 경우

④ 주택건설경기가 침체되는 등 사업을 착공하지 못할 부득이한 사유가 있다고 시·도지사가 인정하는 경우

※ 천재·지변 그밖의 부득이한 사유로 납부기한 내에 납부가 곤란한 경우 그 사유가 없어진 날로부터 30일 이내에 납부

※ 천재지변 그밖의 사유란 대설, 홍수, 지진 등 납부의무자의 피할 수 없는 외부적인 사변이 발생한 경우를 의미. 주관적인 사유는 포함되지 않음 – 예시 : 택지 또는 주택의 미분양, 부채율 증가로 인한 경영상태의 악화

(4) 분할납부

부담금의 부과권자는 납부의무자의 신청을 받아 사업의 사용승인 등을 받는 날(국가·지방자치단체가 시행하는 사업의 경우 준공완료 공고일)까지의 범위에서 분할납부를 하게 할 수 있다(광역교통법 §11의 4 ② 단서). 분할납부는 2차 납부액만큼 그 기한을 연장(징수를 유예)하는 효과가 있어 과중한 부담금 납부로 인한 경제적 부담을 덜어주고 사업기간이 장기인 특성을 감안하여 인정되는 제도이다.

분할납부를 신청하고자 하는 자는 부담금의 금액, 사업이 시행되는 위치, 분할납부의 사유 등을 기재한 신청서를 부담금 납부고지일부터 30일 이내에 시·도지사에게 제출해야 하

며, 시·도지사는 분할납부를 신청받은 날부터 30일 이내에 신청인에게 분할납부 허용 여부를 서면으로 통지해야 한다(광역교통령 §17 ④ ⑤). 신청서에는 분할금액과 2차 납부기한, 분할납부 사유 등을 반드시 기재하여야 하며(광역교통시설부담금조례 §6 ①), 부담금 부과·징수사무가 구청장에게 위임되어 있기 때문에 실제로는 구청장에게 신청서를 제출하고 구청장이 분할납부 허용 여부를 결정한다.

분할납부의 신청은 부담금의 부과금액이 1억 원 이상인 경우에 한하되, 다음의 기준에 따라 이를 허용할 수 있다(광역교통시설부담금조례 §6 ②). 구청장은 신청서에 기재된 사유를 중심으로 허용 여부를 결정하되, 사업자의 재정상태와 사업진행 등을 종합적으로 고려하여 판단할 수 있다.

▸ 분할납부의 기준(서울)

① 분할납부의 신청은 부담금의 부과금액이 1억 원 이상인 경우에 한정
② 납부 횟수는 2회
③ 제1회 납부금액은 당초 부과금액의 50% 이상으로 하되, 납부의무자의 신청금액으로 함
④ 납부 기한은 제1회 납부금액에 대하여는 당초 부과 고지된 납부기한으로 하며, 제2회 납부금액에 대하여는 사업의 준공검사 또는 사용검사 등을 받기 전까지로 하되 납부의무자가 정한 날

※ 경기도 분할납부 기준 : 부과일로부터 1년 이내 50% 이상, 1~2년 이내 30% 이상, 3년 초과 준공(사용)검사 이전 잔여부담금

다만, 분할납부 허용 후 분할납부기간의 도래 전에 준공검사 또는 사용검사를 받게 되는 경우에는 그 기간 내에 전액을 납부하여야 한다(경기도 광역교통시설부담금조례 §4 ②).

독촉 및 체납처분

(1) 납부독촉

부과권자는 납부의무자가 부담금을 납부기한까지 내지 아니하면 납부기한이 지난 후 10일 이내에 독촉장을 발급하여야 한다. 이 경우 납부기한은 독촉장 발급일부터 10일로 한다(광역교통법 §11의 4 ④).

(2) 연체 가산금 및 체납처분

부과권자는 납부의무자가 광역교통시설부담금을 기한까지 내지 아니하면 부담금액의 100분의 1에 해당하는 가산금을 징수할 수 있다(광역교통법 §11의 4 ⑤). 가산금 100분의 1의 규정은 특별법 개정으로 2023. 5. 16. 이후 광역교통시설부담금을 결정·부과하는 경우부터 적용되며, 그 이전에는 종전의 규정에 따라 가산금은 100분의 3이 적용된다(법률 제19049호, 2022. 11. 15. 부칙 제2조).

부담금 납부의무자가 체납된 부담금을 납부하지 아니하여 위의 가산금을 징수하는 때에는 체납된 부담금에 납부기한의 다음 날부터 납부일 전일까지의 기간과 금융회사 등이 연체대출금에 대하여 적용하는 이자율 등을 고려하여 대통령령으로 정하는 이자율을 곱한 금액을 제5항에 따른 가산금에 더하여 징수한다. 이 경우 가산금의 총액은 체납된 부담금의 100분의 3을 초과할 수 없다(광역교통법 §11의 4 ⑥, 2023. 5. 16. 이후 결정·부과분부터 적용).

또한 부과권자는 납부의무자가 독촉장을 받고 지정된 기한까지 부담금 또는 가산금을 내지 아니하면 「지방행정제재·부과금의 징수 등에 관한 법률」에 따라 징수할 수 있다(광역교통법 §11의 4 ⑧).

 이의신청 및 환급절차

(1) 이의신청

부담금을 부과받은 자가 부과받은 사항에 대하여 이의가 있으면 부과받은 날부터 90일 이내에 시·도지사에게 그 사유를 소명할 수 있는 자료를 첨부하여 이의를 신청할 수 있다. 시·도지사는 이의신청을 받으면 신청을 받은 날부터 15일 이내에 심의하여 그 결과를 신청인에게 서면으로 통보하여야 한다(광역교통법 §11의 5 ① ②).

(2) 환급절차

부과권자가 부담금을 부과·징수한 후 부담금이 과다 부과·징수된 사실을 발견한 경우에는 이를 조사하여 그 차액을 환급해야 한다(광역교통법 §11의 4 ⑦).

부과권자는 납부의무자가 부담금으로 낸 금액 중 과오납부한 금액이 있거나 환급하여야 할 금액이 있으면 지체 없이 그 과오납 금액 또는 환급하여야 할 금액을 부담금 납부자에게 알려야 한다. 이 경우 다음의 환급사유 발생일에 해당하는 날의 다음 날부터 환급 결정을 하는 날까지의 이자(「은행법」에 따라 설립된 은행의 1년 만기 정기예금 평균이자율로서 부담금 납부일 당시의 금리를 기준으로 산정한 이자)를 함께 알려야 한다(광역교통령 §17 ⑧).

▸ 환급사유 발생일

① 착오 납부, 이중 납부 또는 납부 후 그 부과를 취소하거나 정정한 경우 : 착오 등 납부일
② 부담금납부자에게 책임이 있는 사유로 부담금을 발생시킨 사업의 승인 또는 인가 등이 취소된 경우 : 승인 또는 인가 등의 취소일
③ 부담금납부자가 사업계획을 변경하거나 그 밖에 이와 비슷한 사유로 인한 경우 : 사업계획 변경허가 또는 그 밖에 이와 유사한 행정처분의 처분일

 광역교통시설부담금 재원 배분 및 사용

징수된 부담금의 100분의 40은 「국가균형발전 특별법」에 따른 국가균형발전특별회계 중 지역지원계정에 귀속하며, 부담금의 나머지 100분의 60은 부담금을 징수한 시·도에 설치된 지방광역교통시설 특별회계에 귀속한다(광역교통법 §11의 6 ① ②).

부담금 부과·징수권자는 징수된 부담금 중 「국가균형발전 특별법」에 따른 국가균형발전특별회계의 경제발전계정에 귀속되는 분을 부담금을 수납한 날이 속하는 분기의 다음 달 10일까지 한국은행(국고대리점 포함) 또는 체신관서에 납입하여야 한다(광역교통령 §17의 2).

한편 징수된 부담금은 다음 각 호의 어느 하나에 해당하는 용도로 사용되어야 한다(광역교통법 §11의 6 ③).

① 광역교통시설의 건설 또는 개량
② 광역교통 개선대책의 이행을 위한 교통시설로서 광역교통위원회에서 구간 또는 위치를 지정한 교통시설의 건설 또는 개량
③ 「도로법」에 따른 특별시도(特別市道)·광역시도(廣域市道), 지방도 및 시도(市道)·군도(郡道)·구도(區道) 중 시·도지사가 광역교통에 영향을 미친다고 인정한 도로로서 광역교통위원회에서 구간 또는 위치를 지정한 도로의 건설 또는 개량. 이 경우 시·도지사는 제2항에 따라 시·도에 설치된 지방광역교통시설 특별회계에 귀속되는 부담금의 100분의 10의 범위에서 사용할 수 있다.

④ 대도시권 교통의 중심이 되는 도시의 외곽에 위치한 일반철도 역의 인근에 설치되는 주차장 중 시 · 도지사가 광역교통에 영향을 미친다고 인정한 주차장으로서 광역교통위원회가 지정한 주차장의 건설 또는 개량. 이 경우 시 · 도지사는 제2항에 따라 시 · 도에 설치된 지방광역교통시설 특별회계에 귀속되는 부담금의 100분의 10의 범위에서 사용할 수 있다.

⑤ 대통령령으로 정하는 광역버스운송사업에 대한 지원 및 광역버스운송사업 관련 시설의 건설 또는 개량

○ 광역교통시설부담금의 부과권의 소멸시효 적용 여부(국토교통부 교운91100 - 26, 2001. 4. 3.)

시 · 도지사의 광역교통시설부담의 부과권에 대한 소멸시효에 대하여 광역교통관리에 관한 특별법령에 별도로 규정하고 있지 아니하는 경우에는 지방재정법 제69조의 규정에 따라 판단하는 것이 타당하다.

○ 주택재개발정비사업조합의 설립인가처분에 대한 취소소송이 제기되어 행정법원에서 판결 확정 시까지 조합설립인가처분의 효력을 정지한다고 결정한 경우 납부기한 연장적용 여부
(국토교통부 광역교통정책팀 - 3241, 2007. 12. 10.)

영 제17조 제3항은 천재 · 지변 그 밖의 부득이한 사유로 인하여 납부기한 안에 납부하기 곤란하다고 인정될 경우 납부기한을 연장할 수 있다고 규정하고 있으며,
부과관청이 납부고지서를 기 발부하였다 하더라도 주택재개발정비사업자에 대한 설립인가취소소송이 현재 법원에 제기되어 있고 이와 함께 법원에서 당해 취소사건의 판결 확정 시까지 설립인가처분의 효력을 정지한다고 결정함에 따라 부담금을 납부해야 할 사업시행자인 조합의 지위가 불확실해져 현실적으로 부담금을 징수하기 어려운 상황이기 때문에, 납부기한을 연장할 수 있는 시행령 상의 "그 밖의 부득이한 사유"에 해당된다고 본다.

| [참고] 광역교통시설부담금 부과 · 징수 절차 |

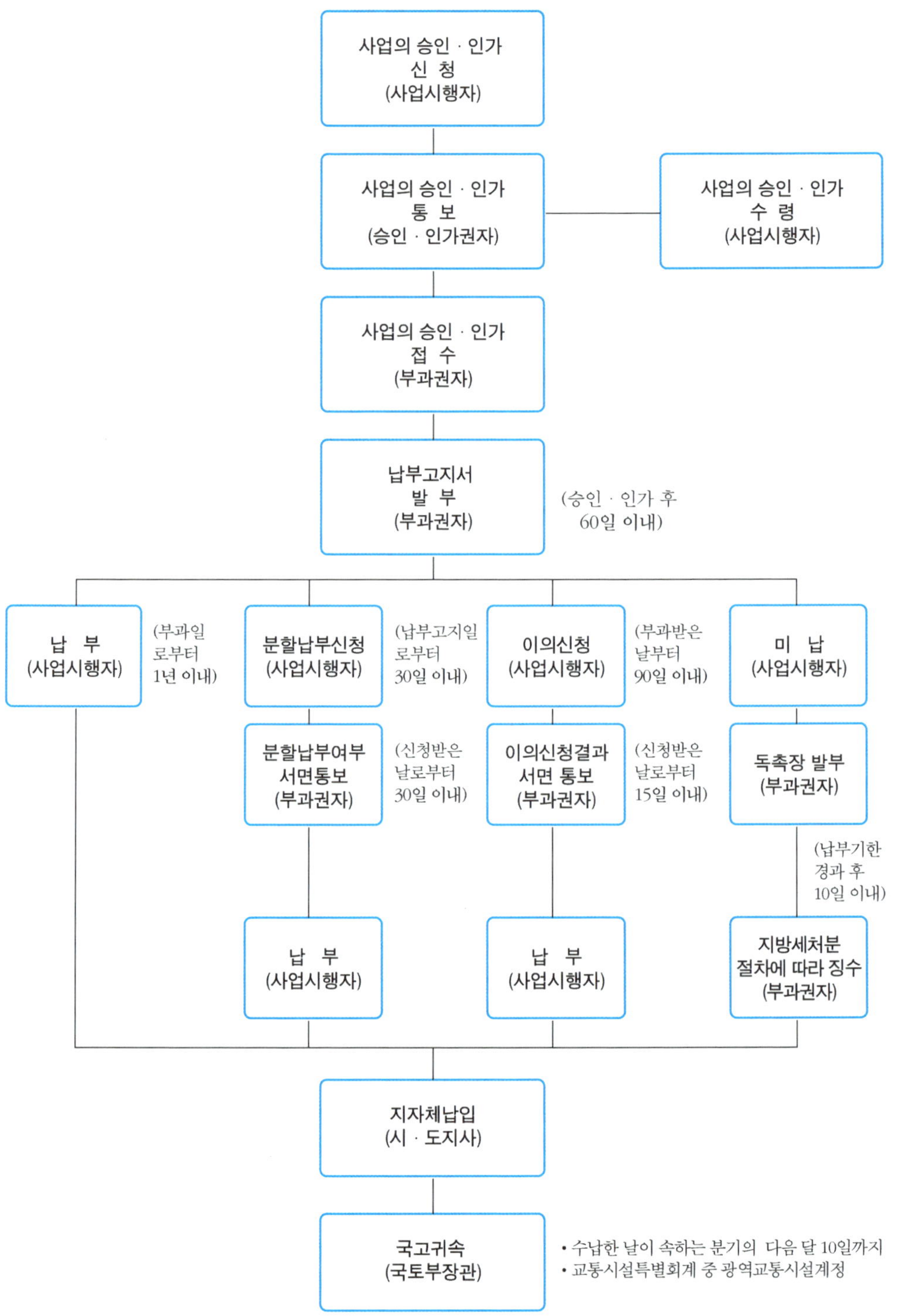

Q7. 광역교통시설부담금 관련 법령 및 조례

대도시권 광역교통 관리에 관한 특별법 〔시행 2023. 5. 16.〕 〔2022. 11. 15., 일부개정〕	대도시권 광역교통 관리에 관한 특별법 시행령 〔2022. 12. 6., 일부개정〕
제1조(목적) 이 법은 대도시권의 교통문제를 광역적(廣域的)인 차원에서 효율적으로 해결하기 위하여 필요한 사항을 정함을 목적으로 한다.	**제1조(목적)** 이 영은 「대도시권 광역교통 관리에 관한 특별법」에서 위임된 사항과 그 시행에 필요한 사항을 정함을 목적으로 한다.
제2조(정의) 이 법에서 사용되는 용어의 뜻은 다음과 같다. 1. “대도시권”이란 「지방자치법」 제2조 제1항 제1호에 따른 특별시·광역시 및 그 도시와 같은 교통생활권에 있는 지역 중 대통령령으로 정하는 지역을 말한다. 2. “광역교통시설”이란 대도시권의 광역적인 교통 수요를 처리하기 위한 교통시설로서 다음 각 목의 시설을 말한다. 가. 둘 이상의 특별시·광역시·특별자치시 및 도(이하 “시·도”라 한다)에 걸치는 도로로서 대통령령으로 정하는 요건에 해당하는 도로(이하 “광역도로”라 한다) 나. 둘 이상의 시·도에 걸쳐 운행되는 도시철도(「도시철도법」 제2조 제2호에 따른 도시철도를 말한다. 이하 같다) 또는 철도(「철도의 건설 및 철도시설 유지관리에 관한 법률」 제2조 제1호에 따른 철도를 말한다. 이하 같다)로서 대통령령으로 정하는 요건에 해당하는 도시철도 또는 철도(이하 “광역철도”라 한다) 다. 대도시권 교통의 중심이 되는 도시의 외곽에 위치한 광역철도 역(驛)의 인근에 건설되는 주차장 라. 「여객자동차 운수사업법」 제2조 제2호에 따른 여객자동차 운수사업 또는 「화물자동차 운수사업법」 제2조 제2	**제2조(적용범위)** 「대도시권 광역교통 관리에 관한 특별법」(이하 “법”이라 한다) 제2조 제1호의 규정에 의한 대도시권의 범위는 별표 1과 같다.

대도시권 광역교통 관리에 관한 특별법 〔시행 2023. 5. 16.〕 〔2022. 11. 15., 일부개정〕	대도시권 광역교통 관리에 관한 특별법 시행령 〔2022. 12. 6., 일부개정〕
호에 따른 화물자동차 운수사업에 제공되는 차고지로서 지방자치단체의 장이 설치하는 공영차고지 마. 「화물자동차 운수사업법」 제2조 제10호에 따른 화물자동차 휴게소로서 지방자치단체의 장이 건설하는 화물자동차 휴게소 바. 「대중교통의 육성 및 이용촉진에 관한 법률」 제2조 제5호에 따른 간선급행버스체계로서 대통령령으로 정하는 요건에 해당하는 시설 사. 「국가통합교통체계효율화법」 제2조에 따른 환승센터 · 복합환승센터로서 대통령령으로 정하는 요건에 해당하는 시설(이하 "환승센터 · 복합환승센터"라 한다) 아. 그 밖에 대통령령으로 정하는 교통시설 3. "광역버스운송사업"이란 대도시권 내 둘 이상의 시 · 도에 걸쳐 운행되고 대통령령으로 정하는 요건에 해당하는 「여객자동차 운수사업법」 제3조 제1항 제1호에 따른 노선 여객자동차운송사업을 말한다.	
제3조의 2(대도시권 광역교통시행계획의 수립) ① 국토교통부장관은 광역교통기본계획에서 정한 대도시권 광역교통시설의 확충과 광역교통체계의 개선을 효과적으로 추진하기 위하여 관계 중앙행정기관의 장과 시 · 도지사의 의견을 들어 5년 단위의 대도시권 광역교통시행계획(이하 "광역교통시행계획"이라 한다)을 수립하여야 한다. ② 국토교통부장관은 광역교통시행계획을 결정하거나 변경하려면 제8조에 따른 대도시권 광역교통위원회(이하 "광역교통위원회"라 한다)의 심의를 거쳐야 한다. 다만, 대통령령으로 정하는 경미한 사항을 변경하는 경우에는 광역교통위원회의 심의를 거치지 아니한다.	**제5조(광역교통시행계획의 내용)** 광역교통시행계획에는 다음 각 호의 사항이 포함되어야 한다. 1. 대도시권 광역교통의 현황과 전망 2. 광역교통시행계획의 목표 및 추진방안에 관한 사항 3. 제3조 제2호, 제4조 및 제4조의 2에 따른 광역교통시설의 지정 및 폐지에 관한 사항 4. 광역교통시설의 건설 및 개량에 관한 사항 5. 광역교통체계의 개선에 관한 사항 6. 광역적인 차원에서의 대중교통수단의 확충 및 운영개선에 관한 사항 7. 광역적인 차원에서 대중교통의 이용촉진

대도시권 광역교통 관리에 관한 특별법 〔시행 2023. 5. 16.〕 〔2022. 11. 15., 일부개정〕	대도시권 광역교통 관리에 관한 특별법 시행령 〔2022. 12. 6., 일부개정〕
③ 국토교통부장관은 제2항에 따라 광역교통시행계획을 결정하거나 변경할 때에는 광역교통위원회의 심의 전에 공청회를 열어 주민과 관계 전문가 등으로부터 의견을 들어야 한다. 다만, 대통령령으로 정하는 경미한 사항을 변경하는 경우에는 그러하지 아니하다. ④ 국토교통부장관은 제2항에 따라 결정되거나 변경된 광역교통시행계획을 대통령령으로 정하는 바에 따라 고시하고 관계 중앙행정기관의 장 및 시·도지사에게 통보하여야 한다.	을 위한 정보의 제공 및 정보체계의 구축에 관한 사항 8. 광역교통시행계획의 시행에 필요한 재원의 조달과 투자비의 분담에 관한 사항 9. 그 밖에 국토교통부장관이 대도시권 광역교통시설의 확충과 광역교통체계의 개선을 효율적으로 추진하기 위하여 필요하다고 인정하는 사항 **제7조(광역교통시행계획의 고시)** 국토교통부장관은 법 제3조의 2에 따라 광역교통시행계획을 결정 또는 변경한 때에는 다음 각호의 사항을 관보에 고시하여야 한다. 1. 광역교통시행계획의 목적 및 기간 2. 광역교통시행계획의 결정 및 변경사유 3. 광역교통체계의 개선에 관한 사항 4. 대중교통수단의 운영개선에 관한 사항
제11조(광역교통시설 부담금의 부과대상) ① 광역교통시행계획이 수립·고시된 대도시권에서 다음 각 호의 어느 하나에 해당하는 사업을 시행하는 자는 광역교통시설 등의 건설 및 개량, 광역버스운송사업에 대한 지원 등을 위한 광역교통시설 부담금(이하 "부담금"이라 한다)을 내야 한다. 1. 「택지개발촉진법」에 따른 택지개발사업 2. 「도시개발법」에 따른 도시개발사업 3. 「주택법」에 따른 대지조성사업 및 법률 제6916호 주택건설촉진법개정법률 부칙 제9조에 따라 종전의 규정에 따르도록 한 아파트지구개발사업 4. 「주택법」에 따른 주택건설사업(다른 법령에 따라 사업 승인이 의제되는 협의를 거친 경우를 포함한다) 5. 「도시 및 주거환경정비법」에 따른 재개발사업 및 재건축사업. 다만, 재개발사업의 경우에는 20세대 이상의 공동주택을 건설하는 경우만 해당한다. 6. 「건축법」 제11조에 따른 건축허가를 받아	

대도시권 광역교통 관리에 관한 특별법 〔시행 2023. 5. 16.〕 〔2022. 11. 15., 일부개정〕	대도시권 광역교통 관리에 관한 특별법 시행령 〔2022. 12. 6., 일부개정〕
주택 외의 시설과 20세대 이상의 주택을 동일 건축물로 건축하는 사업 7. 그 밖에 제1호부터 제6호까지의 사업과 유사한 사업으로서 대통령령으로 정하는 사업 ② 제1항에 따른 부담금 납부의무자가 사업의 사용승인·사용검사·준공인가 또는 준공검사(이하 "사용승인등"이라 한다)를 받는 날(국가나 지방자치단체가 시행하는 사업의 경우 준공완료 공고일을 말한다) 이전에 사업시행자의 지위를 승계하는 경우에는 그 지위를 승계한 자가 부담금을 내야 한다. ③ 부담금 납부의무의 승계, 연대 납부의무 및 제2차 납부의무에 관하여는 이 법의 규정에 반하지 아니하는 범위에서 「지방세기본법」 제41조부터 제48조까지 및 「지방세징수법」 제15조를 준용한다.	
제11조의 2(부담금의 감면) ① 다음 각 호의 사업에 대하여는 부담금을 부과하지 아니한다. 1. 제11조 제1항 제1호부터 제3호까지에 해당하여 부담금 부과대상으로 결정된 사업의 지구, 구역 또는 사업지역에서 시행되는 같은 항 제1호부터 제4호까지, 제6호 및 제7호의 사업 2. 「도시 및 주거환경정비법」에 따른 주거환경개선사업 3. 다음 각 목의 사업 중 4년 이상 임대하기 위하여 「민간임대주택에 관한 특별법」에 따른 민간임대주택 또는 「공공주택 특별법」에 따른 공공임대주택을 건설하는 사업으로서 대통령령으로 정하는 사업 가. 제11조 제1항 제4호의 주택건설사업 나. 제11조 제1항 제6호의 사업 4. 「공익사업을 위한 토지 등의 취득 및 보상에 관한 법률」 제78조에 따른 이주대책의 실시에 따른 주택지의 조성 및 주택의 건설 5. 제11조 제1항 각 호의 사업 중 「사회기반	제16조(부담금의 감면) 법 제11조의 2 제1항 제3호 각 목 외의 부분에서 "대통령령으로 정하는 사업"이란 「주택법」 제2조 제6호의 국민주택규모 이하의 임대주택(「민간임대주택에 관한 특별법」에 따른 민간임대주택 또는 「공공주택 특별법」에 따른 공공임대주택을 말한다. 이하 같다)을 건설하는 사업을 말한다.

대도시권 광역교통 관리에 관한 특별법 〔시행 2023. 5. 16.〕 〔2022. 11. 15., 일부개정〕	대도시권 광역교통 관리에 관한 특별법 시행령 〔2022. 12. 6., 일부개정〕
시설에 대한 민간투자법」 제2조 제1호 가목부터 다목까지의 어느 하나에 해당하는 시설을 신설·증설 또는 개량하는 사업을 시행하는 자가 같은 법 제21조에 따라 부대사업으로 시행하는 사업 6. 「신행정수도 후속대책을 위한 연기·공주지역 행정중심복합도시 건설을 위한 특별법」 제11조에 따라 지정된 예정지역에서 시행되는 주택의 건설사업 ② 다음 각 호의 사업에 대하여는 부담금의 100분의 50을 경감한다. 다만, 제4호의 사업 중 제1호부터 제3호까지에 해당하는 사업은 100분의 75를 경감한다. 1. 국가나 지방자치단체가 시행하는 사업 2. 「도시 및 주거환경정비법」에 따른 재개발사업 3. 「도시 및 주거환경정비법」에 따른 재건축사업 4. 「국토의 계획 및 이용에 관한 법률」 제6조 제1호에 따른 도시지역에서 시행되는 제11조 제1항 각 호의 사업	
제11조의 3(부담금의 산정기준) ① 제11조 제1항 제1호부터 제6호까지의 사업에 대한 부담금은 다음 각 호의 계산식으로 계산한 금액으로 한다. 1. 제11조 제1항 제1호부터 제3호까지의 사업에 해당하는 부담금 = {1㎡당 표준개발비 × 부과율 × 개발면적 × (용적률 ÷ 200)} − 공제액 2. 제11조 제1항 제4호 및 제5호의 사업에 해당하는 부담금 = {1㎡당 표준건축비 × 부과율 × 건축연면적} − 공제액 3. 제11조 제1항 제6호의 사업에 해당하는 부담금 = {1㎡당 표준건축비 ×부과율× 건축연면적(주택인 시설의 건축연면적의 합계를 말한다)} − 공제액 ② 제11조 제1항 제7호의 사업에 대한 부담	**제16조의 2(부담금의 산정기준)** ① 법 제11조의 3 제1항 제1호의 규정에 의한 개발면적은 당해 사업이 시행되는 지구·구역 또는 사업지역의 전체면적에서 다음 각호의 용지의 면적을 제외한 면적으로 한다. 1. 관계 법령의 규정에 의하여 국가 또는 지방자치단체에 무상으로 귀속되거나 법 제11조 제1항 각 호에 따른 사업을 시행하는 자(이하 "사업시행자"라 한다)가 국가 또는 지방자치단체에 기부채납하는 용지 2. 제16조의 규정에 의한 임대주택의 건설을 위한 용지 3. 법 제11조의 2 제1항 제4호에 따른 이주대책의 실시에 따른 주택지의 조성 및 주택의 건설을 위한 용지 4. 공용의 청사용지와 「학교용지 확보 등에

대도시권 광역교통 관리에 관한 특별법 〔시행 2023. 5. 16.〕 〔2022. 11. 15., 일부개정〕	대도시권 광역교통 관리에 관한 특별법 시행령 〔2022. 12. 6., 일부개정〕
금은 대통령령으로 정하는 바에 따른다. ③ 제1항 제1호에 따른 부과율은 100분의 50의 범위에서, 제1항 제2호 및 제3호에 따른 부과율은 100분의 10의 범위에서 각각 대통령령으로 정하되 시·도지사는 해당 지방자치단체의 조례로 정하는 바에 따라 제11조 제1항에 따른 사업이 시행되는 지구, 구역 또는 사업지역의 위치·규모·특성 등에 따라 100분의 50의 범위에서 부과율을 조정할 수 있다. ④ 제1항 제1호에 따른 표준개발비는 단위당 개발비용으로서 생산자물가상승률 등을 고려하여 국토교통부장관이 고시하는 금액으로 하며, 제1항 제2호 및 제3호에 따른 표준건축비는 「공공주택 특별법」 제50조의 3에 따라 공공건설임대주택의 분양전환가격을 산정하는 기준으로 국토교통부장관이 고시하는 표준건축비로 한다. ⑤ 제1항에 따른 개발면적, 용적률, 건축연면적, 공제액 등에 대한 기준은 대통령령으로 정한다.	관한 특례법」 제1조에 따른 각급학교 용지 ② 법 제11조의 3 제1항 제1호에 따른 용적률은 해당사업이 시행되는 지구·구역 또는 사업지역 안에서 「주택법」 제15조 제1항에 따른 사업계획의 승인(「택지개발촉진법」 제11조 또는 「도시개발법」 제19조에 따라 승인을 얻은 것으로 보는 경우를 포함한다)을 얻어 「주택법」 제2조 제2호 및 제3호에 따른 단독주택 및 공동주택을 건립하는 경우 각 주택이 건립되는 대지의 면적에 따라 가중평균하여 산정한다. 다만, 가중평균하여 산정된 용적률이 「국토의 계획 및 이용에 관한 법률」 제78조 제1항 제1호 가목에서 정한 주거지역 용적률의 최대한도를 초과하는 경우에는 그 최대한도의 용적률을 적용한다. 1. 삭제 〈2011. 1. 17.〉 2. 삭제 〈2011. 1. 17.〉 ③ 시·도지사는 사업시행자가 해당사업의 승인 또는 인가를 받은 날부터 60일 이내에 제2항 본문에 따른 평균용적률을 산정할 수 없는 때에는 「국토의 계획 및 이용에 관한 법률」 제78조에 따라 특별시·광역시·특별자치시·시 또는 군의 조례로 정하는 용적률의 최대한도를 적용할 수 있다. 다만, 용적률의 최대한도와 제2항 본문에 따른 평균용적률의 차이에 따른 부담금의 차액은 평균용적률을 산정할 수 있게 된 때에 지체 없이 정산하여야 하며, 이 경우 정산금액에는 부담금을 납부한 날부터 정산금액의 지급일 전날까지의 이자(이자율은 「은행법」에 따라 설립된 은행의 1년 만기 정기예금 평균이자율로서 부담금 납부일 당시의 금리를 기준으로 한다)를 가산하여야 한다. ④ 법 제11조의 3 제1항 제1호부터 제3호까지의 규정에 따른 공제액은 다음 각 호의 금액을 모두 합한 금액으로 한다. 1. 당해 사업과 관련하여 도시철도 또는 철도의 건설 및 개량에 소요되는 비용을 부담

대도시권 광역교통 관리에 관한 특별법 〔시행 2023. 5. 16.〕 〔2022. 11. 15., 일부개정〕	대도시권 광역교통 관리에 관한 특별법 시행령 〔2022. 12. 6., 일부개정〕
	하는 경우에는 그 금액 2. 법 제11조 제1항 각 호에 따른 사업이 시행되는 지구ㆍ구역 또는 사업지역 밖에서 다음 각 목의 어느 하나에 해당하는 도로를 설치하거나 그 비용의 전부 또는 일부를 부담하는 경우에는 그 금액 가. 도로관계 법령에 의한 고속국도, 자동차전용도로, 일반국도, 특별시도, 광역시도 또는 지방도 나. 광역도로에 해당하는 시ㆍ군ㆍ구도 다. 법 제7조의 2 제3항에 따라 확정된 광역교통개선대책에 따라 건설 또는 개량되는 도로 라. 그 밖에 시ㆍ도지사가 광역교통에 영향을 미친다고 인정하는 도로 3. 해당 사업과 관련하여 다음 각 목의 어느 하나에 해당하는 시설을 설치하거나 그 시설의 건설 및 개량에 드는 비용의 전부 또는 일부를 부담하는 경우에는 그 금액 가. 법 제2조 제2호 다목에 따른 주차장 나. 법 제2조 제2호 라목에 따라 여객자동차 운수사업에 제공되는 차고지로서 지방자치단체의 장이 설치하는 공영차고지 다. 법 제2조 제2호 마목 및 이 영 제4조의 2 제1항에 따른 간선급행버스체계의 구성시설 라. 법 제2조 제2호 바목 및 이 영 제4조의 2 제2항에 따른 환승센터의 구성시설 ⑤ 제4항에 따른 공제액을 인정받고자 하는 사업시행자는 관할 시ㆍ도지사에게 그 사유를 증명하는 서류를 제출하여야 한다. ⑥ 법 제11조의 3 제1항 제2호에 따른 건축연면적은 전체 연면적의 합계에서 다음 각 호의 어느 하나에 해당하는 연면적의 합계를 제외한 면적으로 한다. 1. 지하층(주거용인 경우를 제외한다)과 건축물안의 주차장

대도시권 광역교통 관리에 관한 특별법 〔시행 2023. 5. 16.〕 〔2022. 11. 15., 일부개정〕	대도시권 광역교통 관리에 관한 특별법 시행령 〔2022. 12. 6., 일부개정〕
	2. 공용의 청사와 「학교용지 확보 등에 관한 특례법」 제1조에 따른 각급학교 3. 「주택법」 제2조 제13호에 따른 부대시설 및 같은 조 제14호에 따른 복리시설 3의 2. 「주택건설기준 등에 관한 규정」 제2조 제3호에 따른 주민공동시설(제3호에 해당하는 시설은 제외한다) 4. 「도시 및 주거환경정비법」에 따른 재개발사업 및 재건축사업의 경우 해당 사업이 시행되는 구역 내 종전 건축물의 연면적 5. 「빈집 및 소규모주택 정비에 관한 특례법」에 따른 소규모주택정비사업의 경우 해당 사업이 시행되는 구역 내 종전 건축물의 연면적 6. 「주택법」에 따른 리모델링사업의 경우 해당 사업의 종전 건축물의 연면적 7. 「주택법」 제2조 제6호의 국민주택 규모 이하인 임대주택의 연면적 ⑦ 법 제11조의 3 제1항 제3호에 따른 건축연면적(주택인 시설의 건축연면적의 합계를 말한다. 이하 이 항에서 같다)을 산정할 때 리모델링을 하는 사업의 경우에는 해당 사업의 종전 건축물의 건축연면적을 제외한 면적을 건축연면적으로 한다. ⑧ 법 제11조의 3 제3항에 따른 부과율은 다음 각호와 같다. 1. 법 제11조의 3 제1항 제1호의 부과율 : 100분의 15. 다만, 별표 1의 대도시권 중 수도권인 경우에는 100분의 30 2. 법 제11조의 3 제1항 제2호 및 제3호의 부과율 : 100분의 2. 다만, 별표 1의 대도시권 중 수도권인 경우에는 100분의 4
제11조의 4(부담금의 부과·징수 및 납부기한 등) ① 부담금은 제11조 제1항에 따른 사업이 시행되는 지역의 시·도지사가 부과·징수하되 사업시행자가 국가나 지방자치단체로부터 사업의 승인 또는 인가 등을 받은 날	제17조(부담금의 부과·징수 및 방법 등) ① 시·도지사는 법 제11조의 4 제1항의 규정에 의하여 부담금을 부과하고자 하는 때에는 납부대상·납부금액·납부기한·납부장소 등을 기재한 납부고지서를 발부하여야 한다.

대도시권 광역교통 관리에 관한 특별법 〔시행 2023. 5. 16.〕 〔2022. 11. 15., 일부개정〕	대도시권 광역교통 관리에 관한 특별법 시행령 〔2022. 12. 6., 일부개정〕
부터 60일 이내에 제11조의 3에 따라 산정한 부담금을 부과한다. ② 제1항에 따라 부과된 부담금은 부과일부터 1년 이내에 내야 하되, 납부기한 내에 사업의 사용승인등을 받을 경우에는 그 신청일(국가나 지방자치단체가 시행하는 사업의 경우 준공완료 공고일을 말한다) 이전까지 내야 한다. 다만, 시·도지사는 대통령령으로 정하는 바에 따라 납부의무자의 신청을 받아 사업의 사용승인등을 받는 날(국가나 지방자치단체가 시행하는 사업의 경우 준공완료 공고일을 말한다)까지의 범위에서 분할납부를 하게 할 수 있다. ③ 시·도지사는 제2항에도 불구하고 부담금의 부과대상 사업의 착공이 대통령령으로 정하는 정당한 사유에 따라 연기되는 경우에는 납부의무자의 신청을 받아 사업의 착공시까지 납부기한을 연기할 수 있다. ④ 시·도지사는 납부의무자가 부담금을 납부기한까지 내지 아니하면 납부기한이 지난 후 10일 이내에 독촉장을 발급하여야 한다. 이 경우 납부기한은 독촉장 발급일부터 10일로 한다. ⑤ 시·도지사는 납부의무자가 부담금을 제2항에 따른 기한까지 내지 아니하면 부담금액의 100분의 1에 해당하는 가산금을 징수할 수 있다. 〈개정 2022. 11. 15.〉 ⑥ 시·도지사는 부담금 납부의무자가 체납된 부담금을 납부하지 아니하여 제5항에 따른 가산금을 징수하는 때에는 체납된 부담금에 납부기한의 다음 날부터 납부일 전일까지의 기간과 금융회사 등이 연체대출금에 대하여 적용하는 이자율 등을 고려하여 대통령령으로 정하는 이자율을 곱한 금액을 제5항에 따른 가산금에 더하여 징수한다. 이 경우 가산금의 총액은 체납된 부담금의 100분의 3을 초과할 수 없다. 〈신설 2022. 11. 15.〉 ⑦ 시·도지사는 부담금을 부과·징수한 후	② 시·도지사는 사업계획 등의 변경으로 부담금이 변경되는 사유가 발생한 때에는 납부고지서를 지체없이 재발급하여야 한다. ③ 제1항의 규정에 의하여 납부고지서를 받은 사업시행자가 천재·지변 그 밖의 부득이한 사유로 인하여 납부기한안에 납부하기가 곤란하다고 인정되는 때에는 그 사유가 없어진 날부터 30일 이내에 납부하여야 한다. ④ 법 제11조의 4 제2항 단서에 따라 부담금의 분할납부를 신청하고자 하는 자는 부담금의 금액, 사업이 시행되는 위치, 분할납부의 사유 등을 기재한 신청서를 부담금 납부고지일부터 30일 이내에 시·도지사에게 제출하여야 한다. ⑤ 시·도지사는 제4항의 규정에 의한 분할납부를 신청받은 날부터 30일 이내에 신청인에게 분할납부 허용 여부를 서면으로 통지하여야 한다. ⑥ 법 제11조의 4 제1항에 따른 사업의 승인 또는 인가등을 받은 날과 법 제11조의 4 제2항 단서에 따른 사업의 사용승인·사용검사·준공인가 또는 준공검사를 받는 날은 별표 3과 같다. ⑦ 법 제11조의 4 제3항에서 "대통령령으로 정하는 정당한 사유"란 다음 각 호의 어느 하나에 해당하는 경우를 말한다. 1. 천재지변 또는 사업시행자에게 책임이 없는 불가항력적인 사유로 인하여 사업의 착공이 지연되는 경우 2. 해당 사업시행지에 대한 소유권 분쟁(소송절차가 진행 중인 경우만 해당한다)으로 인하여 사업의 착공이 지연되는 경우 3. 사업의 승인 또는 인가 등의 조건으로 부과된 사항을 이행함에 따라 사업의 착공이 지연되는 경우 4. 주택건설경기가 침체되는 등 사업을 착공하지 못할 부득이한 사유가 있다고 시·도지사가 인정하는 경우

대도시권 광역교통 관리에 관한 특별법 〔시행 2023. 5. 16.〕 〔2022. 11. 15., 일부개정〕	대도시권 광역교통 관리에 관한 특별법 시행령 〔2022. 12. 6., 일부개정〕
부담금이 과소 또는 과다 부과·징수된 사실을 발견한 경우에는 이를 조사하여 그 차액을 추징하거나 환급하여야 한다. 〈신설 2013.8. 6., 2022. 11. 15.〉 ⑧ 시·도지사는 납부의무자가 독촉장을 받고 지정된 기한까지 부담금 또는 가산금을 내지 아니하면 「지방행정제재·부과금의 징수 등에 관한 법률」에 따라 징수할 수 있다. 〈개정 2022. 11. 15.〉 ⑨ 제1항에 따른 사업의 승인 또는 인가 등을 받은 날과 제2항에 따른 사업의 사용승인 등을 받는 날 등 부담금의 부과·징수 및 추징·환급의 방법과 절차 등에 관하여 필요한 사항은 대통령령으로 정한다.	⑧ 시·도지사는 납부의무자가 부담금으로 낸 금액 중 과오납부한 금액이 있거나 환급하여야 할 금액이 있으면 지체 없이 그 과오납 금액 또는 환급하여야 할 금액을 부담금 납부자에게 알려야 한다. 이 경우 다음 각 호의 어느 하나에 해당하는 날의 다음 날부터 환급 결정을 하는 날까지의 이자(「은행법」에 따라 설립된 은행의 1년 만기 정기예금 평균이자율로서 부담금 납부일 당시의 금리를 기준으로 산정한 이자를 말한다)를 함께 알려야 한다. 1. 착오 납부, 이중 납부 또는 납부 후 그 부과를 취소하거나 정정한 경우: 착오 등 납부일 2. 부담금납부자에게 책임이 있는 사유로 부담금을 발생시킨 사업의 승인 또는 인가 등이 취소된 경우: 승인 또는 인가 등의 취소일 3. 부담금납부자가 사업계획을 변경하거나 그 밖에 이와 비슷한 사유로 인한 경우: 사업계획 변경허가 또는 그 밖에 이와 유사한 행정처분의 처분일 ⑨ 시·도지사는 부담금의 부과 및 징수에 관한 대장을 작성·관리하고 매분기 말일을 기준으로 부과·징수실적에 관한 자료를 다음달 10일까지 국토교통부장관에게 제출하여야 한다. ⑩ 이 영에 규정된 사항외에 부담금의 부과·징수 및 환급의 방법과 절차 등에 관한 사항은 해당 시·도의 조례로 정한다.
제11조의 5(이의신청) ① 제11조의 4에 따라 부담금을 부과받은 자가 부과받은 사항에 대하여 이의가 있으면 부과받은 날부터 90일 이내에 시·도지사에게 그 사유를 소명할 수 있는 자료를 첨부하여 이의를 신청할 수 있다. ② 시·도지사는 제1항에 따른 이의신청을 받으면 신청을 받은 날부터 15일 이내에 심	

대도시권 광역교통 관리에 관한 특별법 〔시행 2023. 5. 16.〕 〔2022. 11. 15., 일부개정〕	대도시권 광역교통 관리에 관한 특별법 시행령 〔2022. 12. 6., 일부개정〕
의하여 그 결과를 신청인에게 서면으로 통보하여야 한다.	
제11조의 6(부담금의 배분 및 사용) ① 징수된 부담금의 100분의 40은 「국가균형발전 특별법」에 따른 국가균형발전특별회계 중 지역지원계정에 귀속한다. ② 징수된 부담금의 나머지 100분의 60은 제11조의 7에 따라 부담금을 징수한 시·도에 설치된 지방광역교통시설 특별회계에 귀속한다. ③ 징수된 부담금은 다음 각 호의 어느 하나에 해당하는 용도로 사용되어야 한다. 1. 광역교통시설의 건설 또는 개량 2. 제7조의 2에 따른 광역교통 개선대책의 이행을 위한 교통시설로서 광역교통위원회에서 구간 또는 위치를 지정한 교통시설의 건설 또는 개량 3. 「도로법」에 따른 특별시도(特別市道)·광역시도(廣域市道), 지방도 및 시도(市道)·군도(郡道)·구도(區道) 중 시·도지사가 광역교통에 영향을 미친다고 인정한 도로로서 광역교통위원회에서 구간 또는 위치를 지정한 도로의 건설 또는 개량. 이 경우 시·도지사는 제2항에 따라 시·도에 설치된 지방광역교통시설 특별회계에 귀속되는 부담금의 100분의 10의 범위에서 사용할 수 있다. 4. 대도시권 교통의 중심이 되는 도시의 외곽에 위치한 일반철도(「철도의 건설 및 철도시설 유지관리에 관한 법률」 제2조 제4호에 따른 일반철도를 말한다) 역의 인근에 설치되는 주차장(제2조 제2호 다목에 따른 주차장은 제외한다) 중 시·도지사가 광역교통에 영향을 미친다고 인정한 주차장으로서 광역교통위원회가 지정한 주차장의 건설 또는 개량. 이 경우 시·도지사는 제2항에 따라 시·도에 설치된 지	제17조의 2(부담금의 납입) 시·도지사는 징수된 부담금 중 「국가균형발전 특별법」에 따른 국가균형발전특별회계의 경제발전계정에 귀속되는 분을 부담금을 수납한 날이 속하는 분기의 다음 달 10일까지 한국은행(국고대리점을 포함한다) 또는 체신관서에 납입하여야 한다. 제17조의 3(사용계획의 수립·시행) ①시·도지사는 부담금에 대한 사용계획을 수립하여 전년도 4월 30일까지 국토교통부장관에게 제출하여야 한다. ② 국토교통부장관은 제1항에 따라 제출받은 사용계획에 대해 광역교통위원회의 심의를 거쳐 그 결과를 전년도 11월 15일까지 시·도지사에게 통보하여야 한다. ③ 시·도지사는 부담금 징수액의 증감 등으로 인하여 제2항의 규정에 의하여 통보받은 사용계획을 변경하고자 하는 경우에는 변경계획을 수립하여 당해연도 6월 30일까지 국토교통부장관에게 제출하여야 한다. ④ 국토교통부장관은 제3항에 따라 제출받은 변경계획에 대해 광역교통위원회의 심의를 거쳐 그 결과를 시·도지사에게 통보하여야 한다.

대도시권 광역교통 관리에 관한 특별법 〔시행 2023. 5. 16.〕 〔2022. 11. 15., 일부개정〕	대도시권 광역교통 관리에 관한 특별법 시행령 〔2022. 12. 6., 일부개정〕
방광역교통시설 특별회계에 귀속되는 부담금의 100분의 10의 범위에서 사용할 수 있다. 5. 대통령령으로 정하는 광역버스운송사업에 대한 지원 및 광역버스운송사업 관련 시설의 건설 또는 개량	
제13조(권한의 위임 및 위탁) ① 이 법에 따른 국토교통부장관의 권한은 그 일부를 대통령령으로 정하는 바에 따라 시·도지사 또는 시장·군수·구청장에게 위임할 수 있다. ② 국토교통부장관은 이 법에 따른 업무의 일부를 대통령령으로 정하는 바에 따라 교통 분야의 전문성을 보유한 기관·법인 또는 단체에 위탁할 수 있다.	제17조의 4(부담금의 부과·징수사무의 위임) ①시·도지사는 당해 시·도의 조례가 정하는 바에 따라 부담금의 부과·징수에 관한 사무를 시장·군수 또는 구청장에게 위임할 수 있다. 이 경우 제17조 및 제17조의 2의 규정을 적용함에 있어 "시·도지사"는 "시장·군수 또는 구청장"으로 본다. ② 제1항의 경우 시·도지사는 부담금의 부과·징수에 관한 사무의 처리비용으로 시장·군수 또는 구청장이 징수한 부담금의 100분의 3의 범위에서 해당 시·도의 조례로 정하는 금액을 시장·군수 또는 구청장에게 교부할 수 있다. 다만, 해당 시·도의 조례로 정하는 징수율 이상으로 부담금을 징수한 경우에는 징수한 부담금의 100분의 10의 범위에서 해당 시·도의 조례로 정하는 금액을 시장·군수 또는 구청장에게 교부할 수 있다.

대도시권 광역교통 관리에 관한 특별법 시행령 [별표 1] 〈개정 2015.12.15.〉

대도시권의 범위(제2조 관련)

권역별	범위
수도권	서울특별시, 인천광역시 및 경기도
부산·울산권	부산광역시, 울산광역시, 경상북도 경주시 및 경상남도 양산시·김해시·창원시
대구권	대구광역시, 경상북도 구미시·경산시·영천시·군위군·청도군·고령군·성주군·칠곡군 및 경상남도 창녕군
광주권	광주광역시 및 전라남도 나주시·담양군·화순군·함평군·장성군
대전권	대전광역시, 세종특별자치시, 충청남도 공주시·논산시·계룡시·금산군 및 충청북도 청주시·보은군·옥천군

대도시권 광역교통 관리에 관한 특별법 시행령 [별표 3] 〈개정 2014. 2. 5〉

광역교통시설부담금 부과대상사업의 승인 등을 받은 날과 사용승인 등을 받는 날 (제17조 제6항 관련)

사업명	승인 등을 받은 날	사용승인 등을 받는 날
1. 택지개발사업	실시계획승인일	준공검사일
2. 도시개발사업	실시계획인가일	준공검사일
3. 대지조성사업	사업계획승인일	사용검사일
4. 주택건설사업	사업계획승인일	사용검사일
5. 주택재개발사업 및 주택재건축사업	사업시행인가일	준공인가일
6. 도시환경정비사업	사업시행인가일	준공인가일
7. 법 제11조 제1항 제6호에 따른 건축사업	건축허가일	사용승인일

비고: 관계 중앙행정기관의 장 또는 지방자치단체의 장이 승인·인가 또는 허가 없이 직접 시행하는 사업의 경우 인가 등을 받은 날은 사업계획 등의 고시일로 하고, 사용승인 등을 받는 날은 준공완료의 공고일로 한다.

서울특별시 광역교통시설부담금 부과 · 징수 및 광역교통시설특별회계 설치 · 운영 조례[시행 2021. 9. 30.] [서울특별시조례 제8127호, 2021. 9. 30., 타법개정]

제1조(목적) 이 조례는 「대도시권 광역교통관리에 관한 특별법」 및 같은 법 시행령에서 위임된 사항과 그 시행에 관하여 필요한 사항을 정하고, 같은 법 제11조의 7에 따라 서울특별시 광역교통시설 특별회계의 설치 및 운영에 관하여 필요한 사항을 규정함을 목적으로 한다.

제2조(정의) 이 조례에서 사용하는 용어의 정의는 다음 각 호와 같다.

1. "부담금"이란 「대도시권 광역교통 관리에 관한 특별법」(이하 "법"이라 한다) 제11조 제1항 각 호에 해당하는 사업을 시행하는 자가 광역교통시설 등의 건설 및 개량을 위하여 부담하는 광역교통시설부담금을 말한다.
2. "납부의무자"라 함은 법 제11조 제1항 각 호의 어느 하나에 해당하는 사업을 시행하는 자 또는 같은 조 제2항에 따른 사업시행자의 지위를 승계한 자로서 부담금의 부과를 받은 자를 말한다.
3. "관계행정기관의 장"이란 법 제11조 제1항 각 호의 사업 중에서 부담금의 부과대상이 되는 사업계획을 수립하거나 준공완료 시 그에 관한 승인 · 인가 · 허가 · 준공검사 · 사용검사를 하는 행정기관의 장을 말한다.

제3조(부담금의 부과율 조정) 법 제11조의 3 제3항에 따라 부담금의 부과율을 다음 각 호와 같이 한다.

1. 법 제11조의 3 제1항 제1호의 부과율 : 100분의 15
2. 법 제11조의 3 제1항 제2호 및 같은 항 제3호의 부과율
   가. 주택의 경우 전용면적이 85제곱미터 이하인 경우 100분의 2
   나. 주택의 경우 전용면적이 85제곱미터를 초과하는 경우 100분의 4
   다. 주택 이외의 시설은 100분의 4

제4조(부담금의 부과) ① 서울특별시장(이하 "시장"이라 한다)은 법 제11조의 4에 따라 부담금을 부과하고자 하는 때는 「지방세기본법 시행규칙」 별지 제17호 서식(전산용1)에 따른 납부고지서를 발부한다.

② 제1항의 고지서에는 법 제11조의 5에 따라 이의신청 절차 등에 관한 사항을 포함하여야 한다.

③ 시장은 「대도시권 광역교통 관리에 관한 특별법 시행령」(이하 "영"이라 한다) 제17조 제2항에 따라 부담금 변경으로 납부고지를 다시 하는 때에는 부담금이 증가되는 금액에 대한 납부기한을 고지일부터 60일 이내에서 따로 정할 수 있다.

제5조(부담금의 납부기한 연기) 납부의무자가 영 제17조 제3항에 따라 납부 기한을 연기 받고자 하는 때에는 별지 제1호 서식에 따른 납부연기신청서를 시장에게 제출하여야 한다.

제6조(부담금의 분할납부) ① 납부의무자가 법 제11조의 4 제2항 단서 및 영 제17조 제4항

에 따라 부담금을 분할하여 납부하고자 하는 때에는 별지 제2호 서식에 따른 분할납부 신청서를 시장에게 제출하여야 한다.

② 제1항에 따른 분할납부의 신청은 부담금의 부과금액이 1억 원 이상인 경우에 한하되, 다음 각 호의 기준에 따라 이를 허용할 수 있다.

1. 납부 횟수는 2회로 한다.
2. 제1회 납부금액은 당초 부과금액의 100분의 50 이상으로 하되, 납부의무자의 신청금액으로 한다.
3. 납부 기한은 제1회 납부금액에 대하여는 당초 부과 고지된 납부기한으로 하며, 제2회 납부금액에 대하여는 사업의 준공검사 또는 사용검사 등을 받기 전까지로 하되 납부의무자가 정한 날로 한다.

제7조(부담금의 연체에 대한 가산금) 시장은 납부의무자가 부담금을 납부기한 내에 납부하지 아니하는 때에는 법 제11조의 4 제5항에 따라 부담금의 100분의 3에 해당하는 가산금을 부가한다.

제8조(부담금의 부과에 대한 이의신청) 납부의무자가 법 제11조의 5에 따라 부과받은 사항에 대하여 이의를 신청하고자 하는 때에는 별지 제3호 서식에 따른 이의신청서를 시장에게 제출하여야 한다.

제9조(공제액 산정자료의 제출) ① 사업시행자가 법 제11조의 3 제1항 제1호부터 제3호까지의 공제액을 인정받고자 하는 때에는 영 제16조의 2 제4항 각 호에 따른 비용부담을 증명하는 서류를 사업의 승인 또는 인가신청서에 첨부하여 관계행정기관의 장에게 제출하여야 한다.

② 사업시행자는 공제대상사업의 확정 또는 변경으로 인하여 제1항의 규정에 따른 공제액 산정자료의 내용에 변경이 있는 때에는 지체 없이 이를 당초에 제출했던 관계행정기관의 장에게 제출하여야 한다.

제10조(부담금 부과대상사업의 관련자료 제출 등) ① 영 제15조에 따라 관계행정기관의 장이 부담금 부과에 관한 자료를 통보하고자 하는 때에는 별지 제4호 서식 또는 제5호 서식에 따른 내역서를 작성하여 설계도서 등의 관련 자료를 함께 제출하여야 한다.

② 관계행정기관의 장은 영 별표 3에 따른 준공·사용검사 등의 결정·지정 등을 하기 전에 부담금의 완납 여부를 확인하여야 한다.

제11조(권한의 위임 등) ① 시장은 영 제17조의 4 제1항에 따라 제4조부터 제10조까지의 부담금의 부과·징수에 관한 사무를 구청장에게 위임한다.

② 시장은 제1항에 따라 자치구청장이 징수한 부담금의 100분의 3에 해당하는 금액을 부담금의 부과·징수에 대한 사무처리 비용으로 해당 구청장에게 교부한다.

제12조(준용) 이 조례에 규정되지 아니한 부담금의 부과·징수에 관한 사항은 「지방세기본법」의 관련 규정을 준용한다. 다만, 부담금 체납처분 관련 사항은 「지방행정제재·부과금의 징수 등에 관한 법률」을 우선 적용한다.

경기도 광역교통시설부담금 부과 · 징수 및 광역교통시설 특별회계 설치 조례[시행 2021.12.31.] [일부개정 2021-12-31 조례 제7266호]

제1조(목적) 이 조례는 광역교통문제를 효율적으로 해결하기 위하여 「대도시권 광역교통관리에 관한 특별법」 및 「지방행정제재 · 부과금의 징수 등에 관한 법률」에 따른 광역교통시설부담금의 부과 · 징수에 관한 사항과 경기도 광역교통시설 특별회계의 설치 및 운용에 필요한 사항을 규정함을 목적으로 한다.

제2조(정의) 이 조례에서 사용하는 용어의 뜻은 다음 각 호와 같다.

1. "광역교통시설"이란 대도시권의 광역적인 교통수요를 처리하기 위한 교통시설로서 다음 각 목의 시설을 말한다.
   가. 2개 이상의 특별시 · 광역시 · 특별자치시 및 도(이하 "시 · 도"라 한다)에 걸치는 도로로서 「대도시권 광역교통관리에 관한 특별법 시행령」(이하 "영"이라 한다) 제3조에 해당하는 도로(이하 "광역도로"라 한다) 〈개정 2021.12.31.〉
   나. 2개 이상의 시 · 도에 걸쳐 운행되는 도시철도 또는 철도로서 영 제4조에 해당하는 도시철도 또는 철도(이하 "광역철도"라 한다)
   다. 대도시권 교통의 중심이 되는 도시의 외곽에 위치한 광역철도역의 인근에 건설되는 주차장
   라. 「여객자동차 운수사업법」 제2조 제2호에 따른 여객자동차 운수사업 또는 「화물자동차 운수사업법」 제2조 제2호에 따른 화물자동차 운수사업에 제공되는 차고지로서 지방자치단체의 장이 설치하는 공영차고지
   마. 「대중교통의 육성 및 이용촉진에 관한 법률」 제2조 제5호에 따른 간선급행버스체계를 구성하는 시설로서 그 노선이 2개 이상의 시 · 도에 걸치는 시설
   바. 「도시교통정비 촉진법」 제2조 제3호에 따른 환승시설 중 대도시권의 광역적인 교통수요를 처리하기 위한 환승시설

1의 2. "광역버스운송사업"이란 대도시권 내 2개 이상의 시 · 도에 걸쳐 운행되는 노선여객자동차운송사업으로 「여객자동차 운수사업법 시행령」 제3조 제1호 가목 중 운행형태가 광역급행형 · 직행좌석형인 시내버스운송사업을 말한다. [신설 2021. 1. 8.]

2. "광역교통기본계획"이란 「대도시권 광역교통관리에 관한 특별법」(이하 "법"이라 한다) 제3조에 따라 20년 단위로 수립된 대도시권광역교통기본계획을 말한다.
3. "광역교통시행계획"이란 법 제3조의 2에 따라 5년 단위로 수립된 대도시권광역교통시행계획을 말한다.
4. "추진계획"이란 법 제5조에 따라 광역교통시행계획을 실행하기 위하여 수립된 소관별 추진계획과 연도별계획을 말한다.
5. "위원회"란 법 제8조에 따라 국토교통부에 두는 대도시권광역교통위원회를 말한다.

6. “경기도교통위원회”란 「국가통합교통체계효율화법」 제110조 및 「경기도교통위원회 구성 및 운영 등에 관한 조례」에 따라 구성된 위원회를 말한다.

7. “관계행정기관의 장”이란 법 제11조 각 호의 사업 중에서 부담금의 부과대상이 되는 사업계획을 승인·인가·허가·준공검사 또는 사용검사 등을 하는 행정기관의 장을 말한다.

제3조(부담금의 부과) ① 법 제11조에 따라 사업의 승인 또는 인가 등을 받은 사업시행자에게 60일 이내에 광역교통시설부담금(이하 “부담금”이라 한다)을 부과한다. 다만, 천재·지변, 그 밖의 부득이한 사유로 부과기간 내의 부과가 곤란하다고 인정되는 때에는 그 사유가 없어진 날부터 30일 이내에 부과하여야 한다.

② 부담금의 부과는 납부대상·부담금액·납부기한·납부장소 등을 정한 납부고지서에 의하되, 납부고지 및 납부에 필요한 서식은 규칙으로 정한다.

③ 관계행정기관의 장은 영 별표 3에 따른 준공·사용검사 등의 결정·지정 등을 하기 전에 부담금의 완납 여부를 확인하여야 한다.

제4조(부담금의 분할납부) ① 사업시행자가 부담금의 분할 납부를 신청한 경우에는 분할납부의 사유를 검토하여 분할납부를 승인할 수 있다.

② 제1항에 따른 분할납부의 허용은 납부할 부담금이 1억 원 이상인 경우에 한하며, 다음 각 호의 기준에 따라 분할납부를 허용할 수 있다. 다만, 분할납부기간의 도래 전에 준공검사 또는 사용검사를 받게 되는 경우에는 그 기간 내에 전액을 납부하여야 한다.

1. 당초 부과일로부터 1년 이내 : 부담금의 100분의 50 이상
2. 당초 부과일로부터 1년 초과 2년 이내 : 부담금의 100분의 30 이상
3. 당초 부과일로부터 2년 초과 준공(사용)검사 이전 : 잔여부담금

③ 제7조에 따라 위임사무를 수행하는 시장·군수는 사업 시행자가 부담금의 전액을 납부기한 내에 도금고로 납입하게 하여야 한다. 다만, 사업시행자의 신청을 받아 분할납부를 허용할 필요가 있다고 인정하는 경우에는 그 사유를 명시하여 도지사의 승인을 받아야 한다.

④ 납부의무자가 1회의 분할납부금을 체납하는 경우 독촉장을 발급하고, 가산금을 부과한 후에도 납부하지 아니한 때에는 분할납부승인을 취소할 수 있다. 이 경우에 부담금의 나머지 금액에 대하여는 법 제11조의 4 제4항에 따라 분할납부승인이 취소된 날부터 10일 이내에 독촉장을 발급하여야 한다.

제7조(권한의 위임) ① 사업의 승인(변경승인을 포함한다) 또는 인가권자가 시장·군수인 경우에는 부담금의 부과·징수에 관한 사무를 시장·군수에게 위임한다.

② 시장·군수에게 위임한 사무의 처리를 위하여 시장·군수가 부과 후 징수한 부담금의 100분의 3에 해당하는 금액을 그 처리비용으로 해당 시·군에 교부하여야 한다. 다만, 부담금의 연간 징수율이 70% 이상인 시·군에 대하여는 별표에서 정한 교부금을

해당 시장·군수에게 교부한다.

제8조(공제액 자료의 제출) ① 영 제16조의 2에 따라 공제액을 인정받으려는 사업시행자는 사업의 승인 또는 인가 시에 공제액에 대한 타당한 자료를 제출하여야 한다.

② 공제대상 사업의 확정 또는 변동으로 인하여 당초 제출한 자료의 내용에 변경이 있을 때에는 즉시 이를 제출하여야 한다.

제9조(변경납부고지서 등) ① 사업면적·공제액 등의 변경으로 인하여 납부하여야 할 부담금의 금액이 변경되는 사유가 발생한 때에는 지체 없이 변경납부고지서를 발급하고, 필요한 조치를 하여야 한다.

② 사업면적·공제 등의 변경에 따라 과오납된 납부금의 처리에 대하여는 「지방세기본법」의 규정을 표준으로 적용한다.

[조례 별표]

부담금 징수율에 따른 교부금(제7조 제2항 단서 관련)

부담금 징수율	교부금
70퍼센트 이상 80퍼센트 미만	징수한 부담금의 100분의 8
80퍼센트 이상 90퍼센트 미만	징수한 부담금의 100분의 9
90퍼센트 이상	징수한 부담금의 100분의 10

[규칙 별표]

전년도 부담금 징수율 산출방식(제9조 제3항 관련)

$$\text{전년도 부담금 징수율}(\%) = \frac{\{(\text{전전년도 부과})\ \text{징수액} + \text{분납 징수액}\} + \{(\text{전전년도 이전 부과})\ \text{체납징수액} + \text{분납 징수액}\}}{\{(\text{전전년도})\ \text{부과액} + \text{분납부과액}\} + \{(\text{전전년도 이전 부과})\ \text{체납액 징수분} + \text{분납액 징수분}\}} \times 100$$

※ 비고 : 전전년도 부과액은 전전년도 분납부과액을 제외한 금액으로 한다.

[서울시 조례 별지 제4호 서식] 〈개정 2021. 9. 30.〉

광역교통시설부담금 부과대상사업 승인·인가·준공검사 등 내역서 (택지개발사업, 도시개발사업, 아파트지구개발사업, 대지조성사업)

1. 부담금 부과대상사업 시행자에 관한 사항

성 명		생년월일 (법인의 경우 법인등록번호)	
상 호		전화번호	
사무소 소재지			

2. 승인·인가·준공검사 등 통보사항

대상사업명					
사업지위치		대지면적(㎡)		세대수 (세대)	
도시계획현황	지역(　　)	지구(　　)		구역(　　)	
부과근거 규정	□택지개발사업, □도시개발사업, 주택건설촉진법(□아파트지구개발사업 □대지조성사업)				
통보사유	□ 최초 승인·인가·허가 □ 준공검사 신청 □ 기타(　　)			□ 변경 승인·인가·허가 □ 사용검사 신청	

3. 부담금 면제대상 사업면적

구 분	종전(최초)내역(㎡)	변경내역(㎡)
도시 및 주거환경정비법에 의한 주거환경개선사업		
주택건설사업 중 5년 이상 임대하기 위한 임대주택법에 의하여 주택건설사업으로서 국민주택규모 이하의 임대주택		
공익사업을 위한 토지 등의 취득 및 보상에 관한 법률 제78조의 규정에 의한 이주대책의 실시에 따른 주택지의 조성		
「사회기반시설에 대한 민간투자법」에 의한 시설을 시행하는 자가 동법 제21조 규정에 의한 부대사업으로 시행하는 사업		
① 계		

주 : 부담금 면제대상 사업내역은 대도시권광역교통관리에관한특별법 제11조의 2 제1항의 규정에 의함

4. 개발면적 내역

구 분		종전(최초) 내역(㎡)	변경내역(㎡)
② 전체면적			
부담금 면제대상 사업면적(①)			
제외면적(※)	국가 또는 지자체에 무상귀속 또는 기부채납하는 용지		
	국민주택규모의 임대주택의 건설을 위한 용지		
	공익사업을 위한 토지 등의 취득 및 보상에 관한 법률 제78조의 규정에 의한 이주대책의 실시에 따른 주택지의 조성 및 주택건설을 위한 용지		
	공용의 청사용지와 학교용지확보에관한특례법 제1조의 규정에 의한 각급학교 용지		
	③ 제외면적 계		
④부과대상 개발면적(②-①-③)			

(※) 제외면적 내역은 대도시권광역교통관리에관한특별법시행령 제16조의 2 제1항의 규정에 의함

5. 용적률 내역 : ⑤(　　　　)%

[적용식]

6. 공제액 세부 내역

구 분	종전(최초)내역(원)	변경내역
도시철도 또는 철도의 건설 및 개량 비용	원	원
지구·구역 또는 사업지역밖의 도로설치 비용	원	원
⑥공제액 총계	원	원

주 : 공제액 내역은 대도시권광역교통관리에관한특별법시행령 제16조의 2 제3항의 규정에 의함

7. 부담금 부과액

구 분	종전(최초)내역	변경내역
⑦부 담 금	원	원
공 제 액(⑥)	원	원
⑧경 감 률	(　　　)%	(　　　)%
최종 광역교통시설부담금 부과액 [(⑦ - ⑥)×⑧]	원	원

주 : ⑦부담금=표준개발비(국토교통부장관이 매년 고시하는 금액)×부과율(15%)×개발면적(④)×용적률(⑤)/200
주 : ⑧경감률은 「대도시권 광역교통관리에 관한 특별법」 제11조의 2 제2항의 규정에 의함

[서울시 조례 별지 제5호 서식] 〈개정 2021. 9. 30.〉

광역교통시설부담금 부과대상사업 승인·인가·준공검사 등 내역서 (주택건설사업, 주택재개발사업, 주상복합건물)

1. 부담금 부과대상사업 시행자에 관한 사항

성　명		생년월일 (법인의 경우 법인등록번호)	
상　호		전화번호	
사무소 소재지			

2. 승인·인가·준공검사 등 통보사항

대상사업명					
사업지위치		대지면적 (㎡)		세대수 (세대)	
도시계획현황	지역(　　　)	지구(　　　)		구역(　　　)	
부과근거 규정	주택건설사업(□재건축사업 □기타사업), □주택재개발사업, □주상복합건물(20세대 이상)				
통보사유	□ 최초 승인·인가·허가　□ 변경 승인·인가·허가 □ 준공검사 신청　□ 사용검사 신청　□ 기타(　　　)				

3. 부담금 면제대상 사업면적

구　분	종전(최초)내역 (㎡)	변경내역(㎡)
도시 및 주거환경정비법에 의한 주거환경개선사업		
주택건설사업 중 5년 이상 임대하기 위한 임대주택법에 의하여 주택건설사업으로서 국민주택규모 이하의 임대주택		
공익사업을 위한 토지 등의 취득 및 보상에 관한 법률 제78조의 규정에 의한 이주대책의 실시에 따른 주택의 건설		
「사회기반시설에 대한 민간투자법」에 의한 시설을 시행하는 자가 동법 제21조 규정에 의한 부대사업으로 시행하는 사업		
① 계		

주 : 부담금 면제대상 사업내역은 대도시권광역교통관리에관한특별법 제11조의 2 제1항의 규정에 의함

4. 건축연면적 내역

구 분			종전(최초)내역(㎡)	변경내역(㎡)
② 총 건축연면적				
부담금 면제대상 건축연면적(①)				
제외면적(※)	지하층(주거용인 경우 제외)과 건물안의 주차장			
	공용의 청사와 학교용지확보에관한특례법 제1조의 규정에 의한 각급학교			
	「주택법」 제2조	제13호 : 부대시설 중 관리사무소		
		제14호 : 복리시설 중 주민공동시설		
	재개발·재건축사업의 조합원에게 분양되는 건축연면적			
	③ 제외면적 계			
부과대상 건축연면적(②-①-③) 또는 주상복합건물인 경우 주택인 시설의 건축연면적				

(※) 제외면적 내역은 대도시권광역교통관리에관한특별법시행령 제16조의 2 제5항의 규정에 의함

5. 부과대상 건축연면적 세부내역
(부과대상 건축연면적 세부내역 작성시 내용이 초과되면 별지로 작성하여 통보)

5-1. 주택부문 건축연면적 세부내역
〔종전(최초)내역〕

구 분	④공급면적(㎡)	층수(층)	⑤세대수(세대)	⑥면적계(㎡)(④×⑤)	⑦표준건축비(천 원/㎡)	⑧부과율	부담금(원)(⑥×⑦×⑧)
계					-	-	

〔변경내역〕

구 분	④공급면적 (㎡)	층수 (층)	⑤세대수 (세대)	⑥면적계 (㎡) (④×⑤)	⑦표준건축비 (천 원/㎡)	⑧부과율	부담금(원) (⑥×⑦×⑧)
계					–	–	

5-2. 주택 이외의 부문 건축연면적 세부내역

구 분		종전(최초)내역					변경내역				
전용 면적	⑨ 부과율 (%)	⑩건축 연면적 (㎡)	⑪호수 (호)	⑫면적계 (㎡) (⑩×⑪)	⑬표준 건축비 (천 원/㎡)	부담금(원) (⑨×⑫×⑬)	⑩건축 연면적 (㎡)	⑪호수 (호)	⑫면적계 (㎡) (⑩×⑪)	⑬표준 건축비 (천 원/㎡)	부담금(원) (⑨×⑫×⑬)
계					–		계			–	

6. 공제액 세부 내역

구　　분	종전(최초)내역(원)	변경내역
도시철도 또는 철도의 건설 및 개량 비용	원	원
지구·구역 또는 사업지역밖의 도로설치 비용	원	원
⑭공제액 총계	원	원

주 : 공제액 내역은 대도시권광역교통관리에관한특별법시행령 제16조의 2 제3항의 규정에 의함

7. 부담금 부과액

구　　분	종전(최초)내역	변경내역
⑮부 담 금	원	원
- 주택부문 부과액	원	원
- 주택 이외 부문 부과액	원	원
공 제 액(⑭)	원	원
⑯경 감 률	(　　　)%	(　　　)%
최종 광역교통시설부담금 부과액 〔(⑮ - ⑭)×⑯〕	원	원

주 : ⑯경감률은 대도시권광역교통관리에관한특별법 제11조의 2 제2항의 규정에 의함

[별지 제3호 서식] (제2조 제3항 관련) 〈개정 2008. 2. 18.〉

<table>
<tr><td colspan="4" rowspan="2">광역교통시설부담금에 대한 이의신청서</td><td>처리기간</td></tr>
<tr><td>15일</td></tr>
<tr><td rowspan="2">대표자
(신청인)</td><td>①성 명</td><td colspan="3"></td></tr>
<tr><td>②주 소</td><td></td><td>③전 화 번 호</td><td></td></tr>
<tr><td>사업장위치</td><td>④소재지</td><td></td><td>⑤전 화 번 호</td><td></td></tr>
<tr><td>광역교통시설
부담금의
부과내용에
대한 이의
신청사유</td><td colspan="4"></td></tr>
<tr><td colspan="5">「대도시권 광역교통 관리에 관한 특별법」 제11조의 5에 의하여 위와 같이 이의신청서를 제출합니다.

년 월 일

〔신청인〕 ㊞

경기도지사 귀하</td></tr>
<tr><td colspan="4" rowspan="2">※ 첨부서류
1. 이의신청의 사유를 증명할 수 있는 자료
2. 법인 인감 1부(신청인이 법인인 경우에 한한다)</td><td>수 수 료</td></tr>
<tr><td>없 음</td></tr>
<tr><td colspan="5">※ 기재방법
①란은 신청인이 법인인 경우 법인의 명칭 및 대표자의 성명을 기재합니다.
②란은 신청인이 법인인 경우 법인의 주소를 기재합니다.
③란은 신청인이 법인인 경우 법인의 전화번호를 기재합니다.
④란은 해당사업이 시행되는 사업장 위치를 기재합니다.</td></tr>
</table>

■ 천 명 철

[학력]

- 서울시립대학교 세무전문대학원(세무학박사)
- 서울시립대학교 도시과학대학원(부동산학석사)
- 서울시립대학교(세무학과)

[경력]

- (현)서울시 민생사법경찰단 경제수사대장
- 서울시 세제과장, 세무과장, 38세금징수과장
- 행정안전부 지방세법규해석심사위원, 서울시 지방세심의위원
- 한국지방세연구원 지방세구제자문위원
- 서울시립대학교 도시과학대학원 부동산학과 강사
- 서울지방세무사회, 한국세무사고시회 등 강의
- 서울시 용산·양천·마포구청 근무 및 내무부 지방세제국 파견 근무

[논문 및 기고]

- 재산세 부담의 공평성 실증연구: 서울지역 공동주택을 대상으로(『GRI 연구논총』, 2021. 2.)
- 지방자치단체 간 이동성 있는 세원 유치경쟁 개선에 관한 연구(2020. 8.)
- 고급오락장 중과세율 적용이 제외되는 용도변경에 관한 고찰(『지방세 법령정보』, 2018. 5.)
- 지방세 부과 또는 감면 결정이 일시 유예되는 경우의 부과권 제척기간 기산점에 관한 연구(『한국조세연구포럼』, 2017. 9.)

|저|자|소|개|

■ 장 보 원

[학력]
- 서울시립대학교 세무학과 졸업
- 서울시립대학교 세무전문대학원 석사 졸업
- 서울시립대학교 세무전문대학원 박사과정 재학 중

[경력]
- (현) 행정안전부 및 한국지방세연구원 직무교육강사
- (현) 장보원세무회계사무소 대표
- (현) 한국세무사고시회 연구부회장
- (현) 법원행정처 전문위원
- (현) 중소기업중앙회 본부 세무자문위원
- (현) 삼일인포마인 자문위원
- (현) 한국지방세연구원 쟁송사무 자문위원
- (현) 서울시 마을세무사
- (현) 한국지방세협회 부회장
- (전) 우리경영아카데미 세법강사 및 국세청 온라인직무 강사
- (전) 서울지방세무사회 홍보위원장
- (전) 국세심사위원 역임
- 서울지방국세청장상 수상
- 한국세무사회장 공로상 수상
- 국회사회공헌대상 수상(국회)

[저서 및 논문]
- 취득세 실무와 중과세 해설(삼일인포마인)
- 양도 · 상속 · 증여 · 금융 절세의 기초와 노하우(삼일인포마인)
- 창업 · 법인 · 개인사업자 절세의 기초와 노하우(삼일인포마인)
- 국외로 빼돌린 검은 돈 이야기. 역외탈세(삼일인포마인)
- 가지급금 죽이기(삼일인포마인)
- 재개발, 재건축 권리와 세금 뽀개기(삼일인포마인)
- (논문)우리나라 부가가치세법상 의제매입세액공제에 관한 소고: 농어민 및 미가공 농산물등의 취급을 중심으로

최신판 **주요 부담금의 쟁점과 해설**

2023년 3월 7일 초판 인쇄
2023년 3월 21일 초판 발행

저 자 천 명 철
장 보 원
발 행 인 이 희 태
발 행 처 **삼일인포마인**

저자협의 인지생략

서울특별시 용산구 한강대로 273 용산빌딩 4층
등록번호 : 1995. 6. 26 제3-633호
전 화 : (02) 3489-3100
F A X : (02) 3489-3141
I S B N : 979-11-6784-140-7 93320

♣ 파본은 교환하여 드립니다.

정가 55,000원